U0906579

2014

2014
中国广播收听

CHINA RADIO RATING YEARBOOK

陈若愚 主编

中国传媒大学出版社

《中国广播收听年鉴（2014）》
编写委员会

主　　编　陈若愚

副 主 编　郑维东　肖海峰

编写人员　（排名不分先后）

梁　帆　解永利　张　嫣　杨金姝　肖青青　龙长缨
吴　东　肖　珊　卢文钊　戴静怡　王　平　周欣欣
吴　凡　王建平　李忠毅　张广彦　何庆金　马　超
赵　璇　张琼子　胡　杨　曹金毅　韦　唯　胡旻琦
包凌君　陈　明　吴玉莉　张　洁　郑剑龙　谭敏健
张　焱　张天莉

出版说明

为更好地服务于业界，尽可能地满足各方面对收听率数据的需要，作为我国视听率调查行业的领跑者，CSM 媒介研究自 2005 年起，每年编写出版一部《中国广播收听年鉴》。《中国广播收听年鉴（2014）》是 CSM 媒介研究编写出版的第十部广播收听年鉴。

《中国广播收听年鉴（2014）》主要包括以下四部分内容：第一部分：综述。主要从收听环境、听众特征、听众收听行为、频率竞争格局、节目竞争格局以及广播广告投放与竞争格局等方面对 2013 年中国广播收听市场进行了全景式描述与分析。第二部分：专题研究。本部分除了对 2013 年新闻综合、交通、音乐、文艺、都市生活几类主要频率的收听状况进行分析之外，还包括广播生活服务类节目之新观察、数说广播脱口秀节目、男性听众收听行为特征浅析、听众车上广播收听行为分析、城乡听众收听行为比较、广播受众跨媒体消费研究、2013 年广播广告市场浅析、广播发展现状思辨，以及移动收听广播 App 应用现状及展望、移动互联时代的广播变革与价值重塑等内容。第三部分：收听数据。这部分是 CSM 媒介研究 2013 年进行收听率调查各城市网及各省网的收听统计数据，主要内容涉及人均收听时间、全天收听走势、听众构成和频率竞争状况等。第四部分：附录。主要包括 CSM 媒介研究各城市收听率调查网和各省网的基本情况。

《中国广播收听年鉴（2014）》的出版具有非常重要的现实意义，它为广大媒介从业人员既可提供有关 2013 年中国广播收听市场的全面分析，又可提供 2013 年全国 33 个重点城市及 4 个省翔实的收听数据，是媒介从业人员必备的一本工具书。

编者

2014 年 8 月

出版说明

目录

CONTENTS

第一部分　综　述

第二部分　专　题

第三部分　数　据

第四部分　附　录

第一部分
Part One

综 述 Overview

综 述

2013年是全面贯彻落实十八大精神的开局之年，是实施“十二五”规划承前启后的关键一年，也是我国广播事业在新的环境下大胆革新、务实奋进、繁荣发展的一年。在党中央、国务院和中宣部的正确领导下，广播系统深入贯彻十八大精神，按照“高举旗帜、围绕大局、服务人民、改革创新”的总要求，牢牢把握正确的舆论导向，全力推进广播事业、产业发展，顺利完成了各项重大既定任务，取得了显著成绩，保持了持续、健康、快速发展的良好态势。

2013年，我国广播事业以其独特的优势，全面贯彻中央决策部署，扎实有序推进以宣传为中心的各项工作，传播力、公信力和影响力进一步增强，为我国的改革发展作出了新贡献。2013年，我国广播事业体制改革进一步深化，大力推进产业改革，产业化和市场化得到全面发展；加快转变发展方式，大力推进节目创新创优，广播节目质量得到全面提高，广播内容产业持续健康快速增长；全力强化保障措施，安全播出保障能力显著提高；加快重点工程建设，农村公共服务体系建设扎实推进，城乡公共服务水平得到进一步提升；紧跟世界科技发展趋势，更加注重科技进步，努力推进数字化、网络化和新媒体、新业态的发展，业务升级以及战略转型进一步加速，提升了服务功能和水平；坚持国际视野，抓住机遇，乘势而上，以完善布局、有效传播为重点，加快走出去步伐和国际传播体系建设，广播节目海外落地进一步拓展，国际传播能力建设取得了新突破。

本部分将从收听环境、听众特征、听众收听行为、频率竞争格局、节目竞争格局、广播广告投放及竞争状况等方面来对2013年我国广播收听市场进行全方位分析。

一、收听环境

1. 全国共有广播电台153座，广播电视台2207座

根据《中国广播电视年鉴（2014）》的最新统计，截止到2013年底，全国共有广播电台153座，广播电视台2207座。国家级广播电台有中央人民广播电台和中国国际广播电台，每个省、自治区或直辖市，每个地级或以上城市都至少有一座广播电台或广播电视台。全国现有中、短波广播发射台850座，调频发射台10334座。全国广播在国内的

人口综合覆盖率达到97.79%。2013年全年公共广播节目播出时间为1379.55万小时，其中，播出新闻资讯类节目282.01万小时，专题服务类节目310.86万小时，综艺益智类节目373.24万小时，广播剧类节目77.01万小时，广告类节目125.93万小时，其他类节目210.50万小时。2013年全年全国广电系统制作广播节目739.12万小时，其中，新闻资讯类节目139.74万小时，专题服务类节目209.18万小时，综艺类节目197.62万小时，广播剧类节目17.82万小时，广告类节目78.52万小时，其他类节目96.24万小时。

2. 在全国33个重点城市中，音乐类、新闻类和交通类频率数量最多

根据CSM媒介研究掌握的2013年全国33个重点城市可接收的广播频率数量分布资料，在不包括境外频率的449个广播频率中，音乐类（80个）、新闻类（63个）和交通类（60个）频率的数量最多（表1.1.1）。“跨领域”频率的现象比较普遍，在名称定位于“音乐”的80个频率中，有20个频率同时在名称中涉及了其他领域；在名称定位于“新闻”的63个频率中，有18个频率同时在名称中涉及了其他领域；在名称定位于“交通”的60个频率中，有13个频率同时在名称中涉及了其他领域；在名称定位于“综合”的49个频率中，有13个频率同时在名称中涉及了其他领域；在名称定位于“生活”29个频率中，涉及了其他领域的频率也高达11个。在各类频率中，以“音乐、交通”进行双重定位的频率数量最多，达到了6个，“新闻、资讯”和“音乐、资讯”双重定位的频率各有3个，“音乐、文艺”、“音乐、城市”、“音乐、旅游”、“经济、交通”和“旅游、交通”双重定位的频率也都达到2个。同2012年相比，音乐类、资讯类、娱乐类、其他类、新闻类、文艺类、农村类、综合类和生活类频率增加较多，在33个重点城市中，音乐类频率增加了9个，资讯类频率增加了6个，娱乐类和其他类频率各增加了4个，新闻类、文艺类和农村类频率各增加了3个，综合类和生活类频率也各增加了2个。另外，经济类和教育类频率也各增加了1个。城市中专门给有车族人群开办的频率发展态势良好，在33个调查城市中有17个针对有车族广播的休闲娱乐频率，与2012年情形类似，目标受众的细化仍然是广播频率发展的重要特征之一。

表1.1.1　2013年33个重点城市各类频率的数量分布

序号	频率类别	频率数量（个）	涉及其他类别的频率数量（个）
1	综合	49	13
2	音乐	80	20
3	新闻	63	18
4	交通	60	13
5	经济	44	6
6	文艺	41	7
7	娱乐	27	7
8	城市	23	8
9	生活	29	11
10	资讯	20	7
11	体育	8	2

续表

序号	频率类别	频率数量（个）	涉及其他类别的频率数量（个）
12	外语	5	0
13	健康	3	1
14	教育	11	3
15	旅游	12	6
16	农村	16	1
17	其他	15	0
不重复合计		449	64

资料来源：CSM 媒介研究

3. 全国拥有正在使用收听设备的家庭比例达到 37.3%

根据 CSM 媒介研究全国网 2013 年基础调查数据，在全国范围内，有 37.3% 的家庭拥有正在使用的收听设备，比 2012 年增加 4.1 个百分点；收听设备的百户拥有量达到 51 台，比 2012 年增加了 8 台。在全国城域拥有正在使用收听设备的家庭比例为 45.8%，比上年增长了 1.8 个百分点，在乡域这个比例是 31.4%，比上年增长了 5.6 个百分点，增幅超过城域。在收听设备的百户拥有量方面，2013 年城域为 64 台，比 2012 年增长了 4 台；乡域为 42 台，比 2012 年增长了 11 台，增幅远超城域。在拥有收听设备的家庭中，绝大多数家庭只拥有 1 台收听设备，拥有 2 台及以上收听设备的家庭比例还是比较小，全国平均只有 9.1%，但与 2012 年（6.4%）相比，上升了 2.7 个百分点。

表 1.1.2 2010—2013 年全国正在使用收听设备的拥有状况

年份	区域	1 台（%）	2 台（%）	3 台及以上（%）	无收听设备（%）	百户拥有量（台）
2010	全国	22.6	4.2	1.9	71.3	38
	城域	30.2	7.3	3.1	59.4	56
	乡域	18.3	2.4	1.2	78.1	27
2011	全国	25.0	4.2	1.6	69.2	39
	城域	32.7	6.6	2.8	57.9	56
	乡域	19.8	2.6	0.9	76.7	28
2012	全国	26.8	4.5	1.9	66.8	43
	城域	33.5	7.0	3.5	56.0	60
	乡域	22.1	2.8	0.8	74.2	31
2013	全国	28.3	5.8	3.3	62.7	51
	城域	33.9	7.6	4.3	54.2	64
	乡域	24.3	4.5	2.6	68.6	42

数据来源：CSM 媒介研究

根据 CSM 媒介研究全国网 2013 年基础调查数据，在全国七大行政区中，华北、西北、东北、华东和华南的收听设备拥有率较高，均达到 30% 以上，每百户均拥有收听设备也多达48台及以上；其中华北地区收听设备拥有率最高，达到53.7%，平均每百户收听设备拥有量也是最高，达到82台；西北地区收听设备拥有率也达到了48.3%，平均每百户收听设备拥有量为71台。而西南和华中地区仍然是七大行政区中收听设备拥有率最低的地区，拥有率不到30%，平均每百户拥有收听设备也仅为35台和33台（表1.1.3）。

表1.1.3　2013年全国各大行政区正在使用收听设备的拥有状况

行政区	1台（%）	2台（%）	3台及以上（%）	无收听设备（%）	百户拥有量（台）
东北	26.2	7.1	6.9	59.8	65
华北	36.1	10.3	7.3	46.3	82
华东	30.4	5.5	1.8	62.2	48
华南	24.5	4.8	4.0	66.7	48
华中	22.0	3.3	1.4	73.3	33
西北	32.9	10.2	5.2	51.7	71
西南	24.8	2.9	1.3	71.0	35

数据来源：CSM媒介研究

二、听众特征

1. 全国10岁及以上听众规模达513 496 000人

根据《中国广播电视年鉴（2014）》的数据，截止到2013年底，全国广播人口覆盖率达到97.79%。但是，在广播实际收听方面，由于部分家庭不购置收听设备，或者一些家庭的收听设备已经闲置，所以实际的广播听众规模要明显小于广播覆盖的人口规模。我们所说的广播听众是指拥有正在使用的广播收听设备或家庭成员中有人在近三个月内收听过广播的家庭中10岁及以上人口。

根据CSM媒介研究2013年全国网基础调查数据，2013年全国广播听众规模为513 496 000人，占全国10岁及以上人口总数的43.3%；其中城域的广播听众规模为243 829 000人，占全国城市10岁及以上人口的52.8%；乡域的广播听众规模为269 667 000人，占全国农村10岁及以上人口的37.2%。与2012年相比，2013年全国、城域和乡域广播听众规模占人口总数的比例都有不同程度的上升。2012年，全国广播听众规模占全国10岁及以上人口总数的40%，这一比例在城域为51.2%，在乡域为32.8%。

2. 广播听众中男性比例略高于女性

根据CSM媒介研究2013年全国网基础调查数据，全国广播听众中，男性比例略高于女性，男性占51.5%，女性占48.5%，这个构成与全国10岁及以上人口的性别构成基本一致。城域广播听众中男性占51.5%，女性占48.5%，男性所占比例略高于女性，并且与全国城域10岁及以上人口性别构成也基本一致；在乡域听众中，男性占51.4%，女性占48.6%，与全国乡域10岁及以上人口性别构成基本一致（图1.2.1、图1.2.2）。

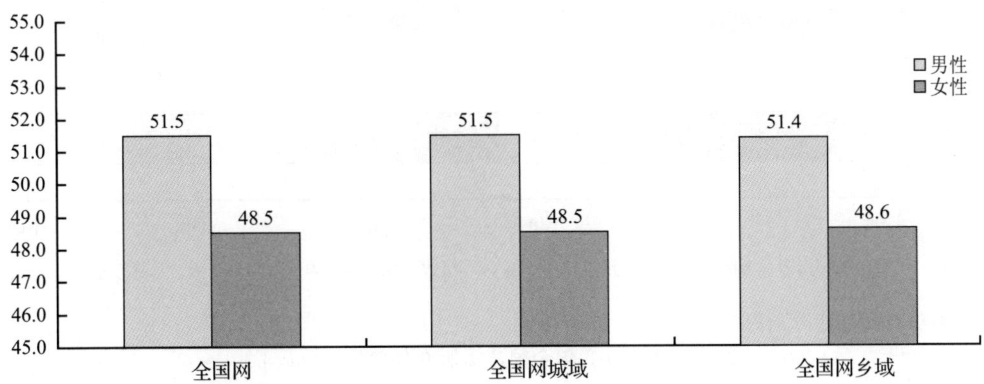

数据来源：CSM 媒介研究

图 1.2.1　2013 年全国广播听众性别构成（%）

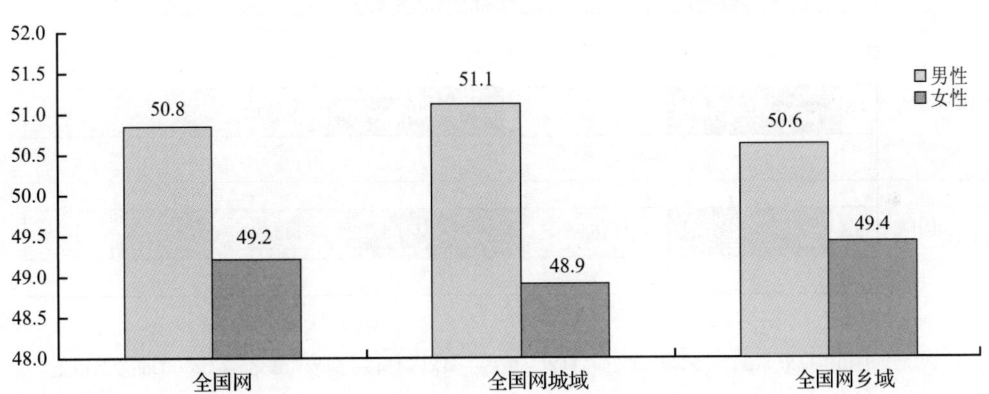

数据来源：CSM 媒介研究

图 1.2.2　2013 年全国 10 岁及以上人口性别构成（%）

3. 15—24 岁和 35—44 岁听众比例相对较高

根据2013年CSM媒介研究全国网基础调查数据，15—24岁和35—44岁年龄段听众是广播听众中所占比例相对较大的群体，其中15—24岁听众群在全国网、城域和乡域中都超过20%，35—44岁听众群在全国网和城域均超过20%，在乡域所占比例为19.8%，接近20%，并且与各自的人口比例基本一致。从城乡各年龄段广播听众所占的比例来看，城域广播听众中25—34岁和35—44岁两个群体的比例均为20.6%，分别高于乡域的18.5%和19.8%（图1.2.3、图1.2.4）。

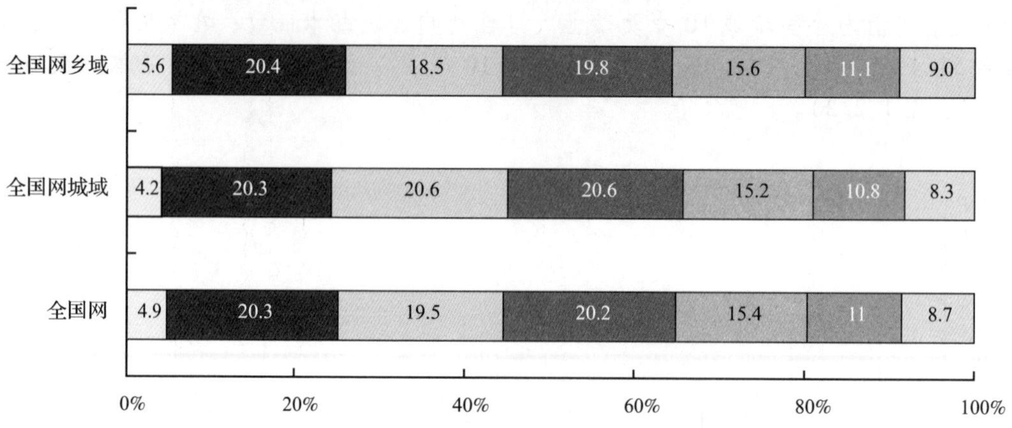

数据来源：CSM 媒介研究

图 1.2.3　2013 年全国广播听众年龄构成（%）

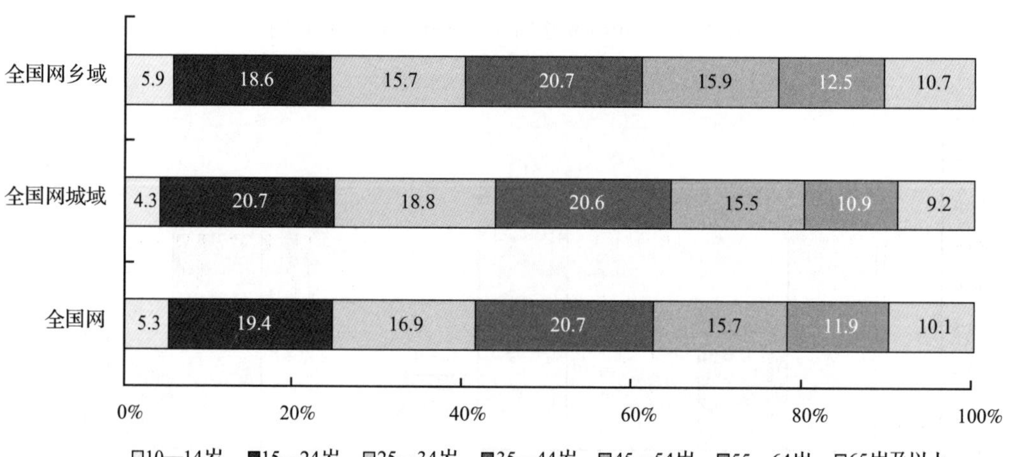

数据来源：CSM 媒介研究

图 1.2.4　2013 年全国 10 岁及以上人口年龄构成（%）

4. 城乡听众受教育程度差异明显

从 2013 年 CSM 媒介研究全国网基础调查数据来看，广播听众的受教育程度城乡差异明显，这与全国城乡人口受教育程度差异较大相一致（图 1.2.5、图 1.2.6）。在城域听众中，具有高中/技术学校、大学及以上文化程度的听众比例分别为 27.6% 和 24.4%，远高于乡域听众中的 18.5% 和 7.0%。而未受过正规教育、小学文化程度听众的比例在城域分别为 3.0% 和 13.7%，远低于乡域的 6.5% 和 24.1%。无论在全国网还是在城域和乡域，具有初中文化程度的听众均是占比最高的一类听众。

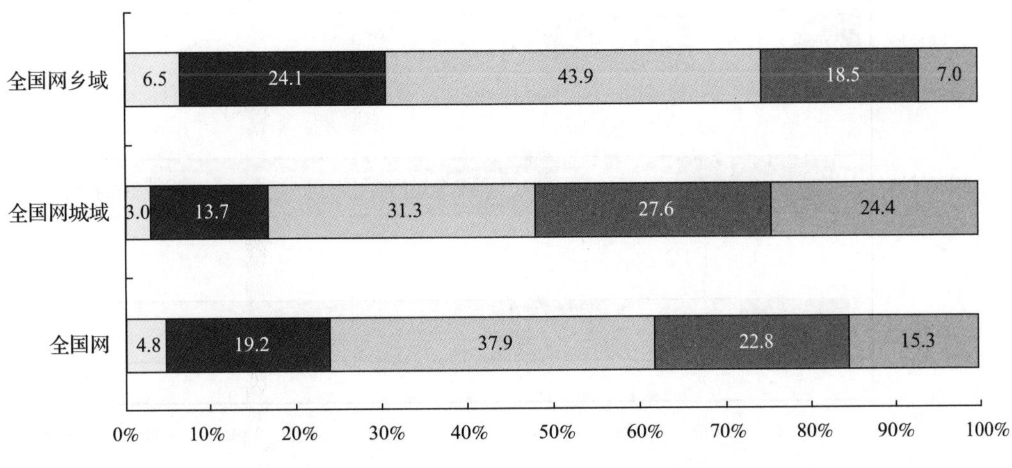

数据来源：CSM 媒介研究

图 1.2.5　2013 年全国广播听众受教育程度构成（%）

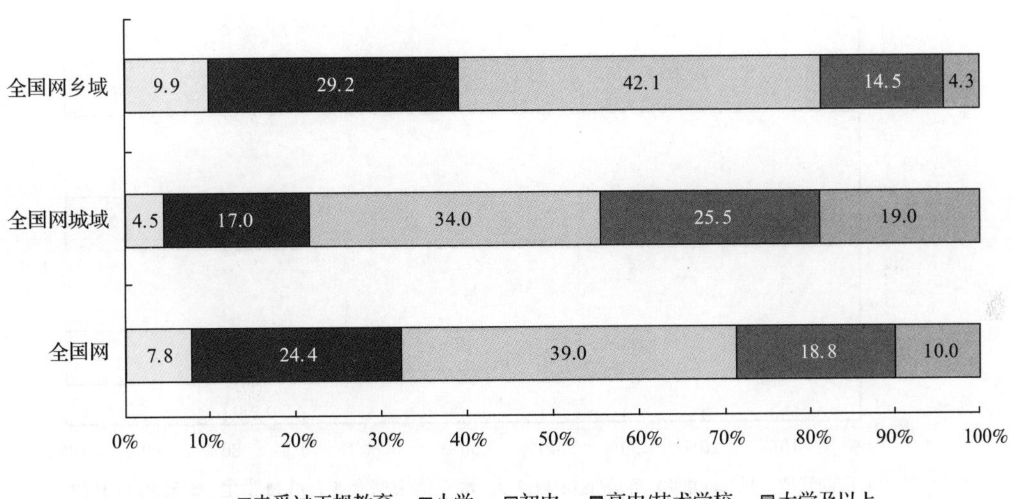

数据来源：CSM 媒介研究

图 1.2.6　2013 年全国 10 岁及以上人口受教育程度构成（%）

5. 城乡听众职业构成差异较大

从 2013 年 CSM 媒介研究全国网基础调查数据来看，城乡听众职业构成的差异较大，这主要是由城乡居民职业构成的差异所决定的。在城域听众中，包含退休人员在内的无业人群的比例最大，达到 21.3%，其次为初级公务员/雇员，所占比例为 19.5%；在乡域听众中，以农、林、牧、渔为主的其他职业类别听众所占比例最大，达 33.9%，排在第二位的是个体/私营企业人员，所占比例为 16.8%（图 1.2.7、图 1.2.8）。

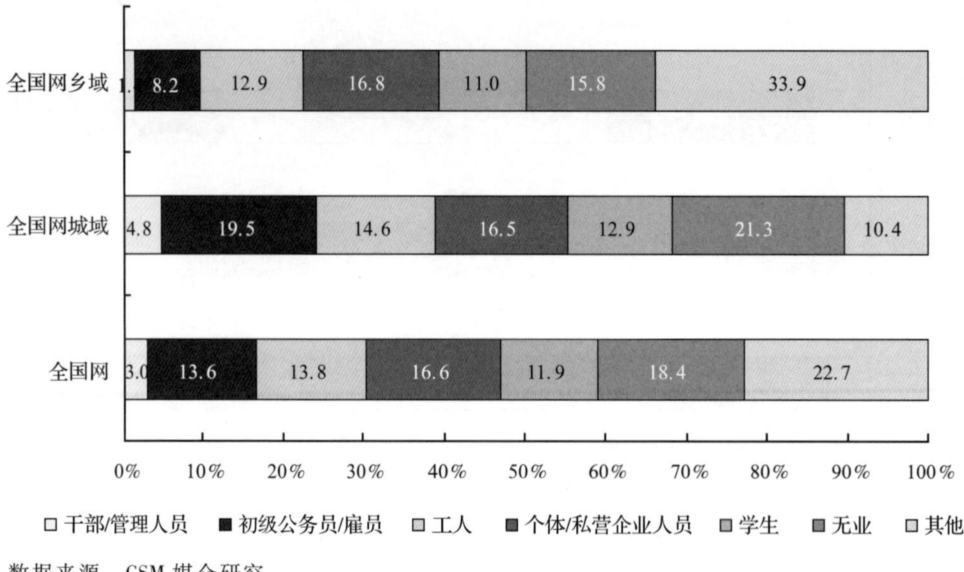

数据来源：CSM 媒介研究

图 1.2.7　2013 年全国广播听众的职业构成（%）

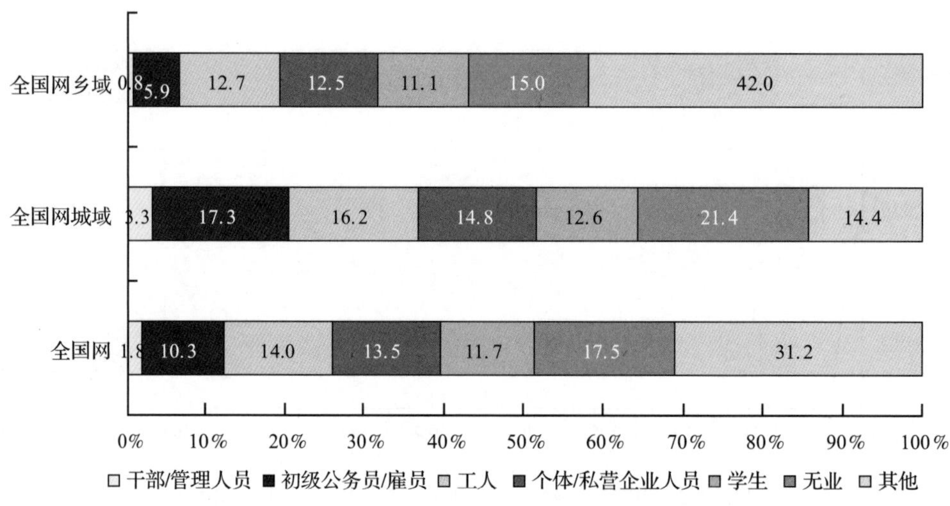

数据来源：CSM 媒介研究

图 1.2.8　2013 年全国 10 岁及以上人口的职业构成（%）

6. 个人月收入在 2001 元及以上的听众比例较 2012 年有明显提升

从 2013 年 CSM 媒介研究全国网基础调查数据来看，广播听众的收入构成城乡差异比较明显，这与我国目前城乡经济发展不平衡、城乡居民收入水平差异较大具有直接关系（图 1.2.9、图 1.2.10）。从全国广播听众的收入构成来看，个人月收入在 2001 元及以上的中高收入听众比例（41.2%），高于这一收入群体的人口构成比例（33.2%）；从城域的情况来看，个人月收入在 2001 元及以上的中高收入听众比例

（52.3%），高于这一收入群体的人口构成比例（46.8%）；从乡域的情况来看，个人月收入在2001元及以上的中高收入听众比例（31.2%），也高于这一收入群体的人口构成比例（24.6%）。

对比2012年和2013年，从城域的情况来看，个人月收入在2001元及以上的中高收入听众群体比例由2012年的46.0%上升为2013年的52.3%；从乡域的情况看，个人月收入在2001元及以上的中高收入听众比例由2012年的26.7%提高到了2013年的31.2%。2013年无论是城域还是乡域听众中个人月收入2001元及以上群体所占比例较2012年均有较大幅度上涨，反映出城乡听众的整体收入水平均有不同程度提高。

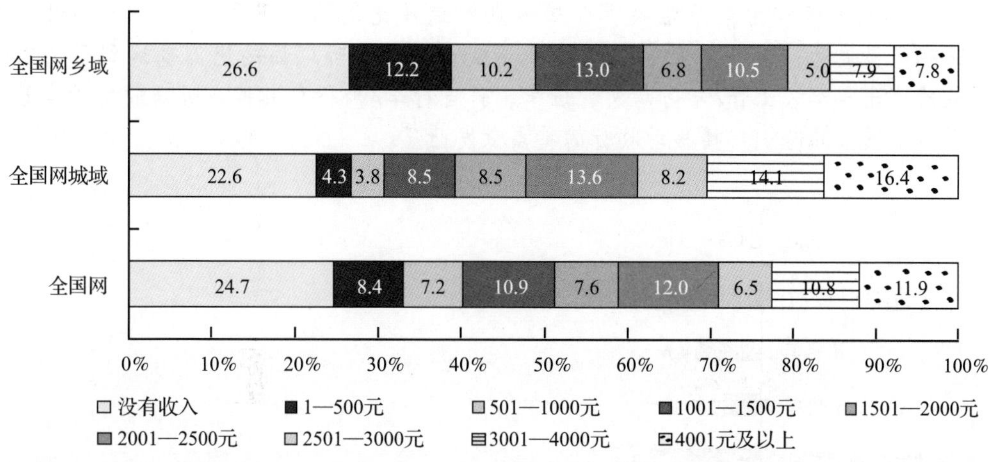

数据来源：CSM媒介研究

图1.2.9 2013年全国广播听众的个人月收入构成（%）

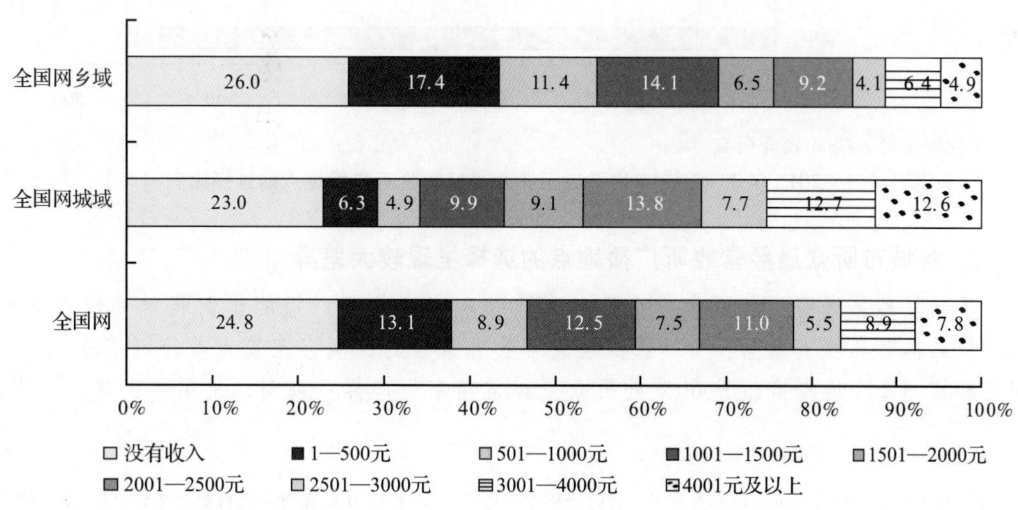

数据来源：CSM媒介研究

图1.2.10 2013年全国10岁及以上人口的个人月收入构成（%）

三、听众收听行为

（一）收听地点①

1. 超4成听众最经常收听广播的地点是家中，广播移动收听特点凸显

整体而言，2013年听众对收听地点的选择大体沿袭了往年的习惯，超过4成（43.7%）听众最经常收听广播的地点为在家，在家仍是听众最经常收听广播地点选择比例最高的场所（图1.3.1）。私家汽车越来越多地成为听众最经常收听广播的场所，2013年把私家汽车作为最经常收听广播地点的选择比例达到了35.7%，较2012年的29.5%有明显提升；最经常在公共汽车/轨道交通工具收听广播的比例也达到了7.9%，然后依次为出租车、工作/学习场所、班车、骑自行车/步行和其他。听众收听地点选择反映了一个明显趋势：广播移动收听的特点愈发凸显。

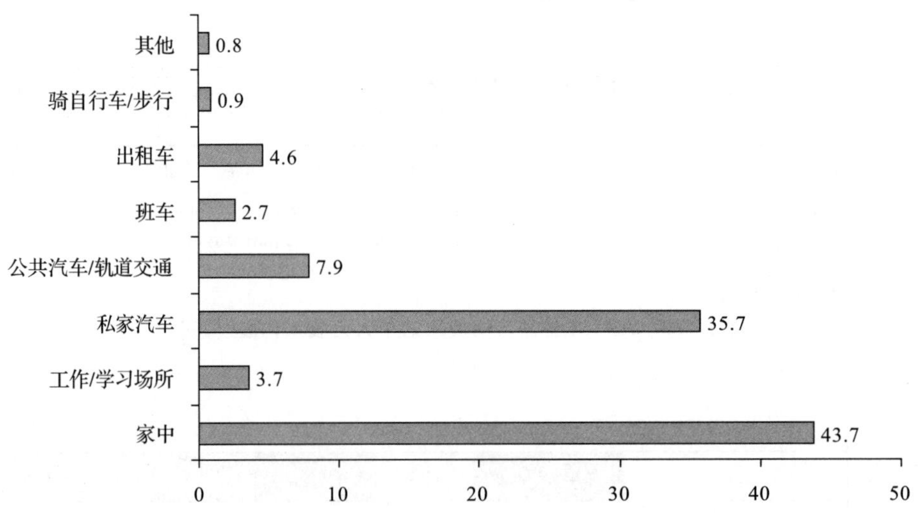

数据来源：CSM媒介研究

图1.3.1　2013年33城市15岁及以上听众最经常收听广播地点的选择比例（%）

2. 各城市听众最经常收听广播地点的选择呈现较大差异

虽然从整体来看，各城市听众最经常选择在家中收听广播的比例相对其他地点较高，但具体到各城市之间，听众选择最经常收听地点的比例存在较大差异（表1.3.1）。宁波和常州2个城市有超过60%的听众最经常在家听广播；泉州、杭州、成都、苏州、

① 对听众收听地点及听众最喜欢收听节目的分析主要基于2013年CSM媒介研究进行收听率调查的33个城市的基础研究数据，这33个城市分别为：北京、长春、长沙、常州、成都、重庆、大连、佛山、福州、广州、杭州、哈尔滨、合肥、济南、南京、南宁、宁波、青岛、清远、泉州、上海、沈阳、深圳、石家庄、苏州、太原、天津、乌鲁木齐、武汉、无锡、西安、厦门和郑州。

北京和深圳6个城市最经常选择在家里收听广播的听众比例也在50%以上；太原、无锡、厦门、福州、长沙、青岛和乌鲁木齐7个城市，40%以上的听众选择在家为最经常收听广播的地方；相对而言，石家庄、佛山、南宁、郑州、大连、济南、武汉、西安、天津、南京、合肥、长春、广州、重庆、沈阳、上海、哈尔滨和清远18个城市，最经常在家里收听广播的听众比例不高，均低于40%，尤以清远为甚，听众最经常在家听广播的选择比例仅为12.7%。相较于2012年，听众选择在家收听广播所占的比例整体有所下滑。

表1.3.1　2013年33城市15岁及以上听众最经常收听广播地点的选择比例（%）

城市	家中	工作/学习场所	私家汽车	公共汽车/轨道交通	班车	出租车	骑自行车/步行	其他
北京	51.8	0.0	41.0	4.4	1.0	0.9	0.3	0.6
长春	23.9	6.4	33.5	13.6	3.2	17.7	0.1	1.6
长沙	43.2	2.1	21.9	8.0	1.0	23.0	0.7	0.1
常州	62.1	2.2	29.7	2.6	1.6	1.6	0.2	0.0
成都	53.1	2.2	33.9	3.2	1.8	1.3	3.2	1.3
重庆	21.7	8.6	45.7	4.1	4.0	12.8	1.1	2.0
大连	32.1	6.5	47.9	3.9	6.1	1.9	0.6	1.0
佛山	36.5	8.4	42.0	9.0	2.3	0.4	0.4	1.0
福州	44.3	4.0	38.7	2.8	4.7	3.9	0.8	0.8
广州	22.0	7.6	52.8	8.3	3.7	2.6	0.7	2.3
杭州	55.3	1.5	35.2	3.7	1.7	1.3	0.4	0.9
哈尔滨	13.6	2.3	52.4	25.6	4.0	1.7	0.0	0.4
合肥	25.0	5.6	45.4	0.5	5.1	16.1	2.2	0.1
济南	30.1	5.1	54.0	5.3	3.4	0.7	1.2	0.2
南京	25.9	7.5	48.9	8.4	2.5	3.1	2.5	1.2
南宁	32.9	5.7	38.1	1.4	3.4	12.7	3.1	2.7
宁波	67.3	2.1	22.7	3.2	0.9	3.5	0.3	0.0
青岛	42.9	1.6	42.0	3.0	3.9	5.1	0.6	0.9
清远	12.7	11.4	64.8	0.0	7.0	0.0	0.9	3.2
上海	17.3	4.3	71.5	4.0	0.6	0.3	2.0	0.0
泉州	56.1	2.7	28.0	3.6	2.3	7.3	0.0	0.0
沈阳	18.3	3.1	55.9	4.7	4.5	12.9	0.6	0.0
深圳	51.2	2.5	17.2	24.9	1.8	1.6	0.3	0.5
石家庄	38.4	3.1	46.1	3.6	4.0	2.2	1.0	1.6
苏州	52.5	1.8	40.2	3.3	0.6	0.3	0.6	0.7
太原	48.8	4.1	32.4	1.0	3.1	8.0	1.2	1.4

续表

城市	家中	工作/学习场所	私家汽车	公共汽车/轨道交通	班车	出租车	骑自行车/步行	其他
天津	28.1	1.7	56.0	7.4	4.9	0.8	0.3	0.8
乌鲁木齐	41.0	1.4	46.2	2.9	2.2	3.9	0.4	2.0
武汉	29.8	2.9	48.6	5.7	4.3	8.7	0.0	0.0
无锡	47.6	1.3	41.8	1.0	5.2	2.1	0.7	0.3
西安	28.9	4.2	52.2	9.4	1.1	2.2	1.0	1.0
厦门	46.6	2.8	17.6	21.5	4.3	6.5	0.3	0.4
郑州	32.2	2.9	36.3	17.5	2.0	6.7	1.2	1.2

数据来源：CSM 媒介研究

2013 年，听众最经常选择在公共汽车/轨道交通上收听广播比例最高的是哈尔滨，为 25.6%，此外该比例在 20% 以上的城市还有深圳和厦门，分别为 24.9% 和 21.5%；郑州和长春 2 个城市听众最经常选择在公共汽车/轨道交通上收听广播的比例在 10%—20% 之间，处于中间水平；西安、佛山、南京、广州、长沙、天津、武汉和济南 8 个城市听众最经常选择在公共汽车/轨道交通上听广播的比例在 5%—10% 之间；沈阳、北京、重庆、上海、大连、杭州、泉州、石家庄、苏州、宁波、成都、青岛、乌鲁木齐、福州、常州、南宁、太原、无锡、合肥和清远 20 个城市听众最经常选择在公共汽车/轨道交通上收听广播比例较低，不足 5%，其中尤以清远为最，该比例为 0，没有听众在公共汽车/轨道交通上收听广播，这可能与当地的道路交通状况和听众的出行方式有关。

随着我国百姓生活水平的提高，私家车数量激增，收听广播成为司机们打发时间、精神消遣、获取信息的重要途径，选择在私家车上收听广播的听众比例逐渐增多。2013 年最经常选择在私家车上收听广播比例最高的是上海（71.5%），其次是清远（64.8%），随后的天津、沈阳、济南、广州、哈尔滨和西安 6 个城市最经常选择在私家车上收听广播的比例在 50%—60% 之间；南京、武汉、大连、乌鲁木齐、石家庄、重庆、合肥、佛山、青岛、无锡、北京和苏州 12 个城市最经常选择在私家车上收听广播的比例在 40%—50% 之间；福州、南宁、郑州、杭州、成都、长春和太原 7 个城市最经常在私家车上收听广播的比例在 30%—40% 之间；常州、泉州、宁波和长沙 4 个城市最经常选择在私家车上收听广播的比例在 20%—30% 之间，厦门和深圳 2 个城市最经常选择在私家车上收听广播的比例在 10%—20% 之间，深圳最低为 17.2%。2013 年听众选择在私家车上收听广播的听众比例较 2012 年有大幅度的提升。

出租车已经成为一个城市的标志物之一，也是广播媒体重点开拓的市场之一。由于各地出租车价格、人们乘坐习惯等存在差异，选择在出租车上收听广播的听众比例差异也较大。2013 年，长沙最经常选择在出租车上收听广播的听众比例达 23.0%，在 33 城市中最高；然后依次为长春、合肥、沈阳、重庆和南宁，该比例在 10%—18% 之间；武汉、太原和泉州等 27 个城市的听众最经常选择在出租车上收听广播的比例均不高，低于10%，其中清远最低，为0，没有听众把出租车作为最经常选择收听广播的场所。

其余收听地点的听众选择比例相对以上地点较低，但也存在个别城市比例较高的地点。例如，清远有7.0%的听众把班车作为最经常选择收听广播的场所；同样是清远有11.4%的听众把工作/学习场所作为最经常选择收听广播的场所，重庆和佛山该比例也达到了8%以上，广州和南京该比例也在7%以上，这充分体现出广播的伴随性特征，听众可以边听广播边工作。

3. 各目标听众群体最经常收听广播地点的选择与其角色定位相关

分目标听众来看，最经常收听广播地点的选择受其性别、年龄、受教育程度及职业的影响（表1.3.2）。与女性听众相比，男性听众相对更多地选择在私家汽车上和工作/学习场所收听广播，这与他们的出行方式和生活习惯有关；而女性听众最经常选择收听广播的场所则是相对更多地在家中、公共汽车/轨道交通等地方。

表1.3.2 2013年33城市不同目标听众最经常收听广播地点的选择比例（%）

目标听众	家中	工作/学习场所	私家汽车	公共汽车/轨道交通	班车	出租车	骑自行车/步行	其他
男	38.3	4.6	39.4	7.2	4.2	4.5	1.0	0.8
女	50.1	2.5	31.3	8.8	1.0	4.6	0.8	0.9
15—24岁	40.1	5.2	29.4	14.0	1.9	7.5	1.3	0.6
25—34岁	26.0	3.6	49.2	9.9	4.1	5.5	1.3	0.4
35—44岁	27.9	3.6	53.7	5.7	3.6	4.2	0.9	0.4
45—54岁	48.0	4.6	33.7	5.0	3.7	3.5	0.3	1.2
55岁及以上	83.6	1.9	7.0	3.6	0.4	1.4	0.2	1.9
未受过正规教育	93.3	1.2	1.5	2.9	0.0	0.4	0.0	0.7
小学	72.0	3.0	13.7	5.5	1.0	2.4	0.3	2.1
初中	54.0	6.0	24.2	7.2	3.0	3.6	0.7	1.3
高中/技术学校	46.3	4.6	31.3	8.1	3.1	4.9	0.9	0.8
大学及以上	30.1	1.8	50.0	8.7	2.7	5.2	1.1	0.4
干部/管理人员	23.3	1.8	62.1	5.3	3.4	3.4	0.3	0.4
初级公务员/雇员	31.1	3.2	46.1	8.1	4.1	5.6	1.5	0.3
个体/私营企业人员	21.7	3.6	58.4	7.4	1.5	5.8	1.0	0.6
工人	40.0	9.8	24.7	11.7	7.2	4.8	1.0	0.8
学生	48.2	5.5	28.1	11.8	0.1	4.8	0.8	0.7
无业（包括退休）	76.0	0.4	13.2	5.4	0.1	2.9	0.3	1.7
其他	73.2	5.6	12.4	2.4	0.8	3.0	0.8	1.8

数据来源：CSM媒介研究

各个年龄群体最经常收听地点的选择也存在明显差异。25岁及以上听众，年龄越大，选择最经常在家中听广播的比例越高，选择最经常在私家汽车和公共汽车/轨道交通上收听广播的比例越低。这是因为随着年龄的增长、身体状况的下降，尤其是对于老年人而言，乘坐公共汽车的困难和不便也日益增多。35—44岁和25—34岁这两部分听众是社会的中流砥柱，因此也是选择最经常在私家汽车上收听广播比例最高的两个群体(分别为53.7%和49.2%)。15—24岁的青少年群体受经济状况和生活习惯影响，选择最经常在公共汽车/轨道交通上收听广播的比例是各年龄组中最高的，选择比例为14.0%。

受教育程度对个人的工作和生活状况具有重要影响，也影响到其收听地点的选择。沿袭以往的一贯特征，2013年一个显著特点仍然是：低受教育程度者，包括未受过正规教育和小学学历听众选择最经常在家中听广播的比例非常高，分别为93.3%和72.0%；在私家汽车、公共汽车/轨道交通和出租车上等各类交通工具上最经常收听广播的比例呈现学历越高、比例越高的态势，其中大学及以上学历听众群体最经常选择在私家汽车、公共汽车/轨道交通和出租车上收听广播的比例分别达到了50.0%、8.7%和5.2%，尤以在私家汽车上的比例为最高，这与该类人群属于社会中坚力量，拥有私家汽车比例较高有关。同时可以发现，选择在骑自行车/步行时收听广播的比例也呈现出学历越高，比例越高的趋势。

听众对收听地点的选择与其职业也有较强的关联性。低职业层级和赋闲在家的无业听众最经常选择在家中收听广播的比例较高，社会地位较高或者收入水平较高的从业者，最经常选择在私家汽车上收听广播的比例相对更高。无业人员及学生选择最经常在家收听广播的比例较大，分别为76.0%和48.2%，干部/管理人员、个体/私营企业人员和初级公务员/雇员选择最经常在私家汽车上听广播的比例分别达到了62.1%、58.4%和46.1%，远高于其他职业类别。

各目标听众对最经常收听广播地点的选择特点在一定程度上可以为广播媒体进行对象化编排和节目定位提供依据。

(二) 人均收听时间

1. 2013年全国33城市人均收听时间较2012年有所下降，且城市间差异显著

在全国33个城市[①]中，2013年人均每日收听广播的时间为77.0分钟，较2012年的81.2分钟有所下降。2013年各城市之间的人均日收听分钟数差距较大，哈尔滨、天津、杭州和济南等14个城市人均日收听分钟数高于33城市平均水平，哈尔滨最高达129.8分钟，其次是天津为115.3分钟，杭州、济南和沈阳3个城市也超过了100分钟；重庆、南宁、宁波和长沙则较低，平均每人每天的收听量不足50分钟，特别是长沙，人均每日收听时间为41.3分钟，仅为哈尔滨的31.8%（表1.3.3）。

① 本年鉴在有关收听状况的分析中，主要采用2013年CSM媒介研究进行收听率调查的33个城市（包括四波调查城市和连续调查城市）的收听调查数据，这33个城市分别为：北京、长春、长沙、常州、成都、重庆、大连、佛山、福州、广州、杭州、哈尔滨、合肥、济南、南京、南宁、宁波、青岛、清远、泉州、上海、沈阳、深圳、石家庄、苏州、太原、天津、乌鲁木齐、武汉、无锡、西安、厦门和郑州。

表 1.3.3 2013 年各城市听众人均每日收听广播时间（分钟，四波调查数据）

城市	人均收听时间	城市	人均收听时间
哈尔滨	129.8	北京	72.5
天津	115.3	长春	67.4
杭州	113.0	无锡	66.2
济南	103.7	上海	62.6
沈阳	100.5	泉州	60.0
乌鲁木齐	95.1	福州	59.7
西安	94.2	广州	55.5
佛山	85.4	武汉	55.5
大连	83.8	清远	54.6
南京	81.1	厦门	52.5
石家庄	79.7	深圳	51.2
常州	78.6	成都	50.1
青岛	78.3	重庆	49.2
郑州	78.1	南宁	48.2
合肥	76.6	宁波	47.0
苏州	76.0	长沙	41.3
太原	72.7		
33 城市平均		77.0	

数据来源：CSM 媒介研究

2. 春、夏两季人均收听时间高于其他季节

CSM 媒介研究实行的四波次收听率调查分别分布在2至3月、5至6月、8至9月和11月，基本能够代表春、夏、秋、冬四季。对2013年33城市在各个调查波次的收听情况（其中，连续调查城市取各个调查波次时期的数据）进行分析发现，2013年全国33个城市整体春季和夏季的人均收听量要高于其他两个季节，人均每天收听时间较其他两个季节多出约1.5分钟（表1.3.4）。

具体到每个城市，季节差异不尽相同。哈尔滨一年四季（四波）的人均收听时长在33个调查城市中均排名首位，尤以春季最高。哈尔滨位于我国的最北方，是我国纬度最高、气温最低的大都市，哈尔滨的春季（第1波调查）仍然是非常寒冷的时期，听众在家的时间较长，因此人均收听量在各季度中最高。人均收听量次高的城市是天津，该城市收听很有特色：由于地处华北，春季二、三月份仍然寒冷料峭，夏季气温较高，天气比较炎热，听众多居于室内，收听广播的机率增大，因此，春、夏两季的人均收听量高于其他两个季节。可见，气候条件和生活习惯在一定程度上影响了听众的季节性收听行为（表1.3.4）。

表 1.3.4　2013 年各城市听众在四波调查期间人均每日收听广播时间（分钟）

城市	第 1 波（2013.2.24—3.16）	第 2 波（2013.5.26—6.15）	第 3 波（2013.8.25—9.14）	第 4 波（2013.11.3—11.23）
北京	72.2	69.1	74.3	74.3
长春	72.9	63.8	63.2	69.7
长沙	43.2	44.9	37.6	39.4
常州	83.0	75.2	78.6	77.5
成都	47.8	51.9	50.0	50.9
重庆	48.3	54.1	49.3	45.3
大连	84.7	84.3	85.8	80.3
佛山	85.9	83.7	84.9	87.0
福州	62.8	63.4	59.5	53.1
广州	52.0	56.5	56.9	56.5
杭州	111.9	113.1	112.0	115.1
哈尔滨	134.4	128.9	127.2	128.9
合肥	79.9	76.5	76.5	73.4
济南	105.8	102.0	106.3	100.8
南京	79.5	78.6	87.9	78.3
南宁	45.5	49.1	49.0	49.1
宁波	47.7	46.5	46.9	46.9
青岛	78.9	79.8	77.5	77.1
清远	56.2	53.4	60.4	48.2
泉州	63.7	58.3	58.9	59.1
上海	64.2	65.6	61.9	58.8
沈阳	105.5	99.2	98.3	99.0
深圳	50.3	53.3	50.1	51.1
石家庄	84.0	82.7	73.9	78.3
苏州	81.3	82.0	70.1	70.7
太原	68.1	69.3	76.3	77.0
天津	116.8	119.5	110.7	114.4
乌鲁木齐	96.8	96.5	88.2	98.8
武汉	54.8	55.7	55.8	55.9
无锡	67.0	72.8	60.9	64.2
西安	97.0	98.8	91.9	89.2
厦门	51.0	53.5	54.2	51.5
郑州	74.6	77.8	82.5	77.4
33 城市	77.7	77.7	76.5	76.2

数据来源：CSM 媒介研究

3. 男性、老年、初高中学历、中低收入听众群体人均收听时间较长

2013年各目标听众群体的人均收听时长特征与2012年类似。男性听众人均每日收听时间达到80.3分钟，比女性听众长6.6分钟。各年龄段听众，呈现出年龄越大、收听量越大的特点，10—14岁的少年儿童听众人均每日收听时间仅为32.6分钟，仅为55岁及以上群体人均收听时间的1/4左右，广播媒体受众老龄化的倾向仍然突出。

从受教育程度来看，初、高中学历听众广播收听时间较长，分别达到人均每天85.3分钟和80.0分钟。在各类职业群体中，无业者人均收听广播时间最长，为103.6分钟，其次是个体/私营企业人员、工人、干部/管理人员和初级公务员/雇员，平均每人每天收听时间均超过1小时。

从不同收入水平来看，个人月收入在1001—1500元听众人均日收听时间最长，为92.9分钟，其次是1501—2000元、1—500元和2001—2500元之间听众，日均收听量也达到或超过了90分钟，501—1000元、3001—4000元听众的人均日收听量超过了80分钟，而2501—3000元和4001元及以上收入群体的人均日收听量低于80分钟（表1.3.5）。

表1.3.5 2013年33城市不同目标听众人均每日收听广播时间（分钟）

目标听众	人均收听时间	目标听众	人均收听时间
男	80.3	干部/管理人员	73.6
女	73.7	初级公务员/雇员	68.2
10—14岁	32.6	个体/私营企业人员	85.6
15—24岁	45.4	工人	79.5
25—34岁	64.6	学生	36.4
35—44岁	79.9	无业	103.6
45—54岁	89.7	其他	77.1
55—64岁	114.5	没有收入	45.3
65岁及以上	118.9	1—500元	91.9
未受过正规教育	73.5	501—1000元	87.4
小学	69.9	1001—1500元	92.9
初中	85.3	1501—2000元	92.0
高中/中专/职高/技校	80.0	2001—2500元	90.0
大学及以上	67.7	2501—3000元	78.9
		3001—4000元	81.4
		4001元及以上	73.5

数据来源：CSM媒介研究

（三）全天收听走势

1. 早间创造全天收听最高峰，高峰时段收听率工作日明显高于周末

与电视观众收视率全天走势不同，广播的收听最高峰出现在早间。2013 年全国 33 个城市，工作日 7：00—7：30 时段正值上班高峰，开机率高，收听率超过 15%，其中在 7：15 — 7：30 时段收听率最高达 15.58%。早间 8：30 之后，收听率开始逐步走低，在 13：15—14：00 收听率跌至不足 4%。傍晚 17：30—18：30 下班时段，收听率回升至 9% 以上，随后到 20：00 左右又出现明显的下跌。20：00—21：00 时段虽有所起色，但同早间、傍晚相比，收听率大幅降低（图 1.3.2）。

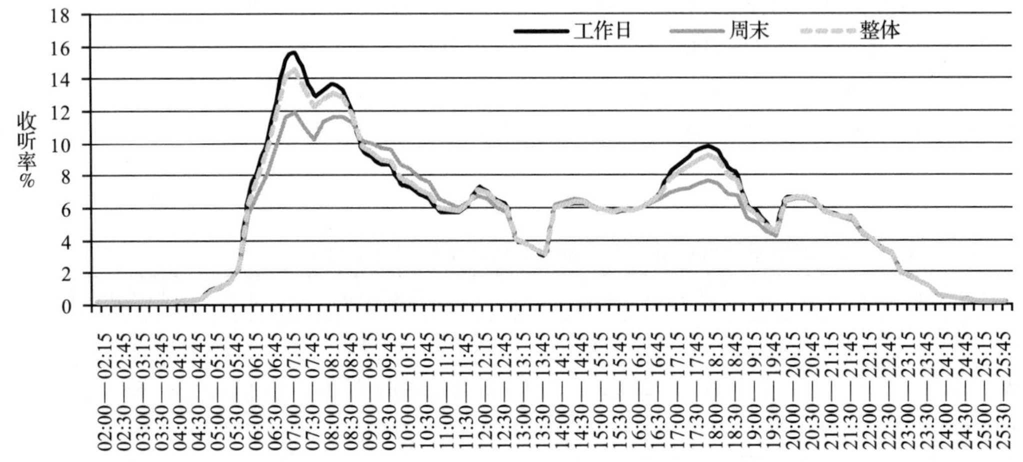

数据来源：CSM 媒介研究

图 1.3.2　2013 年 33 城市全天收听率走势

工作日和周末的收听率在高峰时段有较为显著的差别。工作日在早间 6：00—9：00 和下午 16：30—19：30 的收听高峰时段，收听率明显高于周末同时段，其中在 7：00 左右，两者之间的收听率差距达到近 4 个百分点。而周末在上午 9：00—12：00 时段的收听率高于工作日。收听数据从一定程度上反映了听众的生活、工作作息规律：工作日早上通常会在洗漱、吃饭和上班途中收听广播，白天工作，而在周末的上午则拥有更多的闲暇时间收听广播。

2. 四季全天收听走势基本一致，不同季节收听水平略有差异

2013 年，全国 33 个城市听众在四波次调查中的全天收听率走势大体相同，均显示出早间的收听最高峰和午间以及傍晚的两个收听次高峰。相对而言，春季第一波调查期间在 8：00—15：30 时段的收听率较高，高于其他三波调查同时段的收听率（图 1.3.3）。

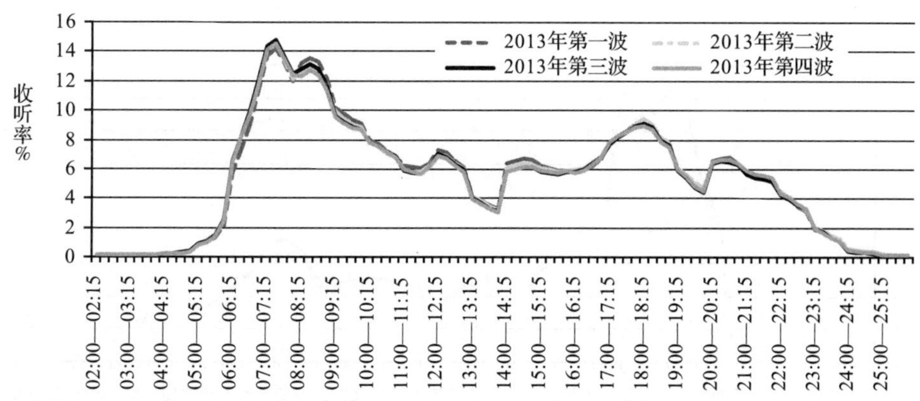

数据来源：CSM 媒介研究

图 1.3.3　2013 年 33 城市四波次调查全天收听率走势

3. 北京、上海全天收听走势基本一致，广州收听高峰特色十足

北京听众的全天收听走势与全国 33 个城市的平均收听率走势基本一致。北京听众工作日早间 7∶00—7∶30 左右的收听率超过了 18%，远远高于周末水平。北京听众在 12∶00、15∶30 和 18∶00 左右形成另外三个收听高峰，另外随着听众夜生活时间的延伸，在 20∶00 之后还形成了一个小而跨度较大的扁平状收听率高峰（图 1.3.4）。

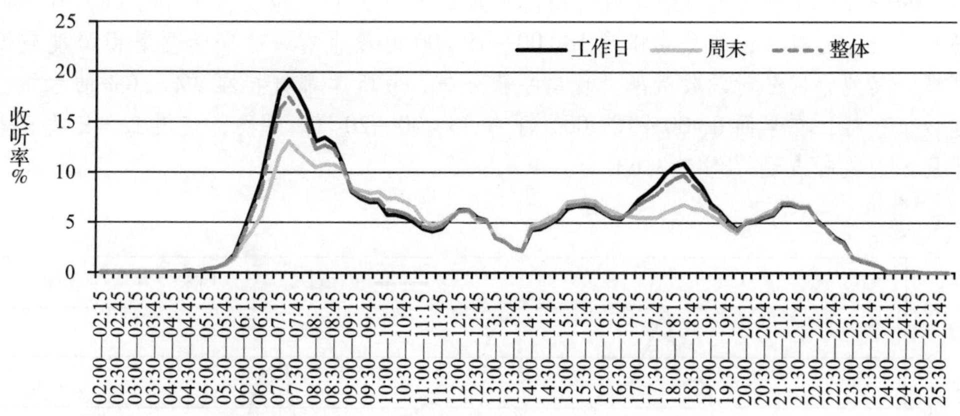

数据来源：CSM 媒介研究

图 1.3.4　2013 年北京全天收听率走势

上海听众的全天收听走势与全国 33 个城市情况大体相同，在早间 7∶00—7∶45 和 8∶00—8∶45 时段出现了两个收听率超过 16% 的收听高峰带，其中在 8∶15—8∶30 时段达到全天收听峰值，为 16.88%。与北京不同的是，在早间收听高峰之后，上海听众在 9∶00—14∶00 时段的收听基本上处于平缓下滑阶段，午间 12∶00 左右出现了一个小的收听回升。而此后在晚间 18∶00 左右，虽然也出现了一个全天第二高峰，但相较早间就显得相形见绌、平淡无奇。工作日 6∶00—9∶00 时段相较于周末同时段的收听优势明显，

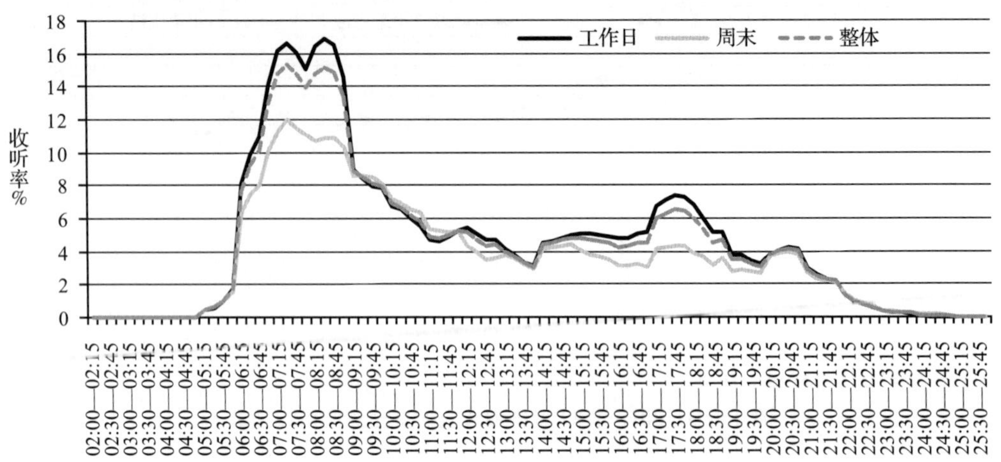

数据来源：CSM 媒介研究

图 1.3.5　2013 年上海全天收听率走势

周末则在 9∶15—12∶00 时段收听率高于工作日（图 1.3.5）。

与北京、上海乃至全国 33 个城市全天收听率走势相比，广州听众的全天收听走势特色十足，差异巨大。最大的差别是广州听众的全天收听最高峰不只是出现在早间，午间 12∶00—13∶00 时段也有一个收听高峰时段，孤峰突起，跨度为 1 个小时，与早间收听高峰时段分庭抗礼；此外在傍晚 18∶00—19∶00 时段也有一个较为显著而跨度较窄的次高峰。其他大部分时段收听率呈现扁平状分布，收听率都维持在 2%—6% 的水平。和其他城市一样，在早间 6∶00—10∶00、下午 14∶00—20∶00 时段，广州工作日收听表现好于周末的收听表现（图 1.3.6）。

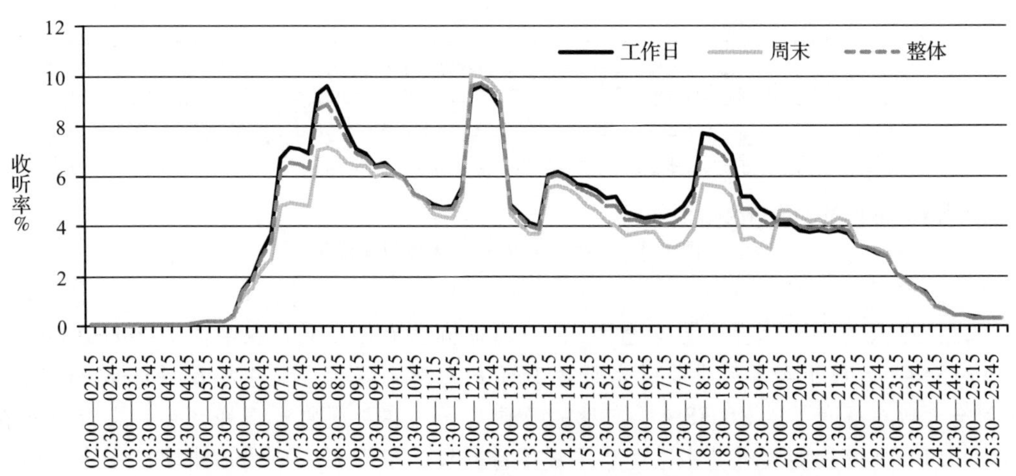

数据来源：CSM 媒介研究

图 1.3.6　2013 年广州全天收听率走势

4. 各类目标听众在不同时段的收听特点不同

2013年，全国33城市收听数据显示，男性听众在全天大多数时段的收听率都要高于女性群体，尤其是在早间7:00左右、傍晚18:00和晚间20:00左右较为明显（图1.3.7）。这是因为男性群体是移动收听的主力听众群体，在早晚上下班的高峰时段，具有收听优势。

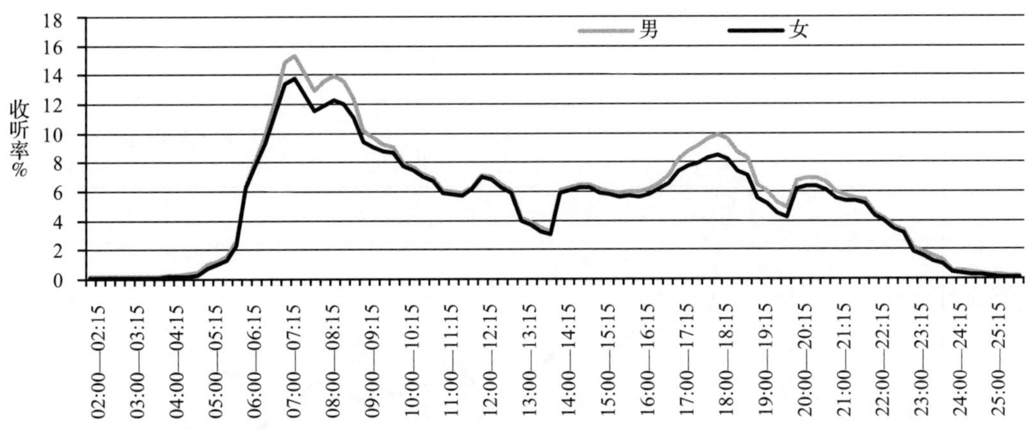

数据来源：CSM媒介研究

图1.3.7 2013年33城市不同性别听众全天收听率走势

中老年听众群体构成了2013年我国广播媒体市场上的主力受众。数据显示，55岁及以上的中老年听众在全天的大部分时段收听水平都明显高于更年轻的听众，尤其是65岁及以上的听众在4:00—7:30时段的三个半小时内的收听率位于各年龄层之冠。在日间大多数时段，中老年群体的收听率也都明显高于年轻群体（图1.3.8）。

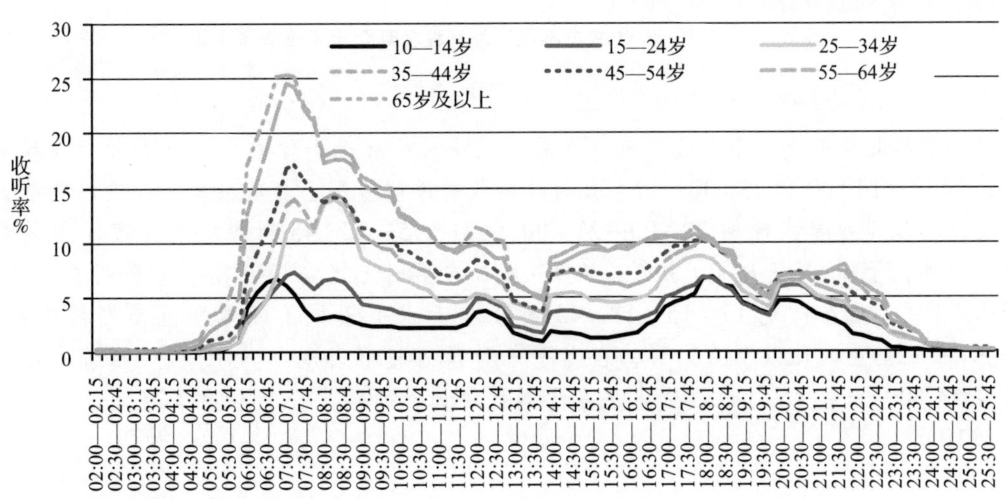

数据来源：CSM媒介研究

图1.3.8 2013年33城市不同年龄听众全天收听率走势

从受教育程度来看，大学及以上的高学历群体，在早间7:00—8:45和下午17:00—19:00时段，拥有高于其他听众群体的收听率，这在一定程度上和高学历者在上下班高峰时段有更多机会乘坐私家汽车和出租车有关，因此在这些时段针对高学历群体进行内容编排和广告投放比较适宜。相比较而言，低教育程度群体在9:00—12:45、14:15—17:15和19:00—22:15时段的收听水平较高，广播电台可以在这一时段适当安排与之对应的节目内容（图1.3.9）。

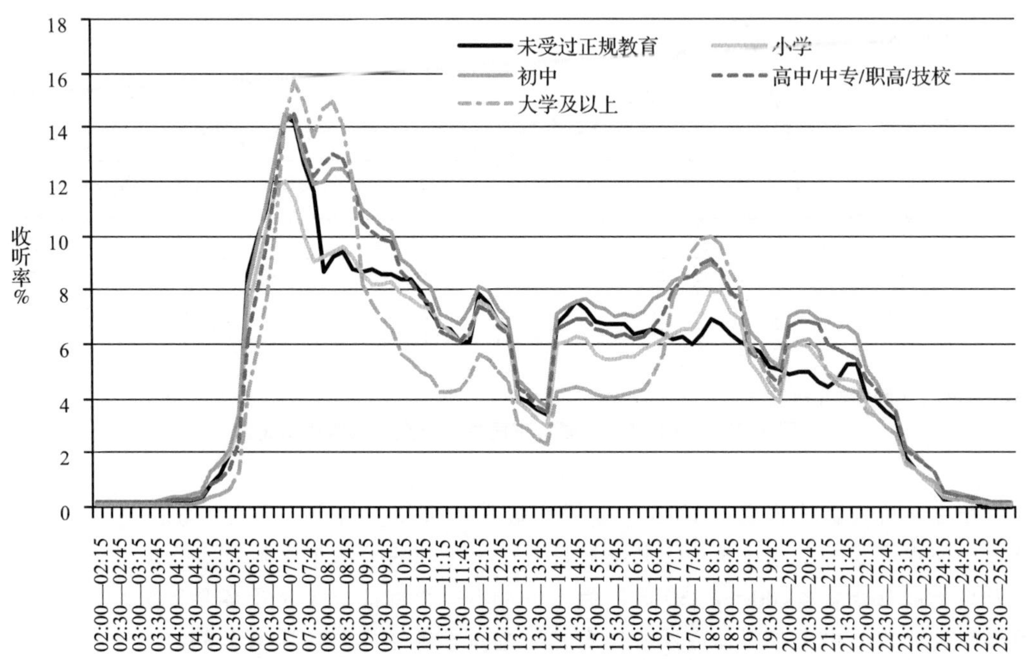

数据来源：CSM媒介研究

图1.3.9　2013年33城市不同受教育程度听众全天收听率走势

从不同职业听众的全天收听走势来看，无业人员（含退休人员）全天收听表现较优，4:30—14:00和15:00—17:30时段的收听率明显高于其他群体；以农林牧副渔为主的其他职业者在晚间20:00—21:00和21:15—22:45时段收听率高于其他群体。此外，干部/管理人员、初级公务员/雇员在早间上班高峰时段也出现明显高峰，干部/管理人员在傍晚17:15—18:45时段收听水平领先于其他职业类别的听众。个体/私营企业人员以及工人群体在上下午时段有较好表现，其中个体/私营企业人员在14:00—14:45时段收听水平高于其他群体，而学生全天收听率整体偏低（图1.3.10）。

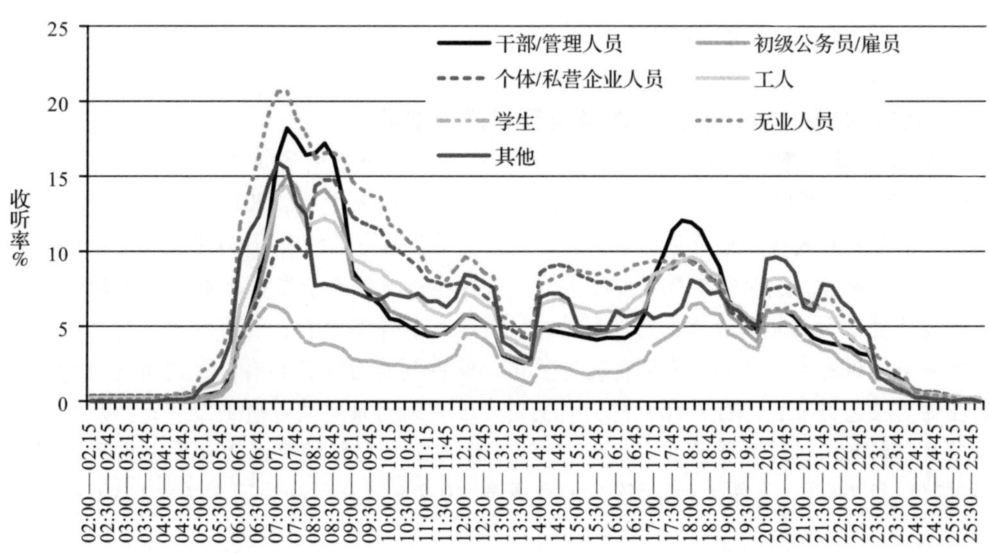

数据来源：CSM 媒介研究

图 1.3.10　2013 年 33 城市不同职业听众全天收听率走势

从个人月收入水平来看，中等收入群体在早晚交通高峰期具有收听优势，1—500 元收入人群在午间 11:00—13:00 和晚间 20:45—22:15 时段收听水平居首，而 4001 元及以上的高收入人群则在早间 8:00—9:00 时段收听率较高。与之相比较，中等收入群体在全天时段的收听率相对均较高，也较为稳定（图 1.3.11）。广播媒体可针对各类听众在不同时段的收听水平特点，进行内容编排和广告投放。

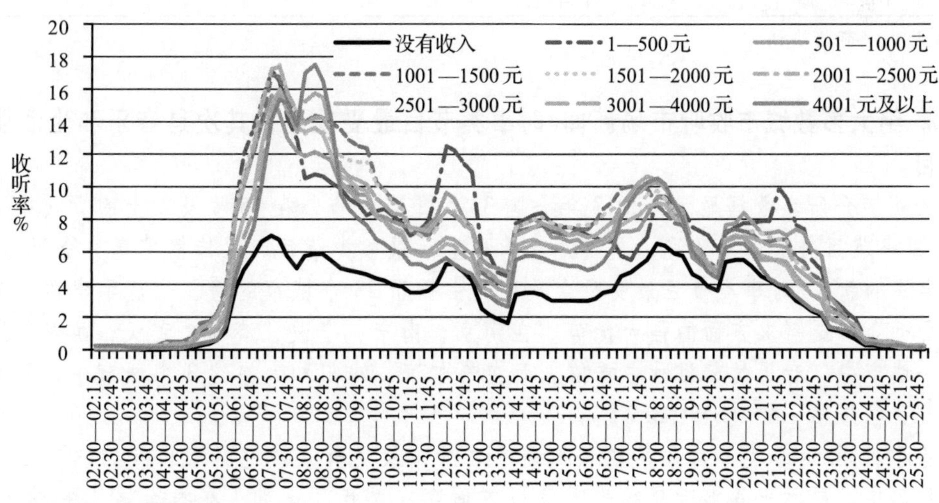

数据来源：CSM 媒介研究

图 1.3.11　2013 年 33 城市不同收入水平听众全天收听率走势

(四) 听众最喜欢收听的节目类型

1. 新闻/时事、音乐和生活服务类节目广受欢迎

CSM媒介研究将广播节目共分为十个大类，涵盖了当今广播媒体的各个节目类型。根据CSM媒介研究2013年33个收听率调查城市的基础研究数据，2013年全国33城市15岁及以上听众最喜欢收听广播节目类型比较集中，提供新闻资讯的新闻/时事类节目以69.7%的选择比例高居榜首，成为听众最喜爱收听的节目类型；能够充分发挥广播“优美动听”功能的音乐类节目以55.4%的选择比例位列第二，竞争优势不容忽视；和百姓生活息息相关，能够传播科普知识的生活服务类节目也获得了47.4%的铁杆听众，具有一定的市场空间；排名第四位的是文艺类节目，有25.6%的听众把该类节目列为最喜欢收听的节目；然后依次为法制类节目（6.9%）、体育类节目（6.6%）和财经类节目（5.5%），三者所占比例均超过了5%；其他（1.6%）、社教类（1.5%）和外语类（0.7%）分列最后三位（表1.3.6）。

表1.3.6 2013年33城市15岁及以上听众最喜欢收听广播节目类型的选择比例（%，多选）

排名	节目类型	比例（%）
1	新闻/时事	69.7
2	音乐类	55.4
3	生活服务类	47.4
4	文艺类	25.6
5	法制类	6.9
6	体育类	6.6
7	财经类	5.5
8	其他	1.6
9	社教类	1.5
10	外语类	0.7

数据来源：CSM媒介研究

2. 绝大多数城市收听市场新闻/时事类节目最受欢迎，其次是音乐和生活服务类节目

CSM媒介研究数据显示，2013年全国33个重点城市，在15岁及以上的听众中，新闻/时事类节目普遍最受欢迎，其次是音乐和生活服务类节目。以传播信息、资讯为主，内容丰富的新闻/时事类节目最受听众欢迎，占据了23个城市的榜首，显示出该类节目在满足听众广泛需求方面的强大优势。在南京、南宁、宁波、清远、武汉、西安和郑州这7个城市中，音乐类节目独占首位。而在哈尔滨、沈阳和太原这3个城市中，生活服务类节目位居第一位（表1.3.7）。

除了新闻/时事类节目几乎在各地通吃之外，最受听众欢迎排名前几位的节目类型也比较集中，显示出各地听众在收听偏好方面存在共性。比如，在排名第二的梯队中，以音乐类节目为主，共有16个城市的听众喜欢该类节目，新闻/时事类节目和生活服务类节目几乎不分伯仲，分别有9个和6个城市这两类节目排第二位，沈阳和天津则是文

艺类节目更受听众的喜爱。在排名第三的梯队中，生活服务类节目占据主体，共有长沙、常州和成都等22个城市的听众较为青睐该类节目，长春、大连、杭州和哈尔滨等8个城市的音乐类节目获得听众的好感，文艺类节目则受到北京和清远两地听众的喜爱，新闻/时事类节目则受到沈阳听众的偏爱（表1.3.7）。

由此可见，各地听众基于自身的生活习惯和当地的媒体发展状况，在节目类型选择上表现出了一定的差异性，重视本地听众收听内容偏好的差异是频率竞争的重要策略之一。

表1.3.7 2013年33城市中15岁及以上听众最喜欢收听的广播节目类型排名前六位

城市	1	2	3	4	5	6
北京	新闻/时事类	生活服务类	文艺类	音乐类	法制类	体育类
长春	新闻/时事类	生活服务类	音乐类	文艺类	法制类	体育类
长沙	新闻/时事类	音乐类	生活服务类	文艺类	法制类	体育类
常州	新闻/时事类	音乐类	生活服务类	文艺类	体育类	财经类
成都	新闻/时事类	音乐类	生活服务类	文艺类	法制类	体育类
重庆	新闻/时事类	音乐类	生活服务类	文艺类	体育类	法制类
大连	新闻/时事类	生活服务类	音乐类	文艺类	体育类	法制类
佛山	新闻/时事类	音乐类	生活服务类	文艺类	体育类	财经类
福州	新闻/时事类	音乐类	生活服务类	文艺类	财经类	法制类
广州	新闻/时事类	音乐类	生活服务类	文艺类	其他类	体育类
杭州	新闻/时事类	生活服务类	音乐类	文艺类	财经类	体育类
哈尔滨	生活服务类	新闻/时事类	音乐类	文艺类	法制类	体育类
合肥	新闻/时事类	音乐类	生活服务类	文艺类	体育类	法制类
济南	新闻/时事类	音乐类	生活服务类	文艺类	法制类	体育类
南京	音乐类	新闻/时事类	生活服务类	文艺类	其他类	体育类
南宁	音乐类	新闻/时事类	生活服务类	文艺类	体育类	法制类
宁波	音乐类	新闻/时事类	生活服务类	文艺类	体育类	法制类
青岛	新闻/时事类	生活服务类	音乐类	文艺类	体育类	法制类
清远	音乐类	新闻/时事类	文艺类	体育类	生活服务类	财经类
上海	新闻/时事类	音乐类	生活服务类	文艺类	财经类	法制类
泉州	新闻/时事类	音乐类	生活服务类	文艺类	财经类	法制类
沈阳	生活服务类	文艺类	新闻/时事类	音乐类	法制类	体育类
深圳	新闻/时事类	音乐类	生活服务类	文艺类	法制类	财经类
石家庄	新闻/时事类	音乐类	生活服务类	文艺类	财经类	法制类
苏州	新闻/时事类	音乐类	生活服务类	文艺类	法制类	体育类
太原	生活服务类	新闻/时事类	音乐类	文艺类	法制类	体育类
天津	新闻/时事类	文艺类	音乐类	生活服务类	体育类	财经类
乌鲁木齐	新闻/时事类	生活服务类	音乐类	文艺类	法制类	体育类
武汉	音乐类	新闻/时事类	生活服务类	文艺类	财经类	体育类
无锡	新闻/时事类	音乐类	生活服务类	文艺类	财经类	法制类
西安	音乐类	新闻/时事类	生活服务类	文艺类	法制类	体育类
厦门	新闻/时事类	音乐类	生活服务类	财经类	文艺类	体育类
郑州	音乐类	新闻/时事类	生活服务类	文艺类	体育类	财经类

数据来源：CSM媒介研究

3. 新闻/时事类节目广受各类听众喜爱，其他节目类型契合听众身份

2013年，各类目标听众在广播节目内容的选择上仍然将新闻/时事、音乐、生活服务类节目作为最爱。具体到每类节目受听众喜爱程度的排名，大体上符合各类听众各自的身份特征，这为广播媒体将细分听众群体与其内容偏好相结合提供了思路。

不考虑排名先后之分，33城市的男女听众对新闻/时事类、音乐类和生活服务类这三个类型节目都表现出了共同的喜爱。此外，在男女听众最喜欢的前6位节目类型中，女性听众选择了财经类节目，而男性听众对此不“感冒”；女性没有选择体育类节目，而男性听众对此则情有独钟（表1.3.8）。

不同年龄的听众对节目内容的选择显示出受其心理阅历、生活经历的影响。听众越是年轻，越是对音乐类节目更感兴趣，而年纪越大，则越对新闻/时事类、生活服务类节目感兴趣。15—24岁青少年群体的收听偏好与其他听众群体不同，其最喜欢的三类节目分别是音乐类、新闻/时事类和生活服务类，偏向于娱乐类的节目；35—44岁的听众则对新闻/时事类、音乐类和生活服务类节目的关注程度最高；45岁及以上听众群则更偏向于对新闻/时事类节目的收听，其次是生活服务类节目。

表1.3.8　2013年33城市不同听众群体最喜欢收听的广播节目类型排名前六位

目标听众	1	2	3	4	5	6
男	新闻/时事类	音乐类	生活服务类	文艺类	体育类	法制类
女	新闻/时事类	音乐类	生活服务类	文艺类	法制类	财经类
15—24岁	音乐类	新闻/时事类	生活服务类	文艺类	体育类	法制类
25—34岁	新闻/时事类	音乐类	生活服务类	文艺类	体育类	财经类
35—44岁	新闻/时事类	音乐类	生活服务类	文艺类	财经类	法制类
45—54岁	新闻/时事类	生活服务类	音乐类	文艺类	法制类	财经类
55岁及以上	新闻/时事类	生活服务类	文艺类	音乐类	法制类	财经类
未受过正规教育	新闻/时事类	生活服务类	文艺类	音乐类	法制类	其他类
小学	新闻/时事类	生活服务类	音乐类	文艺类	法制类	财经类
初中	新闻/时事类	音乐类	生活服务类	文艺类	法制类	体育类
高中/技术学校	新闻/时事类	音乐类	生活服务类	文艺类	法制类	体育类
大学及以上	新闻/时事类	音乐类	生活服务类	文艺类	体育类	财经类
干部/管理人员	新闻/时事类	音乐类	生活服务类	文艺类	财经类	体育类
初级公务员/雇员	新闻/时事类	音乐类	生活服务类	文艺类	体育类	财经类
个体/私营企业人员	新闻/时事类	音乐类	生活服务类	文艺类	法制类	财经类
工人	新闻/时事类	音乐类	生活服务类	文艺类	体育类	法制类
学生	音乐类	新闻/时事类	生活服务类	文艺类	体育类	法制类
无业（包括退休）	新闻/时事类	生活服务类	音乐类	文艺类	法制类	财经类
其他	新闻/时事类	生活服务类	音乐类	文艺类	法制类	社教类

数据来源：CSM媒介研究

从受教育水平来看，听众学历越低越对新闻/时事类和生活服务类节目感兴趣，而学历越高越对新闻/时事类、音乐类节目感兴趣。未受过正规教育和小学教育程度的听众最爱听新闻/时事类节目，其次是生活服务类、文艺类和音乐类节目，两者的区别在于前者更喜欢文艺类节目，而后者更喜欢音乐类节目；初中及以上学历的听众则将新闻/时事类节目列为第一名，然后依次为音乐类、生活服务类和文艺类节目，其中初高中学历听众对法制类节目喜好度较高，而大学及以上学历听众则对财经类节目较为关注。

不同职业听众最喜欢收听的节目类型选择与不同教育水平听众有一定的相似之处，排名前三位的基本都集中在新闻/时事类、音乐类和生活服务类节目上。其中职业层级较高的听众更多地喜好新闻/时事类和音乐类节目；相比较而言，职业层级较低的群体则表现出对生活服务类节目更强的关注。总体可以分为三种类型，第一种类型是学生，依喜好程度排在前三位的节目类型依次为音乐类、新闻/时事类和生活服务类；第二种类型包括干部/管理人员、初级公务员/雇员、个体/私营企业人员和工人，喜爱程度排在前三位的节目类型依次为新闻/时事类、音乐类和生活服务类；第三种类型包括无业（包括退休人员）和其他类人群，依据对节目的喜爱程度，排在前三位的节目类型依次为新闻/时事类、生活服务类和音乐类。

四、频率竞争格局

（一）全国33个重点城市市场整体的频率竞争格局

1. 省级频率继续领跑收听市场，中央级和市级频率竞争力稳中略升

从2013年全国33城市广播收听市场各级频率的整体竞争格局来看，省级频率继续保持领跑之势，所占据的市场份额超过所有频率总和的一半以上（图1.4.1）；但与前两年的快速发展相比，2013年省级频率发展放缓，所占据的市场份额由2012年的56.5%缩减至2013年的55.9%。市级频率也是广播收听市场竞争中的一支劲旅，2013年所占据的市场份额接近整体市场的1/3，与上年相比，市级频率竞争力稳中略升，由2012年的31.8%增至2013年的32.0%。中央级频率在33城市市场仅占一成多的市场份额，与上年相比，同样呈现出稳中略升的态势，市场份额由2012年的9.9%增至2013年的10.2%。

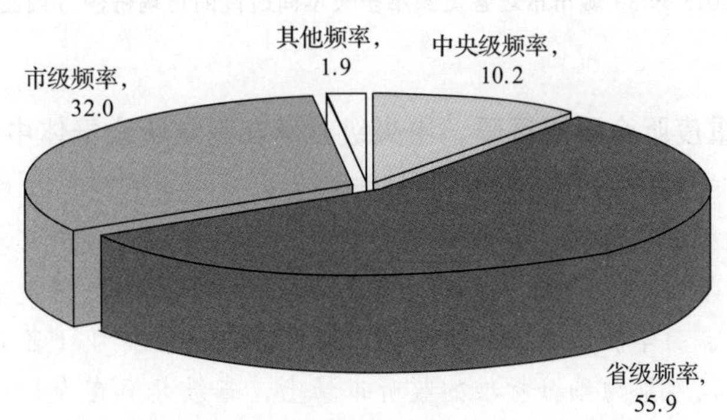

数据来源：CSM媒介研究

图1.4.1　2013年33城市市场各类频率的市场份额（四波调查数据）

2. 省级频率在中午及傍晚时段竞争力更强，中央级和市级频率相对优势仍在早、晚间

各级频率全天时段竞争优势的变化进一步细化了整体广播收听市场上各频率的竞争格局。省级频率的竞争优势遍布于全天时段，且其在午间13:00—14:00时段以及傍晚16:30—18:00时段的竞争力更强，市场份额在60%左右；其中午间时段以音乐、文艺及生活服务类节目提升竞争力，傍晚时段则是社教和生活服务类节目支撑收听市场。市级频率除了在清晨3:00—5:00份额较高外，在早间的5:00—6:00时段以及晚间22:00后时段竞争力也高于全天其他时段。中央级频率全天竞争力的高点也集中于早间和晚间时段，其中早间4:00—8:00高峰持续时间长且市场份额较高，晚间19:00—21:00市场份额也高于其他时段（图1.4.2）。

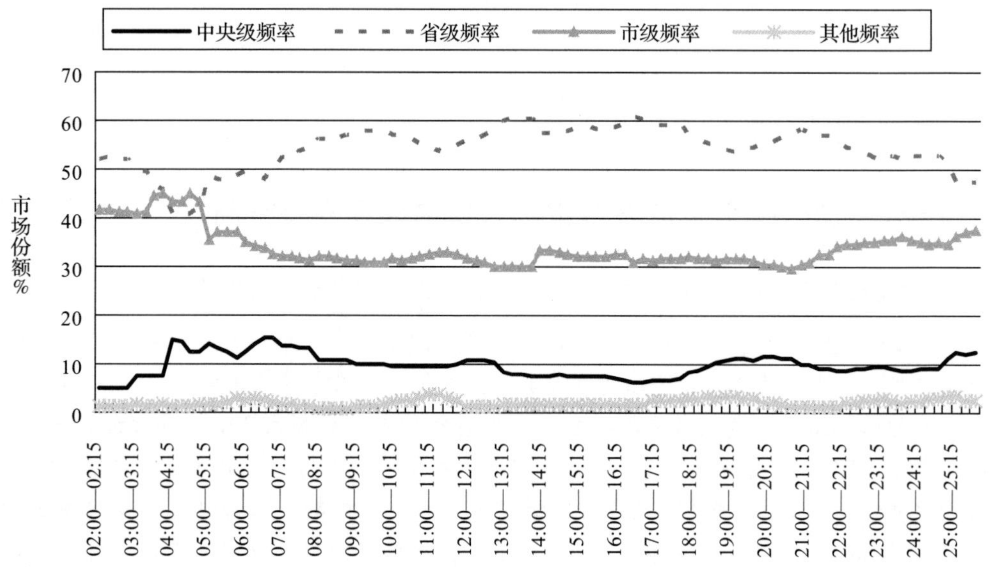

数据来源：CSM媒介研究

图1.4.2 2013年33城市市场各类频率全天不同时段的市场份额（四波调查数据）

3. 三级频率重度听众形成区隔，中央级频率在高端听众群体中影响力相对较强

在细分广播收听市场上，2013年33城市中央、省、市三级频率的重度听众形成有层次的区隔，省级频率在女性、中年、中高学历、中等收入听众中有较强的影响力，市级频率在男性、青年、中低学历、低收入听众中相对竞争优势更强，中央级频率则继续保持在男性、老年、高学历、高收入等高端收听群体中的影响力（表1.4.1）。

具体来看，在以性别为细分标准的收听市场上，省级频率在女性听众中的市场份额略高于其在所有听众中的平均水平，而市级频率和中央级频率则依然保持了对男性听众的吸引力。

在以年龄为细分标准的收听市场上，中央级频率对55岁及以上中老年听众的吸引力明显更强，其中在65岁及以上的老年听众中的收听份额达到14.3%，较在10岁及以上所有听众10.2%的平均水平有较大幅度的提升。省级频率对45—64岁的听众吸引力较强，收听份额达到56.8%及以上，高于其在10岁及以上所有听众中55.9%的平均份额；市级频率对25—44岁的年轻听众吸引力最强，收听份额达到34%以上，较10岁及以上所有听众32.0%的平均水平高出2个百分点以上。

在以学历为细分标准的收听市场上，大学及以上的高学历听众中中央级频率的收听份额达到12.3%，明显高于其在10岁及以上所有听众中10.2%的平均水平；高中及以上学历听众中省级频率的收听份额超过57%，高于10岁及以上所有听众的平均水平；市级频率则在初中及以下的中低学历听众中的收听份额明显更高，在33%以上，三级频率的竞争优势群体各有侧重。

在以职业为细分标准的收听市场上，干部/管理人员和无业听众中中央级频率的收听份额较10岁及以上所有听众的平均水平明显更高；而初级公务员/雇员中省级频率表现出更高的收听份额，达到58%以上；市级频率在个体/私营企业人员、工人和其他职业听众中吸引力更强，三类听众的收听份额均超过35%，明显高于市级频率所有听众32.0%的平均水平。

在以收入为细分标准的收听市场上，个人月收入在4001元及以上及1—500元听众中中央级频率的收听份额高于10岁及以上所有听众平均水平，达到12.3%及以上；而个人月收入为1001—1500元、3001—4000元的听众中省级频率的收听份额较高，在58%以上；市级频率相对更吸引个人月收入在1000元及以下的低收入听众。

表1.4.1 2013年33城市市场各级频率在不同目标听众中的市场份额（四波调查数据）

目标听众	中央级频率	省级频率	市级频率	其他频率
10岁及以上所有人	10.2	55.9	32.0	1.9
男	10.4	55.5	32.4	1.8
女	9.9	56.5	31.5	2.1
10—14岁	9.7	55.4	30.7	4.2
15—24岁	9.1	56.1	32.6	2.2
25—34岁	9.2	54.4	34.7	1.7
35—44岁	8.5	54.0	35.4	2.2
45—54岁	9.2	59.5	29.6	1.8
55—64岁	12.0	56.8	29.5	1.7
65岁及以上	14.3	55.3	28.8	1.7
未受过正规教育	9.6	49.9	33.8	6.7
小学	8.5	50.5	35.8	5.2
初中	9.3	54.5	34.2	2.0

续表

目标听众	中央级频率	省级频率	市级频率	其他频率
高中/中专/职高/技校	9.8	57.4	31.4	1.4
大学及以上	12.3	57.6	28.9	1.3
干部/管理人员	13.0	55.3	30.2	1.5
初级公务员/雇员	10.4	58.1	29.7	1.8
个体/私营企业人员	6.8	55.2	36.0	1.9
工人	7.9	54.7	35.1	2.3
学生	9.7	56.5	31.1	2.8
无业（包括退休人员）	12.8	56.1	29.7	1.4
其他职业	7.7	47.3	38.7	6.2
无收入	9.6	54.4	33.4	2.7
1—500 元	13.5	48.9	34.4	3.2
501—1000 元	8.7	51.8	36.1	3.3
1001—1500 元	9.3	58.6	30.4	1.6
1501—2000 元	9.6	56.3	32.5	1.6
2001—2500 元	9.5	55.7	33.4	1.4
2501—3000 元	10.6	55.3	32.0	2.1
3001—4000 元	10.4	58.3	29.4	1.9
4001 元及以上	12.3	54.4	31.3	2.1

数据来源：CSM 媒介研究

（二）北京广播收听市场的频率竞争格局

1. 不同频率竞争各有所得，北京人民广播电台占据七成以上份额

广播是一种区域性很强的媒体，一般来说在市场竞争中以本土频率占据主导，跨区域覆盖的频率并不具有像电视上星频道那样的优势。而在众多的广播收听市场中，北京也是一个比较独特的市场，在这里不仅本土频率北京人民广播电台占据主导地位，跨区域覆盖的“中”字头频率也获得了较大的市场份额，可谓各有所得。具体来看，北京人民广播电台在2013年继续领跑北京广播收听市场，所占据的市场份额超过七成，但70.4%的份额较2012年下降了2个百分点。中央人民广播电台在北京市场则获得了超过二成的份额，21.7%的份额较2012年提升了2.7个百分点。中国国际广播电台2013年共占6.1%的市场份额，这一数值较2012年略有降低（图1.4.3）。

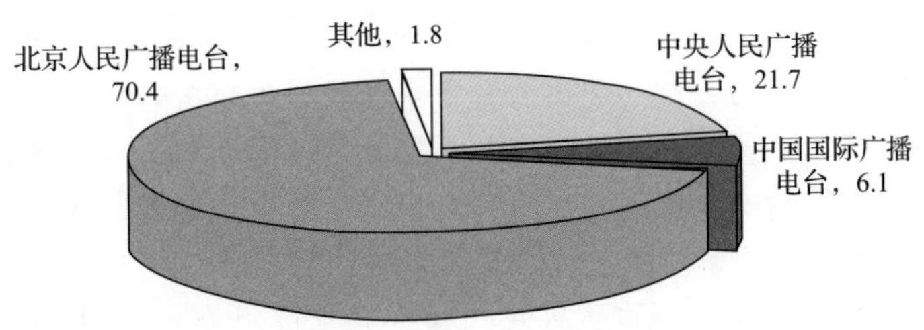

数据来源：CSM 媒介研究

图 1.4.3 2013 年北京市场各类频率的市场份额（%）

2. 北京台在上、下午及晚间时段竞争优势更加突出，中央台、国际台早、晚间竞争力较强

各级频率在全天不同时段的竞争格局，是它们基于各自的定位、品牌、节目编排等形成的竞争力差异化分布。2013 年，在北京市场，北京人民广播电台基本在全天时段都保持了绝对的竞争优势，但相对其他时段而言，其在 7：00—11：00、13：00—19：00 以及晚间 21：00—22：00 三块时段竞争优势更加突出。中央人民广播电台和中国国际广播电台竞争力较强的时段是早、晚时段，但二者各有侧重，中央人民广播电台在早间 4:00—5：00 的市场份额高于其他各级频率，中国国际广播电台在 5：00—6：00 时段市场份额也较为突出；在晚间时段，中央人民广播电台从 23：00 开始竞争力迅速提升，但在 24：30 后急剧回落，中国国际广播电台竞争力提升的时段较中央人民广播电台错后 1 小时，且优势一直持续到 1：00 之后（图 1.4.4）。

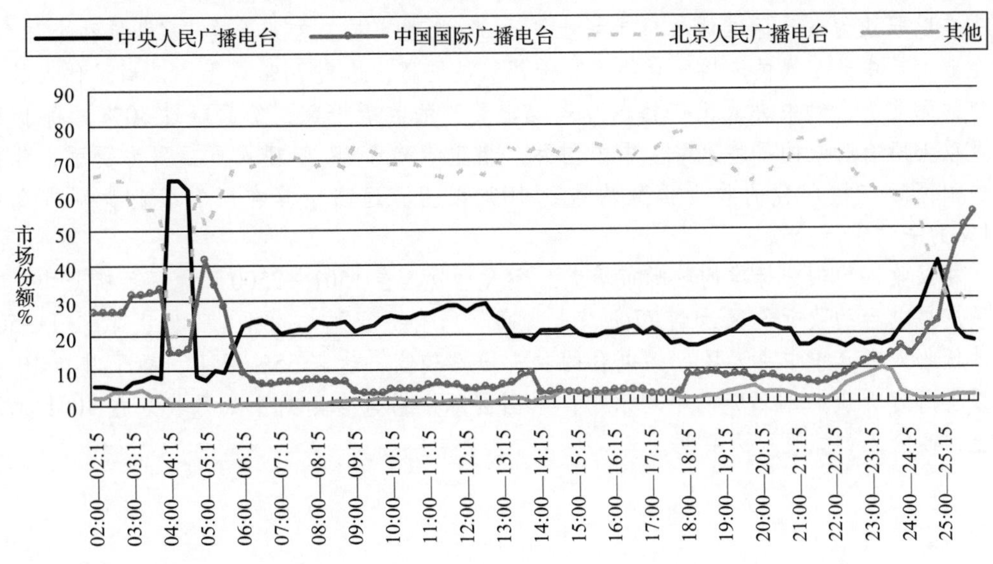

数据来源：CSM 媒介研究

图 1.4.4 2013 年北京市场各类频率全天不同时段的市场份额（%）

3. 北京人民广播电台汇聚大众收听，中央台和国际台重度听众形成差异

在北京广播收听市场细分听众群体的竞争中，同样体现出各级频率依托各自的特色品牌节目而在听众中形成差异化的影响力。北京人民广播电台不仅在整体收听市场上雄踞首位，在对细分听众的竞争中也表现出强大的影响力，对男性、中青年、低学历、干部、初级职员、个体从业者和中等收入群体更具吸引力；而中央台和国际台凭借定位的差异在听众中形成差异化竞争，中央人民广播电台更吸引女性、10—14 岁、55 岁及以上、初中学历、无业、低收入听众，中国国际广播电台更受男性、25—34 岁、初中、大学及以上、干部、初级职员、高收入群体的青睐（表 1.4.2）。

在以性别为细分标准的收听市场上，北京人民广播电台和中国国际广播电台在男性听众中的收听份额高于女性听众，中央人民广播电台则在女性听众中的收听份额明显高于男性听众。

在以年龄为细分标准的收听市场上，北京人民广播电台在 15—24 岁和 35—54 岁年龄段听众中的收听份额较高，达到 74% 以上，较其在 10 岁及以上所有听众中 70.4% 的份额有明显提升。中央人民广播电台更受 10—14 岁、55 岁及以上年龄段听众的喜爱，收听份额均超过 28%，高于 10 岁及以上所有听众 21.7% 的平均水平。中国国际广播电台受到年轻听众的追捧，在 25—34 岁听众中的收听份额超过 10%，较 10 岁及以上听众的平均收听份额 6.1% 提高明显。

在以学历为细分标准的收听市场上，北京人民广播电台对小学学历水平的听众吸引力较强，收听份额达到 75.6%。中央人民广播电台对初中学历听众吸引力较强，收听份额达到 23.9%，高于其在 10 岁及以上所有听众 21.7% 的平均水平。中国国际广播电台显然更受中、高等学历听众喜爱，在初中和大学及以上学历水平听众中的收听份额超过 7%，高于其在 10 岁及以上所有听众中 6.1% 的收听份额。

在以职业为细分标准的收听市场上，干部/管理人员、初级公务员/雇员和个体/私营企业人员中北京人民广播电台的收听份额明显更高，达到 74% 以上。以离退休人员为主体的无业听众对中央人民广播电台表现出更高的收听份额，份额超过 30%，高于 10 岁及以上所有听众的平均水平。中国国际广播电台对干部/管理人员吸引力更强，他们对中国国际广播电台的收听份额均达到 10% 以上，远高于其在所有职业类别听众中 6.1% 的平均市场份额。

在以收入为细分标准的收听市场上，个人月收入在 1501—2500 元之间的听众中北京人民广播电台的收听份额达到 77% 以上，高于所有听众平均水平；个人月收入 1—500 元的低收入听众中中央人民广播电台的收听份额较高，达到 55% 以上，高于其在 10 岁及以上所有听众中 21.7% 的平均水平；中国国际广播电台则对个人月收入在 4001 元及以上的高收入群体吸引力更强。

表 1.4.2 2013 年北京市场各类频率在不同目标听众中的市场份额（%）

目标听众	中央人民广播电台	中国国际广播电台	北京人民广播电台	其他
10 岁及以上所有人	21.7	6.1	70.4	1.8
男	20.3	6.5	71.2	2.0
女	23.3	5.6	69.4	1.7
10—14 岁	32.0	5.2	60.2	2.6
15—24 岁	17.9	5.2	74.3	2.6
25—34 岁	16.5	10.9	71.9	0.7
35—44 岁	17.3	5.6	75.2	1.9
45—54 岁	18.8	5.1	74.0	2.1
55—64 岁	28.8	4.9	63.2	3.1
65 岁及以上	32.9	4.8	61.0	1.3
未受过正规教育	*	*	*	*
小学	20.8	2.2	75.6	1.4
初中	23.9	8.1	63.5	4.5
高中/中专/职高/技校	21.3	4.6	71.7	2.4
大学及以上	21.3	7.2	71.0	0.5
干部/管理人员	14.7	10.1	75.0	0.2
初级公务员/雇员	17.1	7.2	74.4	1.3
个体/私营企业人员	17.9	5.5	74.6	2.0
工人	19.3	5.1	70.5	5.1
学生	18.8	6.6	70.5	4.1
无业（包括退休人员）	30.1	4.2	64.2	1.5
其他职业	*	*	*	*
无收入	18.7	4.5	73.3	3.5
1—500 元	55.2	0.1	36.0	8.7
501—1000 元	*	*	*	*
1001—1500 元	21.2	4.4	73.7	0.7
1501—2000 元	18.0	2.4	78.2	1.4
2001—2500 元	15.4	6.3	77.2	1.1
2501—3000 元	22.9	3.4	71.0	2.7
3001—4000 元	27.5	5.8	64.6	2.1
4001 元及以上	20.4	11.5	67.2	0.9

注：“*”表示该目标听众样本量不足，无法进行统计推断。

数据来源：CSM 媒介研究

4. 北京人民广播电台频率在收听份额前五位中占四席，中国之声竞争力提升明显

2013 年，在北京广播收听市场单个频率的竞争中，北京人民广播电台的频率仍表现出较强的优势，在收听份额排名前五位中占据了四个席位；中央人民广播电台第一套节目中国之声也进入排名前五位，且其收听份额排名由 2012 年的第五位前进至 2013 年的第三位，竞争力提升明显（表 1.4.3）。

具体来看，北京人民广播电台交通广播（FM103.9/CFM95.6）仍以绝对优势领跑北京收听市场，30.4% 的收听份额与 2012 年基本持平。北京人民广播电台文艺广播（FM87.6/CFM93.8）以 15.7% 的份额排名第二位，收听份额较上年略有下滑。中央人民广播电台第一套节目中国之声则以 8.8% 的份额排名第三位，这一数值较 2012 年提升了 3.2 个百分点，这也为中央人民广播电台在北京广播收听市场的份额提升做出了不小的贡献。此外，北京广播电台新闻广播（FM100.6/AM828/CFM90.4）、北京人民广播电台音乐广播（FM97.4/CFM94.6）分别列第四、五位。

表 1.4.3　2013 年北京市场收听份额排名前五位的频率

排名	频率	收听份额%	收听率%
1	北京人民广播电台交通广播（FM103.9/CFM95.6）	30.4	1.5
2	北京人民广播电台文艺广播（FM87.6/CFM93.8）	15.7	0.8
3	中央人民广播电台第一套节目中国之声	8.8	0.4
4	北京广播电台新闻广播（FM100.6/AM828/CFM90.4）	8.3	0.4
5	北京人民广播电台音乐广播（FM97.4/CFM94.6）	6.9	0.3

数据来源：CSM 媒介研究

（三）上海广播收听市场的频率竞争格局

1. SMG 频率垄断上海广播收听市场，中央级频率在夹缝中寻求突破

上海广播收听市场的频率竞争格局与北京市场有明显差异，本土频率竞争优势超强，对整体收听市场几乎形成垄断之势，跨区域覆盖的中央级频率在上海市场只能夹缝中生存，面临较大压力。2013 年，SMG 集团频率依旧对整体收听市场形成垄断之势，但未能延续前几年不断上涨的势头，92.0% 的市场份额较 2012 年下降了 1.5 个百分点。中央人民广播电台和中国国际广播电台虽然仍处劣势地位，但 2013 年市场份额有所上涨，其中中央人民广播电台增势较猛，市场份额由 2012 年的 3.8% 增至 2013 年的 5.8%，中国国际广播电台也有所斩获，市场份额较上年增加了 0.3 个百分点达到 0.7%（图 1.4.5）。

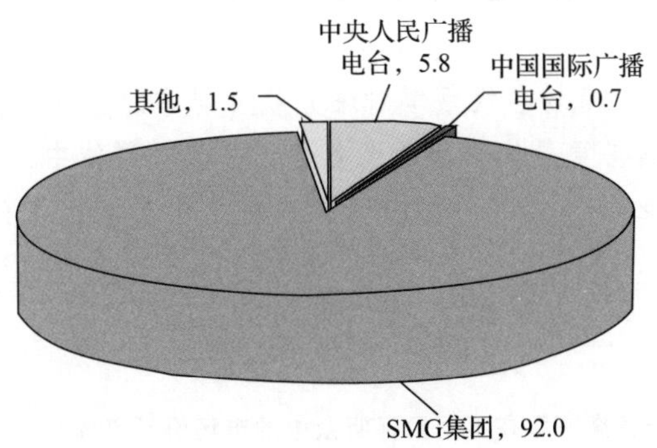

数据来源：CSM 媒介研究

图 1.4.5　2013 年上海市场各类频率的市场份额（%）

2. SMG 频率全天各时段显示出超强竞争优势，中央人民广播电台相对优势集中于早、晚间

2013 年，在上海广播收听市场全天各时段的收听竞争中，在整体市场上掌控超强优势的 SMG 频率将优势扩散至全天各时段，其在凌晨和后午间的市场份额相对更高，在早晨、傍晚及后晚间时段的市场份额相对较低。与之相比，在整体市场并不具有竞争优势的中央级频率只能在上海本地频道竞争力相对薄弱的时段寻求突破，中央人民广播电台在早间 6:00—8:00、晚间 19:00—20:00 以及 23:00后的时段市场份额相对较高；中国国际广播电台在傍晚 17:00—18:00 以及晚间 19:00—21:00 相对竞争力有所提升（图 1.4.6）。

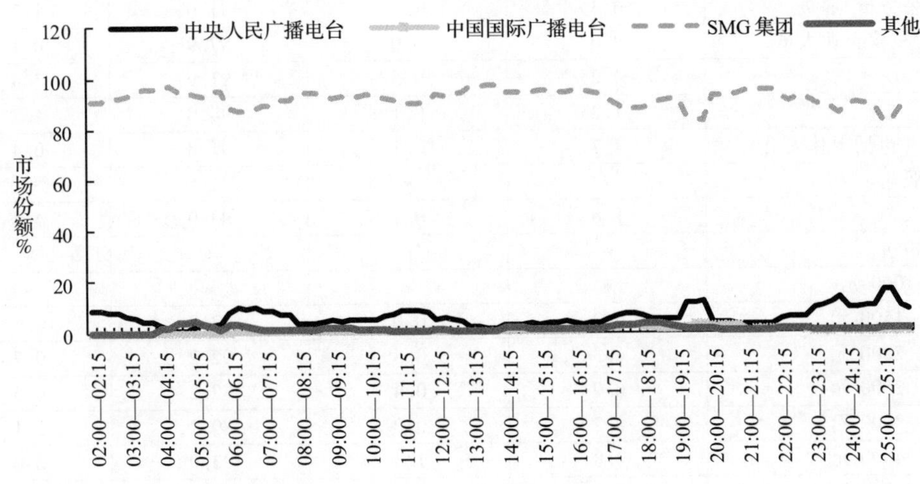

数据来源：CSM 媒介研究

图 1.4.6　2013 年上海市场各类频率全天不同时段的市场份额（%）

3. 上海本土频率竞争优势进一步渗透至细分群体，中央级频率依托传统优势吸引特征人群

2013 年，在上海收听市场各级频率对细分收听群体的竞争中，在整体市场中处于垄断地位的 SMG 频率继续将竞争优势渗透至各个细分收听群体中，并在男性、中老年、中等学历、个体/私营企业人员、学生和中低收入观众中表现出更强的竞争力。中央级频率限于整体竞争力较低，只能依托自己的传统优势吸引相应的特征收听人群，也表现出一定的细分听众收听特点（表 1.4.4）。

表 1.4.4　2013 年上海市场各类频率在不同目标听众中的市场份额（%）

目标听众	中央人民广播电台	中国国际广播电台	SMG 集团	其他
10 岁及以上所有人	5.8	0.7	92.0	1.5
男	5.4	1.1	92.2	1.3
女	6.1	0.4	91.8	1.7
10—14 岁	5.0	0.5	92.8	1.7
15—24 岁	2.1	1.2	93.4	3.3
25—34 岁	6.9	3.1	88.4	1.6
35—44 岁	5.0	0.1	92.9	2.0
45—54 岁	2.5	0.1	95.7	1.7
55—64 岁	7.3	0.0	92.6	0.1
65 岁及以上	10.9	0.1	88.3	0.7
未受过正规教育	46.9	0.0	52.9	0.2
小学	8.0	0.1	90.9	1.0
初中	6.3	0.1	92.4	1.2
高中/中专/职高/技校	5.2	0.4	93.1	1.3
大学及以上	5.4	1.6	91.0	2.0
干部/管理人员	5.0	1.9	92.0	1.1
初级公务员/雇员	6.3	1.6	91.0	1.1
个体/私营企业人员	2.0	0.0	97.9	0.1
工人	4.2	0.5	91.9	3.4
学生	1.2	0.1	94.0	4.7
无业（包括退休人员）	7.7	0.1	91.8	0.4
其他职业	*	*	*	*
无收入	1.6	0.1	93.9	4.4
1—500 元	*	*	*	*
501—1000 元	*	*	*	*
1001—1500 元	6.2	0.0	93.2	0.6
1501—2000 元	6.3	0.8	92.2	0.7
2001—2500 元	6.9	0.4	92.2	0.5
2501—3000 元	8.2	0.0	89.7	2.1
3001—4000 元	2.8	1.3	93.9	2.0
4001 元及以上	7.3	1.4	90.3	1.0

注：“ * ”表示该目标听众样本量不足，无法进行统计推断。

数据来源：CSM 媒介研究

在以性别为细分标准的收听市场上，中央人民广播电台在女性听众中的收听份额略高于在男性听众中的收听份额；SMG 频率和中国国际广播电台则是在男性听众中的收听份额略高于在女性听众中的收听份额。总体来看，各级频率在男性、女性听众中收听份额的差异都不大。

在以年龄为细分标准的收听市场上，SMG 频率在 45—54 岁中年听众中的收听份额明显更高，达到95%以上，对这些广播重度收听群体的把握使其在整体收听市场的竞争中更胜一筹。中央人民广播电台在 25—34 岁以及 55 岁及以上群体中的收听份额较 10 岁及以上所有听众平均水平更高，达到 6%以上，其中在 65 岁及以上听众中的收听份额达到 10.9%。中国国际广播电台在 25—34 岁听众中的收听份额表现突出，是其在 10 岁及以上所有听众中收听份额的 4 倍多。

在以学历为细分标准的收听市场上，高中学历水平的听众中 SMG 频率的收听份额明显高于 10 岁以上所有听众平均水平，达到 93.1%，显示出频率在对大众收听群体的争夺中所占据的明显优势。中央人民广播电台则对未受过正规教育的听众吸引力相对更强，收听份额超过46%。中国国际广播电台更受高学历听众的喜爱，大学及以上学历听众中其收听份额较 10 岁及以上所有听众高出 0.9 个百分点。

在以职业为细分标准的收听市场上，个体/私营企业人员和学生中 SMG 频率的收听份额明显较高，达到 94%以上。中央人民广播电台受到初级公务员/雇员及无业听众的喜爱，他们对中央人民广播电台的收听份额达到 6%以上。中国国际广播电台对干部/管理人员和初级级公务员/雇吸引力相对更强，收听份额超过 1.5%，是 10 岁及以上所有听众平均水平的 2 倍多。

在以收入为细分标准的收听市场上，中低收入听众中 SMG 频率的收听份额较 10 岁及以上所有听众平均水平高；而个人月收入为 2501—3000 元以及 4001 元及以上的听众中则是中央人民广播电台的收听份额增加明显，达到 7%以上；中国国际广播电台对高收入群体的吸引力相对更强，个人月收入在3001 元及以上的听众中中国国际广播电台的收听份额均超过1%，高于其在 10 岁及以上所有听众中 0.7%的水平。

4. SMG 频率单兵作战能力突出，收听份额排名前三频率占据市场五成以上份额

SMG 频率整体的超强竞争力离不开其旗下频率超强的单兵作战能力。2013 年，上海广播收听市场单频率竞争的前五位均为 SMG 频率所垄断，其中竞争力最强的前三位上海人民广播电台 AM990/FM93.4、上海流行音乐广播 动感 101 FM101.7、上海流行音乐广播 Love Radio FM103.7 更是合计占据了整个市场一半以上的收听份额（表 1.4.5）。从各频率的收听份额年度变化来看，排名前三位的上海人民广播电台 AM990/FM93.4、上海流行音乐广播 动感 101 FM101.7 和上海流行音乐广播 Love Radio FM103.7 的收听份额较 2012 年稳中有升，第一财经广播 FM97.7 的收听份额较 2012 年下降了 2 个百分点，上海交通广播 AM648/FM105.7 则凭借 1.1 个百分点的增长跻身第四位。

表 1.4.5　2013 年上海市场收听份额排名前 5 位的频率

排名	频率	收听份额%	收听率%
1	上海人民广播电台 AM990/FM93.4	26.4	1.1
2	上海流行音乐广播 动感 101 FM101.7	19.7	0.9
3	上海流行音乐广播 Love Radio FM103.7	10.6	0.5
4	上海交通广播 AM648/FM105.7	7.3	0.3
5	第一财经广播 FM97.7	6.9	0.3

数据来源：CSM 媒介研究

(四) 广州广播收听市场的频率竞争格局

1. 广东本土电台在广州市场占据主导地位，广东电台市场份额超过六成

与北京和上海市场相比，广州收听市场层次更加丰富，参与竞争的频率更为多元。总体来看，广东本土电台占据主导地位，广东电台、广州人民广播电台和佛山人民广播电台所占市场份额合计达九成，其中省台广东电台更是占据了超过六成的市场份额；与 2012 年相比，广东电台的竞争力略有提升，广州人民广播电台的市场份额则下滑了 4.5 个百分点，佛山台市场份额增长了 1.1 个百分点。跨地区覆盖的中央级频率在广州市场的市场份额相对不高，中央人民广播电台 2013 年占据了 6.3% 的市场份额，较上年提升了 2 个百分点以上，中国国际广播电台市场份额与上年持平，份额仍为 1.2% (图 1.4.7)。

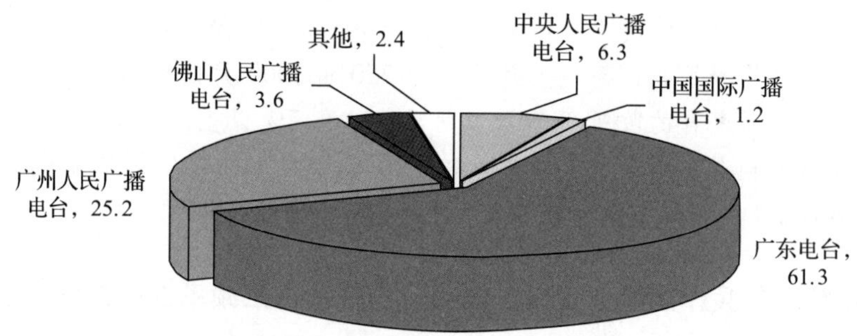

数据来源：CSM 媒介研究

图 1.4.7　2013 年广州市场各类频率的市场份额 (%)

2. 广东台与广州台竞争力在全天各时段此消彼长，中央台相对优势集中于晚间时段

作为在广州收听市场上竞争力最强的两级频率，广东电台和广州人民广播电台在全天时段的市场份额呈现出此消彼长的态势，其中广东电台竞争力较强的时段是早间 6:00—7:00、午间 13:00—14:00 和晚间 21:00 之后时段；广州人民广播电台则在清晨 5:00—6:00、傍晚 16:00—19:00 拥有更强的竞争力。中央人民广播电台虽然在整体市场竞争中不具优势，但其凭借特色节目和优势资源在傍晚至晚间的 17:30—20:00 时段

市场份额达到或接近10%的水平，在晚间24∶00之后的市场份额更是一路走高。佛山人民广播电台在清晨2∶00—6∶00时段竞争力相对好于全天平均水平（图1.4.8）。

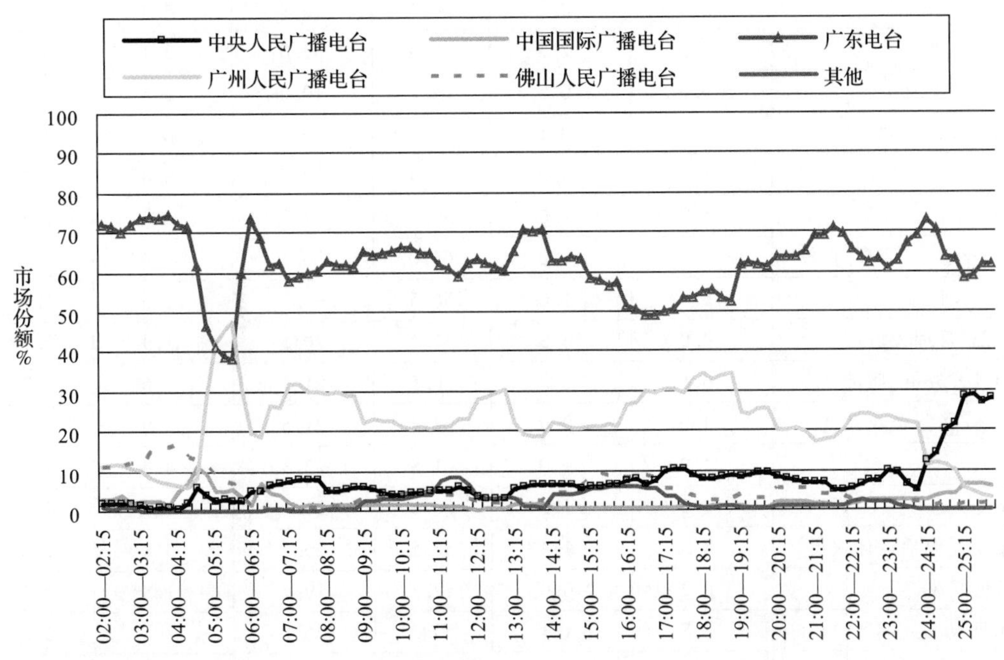

数据来源：CSM媒介研究

图1.4.8　2013年广州市场各类频率全天不同时段的市场份额（%）

3. 各级频率在细分收听市场形成差异化竞争格局，中央台与本地台各有所长

在对细分听众的竞争中，广州市场各级频率依托其长期以来在目标听众中形成的影响力和频率品牌，形成了差异化的竞争格局，本地台和中央台各显神通，形成了多样化、丰富的市场竞争态势（表1.4.6）。

表1.4.6　2013年广州市场各类频率在不同目标听众中的市场份额（%）

目标听众	中央人民广播电台	中国国际广播电台	广东电台	广州人民广播电台	佛山人民广播电台	其他
10岁及以上所有人	6.3	1.2	61.3	25.2	3.6	2.4
男	7.4	1.2	59.7	26.5	3.5	1.7
女	5.2	1.3	62.9	23.9	3.7	3.0
10—14岁	7.0	0.0	75.3	11.4	4.1	2.2
15—24岁	6.5	1.5	60.8	27.9	1.9	1.4
25—34岁	3.4	1.6	64.9	25.1	2.9	2.1
35—44岁	7.2	1.0	59.3	22.0	4.7	5.8

续表

目标听众	中央人民广播电台	中国国际广播电台	广东电台	广州人民广播电台	佛山人民广播电台	其他
45—54岁	3.9	0.3	64.4	25.9	4.4	1.1
55—64岁	8.3	2.5	52.9	33.0	3.1	0.2
65岁及以上	9.3	0.8	64.2	19.6	3.8	2.3
未受过正规教育	1.7	0.1	72.3	16.8	6.4	2.7
小学	1.5	0.5	66.4	19.7	3.4	8.5
初中	5.2	1.6	59.4	27.7	4.4	1.7
高中/中专/职高/技校	4.5	1.0	63.0	26.1	3.9	1.5
大学及以上	15.4	1.6	56.5	23.3	1.3	1.9
干部/管理人员	9.0	6.8	61.7	20.5	1.9	0.1
初级公务员/雇员	6.5	0.5	66.5	21.1	3.6	1.8
个体/私营企业人员	4.0	0.9	62.4	27.5	3.9	1.3
工人	4.0	1.0	61.8	25.3	4.0	3.9
学生	10.1	1.3	59.0	26.9	1.9	0.8
无业（包括退休人员）	8.3	1.4	58.5	26.2	3.8	1.8
其他职业	0.2	0.0	77.3	19.7	1.8	1.0
无收入	7.8	1.1	59.2	26.2	3.5	2.2
1—500元	0.3	0.0	83.5	14.7	1.2	0.3
501—1000元	0.7	0.0	72.2	24.1	2.2	0.8
1001—1500元	1.2	0.8	67.9	24.6	2.5	3.0
1501—2000元	3.3	1.5	65.9	20.0	4.8	4.5
2001—2500元	1.6	0.4	66.4	26.7	3.4	1.5
2501—3000元	6.2	1.6	57.0	28.8	5.7	0.7
3001—4000元	12.5	2.4	54.8	26.1	1.6	2.6
4001元及以上	10.6	1.0	57.2	24.5	3.1	3.6

数据来源：CSM媒介研究

在以性别为细分标准的收听市场上，中央人民广播电台和广州人民广播电台在男性听众中的收听份额略高于在女性听众中的收听份额，而中国国际广播电台、广东电台、佛山人民广播电台都是在女性听众中的收听份额更高。

在以年龄为细分标准的收听市场上，中央人民广播电台对55岁及以上中老年听众影响力更强，其收听份额达到8%以上，中国国际广播电台在55—64岁听众中的收听份额更高，超过10岁及以上听众平均水平1个百分点。广东电台则更吸引10—14岁、25—34岁、45—54岁年龄段的听众，55—64岁的听众中广州人民广播电台的竞争力更强，超过其在10岁及以上所有听众中平均市场份额近8个百分点，佛山人民广播电台的重度听众是35—54岁的中青年，其收听份额达到或超过4.4%。

在以学历为细分标准的收听市场上，中央人民广播电台和中国国际广播电台都受到高学历听众的追捧，大学及以上学历听众对这两个频率的收听份额远高于10岁及以上听众的平均水平，此外，中国国际广播电台在初中听众中的收听份额也较高。广州人民广播电台的重度听众集中于初中学历，佛山台更吸引未受过正规教育的听众，广东电台在小学及以下学历的听众中市场份额更高，达到66%以上。

在以职业为细分标准的收听市场上，中央人民广播电台更吸引干部/管理人员和学生听众，中国国际广播电台在干部/管理人员听众中的市场份额更是明显高于10岁及以上听众对其的平均收听份额。与之形成差异的是，初级公务员/雇员和其他职业群体对广东电台收听份额更高；个体/私营企业人员、学生群体对广州人民广播电台的市场份额更高；佛山人民广播电台更吸引职业类别为工人的收听群体。

在以收入为细分标准的收听市场上，个人月收入在3001元及以上的听众中央人民广播电台的收听份额较10岁及以上所有听众平均水平有所提升，超过10%；而个人月收入在3001—4000元的听众中中国国际广播电台的收听份额增加明显，达到2%以上。广东电台对个人月收入在1—1000元的听众的吸引力相对更强；广州人民广播电台对个人月收入在2001—3000元之间的听众收听份额最高，超过26%；佛山人民广播电台更吸引个人月收入在1501—2000元和2501—3000元的听众，份额超过4%。

4. 广东台频率垄断市场竞争前三甲，广州台两频率跻身前五位

2013年，在广州市场单个频率的竞争中，在整体市场中处于领先地位的广东台和广州台频率依旧强势。其中，广东台的三个频率更是垄断了市场竞争的前三甲，广东电台音乐之声FM99.3、广东电台羊城交通广播台FM105.2、广东电台珠江经济广播电台（E FM财富974）三个频率市场份额合计接近五成。广州台也有两个频率入围，广州新闻电台FM96.2和广州交通电台FM106.1分别以10.1%和8.8%的份额位列第四、五位。与2012年相比，广东电台音乐之声FM99.3、广东电台羊城交通广播台FM105.2和广州交通电台FM106.1排名保持稳定，广东电台珠江经济广播电台（E FM财富974）排名前进了一位，而广州新闻电台FM96.2排名后退了一位（表1.4.7）。

表1.4.7　2013年广州市场收听份额排名前五位的频率

排名	频率	收听份额%	收听率%
1	广东电台音乐之声FM99.3	17.6	0.7
2	广东电台羊城交通广播台FM105.2	15.4	0.6
3	广东电台珠江经济广播电台（E FM财富974）	13.4	0.5
4	广州新闻电台FM96.2	10.1	0.4
5	广州交通电台FM106.1	8.8	0.3

数据来源：CSM媒介研究

在广播收听市场本土化趋势大行其道之下，全国市场和重点城市市场中的频率竞争格局多年来保持着相对的稳定，本土频率服务并影响着一方受众，同时也获得相应的收

听及认可。而中央级频率在市场空间有限的情况下，也不放弃对市场的潜心经营和培育，2013年这种努力也收获了相应的回报，中央级频率市场份额止跌回升，似乎让广播收听市场的竞争再次充满了不确定性。尽管如此，不得不说的仍然是广播收听市场置身于传媒大市场中，无论市场中的强势频率还是弱势频率，均不可避免地要面对其他媒体更加残酷与激烈的竞争，如何立足现有资源，开辟广播频率新的增长点，仍然是各级频率未来发展中亟需解决的难题。

五、节目竞争格局①

（一）北京广播收听市场的节目竞争格局

1. 北京市场节目竞争格局略有变化，新闻/时事类节目收听份额增幅明显

2013年北京广播节目市场，新闻/时事类节目收听份额增长明显，各类节目排名有所调整。生活服务、新闻/时事和音乐类节目收听份额仍稳居北京广播市场前列，相比2012年，生活服务和音乐类节目收听份额分别下降了0.2和1.4个百分点，新闻/时事类节目则上升了3.2个百分点，同时新闻/时事类节目排名也上升了1位。2013年文艺类节目的收听份额达13.5%，比2012年下降了0.4个百分点；社教、体育和财经类节目的收听份额均在2%—6%之间，三者收听份额较上一年分别下降了0.7、0.2和0.7个百分点；法制和外语类节目收听份额仍低于1%，且收听份额较2012年变化都不大（图1.5.1）。

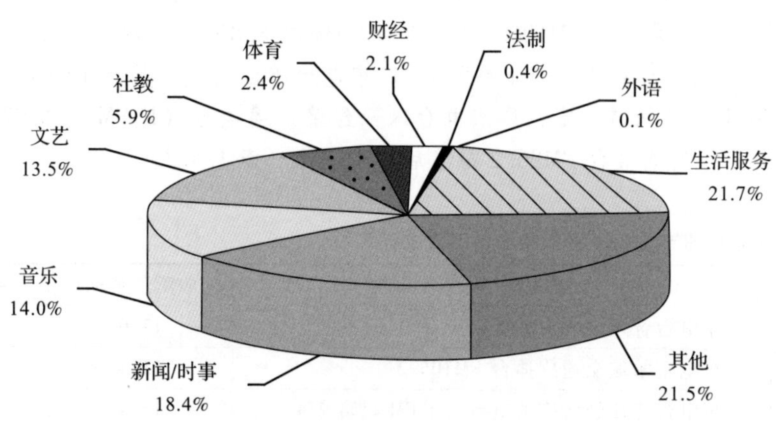

数据来源：CSM媒介研究

图1.5.1　2013年北京市场各类节目的收听份额（%）

---

① 本部分对节目市场的分析，主要针对央视市场研究（CTR）所提供的具有节目监播数据的频率进行。

2. 北京细分节目市场竞争你进我退，中央台在多类型节目市场获得增长

2013 年北京人民广播电台在除财经和外语类的北京各类节目市场保持领先（图 1.5.2），但同比 2012 年，北京人民广播电台在法制、社教、新闻/时事、音乐类节目市场的收听份额有所缩减。北京人民广播电台在体育、法制和生活服务类节目市场保持绝对领先优势，收听份额均超过 90%，在体育和生活服务类节目市场的份额较 2012 年分别上升了 1.7 和 0.8 个百分点，在法制类节目市场的收听份额则下降了 1.6 个百分点。2013 年北京人民广播电台在社教和文艺类节目市场竞争力仍较强，收听份额分别达 81.1% 与 84.8%，较 2012 年前者收听份额下降了 6 个百分点，后者则上升了 5.5 个百分点。在新闻/时事和音乐类节目收听市场，北京人民广播电台收听份额分别达到 59.3% 和 49.3%，并呈领先态势，但与上一年相比，二者收听份额均有所下滑，其中在新闻/时事类节目市场份额下滑明显，达到 10.1 个百分点，在音乐类节目市场份额下滑达 3.6 个百分点。2013 年北京人民广播电台在外语类节目市场保持缓慢增长，收听份额未超过 1%，竞争力仍较弱。

2013 年中央人民广播电台在北京半数类型节目市场的收听份额获得增长，发展势头可喜。同比 2012 年，2013 年中央人民广播电台在新闻/时事类节目市场的收听份额涨幅最大，达到 9.6 个百分点，在音乐和社教类节目市场的收听份额涨幅均在 5—7 个百分点，在法制和其他类节目市场的涨幅均未超过 3 个百分点。但不可忽视的是，中央人民广播电台在北京细分节目市场竞争地位变化不大，仅在财经类节目市场保持领先优势，收听份额达 90.9%，同比 2012 年下降了 0.9 个百分点；此外，中央人民广播电台在生活服务、体育和文艺类节目市场的收听份额较 2012 年均有所下降，降幅分别达 0.7、1.7 和 5.8 个百分点。

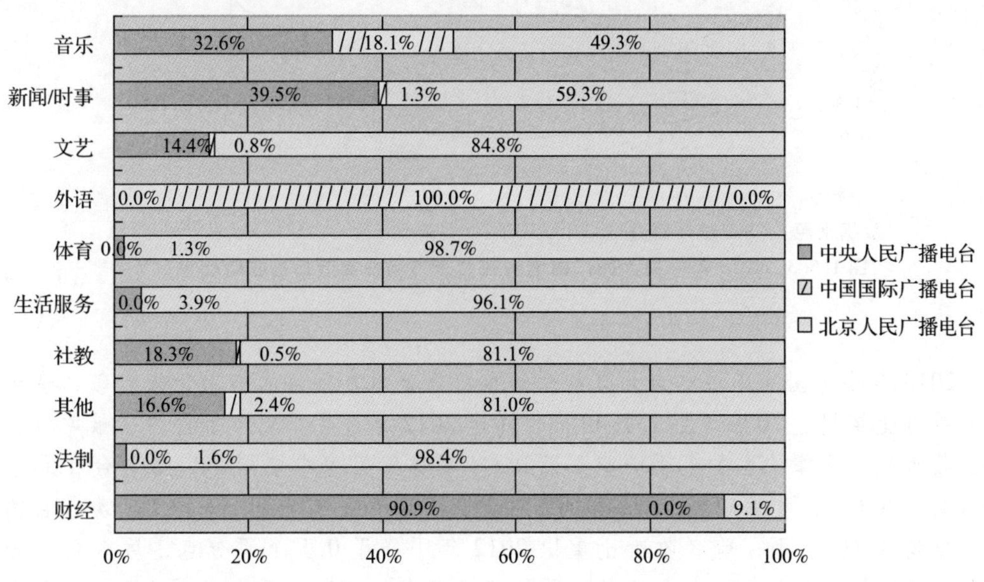

数据来源：CSM 媒介研究

图 1.5.2　2013 年各级广播频率在北京各类节目市场上的收听份额（%）

2013年中国国际广播电台在北京各类型节目收听市场的竞争地位变化不大，外语类节目市场仍是其主控市场，但在其余类型节目市场中均居劣势竞争地位。相比2012年，中国国际广播电台在北京音乐节目市场的份额降幅较大，为2.6个百分点；此外，在社教、文艺和新闻/时事类节目市场的收听份额略有增长，但幅度均未超过0.6个百分点。

3. 国家级电台节目收听格局有所波动，北京台收听结构成熟稳定

2013年，新闻/时事和音乐类节目仍是中央人民广播电台在北京收听市场的两大支柱（图1.5.3），同比2012年，中央人民广播电台个别类型节目收听份额变化明显，如新闻/时事、财经和文艺类节目。2013年中央人民广播电台第一收听支柱的新闻/时事类节目的收听比重较上一年上升明显，增幅为10.1个百分点，达到34.3%；第二收听支柱的音乐类节目收听比重仍保持在21.5%，与上一年无异；文艺和财经类节目的收听比重都在9%上下，二者较上一年分别下降了5.7和4.7个百分点；社教和生活服务类节目的收听比重分别为5.1%和4.0%，前者较2012年上升了0.7个百分点，后者下降了1.4个百分点；体育和法制类节目的收听贡献相对微弱，收听比重均未超过0.5%。

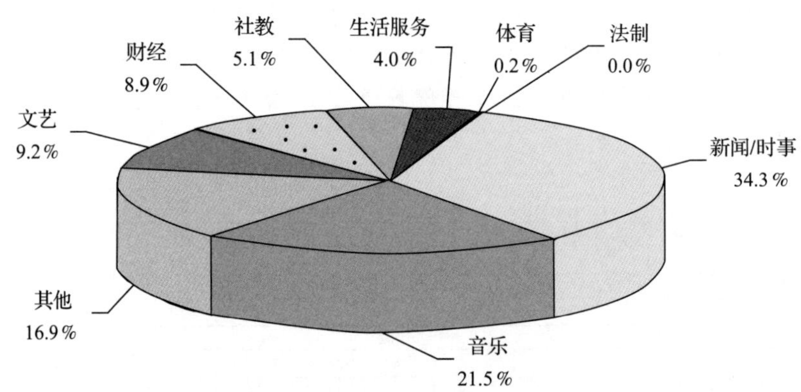

数据来源：CSM媒介研究

图1.5.3 2013年中央人民广播电台在北京市场各类节目的收听比重（%）

2013年中国国际广播电台北京收听侧重依靠音乐类节目的格局仍未打破，音乐类节目收听比重超过70%（图1.5.4），但同比2012年，音乐类节目台内贡献度有所下降，收听比重下降了5.5个百分点。新闻/时事类节目为中国国际广播电台在北京市场贡献了6.6%的收听时间，同比2012年上升了4个百分点。外语和文艺类节目的收听贡献均在3%上下，前者收听比重比2012年下降了0.1个百分点，后者则上升了1.1个百分点。其余类型节目对中国国际广播电台的收听比重均低于1%，变化幅度均不大。

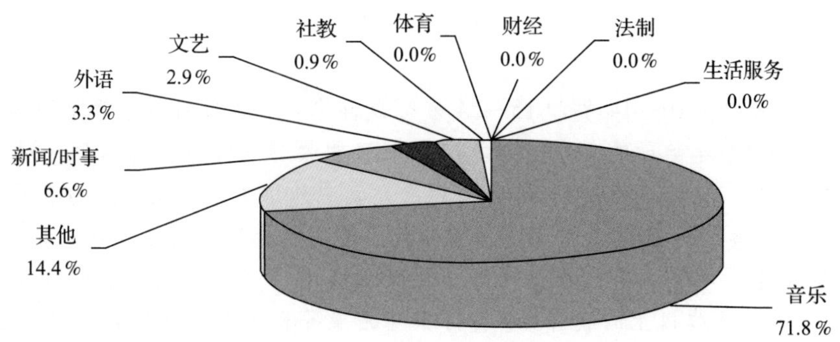

数据来源：CSM 媒介研究

图 1.5.4　2013 年中国国际广播电台在北京市场各类节目的收听比重（%）

延续 2012 年的发展态势，2013 年北京人民广播电台在本地节目收听市场格局稳定，类型多样。生活服务类节目依旧是北京人民广播电台收听比重最高的类型节目，收听比重较 2012 年上升了 0.6 个百分点，达到 27.6%；文艺和新闻/时事类节目是北京人民广播电台节目收听的第二阵营，收听比重较上一年分别上升了 0.9 和 0.8 个百分点；音乐类节目收听比重下降了 1.3 个百分点，与社教和体育类节目共同组成本地收听的第三阵营，收听比重均在 3%—10% 之间，其中社教和体育类节目收听比重较 2012 年分别下降了 1.0 和 0.2 个百分点；其余各类型节目的收听贡献依然微弱，均在 1% 以下（图 1.5.5）。

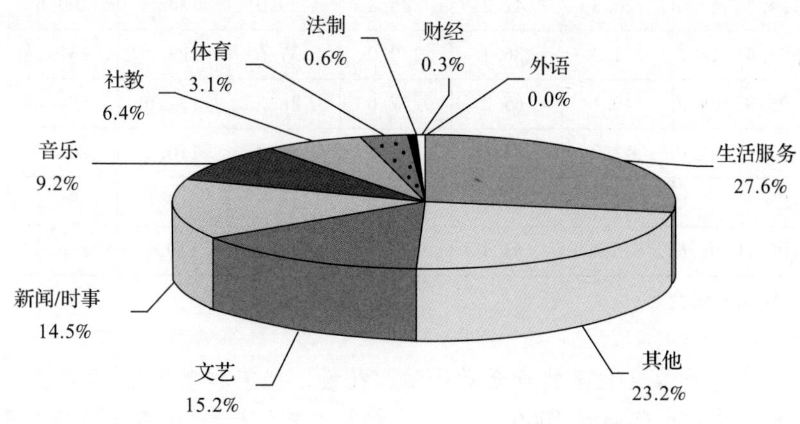

数据来源：CSM 媒介研究

图 1.5.5　2013 年北京人民广播电台在北京市场各类节目的收听比重（%）

4. 各类听众收听倾向差异明显，节目细分市场日趋清晰

根据 2013 年北京市场不同性别听众收听各类节目的集中度，北京市场男性听众和女性听众在体育节目的收听倾向差异最大，其次是外语和法制类节目。对比女性听

众，男性听众在除外语和文艺类节目以外的各类型节目的集中度都高于100%，尤其以体育节目的集中度最高；而女性听众集中度高于100%的节目类型是外语和文艺类节目（表1.5.1）。

2013年北京市场10—14岁和15—24岁听众群体对各类节目的收听集中度均未超过100%，表明这两个年龄段的听众对各类广播节目的收听兴趣均不高。25—34岁的中青年群体对外语和音乐类节目表现出较高兴趣度，其中外语类节目集中度为各年龄段群体中最高。北京市场35—44岁的中年群体对财经、法制、社教、生活服务和音乐类节目都具有较浓厚的收听兴趣。45—54岁的听众群体对各类节目的兴趣都较强，集中度均在100%以上，55—64岁以上的收听群体除了对生活服务和音乐类节目的收听兴趣较弱外，对其余类型节目都有较强的收听偏好集中度。65岁及以上的收听群体除了对外语和音乐类节目兴趣度较低外，对其余类型节目都具有较强的收听偏好，尤其是对法制和新闻/时事类节目的集中度都高于260%（表1.5.1）。

表1.5.1　2013年北京市场不同性别和年龄听众收听各类节目的集中度（%）

节目类别	性别		年龄						
	男	女	10—14岁	15—24岁	25—34岁	35—44岁	45—54岁	55—64岁	65岁及以上
财经	108.8	90.9	27.1	17.6	60.2	126.0	142.1	171.6	150.2
法制	114.3	85.2	14.1	31.8	33.9	108.6	150.6	115.3	268.0
社教	101.4	98.5	39.3	49.3	64.6	108.1	127.3	149.5	172.0
生活服务	111.0	88.6	31.6	63.4	89.7	120.3	128.3	97.8	111.6
体育	154.5	43.6	26.3	41.2	86.8	29.0	134.5	300.6	168.5
外语	86.4	114.1	2.3	36.1	220.0	37.6	123.6	131.2	52.2
文艺	95.9	104.2	40.1	65.3	57.6	88.5	131.6	154.6	191.9
新闻/时事	102.9	97.0	47.0	35.5	45.2	80.3	110.2	203.3	285.3
音乐	102.9	97.0	47.7	97.1	111.0	116.5	113.0	86.3	47.5
其他	108.1	91.6	36.4	62.1	79.3	113.0	120.2	126.6	141.4

数据来源：CSM媒介研究

2013年北京小学文化程度的听众对法制、社教、文艺和新闻/时事类节目具有较浓厚的收听兴趣，集中度都超过100%，其中法制、文艺和新闻/时事类节目的集中度在各教育程度听众中最高。具有初中文化程度听众对财经、社教、文艺和新闻/时事类节目具有明显的收听偏好。具有高中文化程度的听众收听爱好最广泛，对除财经以外的各类节目收听集中度均超过100%。具有大学及以上教育程度的群体仅对财经、生活服务、外语和音乐类节目具有较浓厚的收听兴趣，其中财经和外语类节目的集中度在各教育程度听众中最高（表1.5.2）。

表 1.5.2 2013 年北京市场不同受教育程度听众收听各类节目的集中度（%）

节目类别	受教育程度				
	未受过正规教育	小学	初中	高中	大学及以上
财经	*	22.1	105.2	94.7	111.1
法制	*	328.6	60.8	133.8	65.9
社教	*	120.5	101.4	126.8	79.4
生活服务	*	75.7	71.1	119.5	100.5
体育	*	9.8	82.3	185.4	60.3
外语	*	2.8	26.8	101.4	137.2
文艺	*	197.5	102.3	133.4	64.0
新闻/时事	*	121.8	108.1	118.5	82.5
音乐	*	54.1	84.9	110.4	104.5
其他	*	91.2	88.4	119.5	92.1

注：“*”表示该目标听众样本量不足，无法进行统计推断。

数据来源：CSM 媒介研究

2013 年北京没有收入的听众对任何节目的收听兴趣都不高。个人月收入在 1—500 元的低收入群体对法制、社教和新闻/时事类节目有较强的收听兴趣，尤其是对法制和新闻/时事类节目有很强的收听倾向，集中度超过 300%。个人月收入在 1001—1500 元的群体对财经、社教、文艺、新闻/时事和音乐类节目具有一定的收听倾向。个人月收入在 1501—2000 元的人群除了对财经、体育和外语类节目兴趣度较低外，对其余各类节目的集中度都超过 100%，其中文艺类节目集中度在各个收入水平的听众中最高。个人月收入在 2001—2500 元的群体仅对财经和音乐类节目的收听倾向较低，对其余各类节目都具有较强的收听兴趣，节目集中度均超过 100%。个人月收入在 2501—3000 元的群体对财经、外语和音乐类以外的类型节目收听倾向明显。个人月收入在 3001—4000 元听众对除体育和外语外的节目均表现出一定的收听兴趣。个人月收入在 4001 元及以上的高收入群体的收听兴趣相对单一，仅对外语和音乐类节目有较大兴趣（表 1.5.3）。

表 1.5.3 2013 年北京市场不同个人月收入听众收听各类节目的集中度（%）

节目类别	个人月收入								
	没有收入	1—500 元	501—1000 元	1001—1500 元	1501—2000 元	2001—2500 元	2501—3000 元	3001—4000 元	4001 元及以上
财经	17.3	8.0	*	214.5	92.7	65.0	62.0	191.0	96.5
法制	69.6	426.8	*	90.6	130.3	137.7	111.7	109.6	65.3
社教	53.1	126.0	*	118.2	127.3	138.4	117.3	110.1	78.7
生活服务	50.5	34.1	*	99.3	115.0	121.1	106.6	120.3	99.7
体育	30.4	7.9	*	24.3	7.7	317.8	132.1	74.8	81.9
外语	13.2	1.4	*	82.1	77.1	113.4	9.9	38.3	272.7
文艺	69.0	57.6	*	147.9	162.4	147.5	112.7	105.9	53.4
新闻/时事	35.7	342.5	*	174.2	110.0	116.3	135.1	106.4	83.4
音乐	70.2	14.4	*	101.7	136.6	75.7	78.3	122.0	113.1
其他	51.3	109.0	*	122.3	125.4	116.1	107.4	115.9	93.8

注：“*”表示该目标听众样本量不足，无法进行统计推断。

数据来源：CSM 媒介研究

在不同职业方面，2013年北京收听市场中干部/管理人员群体仅对生活服务类节目有相对浓厚的收听兴趣；初级公务员/雇员群体对生活服务、体育、外语和音乐类节目有较强的收听倾向；工人群体偏爱收听的节目类型相对广泛，对除体育、外语和新闻/时事类以外的各类节目都较感兴趣；个体/私营企业人员对除财经、社教、生活服务和文艺类节目以外的各类节目有较强的收听兴趣；学生群体对任何类型节目的收听偏好都不突出；无业群体的收听兴趣最为广泛，对除音乐外的其余各类节目都表现出明显的收听偏好（表1.5.4）。

表1.5.4　2013年北京市场不同职业听众收听各类节目的集中度（%）

节目类别	职业					
	干部/管理人员	初级公务员/雇员	工人	个体/私营企业人员	学生	无业（包括退休人员）
财经	65.8	71.5	126.8	176.3	16.8	161.0
法制	95.3	82.8	108.9	82.8	22.2	177.1
社教	66.2	85.5	120.5	121.5	44.4	154.0
生活服务	104.3	108.0	120.0	109.1	42.4	107.9
体育	78.2	109.4	24.3	54.1	30.8	190.8
外语	93.7	162.0	38.4	63.2	7.6	113.7
文艺	64.3	68.9	117.3	110.9	62.1	173.2
新闻/时事	83.2	64.9	91.7	72.1	32.8	213.1
音乐	99.7	122.1	135.9	95.1	70.8	74.2
其他	93.1	96.6	122.6	103.3	45.4	130.1

数据来源：CSM媒介研究

5. 收听份额排名首位的《一路畅通》领先优势持续扩大

2013年北京市场收听份额排名前十位的节目主要是由生活服务、文艺和新闻/时事类节目构成（表1.5.5）。对比2012年北京市场收听份额排名前十的节目，2013年北京收听份额排名前十的节目中有三档是新上榜节目，分别是《央广新闻》《体育新世界》和《路况信息》。2013年，北京人民广播电台交通广播的《一路畅通》仍稳坐北京广播节目收听排行首位，收听份额较2012年上升了0.72个百分点，达9.54%。北京人民广播电台文艺广播的《开心茶馆》和中央人民广播电台第一套节目中国之声的《新闻纵横》分别排在第二和第三名，其中《开心茶馆》保持亚军位置，《新闻纵横》则由上一年的第六上升至本年度第三，二者收听份额较上一年均有所提升。由多个频率联袂播出的《新闻和报纸摘要》在2013年保持第四排名。北京人民广播电台文艺广播的《空中笑林》2013年排名虽由上一年的第三跌至第五，但收听份额略有上升，同一频率的《说学逗唱》收听份额和排名浮动不大。北京人民广播电台体育广播的《体育新世界》为前十名新晋成员，以1.17%的收听份额排名第九。

表 1.5.5 2013 年北京市场收听份额排名前十位节目

排名	节目名称	频率	收听份额（%）
1	一路畅通	北京人民广播电台交通广播（FM103.9/CFM95.6）	9.54
2	开心茶馆	北京人民广播电台文艺广播（FM87.6/CFM93.8）	1.95
3	新闻纵横	中央人民广播电台第一套节目中国之声	1.88
4	新闻和报纸摘要	多频率	1.56
5	空中笑林	北京人民广播电台文艺广播（FM87.6/CFM93.8）	1.50
6	央广新闻	中央人民广播电台第一套节目中国之声	1.35
7	交通天气预报	北京人民广播电台交通广播（FM103.9/CFM95.6）	1.27
8	说学逗唱	北京人民广播电台文艺广播（FM87.6/CFM93.8）	1.23
9	体育新世界	北京人民广播电台体育广播（FM102.5）	1.17
10	路况信息	多频率	1.11

数据来源：CSM 媒介研究

（二）上海广播收听市场的节目竞争格局

1. 上海音乐类节目收听份额持续增大，各类节目竞争格局基本稳定

2013 年上海广播收听市场各类型节目收听份额排名与 2012 年一致，除音乐类节目外，其他节目类型的收听份额变化幅度不大。新闻/时事类节目仍是上海收听市场的冠军，但收听份额较 2012 年降低了 1.4 个百分点。音乐节目保持了在上海广播节目收听市场亚军的位置，收听份额增幅最大，较 2012 年上升了 3 个百分点。生活服务类节目收听份额较 2012 年上升了 0.3 个百分点，季军地位保持不变。文艺类节目以 7.9% 的收听份额排名第四，收听份额较上一年上升了 0.1 个百分点。财经、社教、体育和法制类节目共在上海市场获得了超过 9% 的收听份额，其中财经、社教和体育类节目的收听份额较 2012 年分别下降了 1.4、0.1 和 0.4 个百分点，法制类节目则上升了 0.1 个百分点。2013 年外语类节目在上海市场的收听份额依旧微弱（图 1.5.6）。

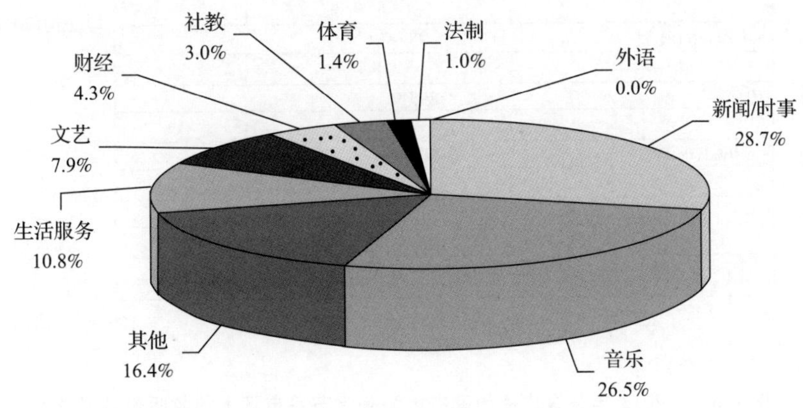

数据来源：CSM 媒介研究

图 1.5.6 2013 年上海市场各类节目的收听份额（%）

2. 上海本地频率在各类型节目市场保持优势，国家级电台实力有所提升

2013年上海广播细分节目收听市场依然由本地频率主控（图1.5.7），中央人民广播电台在财经、社教、新闻/时事等多个类型节目市场的收听份额获得提升，中国国际广播电台在外语类节目市场取得收听份额的大幅扩张。2013年中央人民广播电台在上海财经类节目市场的收听份额超过30%，收听份额较上一年增加了15.1个百分点，收听竞争力提升明显；在社教和新闻/时事类节目市场，中央人民广播电台的的收听份额分别达10.9%和7.1%，同比2012年分别上升了3.1和2.6个百分点；此外，中央人民广播电台在文艺和音乐节目市场的收听份额也有所上升，但市场竞争力仍偏弱。2013年中国国际广播电台在上海外语节目市场中占据37.0%的收听份额，市场竞争力较前一年增长了34.3个百分点，但仍弱于上海的本地频率。2013年上海本地频率——SMG频率优势地位稳固，在法制类节目市场的收听份额达到100%，在音乐、新闻/时事、文艺、体育、生活服务类节目市场的收听份额均超过90%，在外语、社教和财经类节目市场的收听份额都在60%以上，然而受制于国家级频率的扩张，2013年上海本地频率在多个节目市场的收听份额出现缩减，如在外语类节目市场和财经类节目市场的收听份额分别下降了34.3和15.1个百分点，在社教和新闻/时事类节目市场的降幅分别达3.2和2.7个百分点，在生活服务、文艺和音乐类节目市场的降幅则都小于3个百分点。

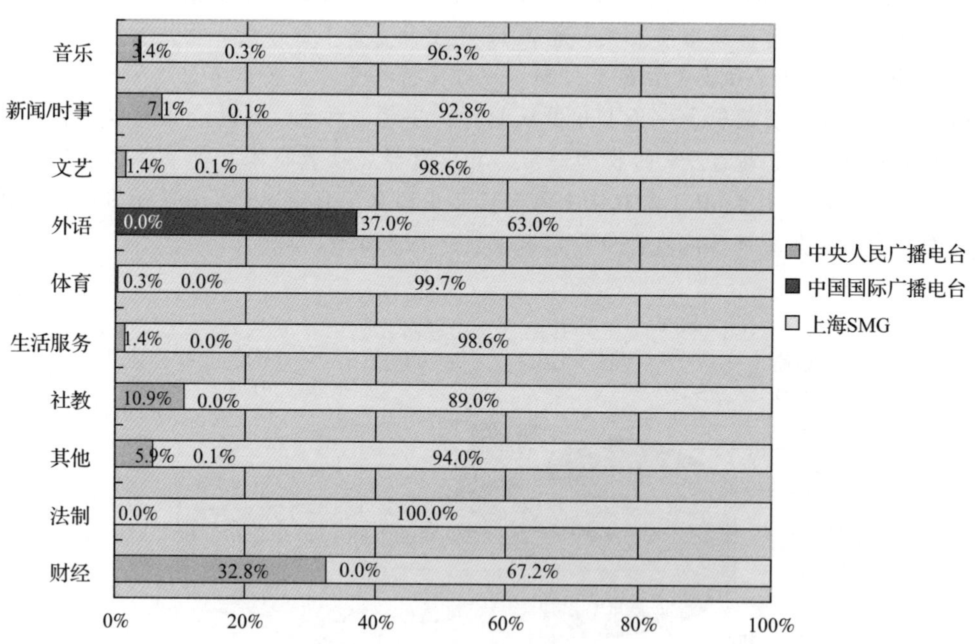

数据来源：CSM媒介研究

图1.5.7　2013年各级广播频率在上海各类节目市场上的收听份额（%）

3. 中央台和上海本地频率节目收听格局稳定，国际台音乐节目收听贡献下滑明显

2013年中央人民广播电台在上海市场的节目收听结构稳定，各类节目收听比重变化不大，排名与2012年一致。2013年中央人民广播电台依靠新闻/时事和财经类节目斩获上海收听市场的格局依旧，两类节目的收听时间占中央人民广播电台总收听时间的近60%，其中新闻/时事类节目的收听比重较上一年上升了0.4个百分点，而财经类节目则比2012年降低了1.4个百分点。音乐和社教类节目共为中央人民广播电台贡献了20.7%的收听时间，生活服务、文艺和体育类节目的收听比重均低于3%，收听贡献相对有限（图1.5.8）。

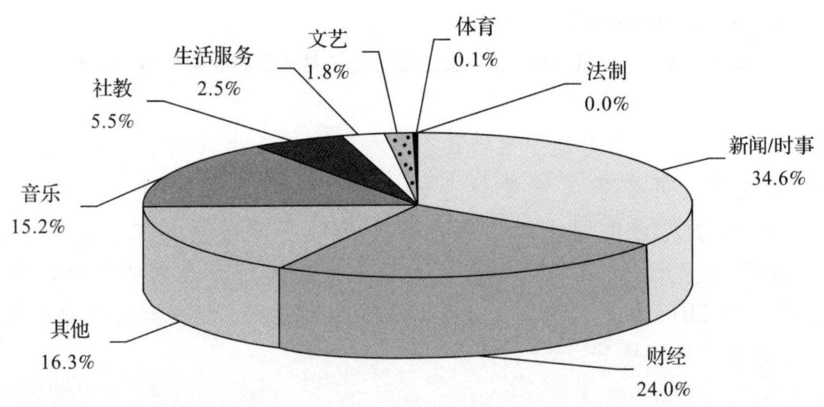

数据来源：CSM媒介研究

图1.5.8 2013年中央人民广播电台在上海市场各类节目的收听比重（%）

延续往年特征，2013年SMG频率在上海本地收听市场保持成熟稳定的收听格局（图1.5.9）。2013年SMG频率在本地收听第一主力仍是新闻/时事类节目，节目收听比重接近30%，但比2012年下降了1.4个百分点；音乐类节目为SMG频率在本地收听贡献了27.2%的收听时间，仅次于新闻/时事类节目，同比上一年收听比重上升了3.3个百分点；生活服务和文艺类节目的收听贡献共达19.7%；财经、社教、体育和法制类节目的收听比重之和达8.4%。对比2012年，SMG频率音乐和生活服务类节目收听比重增幅最大，均达3.3个百分点，法制类节目略有增长，达0.1个百分点；社教和体育类节目的收听比重较上一年降幅均不超过1个百分点，新闻/时事和财经类节目收听比重降幅均在1—2个百分点，文艺类节目降幅相对较大达2.5个百分点。

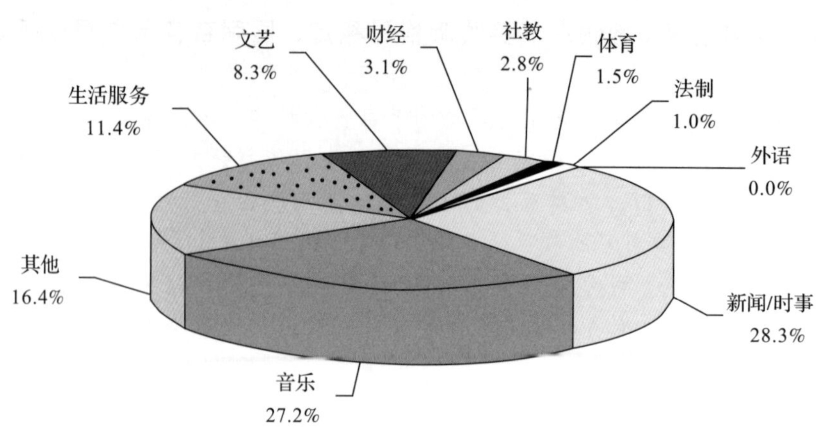

数据来源：CSM 媒介研究

图 1.5.9　2013 年 SMG 频率在上海市场各类节目的收听比重（%）

2013 年中国国际广播电台在上海市场，音乐类节目台内贡献下滑明显，收听比重降幅达 9.2 个百分点，但音乐类节目仍是台内收听比重最高的节目，超过 60%（图 1.5.10）；新闻/时事类对中国国际广播电台上海收听贡献居第二位，收听比重超过 10%，同比 2012 年上升了 3.3 个百分点；外语和文艺类节目台内收听时间贡献分别为 4.8% 和 3.3%，较 2012 年分别提高了 2.3 和 3.3 个百分点；社教类节目收听时间的比重达 1.0%，收听贡献有所提升。

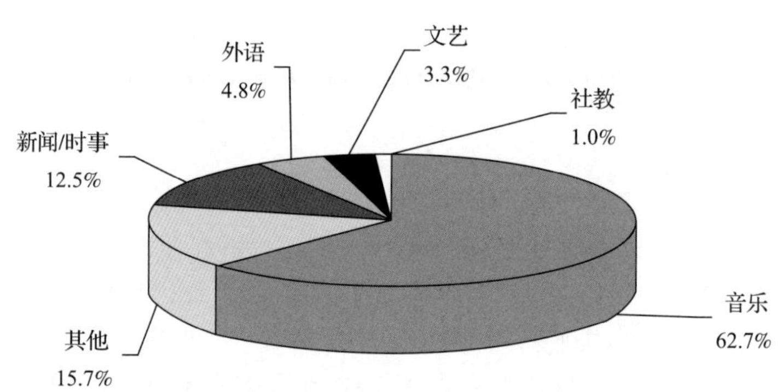

数据来源：CSM 媒介研究

图 1.5.10　2013 年中国国际广播电台在上海市场各类节目的收听比重（%）

4. 各类听众收听倾向各有不同，节目细分更具市场针对性

2013 年上海广播收听市场，男性听众对生活服务、体育、外语和新闻/时事类节目表现出较大的收听兴趣，而女性听众则对财经、法制、社教、文艺和音乐类节目显现出较强的收听偏好（表 1.5.6）。

2013 年上海广播收听市场 10—14 岁听众对广播节目的收听兴趣依然不高，各类型节目收听集中度均未超过100%；15—24岁听众依旧仅对体育和音乐两类节目表现出明显的收听偏好；25—44岁的听众感兴趣的节目类型都很有限，25—34岁的听众收听体育、外语和音乐类节目集中度超过100%，35—44岁听众仅对音乐类节目表现出较高的兴趣度；45—54岁的上海听众对法制、社教、生活服务、体育和新闻/时事类节目表现出较明显的收听偏好；55—64岁的上海听众收听兴趣相对广泛，对除体育、外语和音乐类节目以外的所有类型节目都具有较强的收听倾向，其中对财经类节目的收听集中度超过400%；65岁及以上的听众收听节目的类型也比较广泛，对除了财经、体育和音乐类节目以外的所有类型节目的收听集中度都超过100%（表1.5.6）。

表1.5.6 2013年上海市场不同性别和年龄听众收听各类节目的集中度（%）

节目类别	性别		年龄						
	男	女	10—14岁	15—24岁	25—34岁	35—44岁	45—54岁	55—64岁	65岁及以上
财经	93.9	106.2	3.7	5.0	54.2	72.4	91.2	403.8	72.2
法制	94.4	105.7	22.9	55.1	41.6	90.9	160.7	139.8	154.9
社教	98.7	101.4	92.8	53.8	67.3	75.5	113.6	178.1	159.8
生活服务	109.3	90.6	36.7	29.1	78.5	89.1	129.0	178.4	145.4
体育	146.1	53.2	10.5	106.3	127.1	73.3	125.2	99.7	55.2
外语	115.4	84.4	81.9	42.7	137.9	56.0	77.0	92.1	246.4
文艺	86.6	113.6	94.4	59.6	77.0	70.5	82.9	141.4	235.8
新闻/时事	103.2	96.7	22.3	35.4	53.0	74.5	118.2	196.2	203.2
音乐	94.0	106.1	68.7	108.3	142.0	122.9	98.8	42.3	52.2
其他	99.8	100.2	51.4	64.3	97.9	98.1	104.9	139.2	123.1

数据来源：CSM媒介研究

2013年上海收听市场小学及以下教育程度听众的收听偏好较单一，其中未受过正规教育的听众仅对财经类节目表现出强烈的收听倾向，收听集中度超过500%，小学教育程度的听众仅对外语类节目表现出较大兴趣，收听集中度超过400%；初中和高中教育程度的上海听众节目收听兴趣较为广泛，其中初中教育程度的听众对除体育、外语和音乐类节目以外的各类型节目的收听集中度都超过100%，高中教育程度的听众对除外语和音乐类节目以外的所有类型节目表现出较高的收听偏好；大学及以上学历群体节目偏好较集中，仅对体育、外语和音乐类节目的收听集中度超过100%（表1.5.7）。

表 1.5.7　2013 年上海市场不同教育程度听众收听各类节目的集中度（%）

节目类别	教育程度				
	未受过正规教育	小学	初中	高中	大学及以上
财经	521.8	18.0	109.3	138.3	55.0
法制	0.0	22.0	124.2	113.6	83.0
社教	40.4	86.3	136.1	106.2	76.9
生活服务	16.8	84.0	101.6	133.2	67.1
体育	0.0	42.4	60.6	110.9	119.0
外语	0.0	467.7	76.5	78.7	101.7
文艺	29.1	93.2	141.1	105.9	73.5
新闻/时事	58.4	76.9	124.3	114.4	75.0
音乐	47.8	28.1	67.4	96.5	130.0
其他	100.6	53.9	97.6	111.4	94.1

数据来源：CSM 媒介研究

2013 年上海没有收入的听众对各类节目的收听兴趣都不高；个人月收入在 1001—1500 元之间的上海听众对财经、文艺和音乐类节目的收听集中度较高；个人月收入在 1501—2500 元之间的听众节目收听兴趣相对广泛，其中个人月收入在 1501—2000 元之间的听众对除体育、文艺和音乐类以外的所有类型节目都表现出较浓厚的收听兴趣，个人月收入在 2001—2500 元之间的听众对除体育和音乐类节目以外的各类型节目的收听集中度均超过 100%；个人月收入在 2501—3000 元之间的听众相对偏爱收听法制、社教、生活服务和新闻/时事类节目；而个人月收入在 3001—4000 元之间的上海听众对法制、生活服务、体育和音乐类节目的收听集中度超过 100%；个人月收入在 4001 元及以上的听众对财经、生活服务和音乐类节目比较感兴趣（表 1.5.8）。

表 1.5.8　2013 年上海市场不同个人月收入听众收听各类节目的集中度（%）

节目类别	个人月收入								
	没有收入	1—500 元	501—1000 元	1001—1500 元	1501—2000 元	2001—2500 元	2501—3000 元	3001—4000 元	4001 元及以上
财经	7.9	*	*	125.7	124.6	207.6	96.9	26.7	127.6
法制	37.8	*	*	3.8	109.7	113.0	163.5	102.9	84.9
社教	49.0	*	*	52.4	146.7	120.5	170.7	77.2	78.7
生活服务	22.4	*	*	50.2	123.4	133.4	116.6	100.7	104.7
体育	77.0	*	*	11.9	90.8	99.8	84.6	127.6	94.5
外语	19.6	*	*	0.0	506.0	116.5	48.3	80.7	30.4
文艺	60.1	*	*	133.4	91.0	202.1	78.3	76.9	75.4
新闻/时事	23.7	*	*	92.5	140.4	156.0	126.9	87.2	79.9
音乐	94.4	*	*	107.5	65.8	69.1	87.1	121.0	127.8
其他	53.8	*	*	99.6	105.6	122.4	103.0	96.9	108.0

注：“*”表示该目标听众样本量不足，无法进行统计推断。

数据来源：CSM 媒介研究

2013 年上海收听市场的干部/管理人员仍只对体育、外语和新闻/时事类节目表现出强烈的收听兴趣；初级公务员/雇员仅对财经、外语和音乐类节目的收听集中度超过100%；工人听众喜爱收听的节目类型相对广泛，对除财经、外语和文艺类节目外的各类节目的收听集中度都较高；个体/私营企业人员的收听兴趣集中在生活服务和音乐类节目；学生群体对任何类型的广播节目收听兴趣均未超过100%；无业群体收听兴趣最为广泛，对除体育和音乐类节目之外的所有节目都有浓厚的收听兴趣（表 1.5.9）。

表 1.5.9　2013 年上海市场不同职业听众收听各类节目的集中度（%）

节目类别	职业					
	干部/管理人员	初级公务员/雇员	工人	个体/私营企业人员	学生	无业（包括退休人员）
财经	88.8	100.6	90.3	28.5	3.2	169.4
法制	75.1	88.4	191.2	53.8	38.5	113.7
社教	94.8	71.2	175.7	80.9	50.2	132.3
生活服务	90.6	95.3	131.1	101.0	20.7	129.3
体育	214.2	81.2	174.9	98.0	65.2	85.1
外语	123.9	117.3	57.0	9.6	21.4	151.9
文艺	67.8	77.0	93.1	41.1	62.0	175.6
新闻/时事	112.9	68.0	119.8	80.7	19.3	176.8
音乐	98.7	118.4	126.9	118.1	94.8	58.2
其他	87.9	98.6	118.1	98.2	52.9	118.0

数据来源：CSM 媒介研究

5. 本地节目垄断上海收听榜单前十，《990 早新闻》稳居榜首

2013 年上海市场收听份额排名前十位的节目较为稳定，除《早安新发现》为新上榜节目外，其余九档均为上一年收听份额排名前十节目。上海收听份额排名前十的广播节目仍集中在新闻/时事、音乐和文艺类节目上，其中 7 个为新闻/时事类节目。由上海人民广播电台播出的《990 早新闻》稳居收听份额排名榜冠军位置，但收听份额较 2012 年略有下滑；由多频率播出的《直播 990》以 3.31% 的收听份额位居亚军；由上海流行音乐广播动感 101 FM101.7 播出的的音乐节目《维他奶音乐早餐》，以 3.20% 的收听份额位居季军；由多频率播出的新闻/时事类节目《东广早新闻》位于榜单第四名，同比上一年 6.19% 的收听成绩下滑不少；榜单第五至第七以及第十位，均为新闻/时事类节目，第八和第九分别为文艺类节目《101 娱乐在线》和音乐类节目《早安新发现》（表 1.5.10）。

表 1.5.10　2013 年上海市场收听份额排名前十位节目

排名	节目名称	频　　率	收听份额（%）
1	990 早新闻	上海人民广播电台 AM990/FM93.4	6.54
2	直通 990	多频率	3.31
3	维他奶音乐早餐	上海流行音乐广播 动感 101 FM101.7	3.20
4	东广早新闻	多频率	3.08
5	转播中央人民广播电台新闻和报纸摘要节目	上海人民广播电台 AM990/FM93.4	2.69
6	990 八点新闻	上海人民广播电台 AM990/FM93.4	2.22
7	990 清晨新闻	上海人民广播电台 AM990/FM93.4	2.10
8	101 娱乐在线	上海流行音乐广播 动感 101 FM101.7	1.48
9	早安新发现	上海流行音乐广播 Love Radio FM103.7	1.35
10	经济生活 60 分	第一财经广播 FM97.7	1.26

数据来源：CSM 媒介研究

（三）广州广播收听市场的节目竞争格局

1. 节目竞争格局稳中有变，新闻/时事类节目涨势明显

2013 年广州广播收听市场的节目竞争格局稳中有变，新闻/时事类节目延续上一年发展趋势，收听份额再度攀升，收听份额排名上升到第二位。2013 年广州收听市场，音乐类节目依旧稳居各类型节目收听份额龙头地位，但收听份额较 2012 年下降了 0.8 个百分点。新闻/时事类节目收听份额比 2012 年上升了 3.3 个百分点，收听份额排名前进一位，排名第二。生活服务类节目以 17.6% 的收听份额位居市场第三，较 2012 年下降了 1.1 个百分点。文艺类节目收听份额超过 14%，相比 2012 年上升了 0.1 个百分点。财经类节目收听份额接近 6%，同比上一年下降了 1.5 个百分点，在各类型节目中降幅最大。社教和体育类节目的收听份额介于 1%—4% 之间，二者变化幅度都不大。法制和外语类节目的收听份额都低于 1%，听众收听时间仍偏少（图 1.5.11）。

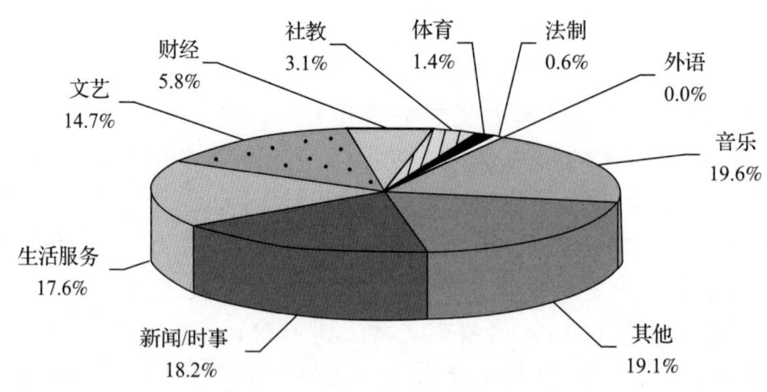

数据来源：CSM 媒介研究

图 1.5.11　2013 年广州市场各类节目的收听份额（%）

2. 广东省台分类节目市场表现强势，中央台多类节目市场有所增长

2013 年，广东人民广播电台在广州除外语类节目市场外的各类市场均居领导地位（图 1.5.12）。其中，广东人民广播电台在音乐和财经类节目收听市场获得的收听份额均超过 80%，在生活服务类节目市场的收听份额超过了 70%，在文艺和法制类节目市场的收听份额都超过 60%，在体育和社教类节目市场占据的收听份额都在一半以上；广东人民广播电台在新闻/时事类节目市场的收听份额低于 50%，但仍在市场内居领导地位。相比 2012 年，2013 年广东人民广播电台在财经、法制、社教、体育、文艺和新闻/时事类节目市场的收听份额均有增长，其中在新闻/时事类节目市场涨幅最大，超过 9 个百分点，仅在音乐类节目市场的收听份额有所下滑，降幅达 2.7 个百分点。

除广东人民广播电台外，广州人民广播电台是广州各类型节目市场的又一强势竞争力量。相比 2012 年，广州人民广播电台在法制和体育类节目市场获得 10 个百分点以上的大幅上升，但在财经、生活服务、文艺、新闻/时事和音乐类节目市场则分别有 1—9 个百分点不等的下滑。在各类型节目市场竞争中，广州人民广播电台在体育类节目市场的收听份额超过了 40%，居亚军位置；在新闻/时事、文艺、社教和法制类节目市场的收听份额均超过 30%，在生活服务类节目市场的收听份额超过 25%。

2013 年中央人民广播电台在广州细分节目市场仍居弱势竞争地位，收听份额最高不超过 25%。但相较 2012 年，中央人民广播电台在除音乐、生活服务和外语类节目外的各类节目市场上均获得了不同程度的增长，发展势头良好；其中，在新闻/时事节目市场收听份额增幅最大，达到 9.2 个百分点，在财经、法制、社教和文艺类节目市场的收听份额增幅均在 1—3 个百分点之间，在音乐类节目市场有所下滑，幅度为 2.7 个百分点。

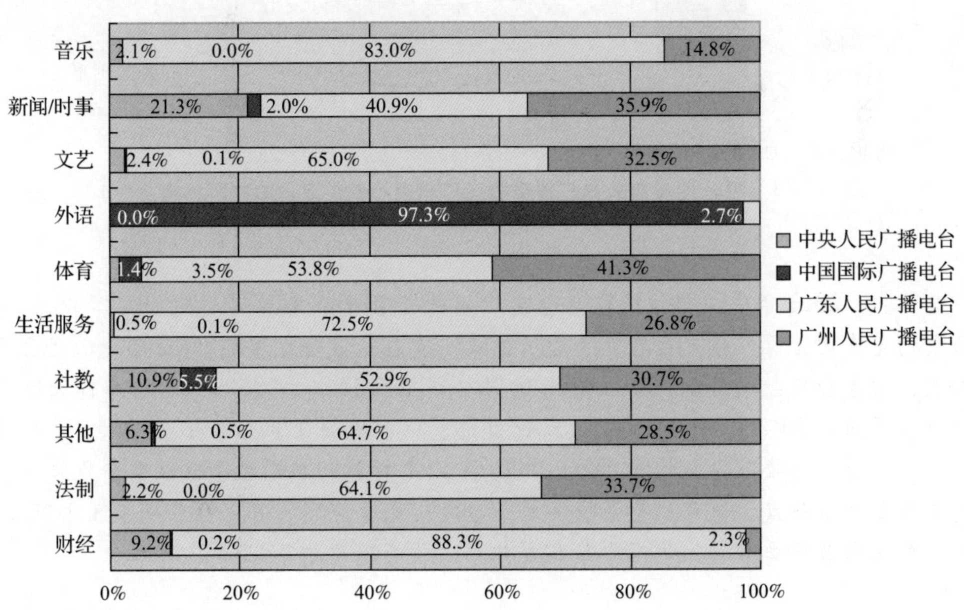

数据来源：CSM 媒介研究

图 1.5.12 2013 年各级广播频率在广州各类节目市场上的收听份额（%）

2013年中国国际广播电台仍只在外语类节目市场保持领先优势，收听份额超过97%，但在其余节目市场的竞争力仍很微弱，收听份额均未超过6%。

3. 新闻/时事类节目对中央级频率收听支撑明显，本地频率收听格局均衡稳定

2013年中央人民广播电台在广州节目收听市场对新闻/时事类节目的依赖再度提升，新闻/时事类节目收听比重较2012年上升了16.3个百分点，达到56.6%（图1.5.13）。财经、音乐、文艺和社教类节目共为中央人民广播电台广州市场收听贡献了24.1%的收听时间，四类节目收听比重均在5%—8%之间，同比上一年，音乐类节目收听比重下滑明显，降幅达到15.7个百分点，财经和社教类节目也有小幅下滑，降幅分别达3.0和0.6个百分点，文艺类节目收听比重有所上升，增幅为2.5个百分点。生活服务、体育和法制类节目的收听比重均未超过1.5%，变化幅度相对有限。

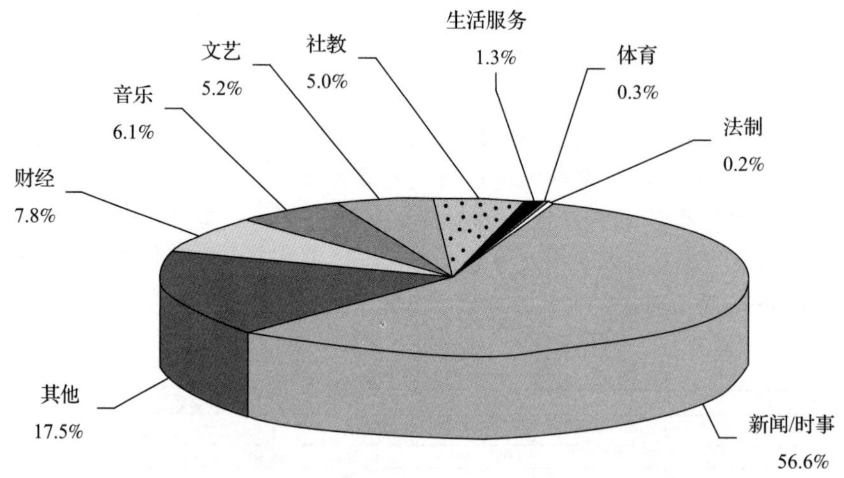

数据来源：CSM媒介研究

图1.5.13　2013年中央人民广播电台在广州市场各类节目的收听比重（%）

总体上，2013年中国国际广播电台在广州的节目收听格局以稳定为主。新闻/时事类节目仍是中国国际广播电台在广州收听的第一支柱，收听比重较2012年上升了2.3个百分点，为电台贡献了接近50%的收听时间（图1.5.14）。社教类节目为中国国际广播电台贡献了超过20%的收听时间，收听比重比上一年增加0.1个百分点。体育、生活服务和文艺类节目的收听份额均在2%—7%之间，其中文艺类节目收听比重变化较大，降幅达到6.2个百分点，体育和生活服务类节目收听比重分别上升了0.3和1.5个百分点。财经、外语和音乐类节目的收听贡献相对较小，收听比重均不超过2%。

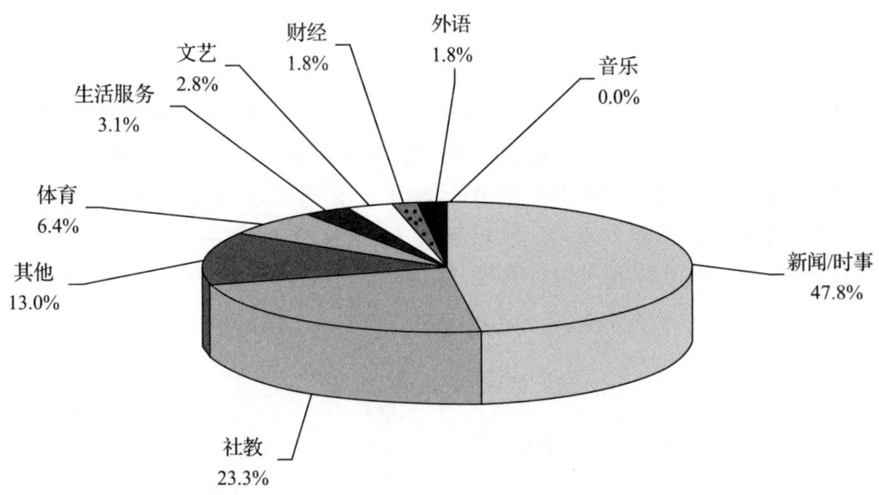

数据来源：CSM 媒介研究

图 1.5.14 2013 年中国国际广播电台在广州市场各类节目的收听比重（%）

2013 年广东人民广播电台在广州市场的节目收听格局变化不大。音乐类节目仍是广东省台在广州收听的第一主力，收听比重超过 20%（图 1.5.15）；生活服务、文艺和新闻/时事类节目收听比重均超过 10%，三类节目收听时间贡献之和达到 44.8%；财经类节目收听比重达到 7.7%，体育、法制和外语类节目贡献的收听时间相对较少，收听比重均不超过 1.5%。对比 2012 年数据，2013 年广东人民广播电台各类型节目收听比重变化幅度都不大，财经、生活服务、体育和法制类节目的收听比重均有所下滑，下滑幅度均不超过 2.5 个百分点，文艺、新闻/时事和音乐类节目的收听比重则有所上升，上升幅度不超过 2 个百分点。

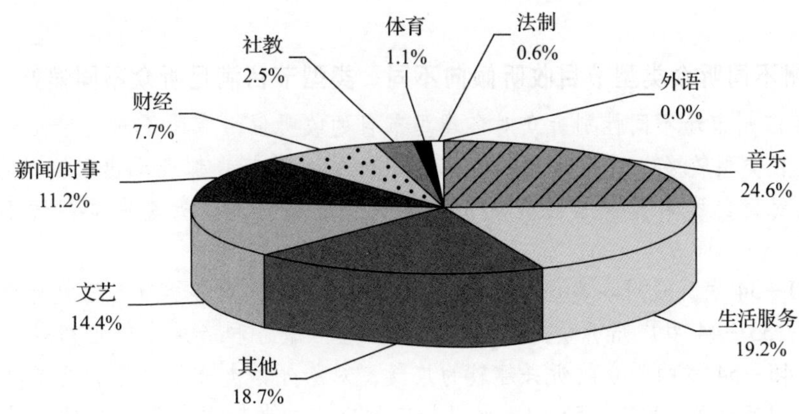

数据来源：CSM 媒介研究

图 1.5.15 2013 年广东人民广播电台在广州市场各类节目的收听比重（%）

2013年广州人民广播电台在本地的节目收听格局以稳定为主，各类型节目收听比重变化幅度最大不超过4.5个百分点。其中，音乐、生活服务、财经和文艺类节目的收听比重均有所下滑，下降幅度分别为4.2、1.2、0.5和0.2个百分点，法制、社教、体育和新闻/时事类节目的收听比重均有所上升，增幅分别为0.5、0.6、0.8和2.8个百分点。从收听格局上看，新闻/时事类节目仍是广州人民广播电台在本地收听的最强支撑，贡献了24.8%的收听时间；文艺、生活服务和音乐类节目的收听比重均超过10%；社教和体育类节目贡献的收听时间一般，收听比重不超过4%，法制和财经类节目的收听比重都不超过1%，收听贡献相对微弱（图1.5.16）。

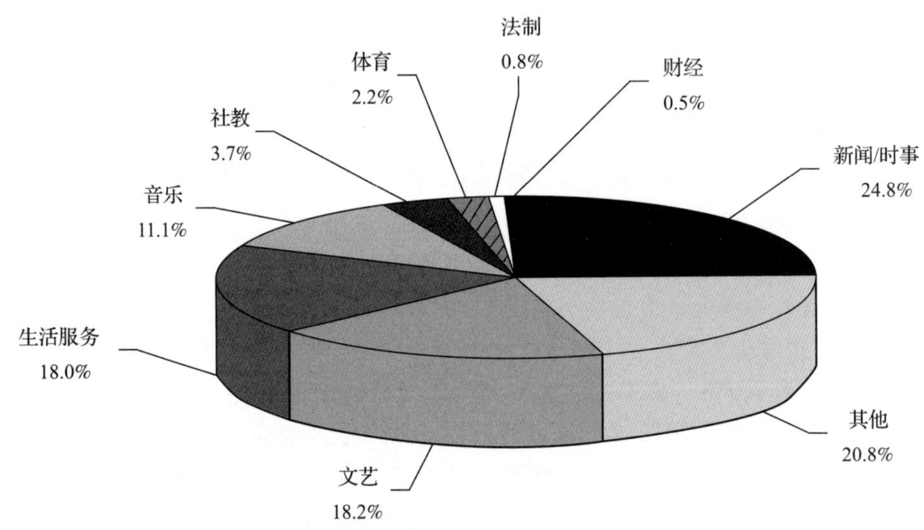

数据来源：CSM媒介研究

图1.5.16　2013年广州人民广播电台在广州市场各类节目的收听比重（%）

4. 广州不同听众类型节目收听倾向不同，类型节目满足听众不同偏好

2013年广州市场不同性别听众对各类型节目的收听偏好有所不同。男性听众收听倾向明显的节目类型较多，对除财经和音乐类之外的各类节目都表现出较高的收听倾向；女性听众仅对财经和音乐类节目表现出明显的收听偏好，收听集中度超过100%（表1.5.11）。

广州10—34岁听众对各类型节目的收听兴趣均不高，对各类节目的收听集中度都未超过100%；35—44岁广州听众对财经、法制、生活服务和音乐类节目都表现出较强的收听倾向；45—54岁的听众收听兴趣较为广泛，对除外语类节目之外的所有类型节目的收听集中度均超过了100%；55—64岁仍是广州听众中收听最活跃的群体，该听众群对所有类型节目的收听集中度均超过了100%；65岁及以上群体的收听兴趣也较广泛，对除财经和法制类节目外的各类节目都表现出了较浓厚的收听兴趣。

表 1.5.11　2013 年广州市场不同性别和年龄听众收听各类节目的集中度（%）

节目类别	性别		年龄						
	男	女	10—14 岁	15—24 岁	25—34 岁	35—44 岁	45—54 岁	55—64 岁	65 岁及以上
财经	87.0	112.8	11.5	43.0	59.6	123.8	172.1	249.8	87.8
法制	115.9	84.4	25.6	60.9	73.1	129.4	171.8	175.9	57.5
社教	104.8	95.2	12.1	84.5	65.9	94.6	127.4	188.3	149.0
生活服务	112.2	88.0	18.0	45.2	85.5	112.8	140.1	170.3	161.0
体育	115.0	85.3	16.4	50.5	64.0	96.2	125.8	235.0	197.0
外语	106.2	93.9	0.0	38.7	25.8	99.8	26.6	619.8	135.2
文艺	102.3	97.8	40.3	75.9	67.9	74.1	130.9	200.1	181.6
新闻/时事	107.2	92.9	16.6	67.0	80.1	91.1	109.5	261.8	132.7
音乐	97.0	102.9	49.4	68.2	88.9	113.1	117.5	132.7	146.6
其他	110.5	89.6	26.3	60.1	85.6	112.2	130.3	168.6	136.7

数据来源：CSM 媒介研究

2013 年广州不同教育程度的听众群喜爱收听的类型广播节目各有不同。未受过正规教育的广州听众对社教、生活服务、体育和文艺类节目具有较高的收听倾向；小学教育程度的广州听众收听兴趣相对狭窄，仅对生活服务、体育和文艺类节目表现出明显的收听偏好；初中文化程度的听众收听兴趣最广泛，对除社教类节目外的各类节目均有较高的收听兴趣，收听集中度都超过了100%；高中学历听众的广州听众收听兴趣相对广泛，对法制、社教、生活服务、外语和音乐类节目的收听集中度超过100%；大学及以上的广州听众仅对社教和新闻/时事类节目具有明显的收听倾向（表 1.5.12）。

表 1.5.12　2013 年广州市场不同教育程度听众收听各类节目的集中度（%）

节目类别	教育程度				
	未受过正规教育	小学	初中	高中	大学及以上
财经	12.1	93.6	113.0	97.8	97.5
法制	45.5	53.1	123.3	115.3	67.2
社教	107.2	74.7	95.9	105.0	110.8
生活服务	131.4	104.6	114.3	103.9	67.2
体育	245.4	116.7	138.2	80.9	65.2
外语	15.7	57.0	155.9	112.0	27.6
文艺	167.2	113.8	111.0	94.8	83.2
新闻/时事	60.6	53.2	109.8	99.3	117.3
音乐	97.3	81.5	109.9	101.4	93.6
其他	99.2	83.0	109.7	103.5	89.5

数据来源：CSM 媒介研究

2013年广州节目收听市场，个人月收入在2501—4000元之间的听众收听兴趣相对广泛。没有收入的听众对各类节目的收听兴趣都不高；个人月收入在1—1000元之间的广州听众的节目收听兴趣相对广泛，个人月收入在1—500之间元的听众对除财经、法制和外语外的各类节目都有明显的偏好，个人月收入在501—1000元之间的广州听众对除财经和外语类节目之外的各类型节目均感兴趣；个人月收入在1001—1500元之间的收听人群仅对生活服务、文艺和音乐类节目表现出明显的收听倾向；个人月收入在1501—2000元之间的听众群仅对外语类节目具有明显的收听偏好；个人月收入在2001—2500元之间的听众对财经、社教、生活服务、体育、文艺和音乐类节目都较为感兴趣；相比之下，个人月收入在2501—4000元之间的广州听众收听意向最为活跃，对几乎所有类型节目的收听集中度均高于100%，其中个人月收入在2501—4000元之间的听众对除音乐类节目外的各类节目的收听集中度都超过100%，个人月收入在4001元及以上的广州听众对除外语和文艺类节目外的各节目均有较高的收听意向（表1.5.13）。

表1.5.13　2013年广州市场不同个人月收入听众收听各类节目的集中度（%）

节目类别	个人月收入								
	没有收入	1—500元	501—1000元	1001—1500元	1501—2000元	2001—2500元	2501—3000元	3001—4000元	4001元及以上
财经	52.2	9.5	24.7	34.3	95.9	104.7	162.4	109.3	174.9
法制	72.2	20.6	148.7	98.9	93.6	86.8	106.7	121.6	146.9
社教	75.0	226.0	131.7	86.2	92.8	112.6	100.9	112.3	108.0
生活服务	53.3	192.5	139.8	103.0	96.7	102.5	110.0	125.3	146.2
体育	73.7	284.3	268.0	96.2	96.8	100.8	104.2	100.3	111.4
外语	37.2	0.0	0.0	56.6	143.7	44.8	270.4	116.1	66.8
文艺	82.9	229.8	160.4	111.7	95.1	113.9	112.1	101.1	76.8
新闻/时事	78.8	104.5	112.8	92.5	91.3	95.7	125.8	105.7	124.5
音乐	78.1	148.1	192.1	113.4	94.2	114.8	86.5	99.3	121.2
其他	64.5	128.1	126.9	103.9	94.1	98.1	113.6	118.7	140.8

数据来源：CSM媒介研究

根据2013年广州市场不同职业听众收听各类节目的集中度数据，广州干部/管理人员对财经、生活服务和体育类节目有较高的收听偏好，其中对财经类节目的收听集中度超过200%，在各职业听众中最高；初级公务员/雇员和学生则对各类型节目的兴趣均不高；工人群体收听各类广播节目的行为比较活跃，对除财经和新闻/时事类节目外的各类型节目均表现出较强烈的收听意向；个体/私营企业人员对财经类节目的收听集中度超过100%；无业（包括退休人员）群体是广州不同职业听众中收听行为最活跃的群体，对各类型节目均表现出较高的收听偏好（表1.5.14）。

表 1.5.14 2013 年广州市场不同职业听众收听各类节目的集中度（%）

节目类别	职业					
	干部/管理人员	初级公务员/雇员	工人	个体/私营企业人员	学生	无业（包括退休人员）
财经	230.2	90.3	87.3	132.8	25.6	142.6
法制	70.6	73.6	141.5	85.0	55.3	115.5
社教	91.9	84.8	110.8	70.2	54.6	149.3
生活服务	111.2	77.6	131.5	83.5	31.8	131.9
体育	101.7	53.7	116.4	56.0	35.6	181.2
外语	5.6	26.1	125.8	8.4	2.4	251.1
文艺	71.2	67.2	109.2	60.4	59.1	164.8
新闻/时事	96.2	84.8	95.1	65.4	64.0	163.2
音乐	85.5	94.8	116.6	77.2	65.4	123.4
其他	109.2	83.8	123.7	82.5	47.8	129.3

数据来源：CSM 媒介研究

5.《珠江第一线》收听份额居榜首，榜单前十名节目类型多样

2013 年广州市场收听份额排名前十位节目主要是由新闻/时事、音乐、生活服务、文艺和财经类节目组成，节目类型多样（表 1.5.15）。由广东电台珠江经济广播电台播出的《珠江第一线》以 2.26% 的收听份额位于排行榜首位。多频率播放的《歌曲欣赏》在 2013 年居亚军位置，收听份额较 2012 年略有下降，降幅不超过 0.3 个百分点；广州新闻电台的《广州早晨》稳居广州排名榜季军位置，只是收听份额略有下降；广东电台羊城交通广播台的《交通信息》以 1.78% 的收听份额排名第四；由广东电台音乐之声播出的《天生快活人》和广州新闻电台播出的《新闻在线》分别以 1.28% 与 1.13% 的收听份额分列第五、第六；广东电台音乐之声播出的《潘多拉音乐盒》、多频率的《长篇武侠小说》和广东电台股市广播的《股市第一线》均以 1.06% 的收听份额并列第七；由多频率播出的《长篇小说》排名第十，收听份额未超过 1%。总体上看，2013 年广州市场收听份额排名前十节目较 2012 年有一定变化，《珠江第一线》《天生快活人》和《长篇武侠小说》为新上榜节目，各节目排序变化也较大。

表 1.5.15　2013 年广州市场收听份额排名前十位节目

排名	节目名称	频　　率	收听份额（%）
1	珠江第一线	广东电台珠江经济广播电台（E FM 财富 974）	2.26
2	歌曲欣赏	多频率	1.98
3	广州早晨	广州新闻电台 FM96.2	1.80
4	交通消息	广东电台羊城交通广播台 FM105.2	1.78
5	天生快活人	广东电台音乐之声 FM99.3	1.28
6	新闻在线	广州新闻电台 FM96.2	1.13
7	潘多拉音乐盒	广东电台音乐之声 FM99.3	1.06
7	长篇武侠小说	多频率	1.06
7	股市第一线	广东电台股市广播（FM95.3 财经广播）	1.06
10	长篇小说	多频率	0.99

数据来源：CSM 媒介研究

六、广播广告投放与竞争格局

1. 2013 年中国广告经营额突破 5000 亿元人民币，同比增长 6.84%

2013 年中国广告业在调整中平稳发展，根据国家工商行政管理总局公布的统计数据，2013 年中国广告经营额达到 5019.75 亿元（人民币，下同），比 2012 年增长 6.84%；由于广告经营额增速略低于 GDP 增速，广告经营额占 GDP 比重由 2012 年的 0.91% 微降到 2013 年的 0.88%。

2013 年中国互联网广告增长仍然强劲，据中国广告协会互动网分会的统计数据显示，2013 年中国互联网广告经营额达到 638.8 亿元，同比增长 45.85%，略低于上年的 47.6%。

互联网和移动网络的发展，不仅改变了媒体的传播环境和营销模式，也改变着传统媒体广告的竞争格局。2013 年，电视台、广播电台、报纸、杂志的广告经营额分别为 1101.1 亿元（同比下降 2.75%）、141.19 亿元（同比微增 0.09%）、504.7 亿元（同比下降 9.17%）和 87.2 亿元（同比增长 4.73%）。电视和报纸广告经营额的负增长，广播电台和杂志广告经营额的正增长，反映了传统媒体广告竞争格局的变化（表 1.6.1）。

表 1.6.1　2011—2013 年四大传统媒体广告经营额（万元）及增长率（%）

媒体	2011 年	2012 年	2012 比 2011 增长率（%）	2013 年	2013 比 2012 增长率（%）
电视	8979233	11322728	26.1	11011042	-2.75
广播	909525	1410556	55.1	1411869	0.09
报纸	4694530	5556310	18.4	5047018	-9.17
杂志	520883	832723	59.9	872077	4.73

数据来源：《现代广告》，2014 年第 6 期

2. 2013 年全国广播广告经营额增长乏力，同比增长仅为 0.09%

广播广告经营额经过前期爆发式增长，特别是 2012 年广告经营额同比增长率达到 55.1% 之后，2013 年由于广播广告投放的总时长和品牌总量大幅减少，虽然单一品牌投放

额有明显增长，但广播广告投放总额增长乏力，同比增长仅为0.09%；广播广告经营额在中国广告总额中的占比也从2012年的3%下降到2013年的2.8%（图1.6.1、表1.6.2）。

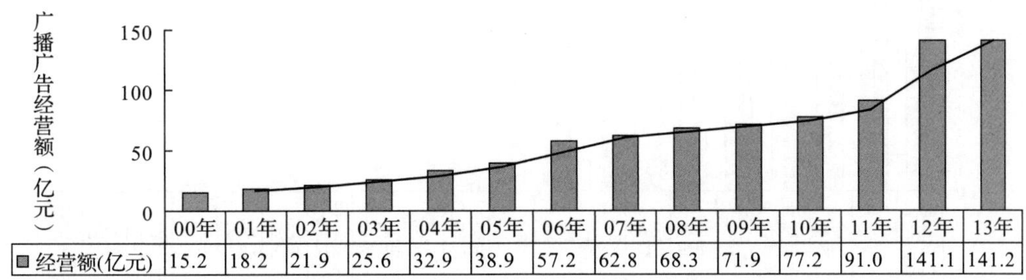

数据来源：根据综合资料整理

图1.6.1　2000—2013年中国广播广告经营额（亿元）

表1.6.2　2000年以来中国广播广告经营额、增长率及广播广告占广告总额的比例

年份	广告经营额（亿元）	增长率（%）	广播广告额 占广告总额比例（%）
2000年	15.2	21.60	2.1
2001年	18.2	19.70	2.3
2002年	21.9	20.30	2.4
2003年	25.6	16.90	2.4
2004年	32.9	28.50	2.6
2005年	38.9	18.20	2.7
2006年	57.2	47.20	3.6
2007年	62.8	9.80	3.6
2008年	68.3	8.80	3.6
2009年	71.9	5.20	3.5
2010年	77.2	7.40	3.3
2011年	91.0	17.90	2.9
2012年	141.1	55.10	3.0
2013年	141.2	0.09	2.8

数据来源：根据综合资料整理

3. 京、沪、穗三地广播广告投放额同比增长8.3%，投放额最高的五大行业是商业及服务性行业、交通、金融、房地产/建筑工程行业和娱乐及休闲行业

2013年京、沪、穗三地广播广告投放额[①]为80.9亿元，同比2012年增长6.2亿，增幅为8.3%。三地广播广告投放额最高的五大行业是商业及服务性行业、交通、金融、房地产/建筑工程行业和娱乐及休闲行业，五大行业广告投放额合计占到广播广告投放总额的63%（图1.6.2）。

① 注：广告投放额数据来源于央视市场研究（CTR），是以媒体公开报价为统计标准，不含折扣；广告监测时间为全天。

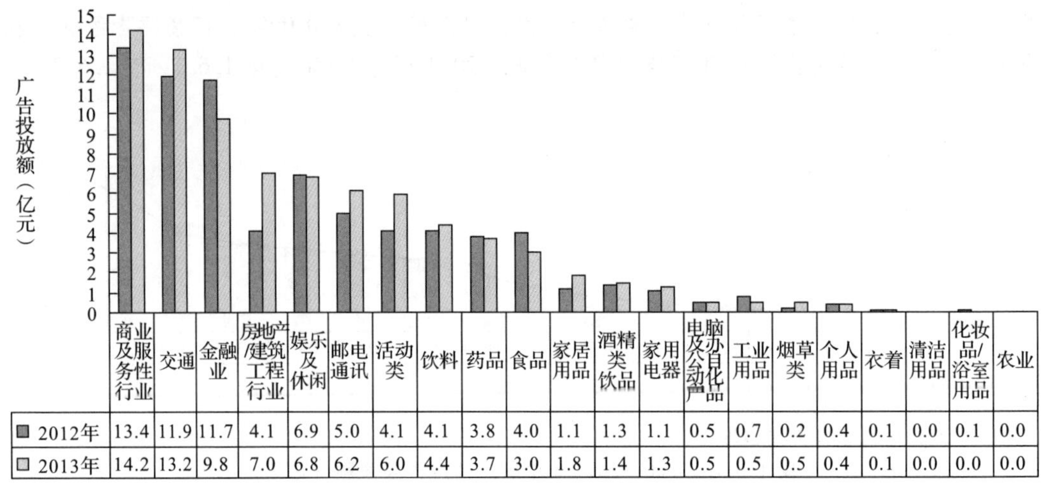

	商业及服务性行业	交通	金融业	房地产/建筑工程行业	娱乐及休闲	邮电通讯	活动类	饮料	药品	食品	家居用品	酒精类饮品	家用电器	电脑及办公自动化产品	工业用品	烟草类	个人用品	衣着	清洁用品	化妆品/浴室用品	农业
■ 2012年	13.4	11.9	11.7	4.1	6.9	5.0	4.1	4.1	3.8	4.0	1.1	1.3	1.1	0.5	0.7	0.2	0.4	0.1	0.0	0.1	0.0
□ 2013年	14.2	13.2	9.8	7.0	6.8	6.2	6.0	4.4	3.7	3.0	1.8	1.4	1.3	0.5	0.5	0.5	0.4	0.1	0.0	0.0	0.0

数据来源：央视市场研究媒介智讯（CTR MI）

图 1.6.2　2012 年、2013 年京、沪、穗三地分行业广播广告投放额（亿元）

2013 年北京广播广告投放额排名前三位的行业是商业及服务性行业、交通、金融业，与 2012 年相同。上海排名前三位的行业是交通、金融业、商业及服务性行业，金融业由 2012 年的第一位降到第二位。广州排名前三位的行业是商业及服务性行业、交通、金融业，2012 年排名第三位的娱乐及休闲行业降到第五位（表 1.6.3）。

表 1.6.3　2012 年、2013 年京沪穗三地广播广告投放额排名前十位的行业

排名	北京		上海		广州	
	2012 年	2013 年	2012 年	2013 年	2012 年	2013 年
1	商业及服务性行业	商业及服务性行业	金融业	交通	商业及服务性行业	商业及服务性行业
2	交通	交通	交通	金融业	交通	交通
3	金融业	金融业	商业及服务性行业	商业及服务性行业	娱乐及休闲	金融业
4	娱乐及休闲	娱乐及休闲	邮电通讯	活动类	金融业	房地产/建筑工程行业
5	邮电通讯	活动类	饮料	邮电通讯	药品	娱乐及休闲
6	活动类	邮电通讯	活动类	房地产/建筑工程行业	房地产/建筑工程行业	药品
7	家居用品	酒精类饮品	食品	饮料	邮电通讯	邮电通讯
8	饮料	饮料	娱乐及休闲	娱乐及休闲	食品	活动类
9	食品	家居用品	房地产/建筑工程行业	食品	饮料	饮料
10	酒精类饮品	食品	酒精类饮品	药品	活动类	食品

数据来源：央视市场研究媒介智讯（CTR MI）

4. 京、沪、穗三地广播广告投放中房地产广告大涨，金融业广告大跌

2013年，京、沪、穗三地广播广告投放额呈现正增长的行业有12个，负增长的行业有9个。广播广告投放额增长超过1亿的有四个行业，即房地产/建筑工程行业、活动类、交通、邮电通讯行业，同比分别增长2.9亿元、1.9亿元、1.3亿元和1.2亿元，其中房地产/建筑工程行业广告投放额比2012年增长了71%。在呈现负增长的9个行业中，金融业和食品行业广告投放额同比分别减少了1.9亿元和1.0亿元，其中金融业广告投放额比2012年下降了16%（图1.6.3）。

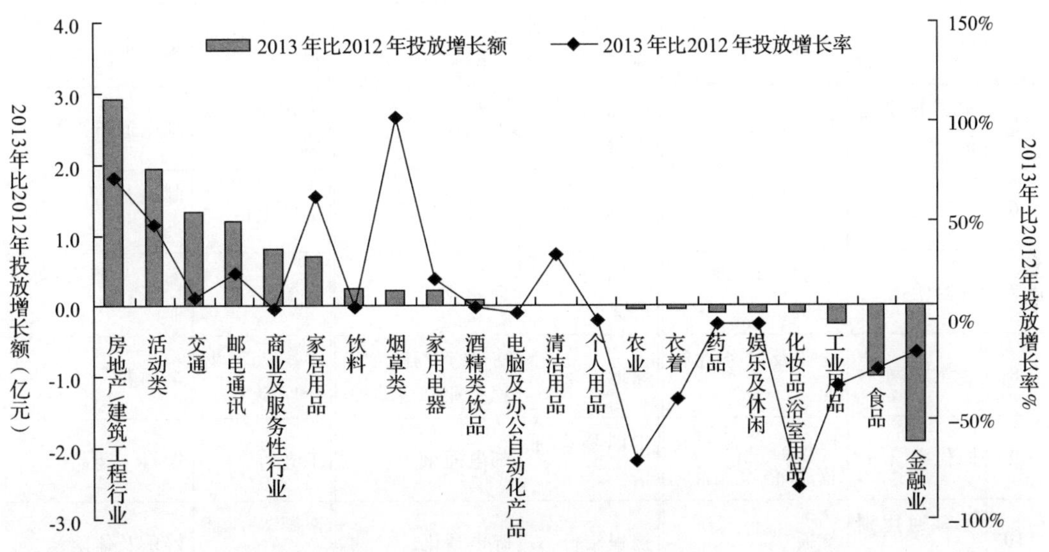

数据来源：央视市场研究媒介智讯（CTR MI）

图1.6.3　2012—2013年京、沪、穗三地各行业广播广告投放额变化情况

5. 京、沪、穗三地广播广告投放额排名前十位的品牌具有较大差异性

京、沪、穗三地广播广告投放额排名前十位的品牌具有较大差异性，这也体现出广播的区域性特点。2013年北京广播广告投放额排名前十位的品牌来自于金融、酒精类饮品、饮料、邮电通讯等行业中，排名前三位的是“中国人民财产保险”、“茅台”和“中国联通”；上海广播广告投放额排名前十位的品牌来自于饮料、邮电通讯、食品、金融、交通等行业，排名前三位的是“光明”、“天喔”和“中国平安保险”；广州广播广告投放额排名前十位的品牌来自于商业及服务性行业、药品、邮电通讯行业等行业，排名前三位的品牌是“好运来”、“好视力”和“吉盛伟邦”（表1.6.4）。

表 1.6.4　2013 年京、沪、穗三地广播广告投放额排名前十位的品牌①

排名	北京		上海		广州	
	品牌名称	所属品类	品牌名称	所属品类	品牌名称	所属品类
1	中国人民财产保险	金融业	光明	饮料、邮电通讯、活动类	好运来	商业及服务性行业
2	茅台	酒精类饮品	天喔	活动类、饮料、食品	好视力	药品、个人用品、活动类
3	中国联通	邮电通讯、活动类	中国平安保险	金融业	吉盛伟邦	商业及服务性行业、活动类
4	蓝猫	饮料	上海通用别克	交通	中国农业银行	金融业
5	中国移动通信	邮电通讯	中国太平洋保险	金融业	中国移动通信	邮电通讯
6	祥和之家	商业及服务性行业	上海大众	交通、活动类	中国电信	邮电通讯、活动类
7	娃哈哈	饮料、活动类、食品	中国人民财产保险	金融业	国美	商业及服务性行业
8	居然之家	商业及服务性行业	绿地	房地产/建筑工程行业、活动类	中国人民财产保险	金融业
9	同仁堂	药品、食品、化妆品/浴室用品	中国移动通信	邮电通讯	王老吉	饮料、药品
10	上海通用别克	交通	携程旅行	邮电通讯	南湖 & 西部假期	娱乐及休闲

数据来源：央视市场研究媒介智讯（CTR MI）

6. 京、沪、穗三地广播广告投放额最高的频率是交通频率和音乐频率，这一格局多年未变

2013 年，京、沪、穗三地广播广告投放额排名前三位的频率除了北京人民广播电台文艺广播（FM87.6）外，其他八个频率全部来自于交通频率和音乐频率。北京排名前三位的频率是北京人民广播电台交通广播（FM103.9）、音乐广播（FM97.4）和文艺广播（FM87.6）；上海排名前三位的频率是上海人民广播电台动感流行音乐广播（FM101.7）、交通广播（FM105.7）和魅力流行音乐广播（FM103.7）；广州排名前三位的频率是广东电台羊城交通广播（FM105.2）、广州交通电台（FM106.1）和广州汽车音乐电台（FM102.7）（表 1.6.5）。

① 注：由于同一品牌有不同的产品线，根据 CTR 分类标准，以广告当中的产品判定品牌所属行业类别；此处统计的是某一品牌整体的广告投放额，所以就可能出现某一品牌同时属于不同品类的情况。

表 1.6.5　2013 年京、沪、穗三地广播广告投放额排名前五位的频率

排名	北京	上海	广州
1	北京人民广播电台交通广播（FM103.9）	上海人民广播电台动感流行音乐广播（FM101.7）	广东电台羊城交通广播（FM105.2）
2	北京人民广播电台音乐广播（FM97.4）	上海人民广播电台交通广播（FM105.7）（24）	广州交通电台（FM106.1）
3	北京人民广播电台文艺广播（FM87.6）	上海人民广播电台魅力流行音乐广播（FM103.7）（24）	广州汽车音乐电台（FM102.7）
4	北京人民广播电台新闻广播（FM100.6）	上海人民广播电台新闻广播（FM93.4）（24）	广东电台音乐之声（FM99.3）
5	北京人民广播电台体育广播（FM102.5）	上海人民广播电台东广新闻资讯广播（FM90.9）（24）	广东电台珠江经济广播电台（FM97.4）

数据来源：央视市场研究媒介智讯（CTR MI）

北京广播广告投放额最高的频率是北京人民广播电台交通广播（FM103.9），其广告投放额排名前三位的行业是商业及服务性行业、交通和金融业；上海广播广告投放额最高的频率是上海人民广播电台动感流行音乐广播（FM101.7），其广告投放额排名前三位的行业是交通、金融业和邮电通讯；广州广播广告投放额最高的频率是广东电台羊城交通广播（FM105.2），其广告投放额排名前三位的行业是房地产/建筑工程行业、交通和商业及服务性行业（表 1.6.6）。

表 1.6.6　2013 年京、沪、穗三地广播广告投放额最高的频率中投放额排名前十位的行业

排名	北京	上海	广州
	北京人民广播电台交通广播（FM103.9）	上海人民广播电台动感流行音乐广播（FM101.7）	广东电台羊城交通广播（FM105.2）
1	商业及服务性行业	交通	房地产/建筑工程行业
2	交通	金融业	交通
3	金融业	邮电通讯	商业及服务性行业
4	家居用品	房地产/建筑工程行业	娱乐及休闲
5	饮料	商业及服务性行业	金融业
6	娱乐及休闲	饮料	邮电通讯
7	邮电通讯	活动类	饮料
8	活动类	娱乐及休闲	药品
9	食品	食品	活动类
10	房地产/建筑工程行业	电脑及办公自动化产品	食品

数据来源：央视市场研究媒介智讯（CTR MI）

北京人民广播电台交通广播（FM103.9）广告投放额最高的三大品牌是“蓝猫”、“居然之家”和“中国联通”，它们分别来自饮料，商业及服务性行业和邮电通讯、活动

类;上海人民广播电台动感流行音乐广播(FM101.7)广告投放额最高的三大品牌是"天喔"、"绿地"和"上海通用别克",它们分别来自于活动类、饮料、食品,房地产/建筑工程行业,交通行业;广东电台羊城交通广播(FM105.2)广告投放额最高的三个品牌是"吉盛伟邦"、"中国电信"和"广之旅",它们分别来自于商业及服务性行业、活动类,邮电通讯、活动类和娱乐及休闲行业(表1.6.7)。

表1.6.7 2013年京、沪、穗三地广播广告投放额最大的频率中投放额排名前十位的品牌

排名	北京人民广播电台交通广播(FM103.9)		上海人民广播电台动感流行音乐广播(FM101.7)		广东电台羊城交通广播(FM105.2)	
	品牌名称	所属品类	品牌名称	所属品类	品牌名称	所属品类
1	蓝猫	饮料	天喔	活动类、饮料、食品	吉盛伟邦	商业及服务性行业、活动类
2	居然之家	商业及服务性行业	绿地	房地产/建筑工程行业	中国电信	邮电通讯、活动类
3	中国联通	邮电通讯、活动类	上海通用别克	交通	广之旅	娱乐及休闲
4	中国人民财产保险	金融业	中国平安保险	金融业	701	药品
5	中国移动通信	邮电通讯	携程旅行	邮电通讯	大金	家用电器
6	中国平安保险	金融业	光明	饮料、邮电通讯	明兴	药品
7	北京现代	交通	中国人民财产保险	金融业	南湖&西部假期	娱乐及休闲
8	娃哈哈	饮料、活动类	上海大众	交通	王老吉	饮料、药品
9	牛栏山	酒精类饮品	娃哈哈	饮料、食品	双喜	烟草类
10	菜百	商业及服务性行业、个人用品	中国太平洋保险	金融业	燕塘	饮料

数据来源:央视市场研究媒介智讯(CTR MI)

第二部分

Part Two

专 题 Analysis Report

2013 年新闻综合类频率收听状况分析

广播的社会属性决定了广播的喉舌功能和桥梁作用，而广播这种喉舌功能和桥梁作用在很大程度上是通过新闻传播发挥出来的；同时，广播媒体的公信力和权威性也主要是通过新闻传播来体现的。因此，长期以来，“新闻本位”、“新闻立台”观念一直主导着传统广播的发展，也成了广播媒体制胜的法宝。根据 CSM 媒介研究 2013 年全国 33 城市收听率调查数据（四波调查），在所有被调查的 505 个频率中，新闻综合类频率有 127 个（按频率名称及内容为主要分类依据），占所有频率的 25.1%，新闻综合类频率是数量最多的一类专业频率，也是各调查城市中的主要频率类型之一。那么，作为收听市场“三驾马车”之一的新闻综合类广播频率 2013 年收听状况如何？本文基于 CSM 媒介研究 2013 年全国 33 个城市四波收听率调查数据，对 2013 年新闻综合类频率的收听状况进行梳理与分析，以期找寻新闻类广播频率的收听特征。

一、近年来新闻综合类频率收听发展态势①

1. 近年来新闻综合类频率人均收听总时长在各专业频率中位居榜首，但呈逐年持续下降态势

2011—2013 年各类型专业频率人均收听总时长表明，新闻综合类频率连续三年稳居首位，交通类频率位居第二，音乐类频率位列第三，然后依次为文艺类、都市生活类、经济类、其他类、体育类、农村类和教育类频率。其中新闻综合类、文艺类、都市生活类和经济类频率人均收听总时长连续三年呈现持续下降态势（图 1）。

① 考虑到数据的可比性，本部分图 1、图 2 采用了 2011—2013 年四波调查能打通的 32 城市数据。

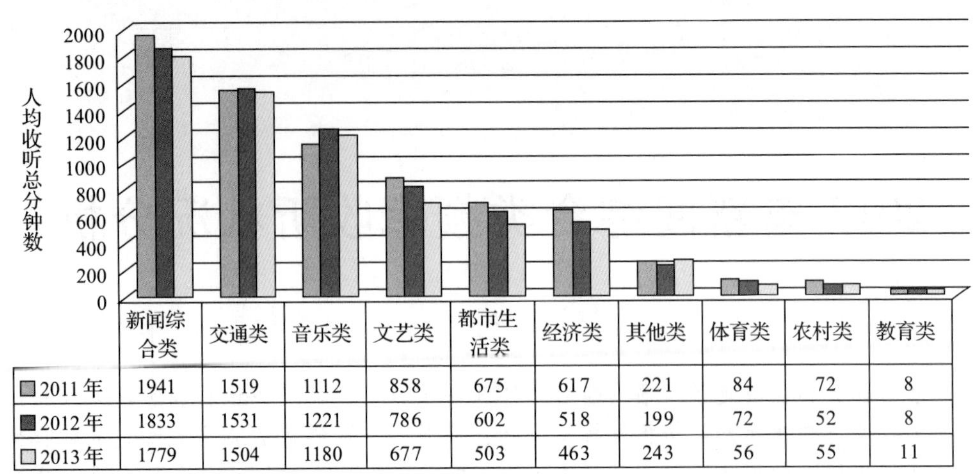

	新闻综合类	交通类	音乐类	文艺类	都市生活类	经济类	其他类	体育类	农村类	教育类
2011 年	1941	1519	1112	858	675	617	221	84	72	8
2012 年	1833	1531	1221	786	602	518	199	72	52	8
2013 年	1779	1504	1180	677	503	463	243	56	55	11

数据来源：CSM 媒介研究

图 1　2011—2013 年各专业频率人均收听总时长

2. 早间峰值突出，但收听水平呈逐年持续下滑态势

2011—2013 年全天收听走势显示，新闻综合类频率呈现早间峰值突出，其他大部分时段表现相对较为平缓的态势。从三年的数据对比来看，新闻综合类频率早间收听水平呈逐年持续下滑态势，下降时段主要集中在早高峰 6∶00—7∶45 时段，峰值由 2011 年的 7.18%，下降至 2012 年的 6.65%，直至 2013 年的 5.93%，2013 年较 2011 年和 2012 年下降幅度分别为 17.4% 和 10.8%。其他时段则没有出现明显下滑（图 2）。

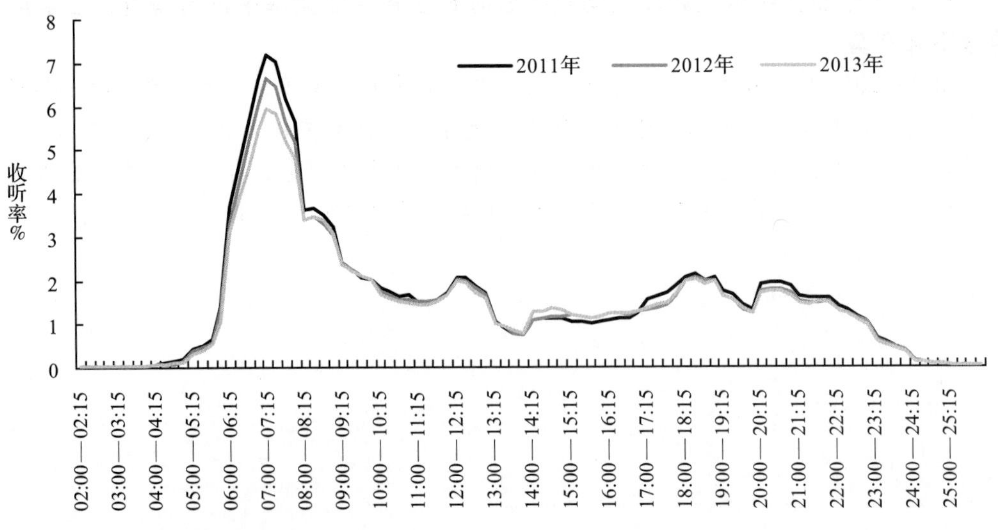

数据来源：CSM 媒介研究

图 2　2011—2013 年新闻综合类频率全天收听走势

二、2013 年新闻综合类频率整体收听状况

1. 新闻综合类频率引领早间收听高峰

不同类型广播频率的全天收听走势各有其自身特点。新闻综合类广播频率在早晨时段一枝独秀，引领全天收听，早间 7:00 左右是全天收听最高峰，收听峰值接近 6%；白天 10:45—13:45 和晚间 18:45—24:00 时段收听表现也优于其他各类型频率，居各类频率收听榜首。交通类和音乐类频率全天均有较好的收听表现，其中交通类频率在早晚上下班高峰期间凸起明显。都市生活类、文艺类和经济类频率的收听则全天较为平稳（图 3）。

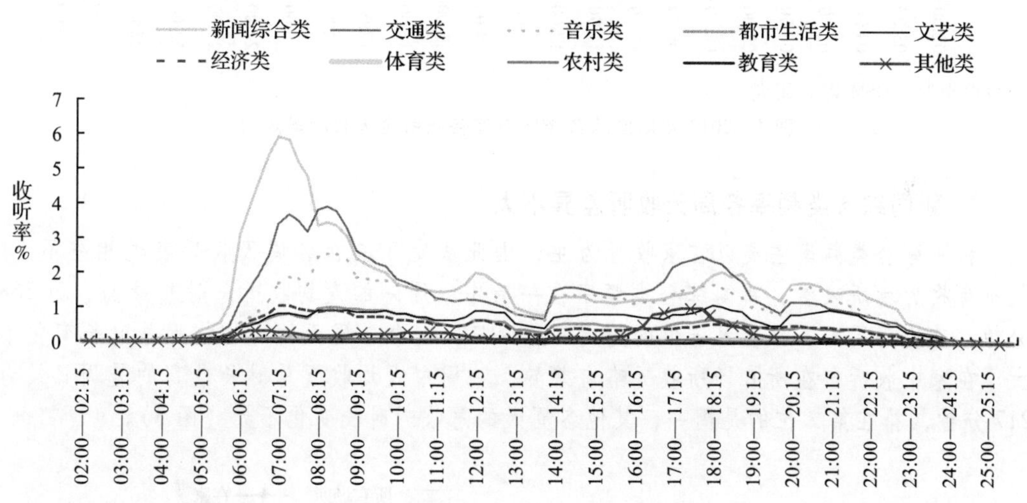

数据来源：CSM 媒介研究

图 3　2013 年各专业频率全天收听走势

2. 在家是新闻综合类频率的主要收听地点

在家收听支撑起了新闻综合类频率的全天收听表现。从收听量构成来看，在家中收听贡献了约 80% 的收听量，其余大约 20% 的收听量来自在家以外的场所，包括车上收听、在工作/学习场所收听和在其他场所收听。

从全天收听走势来看，2013 年新闻综合类频率全天收听峰值为 5.91%，出现在 7:00—7:15；傍晚次高峰峰值为 2.03%，出现于 18:15—18:30。家中收听高峰也出现在早晨的 7:00—7:15，峰值为 5.16%；家中收听傍晚次高峰的时段与所有场所相比晚出现了半个小时，出现于 18:45—19:00，峰值为 1.65%。

与所有场所全天收听走势相似，在家收听也呈现早高峰突出、其他大部分时段收听相对较为平稳的特点（图 4）。

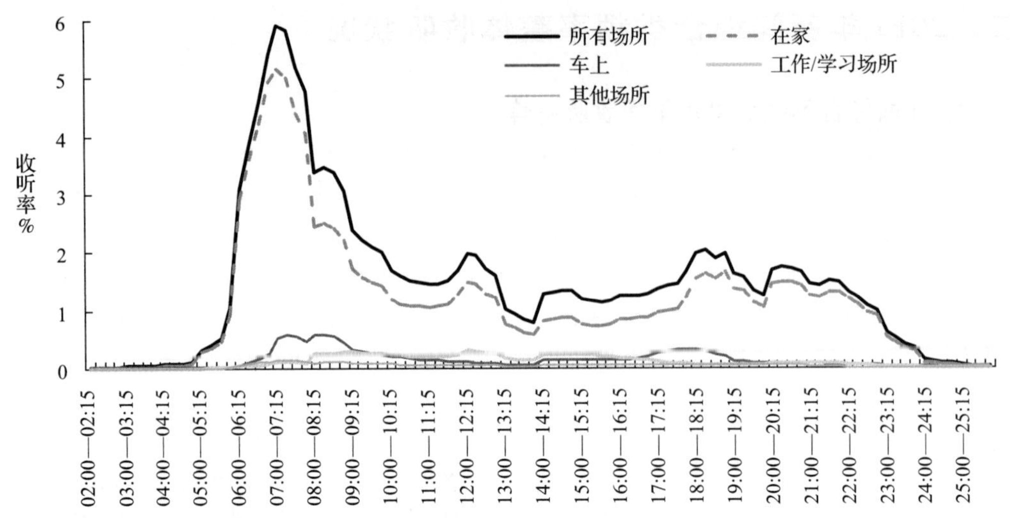

数据来源：CSM 媒介研究

图 4　2013 年新闻综合类频率在各场所全天收听率走势

3. 新闻综合类频率各周天收听差异不大

新闻综合类频率主要以在家收听为主，因此决定了其在各周天收听表现相差不大。从所有收听场所来看，新闻综合类频率在一周中，周一的人均收听总时长最高，为 268 分钟，其次为周三，排在第三位的是周四和周日，其余各周天的人均收听总时长变化不大。在家中收听与在所有场所收听略有差异，一周中人均收听总时长最高的是周日，为 217 分钟，排在第二位的是周一，其他各周天的总收听时长变化不大（图 5）。

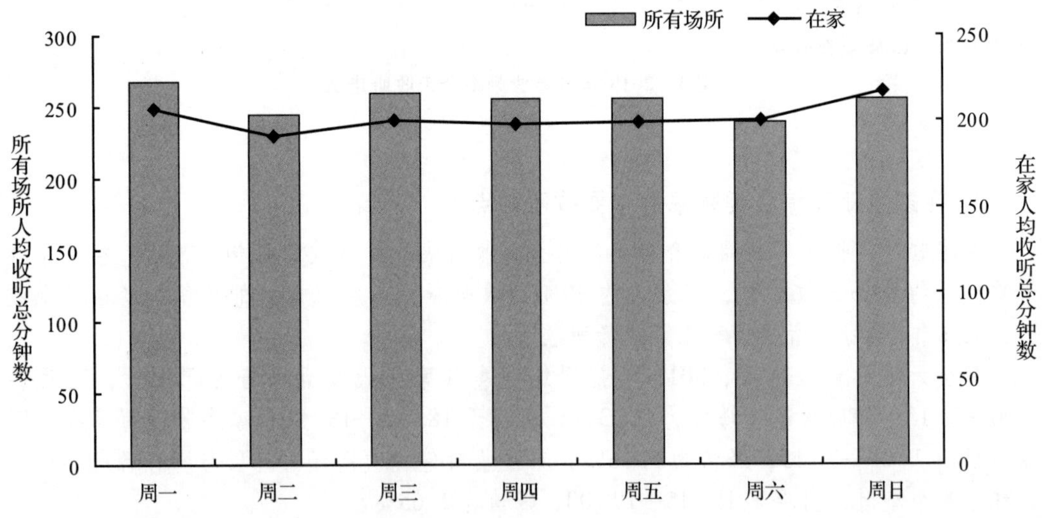

数据来源：CSM 媒介研究

图 5　2013 年新闻综合类频率在不同周天的人均收听总时长

三、2013 年新闻综合类频率整体竞争实力

1. 新闻综合类频率的市场竞争力强劲

从2013年各类型频率所占市场份额可以看出，新闻综合类、交通类和音乐类频率领跑广播收听市场，而新闻综合类频率更是以27.50%的市场份额独占鳌头，比排名第二、三位的交通类频率和音乐类频率分别多出了近5个和9个百分点，其强劲的市场竞争力可见一斑。27.5%的市场份额表明，人们收听广播所花费的所有时间中，有超过1/4的时间是用来收听新闻综合类频率（图6）。

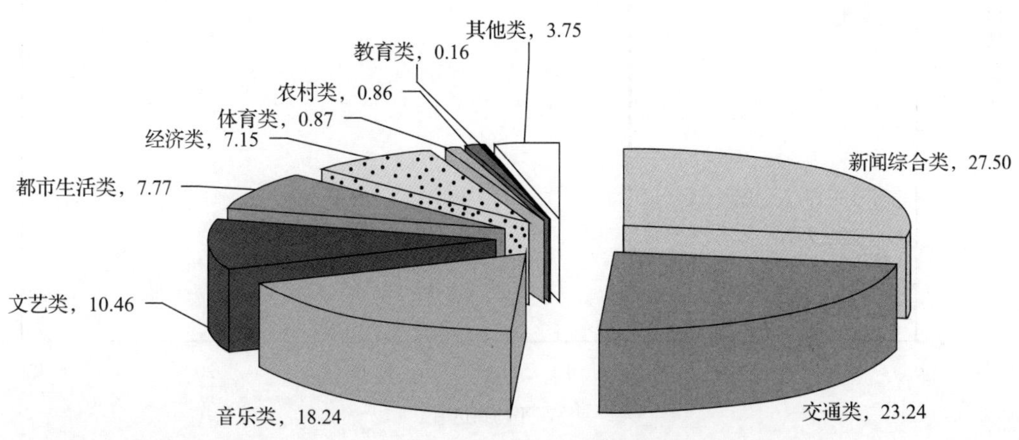

数据来源：CSM 媒介研究

图 6　2013 年各类专业频率的市场份额（%）

2. 新闻综合类频率的听众规模最大，听众忠实度居第二位

听众规模（平均到达率）和听众忠实度（平均忠实度）是影响频率竞争力的两个重要方面。比较各类别专业频率的听众规模和听众忠实度可以发现，相较其他类型频率，新闻综合类频率在这两个方面的发展较为均衡。在各主要类型频率中，新闻综合类频率的听众规模居于首位，其平均忠实度与交通类频率相同，同居第二位，因而竞争优势非常突出（图7）。

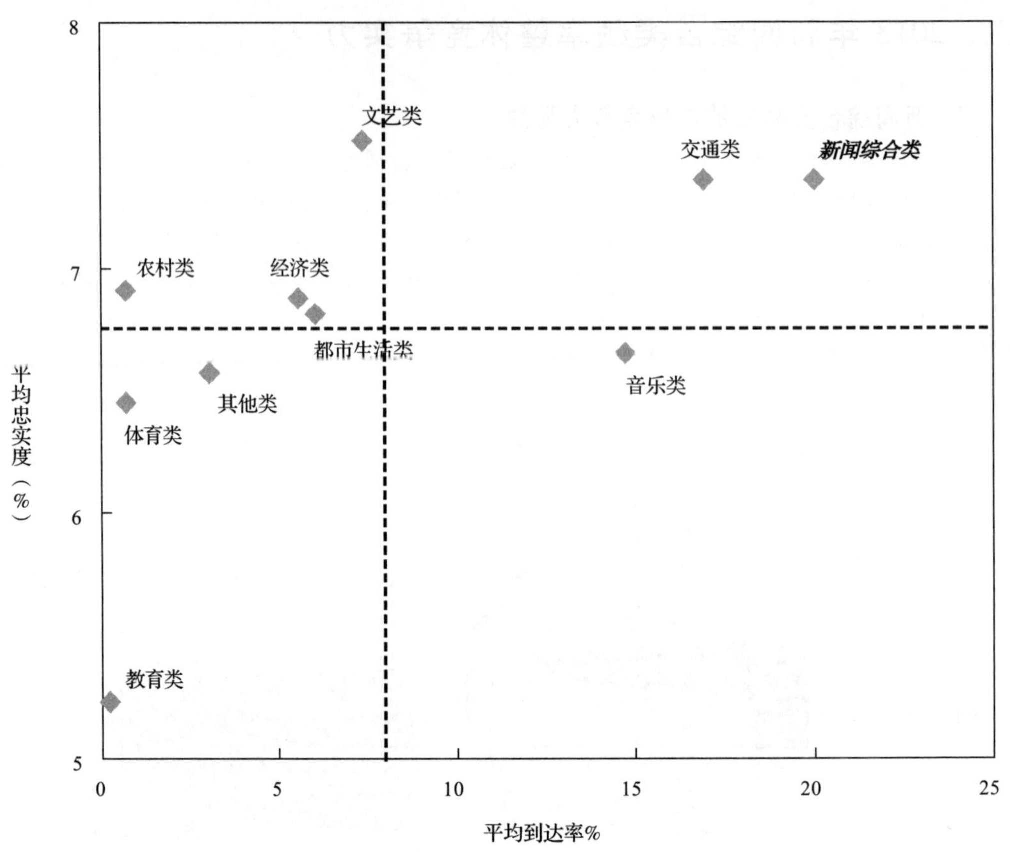

数据来源：CSM 媒介研究

图 7　2013 年各类专业频率的平均到达率（%）和平均忠实度（%）

四、2013 年新闻综合类频率的听众特征

1. 主体受众偏老龄化和中高收入群体

新闻综合类频率在所有场所和家中的主体受众群体有很多共性。55 岁及以上、初高中学历和个人月收入在 1501 元及以上的受众群是这两个场所中共同的主要听众群；55 岁及以上、初中及以下学历和 2500 元及以下的听众群对新闻综合类频率的喜好度较高，更倾向于收听新闻综合类频率。两个场所听众构成的不同之处在于，在所有场所男性的比例高且更喜欢收听新闻综合类频率，在家中则是女性的比例较高且对新闻综合类频率的喜好度较高，这与此类人群有较多闲暇时间待在家里有很大的关系（图 8）。

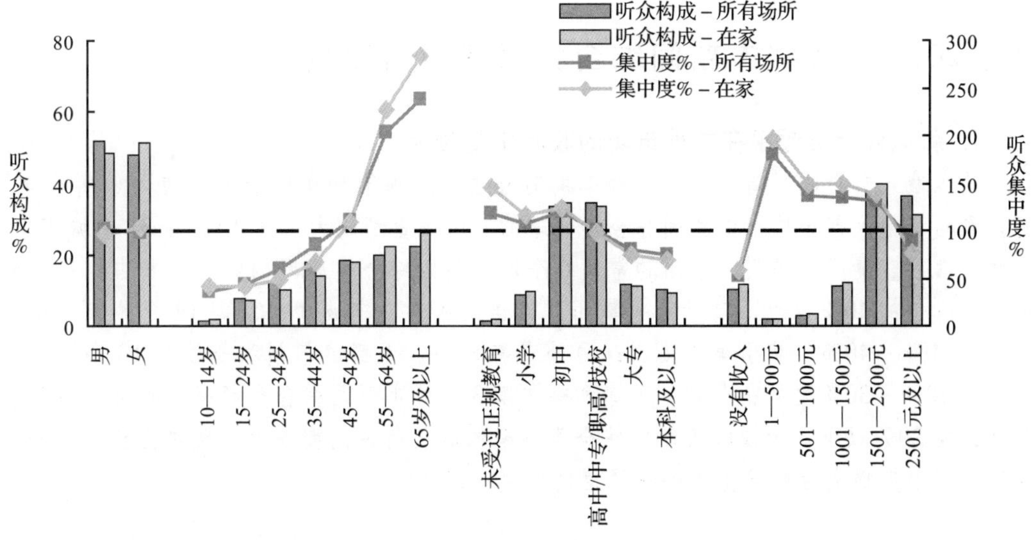

数据来源：CSM 媒介研究

图 8　2013 年新闻综合类频率听众构成和集中度（所有场所/在家）

2. 老年人和中低收入者人均收听时间较长

下面我们再来看一下不同目标听众人均每天收听新闻综合类频率的时长情况。从性别来看，男性听众人均每天收听新闻综合类频率 22 分钟，女性听众 21 分钟，男性听众收听时间略长；从年龄来看，55 岁及以上的听众人均收听新闻综合类频率的时长都在 40 分钟以上，65 岁及以上的听众群人均收听时长达到了 50 分钟，显著高于其他年龄段的听众；45 岁及以上的听众群人均收听时长高于平均水平；从受教育程度来看，初中及以下学历的听众人均收听新闻综合类频率的时长较多，高于平均水平；从收入水平看，1—500 元收入水平的听众群人均收听时长最长，达到 38 分钟，2500 元及以下收入水平（不包括没有收入者）的人群更多收听新闻综合类频率，高于平均水平。总体而言，老年人和中低收入者人均收听新闻综合类频率的时间较长（图 9）。

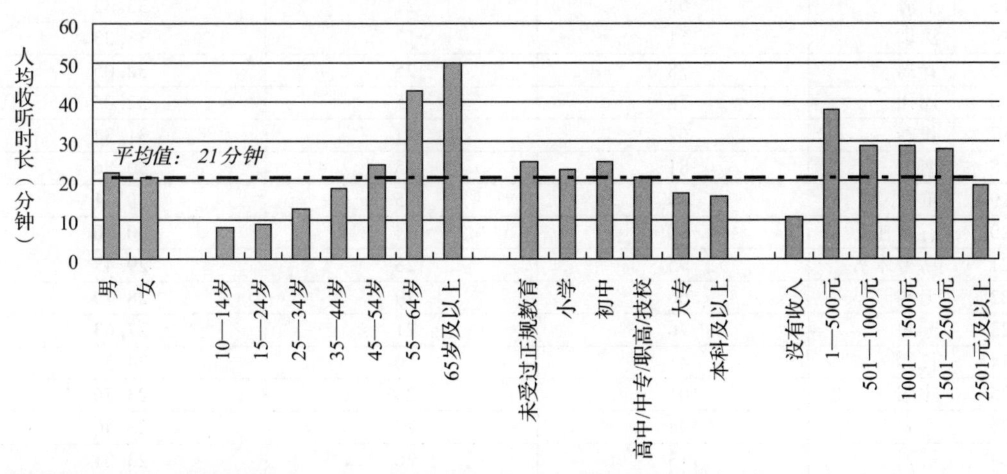

数据来源：CSM 媒介研究

图 9　2013 年不同目标听众收听新闻综合类频率的人均时长比较

五、2013年各城市新闻综合类频率收听表现

1. 新闻综合类频率在本地市场的收听比重较大

从各城市听众收听新闻综合类频率的时长占收听所有频率时长的比重（收听比重）可以看出，绝大部分城市中新闻综合类频率的收听比重都较大（表1）。在33个城市中，清远、佛山、厦门、福州、泉州和常州6个城市新闻综合类频率的收听时长占到所有频率收听时长的40%以上，属于第一集团；大连、成都、宁波和武汉等14个城市该比重占到了30%—40%，属于第二集团；另外乌鲁木齐、无锡、苏州和长沙等10个城市该比重在20%—30%之间；北京、大津和哈尔滨3个城市新闻综合类频率的收听比重相对较低，在20%以下。听众收听新闻综合类频率的时长所占比重较大，反映出新闻综合类频率在一个广播电台中发挥着举足轻重的作用（表1）。

表1　2013年33城市新闻综合类频率收听时长所占比重

排名	城市	所有频率人均收听时长（分钟）	新闻综合类频率人均收听时长（分钟）	新闻综合类频率收听比重（%）
1	清远	55	26	47.27
2	佛山	85	37	43.53
3	厦门	53	23	43.40
4	福州	60	25	41.67
5	泉州	60	25	41.67
6	常州	79	32	40.51
7	大连	84	32	38.10
8	成都	50	19	38.00
9	宁波	47	16	34.04
10	武汉	56	19	33.93
11	济南	104	35	33.65
12	南宁	48	16	33.33
13	上海	63	21	33.33
14	深圳	51	17	33.33
15	青岛	78	25	32.05
16	郑州	78	25	32.05
17	长春	67	21	31.34
18	南京	81	25	30.86
19	重庆	49	15	30.61
20	石家庄	80	24	30.00
21	乌鲁木齐	95	28	29.47
22	无锡	66	19	28.79
23	苏州	76	21	27.63
24	长沙	41	10	24.39
25	沈阳	101	24	23.76
26	西安	94	22	23.40
27	杭州	113	26	23.01
28	合肥	77	17	22.08

续表

排名	城市	所有频率人均收听时长（分钟）	新闻综合类频率人均收听时长（分钟）	新闻综合类频率收听比重（%）
29	太原	73	15	20.55
30	广州	55	11	20.00
31	北京	72	14	19.44
32	天津	115	22	19.13
33	哈尔滨	130	19	14.62

数据来源：CSM 媒介研究

从听众规模（平均到达率）来看，佛山、济南和大连等城市的新闻综合类频率吸引的听众规模最大；广州、长沙、北京等地新闻综合类频率的听众规模则相对较小。从收听深度来看，新闻综合类频率能够吸引听众长时间的收听，绝大多数城市的听众人均每天收听新闻综合类频率都在100分钟以上。其中，常州、泉州和乌鲁木齐地区听众收听新闻综合类频率的人均收听时间（听众）最长，达到136分钟，比收听最少的重庆地区听众收听新闻综合类频率的人均收听时长（听众）要多出58分钟。新闻综合类频率在各地收听深度上的差异，相对来说小于在收听广度上的差异（图10）。

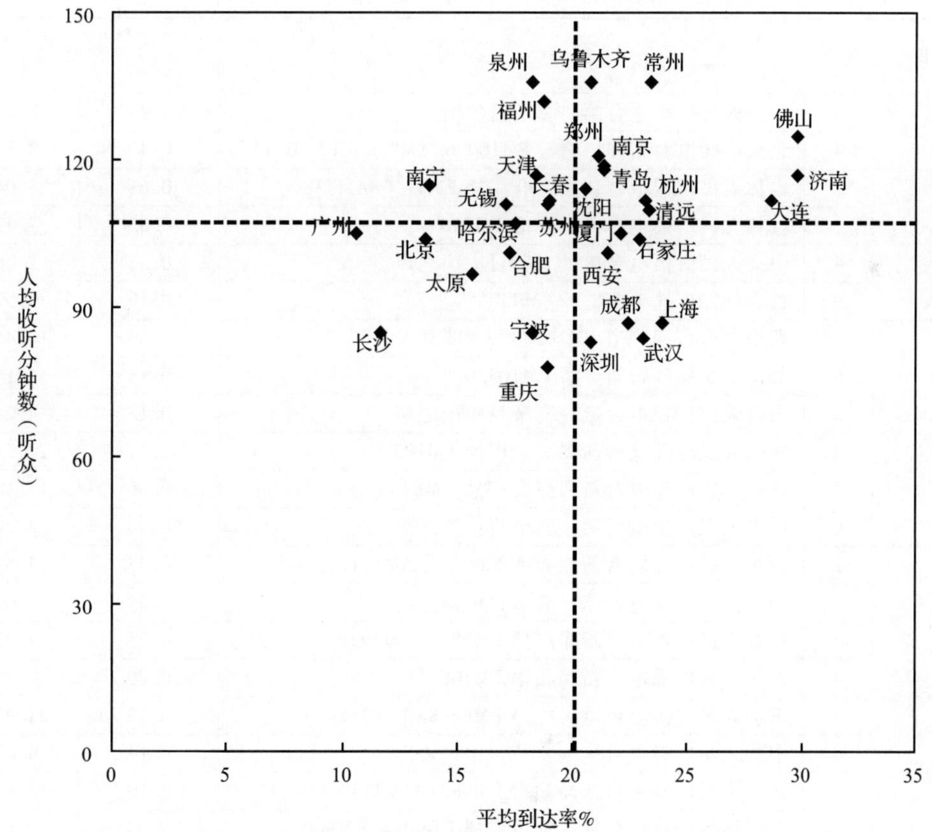

数据来源：CSM 媒介研究

图10 2013年新闻综合类频率在不同城市的竞争力构成比较

2. 本地新闻综合类频率在当地竞争实力强

数据显示，新闻综合类广播频率在大多数城市的市场份额均名列前茅。其中佛山人民广播电台 FM94.6、浙江之声 FM88/FM101.6/AM810、济南新闻广播 FM106.6、江苏新闻广播 FM93.7、清远新闻资讯广播 FM88.7、上海人民广播电台 AM990/FM93.4、石家庄广播电视台新闻广播 AM882/FM88.2、中央人民广播电台第一套节目中国之声、西安新闻广播 AM810/FM90.4 和郑州人民广播电台新闻广播 AM549/FM98.6 分别在佛山、杭州、济南、南京、清远、上海、石家庄、武汉、西安和郑州 10 个城市排在所有频率之首位，且大多数为本地新闻综合类广播频率。

清远新闻资讯广播 FM88.7 的市场份额高达 38.45%，上海人民广播电台 AM990/FM93.4 的市场份额为 26.58%，济南新闻广播 FM106.6 的市场份额为 26.07%。33 个城市中市场份额排名第一至第三的新闻综合类广播频率中，只有武汉、福州、青岛、南宁、太原、乌鲁木齐、合肥和北京 8 个城市包含有中央级广播频率，均为中央人民广播电台第一套节目中国之声，本地新闻综合类广播频率的贴近性特征在收听竞争中发挥着重要的作用，引领了新闻综合类广播市场（表 2）。

表 2　新闻综合类频率在各城市市场的市场份额（收听率进入前十位的频率）

城市	排名	频　　率	收听率（%）	市场份额（%）
北京	3	中央人民广播电台第一套节目中国之声	0.44	8.80
	4	北京广播电台新闻广播（FM100.6/AM828/CFM90.4）	0.43	8.55
长春	2	吉林人民广播电台新闻综合广播 FM91.6/AM738	0.61	13.04
	3	吉林人民广播电台资讯广播 FM100.1	0.35	7.42
	4	中央人民广播电台第一套节目中国之声	0.33	7.06
	9	长春新闻广播 FM88.9/AM900	0.19	3.99
长沙	3	湖南电台新闻频道 FM102.8/FM93.0	0.30	10.41
	6	都市 105 长沙新闻广播 FM105.0	0.18	6.14
	8	中央人民广播电台第一套节目中国之声	0.12	4.24
常州	2	常州人民广播电台新闻综合广播 FM103.4	1.11	20.36
	3	常州人民广播电台新闻综合广播 AM846	0.66	12.18
	6	中央人民广播电台第一套节目中国之声	0.34	6.21
成都	2	四川人民广播电台新闻频率 FM98.1/AM1116	0.47	13.51
	4	中央人民广播电台第一套节目中国之声	0.32	9.05
	5	成都人民广播电台新闻广播 FM99.8/AM792	0.25	7.32
	8	四川人民广播电台新闻频率 FM106.1	0.20	5.79
重庆	2	重庆人民广播电台重庆之声 FM96.8/AM1314	0.75	21.87
	6	中央人民广播电台第一套节目中国之声	0.14	4.22
	7	四川人民广播电台新闻频率 FM98.1/AM1116	0.10	2.90
	10	中国国际广播电台环球资讯广播 FM90.5/AM900	0.03	0.99

续表

城市	排名	频　　率	收听率（%）	市场份额（%）
大连	2	大连广播电台第一套广播新闻广播 FM103.3/AM882	1.24	21.33
	3	辽宁广播电视台资讯广播 FM90.6	0.47	8.09
	7	中央人民广播电台第一套节目中国之声	0.35	5.95
	10	辽宁广播电视台综合广播 AM1089/FM102.9	0.16	2.80
佛山	1	佛山人民广播电台 FM94.6	1.46	24.63
	4	佛山人民广播电台 FM90.1	0.63	10.60
	8	鹤山人民广播电台 FM104.7	0.18	3.09
	10	广东电台新闻台（新闻频道）FM91.4/AM648	0.14	2.38
福州	2	中央人民广播电台第一套节目中国之声	0.55	13.29
	3	福建新闻广播 FM103.6/AM882	0.40	9.68
	4	福州人民广播电台左海之声 FM90.1	0.36	8.75
	8	福州人民广播电台新闻广播调频 FM94.4	0.23	5.57
广州	4	广州新闻电台 FM96.2	0.39	10.02
	7	中央人民广播电台第一套节目中国之声	0.20	5.15
	10	广东电台新闻台（新闻频道）FM91.4/AM648	0.07	1.80
杭州	1	浙江之声 FM88/FM101.6/AM810	0.93	11.81
	9	杭州新闻广播 FM89	0.34	4.31
	10	FM99.6 民生资讯广播	0.32	4.01
哈尔滨	6	黑龙江新闻广播 AM621/FM94.6	0.91	10.04
	10	哈尔滨人民广播电台新闻综合广播 AM837/FM106.2	0.19	2.11
合肥	3	中央人民广播电台第一套节目中国之声	0.50	9.38
	6	合肥新闻综合广播 AM666/FM91.5	0.28	5.28
	9	安徽新闻综合广播	0.23	4.40
济南	1	济南新闻广播 FM106.6	1.88	26.07
	7	山东广播新闻频道 AM918/FM95	0.34	4.75
	9	中央人民广播电台第一套节目中国之声	0.21	2.95
南京	1	江苏新闻广播 FM93.7	0.71	12.57
	5	南京新闻台 AM1008	0.41	7.29
	9	南京新闻广播 FM106.9	0.22	3.91
南宁	2	广西电台新闻综合广播 AM792/FM91.0	0.42	12.69
	3	中央人民广播电台第一套节目中国之声	0.39	11.67
	8	南宁人民广播电台新闻综合广播 FM101.4	0.27	8.21
宁波	3	宁波电台宁波之声（新闻广播）FM92.0 AM1323	0.35	10.79
	5	中央人民广播电台第一套节目中国之声	0.26	7.93
	7	浙江之声 FM88/FM101.6/AM810	0.20	6.03
	9	FM99.6 民生资讯广播	0.12	3.59
青岛	2	中央人民广播电台第一套节目中国之声	0.66	12.06
	3	青岛新闻广播 FM107.6	0.59	10.82
	4	青岛新闻生活广播 AM1377/AM819/FM97.3	0.38	7.08

续表

城市	排名	频　　率	收听率（%）	市场份额（%）
清远	1	清远新闻资讯广播 FM88.7	1.46	38.45
	9	广州新闻电台 FM96.2	0.08	2.15
	10	广东电台新闻台（新闻频道）FM91.4/AM648	0.08	2.05
泉州	2	泉州人民广播电台 889 新闻频道 FM88.9/AM576	0.67	16.07
	3	泉州人民广播电台 1059 刺桐之声 FM105.9	0.50	11.93
	4	中央人民广播电台第一套节目中国之声	0.42	9.97
	9	福建新闻广播 FM103.6/AM882	0.15	3.61
上海	1	上海人民广播电台 AM990/FM93.4	1.16	26.58
	8	东广新闻台 AM1296/FM90.9	0.15	3.55
	10	中央人民广播电台第一套节目中国之声	0.11	2.49
沈阳	4	沈阳广播电视台新闻广播 FM104.5/AM792/FM107	0.76	10.96
	6	辽宁广播电视台综合广播 AM1089/FM102.9	0.48	6.93
	9	中央人民广播电台第一套节目中国之声	0.39	5.52
深圳	3	深圳广播电台新闻频率 FM89.8	0.45	12.61
	5	广东电台新闻台（新闻频道）FM91.4/AM648	0.18	4.95
	6	广东电台南粤之声（汽车优悦广播）FM105.7	0.17	4.75
	7	中国国际广播电台环球资讯广播 FM107.1	0.15	4.24
	9	中央人民广播电台第一套节目中国之声	0.13	3.78
石家庄	1	石家庄广播电视台新闻广播 AM882/FM88.2	0.68	12.23
	4	中央人民广播电台第一套节目中国之声	0.48	8.59
	8	河北人民广播电台新闻广播 FM104.3	0.28	5.09
苏州	3	苏州广播电视总台新闻综合频率 AM1080	0.68	12.84
	5	苏州广电总台新闻频率 FM91.1	0.37	6.99
	7	中央人民广播电台第一套节目中国之声	0.28	5.27
太原	3	中央人民广播电台第一套节目中国之声	0.50	9.82
	9	太原人民广播电台新闻频率 FM91.2	0.27	5.28
天津	4	天津人民广播电台新闻广播 FM97.2/AM909	0.78	9.76
	7	中央人民广播电台第一套节目中国之声	0.37	4.63
	9	天津人民广播电台滨海广播 FM87.8/AM747	0.33	4.16
乌鲁木齐	3	中央人民广播电台第一套节目中国之声	0.64	9.66
	7	中央人民广播电台维吾尔语广播 FM90.6	0.29	4.33
	8	新疆人民广播电台 961 新闻广播 FM96.1	0.26	3.98
	10	乌鲁木齐人民广播电台（维语广播）AM1071/FM104.6	0.23	3.48
武汉	1	中央人民广播电台第一套节目中国之声	0.59	15.25
	3	武汉广播电视台新闻综合广播 AM873/FM88.4	0.46	11.90
	6	湖北之声 AM774/FM104.6	0.26	6.76
无锡	4	无锡广播电视台新闻综合广播 AM1161	0.49	10.75
	6	无锡广播电视台新闻广播 FM93.7	0.44	9.46
	9	中央人民广播电台第一套节目中国之声	0.17	3.75

续表

城市	排名	频　　率	收听率（%）	市场份额（%）
西安	1	西安新闻广播 AM810/FM90.4	0.63	9.60
	7	陕西广播电视台新闻广播 FM106.6/AM693	0.43	6.60
	8	中央人民广播电台第一套节目中国之声	0.40	6.15
厦门	2	厦门新闻广播 AM1107/FM99.6	0.53	14.53
	3	闽南之声广播 AM801/FM101.2	0.49	13.55
	5	中央人民广播电台第一套节目中国之声	0.31	8.51
	9	福建新闻广播 FM103.6/AM882	0.10	2.79
	10	海峡之声综合广播 FM97.9	0.08	2.11
郑州	1	郑州人民广播电台新闻广播 AM549/FM98.6	1.14	21.02
	7	河南人民广播电台新闻广播 AM657/FM95.4	0.26	4.89
	8	中央人民广播电台第一套节目中国之声	0.23	4.32

数据来源：CSM 媒介研究

六、结语

回顾2013年新闻综合类频率发展态势可以发现，该类频率的“霸主”地位目前仍然难以撼动，这一特征在家中表现尤为明显。与其他类型频率相比，新闻综合类频率是在传播广度和传播深度方面表现均突出的优势频率类别。在全国33个城市的传统广播收听市场中，清远、佛山、厦门、福州、泉州和常州6个城市新闻综合类频率的收听时长占到所有频率收听时长的40%以上，当地听众对新闻综合类频率的倚重性很高，本地新闻综合类广播的贴近性和地域性特征决定了其在当地广播市场竞争中具有得天独厚、无可替代的优势。

新闻综合类频率在传统收听市场中的优势地位固然可喜，但在新媒体时代的背景下，这种优势地位能维持多久，广播人应及早未雨绸缪。为了适应变化了的生存环境，实现新的飞跃，广播新闻在传播理念、传播内容、报道方式上也势必需要做一些改革和创新，随着新媒体环境的变化而不断与时俱进，从而实现新的突破。

（作者：解永利）

2013 年交通频率收听状况分析

随着国民经济的持续高速发展，我国的汽车保有量同样也保持着快速增长态势。截至 2013 年年底，我国汽车保有量达 1.37 亿辆，全国有 31 个城市的汽车保有量超过 100 万辆，其中北京、天津、成都、深圳、上海、广州、苏州和杭州 8 个城市汽车保有量超过 200 万辆，北京市更是超过了 500 万辆。汽车越来越普遍地走进千家万户，逐渐成为人们出行的重要代步工具之一。专业化的交通类频率除了实时播报路况信息外，时事新闻类节目和其他娱乐类节目等也颇为丰富，所以交通类频率也逐渐成为多数出行人首选的媒体平台。本文将依据 CSM 媒介研究 2013 年全国 33 个城市四波收听率调查数据，对交通类频率的整体收听表现，听众特征、城市差异等进行梳理，以回顾 2013 年交通类频率的收听状况。

一、交通类频率在广播市场中的整体收听表现

1. 听众在“所有场所”的人均收听时长缓慢下降，但在“车上”人均收听时长逐年增加

从 2008—2013 年广播市场人均收听时长可以看出，在“所有场所”，人均日收听时

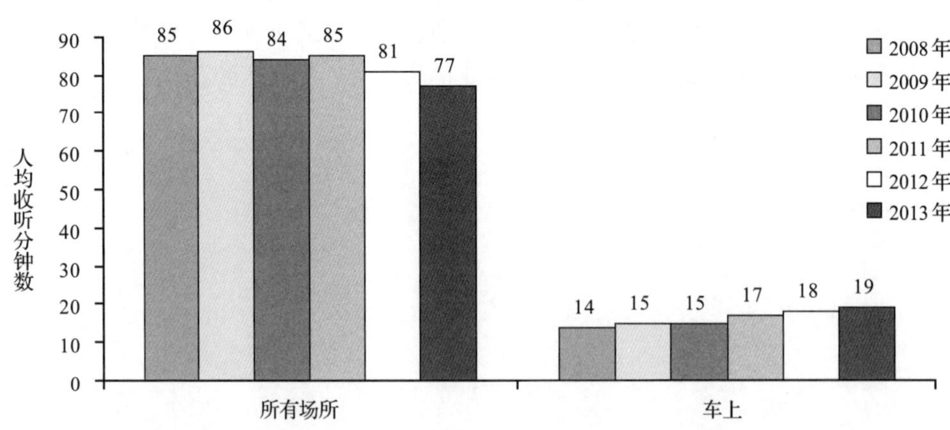

数据来源：CSM 媒介研究

图 1　2008—2013 年广播市场人均收听时长比较（所有场所/车上）

长整体呈现缓慢下降的态势，由2008年的85分钟下降到2013年的77分钟；与之相反，在“车上”的人均日收听时长走势则出现另一番景象，从2008年的14分钟逐年递增到2013年的19分钟（图1）。在“车上”人均收听时长的增加，与汽车保有量大幅增长、人们平日在车上收听机会增多且在车载场所对信息、娱乐的需求也随之提高等有关。广播相对于其他媒体资讯平台，更适用于车载场所，尤其是驾车人员可以做到随时耳听各类时政新闻、娱乐资讯、实时路况等信息，眼观四方道路安全驾车。所以车载场所为广播的蓬勃发展提供了巨大的空间。

2. 交通类频率位居强势广播媒体集团，在车载场所竞争优势更加显著

通过比较各类专业频率的市场份额，可了解分析广播收听市场的竞争状况。从2012—2013年广播收听市场各专业频率的市场份额图我们可以清晰地看到，新闻综合类、交通类、音乐类频率仍是最受听众关注的大众频率，市场份额占据前三位，且2013年比2012年市场份额均有不同幅度的提升（图2）。2013年，新闻类频率市场份额位居首位，市场份额为27.5%；交通类频率紧跟其后，市场份额为23.2%；音乐类频率排在第三位，市场份额为18.2%。文艺类频率、都市生活类频率和经济类频率市场份额约在7%—10%之间，相比2012年市场份额均有所下滑。更为“窄”众的体育类、农村类和教育类频率的市场份额则较低。对于2013年交通类频率23.2%的市场份额，我们可以理解为，听众收听广播花费的总时间中，有接近1/4的时间是收听了交通类频率，所以交通类频率在广播媒体的竞争中竞争力非常强劲。

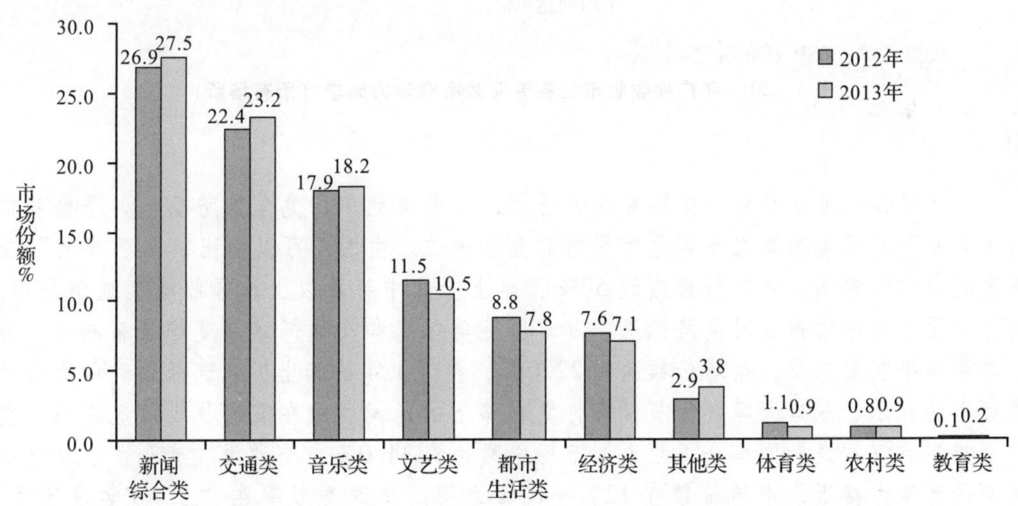

数据来源：CSM媒介研究

图2　2012—2013年广播收听市场各专业频率的市场份额（所有场所）

我们再从平均到达率和平均忠实度两个维度来评估各专业频率的竞争力情况。平均到达率反映了听众的收听规模，即有多少不同的听众收听了该频率；平均忠实度反

映了有多少听众长时间地收听了该频率，所以各类专业频率最终追求的就是较高的平均到达率和平均忠实度。比较2013年各类专业频率的平均到达率和平均忠实度（图3），新闻综合类、交通类和音乐类频率的平均到达率和平均忠实度均较高，为强势广播媒体平台，其中交通类频率和新闻综合类频率的平均忠实度相同，但是交通类频率的平均到达率即收听规模落后于新闻综合类频率。文艺类频率的平均忠实度是各类专业频率中最高的，但该频率的收听规模较小，所以被落在了优势广播媒体平台区域（图3）。

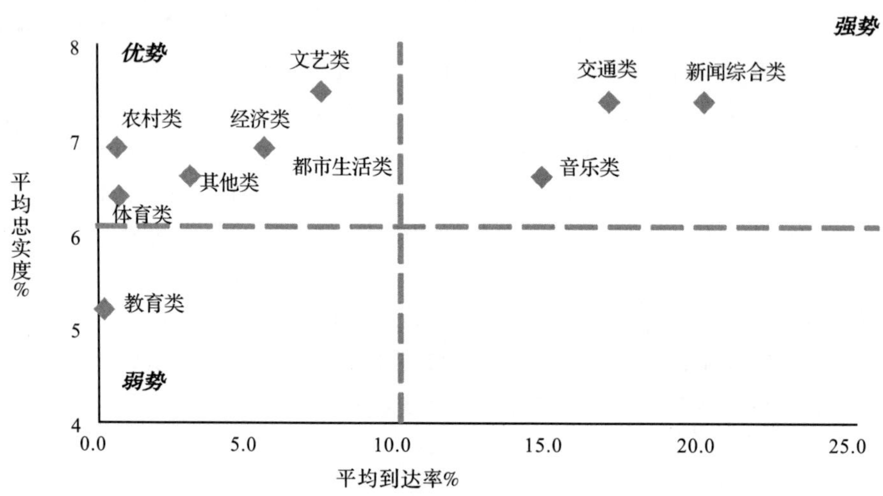

数据来源：CSM媒介研究

图3　2013年广播收听市场各专业频率竞争力比较（所有场所）

从上面我们可以看到，在所有收听场所，交通类频率的竞争优势明显，下面我们再来看一下交通类频率在不同收听场所的竞争地位。由图4可以看出，在“车上”交通类频率独占鳌头，市场份额超过50%，车上听众中半数以上选择收听交通类频率，这与交通类频率播报实时道路讯息、汽车服务类信息和交通规章制度等紧密相关。音乐类频率排在第二位，市场份额达到22.0%，接近1/4的车上听众选择通过收听音乐类频率的音乐、脱口秀等娱乐节目来打发在路上的时间。从在家的收听情况来看，竞争力排在首位的是新闻综合类频率，市场份额达到34.0%，交通类、音乐类、文艺类频率的竞争力接近，市场份额在12%—16%之间。交通类频率在“工作/学习场所”和“其他场所”的竞争力表现也不错，市场份额均位居第三位。由此看出，交通类频率在车载场所竞争优势最为显著，“在家、工作/学习场所、其他场所”的竞争优势也较为显著（图4）。

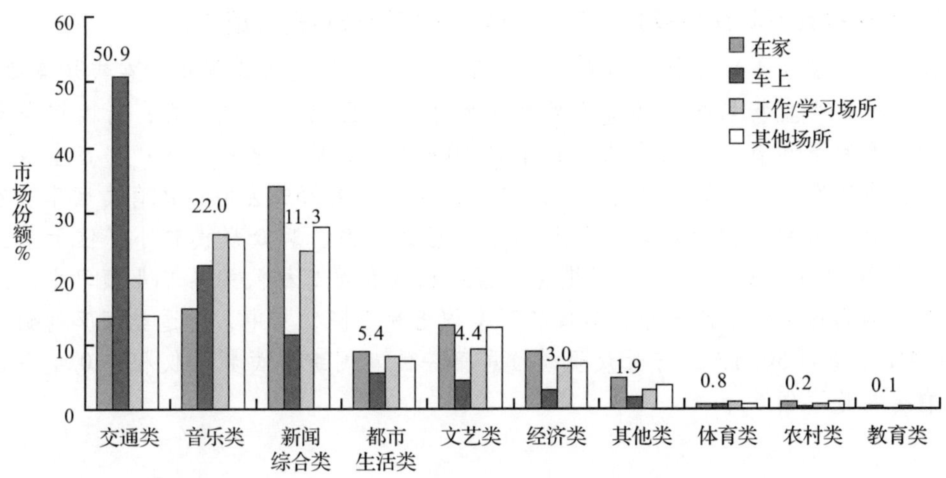

数据来源：CSM 媒介研究

图 4　2013 年广播收听市场各专业频率在不同收听场所的市场份额（%）

比较近四年交通类频率在"车上"的全天收听率走势可以看出，全天整体走势变化不大，但在早间和傍晚出行高峰时段，两座收听高峰均呈现逐年递增的趋势。在早间 7:00—9:00，2010—2013 年最高收听率分别为 2.0%、2.3%、2.5% 和 2.6%，在傍晚 17:00—18:30，最高收听率由 2010 年的 1.3% 上升到 2013 年的 1.7%（图 5）。

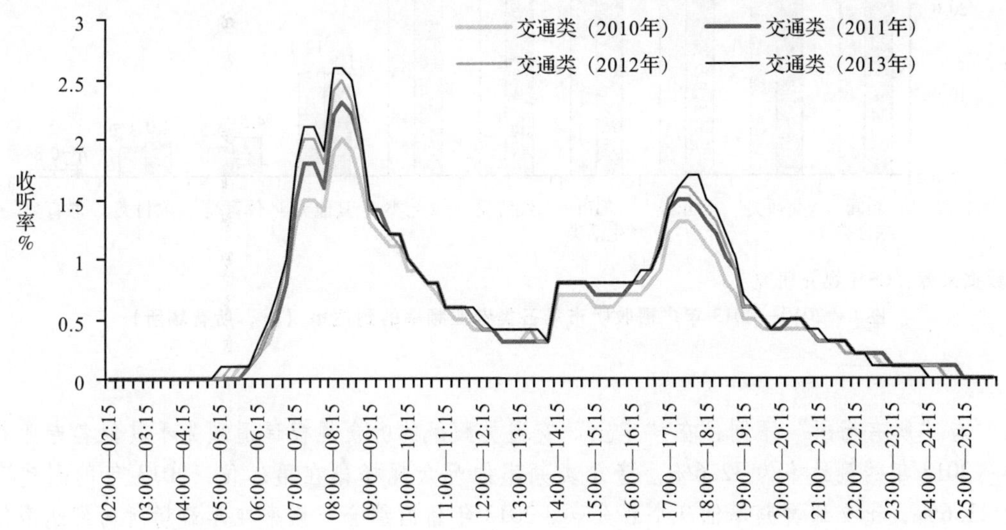

数据来源：CSM 媒介研究

图 5　2010—2013 年交通类频率全天收听率走势比较（车上）

3. 交通类频率听众规模处于第一梯队，车载听众规模持续扩大

通过到达率（%）指标我们来观察一下各专业频率的听众规模，在市场竞争中，听众规模的大小直接影响到各类专业频率竞争力的强弱。总体来看，新闻综合类频率、交通类频率和音乐类频率的到达率在50%左右，处于第一梯队；都市生活类频率、文艺类频率和经济类频率处于第二梯队，到达率在25%左右；体育类频率、农村类频率和教育类频率由于频率定位和播出内容的关系，听众规模较小，位于第三梯队。对比2012年，2013年听众规模处于第一梯队和第二梯队的各专业频率中，除音乐类频率的到达率稳中微升外，其他各频率均出现下降，其中，交通类频率的到达率从51.4%下降到50.6%，与听众规模位居第一的新闻综合类频率仅相差0.4个百分点，有待超越（图6）。

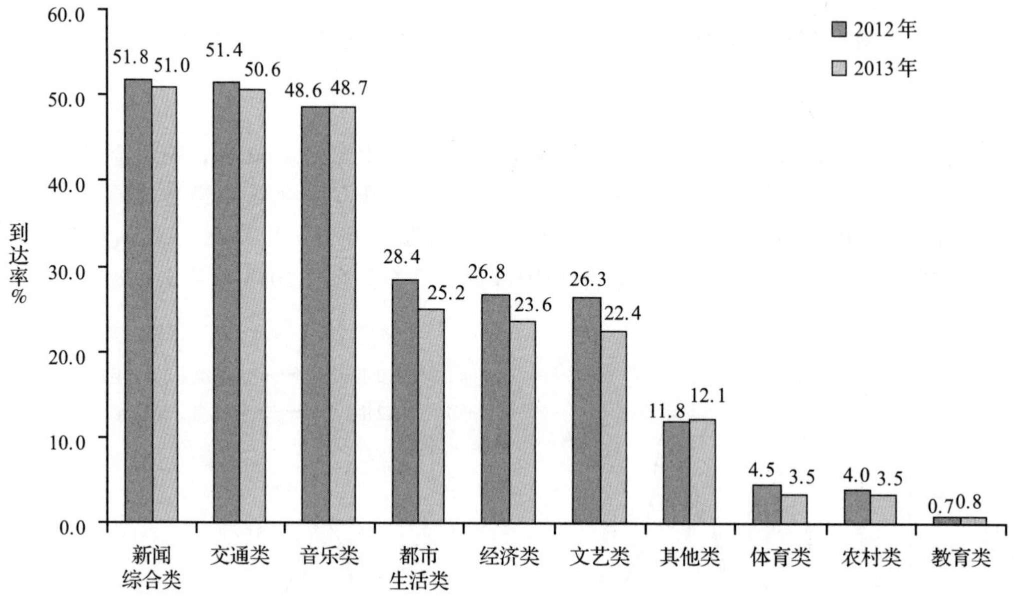

数据来源：CSM媒介研究

图6 2012—2013年广播收听市场各类专业频率的到达率（%，所有场所）

与"所有场所"不同，在"车上"交通类频率的听众规模遥遥领先于其他各专业频率，2013年的到达率为32.6%。音乐类频率的听众规模排在第二位，2013年的到达率为23.6%，比交通类频率低9个百分点。2013年新闻综合类频率在车载场所的到达率仅为18.1%，仅相当于交通类频率的半数多一点儿。相比2012年，2013年车载场所交通类频率、音乐类频率和新闻综合类频率的听众规模均有所扩大，可见，车载场所是广播大力发展的优质平台（图7）。

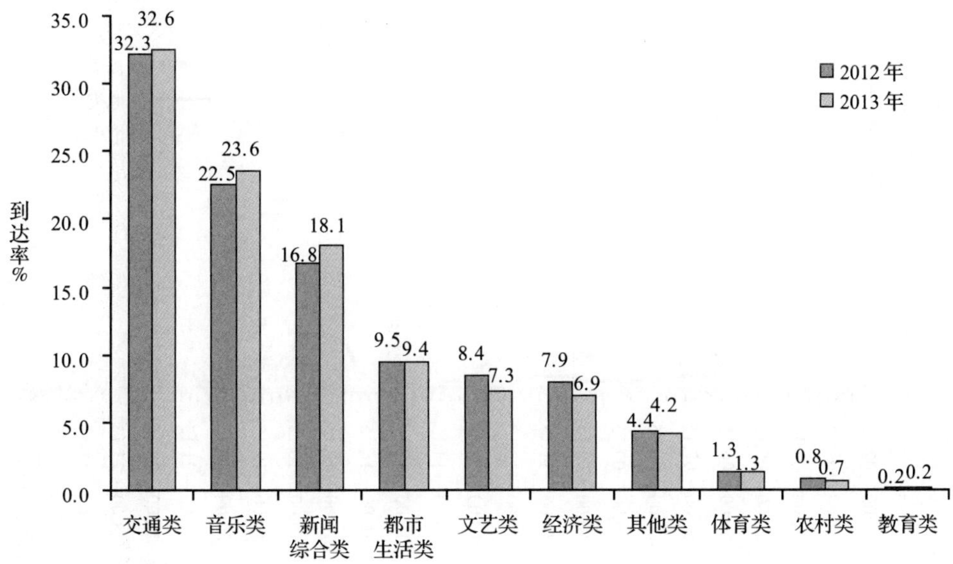

数据来源：CSM媒介研究

图7　2012—2013年广播收听市场各类专业频率的到达率（%，车上）

4. 交通类频率在早晚出行时段收听表现较好，工作日优于周末

通过对2013年各类专业频率全天收听率走势观察可以看到，各类广播频率各自有自己的优势时段。交通类频率在早间7:00—9:00和傍晚17:00—18:30时段形成两座收听高峰，这是人们出行的高峰时段，其收听率峰值分别达到了3.9%和2.5%，分别出现在8:15—8:30和17:45—18:00。人们通过收听交通类频率可以了解到最新的路况信息、实时新闻和汽车资讯等感兴趣的内容，既方便了出行又打发了途中时间。新闻综合类频率在早晨时段优势非常明显，在8:00之前收听率遥遥领先，而8:00—9:00随着人们开始出门工作、学习，听众注意力逐渐转移到交通类频率上，此时段交通类频率开始领跑收听市场。午间休息时段11:00—13:00和晚间20:00以后，外出的人们相对减少，人们的信息、娱乐需求也发生变化，该时段内交通类频率的收听表现低于新闻综合类频率和音乐类频率（图8）。

区分不同周天观察交通类频率的收听特点，由于交通类频率在车上的被选择性非常高，且在早间7:00—9:00和傍晚17:00—18:30出行高峰时段收听表现最好，所以在周六、周日多数人休息，不用上班、上学的情况下，收听率必然出现波动。在“所有收听场所”，周一的收听率最高，达到1.4%，通常城市里周一的道路交通也最为拥挤和复杂；周二收听率开始回落，周三至周五收听率基本稳定在1.3%，周六、周日则下滑到1.1%。在“车上”，交通类频率的收听表现与所有场所类似，仍是周一收听率表现最好，为0.8%，周二至周五收听率维稳到0.7%，周六、周日收听率下降到0.5%（图9）。

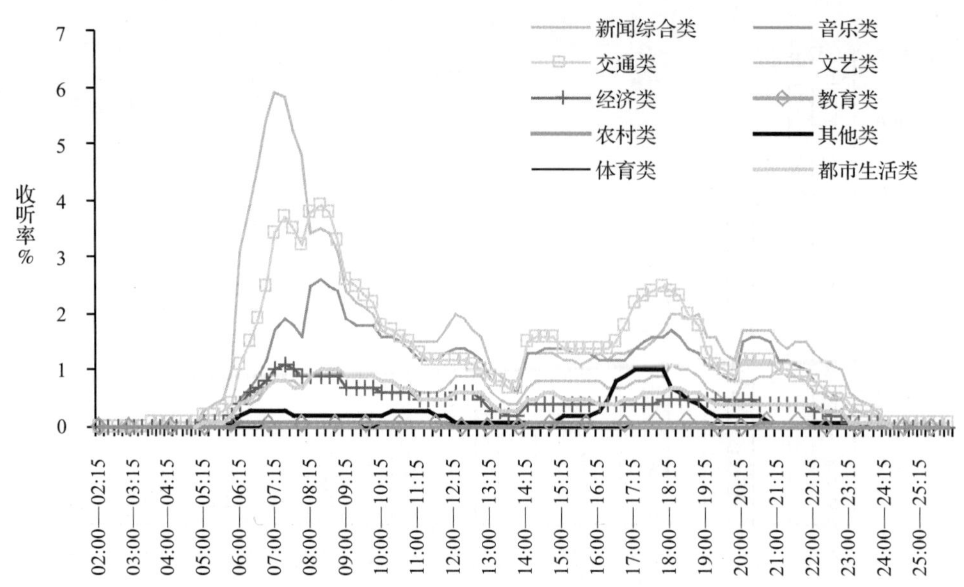

数据来源：CSM 媒介研究

图 8　2013 年各类专业频率全天收听率走势

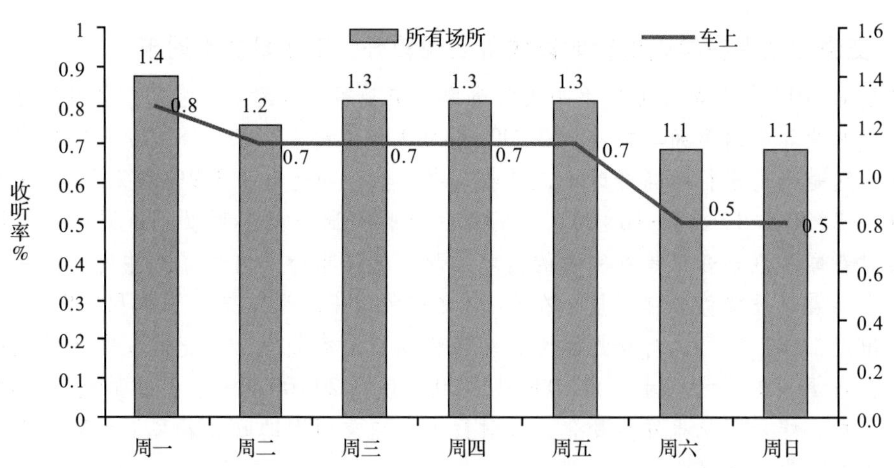

数据来源：CSM 媒介研究

图 9　2013 年交通类频率在不同周天的收听率比较

二、交通类频率的听众特征

1. 男性、中青年、高收入听众比例较大，车载听众商业价值更高

通过听众构成和集中度两个指标，我们可以了解交通类频率主要是哪些人群在收听，以及受到哪些人群的偏爱。交通类频率在“所有场所”和“车上”的听众特征具有

共性，男性、25—54岁、高收入听众是这两个场所相同的主要受众群体，且这部分人群对交通类频率的收听偏爱程度也非常之高。其中在"所有场所"男性听众比例达到62.5%，而"车上"男性听众比例更是高达73.8%，并且在"车上"大学及以上学历、干部/管理人员、高收入群体听众比例和集中度均高于在"所有场所"，由此可见，车载场所听众的广告商业价值更高（图10、图11）。

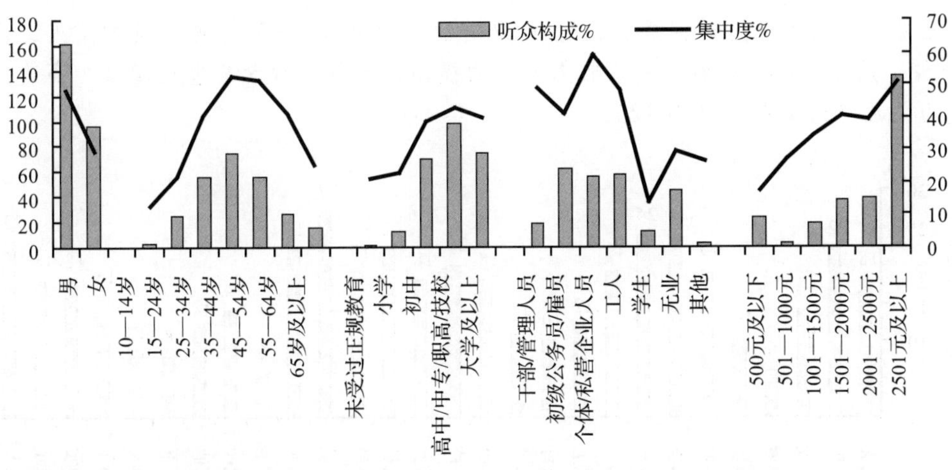

数据来源：CSM媒介研究

图10　2013年交通类频率的听众构成与集中度（所有场所）

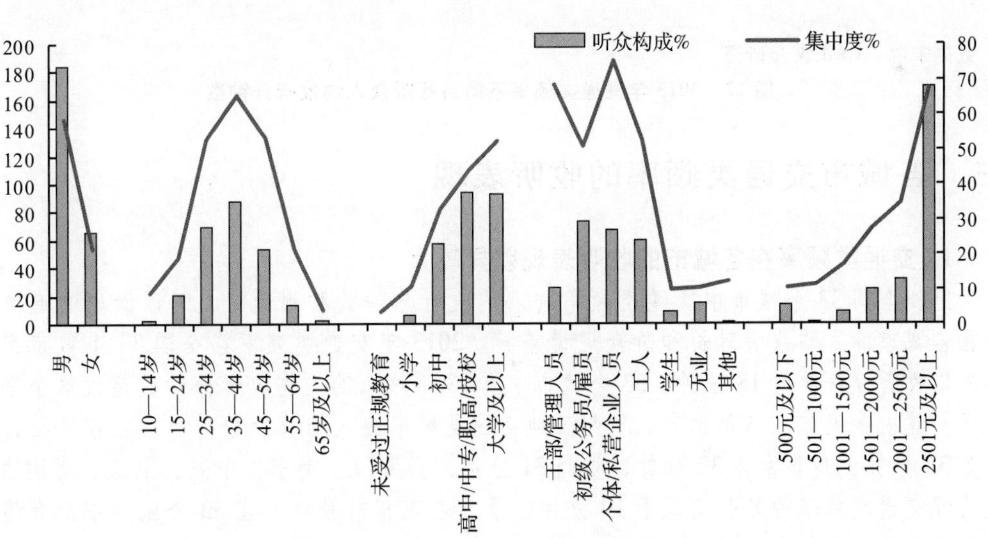

数据来源：CSM媒介研究

图11　2013年交通类频率的听众构成与集中度（车上）

2. 男性、青壮年、高收入人群人均收听时间最长

再来比较一下不同目标人群人均每天收听交通类频率的时长。从性别来看，男性听众人均每天收听时长为22分钟，高于女性听众人均每天收听时长；从年龄来看，35—44岁、45—54岁的听众人均收听交通类频率的时长均为24分钟；25—34岁、55—64岁的听众人均每日收听时长达到19分钟；从受教育程度来看，未受过正规教育、小学文化程度的听众较少收听交通类频率，而初中、高中/中专/职高/技校、大学及以上的听众人均收听交通类频率的时长均在18分钟及以上；从职业来看，个体/私营企业人员人均收听时间最长，达到27分钟，其次是干部/管理人员和工人，均为22分钟；从收入水平来看，随着收入水平的提高，人均收听时长也在增加，高收入听众更为关注交通类频率（图12）。

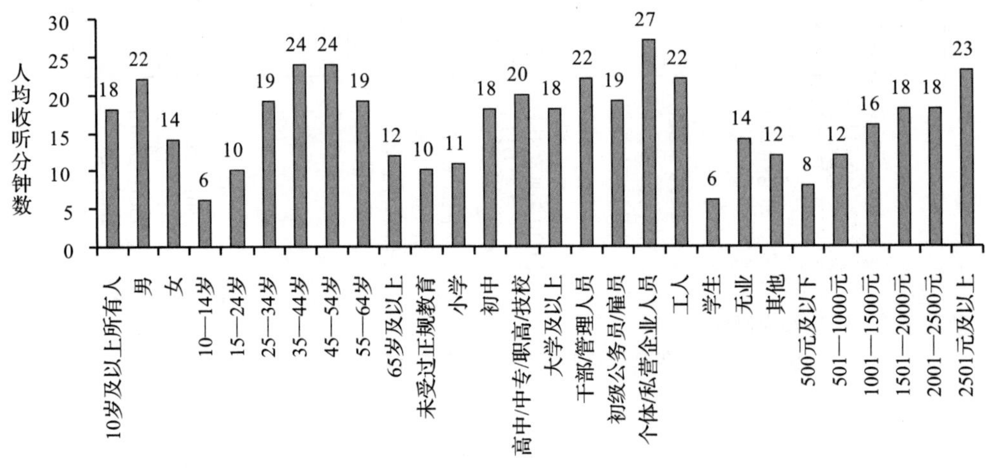

数据来源：CSM媒介研究

图12　2013年交通类频率不同目标听众人均收听分钟数

三、各城市交通类频率的收听表现

1. 交通类频率在各城市的收听表现差异较大

比较全国33个城市中交通类频率的人均收听分钟数和到达率，可以看出交通类频率在各城市的人均收听时长和听众规模差异。2013年交通类频率在全国33个城市组中的人均收听分钟数为18分钟，33个城市中有13个城市的人均收听分钟数超过这个平均水平。其中，天津、乌鲁木齐、杭州三地交通类频率的人均收听分钟数排在前三位，天津为32分钟，乌鲁木齐32分钟，杭州31分钟，而厦门、南宁、宁波、上海、清远的听众收听交通类频率的时长均低于10分钟，收听表现相对较弱。在33个城市中，有超过半数城市交通类频率的到达率超过50%，其中长沙的听众规模最大，到达率为75.3%；青岛、长春、天津、杭州排在其后；上海的到达率最低，仅为18.9%。对于交通类频率收听表现不突出的地区，如何吸引听众以扩大听众规模，延长听众停留时间，是有待相关人员解决的问题（图13）。

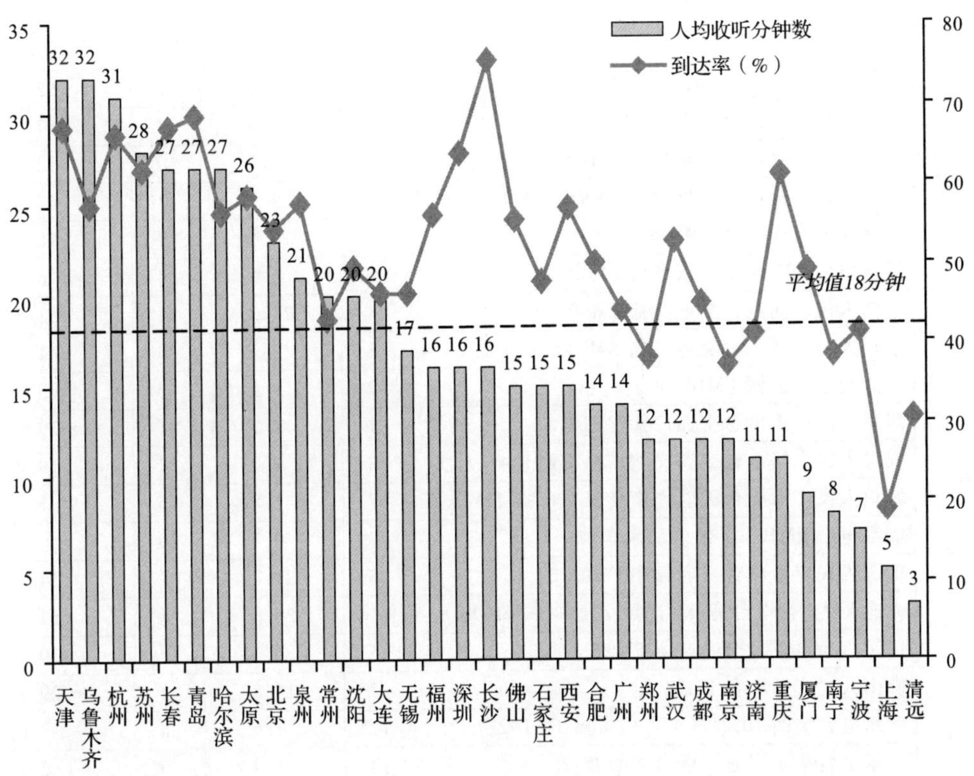

数据来源：CSM 媒介研究

图 13　2013 年交通类频率在全国 33 城市中的人均收听分钟和到达率（所有场所）

2. 交通类频率在多个城市的竞争力强劲

在“所有场所”中，有 29 个交通类频率的市场份额进入 33 个城市中的排名前 3 名，其中北京人民广播电台交通广播（FM103.9/CFM95.6）、长春交通之声广播电台 FM96.8、青岛交通广播 FM89.7/AM900 在当地的市场份额均在 30% 以上，且在当地排名第一。在“车上”，交通类频率竞争表现更是出类拔萃，有 54 个交通类频率市场份额进入 33 个城市中的排名前 3 名，其中北京人民广播电台交通广播（FM103.9/CFM95.6）、长春交通之声广播电台 FM96.8、常州人民广播电台交通广播 FM90、重庆人民广播电台交通频率 FM95.5、大连人民广播电台第四套广播交通广播 FM100.8、青岛交通广播 FM89.7/AM900、苏州交通广播 FM104.8、天津人民广播电台交通广播 FM106.8、无锡广播电视台交通广播 FM106.9 当地的市场份额均超过 50%，人们已经习惯在出行期间通过交通类频率来了解各类资讯（表 1）。

表 1　全国 33 城市中交通类频率在当地的市场份额及排名情况（所有场所/车上）

城市	频　　率	所有场所		车上	
		排名	市场份额%	排名	市场份额%
北京	北京人民广播电台交通广播（FM103.9/CFM95.6）	1	31.0	1	62.3
长春	长春交通之声广播电台 FM96.8	1	33.8	1	57.3
	吉林人民广播电台交通广播 FM103.8	5	6.7	2	12.5
长沙	湖南人民广播电台交通频道 FM91.8/FM100.3	1	25.3	1	42.0
	长沙交通音乐广播 FM106.1	2	12.4	2	16.3
	湖南电台 893 汽车音乐电台 FM89.3	9	4.1	4	6.5
常州	常州人民广播电台交通广播 FM90	1	24.2	1	53.8
	常州人民广播电台交通广播 AM747	8	4.1	8	1.7
	江苏交通广播网 FM101.1	12	1.5	6	3.2
成都	四川人民广播电台交通广播 FM101.7	1	14.7	1	29.9
	成都人民广播电台交通文艺广播 FM91.4	3	9.2	2	19.6
	四川人民广播电台天府之声私家车广播 FM92.5	17	1.8	16	1.6
	成都电台 FM105.1 快乐私家车	23	0.1	20	0.2
重庆	重庆人民广播电台交通频率 FM95.5	3	21.7	1	54.6
大连	大连人民广播电台第四套广播交通广播 FM100.8	1	23.0	1	53.7
	辽宁广播电视台交通广播 FM97.5	15	0.6	13	0.6
佛山	佛山人民广播电台 FM92.4	2	15.8	1	29.2
	广州电台金曲 1027 汽车音乐广播 FM102.7	12	1.6	8	2.6
	广东电台羊城交通广播台 FM105.2	14	1.4	9	2.0
	广州交通电台 FM106.1	16	0.9	12	1.6
	广东电台城市之声爱车 1036 FM103.6	18	0.5	17	0.3
福州	福建 987 私家车广播 FM98.7	1	13.5	1	31.0
	福州交通之声 FM87.6	9	5.5	3	10.2
	福建交通广播 FM100.7	10	3.9	2	11.2
	海峡之声海都阳光调频 FM99.6	11	3.8	8	5.1
	福建汽车音乐调频 FM91.3	12	3.4	6	6.5
	海峡之声汽车生活广播 FM90.6	13	3.3	4	8.2
广州	广东电台羊城交通广播台 FM105.2	2	15.1	1	32.2
	广州交通电台 FM106.1	5	8.7	2	20.8
	广州电台金曲 1027 汽车音乐广播 FM102.7	8	5.0	5	5.6
	广东电台城市之声爱车 1036 FM103.6	11	1.8	8	1.8
杭州	私家车 107 快乐广播城市之声 FM107/AM1530	2	11.3	2	17.7
	浙江人民广播电台交通之声 FM93	3	10.8	3	17.6
	杭州交通经济广播 FM91.8	6	8.6	1	20.4
	汽车电台 105.4 西湖之声 FM105.4	7	7.8	5	8.3
哈尔滨	黑龙江交通广播 FM99.8	4	10.8	1	36.2
	哈尔滨交通广播 FM92.5	5	10.1	2	32.4
	黑龙江生活广播（私家车频道）FM104.5	9	3.7	4	4.6

续表

城市	频　　率	所有场所		车上	
		排名	市场份额%	排名	市场份额%
合肥	安徽交通广播	4	9.2	2	21.2
	合肥交通广播 AM1053/FM102.6	5	8.1	1	21.5
	合肥汽车音乐广播 AM747/FM87.6	10	4.0	3	9.4
	安徽交通广播汽车 980	20	1.5	8	2.9
济南	济南交通广播 FM103.1	5	8.1	1	26.7
	济南文艺广播私家车 936FM93.6	10	2.9	5	6.1
	山东广播交通音乐之声 FM101.1	11	2.5	3	7.6
南京	南京交通台交通 FM102.4	6	7.0	1	24.0
	江苏交通广播网 FM101.1	7	6.4	2	16.7
	南京快乐私家车 FM98.1	20	0.9	10	1.5
南宁	广西电台教育生活广播（私家车 930）FM93.0	1	14.6	1	30.8
	广西电台交通广播 FM100.3	7	8.2	5	11.6
	南宁人民广播电台交通音乐广播 FM107.4	9	8.2	4	12.6
宁波	镇海台（私家车音乐台 FM104.7）	1	17.5	1	34.3
	宁波电台交通广播 FM93.9 AM603	2	12.3	2	21.1
	宁波电台音乐广播 FM98.6 汽车音乐调频	6	7.8	3	8.7
	私家车 107 快乐广播城市之声 FM107/AM1530	10	3.4	4	5.3
	浙江人民广播电台交通之声 FM93	11	3.0	5	4.8
青岛	青岛交通广播 FM89.7/AM900	1	31.3	1	67.5
	青岛经济广播汽车生活频率 FM102.9/AM1251	7	4.4	6	1.9
	青岛私家车电台 FM96.4	10	2.5	4	4.0
	山东广播交通音乐之声 FM101.1	15	1.1	10	1.1
清远	广东电台羊城交通广播台 FM105.2	11	2.0	10	2.1
	广州电台金曲 1027 汽车音乐广播 FM102.7	14	1.2	11	2.1
	广州交通电台 FM106.1	16	0.8	9	2.4
	广东电台城市之声爱车 1036 FM103.6	19	0.4	19	0.4
泉州	泉州人民广播电台 904 交通之声 FM90.4	1	28.5	1	42.9
	泉州人民广播电台 923 私家车音乐广播 FM92.3	6	5.5	4	7.3
	福建 987 私家车广播 FM98.7	8	4.4	6	5.2
	福建交通广播 FM100.7	10	2.8	7	4.4
上海	上海交通广播 AM648/FM105.7	4	7.4	3	17.6
	上海公交移动电视伴音广播 FM98.1	15	1.1	6	3.9
沈阳	辽宁广播电视台交通广播 FM97.5	1	19.8	1	44.7
深圳	深圳广播电台交通频率 FM106.2	1	26.0	1	47.4
	广东电台南粤之声（汽车优悦广播）FM105.7	6	4.7	5	5.3
	深圳私家车广播 I Radio FM94.2	8	4.0	4	5.6
	广东电台羊城交通广播台 FM105.2	18	0.4	22	0.1
	广东电台城市之声爱车 1036 FM103.6	22	0.3	19	0.2

续表

城市	频　　率	所有场所		车上	
		排名	市场份额%	排名	市场份额%
石家庄	石家庄广播电视台交通广播 FM94.6	2	12.0	1	29.0
	河北人民广播电台交通广播 FM99.2	7	6.5	2	15.5
	河北电台文艺广播（私家车907）AM900/FM90.7	11	3.5	7	3.4
苏州	苏州交通广播 FM104.8	1	29.1	1	56.0
	江苏交通广播网 FM101.1	6	5.3	3	10.3
	苏州交通经济频率汽车广播 FM102.8/AM603	9	2.5	8	1.3
太原	太原人民广播电台交通频率 FM107	1	16.8	1	39.2
	山西广播电视台交通广播 FM88	2	13.7	2	22.0
	太原私家车 RadioFM104.4	8	5.5	3	9.5
天津	天津人民广播电台交通广播 FM106.8	1	27.9	1	59.8
乌鲁木齐	新疆人民广播电台949交通广播 FM94.9	1	24.8	1	44.0
	乌鲁木齐人民广播电台交通广播 FM97.4	4	8.9	2	19.1
武汉	楚天交通广播 FM92.7	2	13.7	1	40.6
	武汉广播电视台交通广播 FM89.6/AM603	7	5.6	2	8.8
	湖北私家车广播 FM107.8	12	2.6	5	5.7
	湖北车主生活广播 auto radioFM96.6	13	2.1	7	4.7
无锡	无锡广播电视台交通广播 FM106.9	1	19.0	1	50.6
	无锡广播电视台汽车音乐广播 FM91.4/AM900	5	10.0	2	15.6
	江苏交通广播网 FM101.1	8	5.6	3	10.9
西安	陕西广播电视台交通广播 AM1323/FM91.6	9	5.9	1	20.9
	陕西广播电视台896汽车调频 FM89.6	12	5.0	6	6.9
	西安交通旅游广播 FM104.3	14	4.7	4	11.1
厦门	厦门经济交通广播 FM107/AM1278	4	12.7	2	26.1
	福建交通广播 FM100.7	6	4.0	4	7.4
郑州	河南人民广播电台交通广播 FM104.1	4	7.8	1	24.7
	郑州广播电台都市广播汽车调频 FM91.2	6	5.1	3	12.5
	郑州文化娱乐广播私家车调频 FM91.8	11	3.6	13	1.7
	河南人民广播电台旅游广播私家车 AM900/FM99.9	12	2.8	5	8.1

数据来源：CSM媒介研究

四、结语

CSM媒介研究收听率调查数据显示，近三年广播在所有场所的人均收听时长逐年递减，而在车载场所，广播的人均收听时长则是呈现逐年递增的态势。2013年在“所有场所”交通类频率的市场份额为23.2%，排名第二，略低于新闻综合类频率；而在“车上”，交通类频率则是一枝独秀，市场份额超过50%，这与交通类频率播报实时道路讯息、汽车服务类信息、交通规章制度等节目内容，为人们的出行提供了方便息息相关。在全天时段中，交通类频率在工作日早晚出行时段收听表现较好，且受到男性、中青年、高收入人群的喜爱，听众整体广告商业价值较高。

在33个城市中，交通类频率的收听表现差异较大，其中，天津、乌鲁木齐、杭州3个城市交通类频率的人均收听分钟数超过30分钟。在当地市场竞争中，“所有场所”有29个交通类频率的市场份额排名进入各城市前3名，“车上”有54个交通类频率市场份额排名进入各城市前3名。在汽车保有量快速增长的今天，专业化的交通类频率应继续保持优质品牌形象，保证信息时效性，提高节目品质，为广大听众提供专业化服务，满足广大听众的个性化需求，以稳固交通类频率强有力的竞争态势。

（作者：肖青青）

2013 年音乐类频率收听状况分析

音乐类广播频率让人们的喜怒哀乐等各种感情和情绪通过音乐，通过与听众的“零距离对话”得以舒展，从而达到净化心灵和陶冶性情的目的。作为广播收听市场“三驾马车”之一的音乐类频率在2013年收听状况如何？让我们用数据来解读，以期对业界人士有所启发和借鉴。

本文根据CSM媒介研究2013年全国33城市四波广播收听率调查数据，分析音乐类广播的收听状况。主要内容包括：音乐类频率整体收听状况、听众特征以及在不同城市的收听表现，并选取部分收听表现突出的音乐频率，对其节目播出和收听模式进行简要分析。除非另有说明，本文所用数据中的目标听众为10岁及以上所有广播推及人口，时间段为全天。

一、音乐类频率整体收听状况

（一）音乐类频率整体的市场竞争力

1. 音乐类频率数量众多，市场竞争力强劲

正如深度报道的出现要归功于被广播挤压的报纸一样，类型化电台的出现也应归功于与电视抗争中的广播。当今，置身于全媒体时代，广播面临更多的挑战，各专业频率的定位、节目编播及专业频率间的竞争对广播的发展尤为重要。

根据CSM媒介研究2013年33城市收听率调查数据（四波调查），在所有被调查的505个频率中，音乐类广播频率占有83个（按频率名称及内容归类），在2013年所划分的十大类频率类型中，音乐频率的数量仅次于新闻综合类广播频率，已成为几乎所有调查城市不可或缺的主要频率类型。通过对新闻综合类、音乐类、交通类、文艺类、都市生活类、经济类、农村类、教育类和体育类各大专业频率2013年市场份额的比较可以看出，十大频率大致分为三个梯队：新闻综合类频率、交通类频率及音乐类频率属于市场份额水平最高的梯队；文艺类、都市生活类和经济类频率属于位居中游的第二梯队；而农村类、教育类和体育类频率由于频率数量有限，所占份额之和不足2%，位居第三梯队。音乐类广播频率占据18.24%的市场份额，虽与新闻综合类和交通类广播频率有一定差距，但强于其他类型的广播频率，竞争力不容小觑（图1）。

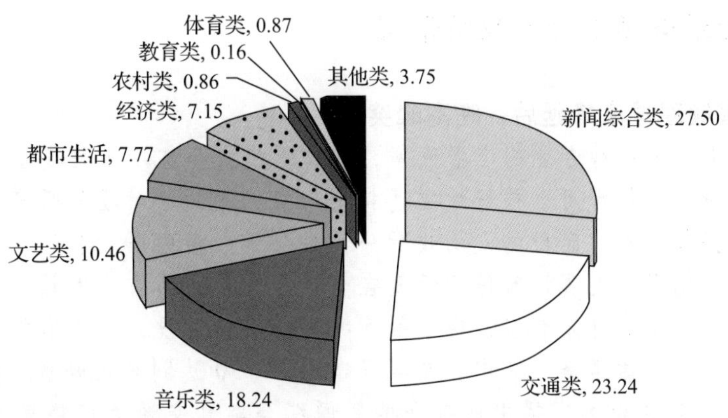

数据来源：CSM 媒介研究

图 1　2013 年各专业频率的市场份额（%）

2. 音乐类频率日均到达水平高，忠实度有待提升

到达率和忠实度可以视为反映某一频率收听竞争力的两个维度，到达率反映了某一频率的听众收听规模，即有多少不同的听众“接触过”该频率，反映了收听的广度；而忠实度则表征着收听的深度，反映了某一频率到达的听众中有多大比例从始至终收听了某一频率。2013 年，音乐类广播频率的日均到达率为 14.67%，在各专业类型频率中排名第三，虽逊于新闻综合类和交通类频率，但是遥遥领先于其他各类频率（表 1）。而比较各专业频率的平均忠实度可以发现，音乐类频率的平均忠实度位列第七，处于中下水平，故而提升听众的忠诚度应该是音乐类频率当前需要优先考虑的问题。目前国内的音乐类频率其主体音乐音源大多雷同，都是来自内地、港台各唱片公司的打榜歌曲，同质化现象严重，抑制了音乐类频率的进一步发展。广播市场同样需要《中国好声音》那样的节目。

表 1　2013 年各类广播频率平均到达率（%）与平均忠实度（%）对比

频率类别	平均到达率（%）	平均忠实度（%）
新闻综合类	19.98	7.36
交通类	16.88	7.36
音乐类	14.67	6.65
文艺类	7.44	7.52
都市生活类	6.11	6.81
经济类	5.56	6.88
体育类	0.72	6.45
农村类	0.66	6.91
教育类	0.17	5.23
其他类	3.06	6.57

数据来源：CSM 媒介研究

(二)音乐类频率全天收听情况

1. 音乐害频率早高峰延后,晚高峰突出

音乐类频率作为一种专业的广播频率,其收听模式会在一定程度上区别于其他广播频率。时间段贡献指标可以很好地描述特定广播频率的分时段收听模式。时间段贡献是指特定广播频率特定时段的人均收听分钟数与该广播频率所有时段人均收听分钟数的比值,比值越高,说明该时段收听量在全天收听量中所占比例越大,对于全天的时段贡献越大。从图 2 可以看出,在早间 5:00—8:00 时段,非音乐类广播时间段贡献明显高于音乐类广播频率,其中,早间 7:15—7:30 达到全天峰值 3%。出现这一现象的原因为,非音乐类广播中所包含的新闻综合类和交通类广播频率通常会表现出非常明显的早高峰特征,提升了整体的时段贡献水平。早间 8:00 之后新闻综合类频率的早新闻大多结束,而面对拥堵的路况,好听的音乐便成为了舒解压力、放松心情的良伴,此时非音乐类广播收听回落,而音乐类广播收听则在 8:00—9:00 时段表现突出。早高峰结束后音乐类广播频率继续保持稳定的收听表现,在 9:00—16:30 收听时段贡献均高于非音乐类广播频率。10:00—11:00 和 14:00—16:00 时段音乐类广播频率时段贡献优势较明显,这也体现出了音乐类频率伴随性强的特点。傍晚时段由于晚高峰时交通类广播收听的提升,非音乐类频率和音乐类频率的时段贡献比较均衡,而晚间时段由于电视等传统媒体的分流,非音乐类频率的时段贡献大幅下降,而音乐类频率则在 20:00—21:00 时段贡献逼近 2%,明显高于非音乐类频率。22:00 之后音乐类和非音乐类频率一路走低。这样的收听模式数据,也能为音乐类频率的节目和广告资源在不同时间段的配置提供参考。

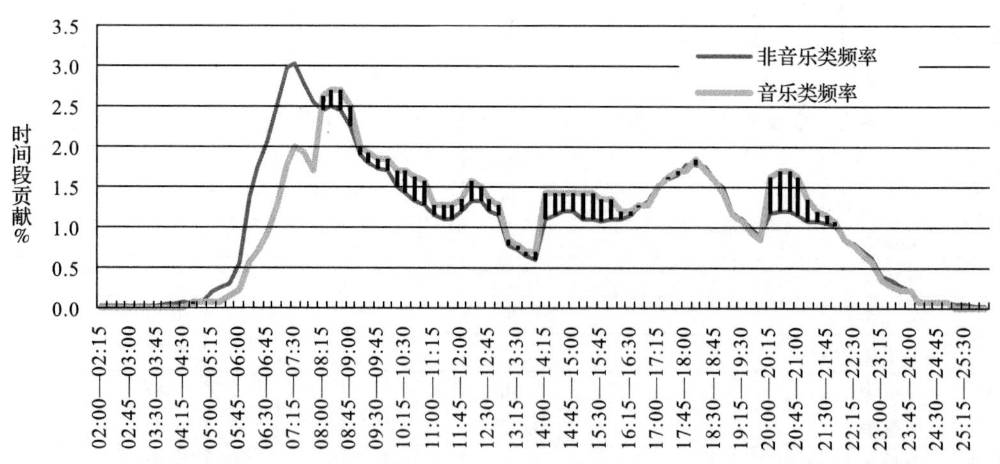

数据来源:CSM 媒介研究

图 2　2013 年音乐类和非音乐类频率全天时间段贡献走势

2. 音乐类频率在不同场所的收听相对较为均衡，伴随性特征突出

一份由NBC委托哥伦比亚大学所做的报告指出，“广播已经越来越少地被看作是一种单纯的娱乐方式，而是被当作某种其他行为的陪伴。”音乐类广播具有天生的伴随性优势，它不需要听众专注的接受，听众可以在做许多事情比如乘车、开车的同时接收来自广播的音乐。而且与自己在网络收听音乐和下载MP3不同，听众永远不知道下一首将要播出什么歌曲，这就是音乐电台的吸引力，它给人的是一种期待的惊喜。

从各专业频率在不同场所的收听时长可以发现，在家中，排在首位的是新闻综合类频率，人均收听时长达16.82分钟，音乐、交通和文艺类频率的人均收听分钟数较为接近，音乐类频率人均收听分钟数为7.58分钟；从车上的收听情况来看，由于交通出行的特质，交通类广播频率人均收听分钟数最高，达到9.44分钟，而音乐类频率位居第二，人均收听时长为4.08分钟，是同类场所中新闻综合类频率份额的2倍；从工作/学习场所收听情况来看，音乐类频率人均收听时长为1.78分钟，位居首位；其他场所中音乐类频率的人均收听时长为0.61分钟。不难看出，交通类频率由于播出的节目内容往往和交通路况、出行信息紧密相关，因此决定了其在“车上”的人均收听时间最长。新闻综合类频率在家中和其他场所收听时间较长，在“车上”和“工作/学习场所”表现一般。而音乐类广播频率在各个场所的收听时间相对较为均衡，说明音乐类广播无处不在，具有伴随性强的特征（表2）。

表2　2013年各类型频率在不同收听地点的人均收听分钟数比较

频率类型	在家	车上	工作/学习场所	其他场所
新闻综合类	16.82	2.10	1.62	0.65
交通类	6.81	9.44	1.32	0.33
音乐类	7.58	4.08	1.78	0.61
文艺类	6.33	0.82	0.62	0.28
都市生活类	4.27	1.00	0.55	0.17
经济类	4.34	0.56	0.44	0.16
体育类	0.44	0.15	0.07	0.01
农村类	0.55	0.04	0.06	0.02
教育类	0.09	0.01	0.02	0.00
其他类	2.25	0.35	0.20	0.08

数据来源：CSM媒介研究

二、音乐类频率的听众特征

传播学创始人施拉姆有一个十分经典的比喻：受众使用媒介如同到自助餐厅就餐，吃什么、吃多少都由受众的口味和食欲来决定。听众的本位意识强了，作为媒介，不可能强迫受众接受自己单方面传送的信息，只能在充分了解受众需求和特点后尽可能地满足他们。音乐类频率的听众构成中，女性、15—44岁、高中及以上受教育程度及各类在职人员所占比例均略高于所有频率平均水平，而无业听众比例则明显低于所有频率平均水平；从个人月收入来看，个人月收入在2501元及以上群体在音乐类广播频率中所占比

例较高，没有收入和月收入在2501元及以上的听众比例明显高于所有频率的平均水平。音乐类频率拥有更多的女性、中青年听众，他们大多受过良好的教育并且收入水平高，这与音乐广播的特质和现代社会快速的生活节奏是相吻合的（图3）。

从集中度来看，女性、15—44岁的年轻听众（特别是25—34岁群体）、中等学历受教育群体及中高收入群体更偏爱收听音乐类频率。基于音乐类频率所拥有的年轻态、学历高和收入高的受众特点，音乐类广播频率应该是时尚和奢侈品广告资源投放的一个不错选择。

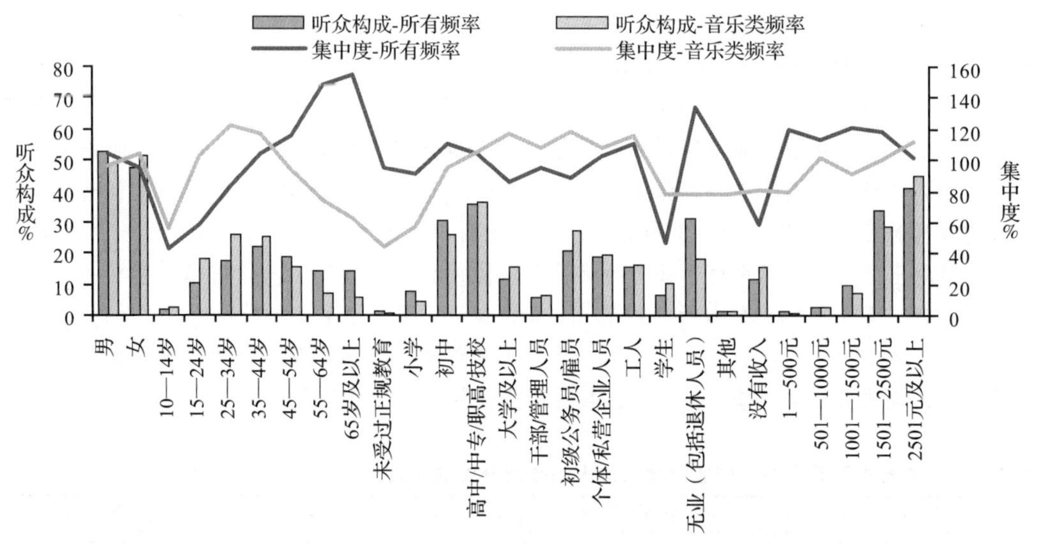

数据来源：CSM媒介研究

图3　2013年音乐类频率及所有频率的听众构成（%）和集中度（%）

三、音乐类频率在区域市场的收听表现

不同区域市场音乐类频率的收听表现有所区别，这与各地受众媒介使用习惯、广播收听习惯和收听选择密切相关，也与当地媒介市场竞争情况以及音乐类频率的竞争力相关。下文通过2013年四波收听调查数据简要分析各城市音乐类频率的收听情况以及各地收听表现较好的音乐类频率。

2013年，全国33城市音乐类频率平均市场份额为18.2%，以这一水平为基准线，33个城市的音乐类频率又分为两个阵营，上海、南京、厦门等14个城市的音乐类频率竞争水平高于平均值，而福州、长沙、西安等19个城市音乐类频率的市场份额则处于平均水平以下（图4）。在音乐类频率竞争力较强的城市中，上海地区音乐类频率的市场份额最高，达到35.44%；南宁、厦门两个城市音乐类频率的市场份额也都超过30%。

从选择媒介的角度看，接收终端的多元化也是影响广播发展的一个重要原因。音乐类频率使广播移动收听的优势得到了彰显，数据表明，音乐类频率市场份额较高的城市，收听广播的途径更加多元化，突显了广播伴随收听和移动收听的特质。

在音乐类频率市场份额较高的南宁和厦门市场，听众最经常选择车载收听方式的比例最高，分别达到了49.1%和77.1%，而最经常选择用收音机收听的方式所占比例较低，分别仅占26.0%和10.2%。就市场份额较高的厦门市场而言，最经常选择用手机与收音机收听的比例相差无几，其他各种收听途径也都占有一定的比例，突显了收听途径多元化的特征。而与南宁、厦门相比，市场份额较低的沈阳和大连市场，收听广播的途径略显单一，最经常选择通过收音机来收听广播的方式仍占主导地位（表3）。

不需要人们劳神费力看文字、图像的音乐类频率，常常被当作“背景”、“伴音”而为身处不同场所的移动人群接受。从不同场所的收听情况来看，收听音乐类频率较好的宁波、深圳和厦门最经常选择在私家汽车上收听的比例较高，分别达到67.3%、51.2%和46.7%，大幅高于33城市整体的选择比例35.8%，特别是宁波和深圳，最经常选择在私家汽车上收听广播的比例达到一半以上。而反观收听音乐类频率较少的西安和沈阳可以发现，这两个城市仍以在家收听为主，收听比例分别达到52.2%和56.0%（表4）。作为传统媒体中唯一的非视觉媒体，音乐类频率可以成为人们逃避视觉污染、愉悦身心的有力工具，只有充分发挥广播的伴随性特质，才能使其得到更为长足的发展。

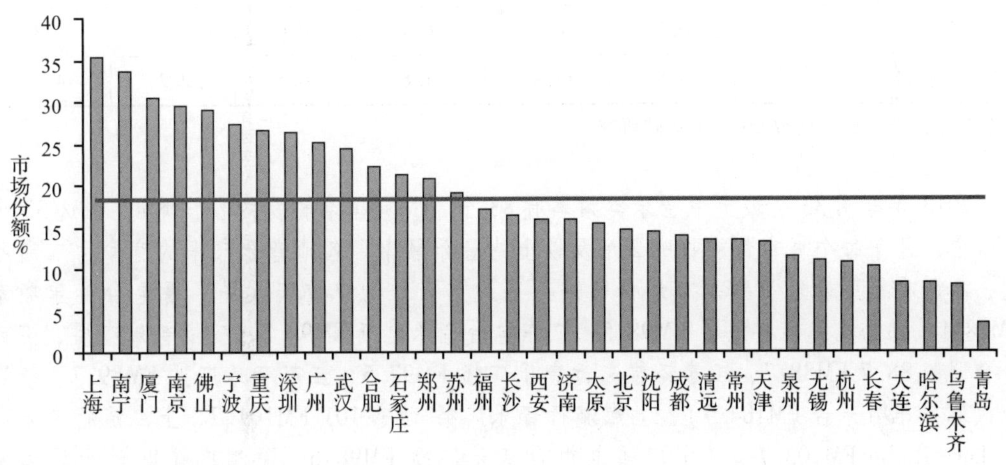

数据来源：CSM媒介研究

图4　2013年33城市音乐类频率市场份额（%）比较

表3　2013年部分城市听众音乐类频率最经常收听途径的选择比例（%）

收听途径	南宁	厦门	大连	沈阳	33城市
收音机	26.0	10.2	45.3	47.0	32.9
车载广播	49.1	77.0	42.3	36.7	48.3
有线（数字）电视	1.3	1.4	0.4	0.0	0.7
音响	0.2	0.0	0.0	0.2	0.4
互联网	1.3	0.8	0.4	0.6	0.6
手机	18.5	10.3	9.9	13.3	13.6
MP3/MP4	0.8	0.0	0.2	0.2	0.7
收录机/随身听	2.3	0.3	1.5	2.0	1.4
其他	0.5	0.0	0.0	0.0	1.4

数据来源：CSM媒介研究2013年基础研究

表4 2013年部分城市听众音乐类频率最经常收听场所的选择比例(%)

收听场所	宁波	沈阳	深圳	厦门	西安	33城市
在公共汽车上	3.2	4.3	24.5	21.5	9.4	7.6
自行车/步行	0.3	0.6	0.3	0.3	1.0	0.9
在单位的汽车上	0.9	4.5	1.8	4.3	1.1	2.7
在家中	22.7	56.0	17.2	17.6	52.2	43.7
在工作单位/工作场合	2.1	3.1	2.5	1.5	3.6	3.2
在学校(学生)	0.0	0.0	0.0	1.3	0.6	0.5
其他	0.0	0.0	0.0	0.0	0.3	0.1
在公园/小区/绿地	0.0	0.0	0.3	0.0	0.7	0.6
在私家汽车上	67.3	18.2	51.2	46.7	28.9	35.8
在公共场所	0.0	0.0	0.2	0.3	0.0	0.1
在地铁上	0.0	0.4	0.4	0.0	0.0	0.3
在出租车上	3.5	12.9	1.6	6.5	2.2	4.5

数据来源:CSM媒介研究2013年基础研究

2013年全国33个城市中音乐类频率有83个(按频率名称及内容归类),在这33个城市中,几乎每个城市都能收听2个及以上的音乐频率。各地音乐频率的竞争力有所不同,在所有场所音乐类频率市场份额进入当地前三位的有重庆人民广播电台音乐频率FM88.1、佛山人民广播电台FM98.5、广东电台音乐之声FM99.3、安徽音乐广播、济南电台调频88.7 FM88.7、江苏经典流行音乐广播FM97.5、江苏音乐广播FM89.7、镇海台(私家车音乐台FM104.7)、上海流行音乐广播 动感101 FM101.7、上海流行音乐广播 Love Radio FM103.7、辽宁广播电视台音乐广播 FM98.6、深圳广播电台音乐频率FM97.1、石家庄广播电视台音乐广播 FM106.7、苏州广播电视总台都市音乐频率FM94.8、天津人民广播电台音乐广播 FM99、西安音乐广播 FM93.1、厦门音乐广播FM90.9和河南人民广播电台音乐广播 FM88.1等18个频率。由于音乐类频率伴随性特征突出,其在车上的竞争力更为突出,有32个音乐类频率进入各地车上收听市场份额排名前三位。

从不同级别音乐广播频率收听情况来看,福州听众收听中央级音乐类广播频率的份额相对较高,成都、广州、哈尔滨、合肥、南京、南宁、青岛、清远、沈阳、太原、乌鲁木齐、郑州省级音乐类频率在当地市场份额较高,其他20个城市市级音乐类频率在当地收听市场份额均高于中央级、省级音乐频率(表5)。

表5 2013年主要音乐类频率在当地市场的市场份额排名（依据车上进入排名前十位的频率）

城市	频　　率	所有场所		车上	
		排名	市场份额%	排名	市场份额%
北京	北京人民广播电台音乐广播（FM97.4/CFM94.6）	5	6.67	3	6.79
	中央人民广播电台第三套节目音乐之声	6	4.11	4	4.77
长春	长春人民广播电台时尚音乐调频 MY FM88.0	8	4.15	3	6.86
	吉林人民广播电台音乐广播 FM92.7	11	3.01	6	2.33
长沙	长沙人民广播电台 FM101.7 城市之声	4	7.88	3	9.71
	湖南电台 893 汽车音乐电台 FM89.3	9	4.07	4	6.46
	湖南文广青春 975 FM97.5/FM96.9	10	3.83	6	2.75
常州	常州人民广播电台音乐广播 FM93.5	4	8.36	2	10.56
	江苏经典流行音乐广播 FM97.5	7	4.71	5	6.86
成都	四川人民广播电台岷江音乐 iRadio FM95.5	6	6.46	6	4.12
	四川人民广播电台城市之音 FM102.6	9	5.25	3	7.42
重庆	重庆人民广播电台音乐频率 FM88.1	1	25.81	2	25.37
	中央人民广播电台第三套节目音乐之声	11	0.78	10	0.49
大连	大连人民广播电台第五套广播音乐广播 FM106.7	8	4.79	3	6.36
	中央人民广播电台第三套节目音乐之声	9	3.59	6	3.02
佛山	佛山人民广播电台 FM98.5	3	11.83	3	10.96
	佛山人民广播电台 FM88.3	5	5.37	6	6.30
	佛山人民广播电台 FM90.6	6	4.81	5	6.33
	广东电台音乐之声 FM99.3	7	4.18	7	4.01
	广州电台金曲 1027 汽车音乐广播 FM102.7	12	1.56	8	2.56
福州	中央人民广播电台第三套节目音乐之声	5	7.77	5	7.31
	福州 music radio FM893 女主播电台	7	5.82	7	5.35
	福建汽车音乐调频 FM91.3	12	3.37	6	6.47
广州	广东电台音乐之声 FM99.3	1	17.69	3	16.48
	广州电台金曲 1027 汽车音乐广播 FM102.7	8	4.97	5	5.56
杭州	动听 968 音乐调频 FM96.8	4	10.17	6	8.01
哈尔滨	黑龙江音乐广播 FM95.8	7	4.12	5	3.72
	哈尔滨音乐广播 FM90.9	8	3.99	8	2.55
合肥	安徽音乐广播	2	10.31	4	9.03
	合肥汽车音乐广播 AM747/FM87.6	10	4.04	3	9.41
	安徽 MY FM96.1	11	4.01	5	8.87
	中央人民广播电台第三套节目音乐之声	15	2.86	9	2.81
济南	济南电台调频 88.7 FM88.7	3	10.72	2	26.01
	济南文艺广播私家车 936FM93.6	10	2.86	5	6.12
	山东广播电视台音乐频道 city FM 城市之音 FM99.1	15	1.95	8	3.16

续表

城市	频　　率	所有场所		车上	
		排名	市场份额%	排名	市场份额%
南京	江苏经典流行音乐广播 FM97.5	2	11.15	3	14.47
	江苏音乐广播 FM89.7	3	8.98	4	9.90
	南京音乐台 FM105.8	4	8.44	6	7.12
南宁	广西电台文艺广播（Music Radio）FM95.0	4	11.21	2	15.42
	南宁人民广播电台乡村生活广播（经典 1049）	5	10.90	3	14.15
	广西电台经济广播（970 女主播）FM97.0	6	10.81	6	7.91
宁波	镇海台（私家车音乐台 FM104.7）	1	17.53	1	34.33
	宁波电台音乐广播 FM98.6 汽车音乐调频	6	7.84	3	8.66
青岛	山东广播电视台音乐频道 city FM 城市之音 FM99.1	9	3.29	3	6.72
清远	广东电台音乐之声 FM99.3	4	3.89	7	3.04
	佛山人民广播电台 FM90.6	5	3.58	4	11.96
	佛山人民广播电台 FM98.5	6	3.02	6	3.88
	中央人民广播电台第三套节目音乐之声	15	0.89	8	2.42
泉州	泉州人民广播电台 923 私家车音乐广播 FM92.3	6	5.50	4	7.28
	泉州人民广播电台 881 音乐之声 FM88.1	7	5.04	3	8.30
上海	上海流行音乐广播 动感 101 FM101.7	2	19.89	1	28.06
	上海流行音乐广播 Love Radio FM103.7	3	10.46	2	20.01
	上海经典音乐广播 经典 947 FM94.7	9	3.09	8	1.82
	中国国际广播电台劲曲调频（CRI HIT FM）FM87.9	16	0.61	9	1.68
沈阳	辽宁广播电视台音乐广播 FM98.6	3	11.85	2	20.12
	中央人民广播电台第三套节目音乐之声	10	2.48	8	2.65
深圳	深圳广播电台音乐频率 FM97.1	2	15.51	3	9.87
	广东电台音乐之声 FM99.3	4	6.82	6	3.99
石家庄	石家庄广播电视台音乐广播 FM106.7	3	11.23	3	14.76
	河北人民广播电台音乐广播 FM102.4	5	8.37	4	14.00
苏州	苏州广播电视总台都市音乐频率 FM94.8	2	14.28	2	17.03
	江苏经典流行音乐广播 FM97.5	10	2.50	6	1.56
	上海流行音乐广播 动感 101 FM101.7	14	0.65	7	1.46
太原	山西广播电视台音乐广播 FM94.0	6	6.26	4	6.49
	太原人民广播电台音乐频率 FM102.6	7	6.12	7	4.31
	中央人民广播电台第三套节目音乐之声	12	2.91	9	1.37
天津	天津人民广播电台音乐广播 FM99	3	10.00	2	15.65
	中央人民广播电台第三套节目音乐之声	11	1.88	5	3.45
乌鲁木齐	新疆人民广播电台音乐广播 FM103.9	6	5.40	3	9.58
	乌鲁木齐人民广播电台旅游音乐广播 FM106.5	13	1.85	8	2.48

续表

城市	频　　率	所有场所		车上	
		排名	市场份额%	排名	市场份额%
武汉	武汉广播电视台音乐广播 FM101.8	4	9.88	4	7.81
	湖北省广播电视总台音乐广播频道 FM103.8	5	7.67	3	8.10
	湖北省广播电视总台楚天音乐广播频道 FM105.8	8	5.57	9	3.45
无锡	无锡广播电视台汽车音乐广播 FM91.4/AM900	5	9.98	2	15.59
西安	西安音乐广播 FM93.1	2	8.83	2	12.90
	陕西广播电视台音乐广播 FM98.8	6	6.74	3	11.48
厦门	厦门音乐广播 FM90.9	1	27.68	1	29.88
	中国国际广播电台轻松调频（CRI EASY FM）	7	2.86	7	4.03
郑州	河南人民广播电台音乐广播 FM88.1	2	12.86	2	16.68
	郑州人民广播电台音乐广播 FM94.4	9	4.17	6	6.02
	郑州经典音乐广播 FM107.9	10	3.66	7	5.36

四、音乐类频率案例分析

2013 年音乐类频率在 33 城市均占有比较重要的位置，下文且以收听表现突出的中央人民广播电台音乐之声、上海流行音乐广播动感 101 FM101.7 和厦门音乐广播 FM90.9 为例，对其收听表现及节目编排进行简要分析，以期对业内人士有所借鉴。

1. 中央人民广播电台音乐之声

中央人民广播电台音乐之声依托中央人民广播电台这一国家级广播电台，是目前唯一一家能够覆盖较多城市的音乐频率，其将目光牢牢锁定在给目标受众提供完整的流行音乐听觉享受上，符合其纯流行音乐专业频率的特点。2013 年音乐之声在 9 个城市进入市场份额前十名，并且在北京、福州和天津三个城市跻身至前五名，影响力可见一斑。

音乐之声采取了周末和工作日分开编排的方式。在工作日，早间 6:00—9:00 播出的《早安音乐》拉起了早高峰并创造了全天的收听峰值；16:00—19:00 时段播出的《都会音乐》节目在晚高峰时段亦有突出的收听表现。在周末，编排方式较工作日有所区别，周末版试图通过较平日更为轻松的节目来达到愉悦听众、放松心情的目的。周六日上午播出的《音乐俱乐部》、午后播出的《音乐新经典》都在周末有不俗的收听表现，晚间 19:00—21:00 时段则编排了音乐之声的旗帜栏目，被称为华语流行音乐的顶尖指标和风向标的《中国 TOP 排行榜》，该节目将晚间的收听推至高潮（图 5）。综观音乐之声的节目形态，其节目名称几乎都冠有“音乐”二字，版式的整体设计一致，追求完整、规范的区块划分；其内容都带有明显的时尚、轻松的味道，符合中青年受众的品味，而且播出的全是主流音乐，体现了其流行音乐专业频率的突出特色。

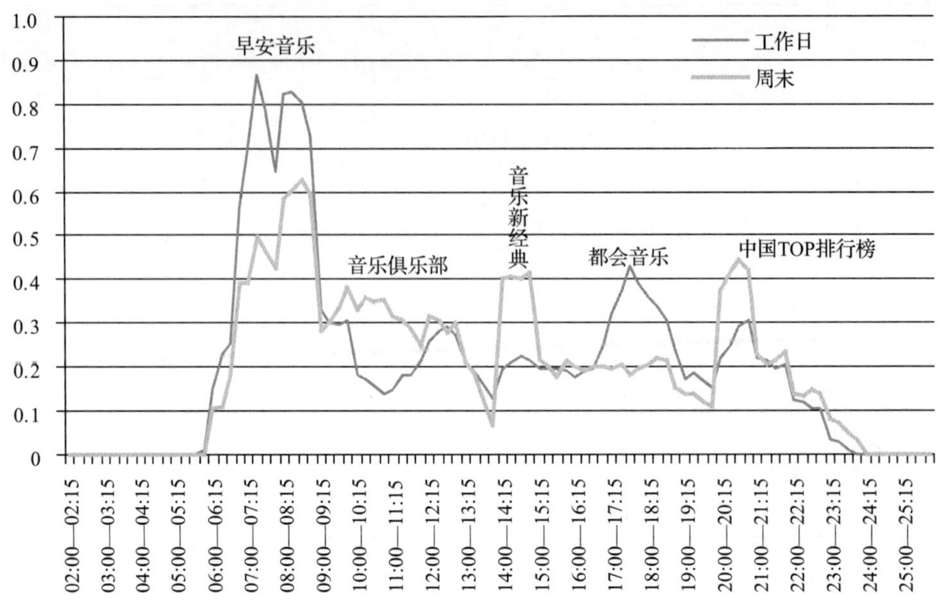

数据来源：CSM 媒介研究

图 5　2013 年中央人民广播电台音乐之声分时段收听率走势（10+，北京）

2. 上海流行音乐广播动感 101 FM101.7

上海流行音乐广播动感 101 FM101.7 是当地一个非常有影响力的频率。该频率是隶属于上海广播电视台的一个以播送华语流行音乐为主的广播频率，是中国大陆第一家纯流行音乐电台。2013 年在车上市场份额位居第一，深受移动人群的喜爱（表 6）。动感 101 FM101.7 同样采取周末和工作日分开编排的方式。工作日早间 7:00—9:00 播出的《音乐早餐》是动感 101 FM101.7 的一档老牌晨间直播节目，针对在晨间收听广播的不同人群，以年轻上班族为主要目标听众，节目形式内容丰富多样，歌曲清新明快。[①] 该节目不仅拉起了早间的收听高峰，而且还造就了全天逼近 5% 的收听峰值，成为同时段上海收听市场最为耀眼的明星。工作日晚高峰 17:00—19:00 时段播出的《101 娱乐在线》为听众带来娱乐最新资讯和动态，是傍晚回家途中不可错过的听觉饕餮大餐，在傍晚时段取得了良好的收听效果。晚间时段凭借工作日播出的《音乐万花筒》和周末播出的《流行音乐 1 小时》也有力地提升了该时段的收听水平（图 6）。

① 参见百度百科，http://baike.baidu.com/view/1224665.htm

表 6 2013 年上海广播市场份额排名前五位频率（按车上排名）

排名	频　　率	市场份额%	
		车上	所有场所
1	上海流行音乐广播 动感 101 FM101.7	28.06	19.89
2	上海流行音乐广播 Love Radio FM103.7	20.01	10.46
3	上海交通广播 AM648/FM105.7	17.62	7.38
4	上海人民广播电台 AM990/FM93.4	10.05	26.58
5	第一财经广播 FM97.7	4.14	6.91

数据来源：CSM 媒介研究

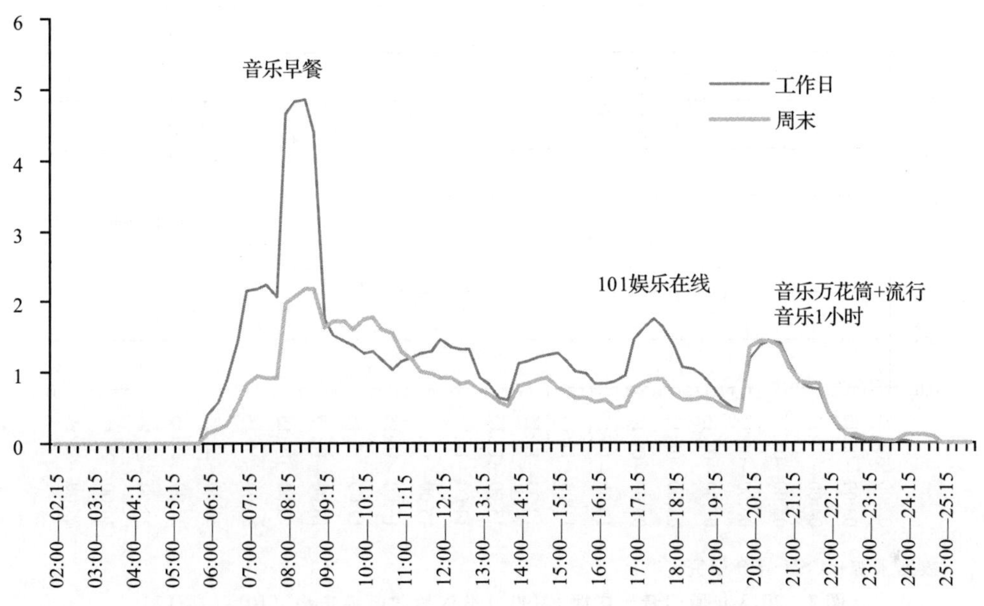

数据来源：CSM 媒介研究

图 6 2013 年上海流行音乐广播动感 101 FM101.7 分时段收听率走势（10+，上海）

3. 厦门音乐广播 FM90.9

2013 年厦门音乐广播 FM90.9 在厦门市场的份额依然独占鳌头，仅一个频率就占有近 1/3 的市场（表 7）。分析其节目编排，厦门音乐广播取得骄人成绩与其差异化的市场定位紧密相关。如工作日早上 7:00—9:00 的交通早高峰，厦门音乐广播安排了大板块的《音乐老朋友》，以回顾经典老歌为主，通常认为由于交通拥堵，播有路况信息的节目会占尽先机，但是经典音乐会使人放松心情，疏解压力，从而成为该时段的领头羊。又如，傍晚 17:00—18:00 时段正值下班后路上或下班准备晚饭时间，厦门音乐广播适时播出了美食资讯类节目《美食转转转》节目，十分符合听众的收听需求。厦门音乐广播根据听众的年龄分布、喜好和收听习惯等因地制宜地制作出分众指向强的节目，成为其收听稳居前列的重要原因（图 7）。

表7　2013年厦门广播市场份额排名前五位频率（按车上排名）

排名	频　　率	市场份额%	
		车上	所有场所
1	厦门音乐广播 FM90.9	29.88	27.68
2	厦门经济交通广播 FM107/AM1278	26.06	12.69
3	厦门新闻广播 AM1107/FM99.6	11.60	14.53
4	福建交通广播 FM100.7	7.38	3.96
5	中央人民广播电台第一套节目中国之声	5.22	8.51

数据来源：CSM媒介研究

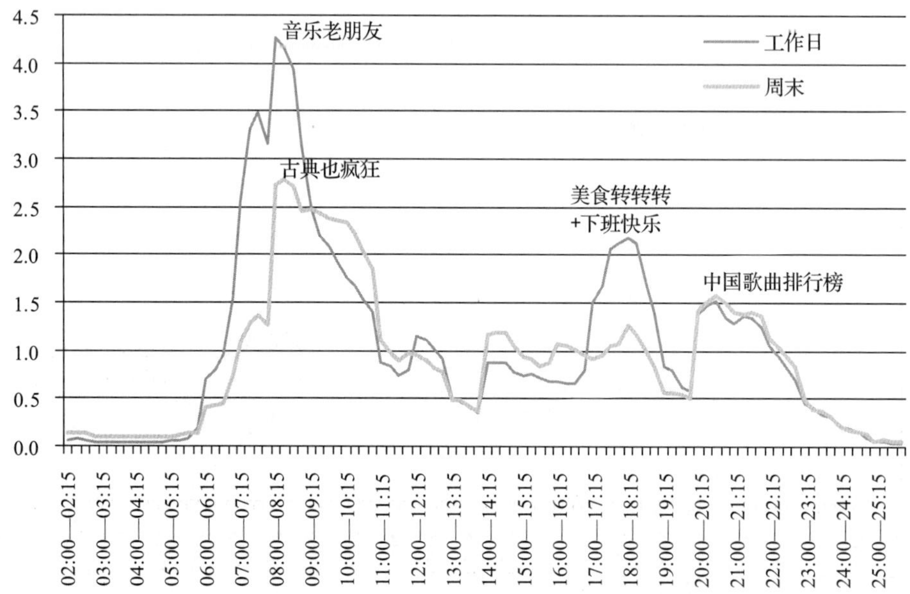

数据来源：CSM媒介研究

图7　2013年厦门音乐广播 FM90.9 分时段收听率走势（10+，厦门）

四、结语

回顾2013年的广播收听市场，音乐类广播频率依旧是拉动广播收听市场向前发展的“三驾马车”之一，其专业化特征一直比较突出，伴随性特征最为明显。比较成功的音乐类频率不仅仅表现在其自身的特征上，其所处的地域也为音乐类频率的良好发展提供了重要的、适宜的土壤环境。时代在发展、科技在进步，新旧媒体在融合，未来媒介激烈竞争的环境，对广播的发展是挑战也是机遇。展望未来，音乐类广播频率的发展不可避免地将遭遇受众介质消费多元化、收听碎片化、传统广播收听市场持续性萎缩的冲击，其现实生存和未来发展问题，成为业内人士不得不面对的压力和难题。只有有效吸引听众、服务听众，把音乐类广播频率的优势和特点发挥到极致，为音乐类广播频率的生存发展做足功课，才能使其在媒介大融合中涅槃重生，进一步发展壮大。

（作者：张广彦）

2013年文艺类频率收听状况分析

天空的电波中飘荡着多元而又大量的文化娱乐信息和产品，丰富多彩且种类繁多。在近年为顺应广播收听分众化需求而逐渐形成的专业化频率中，文艺类频率是重要的一员。为满足受众的多方面收听需求，文艺类频率更是细分出戏曲、评书、故事和娱乐等频率。本文基于CSM媒介研究2013年全国33个城市的四波收听率调查数据，从市场竞争地位、听众收听行为以及在各城市的收听表现等方面简析2013年文艺类频率的收听状况。

一、文艺类频率在广播收听市场中的竞争地位

1. 文艺类频率市场份额下跌，但仍稳守第四位

2011—2013年，各类型频率发展趋势各异，但从竞争格局来看，仍维持相对稳定的竞争态势（图1）。2011—2013年文艺类频率的市场份额呈现逐年下跌的走势，2013年文艺类频率的市场份额为10.46%，对比2012年的下跌幅度为9.2%，在所有类型频率中仍居于第四位。随着新闻综合类频率、交通类频率和音乐类频率市场份额的提升，尤其是后两者三年来持续稳步提升，文艺类频率与前三甲频率市场份额的差距有进一步拉大的趋势。但同时，都市生活类频率和经济类频率走势与文艺类频率相似，三年来均为下跌，因而相较于排名其后的频率，文艺类频率仍有较大的竞争优势。

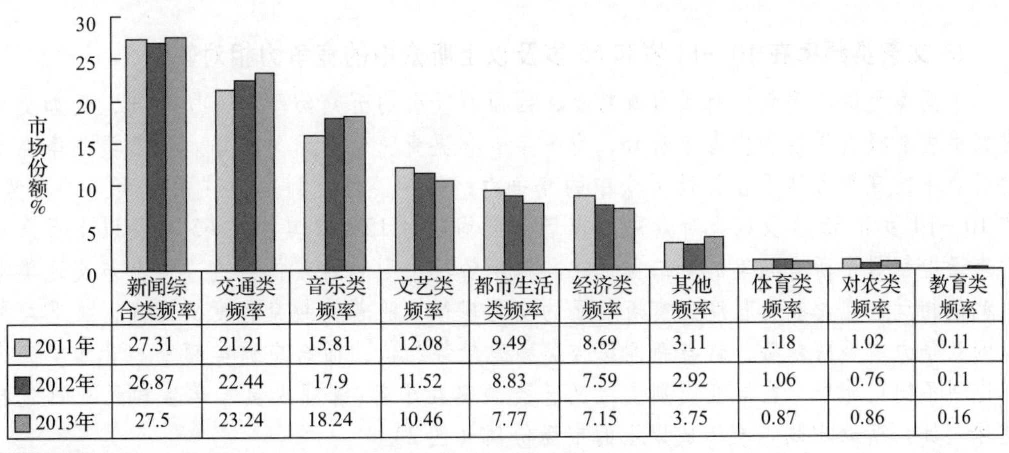

	新闻综合类频率	交通类频率	音乐类频率	文艺类频率	都市生活类频率	经济类频率	其他频率	体育类频率	对农类频率	教育类频率
2011年	27.31	21.21	15.81	12.08	9.49	8.69	3.11	1.18	1.02	0.11
2012年	26.87	22.44	17.9	11.52	8.83	7.59	2.92	1.06	0.76	0.11
2013年	27.5	23.24	18.24	10.46	7.77	7.15	3.75	0.87	0.86	0.16

数据来源：CSM媒介研究

图1 2011—2013年各类型频率的市场份额（%）

从各类型频率的听众规模和人均收听时长来看，2013年新闻综合类频率无论是平均到达率还是人均收听分钟数均高于其他频率，但在整体收听率下跌的影响下，与上一年相比也有所下跌。2013年文艺类频率的平均到达率和人均收听时长均居第四位，且与第三位的音乐频率有较大差距，尤其听众规模只及其五成，只有7.44%，与都市生活类频率较为接近；而人均收听时长为8.06分钟，虽与音乐类频率的14.05分钟有较大距离，但仍大幅领先于都市生活类频率的5.99分钟。另外，在有收听文艺类频率的听众中，人均收听时长达到108.3分钟，高于其他所有频率，听众对文艺类频率的平均忠实度也居于首位（表1）。

表1 各类型频率的听众规模、人均收听时长和平均忠实度

频率类型	平均到达率%		人均收听分钟数		人均收听分钟数（听众）		平均忠实度%	
	2012年	2013年	2012年	2013年	2012年	2013年	2012年	2013年
新闻综合类频率	20.87	19.98	21.82	21.18	104.5	106.0	7.26	7.36
交通类频率	16.94	16.88	18.22	17.90	107.5	106.1	7.47	7.36
音乐类频率	15.02	14.67	14.54	14.05	96.8	95.8	6.72	6.65
文艺类频率	8.48	7.44	9.36	8.06	110.4	108.3	7.66	7.52
都市生活类频率	7.18	6.11	7.17	5.99	99.8	98.0	6.93	6.81
经济类频率	6.28	5.56	6.16	5.51	98.1	99.0	6.82	6.88
体育类频率	0.98	0.72	0.86	0.67	87.7	92.9	6.09	6.45
农村类频率	0.65	0.66	0.62	0.66	94.8	99.5	6.58	6.91
教育类频率	0.11	0.17	0.09	0.13	83.1	75.4	5.77	5.23
其他类频率	2.51	3.06	2.37	2.89	94.6	94.6	6.57	6.57

数据来源：CSM媒介研究

2. 文艺类频率在10—14岁和65岁及以上听众中的竞争力相对较强

不同类型的广播频率有其自身特点，因而所吸引的听众类型也有所不同，例如交通类频率主要吸引男性和中青年听众，青少年听众更青睐于音乐类频率。文艺类频率在女性听众中的竞争力强于在男性听众中的竞争力；在年龄段上则呈现“两头大”的态势，在10—14岁和55岁及以上听众中的市场份额均超过12%，其中在65岁及以上听众中的市场份额居于所有频率的第二位，在其他年龄段中则相对较低，这一情况与交通类频率截然相反；在受教育程度上有着明显的变化规律：随着受教育程度的提高，文艺类频率的竞争力有下跌趋势，这与新闻综合类频率趋势相似，而与交通类频率和音乐类频率相比则不同；此外，在职业类别上，文艺类频率在干部/管理人员、学生和无业（包括退休人员）听众中均占有一成以上的市场份额（图2）。

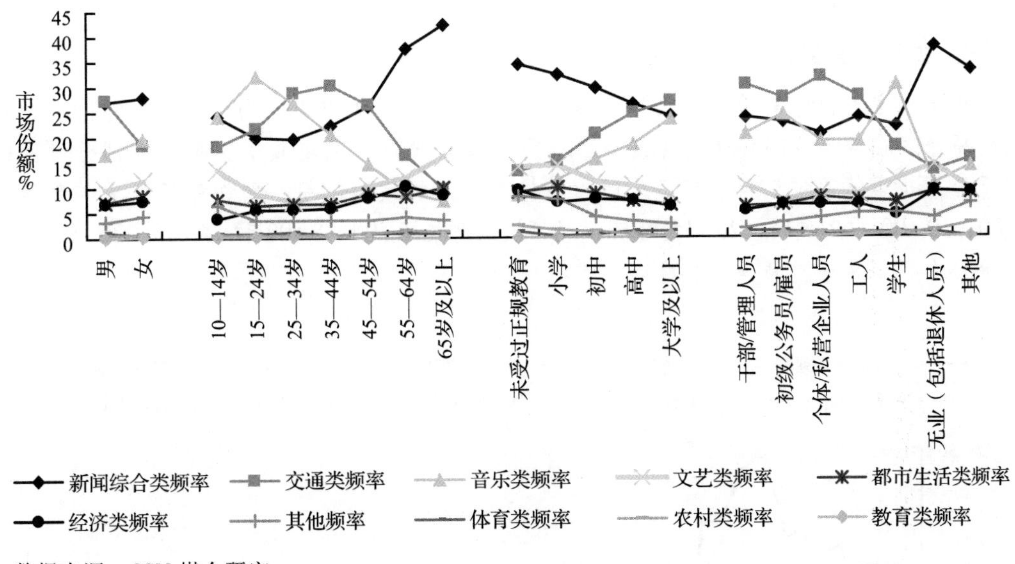

数据来源：CSM 媒介研究

图 2　2013 年各类型频率在不同目标听众中的市场份额（%）

3. 文艺类频率在各收听场所的竞争地位差别不大

文艺类频率节目内容适合在各场所收听，因而其在各收听场所的竞争地位差别不大，除了在“车上”市场份额排名第五之外，“在家”、“工作/学习场所”、“其他场所”的市场份额均排在第四位。文艺类频率“在家”和“其他场所”的市场份额相对较大也较为接近，均为12%左右；交通类频率在“车上”占据了半壁江山，其他频率瓜分余下五成份额，文艺类频率实力相对较弱，只有4.42%，被都市生活类频率反超；在“工作/学习场所”文艺类频率的市场份额为9.30%，与都市生活频率竞争激烈，而排名前三位的市场份额均为近20%或以上（表2）。

表 2　2013 年各类型频率在不同场所的市场份额（%）

频率类型	在家	车上	工作/学习场所	其他场所
新闻综合类频率	34.00	11.31	24.27	27.86
交通类频率	13.76	50.90	19.78	14.13
音乐类频率	15.32	21.99	26.65	26.13
文艺类频率	12.80	4.42	9.30	12.27
都市生活类频率	8.63	5.39	8.20	7.27
经济类频率	8.78	3.02	6.60	7.07
体育类频率	0.88	0.81	1.02	0.65
农村类频率	1.10	0.19	0.83	0.95
教育类频率	0.17	0.07	0.36	0.05
其他类频率	4.56	1.89	2.99	3.62

数据来源：CSM 媒介研究

4. 文艺类频率在下午和晚间的竞争力相对较强

从全天各时段来看，文艺类频率除在12∶00—16∶30和20∶00—24∶15时段市场份额较高外，在凌晨3∶45—6∶00也出现一个高峰时段。文艺类频率在全天大部分时段的市场份额处于第四位，但也有多个时段被排名其后的频率赶超，例如都市生活类频率在8∶00—10∶00和24∶15—25∶15时段，经济类频率在6∶00—8∶00和24∶45—26∶00的市场份额均高于文艺类频率（图3）。

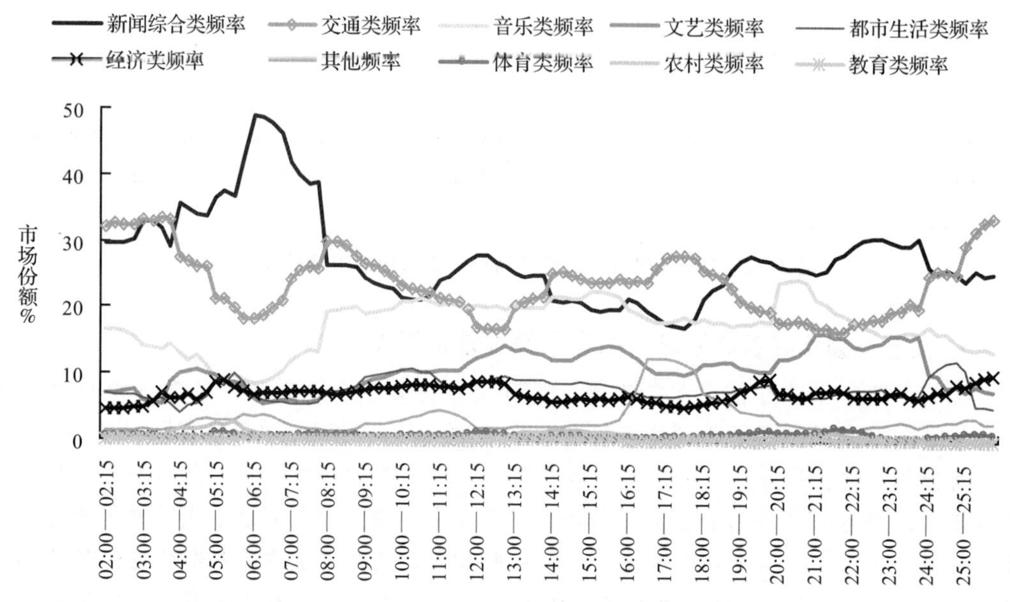

数据来源：CSM媒介研究

图3　2013年各类型频率全天市场份额（%）走势

二、文艺类频率听众收听行为及特征

1. 2013年全天绝大部分时段文艺类频率市场份额较上年出现下滑，峰值下跌明显

与2012年比较，除5∶45—6∶00、20∶00—21∶15和22∶30—23∶00时段外，文艺类频率市场份额在全天绝大部分时段均为下跌，其中4∶00—5∶30和24∶00—26∶00两个时段下跌幅度较大（图4）。

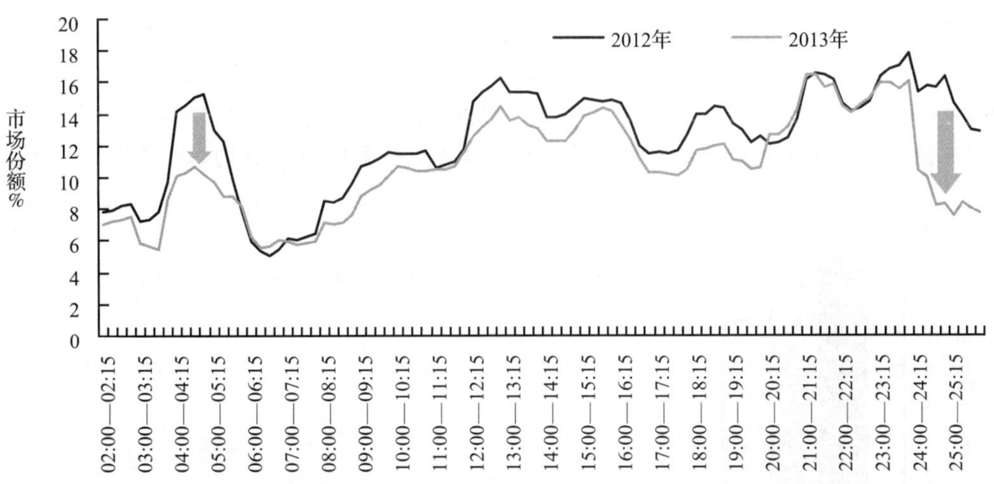

数据来源：CSM 媒介研究

图 4　2012 年、2013 年文艺类频率市场份额全天走势比较

2. 2013 年各周天文艺类频率人均收听时长较上年均出现下滑

2013 年文艺类频率的人均收听时长为 8.06 分钟，对比上一年的 9.36 分钟，下跌了 1.3 分钟。从不同周天来看，周日人均收视分钟数最高，达 8.33 分钟，其次为周一，也有 8.30 分钟，随后下跌，在周二为最低点，只有 7.63 分钟，周天间走势高低起伏交错，呈现“W”形走势。与 2012 年比较，尽管走势相似，但具体收听时长绝对值均有下跌，且各周天下跌时间均超过 1 分钟（图 5）。

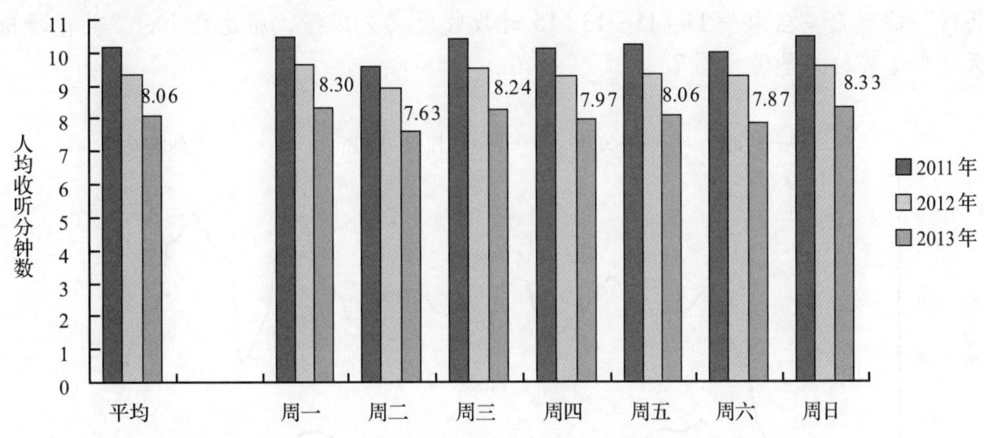

数据来源：CSM 媒介研究

图 5　2011—2013 年不同周天文艺类频率人均收听分钟数比较

3. 家中是文艺类频率的最主要收听场所，且人均在家收听时长逐年下跌

2013 年文艺类频率的人均收听时长 8.06 分钟主要由“在家”收听所贡献，人均在家收听时长为 6.33 分钟，远高于其他三个场所的人均收听时长，因而其变化对文艺类频率整

体影响较大。从近三年不同场所人均收听时长来看，“在家”人均收听分钟数呈逐年下跌之势，走势相似的还有“工作/学习场所”；而在“车上”，文艺类频率的人均收听时长在2012年出现提升后，在2013年也有下跌，为0.82分钟，略高于“工作/学习场所”；2013年“其他场所”文艺类频率的人均收听时长则维持上一年0.28分钟的水平不变（图6）。

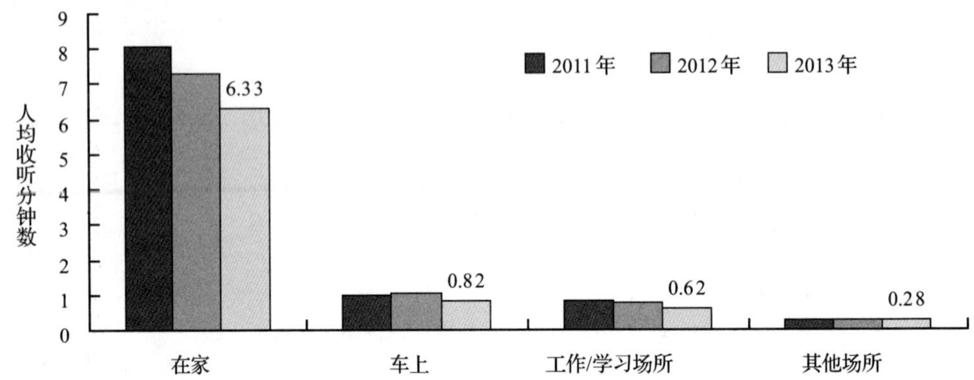

数据来源：CSM媒介研究

图6　2011—2013年文艺类频率在不同场所的人均收听分钟数

从不同场所全天收听率走势可以看出，听众在各个时段均主要是“在家”收听文艺类频率，“在家”各时段收听率均远高于其他三个场所（图7），在6:45—22:30之间，除11:00—11:45、13:00—14:00和19:15—20:00三个时段外，收听率均高于0.5%。“车上”在7:00—09:15和17:00—19:00上下班高峰时段出现收听高峰，而“工作/学习场所”的听众多在中午11:45—13:15时段收听文艺广播，相比之下，“其他场所”全天收听走势较为平缓（图7）。

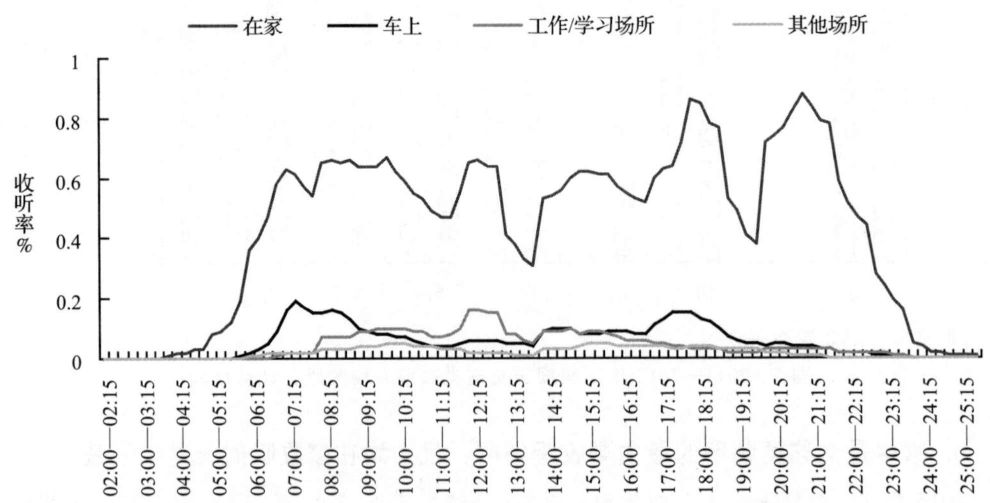

数据来源：CSM媒介研究

图7　2013年文艺类频率在不同场所的全天收听率走势

4. 文艺类频率的重度听众特征与所有频率存在差异

文艺类频率的重度听众主要为女性、45岁及以上、高中及以下学历和中等收入人群，而所有频率整体的重度听众为男性、35岁及以上、初中/高中学历和中等收入群体；相比之下，两者在性别上有所差异，在年龄上，35—44岁听众对文艺类频率的关注度较低，受教育程度方面文艺类频率更受低学历人群的偏爱，在个人月收入方面文艺类频率与所有频率偏爱人群的相似度较高（图8）。

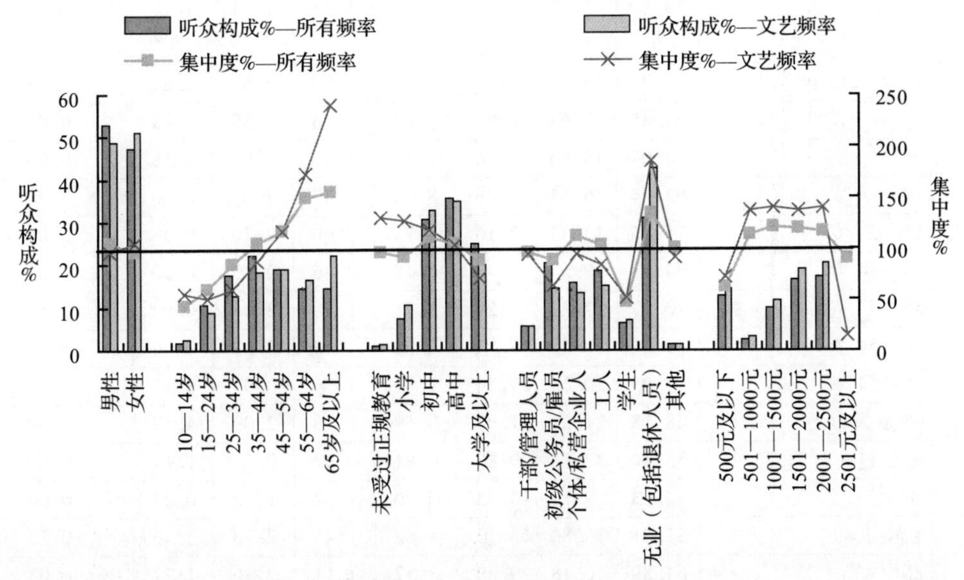

数据来源：CSM媒介研究

图8　2013年文艺类频率听众构成、集中度与所有频率整体的比较

5. 各目标听众对各类文艺节目[①]的收听取向不同

文艺节目根据内容还可细分为小说/评书、地方戏曲、情感故事、广播剧、综艺娱乐报道、综艺晚会、电影/电视录音剪辑和文艺其他。2013年文艺类节目的播出以文艺其他为主，播出比重接近六成，其次为小说/评书（15.82%），地方戏曲和情感故事的播出量均接近10%，广播剧、综艺娱乐报道和综艺晚会等播出量较小（表3）。听众对文艺类节目的收听也偏向于文艺其他和小说/评书，两者的收听比重均大于播出比重，情感故事播出比重与收听比重未能平衡，综艺娱乐报道和综艺晚会播出量虽小，但仍有较大的市场需求。

从不同目标听众来看，女性听众收听地方戏曲、综艺晚会和综艺娱乐报道的时长比例高于男性听众；在年龄方面，随着年龄的增长，听众收听地方戏曲的时长比例逐渐上升，收听文艺其他的时长比例反有下跌的趋势，除文艺其他和小说/评书外，10—14岁

① 本文重点分析北京、上海、广州、深圳四个一线城市所有被监测频率的节目收听情况。

听众收听情感故事和综艺娱乐报道较多，65岁及以上听众则偏向于收听地方戏曲和综艺晚会；从不同学历目标听众来看，高学历听众较多地选择收听文艺其他和综艺娱乐报道节目，低学历听众更多地收听小说/评书（表3）。

表3 2013年北、上、广、深各目标听众对不同类型文艺节目的收听比重（%）

节目类型		文艺其他	小说/评书	地方戏曲	情感故事	广播剧	综艺娱乐报道	综艺晚会	电影/电视剧录音剪辑
播出比重%		59.80	15.82	9.96	9.73	1.77	1.41	1.18	0.33
收听比重%	10岁及以上所有人	64.75	16.83	9.51	3.21	1.20	2.63	1.81	0.05
	男	65.45	17.63	8.24	3.63	1.25	2.35	1.42	0.03
	女	64.07	16.06	10.76	2.80	1.16	2.91	2.18	0.06
	10—14岁	62.24	16.17	3.46	8.63	2.47	7.03	0.00	0.00
	15—24岁	75.85	12.52	3.16	4.73	0.60	2.70	0.38	0.04
	25—34岁	74.73	10.53	4.44	6.18	0.46	2.83	0.80	0.03
	35—44岁	70.97	17.23	2.24	3.75	1.48	3.25	0.92	0.15
	45—54岁	65.06	19.20	7.81	2.00	1.64	3.22	1.04	0.03
	55—64岁	53.05	20.15	19.16	1.45	1.34	0.93	3.91	0.01
	65岁及以上	48.53	21.21	21.93	0.59	1.46	2.09	4.19	0.00
	未受过正规教育	55.14	32.38	9.28	0.81	0.92	0.34	1.14	0.00
	小学	54.63	29.18	10.55	2.70	1.24	1.42	0.27	0.00
	初中	57.81	15.80	13.73	4.63	1.45	2.73	3.73	0.12
	高中	64.89	16.18	9.89	3.37	1.11	2.76	1.77	0.03
	大学及以上	75.28	14.12	4.35	1.83	1.10	2.85	0.45	0.02
	干部/管理人员	75.56	15.08	2.60	4.39	0.14	2.01	0.22	0.00
	初级公务员/雇员	73.02	11.62	7.90	2.36	1.10	3.23	0.76	0.02
	个体/私营企业人员	70.17	14.82	2.60	5.12	2.91	4.29	0.02	0.08
	工人	64.35	19.20	5.38	6.58	0.81	2.14	1.46	0.08
	学生	76.07	12.13	3.12	3.54	0.82	3.94	0.38	0.00
	无业（包括退休人员）	54.11	20.55	17.03	1.34	1.25	1.91	3.77	0.04
	其他	58.44	25.66	12.15	2.03	0.24	0.66	0.25	0.56

数据来源：CSM媒介研究

三、文艺类频率在各城市的收听表现

1. 文艺类频率在各城市竞争力差异较大

2013年文艺类频率在33城市的平均市场份额为10.46%，但城市间差异较大，只有9个城市超过平均水平，且大多为北方城市，文艺类频率竞争力呈北强南弱之势。其中在排名首位的西安，文艺类频率市场份额占30%以上，天津、合肥和北京也超过20%，苏州和南京则不及一成，在南宁和杭州文艺类频率的市场份额很低（图9）。

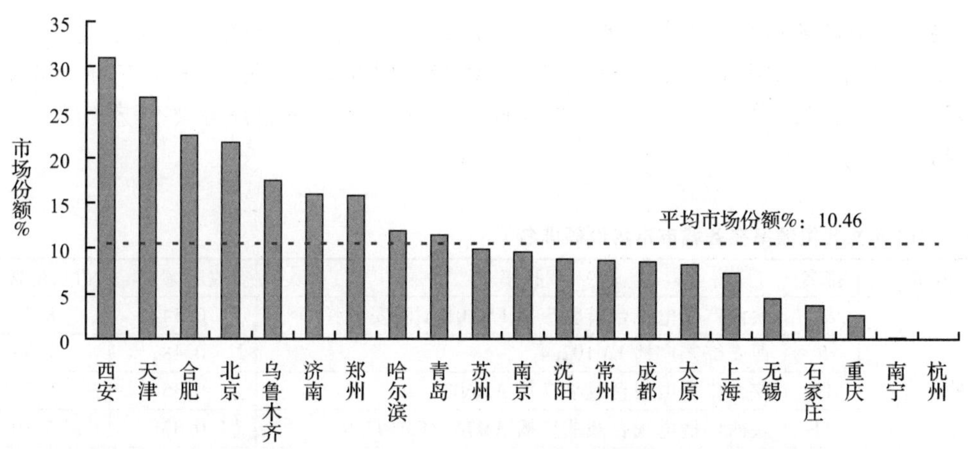

数据来源：CSM 媒介研究

图 9　2013 年各城市文艺类频率的市场份额（%）

文艺类频率在西安和天津的竞争力强主要得益于其相对较大的听众规模，平均每天收听过文艺类频率的听众比例均超过25%，合肥、济南和哈尔滨的平均到达率也在15%以上，而乌鲁木齐的平均到达率虽不足10%，但听众的忠实度较高，即收听文艺类频率的时间较长，因而市场份额比济南等城市更高（图10）。

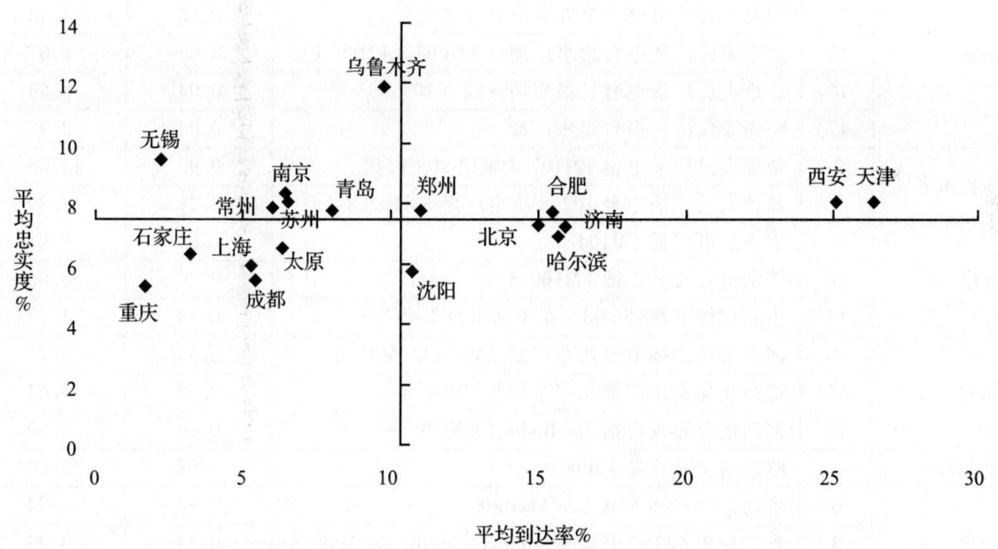

数据来源：CSM 媒介研究

图 10　2013 年文艺类频率在各城市的平均到达率（%）和平均忠实度（%）

2. 文艺类频率在多个城市进入市场份额前三甲

文艺类频率在多个城市进入市场份额三甲之列，包括西安、天津、合肥、北京、乌鲁木齐、郑州和哈尔滨，其中合肥故事广播 FM98.8 在当地的市场份额居于首位（表 4）。

在传统戏曲或相声、评书文化较为浓厚的地区，衍生出更为细化的文艺类频率，如陕西秦腔广播 FM101.1、天津相声广播 AM567/FM92.1 和河南戏曲广播 AM1143/FM97.6 等，在当地收听表现瞩目，其他城市则以故事广播和综合类文艺频率等为主(表4)。

表4　2013年文艺类频率在各城市市场份额排名

城市	排名	频率	收听率%	市场份额%
西安	3	陕西广播电视台秦腔广播 FM101.1 西安乱弹	0.54	8.21
	5	西安综艺广播 FM102.4	0.48	7.33
	10	陕西广播电视台故事广播 AM603	0.35	5.32
	11	陕西广播电视台戏曲广播 AM747/FM107.8	0.33	5.10
	13	陕西广播电视台青春广播 FM105.5	0.33	5.03
天津	2	天津人民广播电台相声广播 AM567/FM92.1	1.15	14.35
	5	天津人民广播电台文艺广播 AM1098/FM104.6	0.78	9.75
	10	天津人民广播电台小说广播 AM666	0.20	2.54
合肥	1	合肥故事广播 FM98.8	0.57	10.67
	7	安徽小说评书广播	0.25	4.68
	12	安徽戏曲广播	0.21	3.87
	14	合肥故事广播 AM1170	0.17	3.27
北京	2	北京人民广播电台文艺广播（FM87.6/CFM93.8）	0.79	15.71
	9	中央人民广播电台第九套节目文艺之声	0.12	2.40
	15	北京人民广播电台故事广播（AM603/CFM89.1）	0.05	1.07
	16	北京人民广播电台长书广播有线（104.3）	0.04	0.80
	17	中央人民广播电台娱乐广播	0.04	0.73
乌鲁木齐	2	新疆人民广播电台 FM107.4 维语文艺广播	0.90	13.65
	9	新疆人民广播电台 102.8 故事广播 FM102.8	0.26	3.89
济南	4	济南故事广播 FM104.3	0.65	9.01
	6	济南电台文艺广播 FM100.5	0.36	5.00
	14	山东广播电视台 iradio 女主播电台 FM97.5	0.14	1.97
郑州	3	河南人民广播电台戏曲广播 AM1143/FM97.6	0.53	9.71
	11	郑州文化娱乐广播私家车调频 FM91.8	0.20	3.63
	13	河南电台影视广播 My Radio FM90.0	0.14	2.50
哈尔滨	2	哈尔滨文艺广播 FM98.4	1.08	12.00
青岛	6	青岛故事广播 FM95.2/AM1008	0.34	6.34
	8	青岛快乐 603 长书频率 AM603/FM100.7/FM99.5	0.23	4.23
	15	山东广播电视台 iradio 女主播电台 FM97.5	0.05	0.93
苏州	4	苏州戏曲广播 AM846	0.45	8.61
	15	上海戏剧曲艺广播 AM1197/FM97.2	0.03	0.62
	17	无锡广播电视台故事戏曲广播 AM1008	0.02	0.47
	22	江苏故事广播 AM585	0.01	0.23
	35	上海故事广播 FM107.2	0.00	0.05

续表

城市	排名	频率	收听率%	市场份额%
南京	11	江苏故事广播 AM585	0.20	3.51
	15	江苏文艺广播 FM91.4	0.13	2.33
	16	江苏文艺广播 AM1053	0.11	1.91
	17	南京故事广播 AM801/FM101.7	0.10	1.78
沈阳	5	辽宁广播电视台文艺广播 FM95.9/FM101.8/AM1053	0.62	8.83
成都	7	成都人民广播电台文化休闲频道 FM94.6/AM1485	0.22	6.18
	13	四川人民广播电台文艺广播快乐 900 FM90.0	0.08	2.30
太原	5	山西文艺广播 FM101.5	0.41	8.20
上海	6	上海戏剧曲艺广播 AM1197/FM97.2	0.25	5.64
	12	上海故事广播 FM107.2	0.07	1.59
无锡	10	无锡广播电视台故事戏曲广播 AM1008	0.14	3.13
	14	江苏文艺广播 AM1053	0.02	0.49
	18	苏州戏曲广播 AM846	0.02	0.34
	19	上海戏剧曲艺广播 AM1197/FM97.2	0.01	0.24
	23	上海故事广播 FM107.2	0.01	0.15
石家庄	11	河北电台文艺广播（私家车 907） AM900/FM90.7	0.19	3.50
重庆	8	重庆人民广播电台文艺广播 FM103.5	0.09	2.62

数据来源：CSM 媒介研究

四、结语

综上所述，2013 年文艺类广播频率的市场份额虽比上一年有所下跌，但仍以 10.46% 在各类型专业频率中稳守第四位；每天收听过文艺类频率的听众虽只有 8.48%，与新闻综合类频率、交通类频率和音乐类频率有一定差距，但听众忠实度较高，高于其他各类型频率。听众主要“在家”收听文艺频率，高峰时段多在下午和晚间时段，主要吸引女性、45 岁及以上，中低学历群体收听；另外，文艺类频率在不同城市的收听表现差异较大。在日趋激烈的市场竞争中，文艺类频率应坚持频率专业化、节目对象化，专注于服务目标听众，要在节目策划、内容编排和节目原创等多方面加强创新，以传统戏曲、评书等锁定中老年听众群体，提高其忠实度，以时尚娱乐元素吸引更多的年轻人，扩大听众覆盖面，从而提升整体竞争力。

（作者：何庆金）

2013 年都市生活类频率收听状况分析

随着社会经济高速发展和人民生活水平的普遍提升，人们对于高品质生活的需求越来越大，都市生活类广播频率为满足听众的需求而不断发展。在 CSM 媒介研究 2013 年全国 33 个收听率调查城市中，都市生活类广播频率的数量为 57 个，占所有频率的 11.26%。本文根据 CSM 媒介研究 2013 年全国 33 城市收听率调查数据，简要分析 2013 年都市生活类广播频率整体收听状况、竞争地位、听众特征及都市生活类广播频率在不同城市的收听表现。如无特殊说明，本文所用数据范围为 2013 年四个波次调查共 12 个星期，目标听众为 10 岁及以上推及人口，时间段为全天。

一、都市生活类频率整体收听状况

1. 都市生活类频率在所有场所的人均收听时长逐年递减，在车上收听时长略有提升

自 2011 年以来，听众在所有场所收听都市生活类广播频率的时长呈逐年递减趋势（图 1）。都市生活类广播频率的人均每日收听时长从 2011 年的 7.3 分钟，下降到 2012

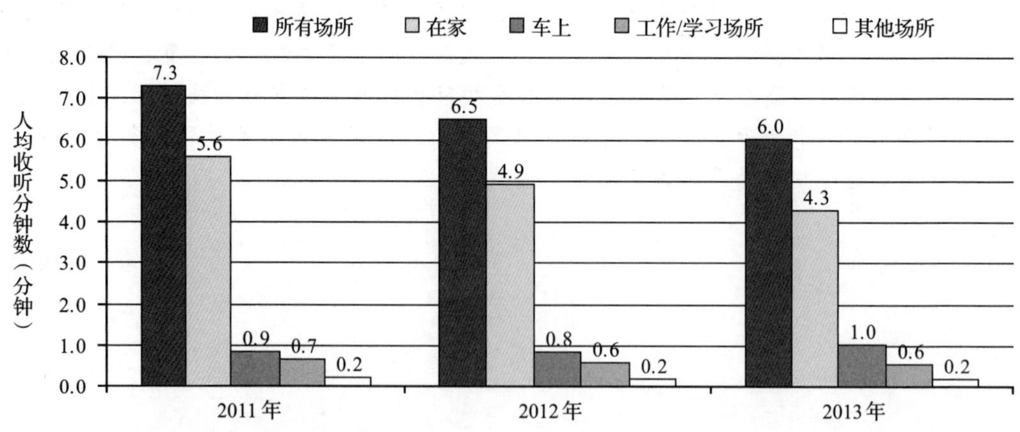

数据来源：CSM 媒介研究

图 1　2011—2013 年都市生活类频率不同场所人均收听时长（分钟）对比

年的6.5分钟，在2013年更是缩减为6.0分钟，三年来的降幅达18%。从不同收听场所的人均收听时长来看，在车上收听都市生活类广播频率的表现较好，听众每日人均收听时长从2011年的0.9分钟增长至2013年的1.0分钟；在家和工作/学习场所的收听趋势与在所有场所收听情况趋同，均呈现人均收听量逐年下降的态势；在其他场所收听都市生活类广播频率的人均收听量保持稳定，但时长相对较短。

2. 都市生活类频率收听以在家为主

通过分析比较不同场所都市生活类频率的全天收听率走势可以发现，在家收听的优势最突出，高峰出现在上午的8:00—10:00时段，收听率峰值接近0.7%；随着工作学习开始，在家的收听率在10:00后逐步下滑，直至12:00—13:00时段，收听率出现小幅回升；下午时段收听率较午间时段略有下滑，但整体收听率仍然保持在一个较高的水平；随着一天工作学习的结束，在傍晚18:00—19:00时段形成全天收听次高峰，并有效拉动晚间时段在家的收听量。

都市生活类广播频率在车上和工作/学习场所也有一定收听量，且收听时间呈现一定的互补性，体现在早间上班时段和傍晚下班时段在车上收听都市生活类广播频率的收听率较高，而午间时段在工作/学习场所收听表现则较为突出（图2）。

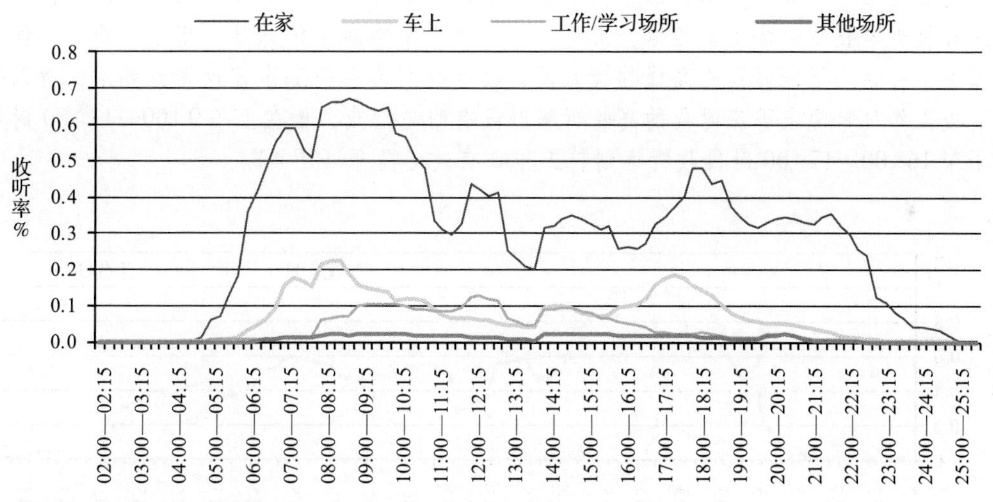

数据来源：CSM媒介研究

图2　2013年都市生活类频率在不同收听场所的全天收听率（%）走势

3. 都市生活类频率工作日与休息日收听量差别不大

从2013年所有频率在所有场所不同周天的人均收听时长来看，周一的收听量最大，其次为周三、周四和周五，其余各周天收听量变化不大（图3）。与所有频率不同周天的收听量变化基本一致，听众在周一收听都市生活类广播频率的时间最长，达到6.3分钟；受部分广播电台停机检修的影响，在周二的收听量有所下跌，只有5.7分钟，也是全周收听量的最低点；收听量在后半周出现波动性上升现象，在周日的收听量达到5.9分钟。整体而言，都市生活类频率工作日与休息日人均收听量差别不大。

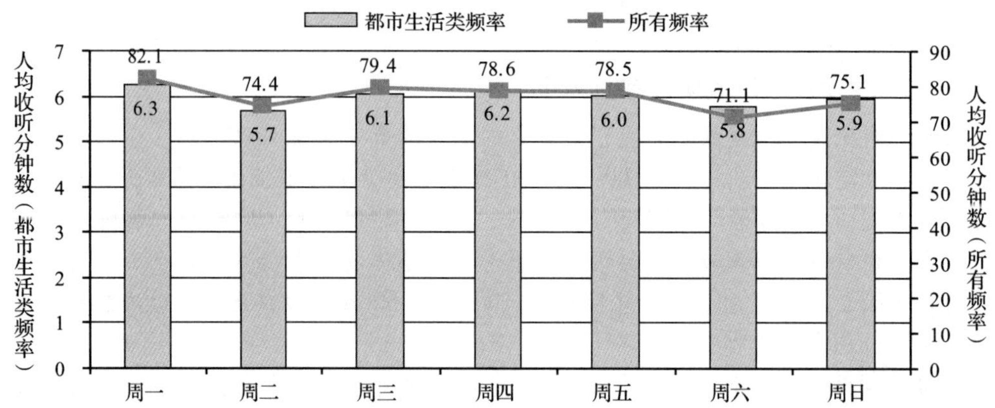

数据来源：CSM媒介研究

图3　2013年都市生活类频率与所有频率在不同周天的人均收听时长（分钟）对比

通过观察工作日和休息日都市生活类广播频率全天收听率走势不难发现，工作日与休息日收听率整体走势基本相似，工作日全天收听率略高于休息日。相比工作日，休息日基本不存在上下班时段的高峰拥堵时段，收听时间选择较工作日也更为灵活，所以休息日较工作日早晚上下班时段的高收听率时段有明显缩减，但在上午9∶00—11∶00时段和下午16∶00—17∶00时段收听率则较工作日有一定提升（图4）。

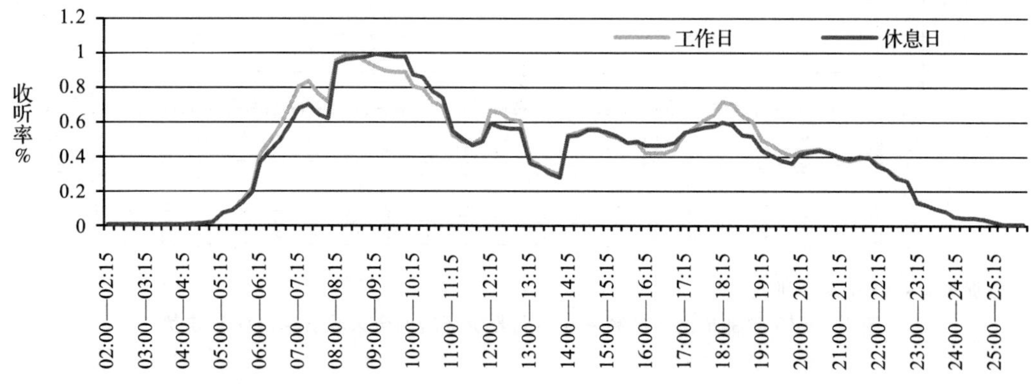

数据来源：CSM媒介研究

图4　2013年都市生活类频率工作日与休息日全天收听率（%）走势比较

二、都市生活类频率整体竞争表现

1. 都市生活类频率听众规模在各专业频率中排名第四

听众规模是衡量广播频率竞争力的重要方面，通常我们使用到达率这一指标来反映广播频率的听众规模。根据对2013年全国33个城市广播收听市场各专业频率到达率的比较可见，新闻综合类频率、交通类频率和音乐类频率的听众规模较大，处于第一集团位置；都市生活类频率、经济类频率和文艺类频率的听众规模居中，处于中间位置；而专业频率中的体育类频率、农村类频率和教育类频率则较为小众，听众规模较小（图5）。都市生活类频率听众规模在各专业频率中列位第四，到达率为25.2%，略高于排在第五位的经济类频率和第六位的文艺类频率。都市生活类频率以其播出节目内容的广泛性，吸引较多听众关注。

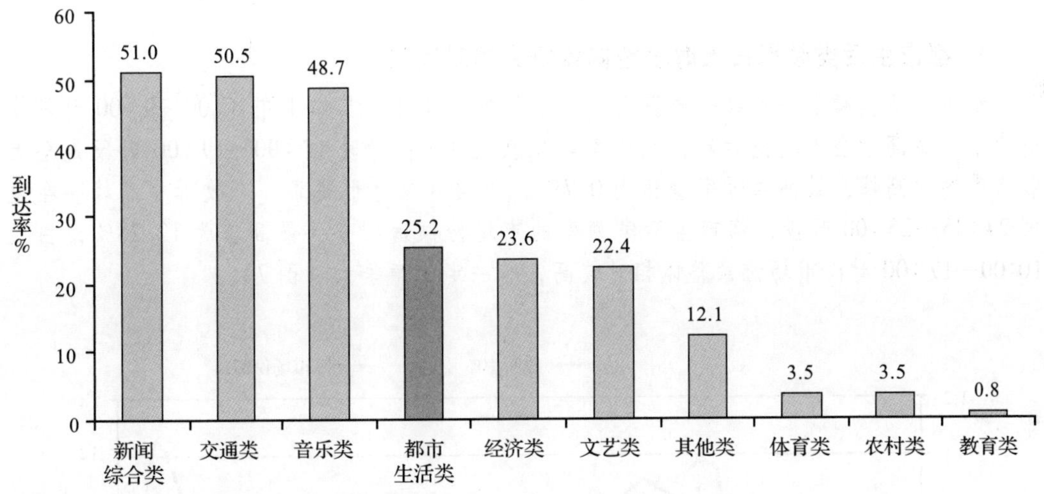

数据来源：CSM媒介研究

图5　2013年广播收听市场各专业频率的到达率（%）

2. 都市生活类频率市场份额排名第五

通过比较2011—2013年各类专业频率的市场份额，可以了解各专业频率之间的竞争格局。从2013年广播收听市场各专业频率的市场份额可见，都市生活类频率的市场份额为7.8%，相比2011年和2012年均有一定程度下降，但仍排名第五（图6）。新闻综合类频率仍是广播收听市场中市场份额最高的频率类型，2013年市场份额较2012年略有回升，但仍略低于2011年；随着经济发展以及汽车保有量的不断增长，2011—2013年在车上收听较多的交通类频率和音乐类频率均呈现持续稳步增长的趋势；其他类型频率与都市生活类频率趋势一致，均呈现逐年递减的态势。

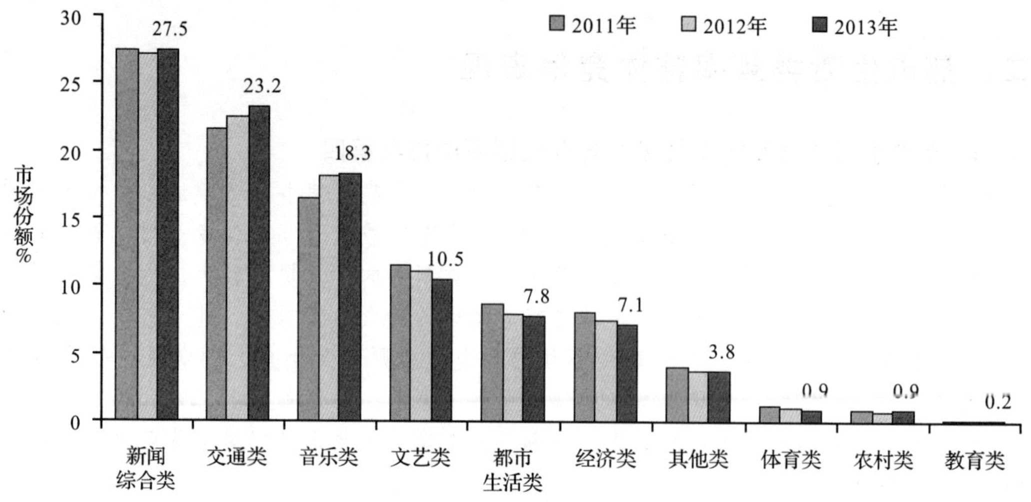

数据来源：CSM 媒介研究

图 6　2011—2013 年广播收听市场各专业频率的市场份额（%）

3. 都市生活类频率白天时段整体竞争力相对较强

都市生活类频率全天收听表现呈现多个收听小高峰，其中上午 8:00—9:00 时段收听水平明显高于全天其他时段，收听率峰值接近 1%；傍晚 17:00—19:00 时段是全天收听率的次高峰，最高收听率也达到 0.7%，午间时段也形成了一个收听小高峰。在夜间 24:45—25:00 时段，都市生活类频率的市场份额达到全天最高值为 12.28%，白天 10:00—17:00 时段市场份额整体相对较高，有一定的竞争力（图 7）。

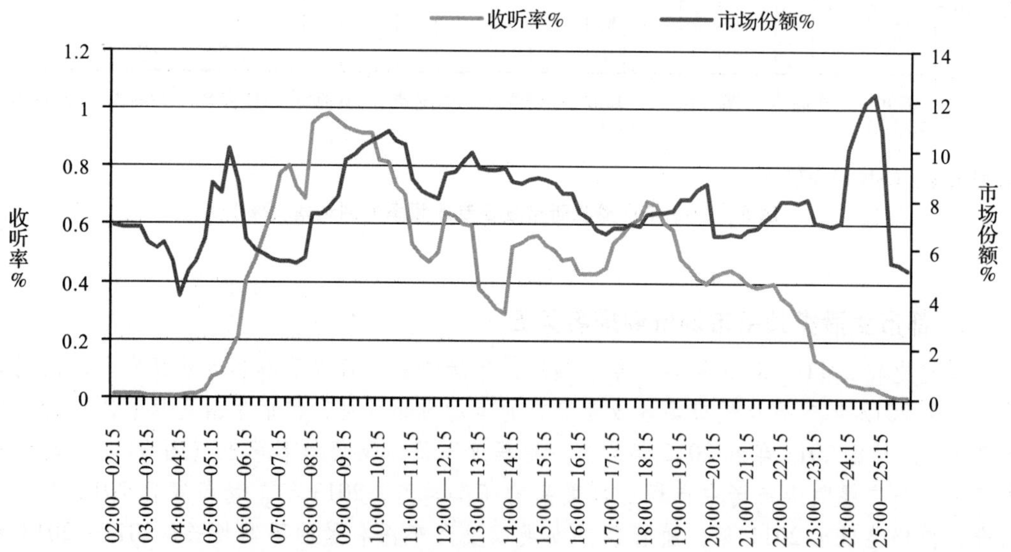

数据来源：CSM 媒介研究

图 7　2013 年都市生活类频率全天收听率（%）和市场份额（%）走势

三、都市生活类频率的听众特征

1. 女性、45 岁及以上、初中及以下学历、月收入在 2500 元及以下的听众更偏爱收听都市生活类频率

我们通过听众构成和集中度这两个指标，可以考察都市生活类频率的听众特征。2013 年收听都市生活类频率的听众与收听所有广播频率听众的整体特征基本相似，35—54 岁、初高中学历、月收入在 2501 元及以上的听众在都市生活类广播频率中所占比例较大；而女性、45 岁及以上、初中及以下学历、月收入在 2500 元及以下的听众更偏爱收听都市生活类频率，尤以个人月收入为 1001—1500 元的听众表现最为突出（图 8）。

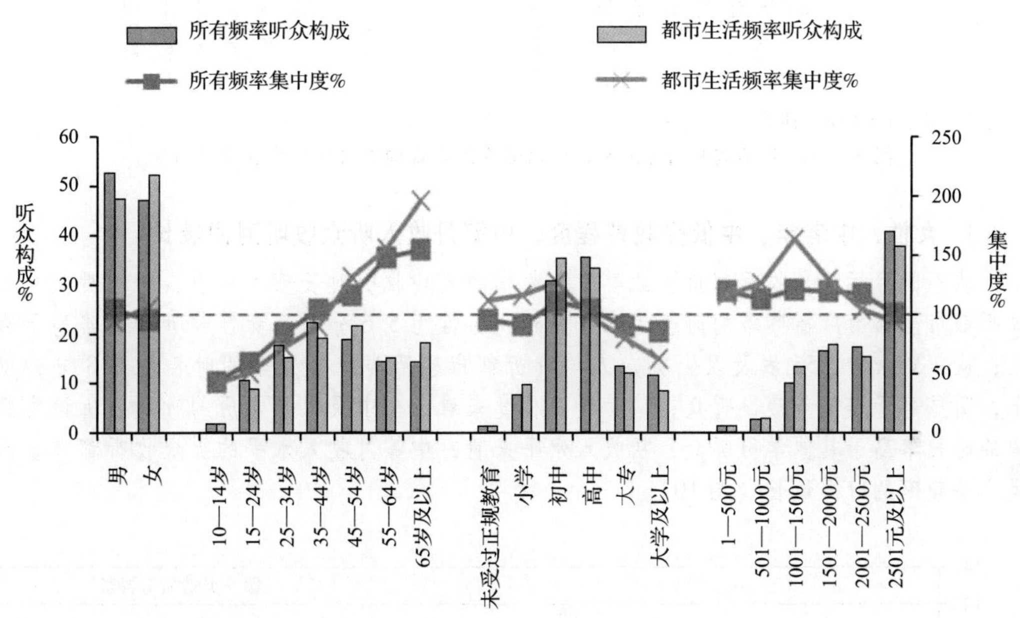

数据来源：CSM 媒介研究

图 8　2013 年都市生活类频率听众构成（%）和集中度（%）

2. 在不同场所的听众特征具有明显差异

从在不同场所收听都市生活类频率的听众特征来看，在家收听都市生活类频率的听众中女性、45 岁及以上、初中及以下学历、月收入在 2500 元及以下的听众占较大比例；而在车上收听都市生活类频率的听众中，男性、25—54 岁、高中及以上学历、月收入在 2501 元及以上的听众所占比例较大；在工作/学习场所收听都市生活类频率的听众中，男性、25—54 岁、初中学历、月收入在 1001 元及以上的听众比例较高（图 9）。

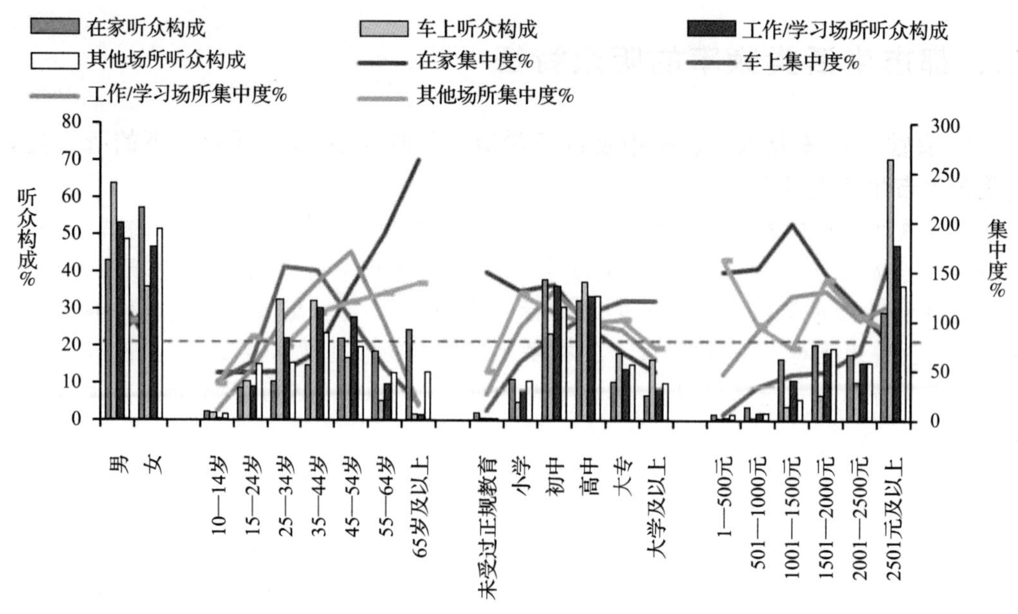

数据来源:CSM 媒介研究

图9　2013 年不同收听场所都市生活频率的听众构成(%)和集中度(%)

3. 女性、中老年、中低受教育程度、中等月收入听众收听时间最长

从不同目标听众收听都市生活类广播频率的人均收听时长情况来看,女性听众人均收听都市生活类广播频率的时长为6.4分钟,男性为5.6分钟,女性收听时长略高于男性;从年龄来看,55岁及以上听众人均收听都市生活类广播频率的时长均在8分钟以上,明显高于其他年龄段听众;从受教育程度来看,初中及以下学历的听众收听该类频率的时长略高于其他学历听众;从收入水平来看,中等月收入水平的听众收听都市生活类广播频率的时间最长(图10)。

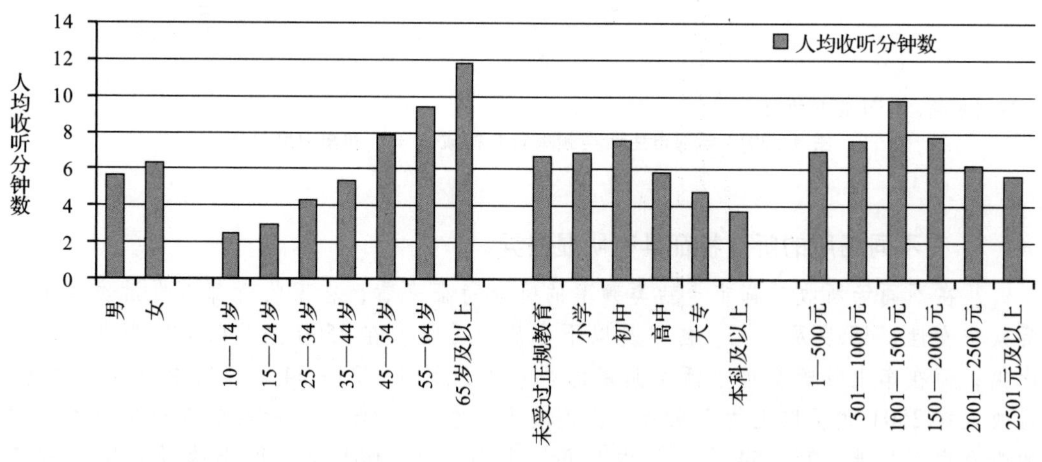

数据来源:CSM 媒介研究

图10　2013 年都市生活类频率各目标听众人均收听时长(分钟)

四、都市生活类频率在不同城市的收听表现

1. 都市生活类频率在不同城市的收听率差异较大

2013 年收听数据显示，都市生活类广播频率在全国 33 城市的平均收听率为 0.4%，但在不同城市的收听率水平存在较大差异。从数量来看，有 9 个城市都市生活类广播频率的收听率高于平均值，占不足 1/3 的比例。其中，沈阳收听率最高，达到 1.7%，杭州排第二位，收听率为 1.4%，哈尔滨、无锡、西安、南宁、天津、太原、宁波等城市的收听率均高于平均水平；排名后五位的城市收听率相对较低，城市间的收听率差异相对较大（图 11）。

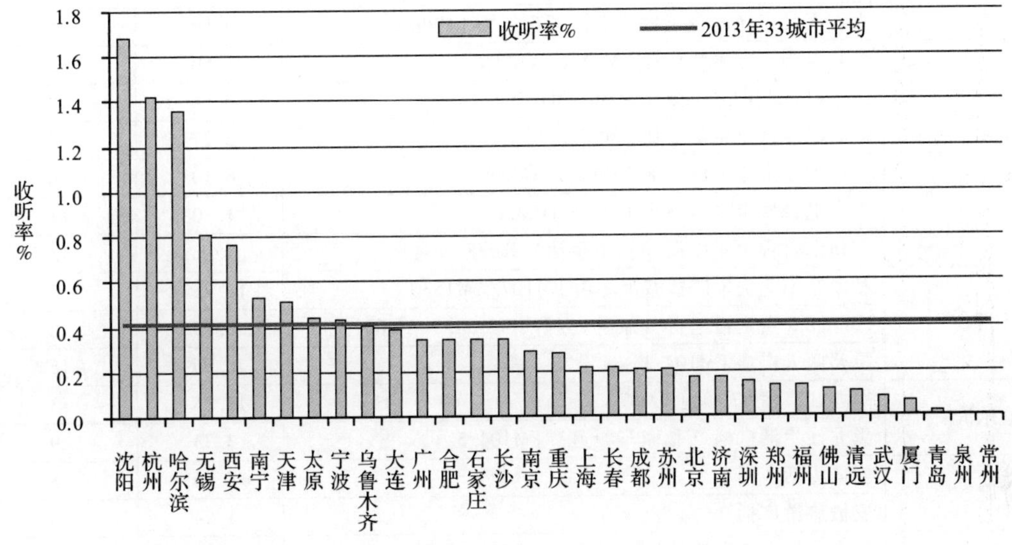

数据来源：CSM 媒介研究

图 11　2013 年都市生活类频率在各城市的收听率（%）

2. 都市生活类频率在多数城市市场份额排名靠后

2013 年都市生活类频率在多数城市的市场份额排名均较靠后，只有长沙、重庆、大连、杭州、哈尔滨、南宁、宁波、沈阳、太原、乌鲁木齐、无锡、西安 12 个城市都市生活类频率进入当地市场份额排名前五位。其中，广西电台教育生活广播（私家车 930）FM93.0 在南宁地区排名第一，具有较强竞争力；私家车 107 快乐广播城市之声 FM107/AM1530 和辽宁广播电视台都市广播 FM92.1/AM1341 在当地的竞争表现相对也较出色，在杭州地区和沈阳地区均排名第二位（表 1）。

表 1　2013 年都市生活类频率在不同城市的市场份额及排名

城市	频率	市场份额%	当地排名
北京	北京城市服务管理广播（FM107.3/AM1026/CFM91.9）	1.46	13
	北京人民广播电台爱家广播（AM927/CFM92.7）	0.19	24
	中央人民广播电台第四套节目都市之声	1.83	12
长春	吉林人民广播电台健康娱乐广播 FM101.9	3.26	10
	吉林人民广播电台旅游广播 FM103.3	1.27	14
长沙	金鹰 955（湖南金鹰之声 FM95.5）	6.94	5
	长沙快乐 886 电台 FM88.6	3.79	11
	湖南旅游频道 FM106.9	1.17	14
成都	四川人民广播电台旅游生活广播 FM97.0	4.18	11
	四川人民广播电台天府之声私家车广播 FM92.5	1.82	17
重庆	重庆人民广播电台都市频率 FM93.8	8.09	5
大连	大连人民广播电台第六套广播都市广播 FM99.1	6.59	5
佛山	广东电台南方生活广播 FM93.6/AM999	1.50	13
	广东电台城市之声爱车 1036 FM103.6	0.54	18
福州	海峡之声汽车生活广播 FM90.6	3.27	13
广州	广东电台南方生活广播 FM93.6/AM999	6.10	6
	广东电台城市之声爱车 1036 FM103.6	1.80	11
	广州电台青少年广播（都市生活）FM88	1.08	13
杭州	私家车 107 快乐广播城市之声 FM107/AM1530	11.25	2
	FM104.5 女主播电台（旅游之声）FM104.5/AM603	6.79	8
	杭州丽人广播 FM102.1	0.06	15
哈尔滨	黑龙江广播 97 频道 FM97	11.35	3
	黑龙江生活广播（私家车频道）FM104.5	3.73	9
合肥	安徽生活广播	4.56	8
	安徽旅游广播	1.94	18
济南	山东广播电视台广播生活频道 FM105	2.38	13
南京	江苏健康广播 AM846	3.87	10
	南京城市调频（浦口）FM101.7	0.62	22
	南京城市管理广播 FM96.6/AM1170	0.62	23
南宁	广西电台教育生活广播（私家车 930）FM93.0	14.62	1
	南宁人民广播电台成功 895 FM89.5	1.25	10
宁波	宁波电台都市生活广播 FM102.9 AM747	8.76	4
济南	山东广播电视台广播生活频道 FM105	0.37	18
清远	广东电台南方生活广播 FM93.6/AM999	2.50	8
	广东电台城市之声爱车 1036 FM103.6	0.40	19
上海	上海东方都市广播 AM792/FM89.9	5.05	7
沈阳	辽宁广播电视台都市广播 FM92.1/AM1341	17.69	2
	辽宁广播电视台生活广播 FM103.4/FM90.4/AM882	6.40	7

续表

城市	频率	市场份额%	当地排名
深圳	宝安广播频率缤纷 FM104.3	2.76	12
	龙岗区广播电台星光 FM99.1	1.13	14
	广东电台城市之声爱车 1036 FM103.6	0.33	22
石家庄	河北人民广播电台生活广播 AM747/FM89	3.65	10
	河北电台旅游文化广播 AM603/AM1521/FM100.3	2.33	16
苏州	苏州广播电视总台生活广播 FM96.5	3.62	8
	无锡广播电视台都市生活广播 FM98.7	0.20	23
	无锡广播电视台江南之声广播 FM92.6	0.02	39
太原	山西广播电视台健康之声广播 FM105.9	8.76	4
天津	天津人民广播电台生活广播 FM91.1/AM1386	5.92	6
乌鲁木齐	新疆人民广播电台 929 城市广播 FM92.9	6.20	5
武汉	湖北车主生活广播 auto radioFM96.6	2.10	13
无锡	无锡广播电视台江南之声广播 FM92.6	10.80	3
	无锡广播电视台都市生活广播 FM98.7	6.50	7
西安	陕西广播电视台都市广播 FM101.8/AM1008	8.11	4
	陕西都市快报广播版 FM99.9	3.57	15
厦门	厦门旅游广播 AM1008/FM94	1.61	12
郑州	郑州人民广播电台 FM88.9/AM1008	1.55	17
	河南电台城市之声 AM1332/FM106.6	0.98	18

五、结语

综上所述，2013 年都市生活类频率的市场份额为 7.8%，比前两年有所下降，在各专业频率中仍排名第五。从听众规模来看，都市生活类频率以其播出节目内容的广泛性，吸引较多收听人群，听众规模在各专业频率中处于中间位置，但较新闻综合类频率、交通类频率和音乐类频率仍有一定差距。从收听量来看，听众在所有场所人均每日收听都市生活类频率的收听量在逐年递减，但在车上的收听量较之前两年略有提升。从听众特征来看，在不同收听场所收听都市生活类频率的听众具有明显差异，在家收听的听众中女性、中老年、中低受教育程度、中等收入群体所占比例较大；在车上和工作/学习场所男性、中青年、高学历和高收入听众所占比例较大。都市生活类频率在不同城市的收听表现不同，在少数城市中有较强的竞争力，但在多数城市的竞争优势并不明显。

随着社会经济的快速发展，听众对于生活相关资讯的需求也日益增长，为都市生活类频率的发展提供了新的机遇。都市生活类频率应在巩固现有优势的基础上，为听众提供更多与健康、旅游、购物相关的信息，并结合听众的需求合理编排节目，吸引更多听众的注意力，以有效提升都市生活类广播频率的市场竞争力。

（作者：张嫣）

广播生活服务类节目之新观察

生活服务类节目是广播媒体播出比重较大、形式较多样的节目类型，也是受众日常生活中获取必不可缺信息的重要渠道之一。生活服务类节目基本涵盖了受众日常生活中衣、食、住、行的主要方面。在移动终端飞速发展的今天，智能手机、平板电脑加速普及，广播媒体的伴随性和移动优势正面临较大冲击，以购物、美食、出行等方面为代表的生活服务类移动终端应用也成为当下不少受众生活中不可或缺的一部分。作为广播媒体，在生活服务这类节目中有着怎样的收听表现？是否存在一些新的发展趋势？如何进一步发展？本文以北京、上海、广州、深圳四城市有节目监播的频率数据为基础，观察近年来生活服务类节目的现状及新的发展趋势，旨在抛砖引玉，给业内相关人士启发和帮助。

一、广播生活服务类节目的收听现状

1. 生活服务类节目的播出比重较大，在交通类频率中的收听比重最高

2013 年 1—11 月北、上、广、深四城市节目播出比重数据显示，生活服务类节目在各种主要类型频率中均有播出，总体播出比重接近两成，为 17.60%，仅次于音乐类节目的 24.44%（图 1）。从四城市整体各类频率中生活服务类节目的收听比重来看，交通类频率中生活服务类节目的收听比重最高，达 50% 以上，其次是文艺类、新闻/时事类、都市生活类频率，其收听比重在 10% 左右。与 2012 年相比，2013 年听众对交通类频率中该类节目的收听比重提升明显，其余频率中生活服务类节目的收听比重基本保持稳定（图 2）。

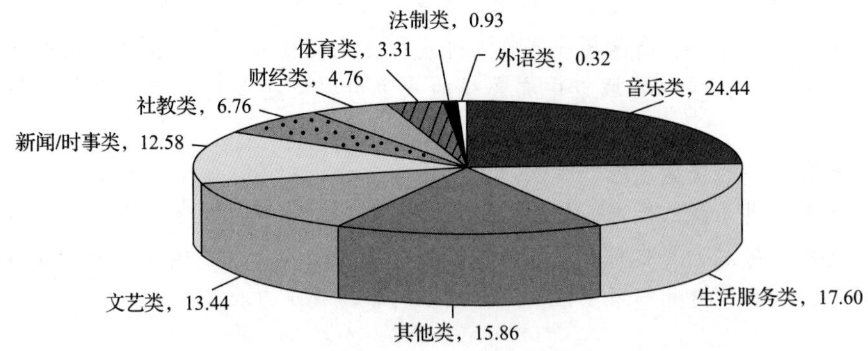

数据来源：CSM 媒介研究

图 1　2013 年 1—11 月北、上、广、深四城市整体各类型节目播出比重（%）

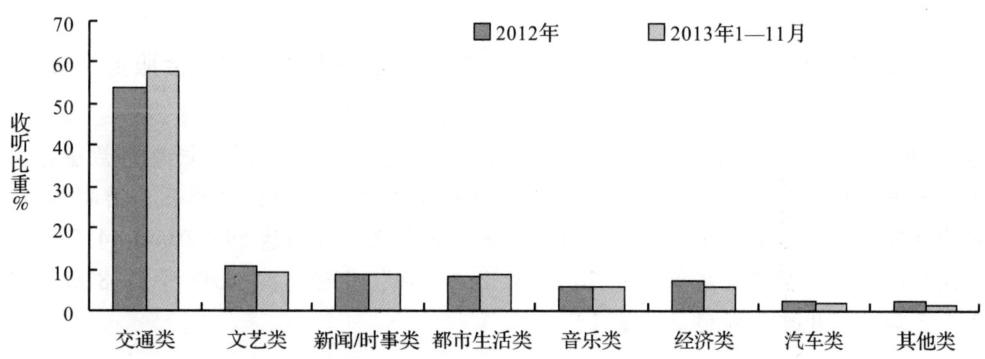

数据来源：CSM 媒介研究

图 2　2012—2013 年 11 月四城市不同类型频率[①] 中生活服务类节目的收听比重（%）

2. 生活服务类节目播出贯穿全天，不同城市播出高峰时段具有差异

北、上、广、深四城市生活服务类节目不同时段播出比重数据显示，生活服务类节目在全天主要时段均有播出，以交通消息、天气预报、健康类等节目为主。从时段分布上看，四城市的生活服务类节目在凌晨、早间 7∶00—8∶00 和傍晚时段的播出量较少。而四大城市该类节目的播出高峰却不尽相同，北京在午间 11∶00 和下午 16∶00 左右播出量较大，广州则在上午 8∶00—10∶00 左右的播出量较高，上海在白天时段播出量均较平均，但在 4∶00—5∶00 左右的播出量较高，深圳则在 5∶00 和晚间 24∶00 左右时段的播出量较大（图 3）。

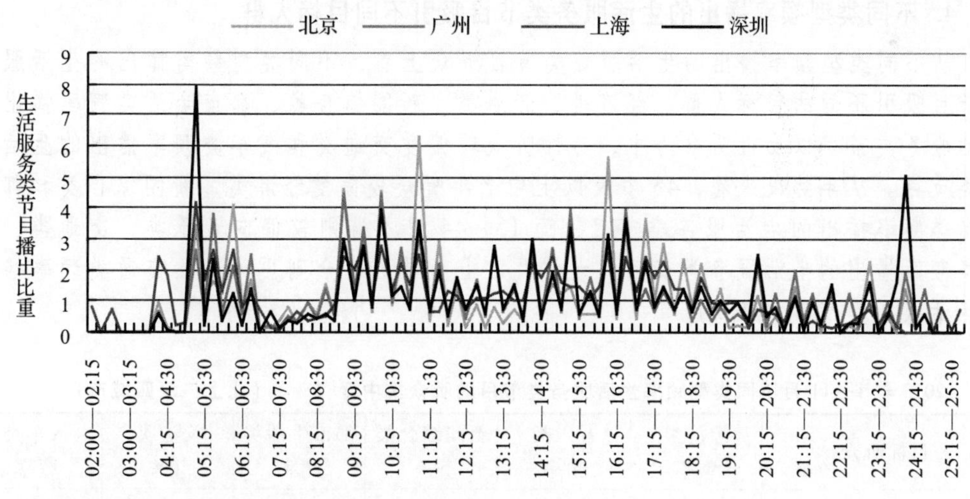

数据来源：CSM 媒介研究

图 3　北、上、广、深四城市生活服务类节目各时段的播出比重（2013 年 1—11 月）

① 汽车类频率分类标准为频率名称中含有汽车、私家车等类似名称的频率。

3. 北、上、广、深四城市听众普遍集中收听两到三种类别的生活服务类节目

生活服务类节目主要分为汽车服务、健康、天气预报、饮食、旅游、家居/房产、美容/时尚、导听和生活服务其他类九个类型。从北、上、广、深四城市生活服务类节目各细类节目的收听状况来看，四城市听众普遍集中收听其中的两到三种类别的节目。其中北京和广州听众对汽车服务类节目的收听比重最高，分别达59.72%和44.57%。上海和深圳听众对生活服务其他类节目的收听比重最高，分别达51.49%和37.81%。其余细类节目的收听比重相对偏低（表1）。

表1 北、上、广、深四城市生活服务类节目中不同细类节目的收听比重（2013年1—11月）

节目细类	收听比重（%）			
	北京	上海	广州	深圳
汽车服务	59.72	13.25	44.57	32.86
健康	4.36	24.21	22.58	14.09
天气预报	12.40	3.94	3.80	1.53
饮食	0.69	3.71	2.42	2.78
旅游	6.71	3.00	2.10	7.36
家居/房产	0.77	0.36	1.30	3.28
美容/时尚	0.51	0.04	0.43	0.29
导听	0.21	0.00	0.01	0.00
生活服务其他	14.63	51.49	22.78	37.81

数据来源：CSM媒介研究

4. 不同类型频率播出的生活服务类节目吸引不同目标人群

从不同类型频率播出的生活服务类节目听众上看，不同类型频率播出的生活服务类节目吸引不同的目标人群。经济类、音乐类、新闻综合类、都市生活类频率播出的生活服务类节目以女性听众为主，男性听众较偏爱交通类和汽车类频率播出的生活服务类节目。从年龄段来看，45岁及以上中老年听众较偏爱经济类、新闻综合类和都市生活类频率播出的生活服务类节目，而15—44岁人群则较偏向音乐类、交通类、汽车类频率播出的生活服务类节目。大学及以上高学历听众则更为关注交通类频率播出的生活服务类节目（表2）。

表2 2013年1—11月不同类型频率生活服务类节目的听众集中度（%）（北上广深四城市）

目标听众	经济类频率	音乐类频率	新闻综合类频率	都市生活类频率	交通类频率	汽车类频率
男	87.6	92.7	98.1	93.1	127.4	104.7
女	113.0	107.7	102.0	107.3	71.3	95.1
10—14岁	18.0	36.0	34.6	10.8	26.5	12.3
15—24岁	29.8	111.6	51.9	21.7	46.9	106.9

续表

目标听众	经济类频率	音乐类频率	新闻综合类频率	都市生活类频率	交通类频率	汽车类频率
25—34 岁	52.5	110.0	72.1	49.0	102.7	117.1
35—44 岁	83.1	117.2	92.9	51.2	157.3	149.0
45—54 岁	143.9	97.3	130.8	161.9	130.6	82.6
55—64 岁	321.1	60.7	190.3	196.8	90.2	57.1
65 岁及以上	146.0	74.8	174.9	350.5	59.5	30.6
未受过正规教育	43.7	18.6	20.3	425.6	21.4	26.0
小学	86.3	60.0	133.1	207.9	51.2	26.7
初中	108.1	98.3	133.5	110.5	72.7	124.4
高中/中专/职高/技校	151.9	113.5	109.4	115.2	110.3	111.4
大学及以上	43.6	95.1	64.5	53.1	116.4	85.7

数据来源：CSM 媒介研究

5. 北、上、广、深四城市人均收听总时长排名前十位生活服务类节目类别差异明显

北、上、广、深四城市人均收听总时长排名前十位的生活服务类节目显示：在北京，除两档旅游类节目、一档天气预报、一档生活服务其他节目进入排名前十外，其余六档节目均属于汽车服务类节目，并且均是北京电台交通广播、文艺广播播出的节目；在上海，除两档健康类节目和一档汽车服务节目排名进入前十外，其余均是生活服务其他类节目，上海交通广播 AM648、上海人民广播电台 AM990 的节目表现较优；在广州，进入人均收听总时长排名前十位的节目属于汽车服务、健康类、生活服务其他类节目，其中广东电台羊城交通台、广州交通电台的汽车服务类节目表现较优；在深圳，深圳交通频率播出的生活服务节目在人均收听总时长排名前十位中占了八席，但不同种类的生活服务类节目百花齐放，也表明深圳广播市场听众对该类节目的收听选择相对较广泛（表 3）。

表 3 北、上、广、深四城市人均收听总时长排名前十位的生活服务类节目（2013 年 1—11 月）

北京					
排名	节目名称	频率	节目属性	人均收听总分钟数	市场份额（%）
1	一路畅通	北京人民广播电台交通广播	汽车服务	2223	40.01
2	交通天气预报	北京人民广播电台交通广播	天气预报	301	30.57
3	路况信息	北京人民广播电台交通广播	汽车服务	248	28.47
4	汽车天下	北京人民广播电台交通广播	汽车服务	215	32.16
5	吃喝玩乐大搜索	北京人民广播电台文艺广播	生活服务其他	131	12.22
6	快乐超级旅行	北京人民广播电台文艺广播	旅游	99	14.00
7	百姓 TAXI	北京人民广播电台交通广播	汽车服务	97	27.20
8	交通路况预报	北京人民广播电台交通广播	汽车服务	85	39.66
9	环球旅行家	北京人民广播电台文艺广播	旅游	83	6.90

续表

排名	节目名称	频率	节目属性	人均收听总分钟数	市场份额(%)
北京					
10	876 路况信息	北京人民广播电台文艺广播	汽车服务	79	11.16
上海					
1	欢乐早高峰	上海交通广播 AM648	生活服务其他	215	11.31
2	活到 100 岁	上海人民广播电台 AM990	健康	127	17.40
3	消费直通车	上海交通广播 AM648	生活服务其他	101	8.22
4	中国石化阳阳主播台	上海交通广播 AM648	生活服务其他	100	9.42
5	轻松集结号	上海人民广播电台 AM990	生活服务其他	96	8.87
6	都市新空气	上海东方都市广播 AM792	生活服务其他	80	5.73
7	大城晓事	第一财经广播 FM97.7	生活服务其他	76	8.81
8	为您服务	上海东方都市广播 AM792	生活服务其他	70	8.46
9	启源堂蜂胶皇健康专题	上海戏剧曲艺广播 AM1197	健康	62	5.95
10	1057 车管家	上海交通广播 AM648	汽车服务	62	9.74
广州					
1	交通消息	广东电台羊城交通广播台	汽车服务	307	15.43
2	朝朝早精神好	广东电台羊城交通广播台	生活服务其他	131	17.32
3	即时交通消息	广州交通电台	汽车服务	110	8.61
4	车天车地车世界	广州交通电台	汽车服务	105	10.32
5	新新生活	广东电台南方生活广播	健康	95	4.46
6	车乐汇	广东电台珠江经济广播电台	汽车服务	90	12.75
7	车载生活	广东电台音乐之声	汽车服务	90	20.26
8	车麟时代	广东电台羊城交通广播台	汽车服务	72	15.15
9	藏地养生密码	广东电台南方生活广播	健康	66	9.83
10	微博热辣榜	广州交通电台	生活服务其他	64	10.58
深圳					
1	伴你同行	深圳广播电台交通频率	汽车服务	450	41.22
2	交通动态	深圳广播电台交通频率	生活服务其他	290	32.48
3	缤纷车世界	深圳广播电台交通频率	汽车服务	159	27.09
4	至真养生堂	广东电台新闻台（新闻频道）	健康	151	5.29
5	从深圳出发	深圳广播电台交通频率	旅游	127	24.85
6	于洋四维养生论坛	广东电台新闻台（新闻频道）	健康	102	4.96
7	E 路大玩家	深圳广播电台交通频率	生活服务其他	99	35.19
8	爱车有道	深圳广播电台交通频率	汽车服务	87	21.68
9	交通生活热线	深圳广播电台交通频率	生活服务其他	84	22.34
10	快乐家居	深圳广播电台交通频率	家居/房产	75	22.17

数据来源：CSM 媒介研究

二、广播生活服务类节目的发展新趋势

1. 对象细分，移动人群以汽车服务类节目为主要收听节目类型

从听众的角度来看，为什么需要关注生活服务类节目？这是因为这些节目包含的信息能够为听众提供帮助，使得他们获得出行、健康、饮食等方面的实用性资讯。从上文的分析中也可以看出广播生活服务类节目中最常见最受关注的就是交通、出行方面的信息。一直以来，交通类频率在生活服务类节目中的优势也是以这一点为主，而收听这类节目的往往就是移动收听人群。这些人群主要在车上收听广播，以中青年为主，受教育程度也较高。因此针对这类人群推出的更多汽车保养、行车安全方面的节目也相继成为很多频率的主打节目。而除此之外，健康类节目则偏向于以老年受众为主，该类节目中有很多内容与养生保健相关，老年听众对这方面的需求也比较大。健康类节目在北、上、广、深四城市中也有不俗的收听表现（图4）。

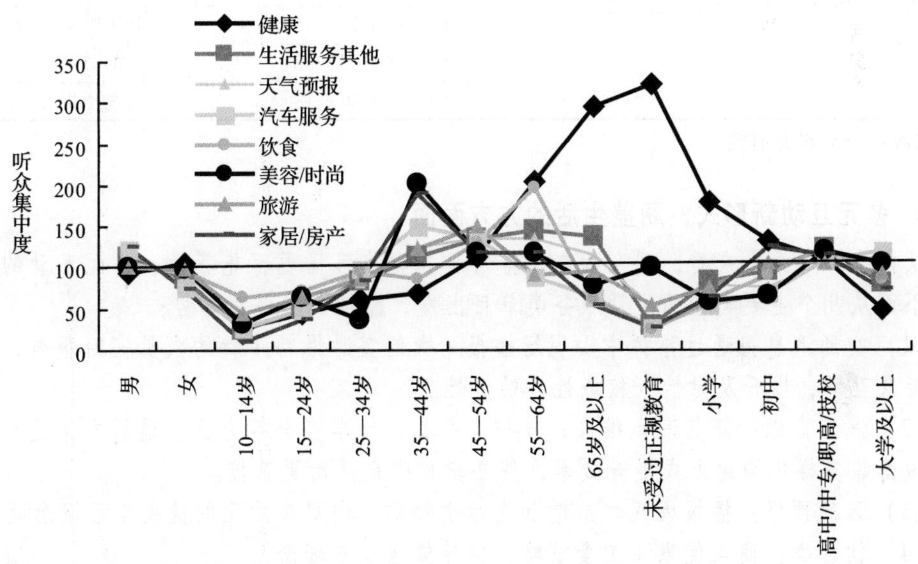

数据来源：CSM 媒介研究

图4　2013 年 1—11 月不同生活服务类节目的听众集中度（四城市组）

2. 品牌化拓展，与频率特点及定位相结合

从北、上、广、深四城市可以观察到一些频率的生活服务类节目呈现出同样的特点：即将许多线性播出的生活服务类节目品牌化，从名称、形式、内容、播报方式上加入频率的品牌概念。例如广州的羊城交通台、城市之声、珠江经济台等频率的交通消息不仅仅是简单的《交通消息》、《出行提示》这样的命名，还会加上“路氏家族”、“爱车 SUN 家族”、“珠江导航宝”等这样的概念，将节目品牌化，打造符合频率个性的生活服务类品牌节目（表4）。

表 4　广州部分频率播出的生活服务类节目名称

频率	节目名称	类别
广东电台珠江经济广播电台（E FM 财富 974）	珠江导航宝	汽车服务
	珠江新气象	天气预报
广东电台城市之声爱车 1036 FM103.6	爱车 SUN 家族	汽车服务
	1036 天气预报	天气预报
	1036 私家资讯	生活服务其他
广东电台羊城交通广播台 FM105.2	马路的事有路氏	汽车服务
	路氏家族路文文交通消息	汽车服务
	路氏家族路路顺交通消息	汽车服务
	路氏家族路灵灵交通消息	汽车服务
广州交通电台 FM106.1	1061 心贴心	生活服务其他
	1061 今日教路	汽车服务
中央人民广播电台第四套节目都市之声	1018 空港信息	生活服务其他
	1018 交通路况	汽车服务
	1018 天气馆	天气预报
	1018 资讯网	生活服务其他
	1018 路况服务站	汽车服务
	1018 气象服务站	天气预报

数据来源：CSM 媒介研究

3. 多元互动新形式，涵盖生活的方方面面

从内容和形式上来看，现今的广播生活服务类节目呈现百花齐放、多元互动的新趋势。下面从几个主要类型的生活服务类节目出发，概括其发展新态势：

（1）交通消息：通过指挥中心现场播报＋微信实时爆料＋特约人员实时报告，有效加强听众互动，提升及时性、权威性和贴近性。

（2）汽车资讯：涵盖汽车维修、养护、交易、行车安全等方面，通过电话连线、微信、微博等多样化沟通方式提升效率，使嘉宾和听众互动更直接。

（3）天气预报：播报天气之余增加生活小知识，向更多元化的健康生活概念延伸。

（4）饮食类：商家优惠＋美食攻略，倡导健康饮食理念。

（5）旅游类：名人游记＋嘉宾访谈＋连线互动，全方位满足听众关于旅游的信息咨询。

（6）消费服务类：跨平台、多维度听取意见，加以权威部门的指导及建议，及时、快速解决消费难题。

4. 实用性与娱乐性兼具

广播生活服务类节目在兼顾实用与涵盖面广之余，在节目风格上也有新的变化，有些节目的风格颇娱乐化。广州交通电台的《微博热辣榜》、《一路好玩》节目，主持人会用热门的潮语和网络词汇，结合微博、微信上热门的话题进行讨论，主持人汤面也是在广州比较出名的 DJ 之一；节目风格轻松、快乐，节目中经常会听到主持人欢快的笑声。

深圳交通频率的《E路大玩家》，不仅仅是关注数码产品方面的专业化生活服务类节目，而且在节目主持风格上主持人欢乐愉快的现场风格将一些晦涩难懂的数码专业词语变得更生动易懂。主持人也是颇具娱乐精神的“数码蟑螂—小强组合”，通过男女主持加上嘉宾的问答交流使得这档节目氛围兼具实用性与娱乐化，在深圳地区可谓别具一格。北京人民广播电台文艺广播的《吃喝玩乐大搜索》为了突出广播节目的特点，还特别增设了外景主持人带领听众探店的环节，通过电话连线的形式将品尝的真实感受在第一时间传递给更多的听众，既丰富了节目的声音元素，也增强了节目的互动性和现场感。这些代表了新风格和新探索的节目也从另一个角度反映出广播生活服务类节目与时俱进，焕发着全新的生命力和勃勃生机。

三、广播生活服务类节目进一步发展的对策

1. 借鉴延伸，创新广播生活服务类节目的内容

近年来，以《非诚勿扰》、《交换空间》、《顶级厨师》为代表的生活类节目在电视频道中掀起了一波又一波的收视热潮，一时之间，相亲类、家装类、美食类、调解类等生活服务类节目如雨后春笋般加入到电视媒体的竞争中来。广播与电视相比不具备视觉上的冲击，仅在依赖听觉的基础上无法达到像电视节目那样震撼、直观的效果。但广播在私密性和个性化上依然具备一定优势。现在已经有部分频率也利用广播的特色在相亲类、家居类、调解类节目上进行创新，而这些节目又恰恰是广播中比较稀缺的类型。比如有些频率在相亲类节目中用声音作为第一印象，通过电波的沟通了解双方的个性；又比如在广播节目中邀请风水师、设计师作为嘉宾对家居布置进行答疑。

2. 时效+实效双拳出击，紧抓移动收听人群

移动听众是近年来很多频率关注的重点听众之一，车上收听的重度听众以男性、中青年听众、高学历、较高收入人群为主，受众的含金量较高。从上文的分析中也看到这类听众更关注广播生活服务类节目中的汽车服务类，特别是出行资讯类节目。以广播的交通消息这类节目来说，不仅要体现其时效性，更要突出其实用性，即听众不仅要知道现有的路况，其更深层次的需求是如何找到更快捷的行驶道路。交通消息并不是多就取胜，试想一下，在塞车途中已经比较烦躁的心态下，听众反复听到路况拥堵的信息是非常厌烦的。因此在如何解决听众这方面的需求上还需要广播频率做更多内容和技术方面的探索。

3. 保持节目吸引力，发挥主持人感染力

在广播节目中，主持人是非常关键的一环。生活服务类节目涉及面广，部分专业化节目又需要主持人具备相对专业的知识结构和生活阅历，但“专家型”主持人在现今的节目中并不适合，专家更多的应作为被邀请的嘉宾出现。作为一档服务类节目，主持人的服务意识至关重要，比如汽车类节目，比较专业的内容如发动机的特点等应由专家负责解释，主持人则需要把这些难懂的内容转换成听众能直观感受到的东西，比如最佳时

速、刹车的优劣等。

4. 推动生活服务类节目的商业化运作

现在的广播生活服务类节目商业化运作有以下几类形式：其一，冠名节目。直接冠名的优点在于排他性、唯一性，但通常收听率较高的节目或者是频率主打的精品节目才会有冠名的市场，品牌也会因听众对节目的喜爱而爱屋及乌，从而形成良性循环。因此，很多频率会开发如“×××特约播出/××提醒您”等形式的冠名方式。其二，植入式广告。植入式广告在广播中的形式没有网络、电视等媒体那么丰富，但在一些频率的节目中我们也经常能听到以某种产品为主要宣传对象但附带生活类内容的节目，这些节目以健康类节目为主。其三，定制类节目。这种方式通常是以某种品牌定制的节目内容和活动形式为主。比如以汽车品牌定制的试驾活动，以某快消品牌定制的时尚节目等。这种商业运作模式在现在的广播频率中也非常受欢迎，一方面能够进一步拓展频率的品牌影响力，另一方面通过试驾、车迷俱乐部等活动使得企业主产生直接的经济效益，实现双赢。

5. 巧妙应对移动终端生活服务类应用对听众的分流

以淘宝、天气通、行讯通等为代表的生活服务类移动终端应用现在已成为许多人日常生活中必不可少的一部分。在2013年，不少商业巨头和大型企业更是加大了在移动终端推出这类应用的力度。在如此态势之下，移动终端的生活服务类应用进一步分流听众，广播的生活服务类节目也面临着挑战。如何巧妙地应对这种分流，是广播生活服务类节目目前面临的重大任务之一。在未来的发展中，广播媒体已经不能再独善其身，广播人也必须走在科技发展的前端，才能使得广播媒体焕发更强的生命力。

（作者：戴静怡）

“秀”的角色扮演——数说广播脱口秀节目

“脱口秀”一词中的“秀”(英文为“show”),表明了这类节目的最大特色就是展示,即节目是主持人的展示,是嘉宾的展示,也是参与受众的展示,是让他们将自己的优势和特点展现给别人。脱口秀节目对制作人员提出了更高的要求。

广播脱口秀节目最早起源于美国,到了20世纪60年代,以新闻评论为主的舆论表达成为当时脱口秀节目的主要内容。到了80年代,大众传媒消费呈现出明显的媒介娱乐化和文化娱乐化倾向,于是娱乐脱口秀节目大量涌现出来。现在,广播脱口秀节目已经有了丰富的内容和多种多样的形式。脱口秀节目按人数来分,可分为单口秀、双口秀和多口秀;按性别来分,有男女声单挑和男女声混搭;按节目内容来分,可分为娱乐脱口秀、新闻脱口秀和商业财经脱口秀等。从目前情况来看,我国广播脱口秀节目的发展状况较好。本文基于CSM媒介研究2013年1月至6月的收听率调查数据,通过一些优秀广播脱口秀节目的收听表现来数说广播脱口秀节目。

一、数说广播“脱口秀”节目风格

在广播脱口秀节目中,主持人就像在和好友聊天一样,将发生在身边的趣事、笑话娓娓道来,与听众进行情感上的互动。具体来说,广播脱口秀节目具有以下几个要素:首先,节目以谈话为主;其次,“脱口秀”一词暗含着脱口而出之意,要求主持人不预先备稿,所谈内容应具有很强的随意性;最后,主持人是整个节目的核心与灵魂,强烈的个人魅力和鲜明的个人风格是广播脱口秀节目不可或缺的要素。总体而言,广播脱口秀节目在语言特色、话题选择、表现手法等方面都有着鲜明的风格。

1. 语言特色——亲和自然、风趣幽默[①]

广播脱口秀节目所涉及的内容既可以是普通百姓中的生活话题,也可以是新闻中的社会热点话题;既可以是大型活动的主题类话题,也可以是非常个人化的话题。话题的广泛性、贴近性本身就是一种亲和力。广播节目主持人通过声音表现出来的亲和力使听众对主持人,进而对广播产生出一种亲近感,从而营造出一种轻松、愉快、自

① 《脱口秀节目:另类特色彰显人文关怀》,http://www.cnr.cn/zggbb/jiemu/201002/t20100210_506012688.html

然的交谈氛围。《海阳现场秀》(原名:《给力17点》)是中央人民广播电台文艺之声创办的首档直播新闻娱乐脱口秀栏目,每天下午17:00—18:00直播,该栏目将美式脱口秀与中国传统曲艺表现形式以及新闻评论有机地结合起来,以此探索新闻与娱乐节目相结合的新路径。节目以小人物视角,嬉笑中关注民生,以善意的幽默讽刺嘲解新闻热点,同时运用自嘲夸张的表达方式、脑筋急转弯式的幽默,让听众在情理之中、意料之外会心一笑。节目极具亲和力,获得了不同层面听众的广泛好评。《海阳现场秀》已经成为文艺之声的一个王牌栏目,支撑该频率傍晚的收听高峰(图1)。

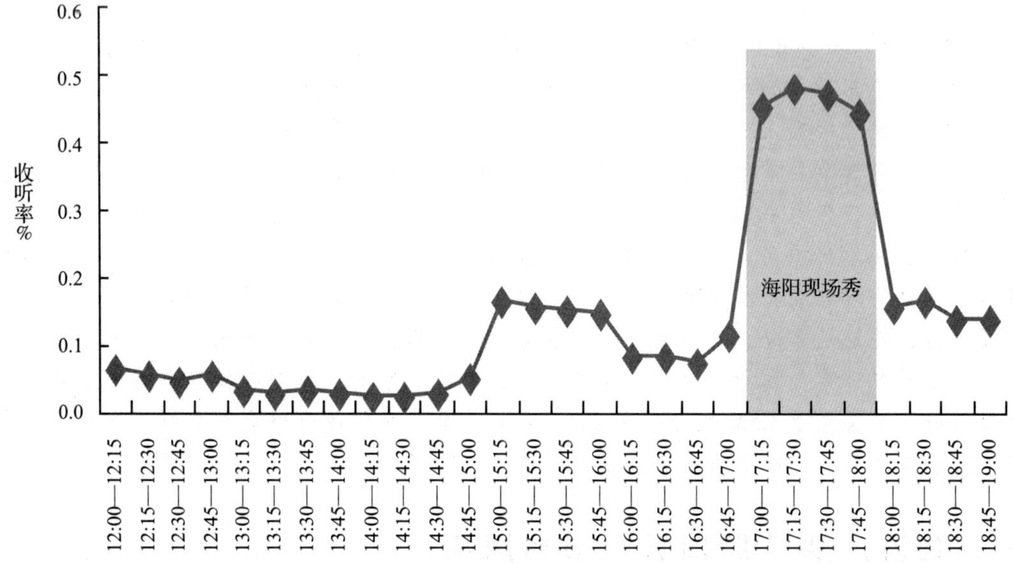

数据来源:CSM媒介研究

图1 《海阳现场秀》听众收听率(%)

幽默是一种意志的力量,使你从失败中找到鼓舞;幽默是一种出众的智慧,使你倍受别人的青睐;幽默是一种乐观豁达的品格,使你倍受别人的尊敬;幽默是一种宽广的胸襟,使你包容万物。如果你把握了幽默感,你就已经在事业上先胜一筹。广播脱口秀节目的幽默一般不仅仅是指滑稽可笑,而是追求审美心理的愉悦和发自内心的笑意。广播脱口秀节目主要以幽默语言作为表现元素,讽刺、戏说、调侃,还有故作正经的无厘头。以常州音乐广播每天16:00—17:00时段播出的脱口秀节目《悠悠甩吧》为例,主持人悠悠以自己的视角看待周围的小快乐,从生活的点滴出发,自然延伸,无厘头的语言特色给听众留下深刻印象。说到天气风大的时候,会延伸到玛丽莲·梦露“裙摆飞扬”的性感撩人;说到开车,最开心的是发现油表不动;说到早起,可以遇见晨跑的帅哥,等等。语言风格轻松自如,来自生活的趣闻让节目充满活力,而来自收听市场的突出表现,足以证实其受欢迎的程度(图2)。

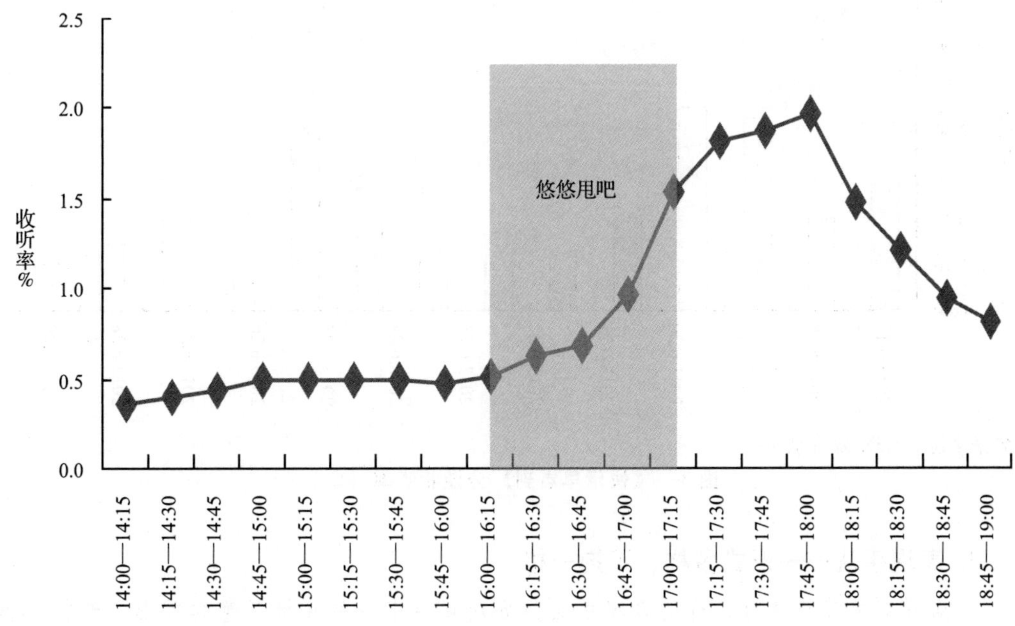

数据来源：CSM 媒介研究

图 2　《悠悠甩吧》听众收听率

2. 话题选择——严肃活泼、时效性强

广播脱口秀节目在话题选择上通常是以与百姓日常生活密切相关的“软新闻”为主，看人间趣事，聊新鲜话题，长生活智慧，消郁闷烦恼。即使碰上像购房、医疗、交通事故、自然灾害这样比较严肃的话题时，主持人也会用一种比较幽默的方式解读，让听众在笑过之后还有所思考。明星采访环节中所聊的话题轻松、幽默，访谈氛围自然、清新、活泼。此外，节目在话题选择上还十分注重时效性。多元与趣味的话题使广播脱口秀节目自然会吸引听众的耳朵。

中央人民广播电台 FM106.6 文艺之声每日 7:00—9:00 播出的《快乐早点到》是一档内容涵盖百姓生活当中所见所闻所想、社会新闻、文化、短信、笑话等方方面面的纯脱口秀节目，每期话题不同。

比如：2013 年 6 月 18 日，节目以“奇葩、搞笑、夸张的口号”为话题，将生活中各种类似于“司机朋友请注意：您和汽车不同的是上帝忘了给您准备零配件”等好玩的、夸张的、恐怖的、用力过猛的标语口号和听众做了一次分享讨论；6 月 19 日，更是以时下最为热门的“赚钱不容易”为话题，讨论城市白领生活压力等问题，极为贴近“所谓白领，就是交完水电费以后，这个月工资等于白领”的上班一族；6 月 25 日，节目紧跟上一段时间出现的股票市场沪指大跌的问题，延伸讨论男女老少的“投资意识”。这些话题或灵活幽默，或贴近生活，或紧跟当下，均取得了较高的收听水平，话题选择的重要程度可见一斑（图 3）。

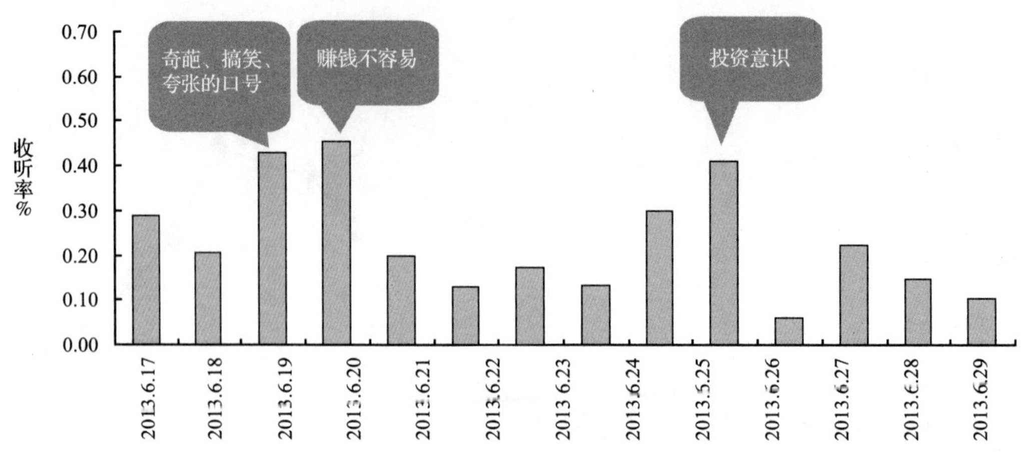

数据来源：CSM 媒介研究

图 3 《快乐早点到》分期收听率（%）

3. 表现手法——形式多样、不拘一格

广播脱口秀节目通过多样的表现手法为听众营造出一种轻松惬意的氛围，奉献了精彩纷呈的节目。

陕西人民广播电台交通广播每周一至周五每晚 20:00—21:00 播出的《老冯说事》，采用话题讨论的形式，让主持人和听众充分互动，利用不同观点的交锋，以另类的方式解读身边故事，从而使节目内容更为充实、丰满。最初，《老冯说事》的主持人使用普通话主持节目；后来，为了能够让当地听众听得更加亲切，主持人与听众交流更加顺畅，《老冯说事》开始使用方言做节目，方言显示出了无可比拟的地域优越性。风趣、诙谐、幽默而不失正气，嬉笑怒骂而不失真诚成为了《老冯说事》节目的特色，主持人在节目中则用记者的眼光看世界，用百姓的语言说新闻，与当地百姓打成一片。从节目的听众集中度上可见，《老冯说事》不仅受到 65 岁及以上的老年听众喜爱，同时也受到 25—44 岁的中青年听众青睐；另外，高学历听众较为喜欢收听该节目（图 4）。

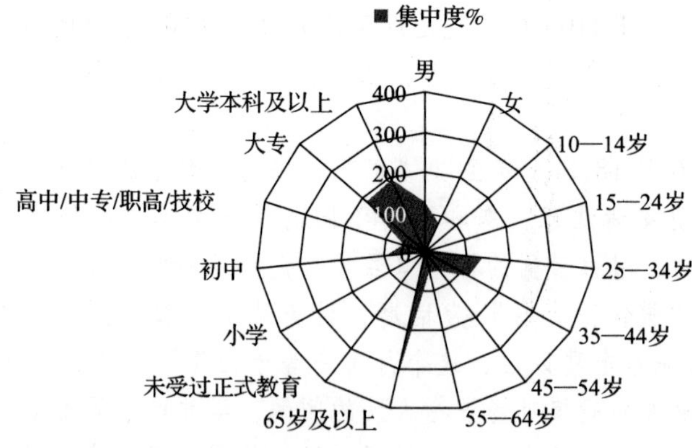

数据来源：CSM 媒介研究

图 4 《老冯说事》听众集中度（%）

二、数说广播“脱口秀”节目成功的必要元素

1. 节目内容要与时段开机听众对位

节目话题和风格的选择关系着节目的成败，制作人员在确定话题与风格时应当充分考虑节目的功能、品位、对象、层次，考虑节目主要针对的是具有什么样特征的听众，这些听众是在什么样的时间、环境中收听节目，他们的心理状态如何，等等。现在不少广播脱口秀节目办得不成功，大多是由于节目的话题和风格定位不准，没有针对特定时段听众的特征和收听状态等因素进行选取。

《嘀嘀叭叭早上好》是江苏交通广播网 FM101.1 的名牌节目，于周一至周五的早上 8:00—9:00 播出。“简单 + 快乐 + 服务”是节目的一贯宗旨，该节目风格独特，伴随性强，收听人群面广量大。其最大的特色在于颠覆了传统广播节目主持人的角色定位，他们从“主持人”降格为“对话市民”，成为市民身边的人，这档节目在话题和风格的定位方面就非常明确。从不同地点收听率走势和听众构成、集中度来看，这档开始于早晨 8:00 的节目能够有针对性地为正处于上班路上、心情紧张的移动中青年群体制作节目，风格幽默、温馨。这档节目以轻松的音乐和话题，以及与听众的互动等构成主要内容，倡导“轻松地开始一天生活”的理念，并且每隔一段时间就插播一次路况信息，使得听众上班的路途变得轻松有趣（图 5、图 6）。

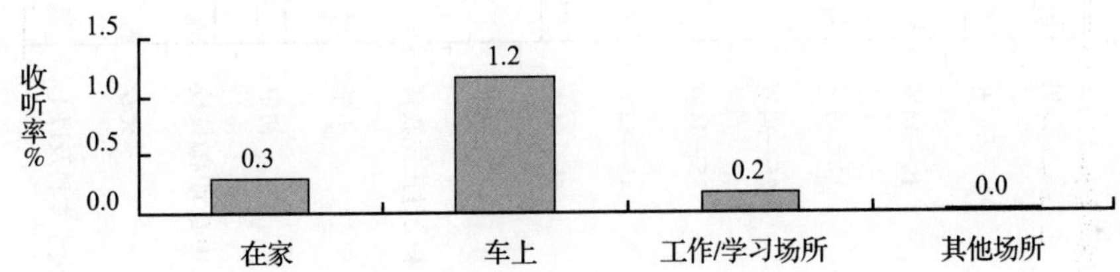

数据来源：CSM 媒介研究

图 5　《嘀嘀叭叭早上好》不同地点收听率（%）

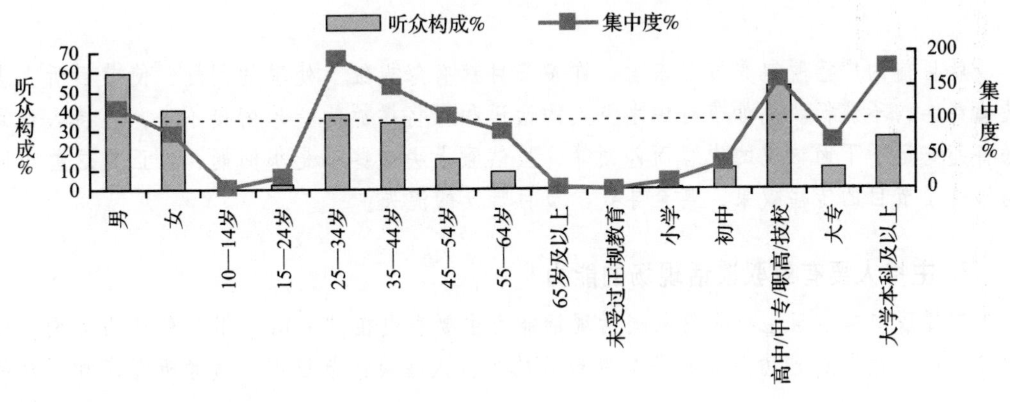

数据来源：CSM 媒介研究

图 6　《嘀嘀叭叭早上好》听众构成（%）和集中度（%）

2. 细节处理要得当

广播脱口秀节目的细节包括必然细节和偶然细节。必然细节主要运用在节目的开头和结尾，偶然细节则会出现在节目的任何一个环节上。一个细节就像是一首歌曲中的一个音符，如果一个音符被唱走音了，那么整首歌曲的演唱效果都会因此大打折扣。细节成就精品，广播脱口秀节目应当注意在每一个细节上下功夫。

《越说越开心》是江苏文艺广播 FM91.4 在每天晚上 18:00—19:00 播出的一档综艺脱口秀节目，其定位是既轻松幽默又具思考张力，充满娱乐精神，旨在为下班回家路途中的行人送去快乐。节目注重细节上的处理，在语言上节目还注意了南京人的语言幽默，在节目中加入了富有幽默元素的南京俚语以及南京市民一段时间内的热门语汇。正是这种适时和适量的南京方言所带来的贴近性与归属感，增加了听众与节目的互动性。从节目的听众构成和集中度上来看，无论是 35—44 岁的中青年，还是 55—64 岁的中老年听众均较喜爱收听该节目（图 7）。

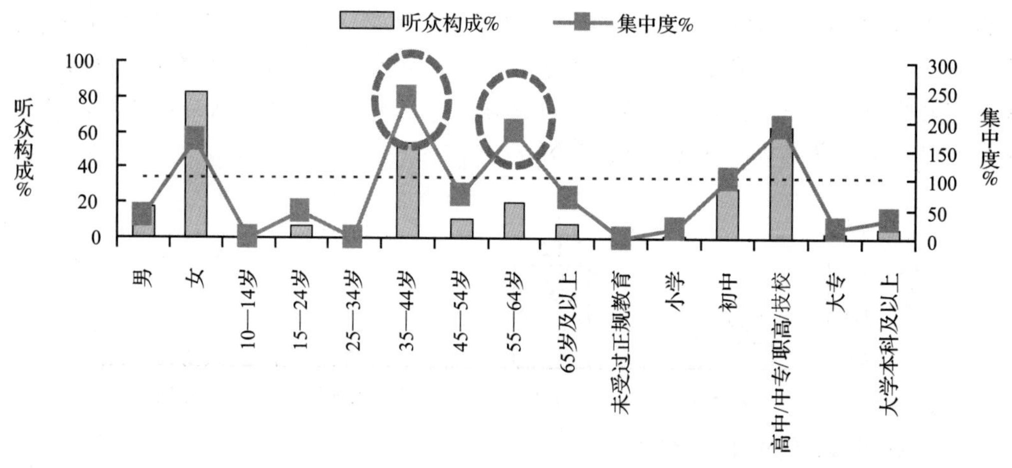

数据来源：CSM 媒介研究

图 7 《越说越开心》的听众构成（%）和集中度（%）

就目前的广播脱口秀节目来看，许多节目都有忽视细节处理的问题，使节目听上去磕磕绊绊，不流畅。比如节目中主持人的话语和即将播放的音乐衔接不上，主持人说到兴奋处忘记了下面该说的内容而停顿等，虽然看上去这些都是小问题，但正是这些小问题影响了节目的传播效果，甚至导致了节目听众的流失。

3. 主持人要有驾驭谈话现场的能力[①]

广播脱口秀节目主持人驾驭谈话现场能力主要表现在“一心二用”的能力方面。所谓“一心二用”的能力就是指脱口秀节目的主持人在谈话节目中一边倾听嘉宾和听众的

① 《广播“脱口秀”节目存的在问题及对策》，http://qnjz.dzwww.com/gdst/200804/t20080418_3503321.htm

谈话、一边思考谈话内容和如何进行衔接的能力。这种能力集中体现了脱口秀节目主持人和其他类型节目主持人的区别。广播脱口秀节目主持人需要在倾听的同时思考话语的衔接，思考如何控制谈话的节奏，如何在恰当的地方切断嘉宾及听众的谈话，以控制全场的节奏，牵引出节目需要的东西。

广播脱口秀节目主持人应当是个性鲜明的人物，而个性又以深厚的文化内涵为前提。美国广播电视界在选拔主持人时，最看重的一般不是个人的容貌和仪表，而是学识、经验和幽默感，因为这些内在的素质不会随着时间的推移而消逝。美国的脱口秀节目听众常常会被主持人风趣的语言、个性化的表现所感染和打动，同时又深深叹服于他们学识的渊博和见解的深刻。而我国的广播脱口秀节目主持人在知识结构、社会阅历、幽默感这三方面与之相比，仍有很多欠缺和不足。

曾经被温州广电集团和业界视为一种现象进行讨论的温州广播电视传媒集团交通频率节目主持人“大铭”，其主持的几档脱口秀节目《大铭的快乐时间》、《大铭的幸福生活》等都因主持人信手拈来的知识和独树一帜的风格而取得不俗的收听成绩。“大铭”最可贵的地方，不是草根的愤青，而是草根的智慧。比如其主持的“大话房价”一期，他说自己是买不起房的，但又望房兴叹，可是节目的落点是只要睡得香，哪里都是床；“大话皮鞋”一期，从皮鞋谈到食品安全问题，甚至幽默地总结为“上得厅堂、下得厨房、吃得酸奶、咽得胶囊”。播音主持工作是知识吞吐量极大的工作，需要以有限的知识应对不停播出的节目。俗话说：“功夫一出手，便知有没有”，主持人开口谈几分钟，听众就知道主持人是不是有水平，他的节目是不是能吸引你。

2013 年 3 月 18 日起，“大铭”在中央人民广播电台 FM106.6 文艺之声每日 7:00—9:00播出的《快乐早点到》中与听众见面，从节目播出前后收听情况对比中可以看出，节目播出以后，收听率提升 100.0%，市场份额提升 101.5%，可以看出，优秀主持人对于收听率水平的带动优势（图 8）。

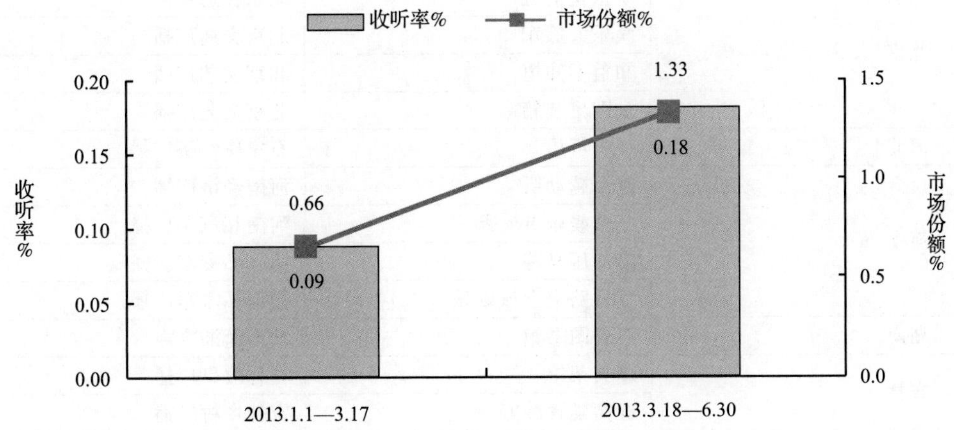

数据来源：CSM 媒介研究

图 8　《快乐早点到》播出前后收听对比

三、娱乐“脱口秀”节目举例

广播具备几个明显的优点：一是靠声音传达，及时性高；二是传达范围广阔，穿透性高；三是合理有效，富有感情；四是普及性高，采用比率大。要将此类优点完全展现，最基本的因素便是强调“说”的能力。无论是广播新闻，还是广播综艺，均非常讲究富有感情、直观动人，以便利用“说”的技术实现“融汇生动直观之美，引领形象想象之听”之目的，形成合理有效“像外之言”的力度，也就是“言能尽像，像能尽言”。在我国，谈话类节目的娱乐性与严肃性常常划分不清晰，由于“娱乐”非常安全，因此严谨的对话节目便更加接近“娱乐化”了，这样经过十余年的演变，一种类似于“相声”的脱口秀节目也就正式呈现在我们眼前。

在综艺类节目当中，“脱口秀”节目不像其他娱乐节目那样受到多方的制约，通常主持人都是靠现场随机应变，它会因为某个主持人的技能，而有效提升此类节目的质量。主持人的技能成为此类节目能否达到目的的首要因素。主持人的知识、素养与性格也将变成此类节目十分重要的特点。在话题的选取上面，娱乐类型“脱口秀”节目具有某些特定的需求，针对娱乐类型“脱口秀”节目，轻松的话题比深沉的话题更能够激发人们的兴趣。在范围的展现方面，娱乐类型“脱口秀”节目十分注意“表演化”，而新闻评论“脱口秀”节目的关键在于话题内在质量。娱乐“脱口秀”节目的主持人一定是某种具备很高表演技能的人才，节目的嘉宾也必须注意其表演上面的技能。

表1　部分频率的部分娱乐“脱口秀”节目一览表

地区/广播电台	节目名称	播出频率
中央人民广播电台	都市潮社会	都市之声
	快乐早点到	文艺之声
	海阳现场秀	文艺之声
北京	欢乐正前方	北京交通广播
	娱乐大篷车	北京交通广播
	知道不知道	北京文艺广播
	幽默集装箱	北京文艺广播
河北	一听可乐	石家庄经济广播
河南	越夜越动听	河南经济广播
	全城娱乐 live 秀	河南私家车广播
	陪你压马路	河南私家车广播
	下班路上全城娱乐	河南私家车广播
湖南	声音图书馆	湖南潇湘之声
吉林	爆笑茶馆	吉林故事广播
	红高粱青纱帐	吉林乡村广播
江苏	越说越开心	江苏文艺广播
	快乐点点	南京人民广播电台交通频率
	悠悠甩吧	常州音乐广播

续表

地区/广播电台	节目名称	播出频率
江西	幸福味道	江西都市广播
	文彦茶馆	江西农村广播
山东	快乐茶餐厅	山东 iradio 女主播电台
陕西	全城闯关 High 一点	陕西交通广播
四川	笑傲江湖	成都交通广播

四、结语

广播作为依靠声音传达的媒体，唯有打动人们的听觉，才能实现信息的有效传达。

当前我国广播收听人群的碎片化程度加剧，如年龄结构、文化程度、收听习惯等方面的变化导致广播电台不得不面对新的挑战，不得不用更多、更新的节目演绎手法来吸引听众，由此产生了包括“脱口秀”节目在内的更多的节目类型和表现形式。针对此类广播节目来讲，一定要明确特定人群的娱乐需要，节目才具备让人喜欢的条件，才能更好地为听众服务。优秀的“脱口秀”节目基本都具备上文提到的成功元素。

当今，伴随着社会的发展和人民生活水平的不断提高，人们对艺术的追求和审美观也与以往有了较大的不同。从收听市场角度看，广播听众是个多层次、多结构的听众群，广播节目如果想获取更多的目标听众，除了要提高广播电台的技术水平，使听众能获得一个良好的听觉体验外，更为重要的还是节目的内容，节目题材和形式的选择必须要有很好的创意，优秀节目主持人的发掘和培养等也非常重要。只有具备这些综合性因素，广播才能在传统的线性播出方式中时刻给听众带来新鲜感，给听众带来期待感，才能在与新媒体融合中实现二次及多次传播。

（作者：马超）

男性听众收听行为特征浅析

男性作为社会的中坚力量，一直以来都是媒体关注的重点。他们在社会上比女性承担了更多的压力和责任，在生活中也担负起一定的家庭重任。他们大多有较强的工作能力，且有一定的消费能力。把握好男性这一重要群体的收听特征，根据其收听习惯和喜好合理编排节目，会对广播的可持续发展产生重要的推动作用。本文以 CSM 媒介研究 2010—2013 年波次收听调查数据①为基础，对男性听众的收听行为特征进行简要分析。

一、男性听众收听的时间及地点特征

1. 男性听众人均收听量及听众规模

根据 2010—2013 年 CSM 媒介研究波次收听调查数据，在全国广播收听市场，10 岁及以上所有听众人均每天收听广播的时间总量在 2011 年小幅回升后便逐年递减（图 1）。受到传统电视媒体和新媒体发展的挤压，2013 年全国广播收听市场，10 岁及以上所有听众人均收听广播的时长为 78 分钟，与收听量较大的 2011 年相比，减少了 7 分钟，较 2010 年和 2012 年分别减少了 6 分钟和 4 分钟。男性听众的人均每天收听总量在 2011 年也有小幅回升，但从 2011 年到 2013 年也出现了收听量持续下滑的趋势，2013 年较 2011 年下降了 6 分钟。2010—2013 年，男性听众人均收听广播的总量明显高于 10 岁及以上所有人。

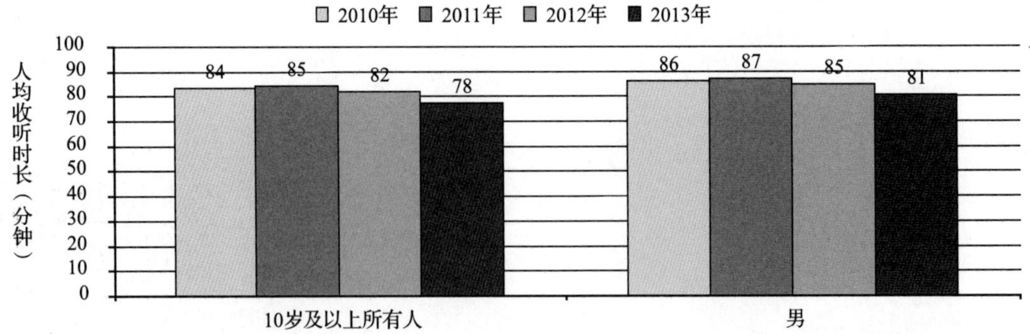

数据来源：CSM 媒介研究

图 1　10 岁及以上所有听众和男性听众人均日收听时长（分钟）比较

---

① 如不做特殊说明，数据均来自 CSM 媒介研究 2010—2013 年的前三波次收听调查数据。

在全国10岁及以上所有听众人均收听广播总量有所下降的大形势下，男性听众的人均收听总量虽有所减少，但其人均收听时间并没有随着不同季节的波次调查而有大的变化，2013年前三波次调查的人均收听时间都在80分钟及以上，第三波调查的人均收听时间较前两波略有减少（图2）。

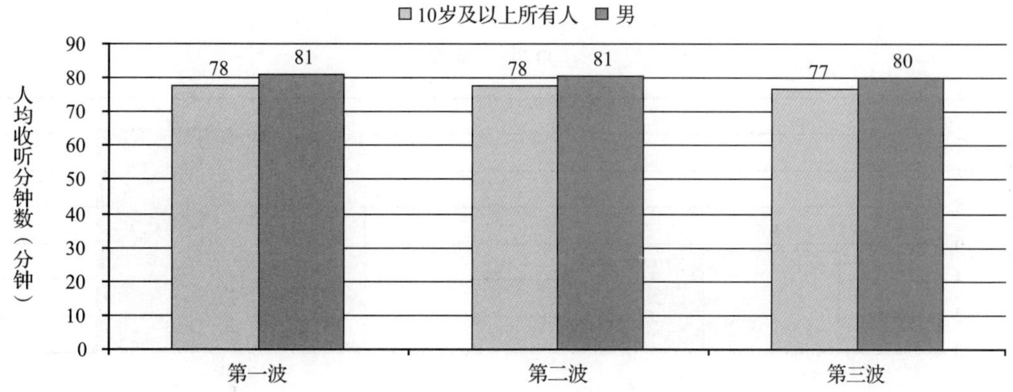

数据来源：CSM媒介研究

图2　2013年10岁及以上所有听众和男性听众分波次调查的人均收听时长

在了解了男性听众人均收听总量之后，我们通过平均到达率这个指标，来分析一下男性听众的日均收听规模。2010—2013年CSM媒介研究全国调查数据显示，男性听众规模在逐年减小（图3）。2010年男性听众日收听规模达到60.5%，2011年下降到59.3%，2012年继续下降到58.5%，到2013年听众规模更是缩减至56.6%，较2010年降幅达6.4%。男性听众规模一直略大于女性听众规模，特别是在2012年，男性听众规模高于女性听众规模0.5个百分点。

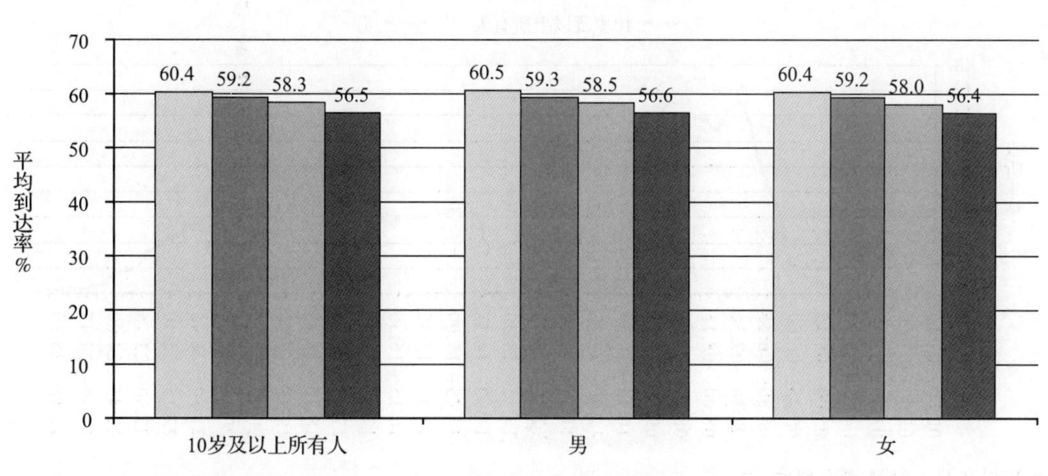

数据来源：CSM媒介研究

图3　不同性别听众平均到达率（%）对比

另外，通过对男女受众的广播收听率、电视收视率的对比可以发现，2013 年前三波次调查数据显示，男性听众收听广播的收听率为 5.6%，较女性听众高 0.5 个百分点；从电视收视率来看，男性观众的收视率为 11.9%，低于女性观众 0.4 个百分点。由此可见，在 2013 年全国 33 个城市收听市场中，男性听众比女性听众更多收听广播；而在电视收视市场，女性观众比男性观众更多收看电视节目（图 4）。

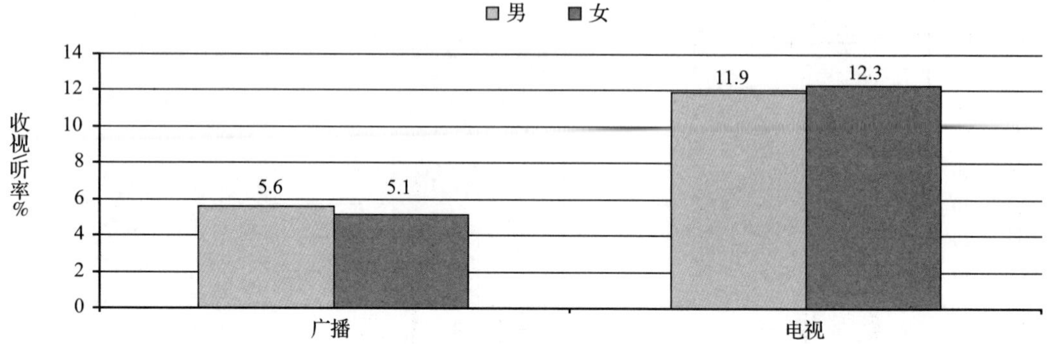

数据来源：CSM 媒介研究

图 4　2013 年前三波次调查期间不同性别受众收视/听率比较

2. 男性听众全天收听走势

在 2013 年全国 33 个城市中，男性听众和 10 岁及以上所有听众收听广播的全天整体趋势基本一致，早间时段、傍晚时段和晚间时段有 3 个收听高峰，其中全天收听率最高的时段集中在早间 7:00 左右，傍晚 18:00 左右和晚间 20:30 左右呈现收听次高峰，且从下午 16:00 点左右就呈现收听逐渐走高的态势。除了这些共同特征以外，我们还可以发现，男性听众收听广播的收听率在早间 7:00—9:00 时段、傍晚 17:00—19:00 时段和晚间 20:00—21:00 时段均略高于 10 岁及以上所有人，是这 3 个时段收听广播的主力军（图 5）。

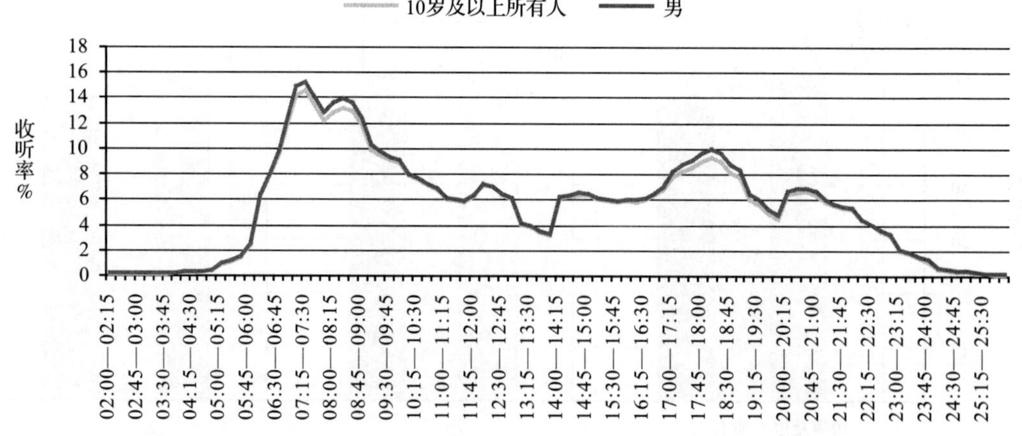

数据来源：CSM 媒介研究

图 5　2013 年 10 岁及以上所有听众和男性听众全天收听走势对比

从不同周天的收听率走势比较可以看出，男性听众在周末和工作日的全天收听率走势基本一致，工作日收听率高于周末的主要时段是早间6：30—9：00时段和傍晚17：00—20：00时段，周末上午9：00—12：00时段的收听率略高于工作日，其他时段的收听率基本持平（图6）。不论是工作日还是在周末，男性听众的收听量都高于10岁及以上所有人。与10岁及以上所有人的收听时间呈现相同趋势的是，男性听众周末收听广播的时间低于工作日，这是因为周末是休闲时间，受众会花费更多的时间与家人相处或与朋友外出游玩，这对周末的收听量会带来一定影响（图7）。

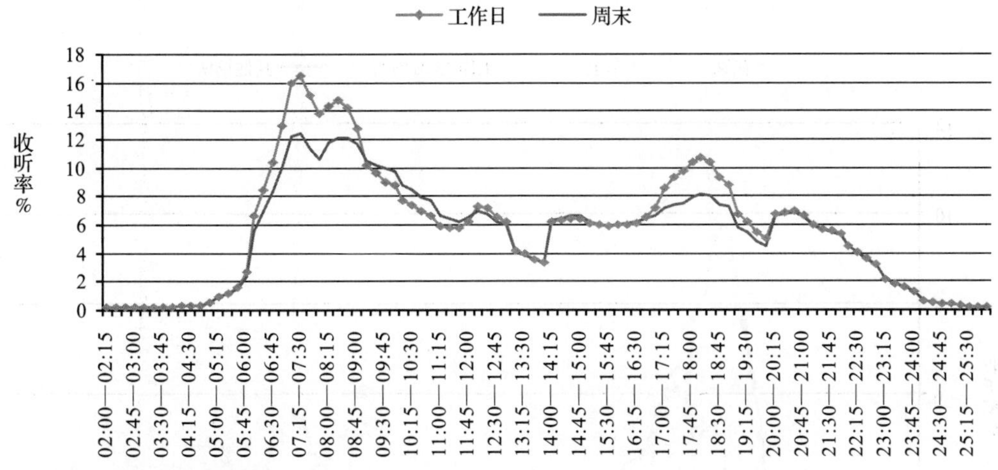

数据来源：CSM媒介研究

图6 2013年男性听众在工作日和周末的全天收听率走势

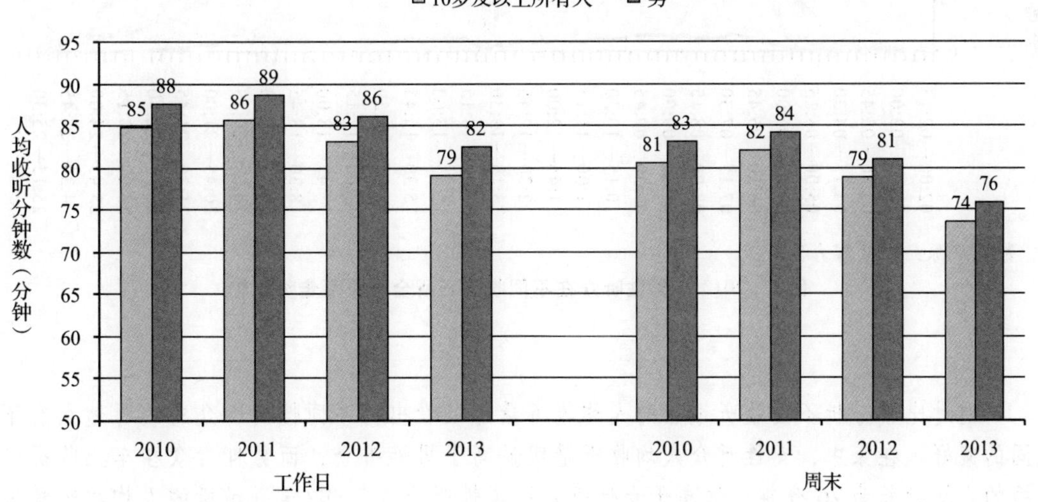

数据来源：CSM媒介研究

图7 2013年男性听众在工作日和周末的人均收听时间（分钟）比较

3. 男性听众在不同场所的收听表现

从男性听众在不同场所的收听表现可以看出，随着城市经济的发展和汽车拥有量的逐年增加，男性听众在上下班时间段的收听行为更多地集中在车上。相比之下，早间上班前时段男性听众普遍集中在家收听广播，家中收听广播在早间 7:00 左右达到峰值，而傍晚下班后的时间，从 18:00 以后在家收听主导晚间收听市场。在 12:00—13:00 的午休时间，男性听众在工作/学习场所的收听率也有小幅冲高，但整体水平远远低于“在家”和“车上”的收听率（图 8）。

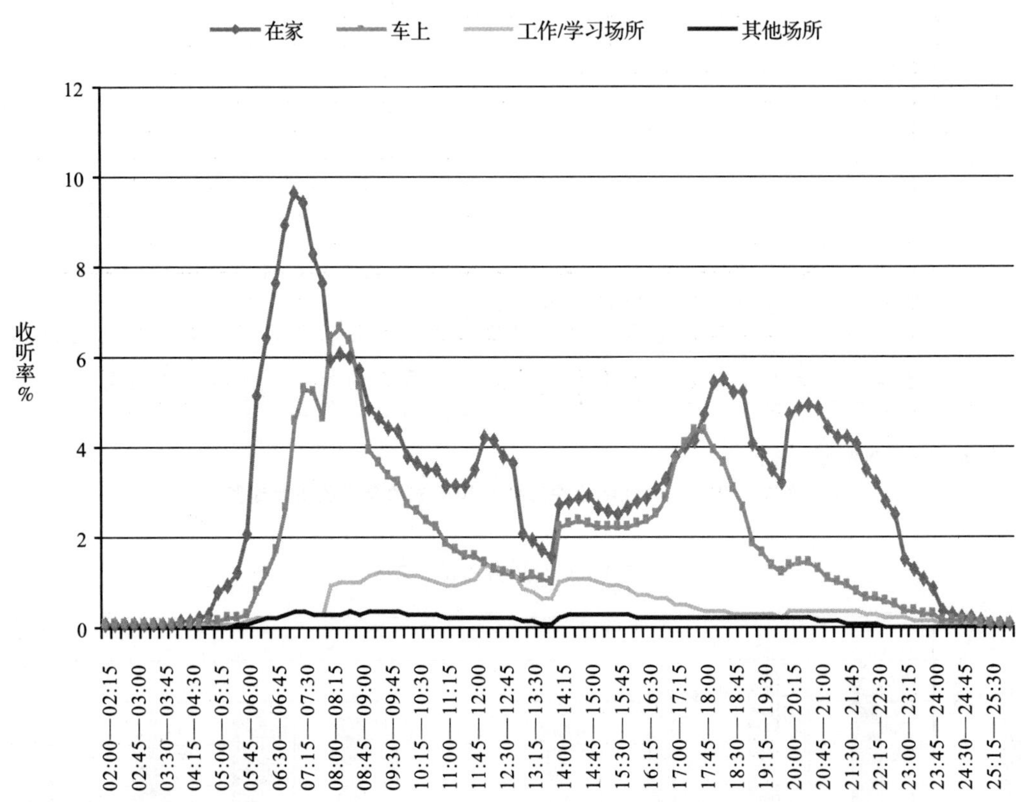

数据来源：CSM 媒介研究

图 8　2013 年男性听众在不同收听场所全天收听走势比较

通过比较分析不同收听地点的人均收听量可以看出，不同性别听众对收听地点有不同的偏好。在家中，女性听众人均收听量明显高于男性听众；而男性听众在车上收听广播的人均时长为 26 分钟，远高于女性听众；男性听众在工作/学习场所的人均收听量也高于女性听众，但差距较小。由此可见，男性听众更多地选择在车上进行收听广播，而女性则更喜爱在家收听广播（图 9）。

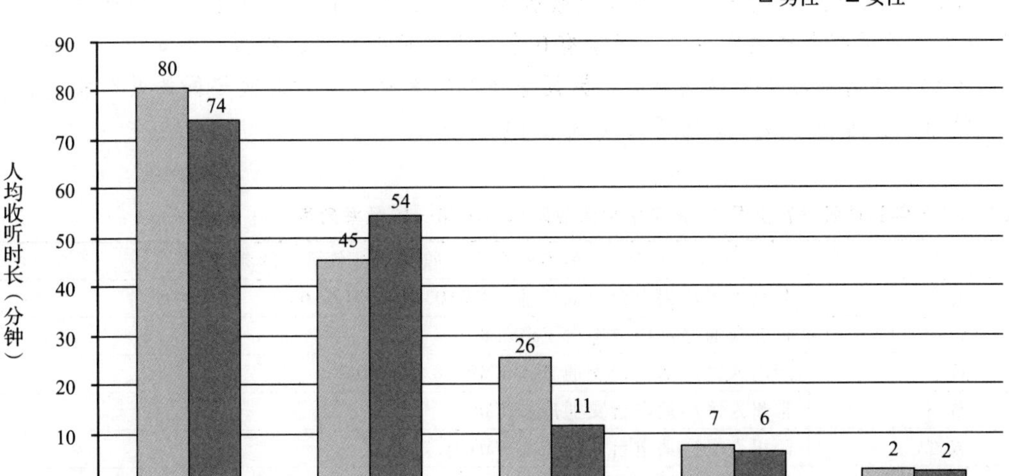

数据来源：CSM 媒介研究

图 9　2013 年不同性别听众在不同收听地点的人均收听时长比较

二、男性听众收听的频率特征

新闻综合类、交通广播类和音乐广播类频率是 10 岁及以上听众收听率较高的频率。与 10 岁及以上听众相比，男性听众更多收听交通广播类和新闻综合类广播频率，而对音乐广播类频率的收听率则不及 10 岁及以上所有听众（图 10）。

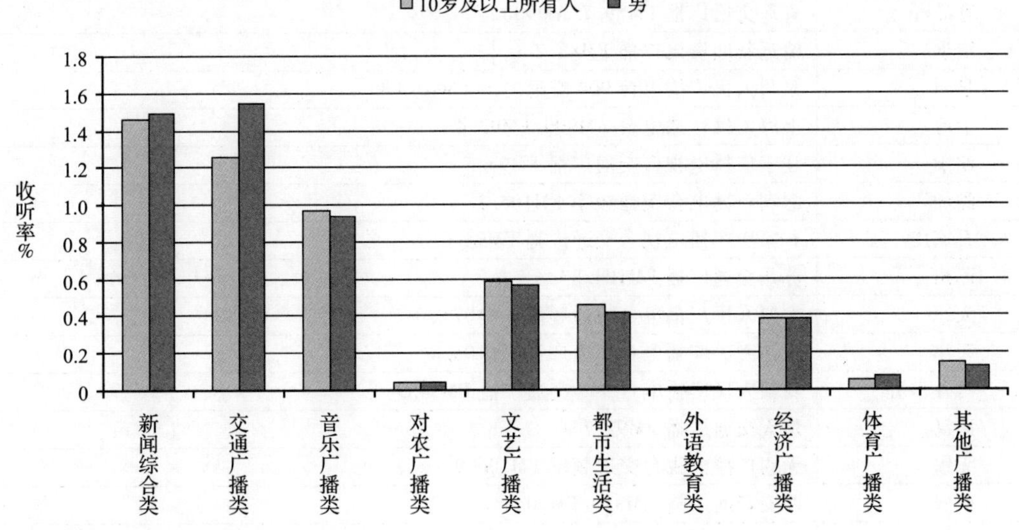

数据来源：CSM 媒介研究

图 10　2013 年全国市场 10 岁及以上听众和男性听众对各类频率的收听率比较

2013年在全国33个城市男性听众收听率最高的频率中，交通类频率居第一的城市有20个，新闻综合类频率最高的城市有6个。由此可以看出，在男性听众中，交通类频率是多数男性听众收听广播的首选，新闻综合类频率也以其对时政要闻的及时报道，在一些城市中也取得了较好的收听表现（表1）。

表1　2013年男性听众在全国33城市中全天收听率排名第一的频率列表

城市	男性听众全天收听率排名第一的频率
北京	北京人民广播电台交通广播（FM103.9/CFM95.6）
长春	长春交通之声广播电台 FM96.8
长沙	湖南人民广播电台交通频道 FM91.8/FM100.3
常州	常州人民广播电台交通广播 FM90
成都	四川人民广播电台交通广播 FM101.7
重庆	重庆人民广播电台交通频率 FM95.5
大连	大连人民广播电台第四套广播交通广播 FM100.8
佛山	佛山人民广播电台 FM94.6
福州	中央人民广播电台第一套节目中国之声
广州	广东电台羊城交通广播台 FM105.2
杭州	浙江之声 FM88/FM101.6/AM810（原浙江电台新闻台）
哈尔滨	黑龙江都市女性广播 FM102.1
合肥	中央人民广播电台第一套节目中国之声
济南	济南新闻广播 FM106.6
南京	江苏新闻广播 FM93.7
南宁	广西电台教育生活广播（私家车930）FM93.0
宁波	宁波电台交通广播 FM93.9 AM603
青岛	青岛交通广播 FM89.7/AM900
清远	清远新闻资讯广播 FM88.7
泉州	泉州人民广播电台904交通之声 FM90.4
上海	上海人民广播电台 AM990/FM93.4
沈阳	辽宁广播电视台交通广播 FM97.5
深圳	深圳广播电台交通频率 FM106.2
石家庄	石家庄广播电视台交通广播 FM94.6
苏州	苏州交通广播 FM104.8
太原	太原人民广播电台交通频率 FM107
天津	天津人民广播电台交通广播 FM106.8
乌鲁木齐	新疆人民广播电台949交通广播 FM94.9
武汉	楚天交通广播 FM92.7
无锡	无锡广播电视台交通频率 FM106.9
西安	西安新闻广播 AM810/FM90.4
厦门	厦门音乐广播 FM90.9
郑州	郑州人民广播电台新闻广播 AM549/FM98.6/FM88.9

数据来源：CSM媒介研究

下面我们再以北京、上海、广州、杭州和深圳五个主要城市为例，来具体分析一下男性听众对主要收听频率的偏好程度。在北京市场，男性听众收听率排名第一的是北京人民广播电台交通广播（FM103.9/CFM95.6），该频率在男性听众中的市场份额超过1/3，较第二名高出一倍多。上海人民广播电台AM990/FM93.4在男性听众中收听率在上海市场排名第一，该频率占到该城市男性收听市场的25%以上，其在男性听众中的竞争实力不容小觑。排名前三位的频率总份额超过55%，占据了一半以上的男性收听市场。可以看出，在上海市场，男性听众收听的频率相对比较集中。在杭州市场，男性听众收听率排名第一的是浙江之声FM88/FM101.6/AM810（原浙江电台新闻台），收听率为0.98%，市场份额为12.28%。在广州市场，广东电台羊城交通广播台FM105.2是男性听众比较喜欢的频率，占据了当地市场近20%的市场份额。在深圳市场，男性听众收听率最高的是深圳广播电台交通频率FM106.2，收听率达到1.32%，市场份额为33.54%。排名前三位频率的市场份额之和超过了57%，也占据了一半以上的男性收听市场（表2）。

表2　2013年部分城市男性听众收听率排名前五位的频率

城市	频率	收听率%	市场份额%
北京	北京人民广播电台交通广播（FM103.9/CFM95.6）	1.84	34.73
	北京人民广播电台文艺广播（FM87.6/CFM93.8）	0.76	14.34
	中央人民广播电台第一套节目中国之声	0.45	8.50
	北京广播电台新闻广播（FM100.6/AM828/CFM90.4）	0.36	6.74
	北京人民广播电台音乐广播（FM97.4/CFM94.6）	0.31	5.80
上海	上海人民广播电台AM990/FM93.4	1.14	26.07
	上海流行音乐广播 动感101 FM101.7	0.86	19.66
	上海交通广播AM648/FM105.7	0.45	10.29
	上海流行音乐广播 Love Radio FM103.7	0.42	9.62
	第一财经广播FM97.7	0.31	7.05
杭州	浙江之声FM88/FM101.6/AM810（原浙江电台新闻台）	0.98	12.28
	私家车107快乐广播城市之声FM107/AM1530	0.90	11.22
	浙江人民广播电台交通之声FM93	0.88	10.97
	动听968音乐调频FM96.8	0.82	10.25
	杭州交通经济广播FM91.8	0.77	9.61
广州	广东电台羊城交通广播台FM105.2	0.78	19.99
	广东电台音乐之声FM99.3	0.65	16.48
	广州交通电台FM106.1	0.45	11.43
	广东电台珠江经济广播电台（E FM 财富974）	0.44	11.26
	广州新闻电台FM96.2	0.36	9.23
深圳	深圳广播电台交通频率FM106.2	1.32	33.54
	深圳广播电台音乐频率FM97.1	0.49	12.41
	深圳广播电台新闻频率FM89.8	0.44	11.26
	广东电台南粤之声（汽车优悦广播）FM105.7	0.22	5.58
	广东电台音乐之声FM99.3	0.21	5.24

数据来源：CSM媒介研究

三、男性听众收听的节目[①]特征

1. 节目类型特征

2013年播出的所有节目类型中，音乐类、生活服务类和文艺类节目是广播电台播出时间最长的三种节目类型，三类节目的播出时长占所有节目类型的50%以上。其中，音乐类节目的播出比重最高，达到24.56%，生活服务类节目和文艺类节目的播出比重分别为17.48%和13.51%，新闻/时事类节目的播出比重也比较高，达到12.61%，社教类和财经类节目播出比重分别为6.78%和4.75%，其他如体育、法制等类型的节目播出比重都低于4%（表3）。

通过比较分析10岁及以上所有人和男性听众对各类节目的收听比重可以发现，两个听众群体对音乐、生活服务和文艺类节目的收听比重都比较高，而体育和法制类节目由于播出量比较少，获得的收听量相对也较少。新闻/时事类节目恰恰相反，两个听众群体的收听比重均远高于播出比重，该类节目的资源利用率相对较高，仍有一定的成长空间。男性听众较所有听众更关注于新闻/时事，包含交通及出行信息的生活服务类节目以及体育类节目（表3）。

表3　2013年各广播节目类型的播出比重与目标听众的收听比重

节目类别	播出比重（%）	收听比重（%）	
		10岁及以上所有人	男性
音乐	24.56	20.03	18.54
生活服务	17.48	17.13	18.66
文艺	13.51	11.55	10.63
新闻/时事	12.61	22.44	22.58
社教	6.78	4.75	4.69
财经	4.75	3.57	3.34
体育	3.28	1.65	2.28
法制	0.91	0.59	0.58

数据来源：CSM媒介研究

2. 具体节目特征

从表3中我们了解到，新闻/时事类、生活服务类和音乐类节目在男性听众群中获得了较高的收听比重。以下我们将通过对北京和深圳这两个市场的具体节目及频率编排案例进一步分析男性听众收听率较高的具体节目。

在北京市场男性听众收听率较高的常规节目排名前五位的节目中，有三个属于生活服务类，两个属于新闻/时事类节目，且排名前五位的节目均是在北京人民广播电台交

① 节目收听数据如无特别说明，均来自央视市场研究（CTR）和CSM媒介研究对北京、上海、杭州、广州和深圳五个城市在2013年1月1日到10月31日的调查数据。

通广播（FM103.9/CFM95.6）播出的（表4）。其中《交通新闻热线》、《交通新闻》和《交通路况预报》在早间7:00—9:00时段播出，《一路畅通》和《出行提示》在早晚上下班时段均有播出，而早晚上下班时段也是北京市场以及该频率听众全天收听率最高的时段，倍受男性听众喜爱，因为属于上班族的他们对能随时了解路况信息的节目尤为感兴趣。

在深圳市场，除深圳广播电台交通频率FM106.2播出的生活服务类节目《交通犀利眼》、《伴你同行》和《交通动态》是在傍晚17:00—18:00时段播出，其余两档节目均是在早间8:00—10:00左右播出，这两大时段也符合男性听众全天收听趋势，前五名的节目均出自早间和晚间两大高峰时段（表5）。

表4　2013年北京市场男性听众收听率排名前五名的常规节目

排名	节目	频率	类别	属性	收听率%	市场份额%
1	交通新闻热线	北京人民广播电台交通广播（FM103.9/CFM95.6）	新闻/时事	新闻/时事其他	7.90	38.76
2	交通新闻	北京人民广播电台交通广播（FM103.9/CFM95.6）	新闻/时事	新闻/时事其他	6.64	38.08
3	交通路况预报	北京人民广播电台交通广播（FM103.9/CFM95.6）	生活服务	汽车服务	5.95	43.11
4	一路畅通	北京人民广播电台交通广播（FM103.9/CFM95.6）	生活服务	汽车服务	4.69	44.28
5	出行提示	北京人民广播电台交通广播（FM103.9/CFM95.6）	生活服务	生活服务其他	4.45	42.97

数据来源：CSM媒介研究

表5　2013年深圳市场男性听众收听率排名前五名的常规节目

排名	节目	频率	类别	属性	收听率%	市场份额%
1	交通犀利眼	深圳广播电台交通频率FM106.2	生活服务	汽车服务	5.28	46.83
2	深圳早班车	深圳广播电台交通频率FM106.2	新闻/时事	综合新闻	4.86	44.02
3	伴你同行	深圳广播电台交通频率FM106.2	生活服务	汽车服务	3.47	48.85
4	交通动态	深圳广播电台交通频率FM106.2	生活服务	生活服务其他	2.69	40.97
5	缤纷车世界	深圳广播电台交通频率FM106.2	生活服务	汽车服务	2.46	38.90

数据来源：CSM媒介研究

四、结语

通过对男性听众收听行为特征的分析我们可以看出，近些年新媒体的突飞猛进不断蚕食传统媒体市场，受众分流进一步加剧，男性听众的收听规模也在逐渐缩小。同时，男性听众的人均收听时长自2011年呈现持续下降趋势。男性听众更偏爱在车上收听广播，汽车频率和交通类广播应针对男性听众这一收听偏好进行合理有效的节目编排。男性听众偏爱收听新闻/时事、音乐、生活服务以及体育类节目，如何增强其他类型节目对男性听众的吸引力，获得男性听众的关注是当前需要认真思考的问题。男性听众作为广播收听市场的主力军，应得到广播媒体的更多关注与重视，创新节目内容和丰富播出形式，在更广阔的平台上吸引男性听众的关注，是广播在专业化趋势下发展的重要措施。

（作者：张嫣）

听众车上广播收听行为分析

截至2013年底，全国汽车保有量达1.37亿辆，北京、天津、成都、深圳等8个城市汽车保有量超过200万辆，其中北京市汽车保有量更是超过了500万辆。[①] 随着近年来有车群体持续快速增加，车上收听广播的听众规模迅速扩大，车上广播收听市场颇受业界关注。本文着眼于听众车上广播收听行为分析，基于CSM媒介研究33城市[②]电视广播视听率调查基础研究数据和收听率调查数据，对车上广播收听发展状况、听众特征和车上收听的广播频率进行分析；另外，借由CSM媒介研究《车载广播受众专项调研》项目数据，以北京私家车主为例，对听众车上收听的广播节目和影响车上广播收听的原因加以分析，以更加全面地展示听众车上广播收听行为。

一、近年来车上广播收听发展状况

本部分基于CSM媒介研究电视广播视听率调查基础研究数据，对近三年来广播收听地点、不同收听地点收听时间分布和不同地点收听率走势进行分析比较，以描述车上广播收听市场近年来的发展状况。

1. 私家车上广播收听比例连年攀升

基于2011—2013年CSM媒介研究33城市电视广播视听率调查基础研究数据（图1），三年内听众最经常收听广播地点的选择习惯基本保持不变，选择比例排在前三位的均是“家中”、“私家汽车”和“公共汽车/轨道交通”。从2011—2013年，虽然每年都有近五成或超过四成的听众最经常收听广播的地点为在家，但是选择比例呈现逐年下降态势，从2011年的48.49%减少到2013年的43.67%，下降了4.82个百分点。2013年，在其他所有收听地点选择比例都在下降的同时，私家汽车则越来越多地成为听众最经常收听广播的场所，把私家汽车作为最经常收听广播地点的选择比例从2011年的26.57%增加到2013年的35.70%，上升了近10个百分点。收听地点的变化正在形成一个明显的趋势，私家车广播移动收听的特点越来越突出。

① 参见中国行业研究网，http：//www.chinairn.com/news/20140211/085433111.html

② 2013年33城市包括上海、北京、天津、深圳、广州、杭州、南京、哈尔滨、郑州、沈阳、济南、长春、佛山、长沙、武汉、大连、太原、西安、乌鲁木齐、苏州、合肥、成都、石家庄、福州、南宁、厦门、无锡、重庆、青岛、宁波、常州、泉州和清远。

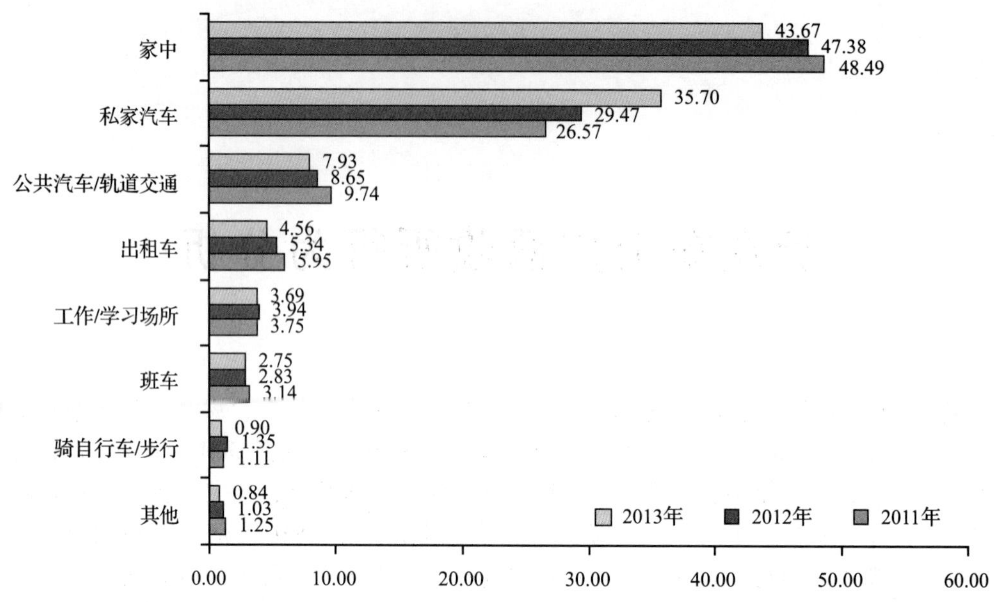

数据来源：CSM 媒介研究 33 城市电视广播视听率调查基础研究

图 1　33 城市 15 岁及以上听众最经常收听广播地点的选择比例（%）

2. 在车上收听广播的时间逐年增多

根据 CSM 媒介研究收听率调查数据，2011—2013 年全国 33 城市所有场所的人均收听分钟数呈现逐年下降的趋势，2013 年所有场所收听时间比 2011 年减少了 7.60 分钟，比 2012 年下降了 4.19 分钟（表 1）。详细来看，2013 年在家收听的人均收听分钟数下降明显，比 2011 年减少了 9.33 分钟；工作/学习场所和其他场所的人均收听时长略有增加，2013 年同比 2011 年的增幅均未超过半分钟；而在车上的人均收听分钟数增长相对明显，2013 年比 2011 年增加了 1.49 分钟，相比 2012 年也增加了 0.55 分钟。

表 1　10 岁及以上广播听众在不同收听场所的人均收听分钟数（分钟）

收听场所	2011 年	2012 年	2013 年
在家	58.79	53.95	49.46
车上	17.06	18.00	18.55
工作/学习场所	6.61	7.03	6.69
其他场所	2.17	2.24	2.32
所有	84.62	81.21	77.02

数据来源：CSM 媒介研究

从 2011—2013 年各年不同收听场所收听比重的变化来看（图 2），在家中收听广播的时间比重均保持在 60% 以上，但呈现逐年下降的趋势，从 2011 年的 69.48% 降到了 2013 年的 64.22%，减少了 5.26 个百分点；而在车上收听广播的比重则是逐年上升的走势，从 2011 年的 20.16% 提高到 2013 年 24.08%，增加了 3.92 个百分点。

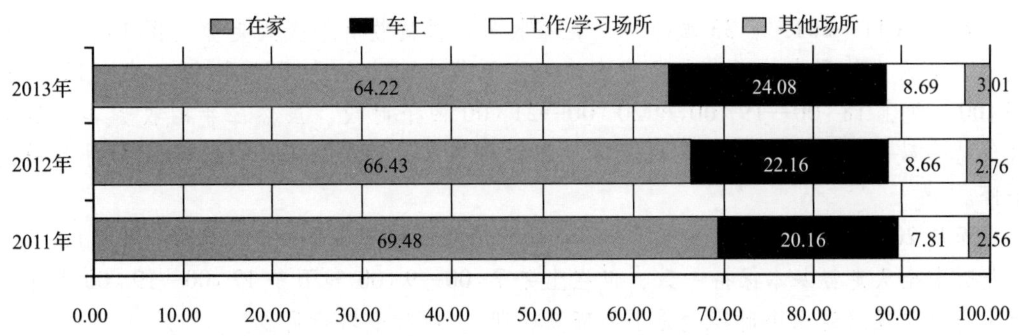

数据来源：CSM 媒介研究

图 2　2011—2013 年听众不同收听场所收听比重（%）

3. 上下班高峰期车上广播收听率增长明显

根据2013年33城市听众在家、车上、工作/学习场所和其他场所四类不同收听地点的全天收听率走势（图3），在家中收听广播的全天收听率波动较多，收听高峰主要集中在上午7:00—8:00、中午12:00—13:00、晚上18:00—19:00和20:00—21:00，全天收听率最高峰出现在早上7:00左右；在车上收听广播的收听率高峰期相对明显和集中，主要是在上午7:00—9:00和下午17:00—19:00左右两个时段，与城市交通高峰时段契合度较高，其他时段起伏变化不大，全天收听率最高峰出现在早上8:30左右；在工作/学习场所的全天收听走势波动相对平缓，全天收听率最高峰值出现在中午12:00左右。

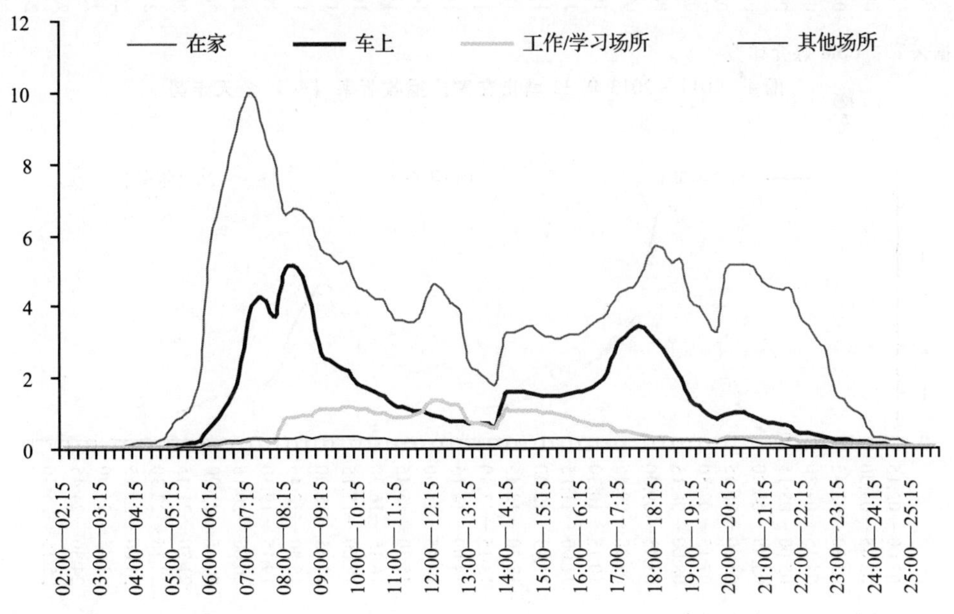

数据来源：CSM 媒介研究

图 3　2013 年 33 城市不同场所广播收听率（%）全天走势

对比2011—2013年33城市听众在家收听广播的收听率全天走势（图4），三年来收听率全天走势形态接近，收听率高峰都主要集中在上午7:00—8:00、中午12:00—13:00、晚上18:00—19:00和20:00—21:00四个时段。虽然三年的收听率走势曲线保持一致，但是收听率却呈现逐年下降的趋势，尤其在6:00—22:00时段出现普遍下降。

而从2011—2013年33城市听众车上收听广播的收听率全天走势来看（图5），三年的收听率全天走势基本保持一致，但在上午7:00—9:00和下午17:00—19:00两个收听率高峰时段（这两个时段也是上下班高峰期），收听率增长明显。

数据来源：CSM媒介研究

图4　2011—2013年33城市在家广播收听率（%）全天走势

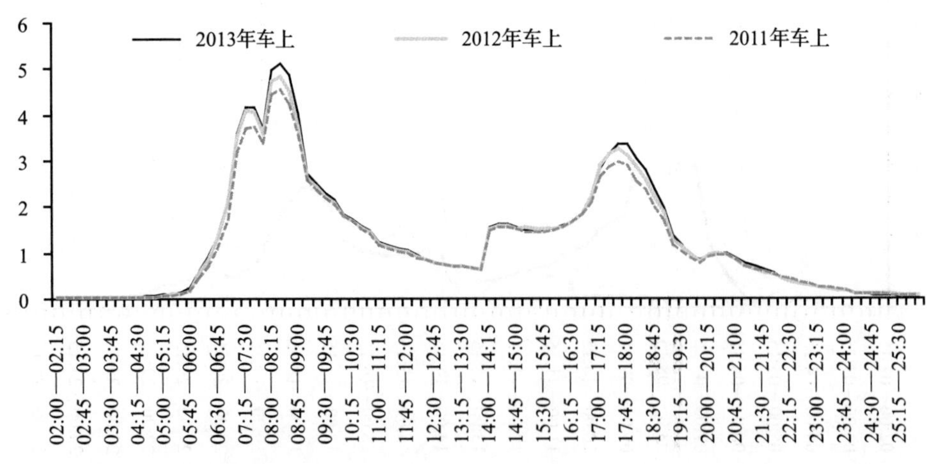

数据来源：CSM媒介研究

图5　2011—2013年33城市车上广播收听率（%）全天走势

二、车上广播听众特征

从2013年33城市车上收听广播的听众特征来看（图6），在车上收听广播的听众以男性、中青年、高学历、高收入人群为主。

从听众构成来看（图6），在车上收听广播的听众中，男性比例近七成，远高于女性听众比例；25—44岁中青年听众比例较高，高于其他年龄段听众；在受教育程度方面，随学历的增高听众比例随之增高，具有大学及以上教育背景的听众比例最高，其次是高中教育程度的听众；从职业背景来看，初级公务员/雇员的比例最高，其次是个体/私营企业人员和工人，三类人群的比例明显高于其他职业背景的听众；个人月收入超过3000元的人群比例较高，且明显高于其他收入水平听众的比例。

从听众集中度来看，在车上，男性听众的收听倾向更加突出；年龄方面，25—54岁听众的听众集中度均超过100%，其中35—44岁的听众集中度更是超过150%；从受教育程度看，高中及以上教育背景的听众车上收听广播的倾向明显高于其他教育程度听众；职业方面，干部/管理人员和个体/私营企业人员的集中度均超过150%，车上收听广播的倾向尤为明显，此外，初级公务员/雇员和工人的听众集中度均超过100%，车上收听倾向也较突出；从个人月收入方面看，收入越高，车上收听广播的听众集中度越高，2501元及以上听众的集中度都在100%以上，车上收听倾向较为明显，其中个人月收入在4001元及以上的听众集中度在各类人群中最高，是车上广播听众中收听倾向最高的一类听众。

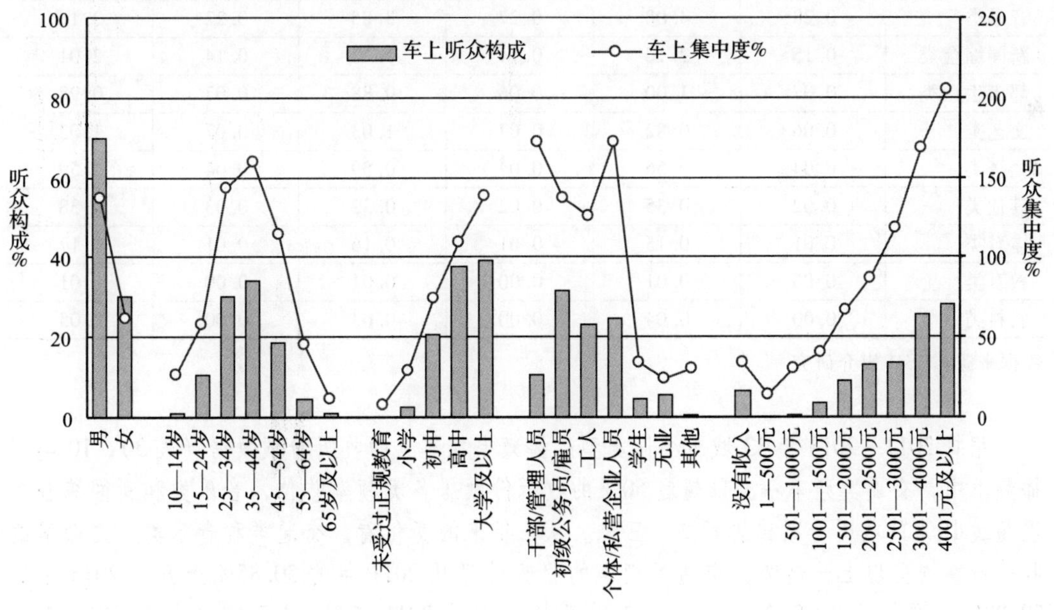

数据来源：CSM媒介研究

图6　2013年33城市车上广播听众的特征

三、听众车上收听的广播频率

本部分主要基于CSM媒介研究收听率调查数据，从33城市车上广播收听整体以及各个城市中收听排名第一的频率及相关信息，来分析听众在车上主要收听的广播频率。

1. 交通、音乐和新闻综合类频率是听众车上收听的三类主要频率

根据2011—2013年33城市车上不同类型广播频率的收听率和人均收听分钟数（表2），交通类、音乐类和新闻综合类频率稳居近三年听众车上收听前三甲。其中，交通类频率以较大优势领先其他类型频率，且收听率和人均收听分钟数呈逐年上升的趋势，收听率从2011年的0.60%增加到2013年0.66%，人均收听分钟数从2011年的8.68分钟上升到2013年的9.44分钟，领先优势在不断扩大。

同比2012年，2013年音乐类、新闻综合类和都市生活类频率的收听成绩均有小幅上升，而文艺类频率则有所下降。其余类型频率因收听率和人均收听分钟数偏低，收听变化较不明显。

表2　2011—2013年33城市车上不同类型广播频率的收听率（%）和人均收听时长（分钟）

频率类别	2013年		2012年		2011年	
	收听率%	人均收听分钟数	收听率%	人均收听分钟数	收听率%	人均收听分钟数
交通类	0.66	9.44	0.64	9.15	0.60	8.68
音乐类	0.28	4.08	0.27	3.85	0.22	3.16
新闻综合类	0.15	2.10	0.14	1.98	0.14	2.01
都市生活类	0.07	1.00	0.06	0.88	0.07	0.98
文艺类	0.06	0.82	0.07	1.03	0.07	1.03
经济类	0.04	0.56	0.04	0.59	0.04	0.59
其他类	0.02	0.35	0.02	0.32	0.03	0.38
体育类	0.01	0.15	0.01	0.16	0.01	0.17
教育类	0.00	0.01	0.00	0.01	0.00	0.01
农村类	0.00	0.04	0.00	0.03	0.00	0.05

数据来源：CSM媒介研究

根据2011—2013年33城市不同类型广播频率在车上的收听份额数据（表3），10类广播频率中，交通类频率一直以超过50%的收听份额居各类频率首位，音乐类和新闻综合类以超过10%的收听份额稳居第二、三位。从三年来的变化看，交通类和音乐类广播频率的收听份额均呈现上升趋势，交通类频率的收听份额从2011年的50.85%上升到2013年的50.90%，增加了0.05个百分点；音乐类频率则从2011年的18.54%增长到2013年的21.99%，增加了3.45个百分点；而其余8类广播频率的收听份额均呈现出不同程度的下滑，其中份额降低较明显的是文艺类广播频率，三年间减少了1.62个百分点。

表3 2011—2013年33城市不同类型广播频率在车上的收听份额（%）

频率类别	2013年	2012年	2011年
交通类	50.90	50.84	50.85
音乐类	21.99	21.38	18.54
新闻综合类	11.31	10.99	11.76
都市生活类	5.39	4.90	5.76
文艺类	4.42	5.72	6.04
经济类	3.02	3.26	3.45
其他类	1.90	1.80	2.25
体育类	0.81	0.90	1.02
教育类	0.07	0.03	0.07
农村类	0.19	0.18	0.27

数据来源：CSM媒介研究

2. 33个城市中有29个城市交通类频率位居听众车上收听榜首

车上广播听众对交通类频率的收听喜爱，在具体的城市地方市场也可得到体现。根据CSM媒介研究33个城市中车上收听率排名第一的频率及其分类信息（表4），33个城市中有29个城市的交通类频率高居地方车上收听市场榜首，可见车上听众对交通类频率的收听偏好。除交通类频率外，3个音乐类频率和1个新闻综合类频率位居另外4个城市车上收听市场第一。

表4 33个城市中车上收听率排名第一的频率及所属频率类型

城市	频率名称	频率类型
北京	北京人民广播电台交通广播（FM103.9/CFM95.6）	交通
长春	长春交通之声广播电台FM96.8	交通
长沙	湖南人民广播电台交通频道FM91.8/FM100.3	交通
常州	常州人民广播电台交通广播FM90	交通
成都	四川人民广播电台交通广播FM101.7	交通
重庆	重庆人民广播电台交通频率FM95.5	交通
大连	大连人民广播电台第四套广播交通广播FM100.8	交通
佛山	佛山人民广播电台FM92.4	交通
福州	福建987私家车广播FM98.7	交通
广州	广东广播电视台羊城交通广播台FM105.2	交通
杭州	杭州交通经济广播FM91.8	交通
哈尔滨	黑龙江交通广播FM99.8	交通
合肥	合肥交通广播AM1053/FM102.6	交通
济南	济南交通广播FM103.1	交通
南京	南京交通台FM102.4	交通
南宁	广西电台教育生活广播（私家车930）FM93.0	音乐

续表

城市	频率名称	频率类型
宁波	镇海台 (私家车音乐台 FM104.7)	交通
青岛	青岛交通广播 FM89.7/AM900	交通
清远	清远新闻资讯广播 FM88.7	新闻综合
泉州	泉州人民广播电台 904 交通之声 FM90.4	交通
上海	上海流行音乐广播 动感 101 FM101.7	音乐
沈阳	辽宁广播电视台交通广播 FM97.5	交通
深圳	深圳广播电台交通频率 FM106.2	交通
石家庄	石家庄广播电视台交通广播 FM94.6	交通
苏州	苏州交通广播 FM104.8	交通
太原	太原人民广播电台交通频率 FM107	交通
天津	天津人民广播电台交通广播 FM106.8	交通
乌鲁木齐	新疆人民广播电台 949 交通广播 FM94.9	交通
武汉	楚天交通广播 FM92.7	交通
无锡	无锡广播电视台交通广播 FM106.9	交通
西安	陕西广播电视台交通广播 AM1323/FM91.6	交通
厦门	厦门音乐广播 FM90.9	音乐
郑州	河南人民广播电台交通广播 FM104.1	交通

数据来源：CSM 媒介研究

四、听众车上收听的广播节目

私家车主是车辆驾驶和车上广播收听的主要受众，本部分借助 CSM 媒介研究 2013 年进行的“车载广播受众专项调研”，以北京私家车主为例，对车上广播收听的节目和影响收听的因素进行分析。

1. 交通路况信息是北京私家车主车上收听最喜爱的节目类型

根据 CSM 媒介研究 2013 年进行的“车载广播受众专项调研”数据（表 5），就北京私家车主在车上喜爱收听的广播节目类型而言，交通路况信息类节目受喜爱程度最高，选择比例达 86.84%，除交通路况信息外，交通类节目还包括第十位交通投诉、第十一位交通咨询、第十四位交通政策信息。除排名第二的内地流行歌曲外，在选择比例排名前十五位中，还有 3 类为音乐类节目，分别为第四位港台流行歌曲、第五位欧美流行歌曲和第六位轻音乐，由此可见，北京私家车主对各种类型音乐类节目的喜爱比例较高。对于新闻类节目，除排名第三的时事新闻外，还有第七位的社会新闻、第十三位的娱乐新闻、第十五位的财经新闻。选择比例排名前十五位的其他类型节目分别被文艺类、车辆信息类节目囊括。

表5　北京私家车主在车上喜爱收听的节目类型选择比例排名前十五位（%，多选）

排名	节目类型	选择比例%	排名	节目类型	选择比例%
1	交通路况信息	86.84	9	车辆维修和保养信息	19.91
2	内地流行歌曲	63.78	10	交通投诉	19.73
3	时事新闻	43.75	11	交通咨询	17.92
4	港台流行歌曲	37.80	12	评书	16.28
5	欧美流行歌曲	31.31	13	娱乐新闻	15.00
6	轻音乐	30.40	14	交通政策信息	13.46
7	社会新闻	29.82	15	财经新闻	13.14
8	相声小品	27.79			

数据来源：CSM媒介研究车载广播受众专项调研

2. 本地交通节目最受北京私家车主听众青睐

具体来看北京私家车主经常收听的广播节目（表6），私家车主经常收听的广播节目选择比例排名第一的是《一路畅通》，经常收听的百分比达到45.13%，遥遥领先于其他节目；排名第二的节目为交通广播FM103.9每半点播报的《路况信息》，27.47%的北京私家车主经常收听，以较大幅度领先于其他广播节目；排名第三的栏目为《海阳现场秀》，经常收听的选择比例为2.82%，与排名前两位的栏目存在较大差距，其余节目的选择比例都未超过3%。

表6　北京私家车主经常收听的广播节目选择比例排名前十位（%，多选）

排名	节目/所属频率	选择比例%	排名	节目/所属频率	选择比例%
1	一路畅通/FM103.9	45.13	6	大铭脱口秀/FM106.6	1.45
2	路况信息/FM103.9	27.47	7	欢乐正前方/FM103.9	1.44
3	海阳现场秀/FM106.6	2.82	8	雄鸡唱晓/FM102.5	1.08
4	空中笑林/FM87.6	2.20	9	早间第一资讯/FM90.5	0.78
5	交通新闻/FM103.9	1.83	10	moming call/FM88.7	0.77

数据来源：CSM媒介研究车载广播受众专项调研

3. “节目内容不喜欢”和“广告插播”是听众车载收听换台的主要原因

根据CSM媒介研究车载广播受众专项调研数据，节目内容和广告是私家车主在车上收听广播时换台的主要原因（表7）。其中，接近60%的私家车主因为“节目内容不喜欢”而换台，超过45%的私家车主因为“广告插播”转台，超过30%的因为“节目结束”换台，其余换台原因所占比重相对较小，均未超过5%。

表7　北京私家车主车上收听广播换台的原因选择比例（仅列出选择比例大于5%的选项，多选）

换台原因	选择比例
节目内容不喜欢	57.4%
广告插播	45.4%
节目结束	32.7%

数据来源：CSM媒介研究车载广播受众专项调研

五、结语

本文从近年来车上广播收听发展状况、车上广播听众特征、听众车上收听的广播频率和节目四方面，对车上广播收听行为进行了分析。随着人民生活水平的提高，城市汽车保有量的不断增长，民众移动能力和范围增加，城市受众的生活和媒介接触行为都发生了较大变化。在广播收听方面，虽然家中仍然是听众收听广播的最主要场所，但随着移动生活的扩大，越来越多的受众经常在私家车上收听广播，家中收听广播的比例则呈逐年下降的态势；与此同时，伴随整体广播收听时长的下降，车上广播收听时长正在不断增长，车上正成为受众收听广播的新市场；从收听率时段分布来看，车上广播收听峰值伴随早晚上下班时段而出现，且早晚上下班高峰时段收听率有逐年上升的态势。

车上广播听众呈现出以男性、中青年、高学历和高收入人群为主的特征。在以交通移动为主要功能的汽车上，加之广播伴随功能的发挥，与交通信息密切相关的交通类广播频率占据着车上广播收听市场的过半份额，交通类广播节目也成为人们最喜爱收听的节目类型。

（作者：杨金姝　张琼子）

城乡听众收听行为比较
——基于辽宁、安徽、江苏和福建四省广播收听调查数据的分析

传统广播媒体的主要传输途径是无线电波，其覆盖范围主要受限于行政区划和发射机发射功率，其所面临的商业和技术门槛相比于电视媒体要低的多。无线电广播媒体在省级市场传播范围广，收听率商业价值可观。省级广播收听市场广播听众规模大、听众结构多样、城乡广播听众特征相异。对省级广播收听市场城乡听众收听行为进行比较分析，有利于更好地把握省级广播收听市场的广播传播规律，进而改进广播节目的生产和编播，提升广播电台的广告经营。本文以2013年CSM媒介研究提供的辽宁、安徽、江苏和福建四个省广播收听率调查数据，对省级广播收听市场城乡听众的收听行为进行比较分析，供读者参考。除非特别说明，文中所用数据为2013年四个波次调查数据，目标听众为10岁及以上所有广播推及人口（简称为“10+”），时间段为全天，收听场所为所有收听场所。

一、城乡广播听众规模及构成比较

从辽宁、安徽、江苏和福建四个省级市场整体来看，在2013年四个波次调查日期范围的全天时间段，平均每天有3455.1万人收听过广播，占总体推及人口的47.2%。分城乡来看，平均每天有1546.4万城市人口收听过广播，占城市总体广播推及人口的47.8%；而在乡村，平均每天有1908.7万乡村人口收听过广播，占乡村总体推及人口的46.7%。

表1　城乡广播听众日平均到达率对比（全天时段，四省市场组合）

指标	10岁及以上所有人	城市	乡村
平均到达率（%）	47.2	47.8	46.7
平均到达率（000）	34551	15464	19087

数据来源：CSM媒介研究

从城乡广播收听市场的听众构成来看，城乡听众的性别构成无明显差异；分年龄段来看，25—34岁和55岁及以上的听众在城市听众中的占比明显高于其在乡村听众中的占比。

在省级广播收听市场上，城乡听众构成的差异最明显地体现于受教育程度的构成。在城市，初中及以下受教育程度听众比例为47.5%，而在乡村，这一比例则接近70%；高中及以上受教育程度的听众比例在城市为52.5%，在乡村，这一比例则仅为30.0%，也就是说，城市较高学历听众的占比大幅度地高于乡村较高学历听众的占比（图1）。

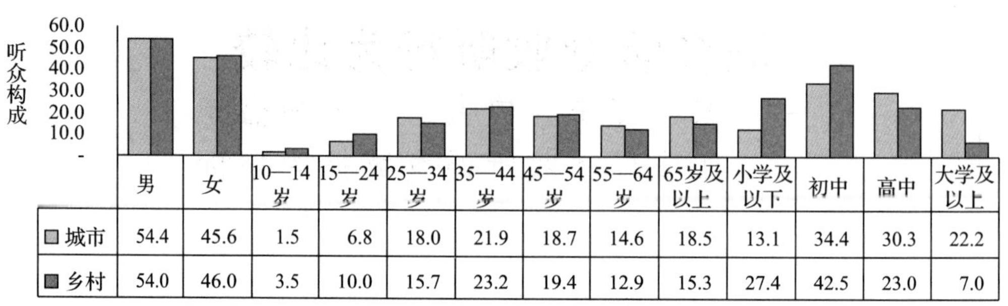

	男	女	10—14岁	15—24岁	25—34岁	35—44岁	45—54岁	55—64岁	65岁及以上	小学及以下	初中	高中	大学及以上
□城市	54.4	45.6	1.5	6.8	18.0	21.9	18.7	14.6	18.5	13.1	34.4	30.3	22.2
■乡村	54.0	46.0	3.5	10.0	15.7	23.2	19.4	12.9	15.3	27.4	42.5	23.0	7.0

数据来源：CSM 媒介研究

图1　城乡广播听众构成对比（全天时段，四省市场组合）

二、城乡听众收听量及全天收听走势比较

四省总体收听调查数据显示，家中收听量和收听比重最大，城市听众车上收听量更高。2013年四省市场人均日收听分钟数为58分钟，其中在家收听量占比为74.1%，车上收听占比为15.5%。从城乡听众在不同收听场所的收听比重来看，城乡听众的收听差异主要体现于在家和车上收听比重的差异，城市听众在家收听比重为65.2%，而乡村听众在家收听比重为80.8%，城市听众车上收听比重高达22.7%，而乡村听众车上收听比重则仅为9.6%，乡村听众车上收听比重明显低于城市听众车上收听比重。这个差异体现了城市听众日常生活中对交通工具更高程度的依赖以及城市听众更多的移动收听（表2）。

表2　城乡听众不同收听场所收听量和收听比重对比（全天时段，四省市场组合）

收听场所	人均收听分钟数			收听比重%		
	10岁及以上所有人	城市	乡村	10岁及以上所有人	城市	乡村
在家	43	43	42	74.1	65.2	80.8
车上	9	15	5	15.5	22.7	9.6
工作/学习场所	5	6	4	8.6	9.1	7.7
其他场所	2	2	1	3.4	3.0	1.9
所有	58	66	52	100.0	100.0	100.0

数据来源：CSM 媒介研究

对比城乡听众全天收听率时段走势发现，在所有收听场所，城乡听众全天收听率走势特征相似，城乡听众早晚收听高峰基本上均出现在6:30—7:00时段和18:00—19:00时段左右。乡村听众收听率早高峰出现得更早，城市听众早高峰收听率更高。就晚高峰收听率而言，城市听众晚高峰收听率出现得更早且更高。城乡听众午间收听高峰出现的时段基本同步，但乡村听众的午高峰收听率明显高于城市听众，这也体现了乡村听众比城市听众拥有更多的午间休息和广播收听时间（图2）。

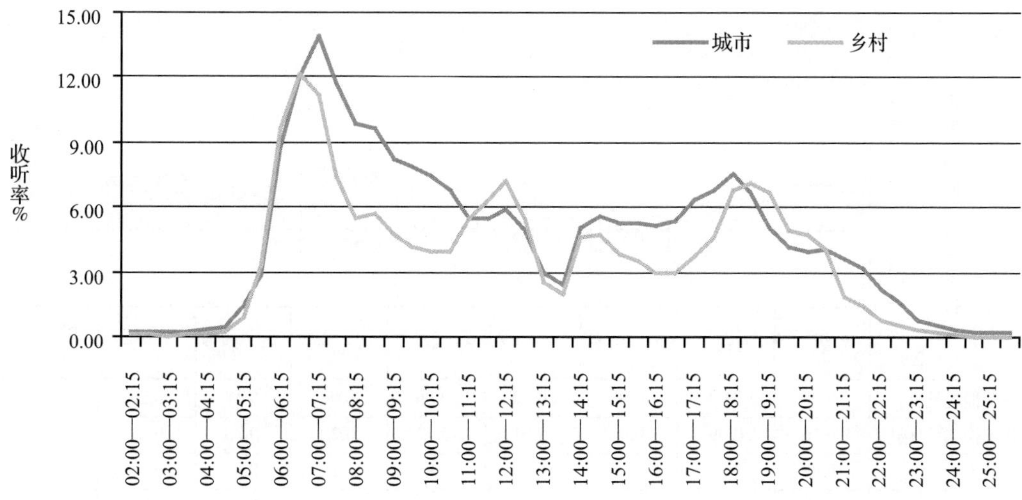

数据来源：CSM媒介研究

图2　城乡听众所有场所全天分时段收听率走势对比（10+，四省市场组合）

城乡听众在家全天收听率走势显示，在早、中、晚6:00、12:00和18:00时段，乡村听众收听率高峰明显地高于城市听众，而上午和下午时段收听率则低于城市听众。城乡听众分时段收听率的差异，在车上收听数据中有更为明显的体现。城市听众车上收听率在全天所有时段均高于乡村听众，城市听众车上收听率高峰出现在7:00—9:00时段和17:00—18:00时段，两个时段的车上收听率分别高达3%和2%，而乡村听众收听率则最高也不超过1%（图3）。

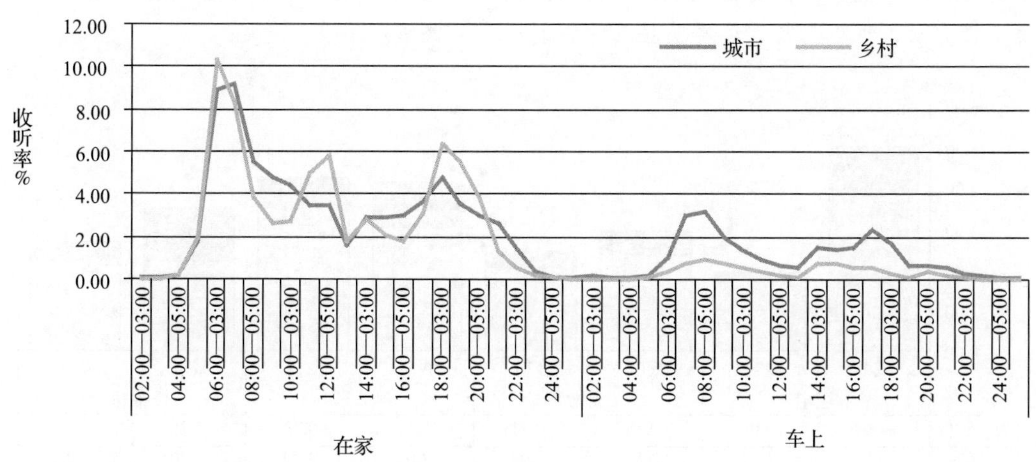

数据来源：CSM媒介研究

图3　城乡听众在家及车上全天分时段收听率走势对比（10+，四省市场组合）

将城乡不同性别和年龄段听众收听率做对比则发现，城乡听众收听率的差异，最明显地体现于城市男性听众收听率明显高于农村男性听众，城市25—54岁听众车上收听率明显高于同类乡村听众，城乡听众收听率差异还体现于城市55岁及以上听众在家收听率明显高于同类乡村听众（图4）。

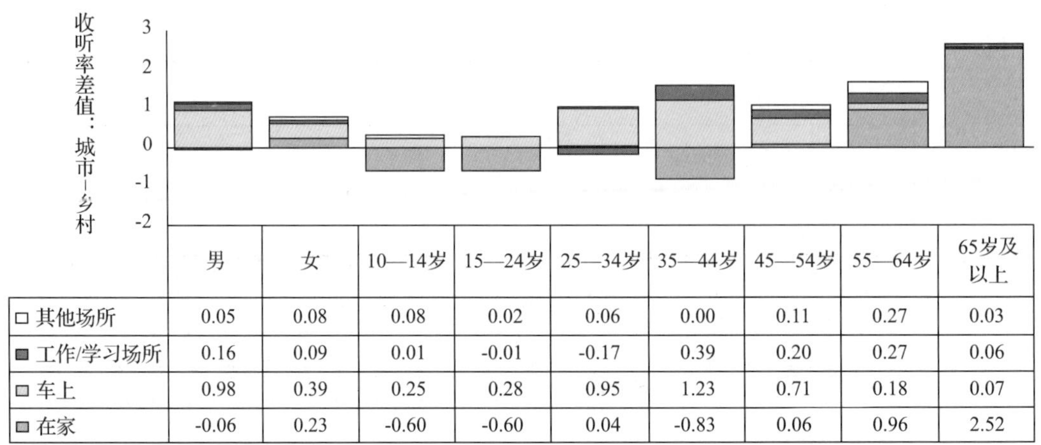

	男	女	10—14岁	15—24岁	25—34岁	35—44岁	45—54岁	55—64岁	65岁及以上
□ 其他场所	0.05	0.08	0.08	0.02	0.06	0.00	0.11	0.27	0.03
■ 工作/学习场所	0.16	0.09	0.01	-0.01	-0.17	0.39	0.20	0.27	0.06
□ 车上	0.98	0.39	0.25	0.28	0.95	1.23	0.71	0.18	0.07
□ 在家	-0.06	0.23	-0.60	-0.60	0.04	-0.83	0.06	0.96	2.52

数据来源：CSM媒介研究

图4　不同收听场所城乡听众收听率差值（城市－农村，全天时段，四省市场组合）

四省分省数据显示，多数市场存在城乡收听率差异，且城市收听率高于乡村。总体收听率城乡差异最为明显的市场是辽宁，城市总体收听率较乡村总体收听率高出近两倍。城乡收听率几近相同的市场是江苏，这也意味着，在经济高度发达、城乡一体化程度较高的江苏市场，城乡总体收听率也体现了一体化的趋势。在城乡收听差异最大的辽宁市场，城市听众无论在家还是在车上，其收听率均明显高于乡村听众；而在江苏，城乡总体收听率几近相同的情况下，不同场所收听率有明显差异，城市听众在家收听率低于乡村听众，但车上收听率却明显高于乡村听众（图5）。

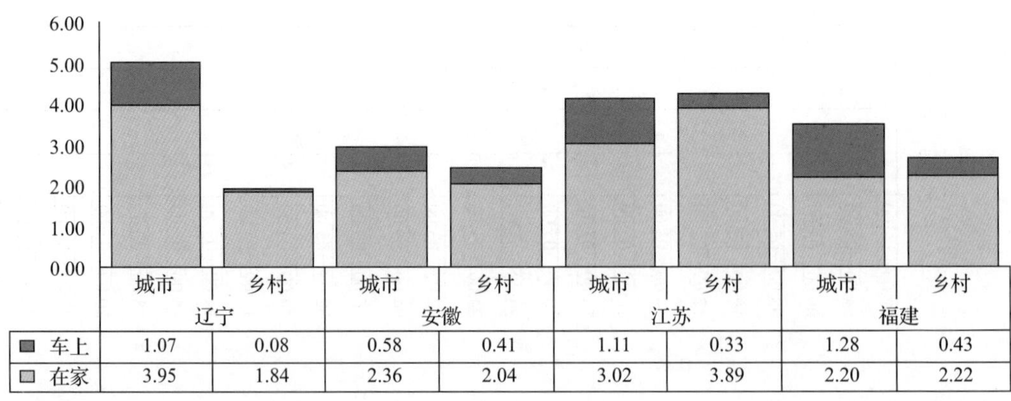

	辽宁 城市	辽宁 乡村	安徽 城市	安徽 乡村	江苏 城市	江苏 乡村	福建 城市	福建 乡村
■ 车上	1.07	0.08	0.58	0.41	1.11	0.33	1.28	0.43
□ 在家	3.95	1.84	2.36	2.04	3.02	3.89	2.20	2.22

数据来源：CSM媒介研究

图5　各省不同场所城乡听众收听率对比（10+，全天时段）

三、城乡听众频率和节目收听比较

四省城乡听众对不同级别频率的收听率数据显示，中央人民广播电台在城市和乡村听众的收听率均为0.7%，省级电台在城市听众的收听率为1.6%，在乡村听众的收听率为1.1%。中央人民广播电台和省级电台以外的其余所有电台即“其他电台”在城乡听众的收听率分别为2.2%和1.8%。城乡听众对三大级别电台收听率的差异，最明显地体现于车上收听，以省级电台为例，省级电台在城市车上收听率为0.4%，而在乡村的车上收听率则仅为0.2%，差距为1倍（图6）。

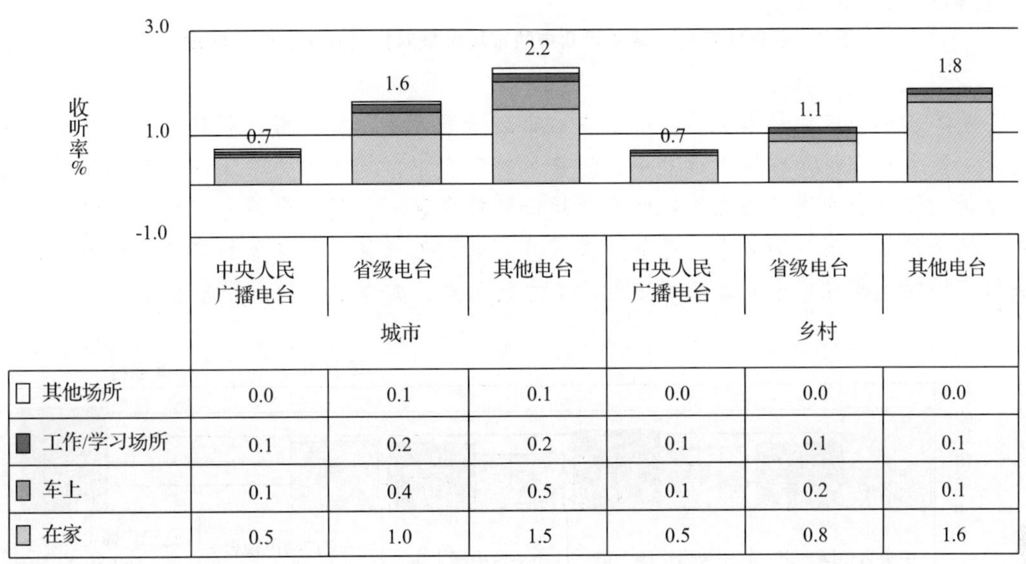

	城市			乡村		
	中央人民广播电台	省级电台	其他电台	中央人民广播电台	省级电台	其他电台
其他场所	0.0	0.1	0.1	0.0	0.0	0.0
工作/学习场所	0.1	0.2	0.2	0.1	0.1	0.1
车上	0.1	0.4	0.5	0.1	0.2	0.1
在家	0.5	1.0	1.5	0.5	0.8	1.6

数据来源：CSM媒介研究

图6　城乡听众在不同场所收听各级广播电台的收听率对比（10+，四省市场组合）

仅就省级电台而言，在所有收听场所和车上，安徽和福建的乡村听众比城市听众更多地收听本地省级电台，尤以福建车上收听市场最为明显。在福建，省级电台在车上乡村听众中的市场份额达到77.9%，较该类别频率在车上城市听众中28.5%的市场份额高了近两倍。而在辽宁和江苏，城市听众较乡村听众更多地收听本地省级电台，尤以辽宁车上收听市场最为明显，在辽宁的车上收听市场，省级电台在城市听众中的市场份额高达56.3%，而在乡村听众中的市场份额仅有21.8%（图7）。

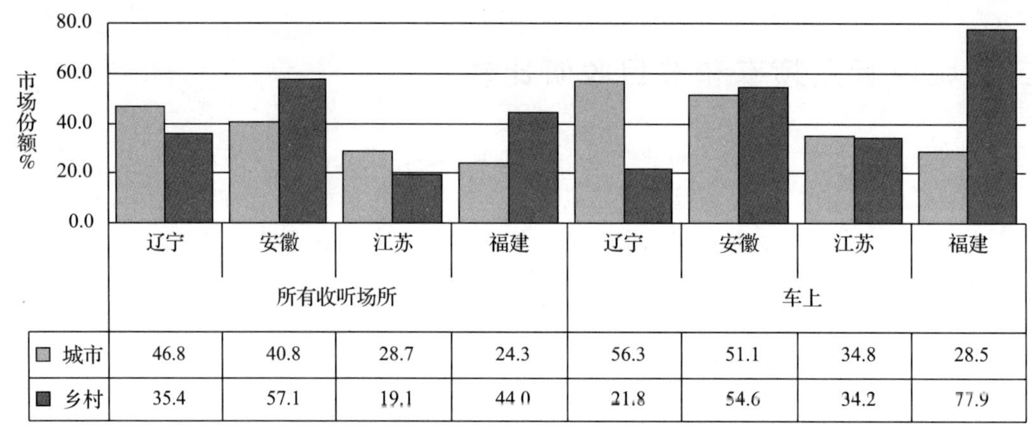

数据来源：CSM 媒介研究

图 7　各省级电台在城乡听众中的市场份额对比（10+，全天时段）

就各省单个广播频率在城乡听众中的市场份额而言，在安徽、福建和江苏市场，中央台中国之声无论是在城市听众中，还是乡村听众中，均成为排名第一的频率。而在辽宁市场，辽宁台交通广播在城市听众市场份额排名第一，辽宁台综合广播则是乡村听众中市场份额排名第一的频率。尽管广播媒体是贴近性媒体，但在省级广播收听市场，中央级广播媒体却在四个省级市场中的三个力拔头筹，成为城乡听众的最爱（图 8)。

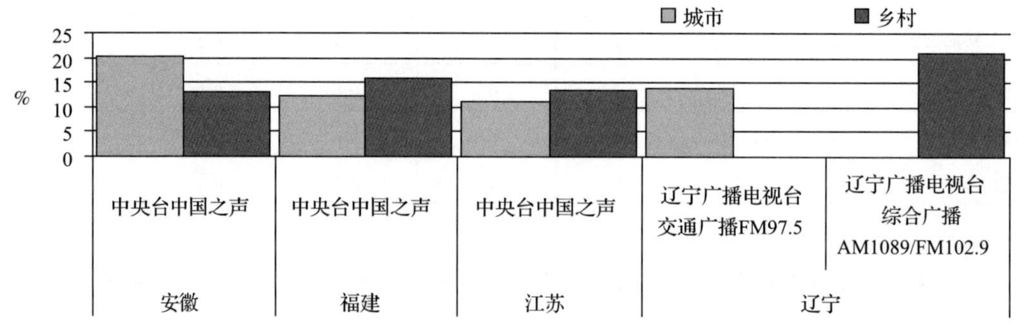

数据来源：CSM 媒介研究

图 8　各省城乡听众中市场份额排名第一的广播频率（10+，所有收听场所，全天时段）

由于缺乏四个省级市场的节目监播数据，为了比较分析城乡听众的节目收听特征，本文将各地总体收听率领先前十名的广播时段筛选出来，并将期间播出主要节目片段的节目类型做简单的自定义归类①，然后在不考虑播出时段的情况下，计算这些节目类别收听率的简单平均值，用以观察省级市场城乡广播听众对不同节目类别的收听特征。收

① 由于缺乏节目监播数据，此处只能从各电台相关广播频率的官方网站收集其节目信息，包括节目名称、节目开始和结束时间，以及根据节目名称和可收集到的节目音频内容和节目介绍，确定其节目类型。因为这些节目类型是本文自定义的节目类型，所以有异于业界专业的节目类型定义。

听率简单平均值数据显示，娱乐类节目、省级电台新闻类节目和热线谈话类节目在城市听众中收听率较高，而中央台新闻类节目和交通汽车类节目（一般为省级电台播出）的收听率则没有明显的城乡差异（图9）。

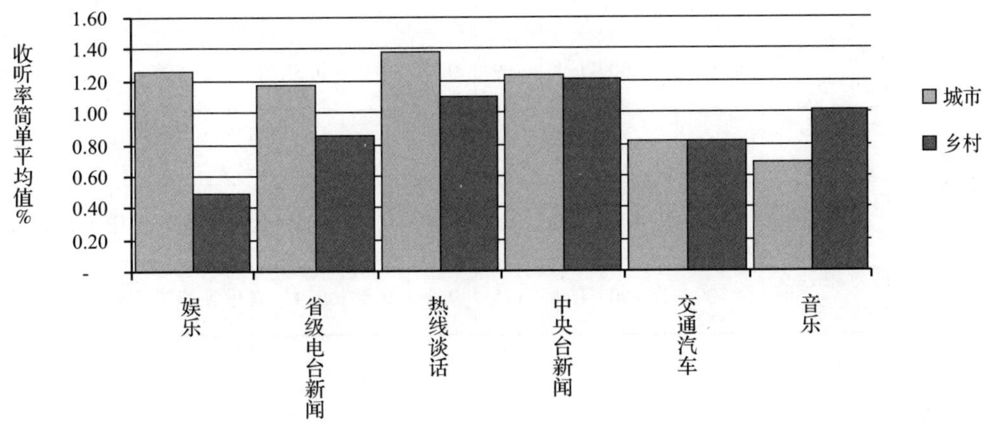

数据来源：CSM媒介研究

图9　城乡听众对领先前十名广播时段所播主要节目类别收听率的简单平均值对比（10+，四省市场组合）

在辽宁市场，收听率最高的时段是中央台中国之声的7:00—8:00时段，所播节目为《新闻纵横》，其城市听众收听率高于乡村，且主要以在家收听为主。领先时段中，辽宁台交通广播的7:00—8:00时段体现出明显的城乡收听率差异，该时段主要播出交通汽车类节目《阿宝龙哥路路通》，其城市听众收听率为2.1%，而乡村听众收听率仅有0.1%（表3）①。

表3　辽宁全省覆盖广播频率领先前十名时段城乡听众收听率对比

排名	频率	时间段	10+	城市	乡村	在家	车上	主要节目片段	自定义节目类别
1	中央台第一套节目中国之声	07:00—08:00	2.1	2.2	1.8	1.9	0.2	新闻纵横	中央台新闻
2	辽宁广播电视台综合广播	12:00—13:00	1.4	1.4	1.3	1.2	0.0	晓声长谈（午间版）	谈话
3	辽宁广播电视台交通广播 FM97.5	07:00—08:00	1.3	2.1	0.1	0.6	0.6	阿宝龙哥路路通	交通汽车
4	辽宁广播电视台综合广播	16:00—17:00	1.3	1.2	1.4	1.2	0.0	晓声长谈（下午版）	谈话
5	中央台第一套节目中国之声	06:00—07:00	1.3	1.2	1.4	1.2	0.1	新闻和报纸摘要	中央台新闻

① 收听率领先时段播出的主要节目片段信息来自相关电台官方网站的节目单，可能不完全准确，仅供参考。

续表

排名	频率	时间段	10+	城市	乡村	在家	车上	主要节目片段	自定义节目类别
6	辽宁广播电视台文艺广播	12:00—13:00	1.2	1.5	0.6	0.9	0.1	叶文有话要说	谈话
7	辽宁广播电视台交通广播 FM97.5	06:00—07:00	1.1	1.9	0.0	0.7	0.3	新闻麻辣烫	省级电台新闻
8	辽宁广播电视台综合广播	07:00—08:00	1.1	1.4	0.6	1.1	0.0	新闻大视野（转）	省级电台新闻
9	中央台第一套节目中国之声	08:00—09:00	1.1	1.1	0.9	0.9	0.1	此时此刻	中央台新闻
10	辽宁广播电视台交通广播 FM97.5	14:00—15:00	1.0	1.5	0.2	0.4	0.4	娱乐香饽饽	娱乐

数据来源：CSM 媒介研究

在安徽市场，收听率最高的节目是中央台的新闻类节目，此类节目中，多数城市听众收听率高于乡村听众。乡村听众收听率高于城市听众的节目有省级电台新闻类节目和音乐类节目，如《音乐随心聊》，其在乡村听众中的收听率为1.1%，而在城市听众中的收听率仅为0.5%（表4）。

表4　安徽全省覆盖广播频率领先前十名时段城乡听众收听率对比

排名	频率	时间段	10+	城市	乡村	在家	车上	主要节目片段	自定义节目类别
1	中央台第一套节目中国之声	06:00—07:00	2.0	2.4	1.8	1.7	0.2	新闻和报纸摘要	中央台新闻
2	中央台第一套节目中国之声	07:00—08:00	2.0	2.8	1.4	1.6	0.2	新闻纵横	中央台新闻
3	中央台第一套节目中国之声	08:00—09:00	1.3	1.7	1.0	0.8	0.2	此时此刻	中央台新闻
4	安徽新闻综合广播	06:00—07:00	1.1	0.7	1.4	1.1	0.0	早听天下	省级电台新闻
5	安徽音乐广播	08:00—09:00	0.9	0.8	1.0	0.5	0.2	音乐晨飞扬	音乐
6	中央台第一套节目中国之声	09:00—10:00	0.9	1.3	0.6	0.5	0.1	央广新闻	中央台新闻
7	安徽音乐广播	09:00—10:00	0.9	1.0	0.8	0.5	0.2	一路微微笑	音乐
8	安徽音乐广播	14:00—15:00	0.8	0.5	1.1	0.5	0.2	音乐随心聊	音乐
9	安徽新闻综合广播	07:00—08:00	0.8	0.6	1.0	0.8	0.0	全省新闻联播	省级电台新闻
10	中央台第一套节目中国之声	18:00—19:00	0.8	1.3	0.4	0.6	0.1	央广新闻晚高峰	中央台新闻

数据来源：CSM 媒介研究

在江苏市场，收听率领先的时段多为中国之声和江苏新闻广播的新闻资讯类节目时段，且乡村听众的收听率高于城市听众。以中央台中国之声6:00—7:00时段为例，乡村听众收听率为4.1%，较城市听众1.4%的收听率高出2.7个百分点，类似情况还体现于中国之声的7:00—8:00时段。这些时段的收听率主要以家中收听率为主，车上收听率最高也仅为0.11%。江苏省经济发达，地市之间交通便捷，城乡一体化程度较高，车载听众能更多地收听城市电台的交通广播（表5）。

表5　江苏全省覆盖广播频率领先前十名时段城乡听众收听率对比

排名	频率	时间段	10+	城市	乡村	在家	车上	主要节目片段	自定义节目类别
1	中央台第一套节目中国之声	06:00—07:00	3.1	1.4	4.1	2.9	0.1	新闻和报纸摘要	中央台新闻
2	中央台第一套节目中国之声	07:00—08:00	2.1	1.6	2.4	1.9	0.1	新闻纵横	中央台新闻
3	江苏新闻广播FM93.7	07:00—08:00	1.5	1.7	1.4	1.4	0.1	江苏新闻联播937（0700）	省级电台新闻
5	中央台第一套节目中国之声	19:00—20:00	1.0	0.6	1.2	0.9	0.0	央广新闻晚高峰	中央台新闻
4	江苏新闻广播FM93.7	08:00—09:00	1.0	1.2	0.8	0.8	0.1	新闻早高峰937（0800）	省级电台新闻
6	中央台第一套节目中国之声	08:00—09:00	1.0	1.0	1.0	0.8	0.1	此时此刻	中央台新闻
7	中央台第一套节目中国之声	18:00—19:00	0.8	0.5	1.1	0.8	0.0	全国新闻联播	中央台新闻
8	中央台第一套节目中国之声	12:00—13:00	0.8	0.5	1.0	0.7	0.0	此时此刻	中央台新闻
9	江苏新闻广播FM93.7	06:00—07:00	0.8	0.8	0.8	0.7	0.0	新闻早六点937（0600）	省级电台新闻
10	中央台第一套节目中国之声	11:00—12:00	0.7	0.5	0.9	0.7	0.0	央广新闻	中央台新闻

数据来源：CSM媒介研究

在福建市场，收听率领先的时段多为中央台新闻类节目播出时段。早间《新闻纵横》和《新闻和报纸摘要》城市听众收听率高于乡村听众。而对于上午时段福建交通广播播出的两档交通汽车类节目来说，其乡村听众收听率明显高于城市听众，这两档节目分别是9:00时段的《司机之友》和8:00时段的《交广早班车》，另外其车上收听率无论在城市还是农村都明显高于在家收听率（表6）。

表6 福建全省覆盖广播频率领先前十名时段城乡听众收听率对比

排名	频率	时间段	10+	城市	乡村	在家	车上	主要节目片段	自定义节目类别
1	中央台第一套节目中国之声	07:00—08:00	1.5	1.9	1.2	1.3	0.1	新闻纵横	中央台新闻
2	中央台第一套节目中国之声	06:00—07:00	1.1	1.6	0.7	0.9	0.0	新闻和报纸摘要	中央台新闻
3	中央台第一套节目中国之声	08:00—09:00	0.9	0.9	1.0	0.6	0.2	此时此刻	中央台新闻
4	福建交通广播FM100.7	09:00—10:00	0.9	0.4	1.3	0.3	0.6	司机之友	交通汽车
5	福建交通广播FM100.7	08:00—09:00	0.8	0.5	1.1	0.2	0.6	交广早班车	交通汽车
6	中央台第一套节目中国之声	12:00—13:00	0.7	0.8	0.7	0.7	0.0	此时此刻	中央台新闻
7	中央台第一套节目中国之声	20:00—21:00	0.7	0.6	0.8	0.6	0.0	直播中国	中央台新闻
8	中央台第一套节目中国之声	09:00—10:00	0.6	0.7	0.6	0.4	0.1	央广新闻	中央台新闻
9	中央台第一套节目中国之声	11:00—12:00	0.6	0.5	0.7	0.5	0.1	央广新闻	中央台新闻
10	福建交通广播FM100.7	20:00—21:00	0.6	0.3	0.8	0.2	0.4	汽车俱乐部	交通汽车

数据来源：CSM媒介研究

四、结语

纵观2013年辽宁、安徽、江苏和福建四省市场城乡听众规模及构成，在城市推及人口中，平均每天有47.8%的人收听过广播，而在乡村推及人口中，平均每天有46.7%的人收听过广播；城市听众中，大学及以上受教育程度的听众占比较高，而该学历听众在乡村听众中占比则较低。从收听量及全天收听走势上看，城市听众人均收听量高于乡村听众，城市听众早晚高峰，特别是早晚交通高峰时段的收听率明显高于乡村听众。从收听场所来看，城市听众车载收听率大幅度地高于乡村听众，而这种车载收听率的城乡差异主要是城市男性和中青年听众车上收听率明显地高于同类乡村听众车载收听率所致。从城乡听众对频率和节目的收听偏好来看，中央台中国之声成为在多数省份城乡听众中收听率排名第一的广播频率；娱乐类、省级电台新闻类和热线谈话类节目在城市听众中收听率较高，而中央台新闻类节目和交通汽车类节目的收听率则没有明显的城乡差异。

（作者：王平）

广播受众跨媒体消费研究

新媒体的崛起并没有带来传统媒体的消亡，如今是一个多种媒体共同发展的时代。但受众的注意力是有限的，电视、广播、报纸、杂志、互联网、移动终端以及户外媒体等各种媒介对于受众的争夺日趋激烈，媒体市场也越来越多元化。本文将使用CSM媒介研究2011—2013年视听率调查基础研究中长卷调查城市的数据①，分析探讨作为传统媒体的广播，在这个多媒体时代，其受众呈现出何种特点，以及他们在多元化媒介环境下对不同媒体消费的变迁。

一、广播受众特征

根据2013年的调查数据，广播受众②在人群中占比近四成（36.9%）。而在所有广播受众中，重度听众③近七成（68.6%），中度听众超过两成，为22.8%，轻度听众占不足一成，仅为8.6%（图1）。

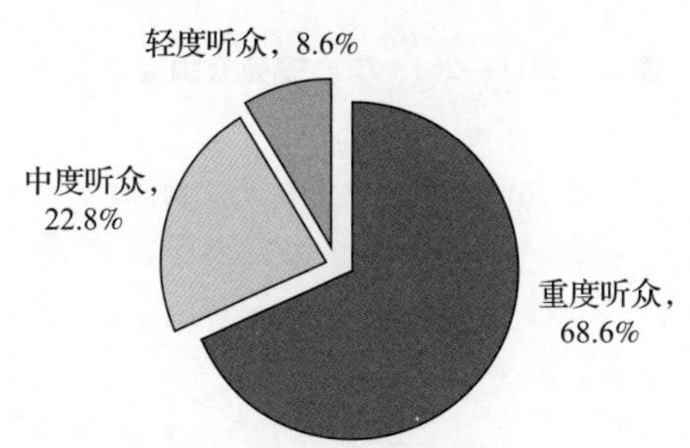

数据来源：CSM媒介研究

图1　2013年不同类型广播受众的分布比例（%）

① 注：本文中使用的数据均来自2011—2013年CSM基础研究中长卷调查城市的数据，其中2011年和2012年长卷城市包括成都、深圳、重庆、武汉、沈阳、广州、南京、北京、上海、天津10个城市；2013年包括上述10个城市以及长沙和西安，共计12个城市。

② 注：本文中所指的“广播受众”为“过去半年内接触过广播的受众”。

③ 注：本文中的“重度听众”是指“过去半年内每周接触3次或以上的受众”；“中度听众”是指“过去半年内接触广播频次每月至少1次，但每周少于3次的受众”；“轻度听众”是指“过去半年内接触广播至少1次但每月不到1次的受众”。

从广播受众的性别构成来看，男性受众的比例明显高于女性受众；从年龄构成来看，各年龄段的比例相对比较均衡，45—54岁受众的比例略少于其他年龄段，在15%左右，其他各年龄段的比例基本在两成左右；从受教育程度构成来看，中等学历水平的受众比例较高，高中/技术中学的受众占到三成，初中学历的受众其次，大约占到1/4，大学及以上学历的受众比重在两成左右；从职业构成来看，以初级公务员/雇员、退休没有工作和工人群体的受众为主（图2）。

若从时间纵向来考察广播受众构成的变迁，在2011—2013年期间，男性、25—34岁和大学及以上学历的广播受众的比例在逐年增加。究其原因，这种变化可能与在车上收听广播的受众增加有关。考察2011—2013年广播受众在本地最常使用的交通工具，可以发现，最常用小轿车的广播受众比例逐年增加，从2011年的24.3%增加到2013年的30.4%。换言之，2013年的广播受众有三成最常用的交通工具为小轿车（图3）。

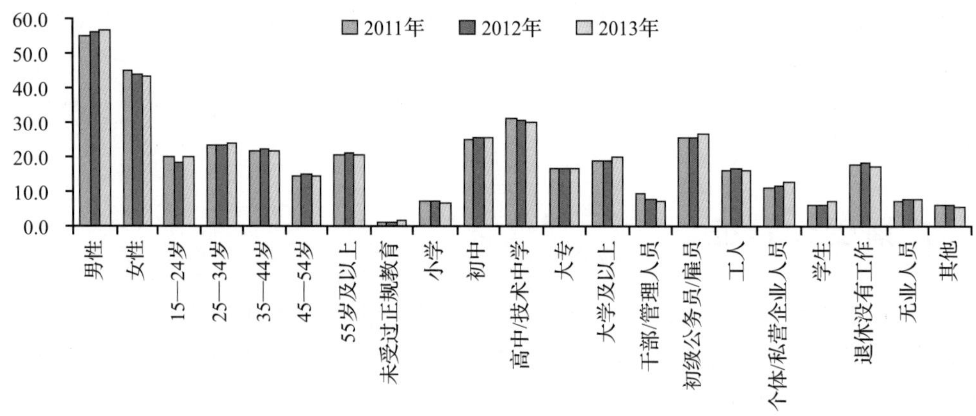

数据来源：CSM媒介研究

图2　2011—2013年广播受众构成（%）

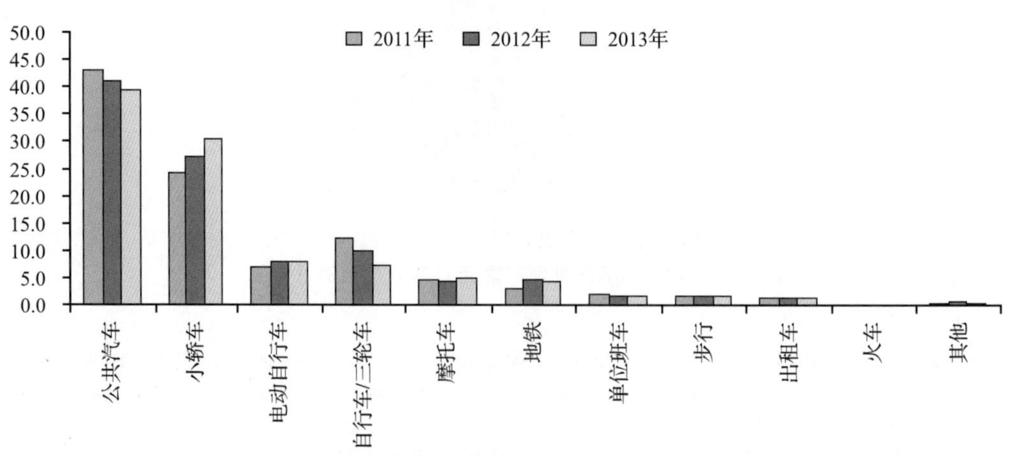

数据来源：CSM媒介研究

图3　2011—2013年广播受众在本地最常用交通工具的分布比例（%，单选）

从不同程度广播受众的构成比较可以发现，性别构成差异主要体现在重度听众中，2013年重度听众中男性的比例将近六成（59.6%），比女性（40.4%）高出近两成；而中度听众中男性和女性的比例基本持平；轻度听众中，女性听众（51.6%）的比例甚至略高于男性听众（48.4%）。虽然广播受众的整体年龄分布较平均，但细分来看，重度听众中55岁及以上听众的比例明显较高，将近1/4（24.8%），15—24岁的年轻听众较少；而中度和轻度听众则以年轻听众居多，尤其是15—24岁听众近三成，且随着年龄的上升比例逐渐下降。从学历来看，值得注意的是，大学及以上学历的听众构成比例随着收听广播程度（频次）的下降而递减，重度听众中大学及以上学历的听众比例超过两成（21.5%），轻度听众中这一比例为13.2%，而非广播听众中这一比例仅为11.6%（图4）。

由上可见，整体而言广播听众尤其是重度广播听众中更具消费能力的受众正在逐渐增多。

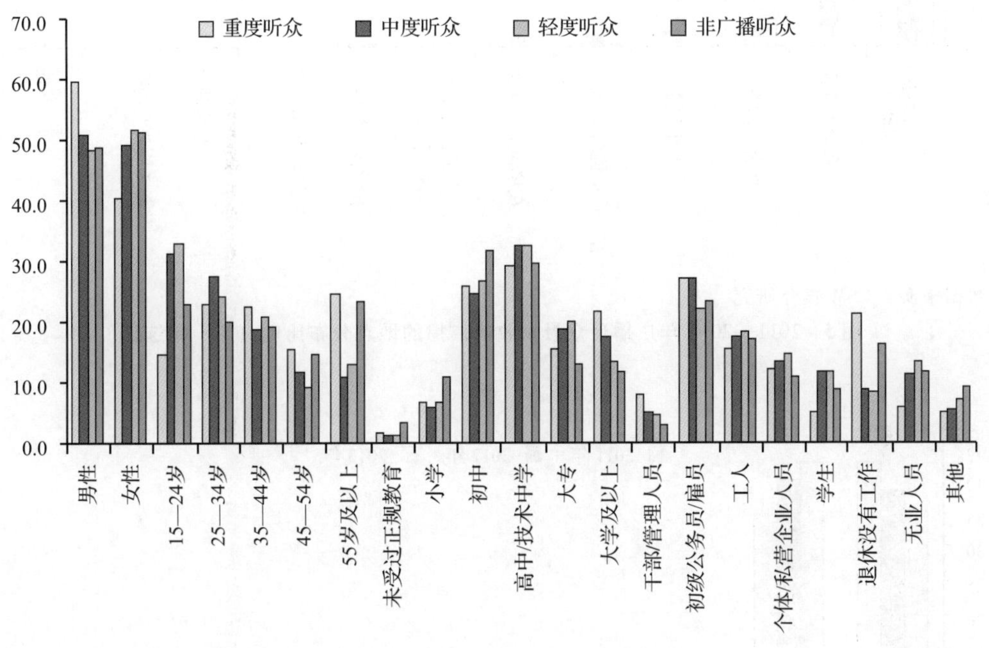

数据来源：CSM媒介研究

图4　2013年不同程度广播受众、非广播受众构成比较

二、广播受众对不同媒体消费的变迁

从前文的分析中可以发现，广播受众构成的变化可能主要来源于经济的持续发展，以及人们生活水平和受教育水平的普遍提高。本部分则将主要探讨另一个重要问题，即大的媒介环境的变化对受众收听广播的影响——在多媒体并存的时代，广播受众的媒介消费呈现出何种特征。

1. 人均日收听广播时长逐年下降，车载广播收听比例持续上升

就对广播自身的消费而言，广播受众在收听广播的模式上呈现出明显的变迁。一方面，从收听地点来看，虽然家中仍然是广播受众最常收听广播的地点，但其比例在逐年递减，而最常在私家汽车上收听的比例则逐年上升（图5）。相应地，收听设备的变迁则更为明显，最常使用车载广播的比例逐年上升，而使用收音机的比例则逐年下降，且从2013年的数据来看，车载广播（42.3%）已经取代收音机（34.8%）成为广播受众最常使用的收听设备（图6）。

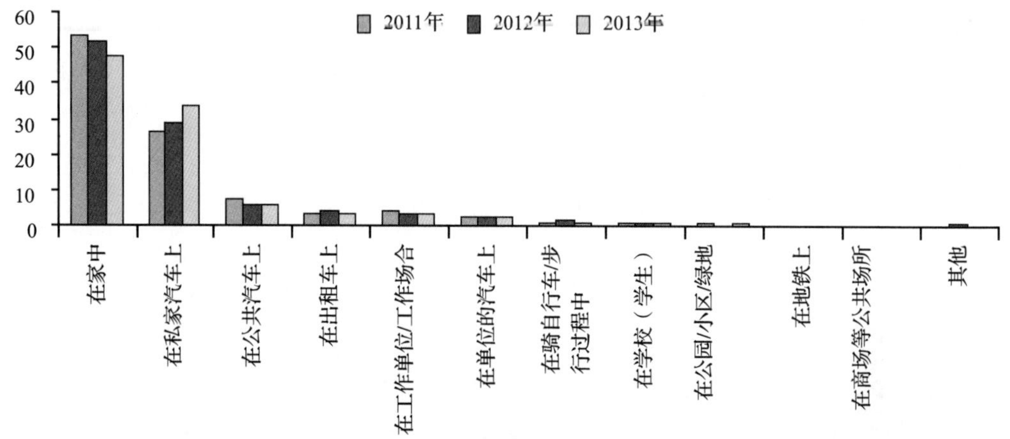

数据来源：CSM媒介研究

图5　2011—2013年广播受众最常收听广播的地点分布比例（%，单选）

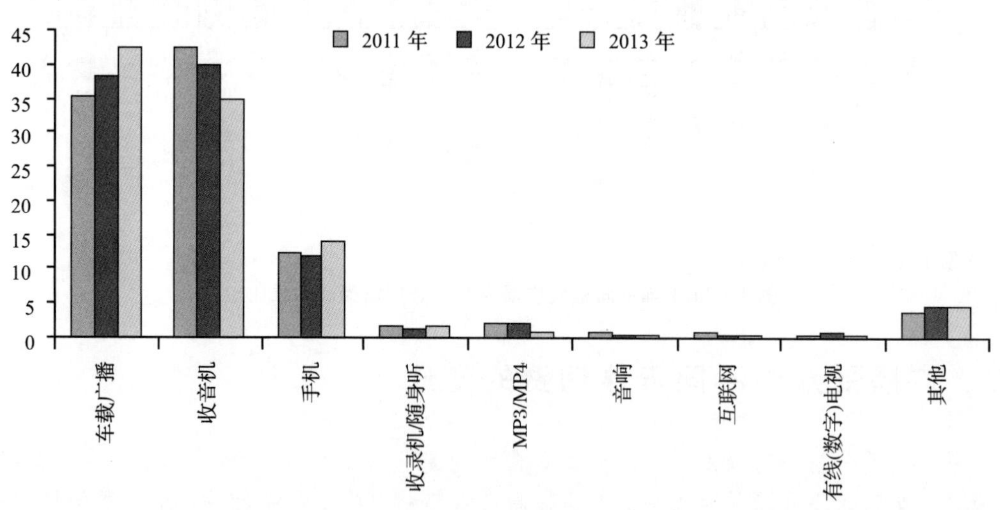

数据来源：CSM媒介研究

图6　2011—2013年广播受众收听广播最常使用的设备或途径分布比例（%，单选）

从收听广播时长来看，近三年广播听众过去一周平均每天收听广播的时长，无论是工作日还是周末都呈现出明显的下降。2013 年周一至周五平均每天收听广播的时间较 2011 年下降了 6.2 分钟，周末则下降了 5.4 分钟。可见，在多媒体环境下，听众的注意力有限，其过去花在收听广播上的时间可能被其他媒体分流（图 7）。

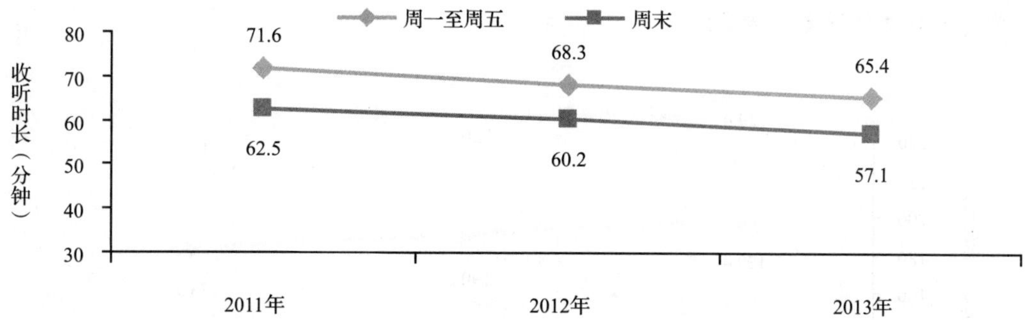

数据来源：CSM 媒介研究

图 7　2011—2013 年广播受众在过去一周平均每天收听广播的时长（分钟）

从广播受众喜欢收听的节目类型来看，听众喜好的变化并不大，仍以喜欢新闻/时事类的比例最高，超过六成；其次是生活服务类节目，社教类节目排第三。从 2011—2013 年纵向比较来看，听众对于生活服务类节目的喜好有逐年递增的趋势，而对于体育类和财经类节目的喜好则呈现出较为明显的下降趋势（表 1）。

表 1　2011—2013 年广播受众喜欢收听的广播节目类型选择比例（%，多选）

节目类型	2011 年	2012 年	2013 年
新闻/时事类	65.2	65.5	67.4
生活服务类	51.9	52.3	53.1
社教类	40.8	43.0	37.6
音乐类	28.6	25.2	26.9
外语类	10.0	7.3	7.4
体育类	7.7	6.0	5.6
财经类	8.9	6.3	4.6
文艺类	1.6	1.4	1.3
法制类	0.8	0.7	0.5
其他类	1.6	2.9	2.6

数据来源：CSM 媒介研究

2. 重度广播受众收看电视时长明显高于其他受众

同样作为传统媒体，受众对于电视的消费量也呈现出了明显的下滑趋势。考察 2011—2013 年广播受众在过去一周平均每天收看电视的时长可以发现，广播受众被分流的注意力可能并没有转移到电视消费上。2013 年广播受众工作日平均收看电视的时长为

183.9 分钟，较 2011 年下降了 15.5 分钟；周末的收看时长则较 2011 年下降了 16.5 分钟。与电视不同的是，广播受众在周末收听广播的时间少于平时，而看电视的时间则是周末高于工作日（图 8）。

从细分广播受众来看，重度听众看电视的时间明显长于中度和轻度听众，这可能主要与其受众结构有关，重度听众中年龄在 55 岁及以上的受众比例较高，他们是较为保守的传统媒体消费者（表 2）。

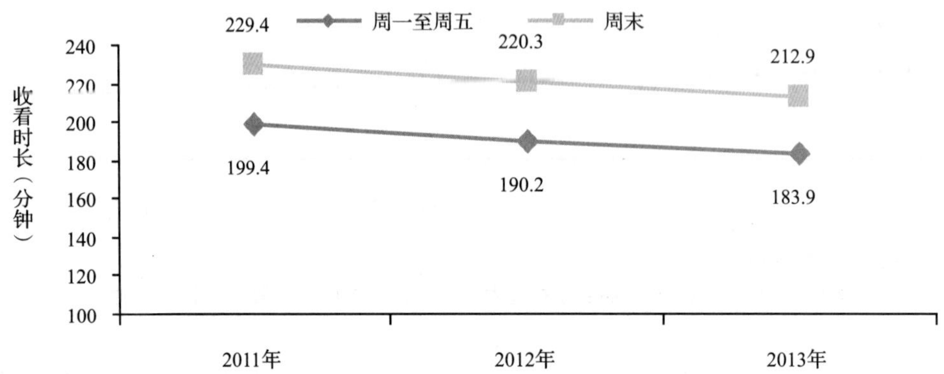

数据来源：CSM 媒介研究

图 8　2011—2013 年广播受众在过去一周平均每天收看电视的时长（分钟）

表 2　2013 年不同程度广播受众和非广播受众在过去一周平均每天收看电视的时长（分钟）

周天	重度听众	中度听众	轻度听众	非广播听众
周一至周五	195.1	173.6	180.8	186.9
周末	226.1	205.7	206.7	217.3

数据来源：CSM 媒介研究

从 2011—2013 年广播受众喜欢收看的电视节目类型来看，喜欢收看综艺类节目的广播受众比例上升明显（图 9），这可能与近年不同类型的综艺类节目层出不穷的大环境有关；体育类和法制类电视节目则与广播节目一样，受众喜好度逐年下降；而在广播中喜好度上升的生活服务类节目在电视节目中则呈现出下降的趋势，这可能是由于广播中的生活服务类节目提供了更多的迅速快捷符合人们需要的信息，如出行路况、交通信息等。

从广播受众细分来看，重度广播受众相较于其他受众而言，更喜欢收看新闻/时事类节目，而对于比较娱乐化的综艺类和电视剧的喜爱程度则明显低于其他受众（表 3）；轻度广播受众对于电影的喜爱程度明显高于中度和重度的广播受众。此外，虽然广播受众对广播和电视中的体育类和财经类节目的喜爱程度都在逐年下降，但不同程度的广播受众喜爱这两类电视节目的比例都明显高于非广播受众，且越重度的受众对这两类节目的喜爱比例越高。整体而言，越重度的广播受众越偏爱信息类的电视节目，而越轻度的广播受众则越偏爱娱乐类的电视节目。

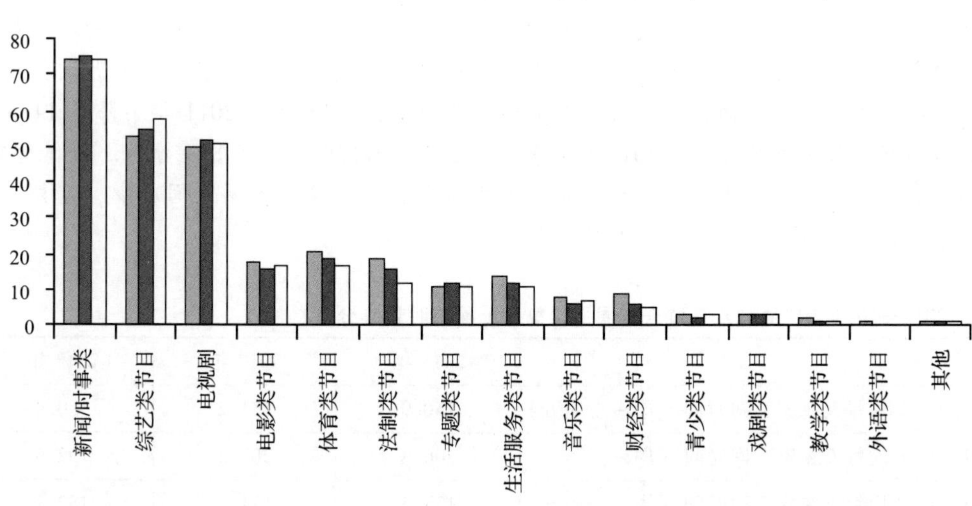

数据来源：CSM 媒介研究

图 9 2011—2013 年广播受众喜欢收看的电视节目类型选择比例（%，多选）

表 3 2013 年不同程度广播受众和非广播受众喜欢收看的电视节目类型选择比例（%，多选）

节目类型	重度听众	中度听众	轻度听众	非广播听众
新闻/时事类	76.4	71.6	68.5	70.7
综艺类节目	56.0	61.5	62.5	60.7
电视剧	49.2	54.9	54.8	58.8
体育类节目	17.8	13.9	13.3	11.7
电影类节目	15.3	17.9	23.1	17.3
专题类节目	12.8	7.7	7.8	9.8
法制类节目	12.7	11.3	8.9	12.7
生活服务类节目	11.8	8.6	7.1	11.2
音乐类节目	6.1	9.7	7.6	7.8
财经类节目	5.7	4.4	3.8	2.6
戏剧类节目	3.3	1.5	1.2	2.0
青少类节目	2.4	4.9	4.3	2.6
教学类节目	1.0	1.0	0.8	0.9
外语类节目	0.3	0.1	0.1	0.3
其他	0.7	0.6	0.7	0.4

数据来源：CSM 媒介研究

3. 日均上网时长基本持平，移动互联网日益普及

广播受众对于广播和电视等传统媒体的消费时间都在逐年下降，那么，其媒介消费的时间是否转移到了互联网这一在人们生活中日益重要的新媒体上呢？

考察2011—2013年广播受众在最近一周平均每天上网的时长（表4）我们可以看到，工作日无论是在家还是在外上网的时间都没有明显的变化，在家平均每天上网的时间在两个半小时左右，在外上网的时长大约两小时十分钟；周末在家上网的时间大约在三小时到三个半小时之间，但呈现出明显的下降趋势，2013年较2011年下降了14.3分钟；而周末在外上网的时间，2013年明显增加，较2011年增长了8.4分钟。整体而言，广播受众工作日的平均上网时间近三年来基本持平，周末在家上网时间减少，在外上网时间增加，但减少的时长高于增加的时长。

表4　2011—2013年广播受众在过去一周平均每天上网的时长（分钟）

	2011年	2012年	2013年
最近一周平均每天在家上网时间（周一至周五）	150.9	151.2	150.4
最近一周平均每天在家上网时间（周末）	206.8	200.2	192.5
最近一周平均每天在外上网时间（周一至周五）	133.5	131.9	132.2
最近一周平均每天在外上网时间（周末）	18.2	18.4	26.6

数据来源：CSM媒介研究

从细分受众来看，重度、中度和轻度广播受众最近一周工作日平均每天在家上网的时长和周末在外上网的时长呈现出递增的趋势；而工作日在外上网的时长，重度广播受众则显著高于其他组别。这可能与轻度广播受众中年轻群体所占比重较大有关，相较而言，周末他们可能有更多的户外活动而不是呆在家里；而重度广播受众中职业为初级公务员/雇员的比例较高，则可能更多有工作日在单位上网的情况（表5）。

表5　2013年不同程度广播受众和非广播受众在过去一周平均每天上网的时长（分钟）

	重度听众	中度听众	轻度听众	非广播听众
最近一周平均每天在家上网时间（周一至周五）	149.22	151.70	154.89	150.65
最近一周平均每天在家上网时间（周末）	191.08	196.96	189.98	201.44
最近一周平均每天在外上网时间（周一至周五）	140.74	118.57	109.54	109.74
最近一周平均每天在外上网时间（周末）	21.71	32.52	44.59	28.66

数据来源：CSM媒介研究

从2011—2013年广播受众在最近一周使用互联网的地点来看（图10），变化最大的是移动上网比例，这一比例从2011年的18.7%上升到2013年的38.2%，上涨了一倍多，在其他地点使用互联网的比例则基本没有太大的变化。可见，通过移动终端上网已经越来越普遍。如果考察不同程度广播受众在过去一周最常上网的地点（表6），当然还是以家里为主。最经常使用移动上网的广播受众比例虽然仅在5%左右，但可以发现轻度听众的使用比例最高，为7.6%，不仅高于中度和重度的听众，也高于非广播听众。可见，轻度听众是一个对媒介使用相对开放的群体。

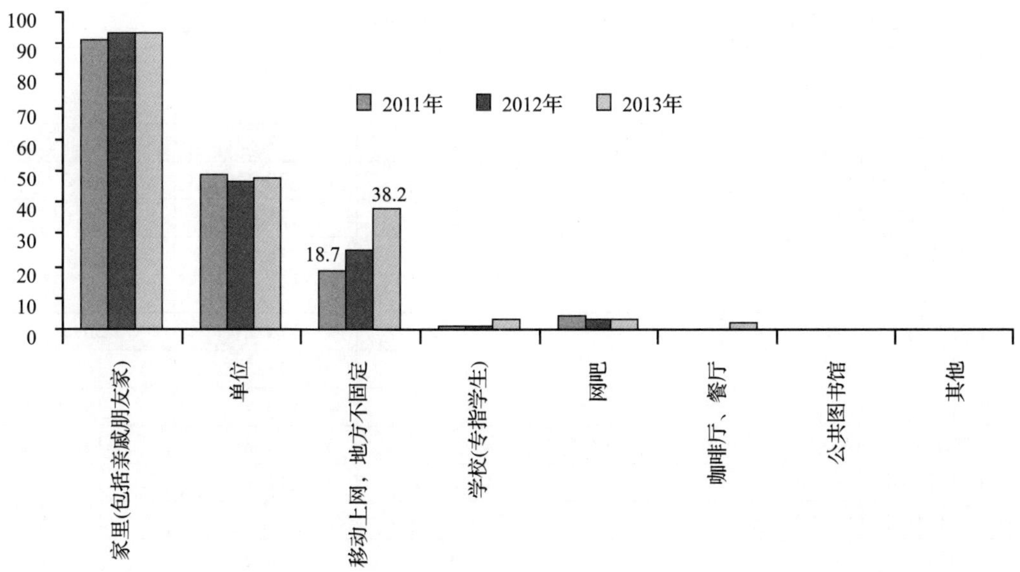

数据来源：CSM 媒介研究

图 10　2011—2013 年广播受众最近一周使用互联网的地点分布（%，多选）

表 6　2013 年不同程度广播受众和非广播受众最近一周最常上网的地点分布（%）

地点	重度听众	中度听众	轻度听众	非广播听众
家里（包括亲戚朋友家）	73.5	79.3	72.8	78.1
单位	21.1	14.8	15.7	15.5
移动上网，地方不固定	3.6	4.4	7.6	4.5
网吧	1.1	0.9	2.3	1.1
学校（专指学生）	0.5	0.5	1.5	0.6
公共图书馆	0.0	0.0	0.0	0.0
其他	0.3	0.1	0.0	0.2

数据来源：CSM 媒介研究

从手机功能的使用上，也能发现随着智能手机的普及，移动互联网开始越来越多地被用户使用的痕迹。手机上网聊天、手机上网浏览网页、手机收看在线视频、用手机看下载的视频等需连接移动互联网的功能服务，用户使用的比例都逐年上升，2013 年较 2011 年几乎都上升了十几个百分点（表 7）。

而从横向比较来看，可以发现一个有趣的现象，即不论何种程度的广播受众在手机的各项功能使用上几乎都高于非广播受众；而在广播受众内部，除了手机报这一功能外，其他功能都是中度和轻度受众的使用比例高于重度受众；相比较而言，轻度广播受众更喜欢使用信息类和社交类的手机功能，如上社交网站等，而中度广播受众则更喜欢使用偏娱乐类的手机功能，如用手机拍照、手机收看在线视频等。此外，中度广播受众用手机听广播的比例也是最高的（表 8）。

表7　2011—2013年广播受众最近一个月内使用过的手机功能选择比例①（%，多选）

手机功能	2011年	2012年	2013年
短信	76.1	76.7	79.3
手机上网聊天	26.5	32.2	43.1
用手机拍照/摄影	34.2	39.1	41.3
手机上网浏览网页	20.7	25.7	35.0
手机游戏（手机自带的）	12.3	16.1	27.2
彩铃/彩信	27.3	28.5	26.2
用手机听存储/下载的音乐	11.2	14.2	20.9
听广播	13.5	13.8	16.8
手机收看在线视频	2.3	3.5	15.2
用手机看下载的视频	1.7	3.8	14.0
用手机看小说	8.9	12.9	13.7
使用手机应用软件（APP）	—	—	13.1
手机邮箱	5.3	5.3	9.3
GPS导航	3.2	4.9	8.4
手机报	9.5	8.4	8.2
通过手机看电视节目（手机电视）	3.2	4.5	8.0
上社交网站（微博、人人网等）	—	—	6.9
手机游戏（需付费的）	2.7	2.0	3.0
视频通话	0.7	1.0	2.7
其他	0.3	0.3	0.2

数据来源：CSM媒介研究

表8　2013年不同程度广播受众和非广播受众最近一个月内使用过的手机功能选择比例（%，多选）

手机功能	重度听众	中度听众	轻度听众	非广播听众
短信	76.9	85.4	82.2	70.1
手机上网聊天	38.9	52.8	50.8	35.9
用手机拍照/摄影	38.2	48.3	46.5	32.1
手机上网浏览网页	31.3	42.8	43.2	24.3
彩铃/彩信	25.5	28.1	26.2	18.9
手机游戏（手机自带的）	25.1	33.4	28.2	19.2
用手机听存储/下载的音乐	18.4	26.6	25.4	15.6
听广播	15.1	22.2	16.5	0.0
手机收看在线视频	14.0	19.3	14.7	10.0
用手机看下载的视频	13.7	16.2	10.6	9.8
用手机看小说	12.2	17.4	16.6	10.9
使用手机应用软件（APP）	11.3	17.2	16.8	7.1

① 注："使用手机应用软件（APP）"和"上社交网站（微博、人人网等）"为2013年调查问卷中新增选项，故2011年和2012年没有数据。

续表

手机功能	重度听众	中度听众	轻度听众	非广播听众
手机邮箱	9.0	9.8	9.5	5.2
手机报	8.4	7.8	8.1	5.7
GPS 导航	8.0	9.7	8.4	3.2
通过手机看电视节目（手机电视）	6.9	10.7	9.4	4.1
上社交网站（微博、人人网等）	5.9	8.7	9.9	4.4
视频通话	2.5	3.0	4.0	1.8
手机游戏（需付费的）	2.2	4.8	5.0	2.6
其他	0.1	0.2	0.2	0.1

数据来源：CSM 媒介研究

三、结语

随着人们生活水平的提高，拥有私家车的人群逐渐增加，广播受众也呈现出消费能力强的受众逐渐增多的趋势，男性、25—34 岁和大学及以上学历的广播受众比例逐年增加。从横向比较来看，重度听众与中度、轻度听众的构成区别较大。重度听众主要以男性、55 岁及以上的受众为主；而中度和轻度听众男女比例差别不大，年龄上则以年轻听众为主，随着年龄段的升高，受众比例逐渐下降。

考察近三年广播受众对不同媒体消费的变迁情况可以发现，在多媒体并存的时代，广播受众对广播的消费时间逐年下降，对同为传统媒体的电视的消费时间也在逐年下降，而对互联网的消费时长也没有出现明显的增加。我们认为，这一现象可能与媒介消费的碎片化有关。随着科技的发展，移动终端日益普及，快速的生活节奏和接触媒体的便捷性导致媒介消费呈现出碎片化的特征，而利用大块的时间来看电视、听广播和上网可能越来越不符合人们的生活习惯。从对各类媒介的消费偏好来看，广播受众并不像我们想象中的都是非常传统保守的人群。从前文数据中可以看到，不论何种程度的广播受众在手机各项功能的使用上几乎都高于非广播受众，可见，广播受众在新的移动媒介的使用上非常开放。横向比较而言，重度听众相对保守，他们在各类媒介的消费习惯上，更偏爱信息类的媒介内容，中度听众则更偏爱娱乐轻松的媒介内容，而轻度听众的媒介消费特征则更为明显，他们也可以说是对于媒介使用最为开放的群体，更倾向于娱乐休闲化的媒介使用，也更乐于接受新的媒介事物。

（作者：赵璇）

增长乏力，倒逼转型
——2013年广播广告市场浅析

回顾2013年，广播广告人难免有唏嘘之感。借助2012年的强劲表现，寄希望在2013年大展宏图的广播广告不曾想路途荆棘，跬步难行。广播广告行业遇到的不是新的春天，而是大大提前了的寒冷冬季，多年来高速增长的广告遇阻，增势减缓，领涨传统媒体广告的优势地位不再。本文认为广播广告增长乏力的大背景是受网络视听业务高速增长的影响，传统媒体广告被大量分流，导致了传统媒体广播电视广告增速大幅度减缓。除外部影响因素外，广播广告增长乏力还有其行业自身原因：一是相关部门对虚假违法医药保健品广告的政策管控与处罚，二是收听市场格局的演变，三是传统营销模式的转型脱节。本文基于2013年CSM媒介研究收听调查数据和北京、上海、深圳等一线城市的广告监测数据浅析2013年广播广告市场的变迁。

一、政府加大对违法医疗专题广告的查处和处罚力度，电台广告大受影响

长期以来，医疗专题广告一直是某些电台经营的重点，也是其利润的主要来源。其中部分涉嫌虚假违法的医疗专题广告也一直是广播广告市场上的顽疾，导致听众大量流失，收听率大幅度降低，对电台的媒体公信力造成极大的损害，迟早会被听众所彻底摒弃。这种传统广告经营模式对电台来讲不可能成为持续发展的主要力量。2013年一季度，国家工商总局会同多家政府机构持续开展整治虚假违法医药广告专项行动。这项行动范围广、力度大、执行强，在绿化频率的同时，也确实给广播电台带来了经营上的压力，尤其是那些以此类专题节目为主要营收来源的广播电台。有限的品牌广告难以在短时期内填补大量的广告空缺，而新的经营增长点在短时间内也难以发掘并形成有效支撑。这是造成相当数量广播电台经营困难、广播广告大幅度回落的一个主要因素。

二、收听市场格局的演变尚不能阻止整体市场的下滑

2013年广播收听市场继续在价值转向的路径上前行。具体表现在家中的收听市场

持续萎缩，车载收听市场蓬勃发展。对比 CSM 媒介研究 2012 年和 2013 年的全国 33 城市组合数据，我们发现家户内的总收听率同比下降 8.53%，家户外（包括车上、工作/学习场所、其他场所）有升有降，其中，车载收听市场的总收听率上升幅度达 3.20%，工作/学习场所下降 6.12%，其他场所持平；车载收听的听众规模升幅最大，达 3.10%，收听总量升幅达 3.06%；与之相反，在家户内的听众规模和收听总量分别下降了 6.05% 和 8.32%。由此可见，家户内的收听市场在逐年萎缩，而家户外，尤其是车载收听市场的成长发育速度较快。但是数据也清晰地显示，在家户内的下滑程度是车载收听市场上涨程度的一倍以上，换言之，车载收听市场的增长远不能弥补家里收听市场的滑落，表现在整个广播收听市场仍表现为下滑态势（表 1）。

表 1　2012—2013 年全国 33 城市组合不同收听场所主要指标升降幅度（%）

场所	收听率%	平均到达率%	人均收听分钟数
所有	-5.14	-3.12	-5.16
在家	-8.53	-6.05	-8.32
车上	3.20	3.10	3.06
工作/学习场所	-6.12	-5.29	-4.84
其他场所	0.00	5.24	3.57

数据来源：CSM 媒介研究

从 2013 年户内、户外月度收听率走势可以看出，2013 年收听率在家户内继续走低态势明显，而在家户外的趋势则是相对平稳，并没有显著上升的迹象（图 1），这也使得广播收听市场整体呈现萎缩的态势。广播收听市场连续几年来这样的发展态势，固然有新媒体强势挤压和介入、不断分流广播听众的外界因素，但同时也不排除自身存在的问题对收听造成了不好的影响。不少电台在经营压力下，一方面在原有频率上盲目加大医疗专题节目的时段占有；另一方面不断分频，以求在有限的市场总量资源下分得一杯羹，开辟大量时段资源用于专题节目的播出，节目的品质受到极大影响，形成了主动驱离听众的内部因素。

除了收听总量的变化，听众的结构分化更加显著。在家户内收听的听众，基本上以中老年、女性、受教育程度低、收入较少的退休人员为主；而车上、工作/学习场所中，则是以男性、中青年、受教育程度高和收入较高的职业人群为主（图 2）。在不同场所的听众清晰地反映出这种差异化趋势，区隔明显。两个市场差异明显的听众群体吸引不同的广告流向，大量的品牌硬广告更多地流向含金量更高的车载听众市场，而家户内市场则基本上是医疗专题的天下。其中的虚假医药专题节目不仅损害了正当规范的保健品广告，同时也使得服务于这些听众群体的频率损失了大量忠实听众，劣币驱除良币的结果就是害人害己。

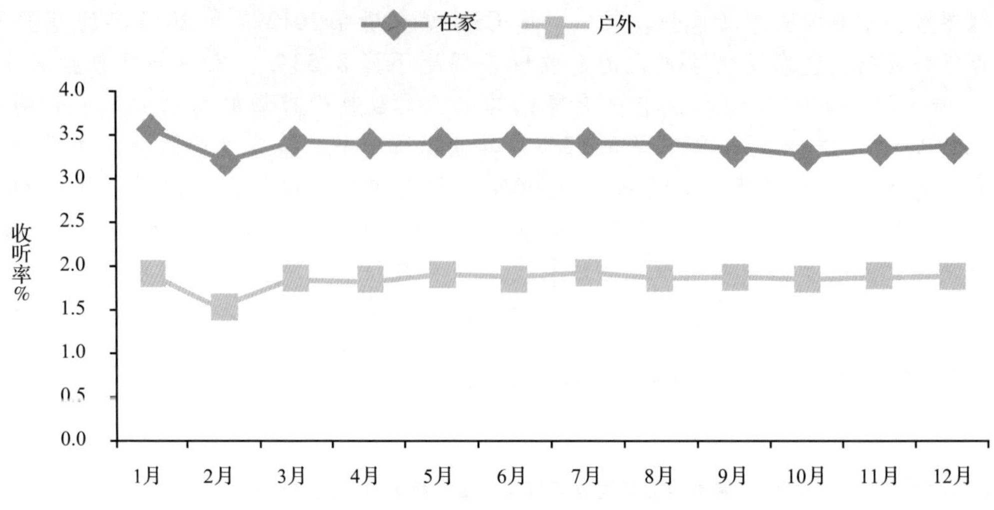

数据来源：CSM媒介研究

图1　2013年全国23个连续调查城市组家户内、外月度收听率走势

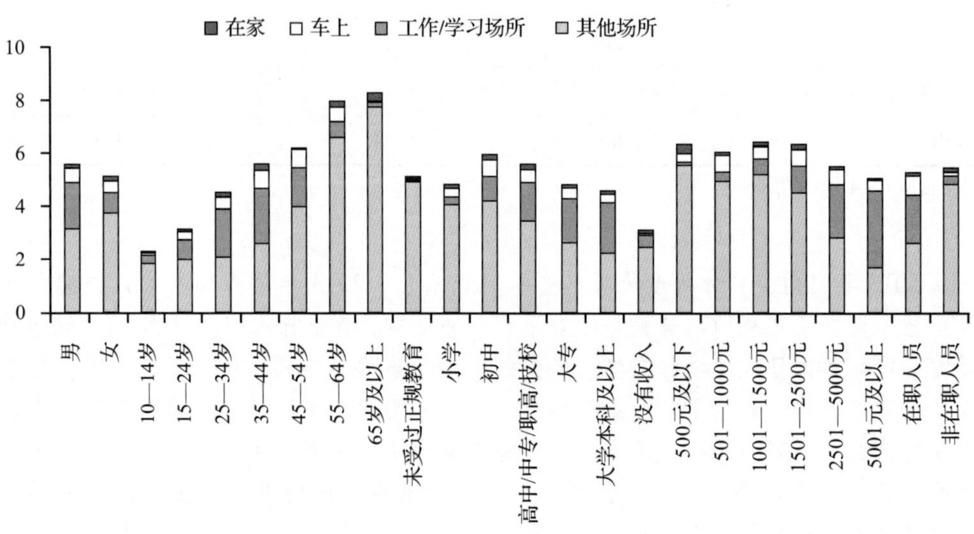

数据来源：CSM媒介研究

图2　全国33城市目标听众在不同场所收听率比较

三、广播频率的市场定位区隔硬广告流向

广告对于产品目标消费群体的追逐具有天生的敏感性。广播家户内外的听众群体区隔也使得以移动收听定位的频率吸纳更多的品牌硬广告，而在家户内收听占据优势的频率则以嘉宾节目、健康保健品类节目等软性广告为主。

CSM 媒介研究 2013 年 33 个城市组合的收听率数据显示，交通类频率在车载收听市场中占有超过一半以上的份额，另一类伴随特征较强的音乐类频率在车上的市场份额也达到了 21.99%，二者之和超过 70%（表 2）。这一特征无疑对广告商具有巨大的吸引力，结果便是硬广告的吸纳量随之水涨船高，北京、上海、深圳三个城市各类频率的广告投放量在当地市场硬广告投放总量中所占的比重清楚地表明了这点。数据显示：北京的交通类和音乐类频率数量占当地频率总量（已有广告监测）的 28.7%，他们的广告投放量比重累计达 32.79%，广告收入（按刊例价）占到 42.30%，收听比重更是高达 63.34%；上海的交通类和音乐类频率占频率总量（已有广告监测）的 31.30%，其广告投放量比重达 42.43%，广告收入（按刊例价）达 43.57%，收听比重高达 60.63%；深圳的这类频率占频率总量（已有广告监测）的 43.8%，而其广告投放量比重达 53.33%，广告收入（按刊例价）达 47.77%，收听比重更是高达 75.76%。从这三个城市来看，这类频率基本上占据已有广告监测频率总量的 30%—40%，但是广告吸纳量却超过当地硬广告总量的 1/3 甚至一半以上，广告收入比重占到总量的 40% 以上，收听效果更是惊人，收听比重达到 60%—75% 的水平。以车载收听市场为主的频率，凭借其在收听市场斩获的收听份额建立的优势竞争地位，成为了其吸引更多品牌广告，获得更多广告投放的核心因素。

表 2　2013 年各类频率在不同收听场所的市场份额（%）

频率类别	在家	车上	工作/学习场所	其他场所
新闻综合类	34.00	11.31	24.27	27.86
交通类	13.76	50.90	19.78	14.13
音乐类	15.32	21.99	26.65	26.13
文艺类	12.80	4.42	9.30	12.27
经济类	8.78	3.02	6.60	7.07
都市生活类	8.63	5.39	8.20	7.27
教育类	0.17	0.07	0.36	0.05
农村类	1.10	0.19	0.83	0.95
体育类	0.88	0.81	1.02	0.65
其他类	4.56	1.89	2.99	3.62

数据来源：CSM 媒介研究

进一步洞察北京、上海和深圳三个城市中交通类频率和音乐类频率所吸纳的广告品类，我们不难发现：除“杂类”外，三个城市有趋同的特征，但是又有差别。趋同的特征是在三个城市的交通类频率中，“商业及服务性行业”、“交通”广告都进入投放量的前三位；音乐类频率则与 2012 年不同，2013 年只有“交通”广告进入前两位。具体来观察各个城市的情况，在北京广播市场，交通类频率吸纳的投放量较大的广告依次为“商业及服务性行业”、“交通”和“娱乐及休闲”；音乐类频率中“娱乐及休闲”类的比重最高，“商业及服务性行业”、“交通”比重相近，接下来“活动类”、“金融业”占据较高比重。上海市场中，投放交通类频率比重较高的品类依次为：“商业及服务业”、“交通”、“金融业”等；音乐类频率吸纳的主要广告依次包括：“交通”、“活动类”、

“金融业”、“商业及服务性行业”等；深圳市场中，交通类频率吸纳的“杂类”广告占一半以上，品类广告投放量较多的主要有“房地产/建筑工程行业”、“商业及服务行业”和“交通”等，“金融业”比例也不低；音乐类频率的主要广告包括：“交通”、“活动类”和“娱乐及休闲”等（表3）。三大城市中，无论是交通类频率还是音乐类频率，其吸纳的投放量比重较大的广告类型均具有高度的趋同性，说明这些品类的广告主对这两类广播频率的高度认同；同时，三大城市也具有各自的特点，反映了不同城市同类频率吸纳广告的差异，彰显出地域特征。

表3　2013年不同品类广告在交通、音乐类频率中的投放量比重（%）比较

品类	交通类频率			音乐类频率		
	北京	上海	深圳	北京	上海	深圳
电脑及办公自动化产品	0.59	0.48	0.11	1.96	1.43	1.52
房地产/建筑工程行业	1.91	4.72	8.50	0.59	6.24	0.83
个人用品	0.09	0.28	0.01	1.21	0.66	0.49
工业用品	0.72	0.76	0.42	0.12	0.09	0.04
化妆品/浴室用品	0.02	0.00	0.00	0.59	0.43	0.59
活动类	4.41	5.70	2.72	5.39	8.58	7.31
家居用品	4.80	1.98	0.66	0.21	0.61	0.19
家用电器	0.36	1.63	1.17	0.56	0.67	0.66
交通	7.71	13.66	6.93	12.23	12.07	11.38
金融业	5.14	8.51	6.66	5.22	8.47	6.46
酒精类饮品	1.62	1.57	0.25	1.64	0.98	0.88
农业	0.02	0.00	0.03			
清洁用品	0.17	0.00	0.00	0.07	0.00	0.00
商业及服务性行业	14.10	13.92	7.69	12.00	8.39	6.85
食品	2.41	0.89	1.13	1.03	1.31	1.39
烟草类	0.00	0.00	0.54			
药品	0.32	0.11	3.19	0.34	0.26	0.78
衣着	0.07	0.01	0.03	0.14	0.17	0.16
饮料	4.55	2.33	1.95	1.55	4.04	2.13
邮电通讯	2.30	5.94	2.55	4.32	6.37	4.10
娱乐及休闲	5.44	3.35	4.90	17.20	6.86	7.02
杂类	43.25	34.19	50.55	33.63	32.37	47.23

数据来源：CSM媒介研究

品牌广告主把移动收听人群（主要是私家车主）作为主要目标，而数量庞大的以家户内收听为主的听众则成为嘉宾节目、医疗健康节目等软性广告瞄准的目标听众群体。这些以家户内收听为主的频率类别主要有：新闻综合、文艺类（小说、故事、评书、相声、戏曲等）等，这些频率一直是广播电台广告创收的重要平台。但是2013年由于政策的强力管控、监督与整治，广播广告市场经历了“寒流”，对电台的经营造成一定程度的影响，本文在此不做讨论。

但是，这并不表明硬广告就远离了这些频率，通过分析投放到上述三座一线城市的新闻综合类频率的硬广告就可窥一斑。在三大城市新闻综合类频率的广告投放中，除了比重最大的“杂类”外，“药品类”无疑成为投放的前三名之一。北京市场中，投放新闻综合类频率的广告类别前三位分别是“酒精类饮品”、“金融业”和“药品”；上海和深圳都是“金融业”、“药品”和“交通”。可见，除了“药品”外，“金融”和“交通类”产品也成为上海和深圳投放新闻综合类频率的主要品类之一（表4）。

表4 2013年不同品类广告在新闻综合类频率中的投放量比重（%）比较

品 类	北京	上海	深圳
电脑及办公自动化产品	0.11	0.45	0.39
房地产/建筑工程行业	0.28	2.39	0.64
个人用品	1.69	1.49	1.18
工业用品	2.16	1.75	1.39
化妆品/浴室用品	0.09	0.08	0.06
活动类	1.59	1.41	1.18
家居用品	3.83	3.70	2.92
家用电器	3.06	2.76	2.28
交通	4.74	5.62	4.78
金融业	7.67	7.29	8.10
酒精类饮品	8.28	5.16	4.48
农业	0.60	0.53	0.45
清洁用品	0.01	0.01	0.01
商业及服务性行业	2.13	4.29	4.56
食品	2.31	2.42	1.56
烟草类	0.05	0.05	0.04
药品	6.67	7.25	5.78
衣着	0.08	0.14	0.06
饮料	5.53	3.35	2.80
邮电通讯	2.47	3.50	2.35
娱乐及休闲	1.14	0.89	0.94
杂类	45.50	45.50	54.05

数据来源：CSM媒介研究

四、广播广告年度变化彰显经济风向

对比2012和2013年两个年度广播广告投放的变化情况，我们发现三大城市的广播广告投放额（按刊例价）都有不同程度的增长。其中深圳的增幅最大，高达48%以上，其次为北京，近11%，上海接近5%；从投放量上来看，深圳也是增幅最高的城市，高达25%，北京增幅超过5%，只有上海为负增长，下滑幅度为0.63%。除去“杂类”

外，细分到不同的品类，三大城市有较大差别。在北京广播市场中，占有较大比重的“交通”、“金融”、“商业及服务性行业”、“娱乐及休闲”等在投放量和投放额上都有不同幅度的下滑，原本比重并不高的“酒精类饮品”、“个人用品”和“房地产/建筑工程行业”广告增幅明显；在上海广播市场，投放量和投放额比重较大的是“金融”、“交通”和“商业及服务性行业”，同比都有程度不一的下降，上升幅度较大的品类集中在“个人用品”和“房产类”以及“活动类”广告；在深圳广播市场，也有类似的情况，占有比重较大的“交通”、“金融”、“商业及服务性行业”，其中只有“商业及服务性行业”在投放量和投放额两方面都有一定幅度的增长，其他两大行业在投放量和投放额上都有幅度较大的下滑。而增幅较大的仍然集中在“个人用品”和“房地产/建筑工程行业”两类广告上，与上海相同的是“活动类”的广告增幅也是十分可观。通过对比三大城市硬广告投放情况，我们不难发现一线城市的趋同性，以往占据较大比重的“交通”、“金融业”在三个城市全线下滑，“商业及服务性行业”在两大城市下滑。虽然广告主看好三大一线城市的高端消费，这几类广告的投放仍然占据可观的比重，但是投放的减少不能不说明经济大环境的变化以及 GDP 整体增速减缓的影响。反映在这些行业 2013 年的广告表现上，就是虽然占据的比例仍旧很高，但是增长乏力，引领与拉动作用丧失。相比这些颓势，2012 年利用广播媒体的活动营销却进行得如火如荼，三大城市在广告中也体现出这一特征。广播中的“房地产/建筑工程行业”和“个人用品”增幅巨大，反映出三大一线城市这两类行业的复苏与升温态势。其他多数类别的增减情况在三大城市基本呈现出更多的共性特征。当然，一些行业在不同城市存在较大的差异，如：“酒精类饮品”在北京涨幅巨大，在深圳却是相反的情况，“药品”在北京降幅明显，在上海和深圳的投放量却是上升态势，等等。三大城市广播广告投放的趋同性，一方面反映出广播媒体自身的共性和收听市场的表现共性；另一方面，也反映出 2013 年各个行业的发展特征；同时，三大城市也各自受自己的媒体环境和自然、人文、经济等环境影响，这主要通过广告主们的投放差异来体现（表 5、表 6）。

表 5　2013 年北京、上海和深圳不同品类广播广告投放量比重（%）

品　类	北京	上海	深圳
电脑及办公自动化产品	0.70	0.73	0.58
房地产/建筑工程行业	0.69	3.62	3.28
个人用品	1.06	0.89	0.67
工业用品	1.00	0.75	0.74
化妆品/浴室用品	0.19	0.18	0.16
活动类	3.95	5.26	3.00
家居用品	2.30	1.76	1.59
家用电器	1.15	1.17	1.27
交通	6.34	7.63	6.77
金融业	6.02	7.48	7.72
酒精类饮品	4.80	2.25	2.04
农业	0.17	0.15	0.16

续表

品　类	北京	上海	深圳
清洁用品	0.04	0.00	0.00
商业及服务性行业	7.35	6.29	5.93
食品	2.24	2.03	1.70
烟草类	0.02	0.01	0.16
药品	2.60	3.40	4.00
衣着	0.09	0.11	0.08
饮料	2.99	2.53	1.97
邮电通讯	3.34	4.40	2.99
娱乐及休闲	6.77	2.96	3.64
杂类	46.20	46.39	51.55

数据来源：CSM 媒介研究

表 6　2012—2013 年北京、上海和深圳广播市场不同品类广告投放增减幅度（%）

品　类	北京		上海		深圳	
	时长	投放额	时长	投放额	时长	投放额
所有	5.28	10.93	-0.63	4.92	25.14	48.09
电脑及办公自动化产品	-40.68	-36.94	-34.82	-30.58	-39.58	-42.52
房地产/建筑工程行业	50.00	36.11	115.48	84.41	50.46	65.85
个人用品	55.88	53.47	117.07	81.43	55.81	32.93
工业用品	-20.00	-16.88	-29.91	-21.80	-28.85	-25.52
化妆品/浴室用品	-66.07	-30.00	-64.71	-37.04	-71.43	-48.44
活动类	23.82	18.97	40.27	24.47	53.85	42.93
家居用品	-7.63	2.57	-6.88	6.73	-28.70	-21.16
家用电器	-25.32	-11.79	-10.00	-5.56	-16.45	-19.43
交通	-12.19	-6.42	-19.77	-8.82	-7.51	-5.57
金融业	-6.81	-3.42	-21.18	-22.87	-23.34	-16.76
酒精类饮品	152.63	32.30	17.80	0.00	-3.32	-18.48
农业	-5.56	3.13	-6.25	12.50	-20.00	-20.00
清洁用品	-33.33	0.00	-100.00	-100.00	-100.00	-100.00
商业及服务性行业	-4.42	-2.51	-3.97	-9.78	9.81	22.20
食品	-8.20	-5.45	-54.48	-40.71	-13.71	-16.54
烟草类	-77.78	-61.54	-66.67	-50.00	33.33	36.84
药品	-31.40	-15.01	0.89	-7.25	3.36	-2.08
衣着	12.50	20.00	-21.43	-5.26	0.00	7.14
饮料	18.18	27.80	-15.95	-5.65	16.57	19.62
邮电通讯	-11.64	-15.18	10.28	9.21	1.70	-1.53
娱乐及休闲	-13.98	-13.68	-26.18	-21.84	-12.92	-2.28
杂类	3.70	6.12	11.49	16.83	4.88	6.45

数据来源：CSM 媒介研究

五、政策管控与新媒体冲击，促使传统广播广告转型发展

对于广播广告而言，现在还无法预估这个严寒的冬季有多长，春暖花开的日子在何时。但是严酷的现实不能不让广播广告人认真、严肃地思考这样一个问题：怎么能最大化地体现广播的传播价值？广播广告如何经营？指望政策松动势必回到原来经营的老路上去，虽然对现状有暂时性的解困利好，但是从长远来看，对广播的整体发展不利。倒逼广播广告经营的转型可能成为不得已的选择。

根据央视市场研究（CTR）的数据，广播广告2013年的增幅只有3.7%，远低于2012年8.9%的增幅，虽然北京、上海和深圳三大一线城市的数据要乐观于全国的数据，但是数量庞大的二、三、四线城市的情况却比较悲观。三大城市吸纳更多的是品牌硬广告，而多数的二、三、四线城市却是以医药保健品专题广告为主的，对此类违法广告的打击，的确影响了当地广播媒体的广告收入。即使不考虑宏观经济环境，短时期内也难以通过吸纳品牌广告来填补医药专题广告损失的空白，与此同时，广告主对投放变得更加谨慎。在频率变绿的同时，广告经营人员却面临着如何把广告时段营销出去、改善粗放的经营模式等紧迫问题。

在传统广播传播领域，现实的选择就是学会运用收听率数据推销频率的传播价值，清晰地告诉广告主要投放的产品的听众是谁，在什么时间，听什么节目，这些人的数量、频次、收听时长以及这些听众的可支配收入构建的市场的大小，使得广告主能够在频率、时段上精准地找到合适的目标听众，清楚地知道每一分钱的广告花费流向。由简单地外包频率，卖时段等粗放式的经营模式过渡到理性地运用数据来解决问题和提供服务上来。

新媒体与传统媒体的融合速度比我们预想的要快得多。互联网尤其是移动互联网把地域性极强的广播媒体直接无边界传播，同时改写了传统广播随时间线性播出的特征。通过技术手段获取广播节目资源在不同的平台上进行同步、二次甚至多次传播，从这个意义上理解，广播的传播实现了增值。但增值的回报在哪里？谁将是这个回报的利益主体？广告该如何营销？

新型传播方式的出现必然需要新的测量方式去衡量。CSM媒介研究引进了目前世界上最为先进的音频测量技术，其原理是利用手持智能移动设备，用App插件的模式实时测量样本人员的收听行为，不管何时、何地收听任何载体播出的广播声音都能够被精准地监测到并及时回传数据中心进行处理，隔夜向市场提供。新的测量技术可以把整个广播节目传播的完整价值呈现给市场。广告经营人员就可以基于该数据给广告主提供一整套更全面、完整、科学的数据分析和服务，帮助广告主更好地投放广告，从而达到广告营销利益最大化，实现广告经营模式的转型。

（作者：梁帆）

稳定中求增长，增长中促创新
——广播发展现状思辨

传统广播媒体在发展过程中受到了来自新媒体的巨大挑战，但在与核心新媒体结合的发展过程中也找到了很多机遇。广播如何在既有轨道上完成自我成长，同时在新的轨道上实现自我创新，这是一个现实命题，也是一个强劲挑战。稳定、增长、创新，是广播未来发展过程中的关键词，也描绘出广播实现蜕变式发展的潜在轨道。

面临数字化发展环境，包括纸媒、电视、广播在内的所有传统媒体，都处于蜕变过程中。纸媒的蜕变表现为传统的印刷和发行渠道逐渐转向电子出版，电视也在积极探索数字化转身，从传统意义上的一对多传播方式，逐渐演变为多平台、跨终端的新媒介。这些探索对于广播发展的启示意义深远。广播要进入到新领域的增长，首先要摆脱单纯依赖车载收听实现增长的传统模式，继而逐步进入到依靠移动收听和新终端用户的增长实现价值提升的发展阶段。

一、稳定中求增长

“稳定中求增长”更适于解读传统意义上的广播发展。传统意义上的广播通过内容传播获得听众，赢得广告投放，在这个过程中形成的价值链条是传统广播已成功实践的一条道路，未来也仍将是发展路线之一。在广播传统的传播领域内，广播收听与听众的变化也在同步发生。

变化之一是车载收听的增长。2013 年车载收听的增长幅度虽然有所下滑，但仍呈现增长趋势，与之相对的是在家收听的下降，这种变化实际反映了听众结构的变化。在家收听广播者以中老年听众为主，而移动收听以年轻听众为主，听众结构变化的更大意义在于广告价值的变化。目前车载收听的总量较小，但是它带来的广告增长空间颇为可观，交通广播、音乐和新闻综合类广播成为很多广播台主要的广告来源，反映出广播从固定收听逐步转向移动收听的趋势。

变化之二是重度听众的调整。作为在家收听的主体，中老年听众的突出特点是收听时间较长，2010—2013 年听众在家收听时间的下降（图 1），正是由于这部分重度听众在家收听量的减少所致，4 年间，45—54 岁、55—64 岁、65 岁及以上听众在家收听的时间分别下降了 14、10 和 16 分钟。比较而言，移动收听更加个人化和碎片化，收听量也相对较小，同时由于影响车载收听的内外部因素更为多样（如交通状况、各类频率之间内容竞争等），听众的忠实度也较低，但这种变化从结构调整角度而言仍是积极的。

变化之三表现在晚间在家收听的听众规模下降。由于受到电视的冲击，晚间在家收听的听众规模出现下降。电视节目结构的调整、电视剧和电视娱乐节目的大量播出，这些都对广播收听形成了冲击。比较2010—2013年晚间广播收听情况可以发现，晚间时段曾是广播收听重要的时间，近年却很难再看到明显的收听高峰，其中的主要原因即在于大量中青年听众在晚间9:30以后被电视分流。

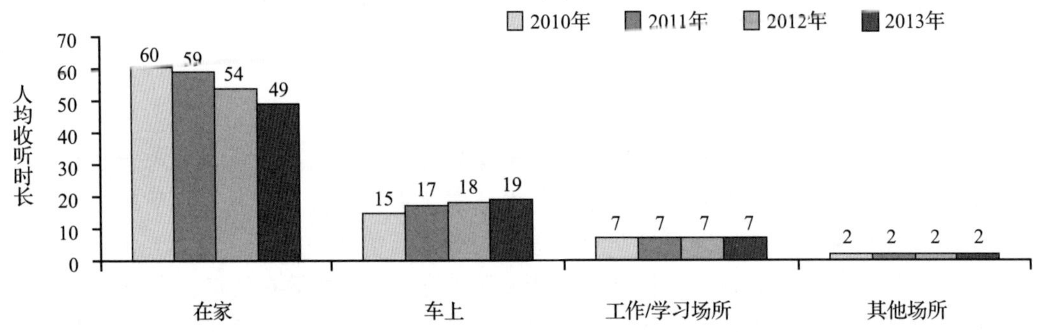

数据来源：CSM媒介研究

图1　2010—2013年不同场所的人均广播收听时长（分钟）（33城市）

总体而言，广播收听曲线变化不大，全天仍呈现出早、晚时段的收听高峰（图2）。广播的全天收听曲线是多城市平均的结果，具体到各城市各频率，其曲线变化各有不同，但总体的走势反映出广播发展空间的局限性，在目前的媒体竞争环境下，寄望于恪守广播既有的发展思路以提升收听率总体曲线必将困难重重。

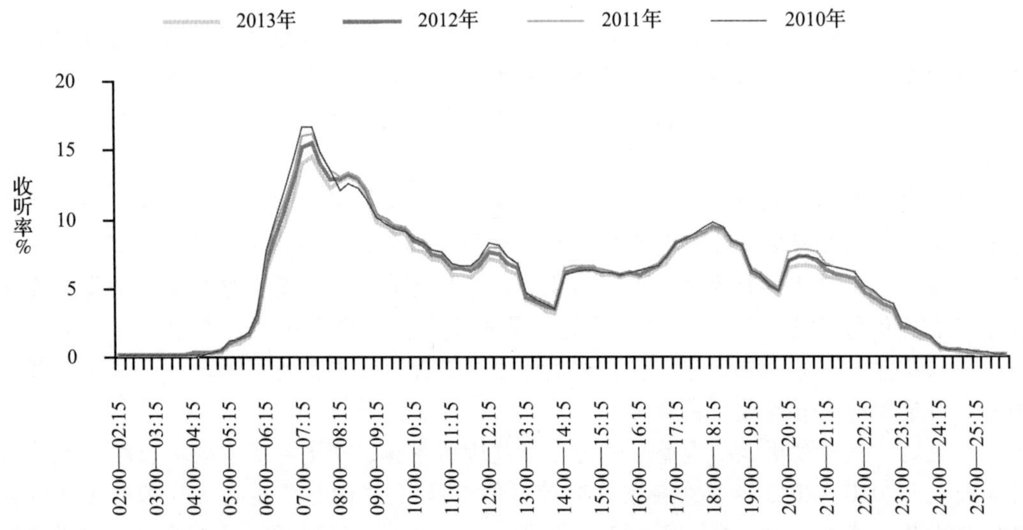

数据来源：CSM媒介研究

图2　2010—2013年广播收听率全天走势比较（33城市）

谈到传统媒体，都绕不开关于增长的天花板问题。电视发展遇到了天花板，面临着在既有轨道上提升收视率的巨大困难，广播收听率亦然。无论是从受众规模，还是媒体使用时长来看，广播的增长空间较为有限，此时更为有效的增长动力在于结构优化。从各类别频率收听比重可以看到，虽然受电视和新媒体的挑战以及自身发展瓶颈的制约，广播优势不再，经济类、都市生活类等本土化色彩较强的广播频率收听呈现下降趋势，但伴随移动收听的增加，即时性、娱乐性突出的新闻综合类、交通类和音乐类广播频率则在整体上处于增长状态。因此，目前所谓的广播增长结构调整，主要是通过三类广播频率所带来的听众结构变化和广告价值增长而实现的（图3）。

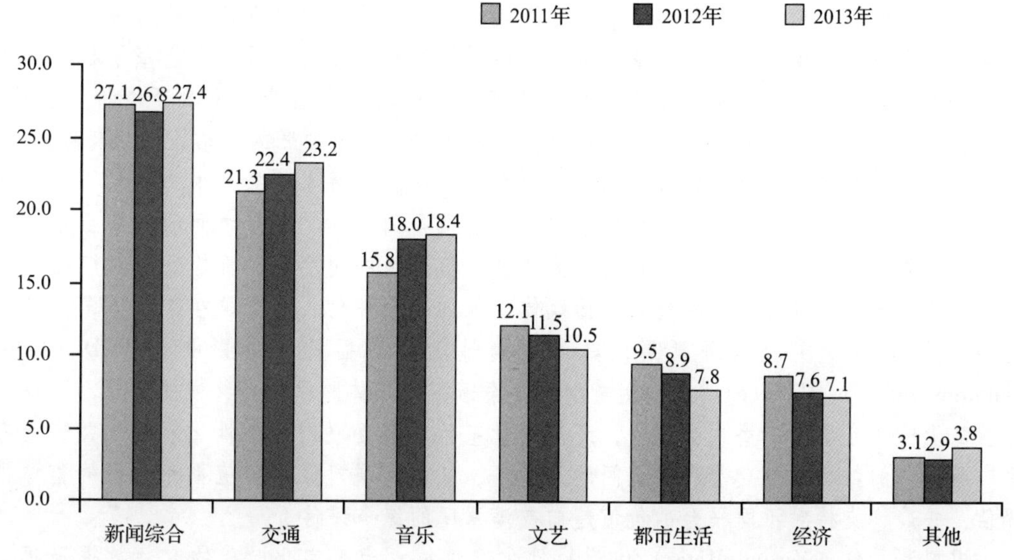

数据来源：CSM 媒介研究

图3　2011—2013年主要类别广播频率收听比重（%）（33城市，6:00—24:00）

国家工商总局发布的数据显示，2012年全国广播电台广告收入141亿，比2011年的97亿增长了55%；《2013年中国传媒发展报告》显示，2011年广播收入123亿，2012年同比增长36.8%。这两组数据虽有不同，但都说明了广播的广告增长仍保持着两位数的速度，对广播广告市场应仍抱以积极乐观的预期。总的来说，广播增长的动力来源是多方面的，主要包括以下几个因素：车载和移动收听的增长，价值人群放量，活动化营销和影响力扩大，广播广告的性价比优势，广播电视整合营销和广告溢价，以及消费经济的区域化活跃。

在看到积极面的同时，也要发现和理性对待存在的问题。传统广播市场已经进入发展的稳定期，并在此过程中出现了一系列的问题，主要表现在：听众规模稳中有降，听众群出现分化趋势；广播收听市场存量竞争激烈，增量空间不足；广播发展触到天花板，经济结构调整对广告品类调控有很强的影响等，这些都成为阻碍广播继续发展的制约因素。

逆水行舟，不进则退，如何在稳定中求增长是当前广播发展面临的新课题。结合广播增长动力来源的多样化，广播广告的增长可通过以下几个方面的实践得以实现：车载收听市场的再挖掘，交通广播与其他广播频率的组合优化，高端广播的开发，以广播为平台的整合营销传播活动。

二、增长中促创新

稳定中求增长是基于传统意义上的广播而展开的思考，在当前的媒体竞争环境中，广播发展现状并不乐观。增长中求创新，即利用新技术开拓新市场，实现新价值，这是传统广播媒体在新的发展形势下实现提升的另一条路径，主要包括以下两个方面：

是实现从车载收听到移动终端收听的转化。广播从车载收听转向移动终端收听的过程包括两种实现途径，一个是基于传统广播网络的移动收听，另一个是基于移动互联网的移动收听。从目前来看，基于互联网的移动收听对于电台来讲更具新增价值空间，但由于这一收听行为需要软件和插件支持，目前在这一应用领域的开拓还相对有限。

二是全面再现广播跨平台多终端传播的整体价值。在数字传播技术的支持下，媒体和内容跨平台多终端的传播策略拓展了广播的价值空间，各个平台之间的关系正在经历从量变到质变的过程。从听众测量及广播增量价值变现的角度看，价值还原对广播的发展具有极为重要的意义，要实现对广播媒体价值的全面评估，就要求在跨媒体多终端的传播过程中逐步实现这种延展，更加准确地测量广播的实效影响。CPCD（Cross Platforms and Cross Devices）受众测量解决方案着眼于媒体跨平台多终端的传播，不仅能测量基于传统介质的广播收听行为，还能测量基于移动互联网的个性化收听，并进而考察广播听众的结构、受众与广播之间的互动等，从而实现对广播价值更为全面的整体性评估，并最终支持对不同平台的价值趋向或满意度的综合评估。

虚拟测量仪（Virtual Meter）作为软件化测量技术为数字化时代的音频数据采集与受众测量提供了支持。虚拟测量仪通过安装在智能移动终端的插件实现音频数据采集、编码和声音特征码比对及处理，从而最终实现对频率和节目收听情况的监测。目前，基于声音匹配技术的观众测量已为国内电视调查业所采纳，在广播收听率调查中的应用也正在探索之中。

创新能否带动增长？这是广播发展到现在我们要积极思考的问题。经济学家熊比特的“重组说”认为，“创新就是要建立一种函数，实现生产要素的从未有过的组合”，这种重组可以是内部结构的调整，也可以是与其他要素之间的重新组合，并可能带来1加1大于2的效果。管理大师德鲁克的“再造说”认为，“创新就是赋予资源以新的创造财富能力的行为”，这个过程需要重新发掘原来没有的东西。例如广播原来是基于车载系统的移动收听，而现在则是基于互联网的移动收听，这是技术进步带来的传播创新，而这种创新就是一种再造，面对这种再造，我们需要准备好一系列的再造，包括流程再造、组织再造、内容再造等。

作为永久不变的主题，创新的姿态应是开放和合作的，同时还要依靠资本和技术的双重积累来实现最终的蜕变。传统意义上的广播创新是一种重组，而新媒体意义上的广播创新是一种再造。广播要在创新中实现持续增长，需要从两个方面入手，一是立足重组，在稳定中求增长；二是以再造为主，在增长中促创新。这两种创新与广告提升并行发展，首先稳住广播发展的基本面，调整内部结构，藉由内部结构调整带来积累增长；同时在新的发展领域中积极寻找市场机会，实现广播基于新的广告渠道和传播渠道的增长，这是广播必须迈出的创新步伐。

结语

在宏观经济发展的影响下，受到严格政策管控的广播广告面临着增长的瓶颈。在新老媒体并行融合发展的形势下，广播的总体策略将转向在稳定现有市场的基础上，发现推动增长的新因素，进入“在稳定中求增长、增长中促创新”的发展轨道，基于传统意义上的广播市场在“稳定中求增长”，基于新的传播技术和新市场在“增长中求创新”。同时，在广播跨媒体多终端的传播过程中，收听率测量的同步解决方案也将全面再现与还原广播媒体的价值。

（作者：郑维东）

移动收听广播 App 应用现状及展望

随着移动互联时代的到来，智能手机的流行已成为手机市场发展的一大趋势。这类移动智能终端的出现改变了很多人的生活方式及对传统通讯工具的需求，人们不再单纯满足于手机的外观和基本功能的使用，而开始追求手机强大的操作系统能给人们带来更多、更强、更具个性的社交化服务。智能手机也几乎成了这个时代不可或缺的代表配置。与传统手机相比，智能手机以其便携、智能等的特点，在娱乐、商务和媒介传播功能上能更好地满足消费者对移动互联的体验。

在广播领域，移动互联时代与手机终端的发展也推动了收听的移动化、听众的网民化与广播的网络融合化。传统收听终端、车载移动终端、手机智能终端和电脑在线终端已经形成广播收听市场中几个不同收听终端的细分市场，其受众结构及收听偏好存在着显著差异。这种差异为广播移动化发展提供了新的发展空间，广播收听终端的智能化、受众收听行为的自主化和移动化也成为广播在未来发展中突破传统广播的新契机。

一、移动互联广播市场现状

1. 智能手机持有量迅猛上升

智能手机的持有量在过去几年增长迅速。根据英国调查咨询公司的最新估计，2013 年全球智能手机年销售量从 2009 年的 1.65 亿增加到了 4.23 亿，全球智能手机的用户人数也达到了 16 亿。在中国，智能手机持有量同样呈现逐年稳步上升的趋势。2013 年，中国智能手机持有量已突破 9000 万部，超越美国成为智能手机持有量第一大国，是 2006 年的近 10 倍，年均增长率达到 37.8%（图 1）。智能手机的持有数量远远超过电脑，成为国内第一大上网终端，为移动广播收听市场提供了极为有利的硬件条件。

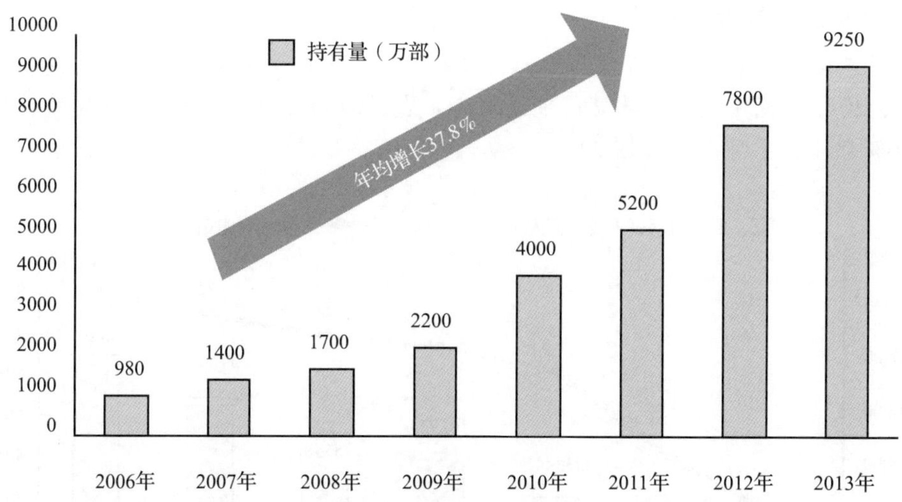

数据来源：《中国智能手机市场发展趋势分析》、人民网

图 1　2006—2013 年中国智能手机持有量发展走势

2. 移动互联网飞速发展

智能手机的快速发展，对移动网络环境产生了很大影响。据统计，2009 年 3G 用户只占总体手机用户的 11%，到 2013 年底，3G、4G 手机用户占比已上升至 28%，较 2009 年的增长幅度为 155%。相反上网资费却不升反降，3G 资费相比 2009 年下降了 75%，相信 4G 价格下调也会是必然趋势（图 2）。更快的速度，更低的价格给手机网络市场提供了一个更加有利的使用环境。

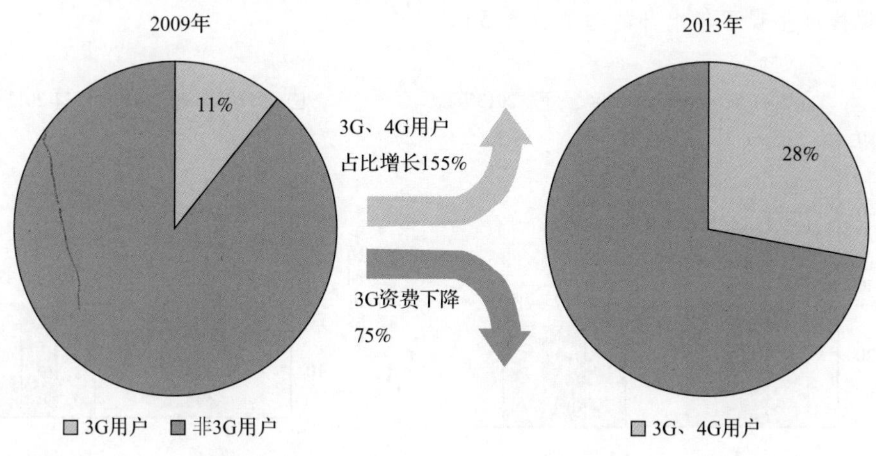

数据来源：C114 中国通信网

图 2　2009 年、2013 年中国手机 3G（4G）用户占比（%）

3. 手机网民数量激增

上网终端的改变，网络环境的提升，造就了中国手机网民数量的迅猛发展。权威数据显示，2013 年底手机网民数量已超过 5 亿，是 2007 年的近 10 倍，占全国整体网民比例的 80% 以上，不可小觑（图 3）。

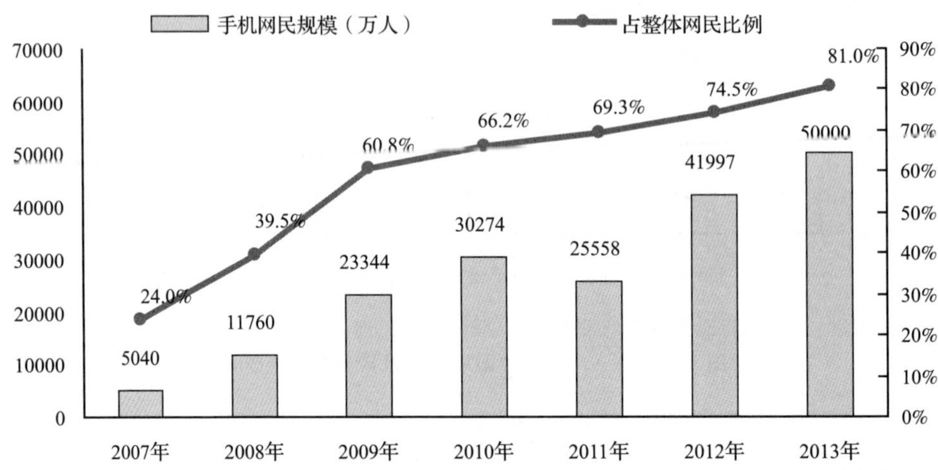

数据来源：《第 31 次中国互联网络发展状况统计报告》、人民网

图 3　2007—2013 年中国手机网民规模及占整体网民的比例

4. 收听向户外转移

从 2011—2013 年 CSM 媒介研究全国 32 城市组人均广播收听时长可以看出，听众在家内收听广播的时间呈现逐年下降的趋势，而在户外收听则呈现出逐年上涨的趋势（图 4）。从历年听众平均到达率也可以看出，在家的听众规模呈逐年下降的趋势，而在户外的听众规模则呈现逐年上升的趋势（图 5）。

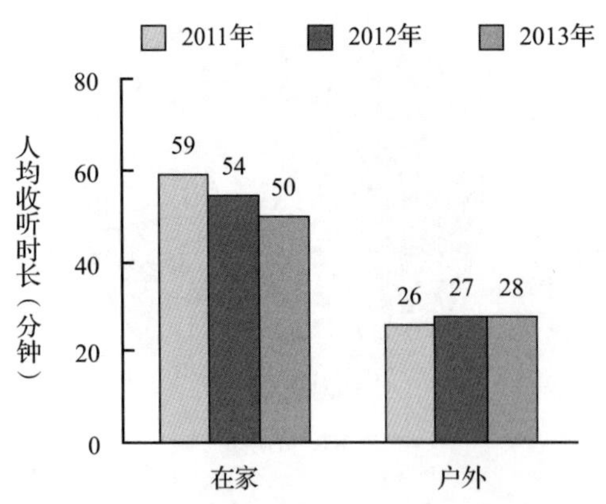

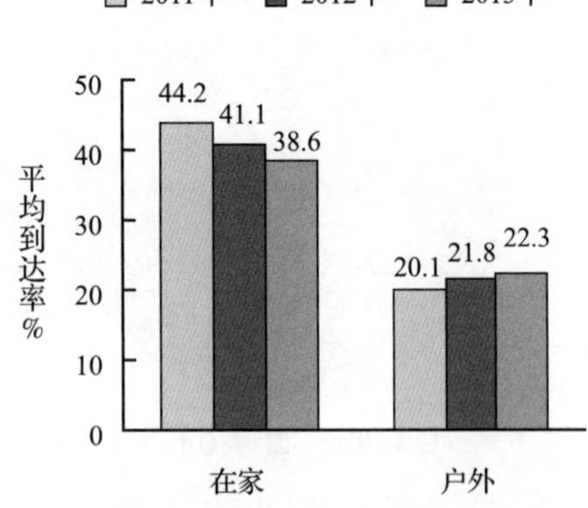

数据来源：CSM 媒介研究

图 4　2011—2013 年听众人均收听时长

图 5　2011—2013 年听众平均到达率（%）

虽然目前户外收听主要途径来自车载市场，但随着人们生活方式的多元化和网络覆盖的普及，移动互联网和智能手持终端设备正在影响并不断改写人们的生活习惯，新的生存、生活形态正在形成中。声音介质天生具有移动特性，这决定了广播收听必将随着户外收听市场水涨船高。作为更加便捷、易于携带且几乎成为人人必备物品的智能手机，将会被更多的人作为移动广播收听终端来使用，而广播 App 应用程序也会成为越来越多听众收听广播的重要渠道。

二、广播 App 应用发展现状

1. App 应用程序数量增长迅猛

手机 App 应用近几年来可谓发展迅猛，2011 年和 2012 年苹果 App Store 的 App 应用程序新增数量均超过 30 万，2013 年新增 App 应用数量更是突破 40 万（图 6）。

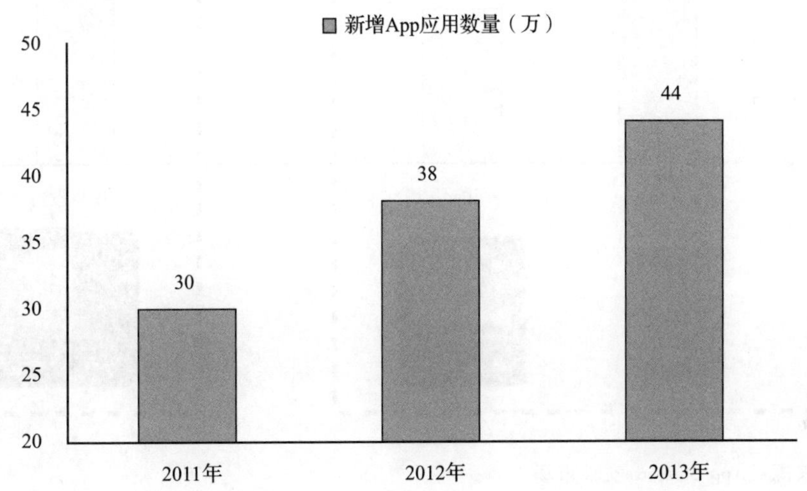

数据来源：智能手机资讯网

图 6　2011—2013 年 App store 新增 App 应用数量

2. 广播 App 应用水涨船高

广播 App 随着 App 整体市场的发展水涨船高，截至 2014 年 3 月，在 App Store 里搜索关键字“广播”、“收音机”、“radio”所得到的 App 应用程序，其中适用于 iPhone 的有 500 个，适用于 iPad 的有 427 个；在安卓搜索同样关键字，显示结果为 431 个（图 7）[①]。

① 由于安卓为开放性系统，应用程序下载途径较多，为了便于统计，下文数据均以中国区 App Store 中 iPhone 适用的应用程序为统计对象。

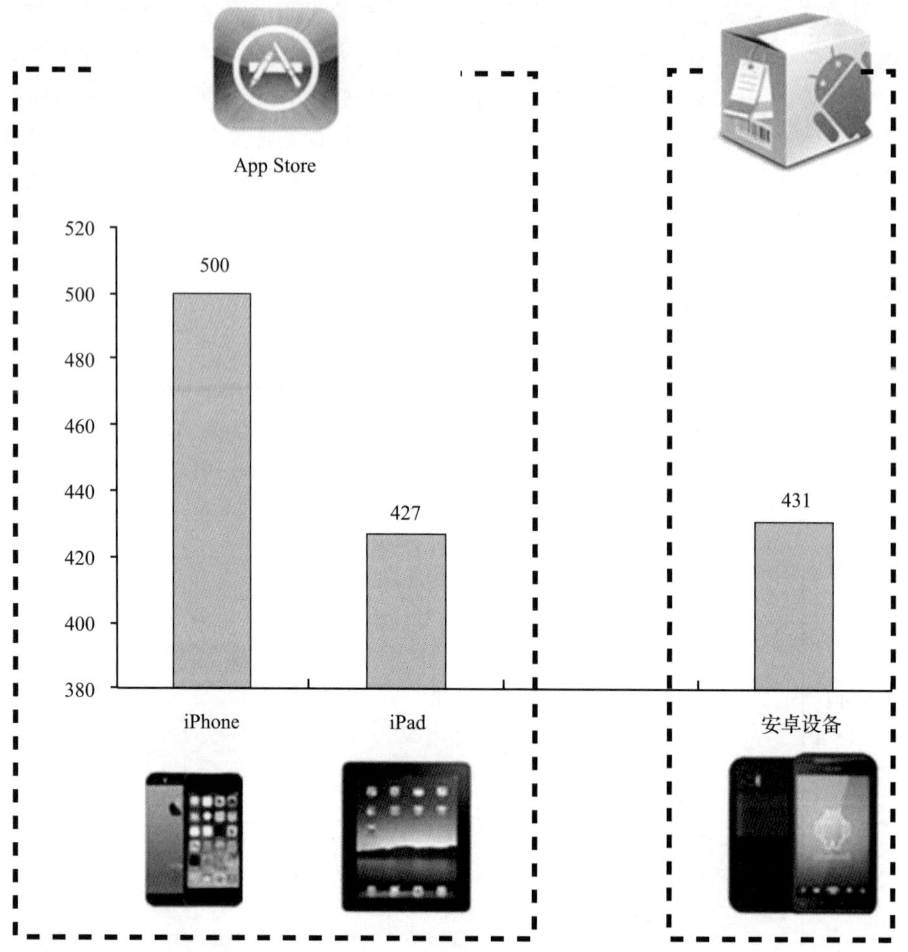

数据来源：App Store & 安卓市场

图 7　不同平台广播 App 应用程序数量

3. 广播 App 应用类型丰富多样

广播 App 发展至今，按照内容基本可划分为两类，即传统广播电台 App 和网络集成广播 App。

(1) 传统广播电台 App

传统广播电台 App 按照功能又可以被分为两种，第一种为“单一类 App”，该类 App 应用功能较为单一，大多由广播电台创办，以自身广播节目为主要依托，主要是提供自身电台广播频率的在线收听与点播。比较具有代表性的有“北京广播在线”、“山东交通广播”、“湖北经典音乐广播”等。其中较为受欢迎的是“北京广播在线”，该应用程序整合了北京人民广播电台每天播出的节目时间表，用户可根据自己的喜好选择收听。另外该程序支持后台播放，用户可以在收听广播的同时操作其他应用程序。第二种为“综合类 App”，这种类型的 App 除了满足简单的广播收听外还包含了其他多元化的综合性服务。例如中央台“中国之声”和上海“第一财经广播”，应用程序中除了自身节目收听之外还包含了时事资讯、与主持人的微博互动等功能。

传统广播 App 作为广播电台在移动客户端的“代言人”，继承了传统收听的所有优势。首先，广播电台作为存在多年的传播平台，发展成熟，有稳定的听众群体，为传统广播 App 打下了良好的受众基础；其次，播出内容具有较强的时效性，尤其是新闻和体育类节目，可以实现第一时间的现场直播；再次，广播电台的资源丰富，涉猎内容广泛，音乐、交通、新闻、体育、民生等各类型节目几乎涵盖了百姓生活中各方各面，一般的私人电台和网络电台无法与之比拟；最后广播电台具备专业的制作团队，其节目水平专业优质，可以满足听众高标准的收听需求。

(2) 网络集成广播 App

网络集成广播 App 的内容不单局限于广播电台，其平台更为开放和自由，开发主体更加多样化。不仅提供大量不同国家、不同类型的电台在线收听，节目内容更是融合了广播电台、私人电台和其他网络节目。这种类型的 App 应用按照整合类型也可以被归结为两类，第一类就像是“Supermarket（超级市场）”，将所有商品按照内容摆放在货架上，顾客可以根据个人喜好自主选择商品。这类应用程序中比较有代表性的如喜马拉雅，软件按照节目内容整合，如音乐、相声、故事、讲座、脱口秀等，用户如果想听某一类型的节目，只需进入相应路径就可以欣赏到来自不同渠道的该类节目。第二类则更像是“Shopping mall（购物中心）”，购物中心作为一个管理机构，把一系列零售商和服务机构组织在一起，按各自提供的服务类型分类，划分出诸如餐饮区、服装区、电器区等不同区域，每个区域中又有各自独立的品牌。这类应用程序中表现比较突出的如蜻蜓 FM，软件按照频率类型进行整合，如海外频率、新闻频率、音乐频率、体育频率等，用户可以根据自己的喜好选择相同类型的不同频率进行收听。

相比传统广播电台 App，网络集成 App 有着其独有特质，点播、分享、开放是其最显著的三个特点。

· 点播——资源利用率高，主动收听性强

网络集成广播 App 具有传统收听方式中没有的“点播”特性，播出过的节目可以被听众重复地收听，相同的节目资源，可以被相同或不同的听众一次、两次甚至多次的消费，从而使节目利用率更高，传播人群更深入更广泛。可重复收听的特性也使听众不会再有“错过”优质节目的遗憾，从而使收听人群由原来传统广播中只能被动收听的“听众”转向可主动选择收听、自主操作的“用户”。广播的制作一方也可通过用户的操作和点击情况更加了解收听人群对节目的需求状况，并有针对性地对广播节目资源进行更深层次的挖掘，从而在移动收听市场中获得有利地位。

· 分享——传播平台广泛，传播速度快捷

不同于传统收听方式的“口碑相传”，网络集成广播 App 有着更加方便快捷的“分享”特性。应用程序中都设置有如“转发到微博”、“一键分享到朋友圈”等功能，用户可以实现在微信朋友圈、微博、社区论坛等各种社交平台上轻松地分享自己喜爱的节目内容，让没有直接收听广播的人群也可以在社交平台上接触到广播内容，让同样感兴趣的用户在社交平台上进行再次的分享，尤其是一些“网络红人”、“大V”等，由他们转发过的内容，更是使这些分享信息如“病毒传播”一样地以几何倍速传播出去。

· 开放——选择更加丰富，竞争更为激烈

网络集成广播 App 以网络为平台，不受地域和条件限制，为公众提供了一个开放的收听和广播平台。用户不但可以在这里收听到当地以传统收听方式收听不到的节目，而且可以将自己喜爱和制作的作品上传，张扬个性，使“办电台”不再是大型机构的专利。与传统广播电台相比，这种表现方式更为灵活，传播方式也更为简便。平台的开放使得听众的收听选择更加丰富，参与到竞争中的主体也更加多样，不但电台之间节目的竞争也更加激烈，个体与个体间，个体与电台间的竞争也迫使节目制作更加趋向优质精良。

三、广播 App 用户使用现状

1. 音乐、新闻、交通类广播更受用户青睐

从广播 App 用户最经常收听的广播类型分布来看，音乐类广播占据32%的比例，新闻类广播、交通类广播分别占17%、16%的比例，这三类成为广播 App 用户最青睐的广播类型，而经济类、综合类、都市类、体育类、生活类分布比例均匀。无论是传统广播，还是 App 广播，新闻类、交通类、音乐类广播频率都是拉动收听的“三驾马车”，三类频率在传统收听市场占据67%的份额，在 App 移动收听中占据65%的份额，传统收听中新闻类节目更强，而 App 收听中音乐类节目则更受欢迎（图8、图9）。

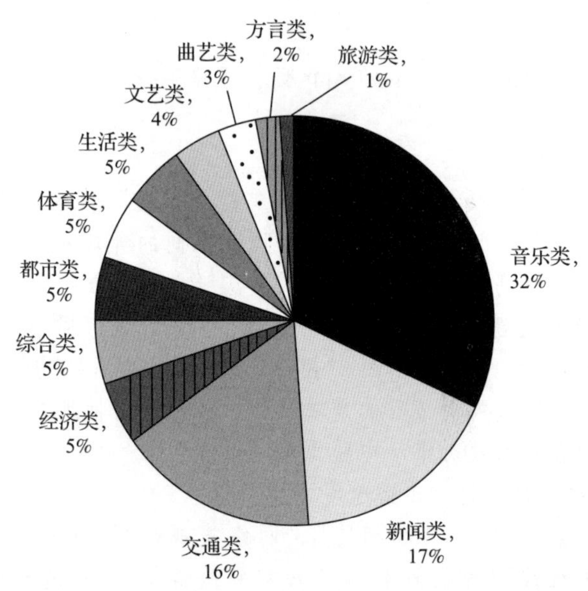

数据来源：艾瑞咨询

图8 2012年移动广播电台 App 用户最经常选择收听广播类型的分布情况

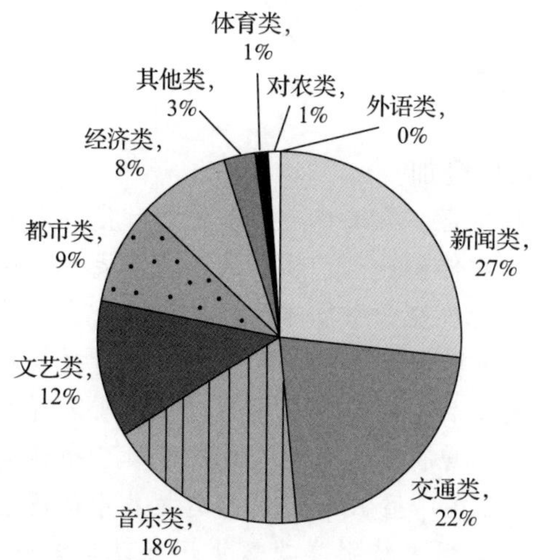

数据来源：CSM 媒介研究

图 9　2012 年传统广播收听市场各类型频率所占市场份额（%）

2. 广播 App 收听与传统方式收听在时段上形成互补

由传统收听和广播 App 收听的时段对比可以看出，传统在家收听广播早间、傍晚和晚间出现高峰，户外收听高峰是在早、晚出行时段；广播 App 收听则是全天除早、晚出现高峰外（与传统趋势很像），午间、深夜、凌晨等时段同样出现大量收听行为（图 10）。无论用户选择收听广播电台节目还是自己喜爱的节目，这一特点都可以充分地表明，深夜、凌晨、午间这些休息时段同样大有可为。广播 App 收听彻底激活了传统收听夜间和凌晨的“死”时段，让全天收听再无“垃圾时间”。对于广播电台来说，应该着力开辟这一片尚未用心开发却极具潜力的时段蓝海，让广播收听市场真正意义的全天候（24 小时）竞争理念得以实现。

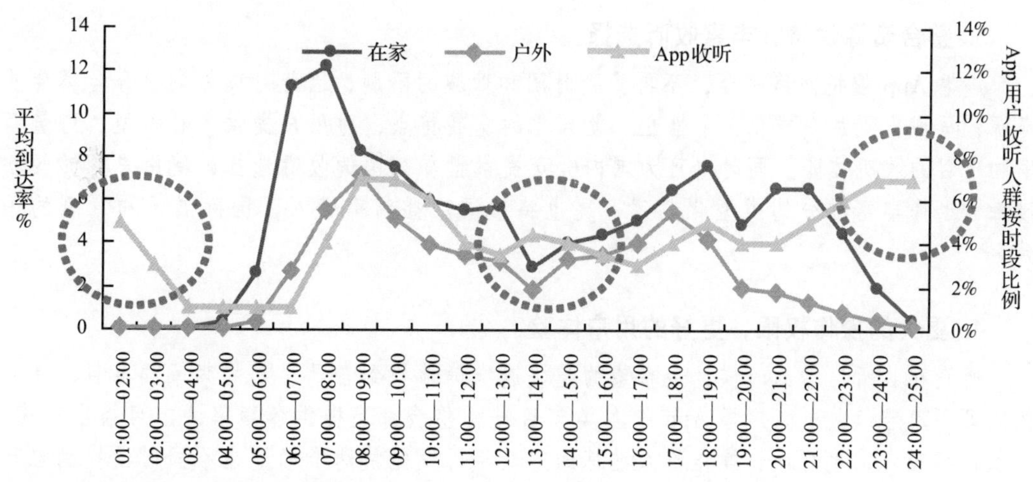

数据来源：CSM 媒介研究 & 艾瑞咨询

图 10　传统收听和广播 App 收听的时段对比

四、广播 App 的优势

1. 实现多平台传播效果叠加

在现代这个资讯越来越丰富、渠道越来越多元的时代，人们接收信息的通路变得越来越繁杂，这给媒介的推广和传播提出了越来越多的挑战。仅仅凭借一种媒介形式的传播渠道，哪怕是非常强势的传统媒介手段都已经显得那么力不从心了，多平台叠加传播的做法开始大行其道。《海阳现场秀》就是广播多平台传播成功的一个典范，该栏目是一档中央台文艺之声的主打节目，在北京市场同时段收听表现突出，从节目开播至今累计听众达 182 万。主持人海阳曾得到过主持人最高奖项“金话筒”奖，在广播界有很大影响力。《海阳现场秀》栏目在广播 App 应用喜马拉雅中的粉丝量为 2.3 万千人，平均每集节目收听人数超过 1 万，用户特别喜欢哪集还可以直接通过微博或微信转发分享；栏目在微信设有公共主页，累计关注量达 13 万；栏目在新浪微博的粉丝超过 5 万，主持人海阳的微博粉丝数超过 140 万。优质节目加上主持人的个人影响力，从传统广播媒体起家，借势新媒体，在很短时间内，实现了跨平台、跨地域、跨介质传播，从而走向了全国。

2. 以整化零，抓住碎片式收听

不同于电视的较长时间粘性收看，在广播领域当中，听众的收听行为更多呈现出多元化和碎片化的特点，不同的收听人群有不同的闲暇时间，收听时段也相对分散。即便是同一类听众群，收听广播的时间也不再是集中在特定几个时段内，而是在一天中收听广播的次数可能较多，每次收听的时间缩短，如等车时和上下班行进途中等。广播 App 可以做到把某些大的节目板块进行更细致的划分，以短而精悍的传播形式迎合用户的碎片式收听习惯，从而抓住更多听众，起到更好的传播效果。

3. 整合资源优势，丰富收听选择

广播 App 依托网络平台，不再受到时间和地域的限制，因此可以做到整合各类优质资源，呈现出更加多样化、个性化、差异化的发展特点，为用户提供多种类型、海量频率和节目的收听体验。同时也可为国内听众提供世界范围的收听选择，使用户能够轻松接触和选择丰富细分的类型化频率，这也将中国广播频率带入了国际展示和竞争的平台。

4. 更大的操作权限，更好的用户体验

听众在收听广播的时候，最希望的是快速准确地找到自己喜欢的频率和节目，并且能方便下次继续收听。广播 App 把各类节目进行整合，还提供各频率的节目播出列表，不仅让年轻人，也可以让操作不太熟练的中老年听众能快速准确地在不同时段找到自己想收听的节目内容，并且软件能赋予用户更多的操作权限，如根据自己的喜好自定义收听节目单、把所有喜欢的内容打包整合在一起等，让“私人定制”不再是梦想。

五、广播 App 未来展望

1. 优势资源跨平台合作

就传统广播电台来讲，通过传统的传播方式很难把节目做到跨地域、跨平台传播。相比之下手机广播 App 应用平台更加自由，使广播不再受到单位、地域的限制，在今后的发展中，可以把地区与地区之间、电台与电台之间、电台与个人之间，优势资源共享变成可能，甚至可以请一些著名主持人、当红 DJ 进行跨地区、跨电台的合作，到那时带来的影响力绝对不只是“1 + 1 = 2”。

2. 更加丰富多样的表现形式

广播 App 应用作为传统收音机的延伸，已经不再拘泥于传统广播中单纯“听”的表现形式，从显示歌手照片、歌曲歌词、主持人背景信息，到微博、微信公众平台的信息和游戏互动，让用户不但能“听”，也可以“看”，更能跟着一起“玩”。可以试想，随着未来各个领域网络大联合时代的到来，当广播中出现关于异域风情内容的时候，跟随显示当地的旅游信息；听到“啤酒和炸鸡”的时候，显示附近好吃的美食……这样立体交互的传播形式一定会给用户带来更丰富的全新体验。

3. 抢占终端，迎接智能时代

现在大多数电视机已经具有网络收看功能，也已有汽车可以搭载智能操控系统，基于收听现状和车载收听市场的发展，广播由于具有伴随性这一重要特征，因此在今后相当长一段时期，它会在车载市场扮演主要角色，今后广播 App 应用不仅仅要在移动终端上更进一步，更重要的是要做好车联网时代到来的准备，抢占车联网时代的入口，占据车载收听终端市场，在未来占尽先机。

随着科技的发展，或许在不久的将来，我们的墙壁、桌子、地板、窗户等都将变成智能终端，App 的开发也不能仅仅局限于手机等移动设备，而是要向更多的智能终端发展延伸。或许到那时，已经不再有单纯的广播 App，甚至“广播”一词也可能退出历史舞台，取而代之的可能就是“音频”节目。我们翘首以盼这个时代的到来。

（作者：卢文钊）

移动互联时代的广播变革与价值重塑

广播在移动互联时代进入了转型发展期，从线上向线下的价值延伸与转换，推动广播媒体实现在现有价值空间中的产业化调整，通过寻求新的动力与上升空间，在转型中重塑价值，从而实现广播的变革式发展。

一、收听率与听众：夯实广播基础

线上收听作为受众广播使用的传统形式，在一定程度上反映了广播的传统主流价值，而在新的传播时代，广播的传播价值还以多种形式存在，包括线下的互动和增值部分，这些广播接触都超越了传统意义上的收听率所呈现的广播价值。目前广播面临的发展问题更多地来自从线上到线下的延伸与转换，这也是广播从传统走向新形态过程中必然面临的问题。

广播还没有完成转型历程，作为仍处于转型中间阶段的传统媒体，广播的主业还集中在线上收听领域，因而收听率在广播价值评估中仍备受重视。现阶段的这种发展特点促使广播依循现有的产业链条，通过精耕细作，夯实广播的发展基础，进而提高广播的性价比。

在新旧媒体交替、融合的发展阶段，受众的广播使用虽然相对比较稳定，但自2012年以来出现了下降的态势。CSM媒介研究的全国基础研究数据表明，2011—2013年，上网的比重明显增加，电视、报纸等传统媒体的使用比重均明显下降（图1）。从传统媒体的发展态势上看，广播正处于退守和下降的通道上，只是由于广播体量小，受外部冲击的影响也相对较小，因此下降的速度和程度没有电视那么明显。但收听率曲线的变化却清晰地呈现出下移的趋势。从全天收听率走势可以看出，包括早高峰和晚间20:00—21:00时段在内的广播黄金时段的收听率均有明显下降。早高峰下降得最为明显，晚间20:00—21:00时段由于受电视和互联网的冲击，特别是晚间电视剧改为3集剧连播之后，对小众的广播受众形成了显著的分流（图2）。

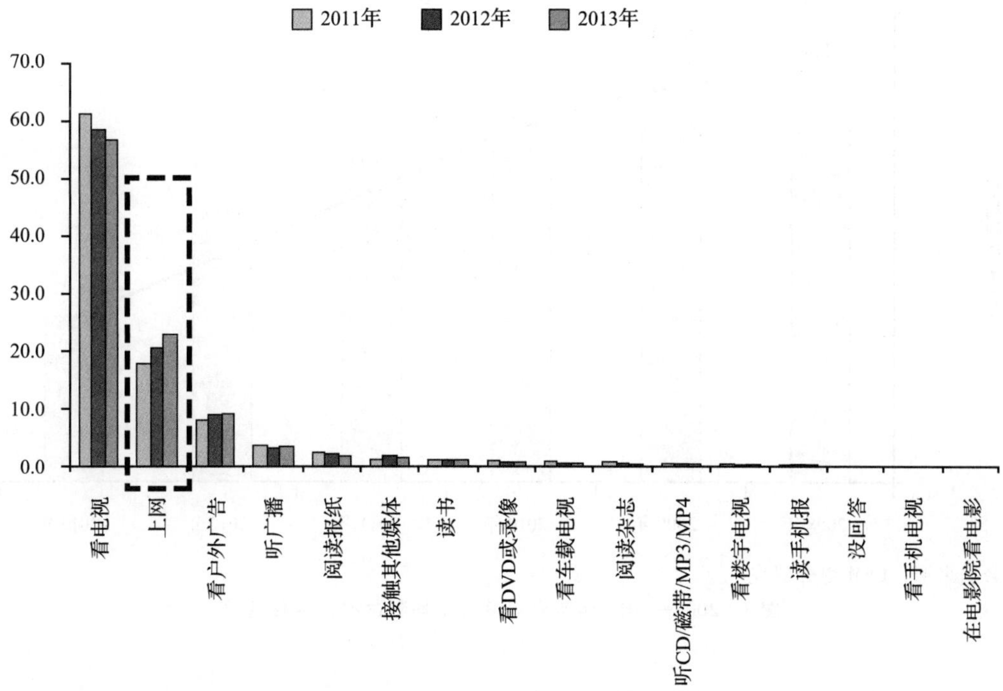

数据来源：CSM 媒介研究全国基础研究数据

图 1　2011—2013 年各类型媒体使用比重比较

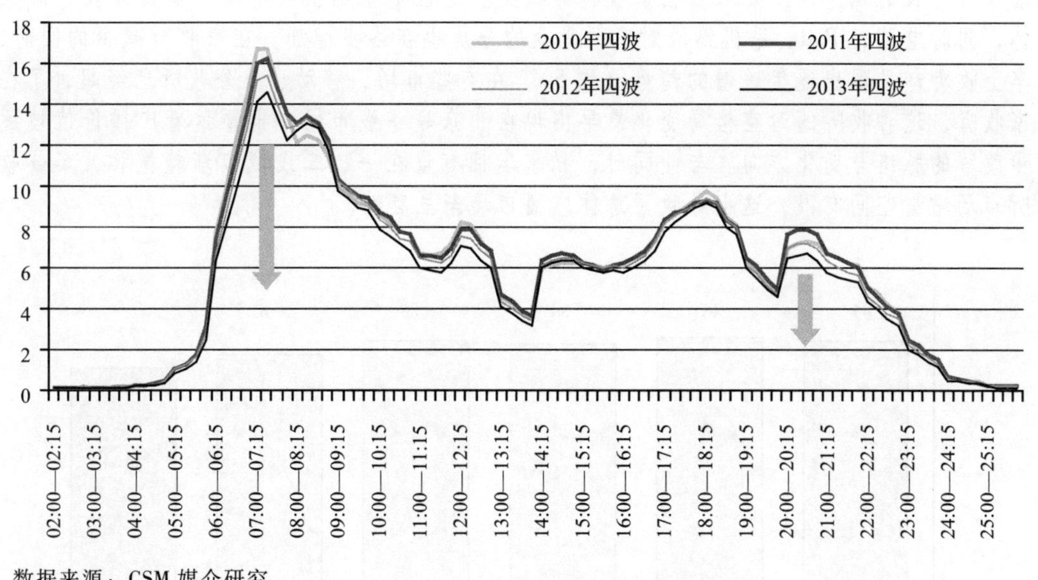

数据来源：CSM 媒介研究

图 2　2010—2013 年广播全天收听走势比较

收听率是对听众的规模和每天收听时长两个维度的综合描述。首先，从听众规模来看，收听广播人群的比例呈现下降趋势，2008—2010 年维持在 62% 左右，到 2010 年出现了加速下降的趋势，到 2013 年每天收听广播的听众只有 56.27%，降幅明显增大（图 3）。

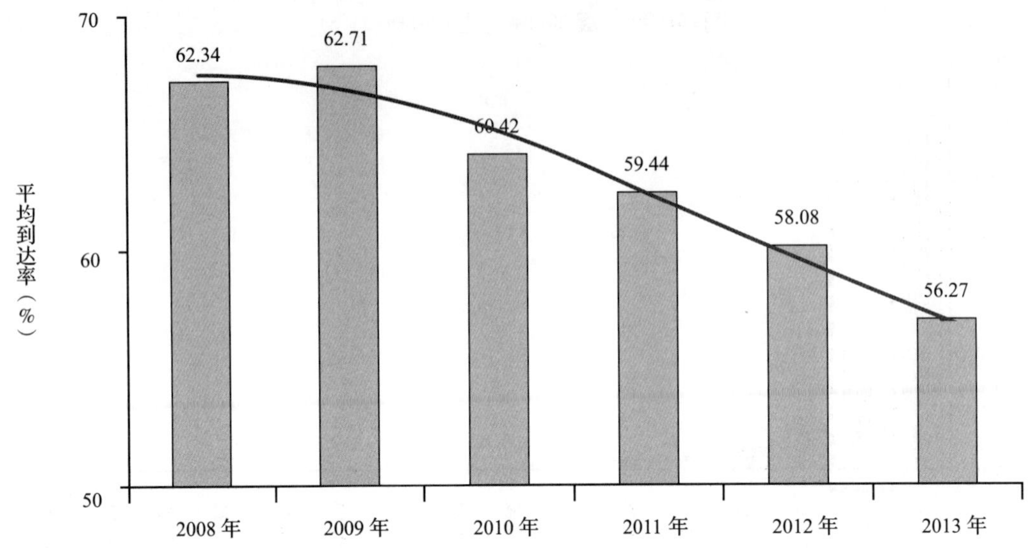

数据来源：CSM 媒介研究

图 3　2008—2013 年听众规模（平均到达率）变化趋势

其次，受众对广播的黏性也在下降，表现为广播收听时长的逐年缩减。2013 年，听众人均每日收听广播的时长首次降至 80 分钟以内，仅 77 分钟，为历史最低（图 4）。广播收听时长的减少，主要来自在家收听的减少。电视是家庭空间中对广播挑战较大的媒体，同时电脑、iPad、手机终端对广播受众的分流也在逐步增加。在家收听减少的同时，车上收听却呈现出逐年递增的趋势（图 5），在有些市场，移动、户外收听已经超过了在家收听，这种收听的时空格局变化最早出现在北京等一线市场，也预示着广播价值被逐步改写的脉络与变化方向。与此同时，私家车拥有量在一、二线城市渐趋饱和，车载收听市场增量空间有限，这也导致了总体广播市场渐呈萎缩。

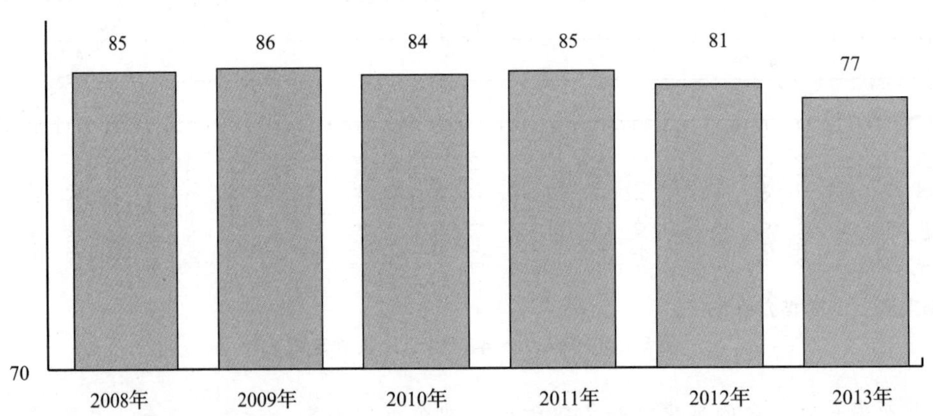

数据来源：CSM 媒介研究

图 4　2008—2013 年人均收听时长（分钟）变化情况

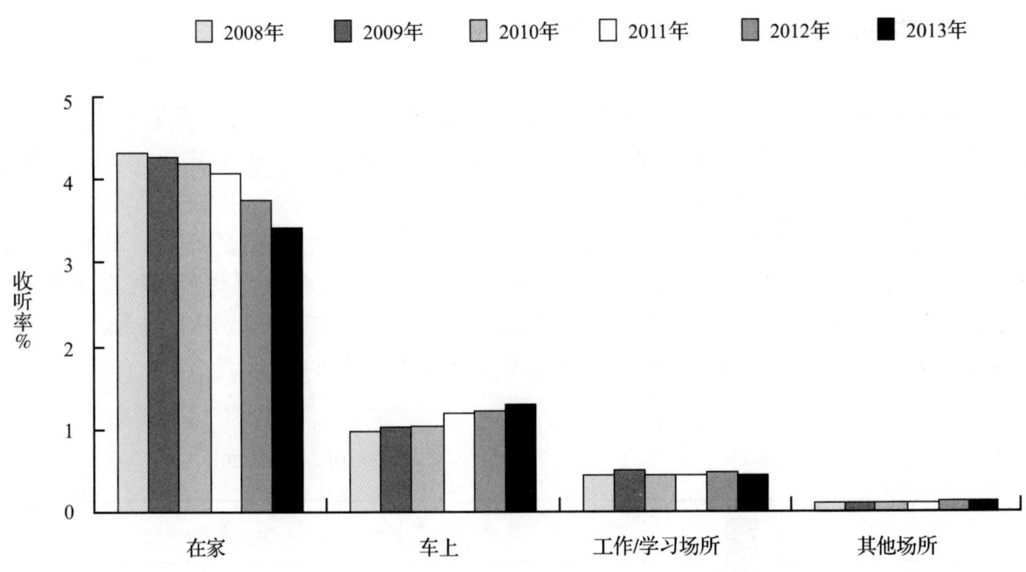

数据来源：CSM 媒介研究

图 5 2008—2013 年不同场所收听率比较

中国广告业统计数据显示，2013 年，广播广告收入 140 多亿，同比增长仅 0.09%，与广播 6%—7% 的历史增长水平落差明显；电视广告出现 2.75% 的负增长；报纸下滑更为明显，负增长 10%；而互联网达到了 46% 的高增长水平。在传统媒体广告盘子整体缩小的情况下，由于广播广告整体的体量比较小，因此受到的冲击远小于电视媒体；另一方面，广播广告仍然具有高性价比的比较优势，但在广播广告缺少增长空间的前提下，广播发展已经步入了一个新的阶段。

为实现广播媒体的持续增长，广播电台进一步拓展和挖掘车载收听市场，通过开办更多的交通类节目，增加或强化非交通类频率的“交通类”属性。如音乐类频率、经济类频率和都市生活类频率等，都将车上人群作为频率转型、节目转向的目标，这也使得车载收听市场被摊薄的趋势明显。在这种发展思路下达成的车载市场增长，并非源于交通广播的增加，而在一定程度上体现了广播电台内部各频率在市场竞争中凸显了新的优势，形成了新格局，或强于新闻，或胜在音乐。广播电台还试图或正在尝试其他创新方式，如开发高端广播、优化台内各频率的组合与资源配置、以广播为平台开展活动化营销和整合营销传播，依托广播的性价比优势寻求与优势地域经济资源结合、基于新媒体平台拓展广播市场等，这些尝试实质上仍是传统意义上的多元化支持，是现有价值空间中保守的产业化调整探索，难以给广播发展带来革命性变化。

目前广播市场存量竞争激烈，增量空间匮乏。在用户层面，听众规模稳中有降，收听群体出现分化趋势，广播收听时间降低。在广告层面，受经济发展的影响，广播广告的品类和结构调控严格，品牌广告供给不足，而非品牌广告投放有限。纵观广播的历史性发展，乐观言之，传统广播进入了稳定期；悲观论之，则广播进入了新的风险期。

二、坚守与扩张——在转型中重塑

在稳定性与风险性并行的发展期，广播要实现进一步持续增长，需要寻求新的动力，在坚守中扩张，在转型中重塑。一方面，要夯实基础、坚守固有阵地；另一方面，要积极扩张，寻求广播的增量空间。

从北京地区广播收听设备使用的变迁可以看出广播转型的发展路线。与2009相比，2013年使用收音机、MP3、MP4、收录机等传统工具收听广播的比例均有不同程度下降，而车载广播、互联网、数字电视和手机等新终端使用比例均有不同程度的增加，以车载广播为代表的移动收听已替代收音机成为主流收听方式（图6）。

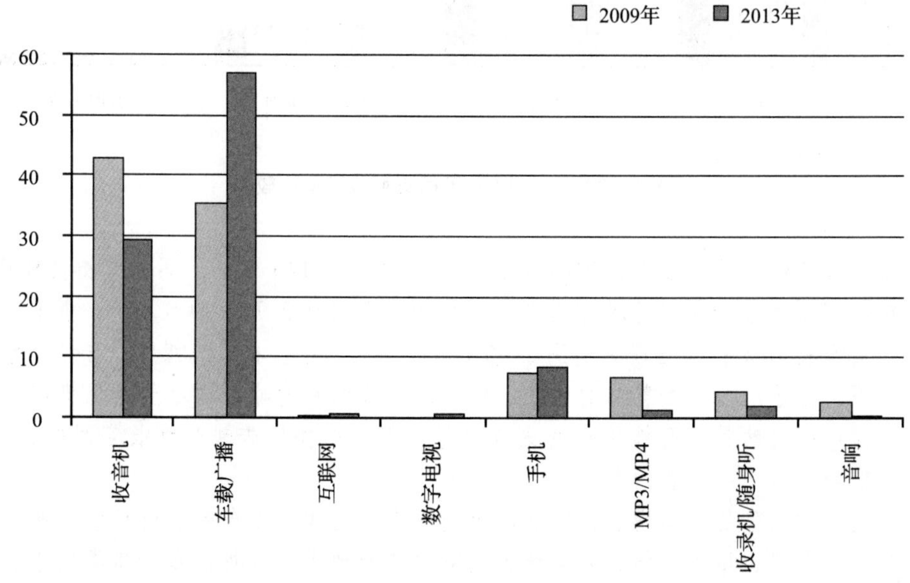

数据来源：CSM媒介研究

图6　2009、2013年北京地区广播收听设备使用比例（%）变化情况

此外，广播App借势App整体市场水涨船高。App广播应用规模不断增长，发展迅猛。2011年、2012年苹果App Store市场的应用程序增长数量超过30万，2013年新增App更是突破40万。截至2014年3月，通过关键词“广播”、“收音机”、“radio”在App Store里搜索到的应用程序中，适用于iPhone的有500个，适用于iPad的有427个；在安卓系统搜索同样关键词，显示结果为431个（图7）。

多终端移动收听体现了广播作为音频媒介的传播优势，也体现了广播市场向移动互联和融合平台升级的主流方向。鉴于此，广播人目前需要更多关注在多终端上重新聚合价值人群，思考如何通过以App为代表的移动平台和聚合平台来实现和放大这部分受众的融媒体性和忠实度。

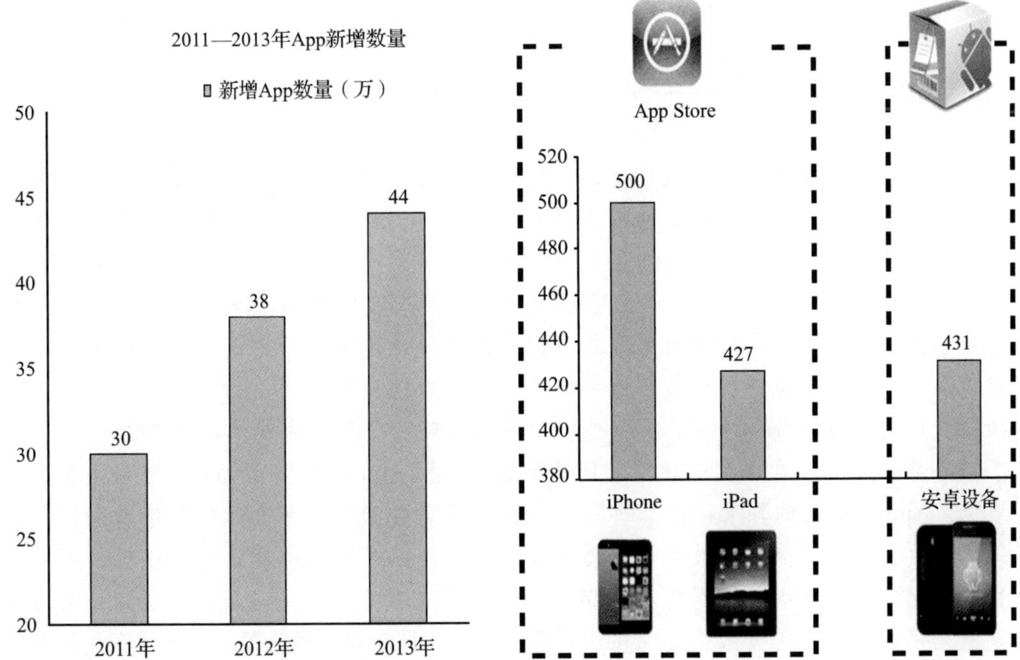

数据来源：互联网　　　　数据来源：App Store 市场人工统计

图 7　新增 App 及应用程序数量

参照电视等传统媒体在多重竞争压力下的发展策略，反观广播收听变化的主流趋势，不难发现，在新的传播形势下，坚持内容为王、终端制胜，是广播媒体重塑产业价值链的核心路线。

在新传播价值链中，终端强势和渠道平台化对内容生产形成强有力的制约，“内容为王”还需要渠道和终端的拱卫。产业链条中的价值高地是相对的。总体上看，没有上游即无所谓下游，所以内容生产仍然是价值高地；但是如果内容生产环节是充分面向竞争的，渠道就有可能成为价值高地，因为渠道和平台对内容的选择和整合决定了内容的出路；如果内容生产是充分面向竞争的，渠道也同时具有多元的可选择性，则终端也可成为价值高地，因为终端决定接入渠道，并凭借其入口优势得以贯通整个广电产业。因此，价值高地的成败与否取决于产业链中制约与反制约力量的博弈结果。

从当前的政策和产业环境看，内容生产还处于非完全竞争状态，仍存在可紧可松的水龙头开关效应，在政策规制和版权法律的双重保护下，内容仍然是价值高地；渠道如果平台化效果好，也可成为价值高地；终端目前虽为价值洼地，但在日趋激烈的“入口”竞争战中，充满着趋向价值高地的转化机会。面对渠道与终端在现实产业链中的价值积累与增值空间，广播在做强内容的同时，亟需借助强势终端和平台化渠道以拓展内容。忽视渠道对内容传播的影响，在某种程度上意味着被动放弃终端这块未来的价值高地。

收听环境、渠道与终端的变化造就新传播，也聚合新听众，后者与传统受众在需求、行为与结构上具有不同程度的异质和异构性，如何描画移动平台聚合的新听众，是广播媒体从听众需求出发实践“内容为王”要思考的基本问题，也是听众研究的新课题。

三、寻求价值增量——放大新广播优势

个性化多终端收听正在挑战传统的广播受众测量。现有的传统收听测量方法较好地解决了听众结构的问题，但涉及精细化的细节性研究，特别是关于新媒体对传统媒体的影响维度，数据的充分性和完整性还有待提高。

针对广播转型进程中的跨平台、多终端的发展变化，CSM媒介研究采用新的测量技术，对广播市场的个性化收听行为开展了试验性测量与研究。新的调查研究既不同于传统的广播收听监测，也不同于传统的手持终端收听行为研究，而是对媒体、内容、平台和终端进行的整体性统一调研，并从终端反观和研究整个产业的发展与变化。

CSM媒介研究正在测试的新技术可基于智能手机App对广播听众进行被动测量。通俗地说，App模拟人的耳朵，把“听”到的声音实时转换为不可解读的数字音频码，传送到远程后台并与广播节目数字音频码资源库进行匹配，最终准确识别出收听的频率与节目。匹配环节的技术实现逻辑与CSM媒介研究现有的电视声音匹配技术类似，只是采集方法更突出了数字化技术特征。在计算环节，已获得专利技术的算法保证了高精准度的有效匹配。这种方法为利用智能手机实现广播收听测量提供了有力的技术支持（图8），并有望补充或部分代替传统的日记卡测量。

从目前的测试情况来看，测试中的App广播听众测量方案可无缝、全面、综合地测量到受众在不同时空中通过各种介质发生的收听行为，可涵盖的终端包括但不限于手机、PC电脑、数字电视、车载广播媒体，同时还可通过界面提示来确定收听场所的范围。

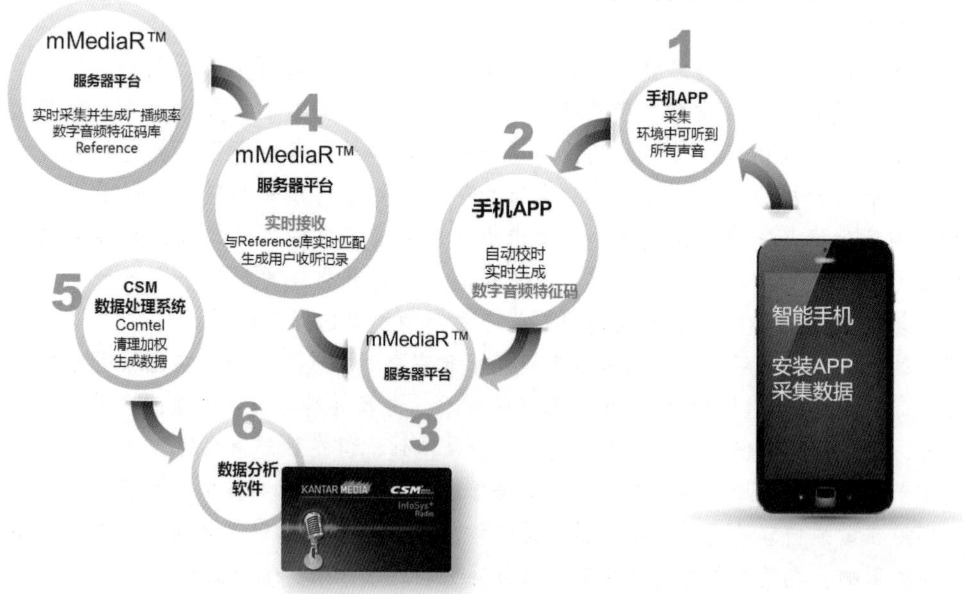

数据来源：CSM媒介研究

图8　CSM媒介研究收听测量新方法技术流程

概而言之，新的测量技术实现的“组合式”广播测量，把多时空中的个性化收听集合在一起，从而完整实现对听众个性化收听的行为全记录。更重要的是，它为全面反映广播在移动互联时代的传播价值提供了精准高效的技术支持，为广播产业拓展中创造的增量价值提供了“变现”支持。

目前的广播研究不能再仅仅局限于Radio，而要放眼到Audio，这也正成为一个世界性趋势。全球的广播研究越来越聚集于对广播媒体属性的思考，如当代广播媒体还是以传统形式存在吗？是否应扩展成为多平台上的音频媒体？与之对应的问题是，广播是单一媒体还是融合性媒体？在内容的生产上，广播是否应从前端播出、后端收听的传统形式过渡发展为终端提供内容或走上定制化的媒体发展之路？

在以电视为中心的视频媒体发展中，上述问题已经得到了不同程度的回答并已走向媒体实践；收视率已不再单纯意指电视观众测量数据，还包括了对观看不同视频行为的测量，这在电视领域已基本形成共识。但在广播领域，上述问题虽然在部分层面或已有回应，但在广播人的发展意识中，对于这些问题重要性的认知与认同还有待强化。

在未来3—5年内，广播测量将从广播听众测量转化为“跨平台跨终端”传播背景下的音频受众的测量。测量方法的提升和对象拓展，将有助于还原和再现真实发展场景中的广播市场，更加充分地体现广播的价值，并助力广播媒体实现转型与新的多向度发展。

四、结语

传统广播媒体在移动互联时代的变革式发展，需要厘清内容、渠道与终端在新的产业价值链中的关系，把握价值低地向高地转换的发展时机，在内容为王、终端制胜的核心理念下，放大存量资源优势，实现价值重塑。在此进程中，听众需求仍然是实践转型的关键线索。在跨平台、多终端传播环境中，对于听众泛收听、个性化收听的测量，也应着眼于广播变革式发展的趋势，通过更为充分与完整的Audio测量推动广播的转型与重塑。

（作者：郑维东）

第三部分

Part Three

数据 Rating Data

一、北京收听数据

表 3.1.1　2011—2013 年北京各目标听众人均收听时间(分钟)

目标听众		2011 年	2012 年	2013 年
10 岁及以上所有人		87	83	72
性别	男	94	88	76
	女	80	77	67
年龄	10—14 岁	44	22	29
	15—24 岁	59	65	44
	25—34 岁	73	70	54
	35—44 岁	92	80	71
	45—54 岁	99	98	87
	55—64 岁	127	104	102
	65 岁及以上	120	126	119
文化程度	未受过正规教育	*	*	*
	小学	90	55	77
	初中	96	93	69
	高中	90	90	87
	大学及以上	81	77	62
职业	干部/管理人员	84	84	61
	初级公务员/雇员	72	69	66
	个体/私营企业人员	87	85	70
	工人	104	103	82
	学生	53	53	35
	无业(包括退休人员)	114	107	103
	其他	100	54	*
个人月收入	没有收入	58	57	38
	1—500 元	85	104	85
	501—1000 元	86	137	*
	1001—1500 元	97	80	85
	1501—2000 元	103	106	86
	2001—2500 元	117	112	90
	2501—3000 元	82	84	83
	3001—4000 元	97	81	81
	4001 元及以上	71	68	62

注:北京为全年连续调查城市。“*”表示目标听众样本量不足,无法进行统计推断。

表 3.1.2　2011—2013 年北京听众在不同地点的人均收听时间(分钟)

地点	2011 年	2012 年	2013 年
家中	54	48	42
车上	27	29	24
工作/学习场所	4	5	4
其他场所	2	2	2

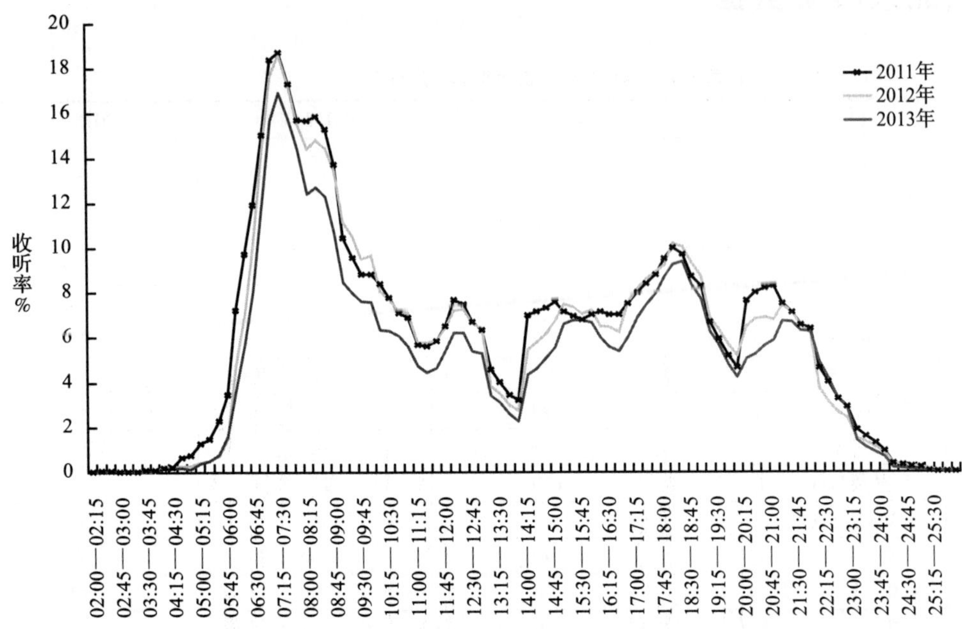

图 3.1.1 2011—2013 年北京听众全天收听率走势

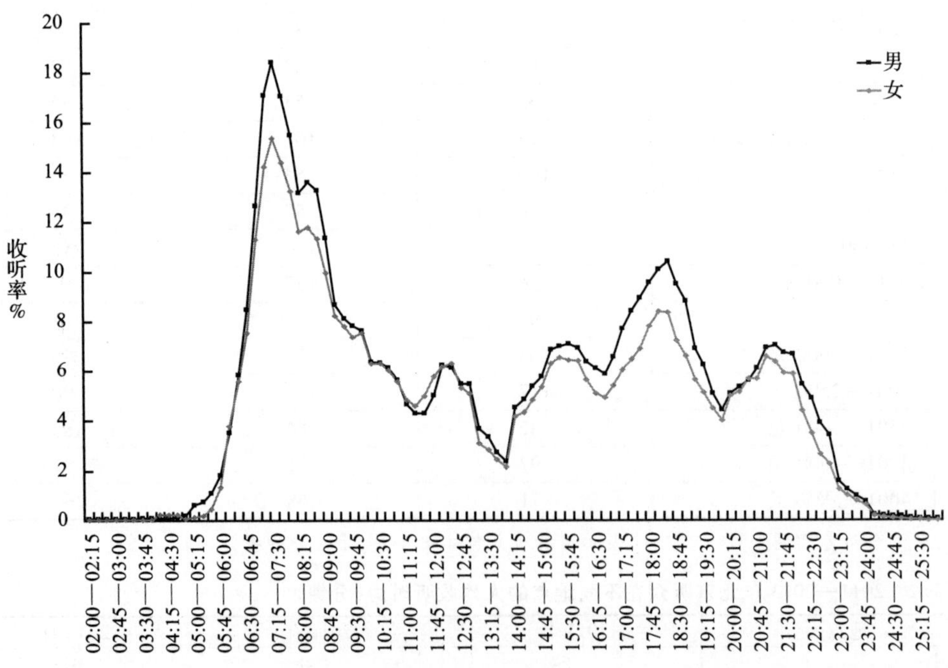

图 3.1.2 2013 年北京不同性别听众全天收听率走势

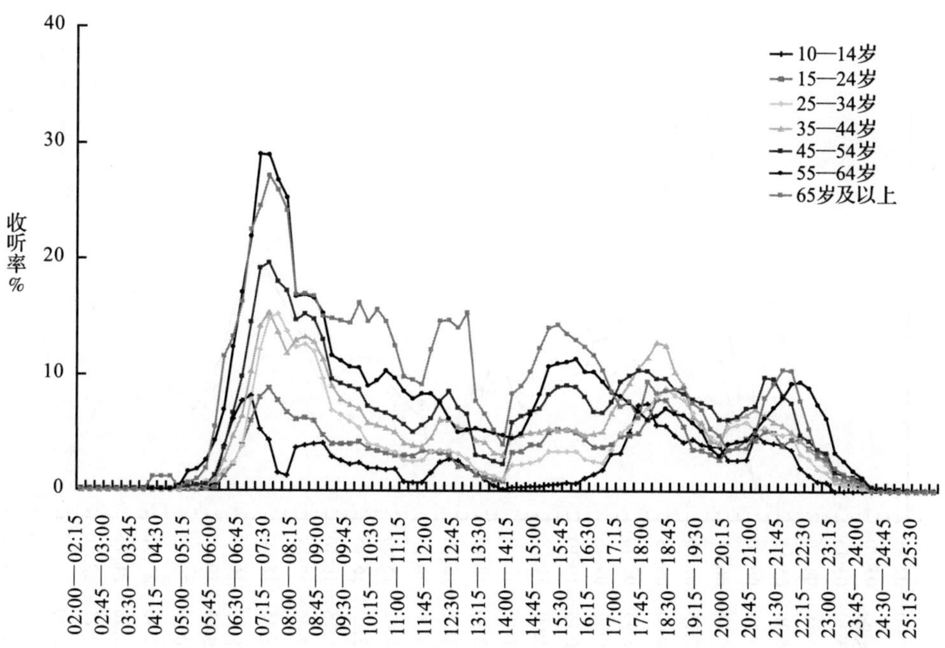

图 3.1.3 2013 年北京不同年龄听众全天收听率走势

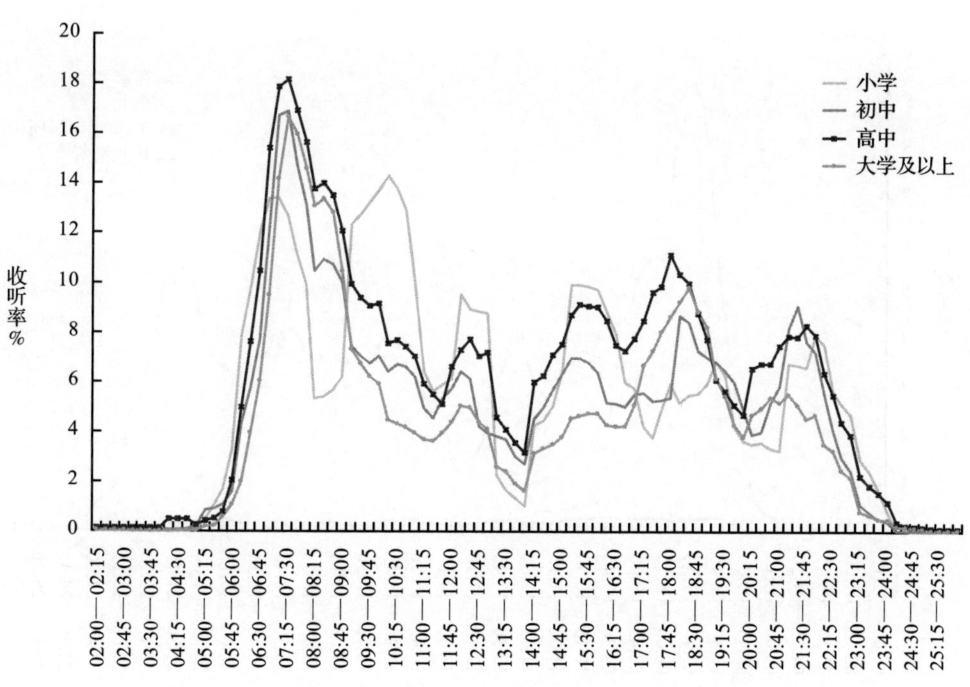

图 3.1.4 2013 年北京不同文化程度听众全天收听率走势

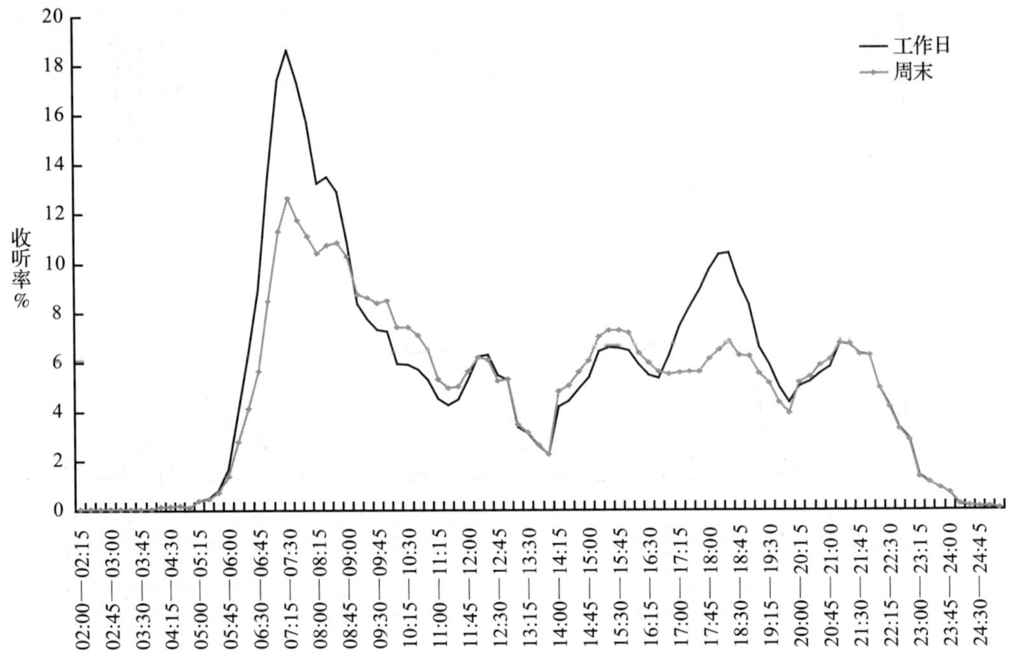

图 3.1.5　2013 年北京听众工作日与周末全天收听率走势

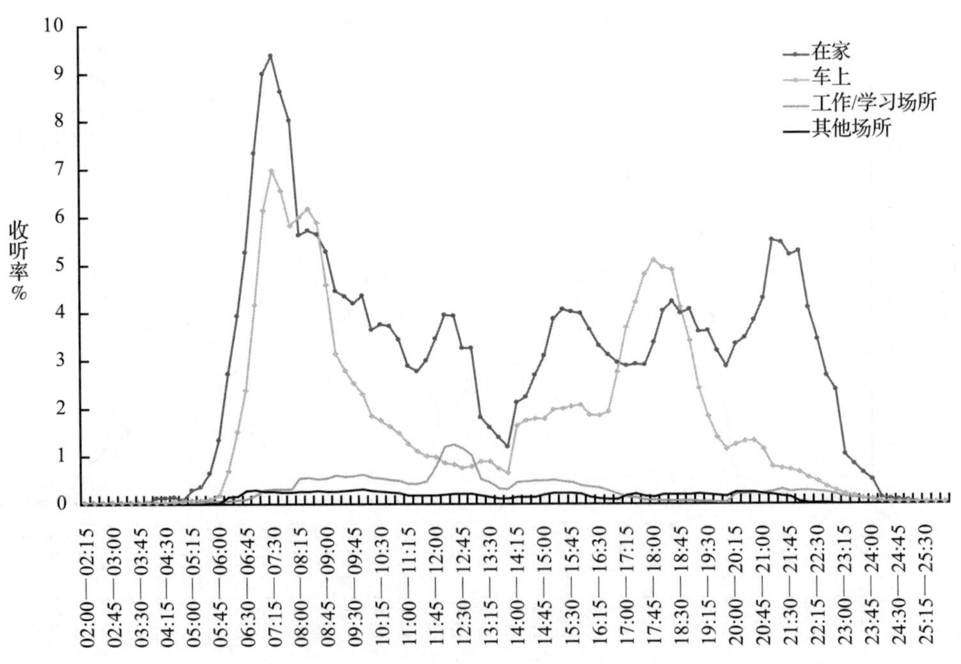

图 3.1.6　2013 年北京听众在不同收听地点全天收听率走势

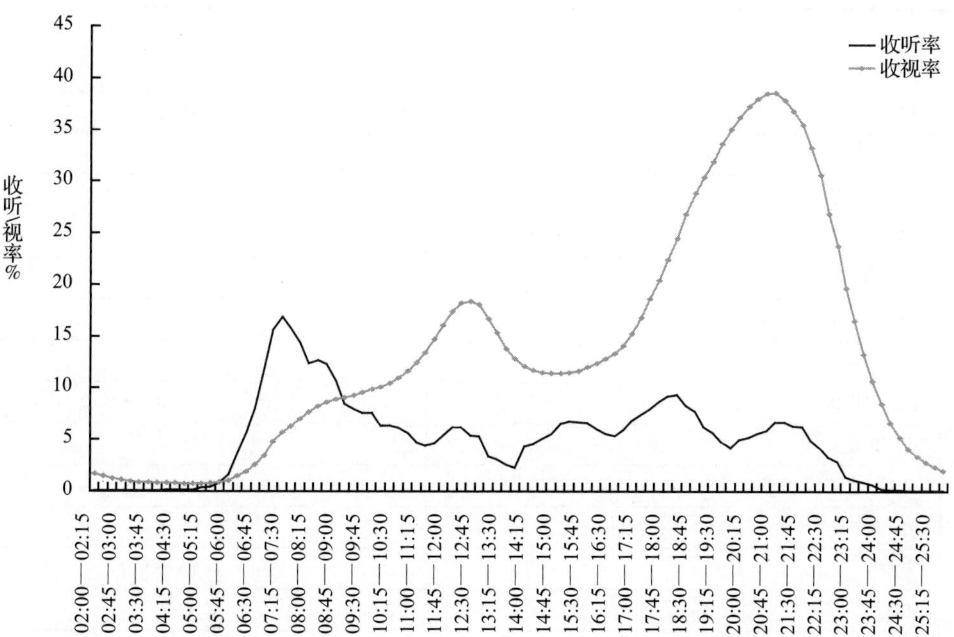

图 3.1.7　2013 年北京受众全天收听率、收视率走势比较(目标受众为 10 岁及以上)

表 3.1.3　2013 年北京市场听众构成(%)

目标听众		听众构成(%)
10 岁及以上所有人		100.0
性别	男	54.0
	女	46.0
年龄	10—14 岁	1.4
	15—24 岁	10.4
	25—34 岁	15.7
	35—44 岁	22.0
	45—54 岁	22.2
	55—64 岁	12.8
	65 岁及以上	15.4
文化程度	未受过正规教育	*
	小学	5.6
	初中	16.5
	高中	37.8
	大学及以上	40.1
职业类别	干部/管理人员	10.8
	初级公务员/雇员	29.7
	个体/私营企业人员	10.0
	工人	10.1
	学生	6.4
	无业(包括退休人员)	32.9
	其他	*
个人月收入	没有收入	8.5
	1—500 元	1.2
	501—1000 元	*
	1001—1500 元	4.7
	1501—2000 元	10.0
	2001—2500 元	16.5
	2501—3000 元	15.4
	3001—4000 元	21.8
	4001 元及以上	21.8

表 3.1.4　2011—2013 年北京市场各广播电台的市场份额(%)

广播电台	2011 年	2012 年	2013 年
中央人民广播电台	23.0	19.0	21.7
中国国际广播电台	6.0	6.8	6.1
北京人民广播电台	69.2	72.4	70.4
其他广播电台	1.8	1.9	1.8

表 3.1.5　2013 年北京市场各广播电台在不同目标听众中的市场份额(%)

目标听众		中央人民广播电台	中国国际广播电台	北京人民广播电台	其他广播电台
10 岁及以上所有人		21.7	6.1	70.4	1.8
性别	男	20.3	6.5	71.2	2.0
性别	女	23.3	5.6	69.4	1.7
年龄	10—14 岁	32.0	5.2	60.2	2.7
年龄	15—24 岁	17.9	5.2	74.3	2.6
年龄	25—34 岁	16.5	10.9	71.9	0.7
年龄	35—44 岁	17.3	5.6	75.2	1.9
年龄	45—54 岁	18.8	5.1	74.0	2.0
年龄	55—64 岁	28.8	5.0	63.2	3.1
年龄	65 岁及以上	32.9	4.8	61.0	1.3
文化程度	未受过正规教育	*	*	*	*
文化程度	小学	20.8	2.2	75.6	1.4
文化程度	初中	23.9	8.1	63.5	4.5
文化程度	高中	21.3	4.6	71.7	2.3
文化程度	大学及以上	21.3	7.2	71.0	0.5
职业类别	干部/管理人员	14.7	10.1	75.0	0.2
职业类别	初级公务员/雇员	17.1	7.2	74.4	1.3
职业类别	个体/私营企业人员	17.9	5.5	74.6	2.0
职业类别	工人	19.3	5.1	70.5	5.2
职业类别	学生	18.8	6.6	70.5	4.1
职业类别	无业(包括退休人员)	30.1	4.2	64.2	1.5
职业类别	其他	*	*	*	*
个人月收入	没有收入	18.7	4.5	73.3	3.6
个人月收入	1—500 元	55.2	0.1	36.0	8.7
个人月收入	501—1000 元	*	*	*	*
个人月收入	1001—1500 元	21.2	4.4	73.7	0.7
个人月收入	1501—2000 元	18.0	2.4	78.2	1.5
个人月收入	2001—2500 元	15.4	6.3	77.2	1.1
个人月收入	2501—3000 元	22.9	3.4	71.0	2.7
个人月收入	3001—4000 元	27.5	5.8	64.6	2.1
个人月收入	4001 元及以上	20.4	11.5	67.2	0.9

注:"*"表示目标听众样本量不足,无法进行统计推断。

表 3.1.6　2013 年北京市场份额排名前五位的频率

名次	频率名称	市场份额(%)
1	北京人民广播电台交通广播(FM103.9/CFM95.6)	30.4
2	北京人民广播电台文艺广播(FM87.6/CFM93.8)	15.7
3	中央人民广播电台第一套节目中国之声	8.8
4	北京广播电台新闻广播(FM100.6/AM828/CFM90.4)	8.3
5	北京人民广播电台音乐广播(FM97.4/CFM94.6)	6.9

二、长春收听数据

表 3.2.1 2011—2013 年长春各目标听众人均收听时间(分钟)

目标听众		2011 年	2012 年	2013 年
10 岁及以上所有人		71	69	67
性别	男	77	74	70
	女	66	64	63
年龄	10—14 岁	25	25	29
	15—24 岁	42	43	38
	25—34 岁	68	59	56
	35—44 岁	73	70	81
	45—54 岁	82	93	80
	55—64 岁	120	94	95
	65 岁及以上	88	95	83
文化程度	未受过正规教育	132	39	55
	小学	66	45	31
	初中	78	78	79
	高中	68	68	67
	大学及以上	67	69	60
职业	干部/管理人员	57	57	57
	初级公务员/雇员	63	71	63
	个体/私营企业人员	82	65	77
	工人	75	83	73
	学生	33	33	30
	无业(包括退休人员)	87	81	84
	其他	*	*	*
个人月收入	没有收入	43	39	42
	1—500 元	*	*	*
	501—1000 元	76	78	101
	1001—1500 元	94	91	87
	1501—2000 元	68	75	77
	2001—2500 元	62	66	65
	2501—3000 元	78	76	72
	3001—4000 元	85	80	72
	4001 元及以上	106	70	70

注:长春为全年连续调查城市。“*”表示该目标听众样本量不足,无法进行统计推断。

表 3.2.2 2011—2013 年长春听众在不同地点的人均收听时间(分钟)

地点	2011 年	2012 年	2013 年
在家	46	44	41
车上	19	19	19
工作/学习场所	5	5	5
其他场所	1	2	2

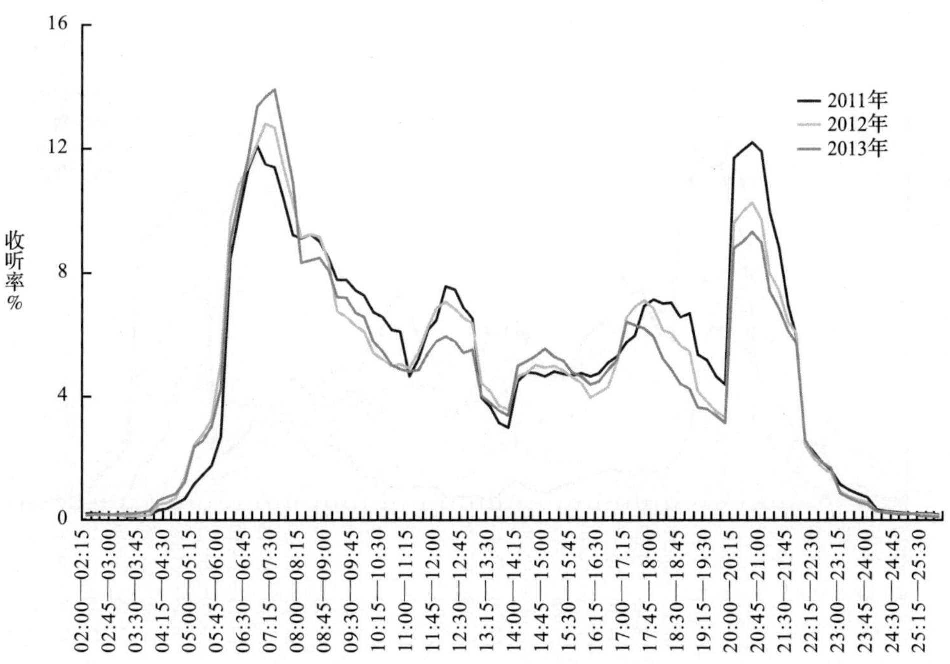

图 3.2.1　2011—2013 年长春听众全天收听率走势

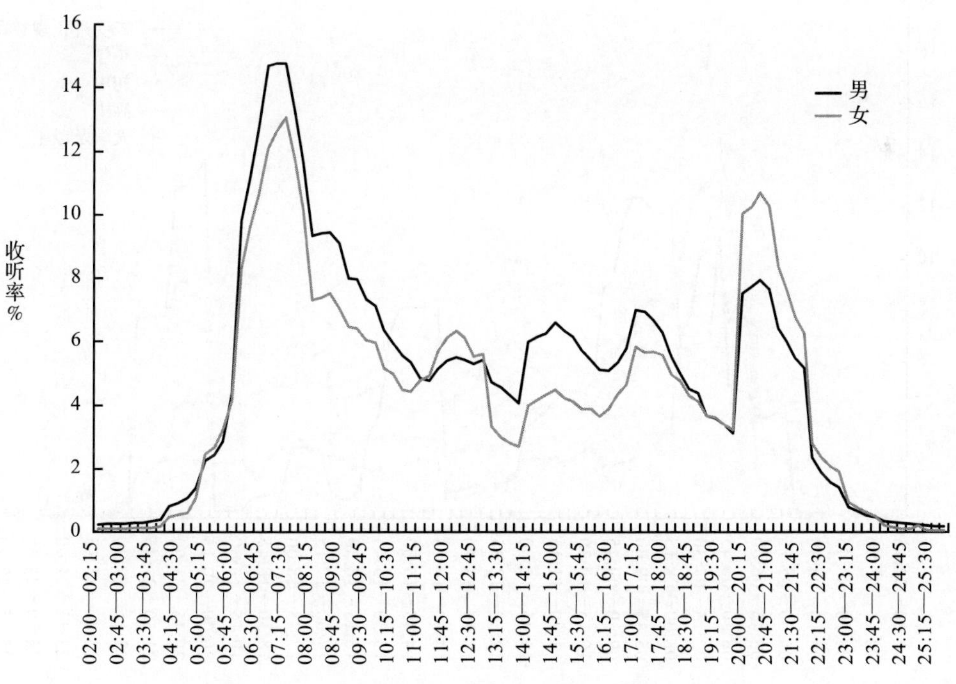

图 3.2.2　2013 年长春不同性别听众全天收听率走势

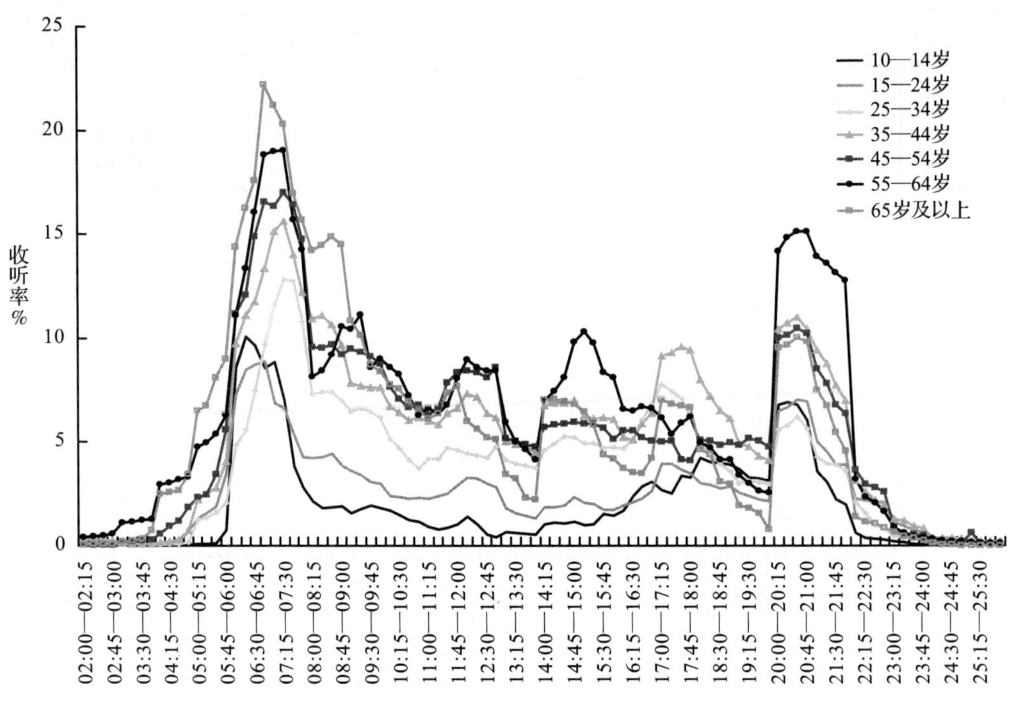

图 3.2.3 2013 年长春不同年龄听众全天收听率走势

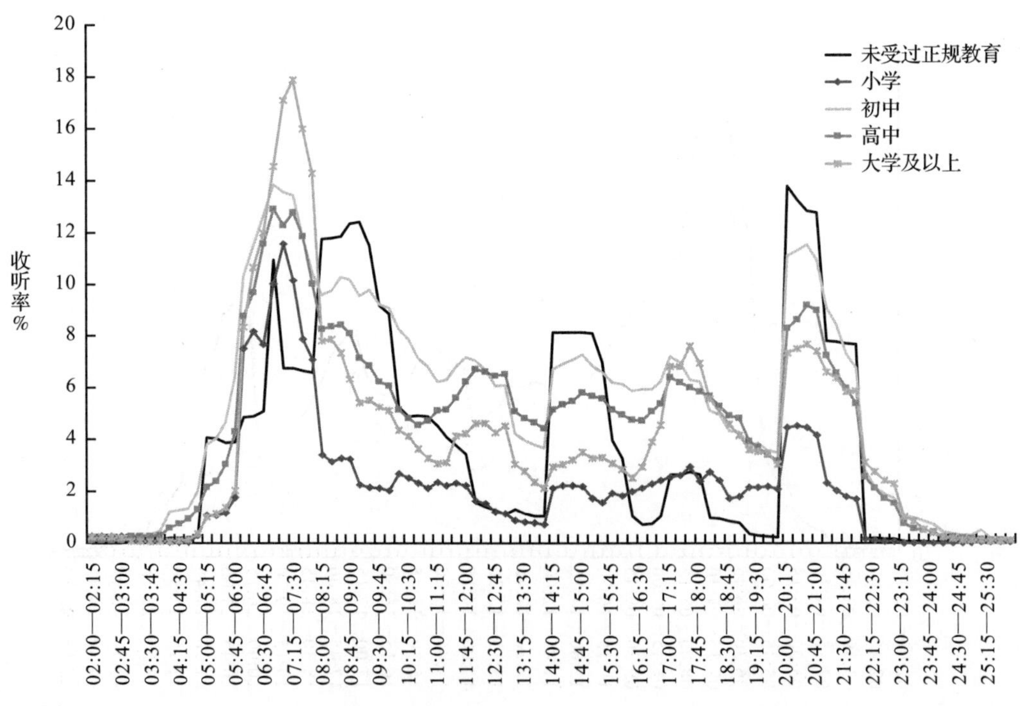

图 3.2.4 2013 年长春不同文化程度听众全天收听率走势

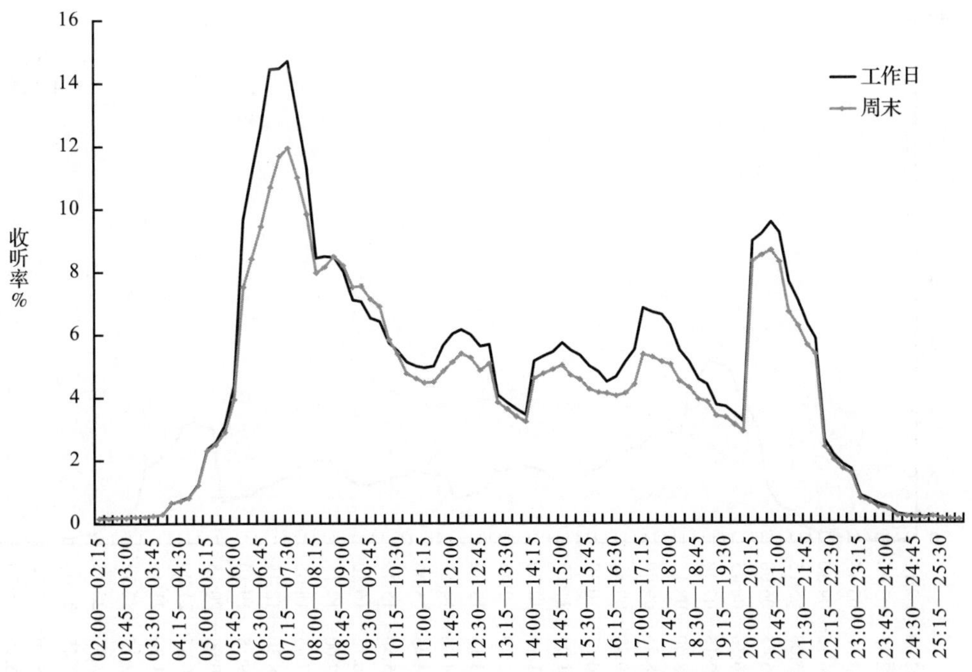

图 3.2.5 2013 年长春听众工作日与周末全天收听率走势

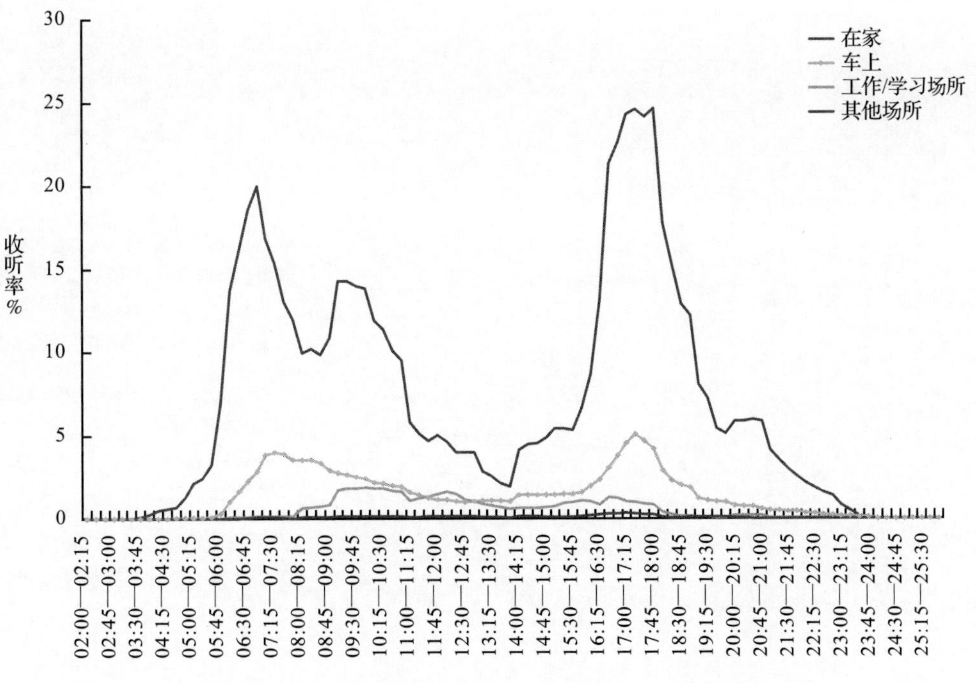

图 3.2.6 2013 年长春听众在不同收听地点全天收听率走势

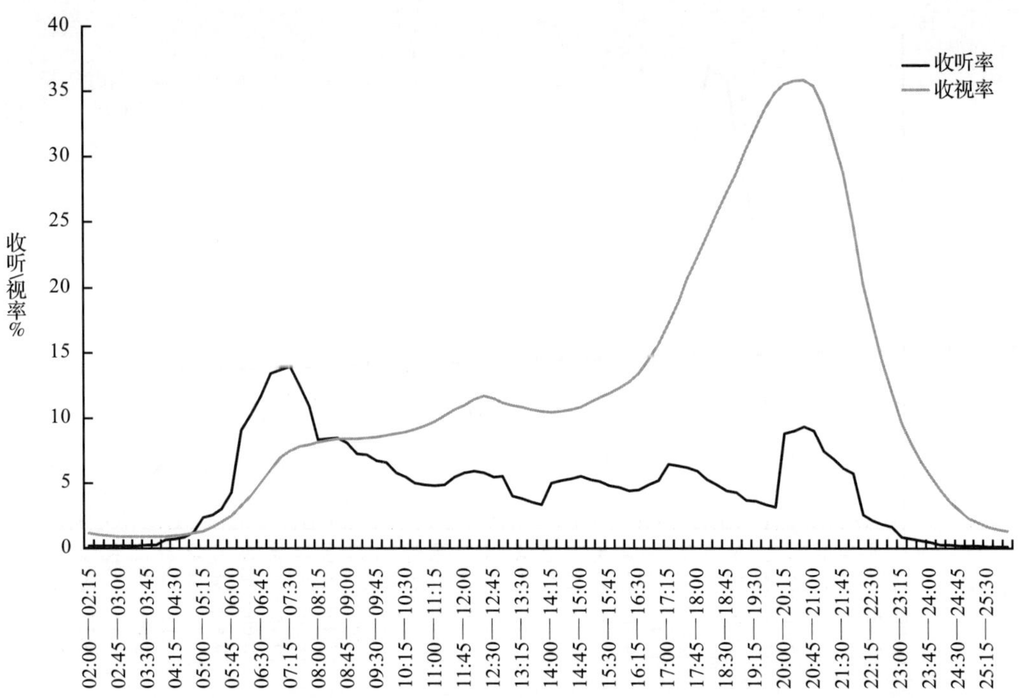

图 3.2.7　2013 年长春受众全天收听率、收视率走势比较(目标受众为 10 岁及以上)

表 3.2.3　2013 年长春市场听众构成(%)

目标听众		听众构成(%)
10 岁及以上所有人		100.0
性别	男	52.3
	女	47.7
年龄	10—14 岁	2.4
	15—24 岁	10.3
	25—34 岁	16.2
	35—44 岁	27.0
	45—54 岁	20.7
	55—64 岁	12.9
	65 岁及以上	10.5
文化程度	未受过正规教育	1.0
	小学	3.1
	初中	37.1
	高中	38.5
	大学及以上	20.3
职业	干部/管理人员	2.9
	初级公务员/雇员	15.0
	个体/私营企业人员	15.0
	工人	28.8
	学生	7.5
	无业(包括退休人员)	30.8
	其他	*
个人月收入	没有收入	14.9
	1—500 元	*
	501—1000 元	2.5
	1001—1500 元	13.9
	1501—2000 元	18.0
	2001—2500 元	14.2
	2501—3000 元	10.9
	3001—4000 元	17.9
	4001 元及以上	7.7

注:“*”表示该目标听众样本量不足,无法进行统计推断。

表 3.2.4　2011—2013 年长春市场各广播电台的市场份额(%)

广播电台	2011 年	2012 年	2013 年
中央人民广播电台	7.8	5.5	8.2
中国国际广播电台	0.0	0.0	0.0
吉林人民广播电台	42.9	41.3	36.8
长春人民广播电台	48.2	52.2	54.4
其他广播电台	1.1	1.0	0.6

表 3.2.5　2013 年长春市场各广播电台在不同目标听众中的市场份额(%)

目标听众		中央人民广播电台	中国国际广播电台	吉林人民广播电台	长春人民广播电台	其他广播电台
10 岁及以上所有人		8.2	0.0	36.8	54.4	0.6
性别	男	8.5	0.0	33.5	57.5	0.5
	女	7.8	0.0	40.4	51.0	0.8
年龄	10—14 岁	5.3	0.0	46.9	47.5	0.3
	15—24 岁	4.6	0.0	28.7	65.7	1.1
	25—34 岁	8.6	0.0	31.5	58.9	1.0
	35—44 岁	5.0	0.0	33.0	61.7	0.3
	45—54 岁	8.5	0.0	39.0	51.8	0.7
	55—64 岁	11.1	0.0	45.7	42.8	0.5
	65 岁及以上	15.5	0.0	45.4	38.2	0.9
文化程度	未受过正规教育	16.0	0.0	48.1	35.9	0.1
	小学	9.1	0.0	47.5	42.6	0.8
	初中	9.9	0.0	41.6	47.9	0.6
	高中	5.7	0.0	33.1	60.5	0.6
	大学及以上	9.1	0.0	33.1	56.9	0.9
职业	干部/管理人员	16.2	0.0	19.8	63.3	0.7
	初级公务员/雇员	7.2	0.0	35.7	56.1	1.0
	个体/私营企业人员	2.9	0.0	33.8	62.8	0.4
	工人	7.1	0.0	31.7	60.6	0.6
	学生	6.2	0.0	31.7	61.3	0.8
	无业(包括退休人员)	11.9	0.0	46.4	41.1	0.6
	其他	*	*	*	*	*
个人月收入	没有收入	7.8	0.0	33.8	57.7	0.7
	1—500 元	*	*	*	*	*
	501—1000 元	4.6	0.0	61.4	33.7	0.3
	1001—1500 元	4.8	0.0	47.5	47.3	0.4
	1501—2000 元	12.0	0.0	39.0	48.3	0.8
	2001—2500 元	14.6	0.0	32.1	52.7	0.6
	2501—3000 元	7.3	0.0	29.4	62.4	0.9
	3001—4000 元	5.4	0.0	36.6	57.3	0.7
	4001 元及以上	2.7	0.0	30.0	66.6	0.7

注:“*”表示该目标听众样本量不足,无法进行统计推断。

表 3.2.6　2013 年长春市场份额排名前五位的频率

名次	频率名称	市场份额(%)
1	长春交通之声广播电台 FM96.8	34.6
2	吉林人民广播电台新闻综合广播 FM91.6/AM738	12.7
3	吉林人民广播电台资讯广播 FM100.1	7.6
4	中央人民广播电台第一套节目中国之声	7.2
5	吉林人民广播电台交通广播 FM103.8	6.0

三、长沙收听数据

表 3.3.1 2011—2013 年长沙各目标听众人均收听时间(分钟)

目标听众		2011 年	2012 年	2013 年			
				第 1 波	第 2 波	第 3 波	第 4 波
10 岁及以上所有人		43	50	43	45	38	39
性别	男	52	56	49	51	44	46
	女	35	43	38	39	31	33
年龄	10—14 岁	14	19	18	13	10	14
	15—24 岁	29	32	26	34	24	24
	25—34 岁	43	50	42	44	39	34
	35—44 岁	47	58	54	48	40	43
	45—54 岁	48	47	38	42	42	43
	55—64 岁	51	64	51	49	39	49
	65 岁及以上	55	69	64	79	60	69
文化程度	未受过正规教育	19	16	15	26	2	10
	小学	29	39	38	34	25	31
	初中	42	49	39	41	33	38
	高中	49	57	50	56	46	47
	大学及以上	42	47	42	42	37	34
职业	干部/管理人员	41	49	40	38	44	36
	初级公务员/雇员	47	47	34	38	33	32
	个体/私营企业人员	54	52	49	56	45	53
	工人	46	61	54	52	41	35
	学生	20	22	23	20	21	21
	无业(包括退休人员)	42	54	49	54	43	49
	其他	45	49	31	40	30	28
个人月收入	没有收入	20	28	24	24	20	21
	1—500 元	36	81	89	52	52	74
	501—1000 元	40	42	32	24	11	29
	1001—1500 元	42	52	49	49	43	51
	1501—2000 元	54	56	49	49	38	39
	2001—2500 元	49	52	47	47	45	47
	2501—3000 元	40	47	34	45	46	47
	3001—4000 元	52	46	42	54	34	35
	4001 元及以上	85	76	65	69	56	47

注:长沙为四波调查城市。2013 年四波调查时间分别为:第一波 2 月 24 日至 3 月 16 日,第二波 5 月 26 日至 6 月 15 日,第三波 8 月 25 日至 9 月 14 日,第四波 11 月 3 日至 11 月 23 日。

表 3.3.2 2011—2013 年长沙听众在不同地点的人均收听时间(分钟)

地 点	2011 年	2012 年	2013 年
在家	20	23	19
车上	18	22	18
工作/学习场所	3	3	2
其他场所	2	2	2

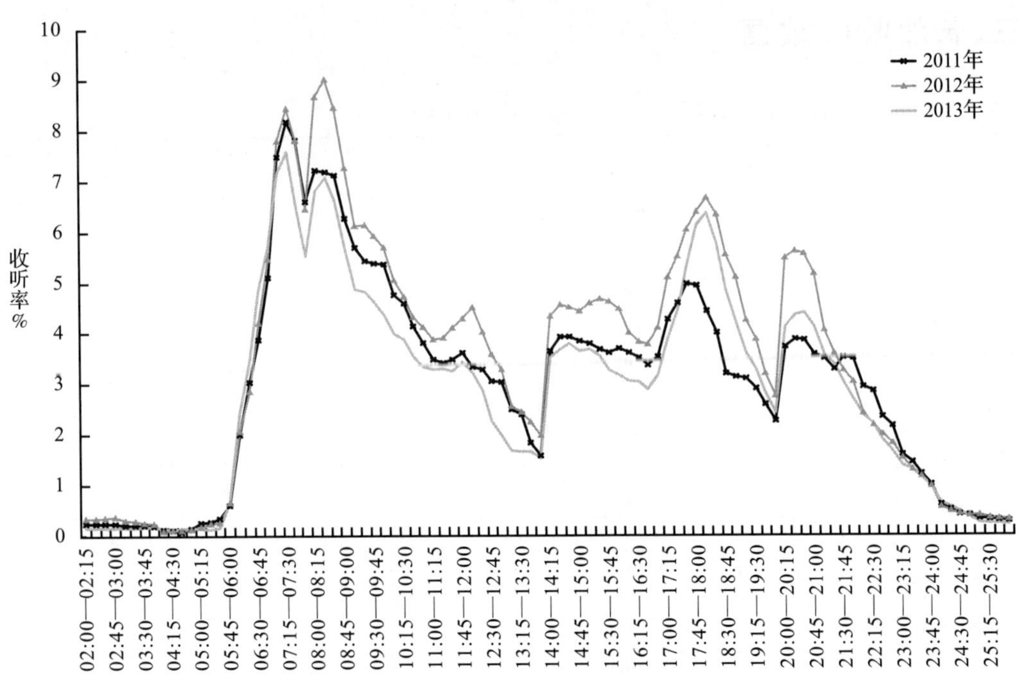

图 3.3.1　2011—2013 年长沙听众全天收听率走势

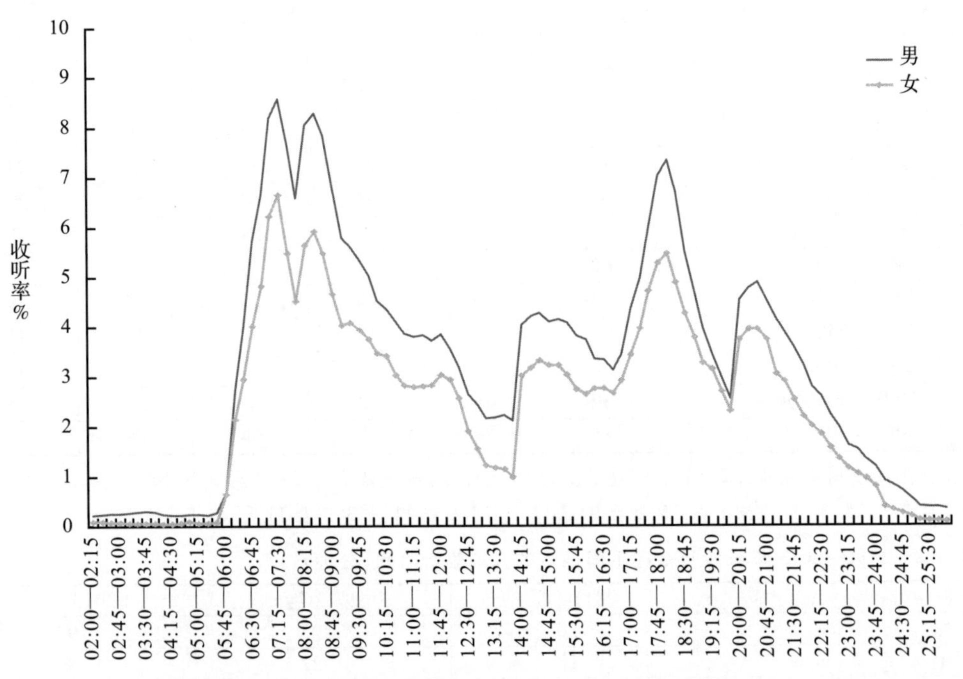

图 3.3.2　2013 年长沙不同性别听众全天收听率走势

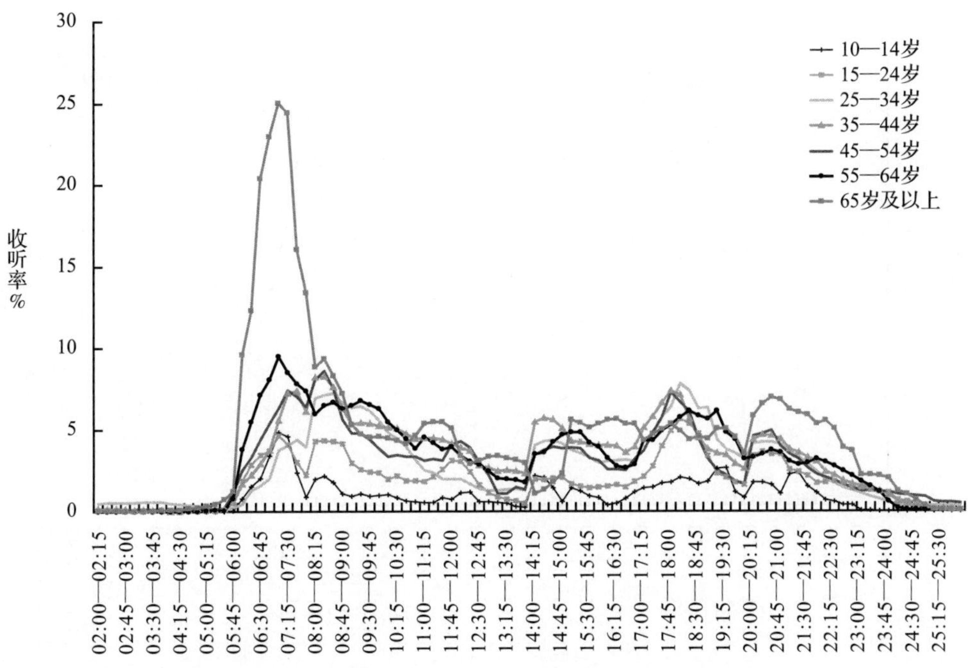

图 3.3.3　2013 年长沙不同年龄听众全天收听率走势

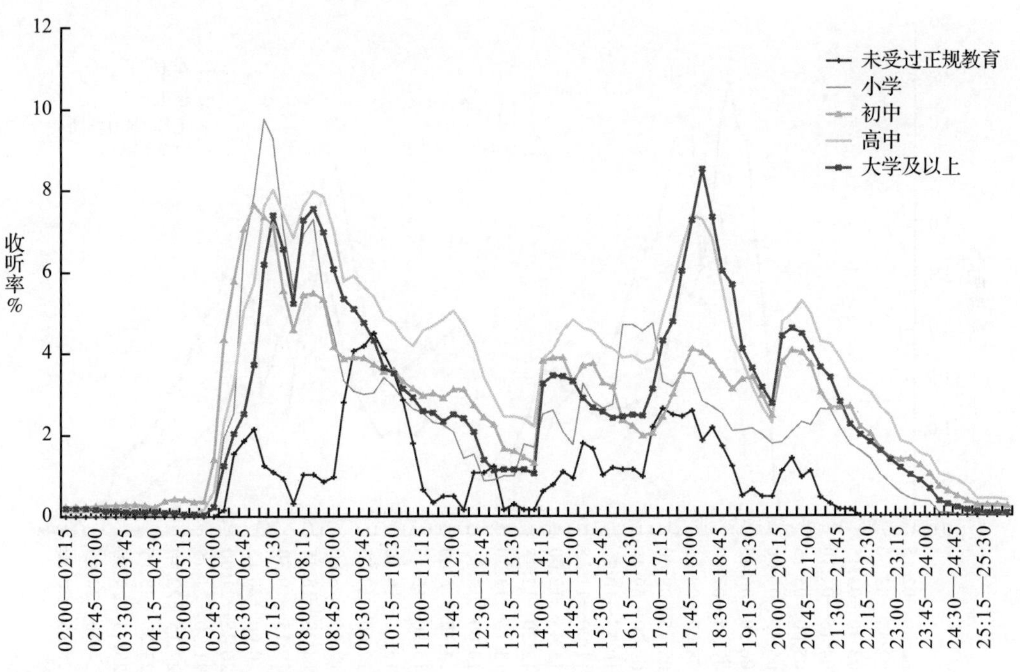

图 3.3.4　2013 年长沙不同文化程度听众全天收听率走势

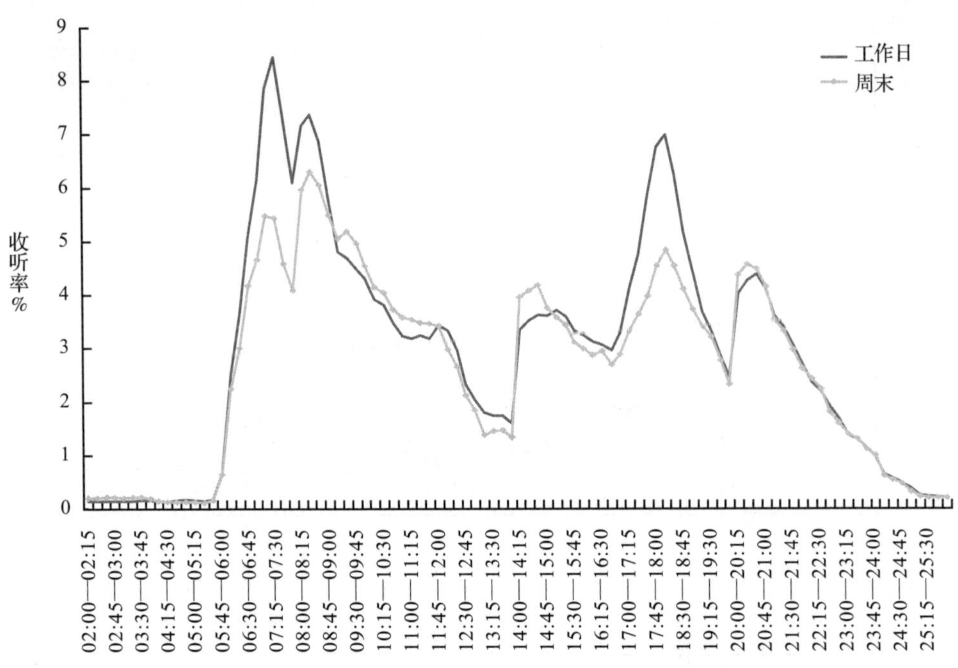

图 3.3.5　2013 年长沙听众工作日与周末全天收听率走势

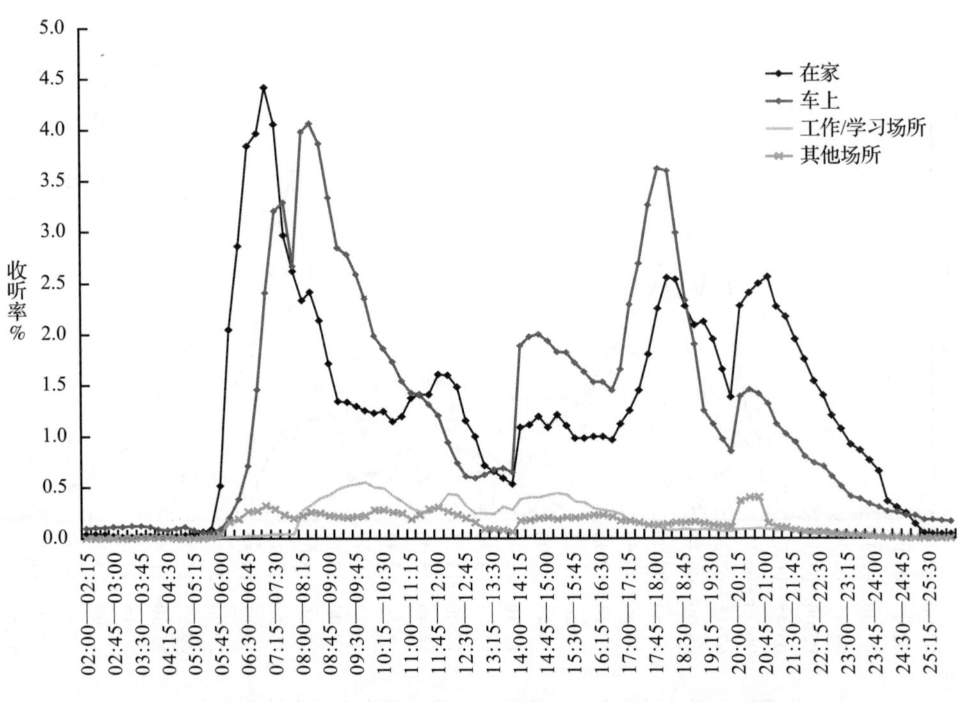

图 3.3.6　2013 年长沙听众在不同收听地点全天收听率走势

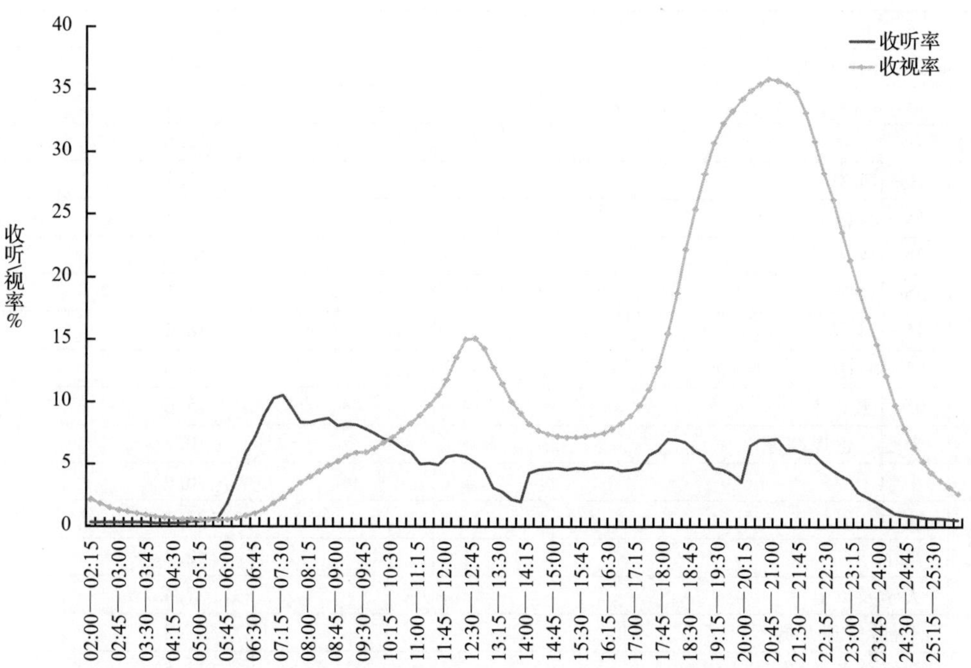

图 3.3.7　2013 年长沙受众全天收听率、收视率走势比较(目标受众为 10 岁及以上)

表 3.3.3 2013 年长沙市场听众构成(%)

目标听众		听众构成(%)
10 岁及以上所有人		100.0
性别	男	57.4
	女	42.6
年龄	10—14 岁	1.7
	15—24 岁	11.2
	25—34 岁	16.5
	35—44 岁	26.7
	45—54 岁	18.3
	55—64 岁	10.0
	65 岁及以上	15.6
文化程度	未受过正规教育	0.2
	小学	6.9
	初中	23.1
	高中	42.3
	大学及以上	27.4
职业	干部/管理人员	5.8
	初级公务员/雇员	13.5
	个体/私营企业人员	28.0
	工人	16.9
	学生	7.3
	无业(包括退休人员)	27.6
	其他	1.0
个人月收入	没有收入	10.6
	1—500 元	1.5
	501—1000 元	1.6
	1001—1500 元	12.8
	1501—2000 元	15.8
	2001—2500 元	17.6
	2501—3000 元	12.6
	3001—4000 元	12.6
	4001 元及以上	15.1

表 3.3.4 2011—2013 年长沙市场各广播电台的市场份额(%)

广播电台	2011 年	2012 年	2013 年			
			第 1 波	第 2 波	第 3 波	第 4 波
中央人民广播电台	6.7	7.7	6.7	6.4	6.3	6.6
中国国际广播电台	0.0	0.0	0.0	0.0	0.0	0.0
湖南人民广播电台	56.4	53.5	54.0	52.4	53.0	51.3
湖南金鹰之声	9.0	7.4	6.8	7.4	6.4	7.2
长沙人民广播电台	25.5	28.7	30.4	29.7	30.0	30.6
其他广播电台	2.5	2.7	2.2	4.1	4.3	4.3

表 3.3.5　2013 年长沙市场各广播电台在不同目标听众中的市场份额(%)

目标听众		中央人民广播电台	中国国际广播电台	湖南人民广播电台	湖南金鹰之声	长沙人民广播电台	其他广播电台
10 岁及以上所有人		6.5	0.0	52.7	6.9	30.2	3.7
性别	男	7.0	0.0	58.6	6.0	25.3	3.1
	女	5.9	0.0	45.2	8.1	36.4	4.4
年龄	10—14 岁	9.2	0.0	48.6	7.2	31.5	3.5
	15—24 岁	4.6	0.0	45.4	10.4	35.3	4.3
	25—34 岁	5.5	0.0	51.0	8.0	31.6	3.9
	35—44 岁	3.8	0.0	52.3	8.0	32.4	3.6
	45—54 岁	10.2	0.0	53.2	5.1	28.2	3.4
	55—64 岁	9.4	0.0	58.0	4.8	24.0	3.9
	65 岁及以上	8.1	0.0	58.3	4.3	26.0	3.3
文化程度	未受过正规教育	10.7	0.0	62.0	4.8	13.3	9.2
	小学	5.7	0.0	51.5	2.8	35.8	4.2
	初中	5.8	0.0	59.0	5.8	25.3	4.0
	高中	7.1	0.0	53.8	7.7	27.0	4.5
	大学及以上	6.5	0.0	46.5	7.8	36.8	2.3
职业	干部/管理人员	2.6	0.0	58.8	4.4	32.2	1.9
	初级公务员/雇员	9.7	0.0	50.5	4.0	32.6	3.1
	个体/私营企业人员	4.3	0.0	51.2	10.7	30.6	3.2
	工人	6.8	0.0	55.3	6.8	27.0	4.1
	学生	4.1	0.0	43.4	10.9	35.5	6.1
	无业(包括退休人员)	7.7	0.0	54.1	5.1	29.3	3.8
	其他	10.9	0.0	51.5	8.0	28.3	1.3
个人月收入	没有收入	4.7	0.0	47.7	6.4	35.5	5.7
	1—500 元	4.3	0.0	77.6	3.0	15.0	0.0
	501—1000 元	0.1	0.0	46.3	9.0	43.0	1.6
	1001—1500 元	7.8	0.0	52.1	5.1	29.5	5.5
	1501—2000 元	6.3	0.0	54.7	7.4	26.4	5.1
	2001—2500 元	10.1	0.0	52.1	5.1	30.2	2.6
	2501—3000 元	7.3	0.0	56.1	4.7	29.6	2.3
	3001—4000 元	5.0	0.0	51.2	5.9	36.2	1.7
	4001 元及以上	5.0	0.0	54.9	13.2	23.5	3.4

表 3.3.6　2013 年长沙市场份额排名前五位的频率

名次	频　　率	市场份额(%)
1	湖南人民广播电台交通频道 FM91.8/FM100.3	25.3
2	长沙交通音乐广播 FM106.1	12.4
3	湖南电台新闻频道 FM102.8/FM93.0	10.4
4	长沙人民广播电台 FM101.7 城市之声	7.9
5	金鹰 955(湖南金鹰之声 FM95.5)	6.9

四、常州收听数据

表 3.4.1　2011—2013 年常州各目标听众人均收听时间(分钟)

目标听众		2011 年	2012 年	2013 年
10 岁及以上所有人		102	98	79
性别	男	108	104	82
	女	96	92	77
年龄	10—14 岁	52	40	29
	15—24 岁	48	51	33
	25—34 岁	85	86	74
	35—44 岁	95	89	67
	45—54 岁	120	116	102
	55—64 岁	146	145	133
	65 岁及以上	225	191	139
文化程度	未受过正规教育	*	202	135
	小学	113	103	76
	初中	122	107	96
	高中	102	104	80
	大学及以上	82	83	67
职业	干部/管理人员	74	74	83
	初级公务员/雇员	88	89	60
	个体/私营企业人员	102	89	79
	工人	99	97	78
	学生	39	37	30
	无业(包括退休人员)	172	159	125
	其他	79	105	110
个人月收入	没有收入	50	51	40
	1—500 元	100	92	*
	501—1000 元	137	144	92
	1001—1500 元	125	109	93
	1501—2000 元	130	128	111
	2001—2500 元	99	107	91
	2501—3000 元	100	98	80
	3001—4000 元	100	97	85
	4001 元及以上	86	82	64

注:常州为全年连续调查城市。“*”表示该目标听众样本量不足,无法进行统计推断。

表 3.4.2　2011—2013 年常州听众在不同地点的人均收听时间(分钟)

地　　点	2011 年	2012 年	2013 年
在家	78	71	54
车上	16	19	17
工作/学习场所	7	7	7
其他场所	1	2	1

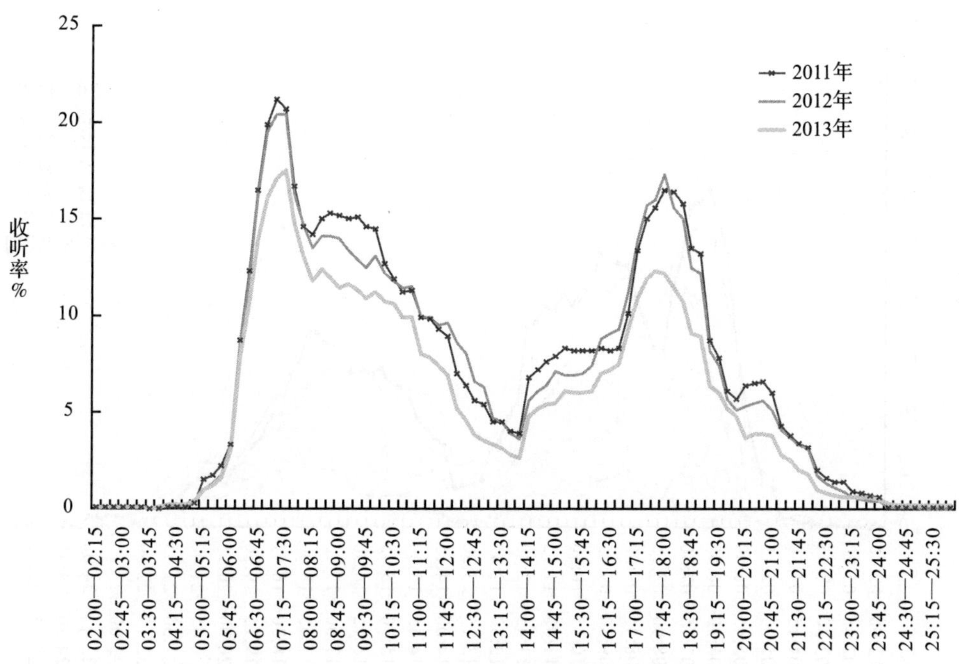

图 3.4.1　2011—2013 年常州听众全天收听率走势

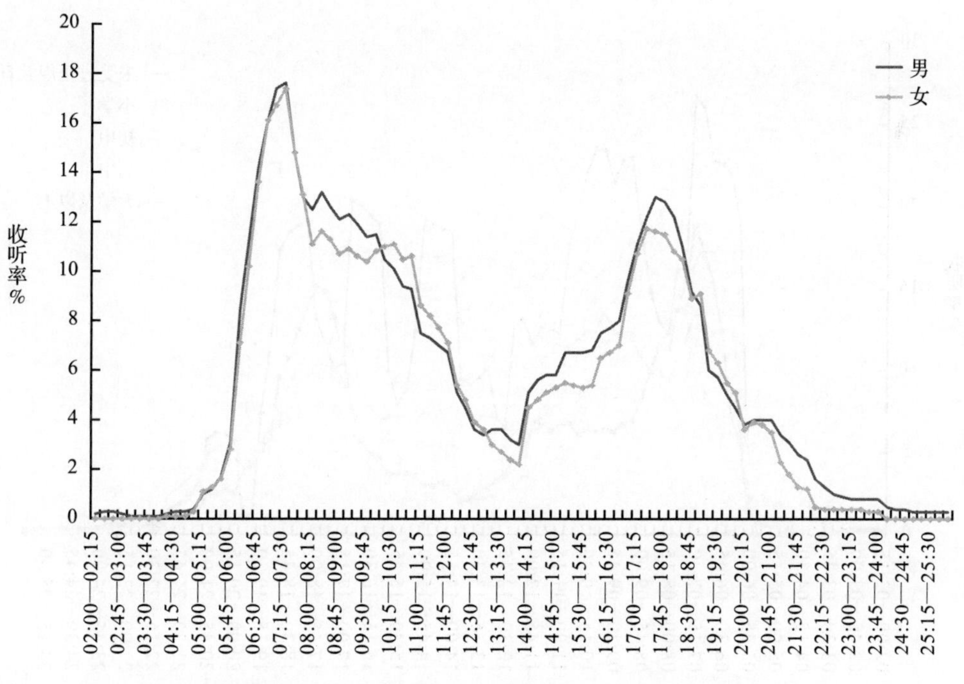

图 3.4.2　2013 年常州不同性别听众全天收听率走势

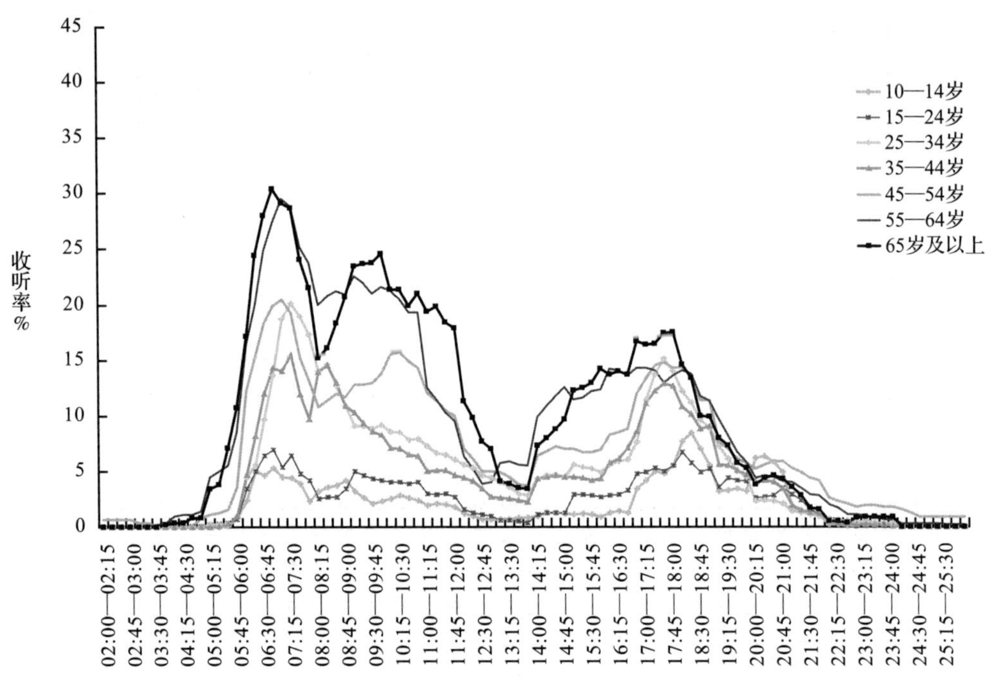

图 3.4.3　2013 年常州不同年龄听众全天收听率走势

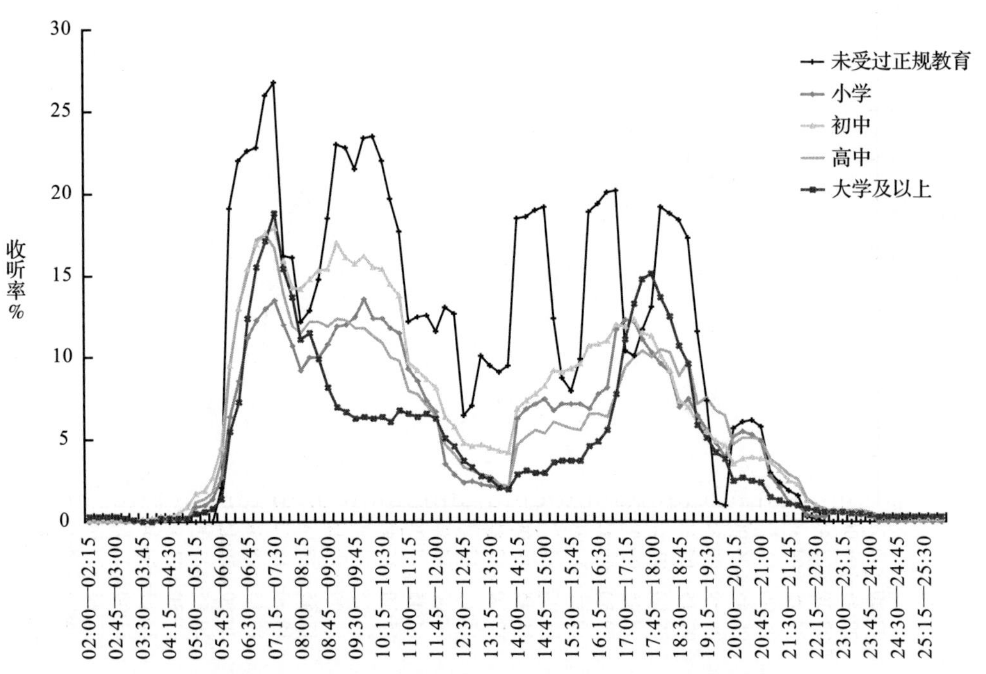

图 3.4.4　2013 年常州不同文化程度听众全天收听率走势

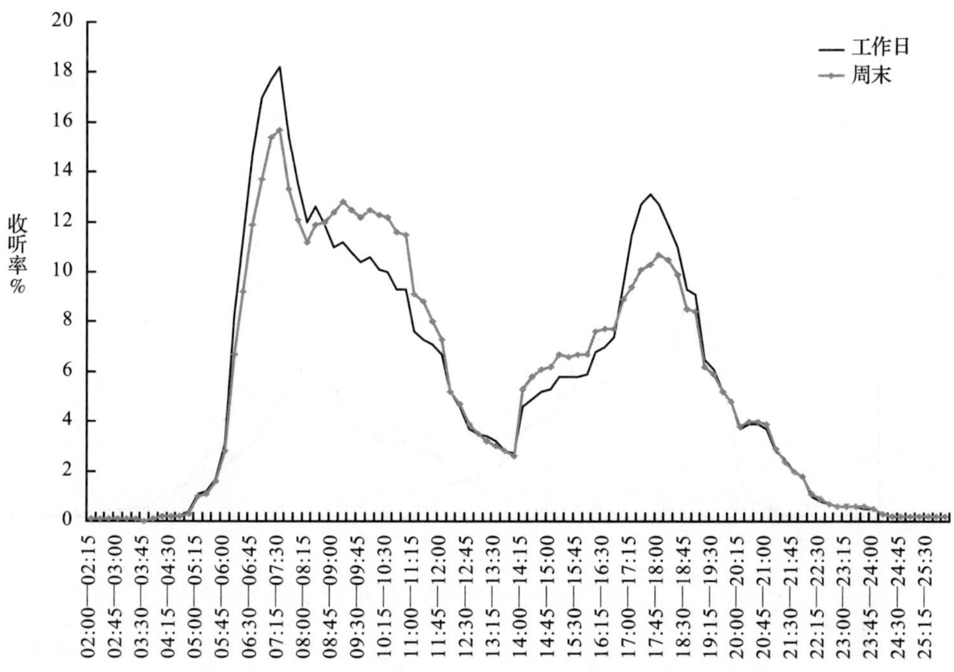

图 3.4.5　2013 年常州听众工作日与周末全天收听率走势

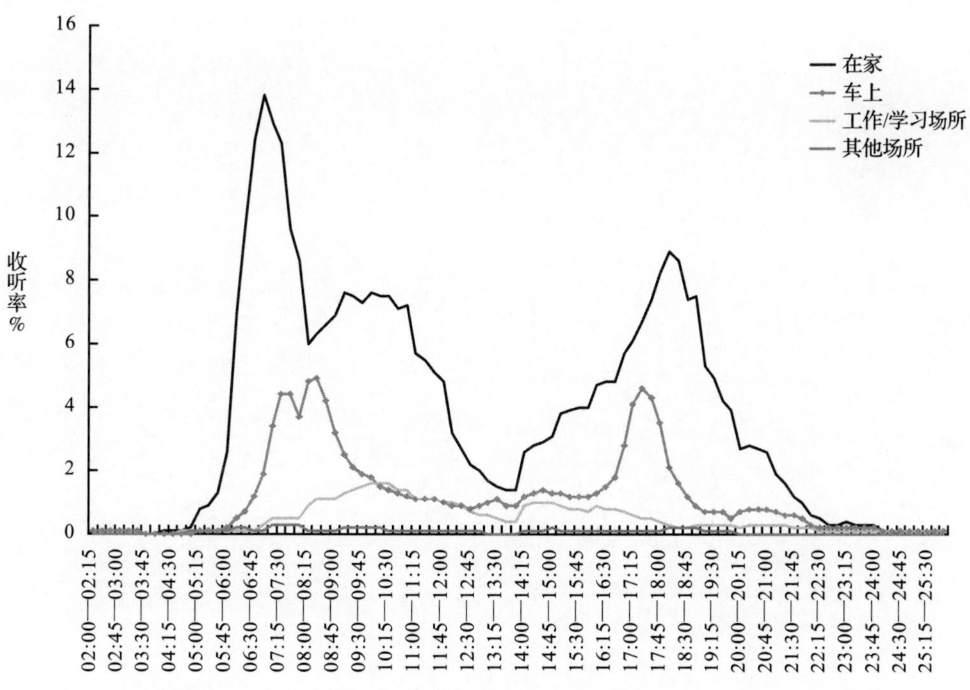

图 3.4.6　2013 年常州听众在不同收听地点全天收听率走势

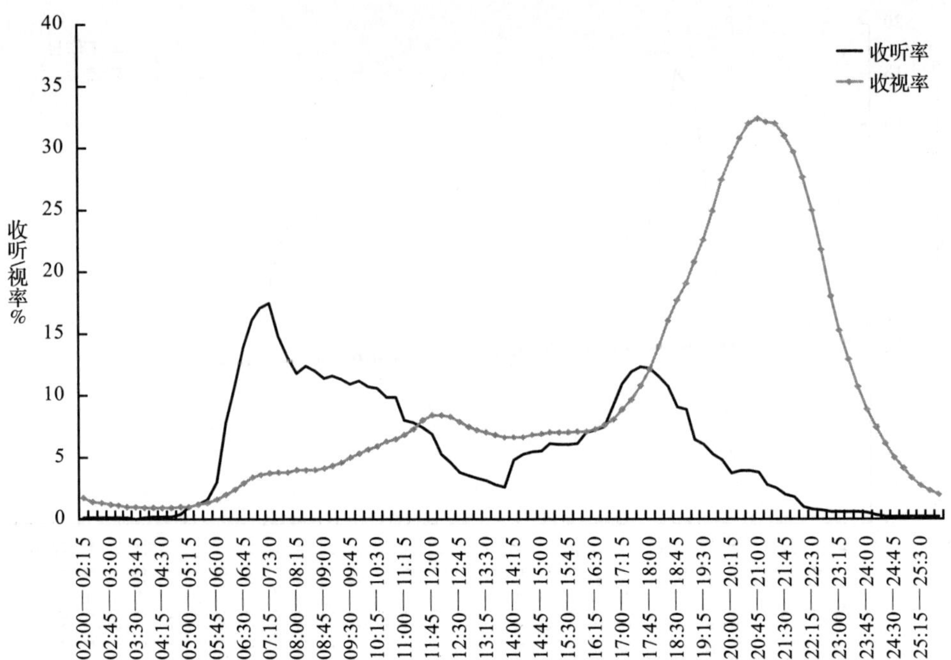

图 3.4.7　2013 年常州受众全天收听率、收视率走势比较(目标受众为 10 岁及以上)

表 3.4.3　2013 年常州市场听众构成(%)

目标听众		听众构成(%)
10 岁及以上所有人		100.0
性别	男	52.2
	女	47.8
年龄	10—14 岁	1.9
	15—24 岁	6.8
	25—34 岁	19.6
	35—44 岁	19.2
	45—54 岁	19.3
	55—64 岁	19.0
	65 岁及以上	14.2
文化程度	未受过正规教育	1.0
	小学	8.8
	初中	30.0
	高中	30.3
	大学及以上	29.9
职业	干部/管理人员	7.4
	初级公务员/雇员	11.0
	个体/私营企业人员	14.4
	工人	25.3
	学生	5.7
	无业(包括退休人员)	34.2
	其他	2.0
个人月收入	没有收入	9.0
	1—500 元	*
	501—1000 元	2.6
	1001—1500 元	6.2
	1501—2000 元	20.0
	2001—2500 元	24.7
	2501—3000 元	11.8
	3001—4000 元	17.1
	4001 元及以上	8.4

注:"*"表示该目标听众样本量不足,无法进行统计推断。

表 3.4.4　2011—2013 年常州市场各广播电台的市场份额(%)

广播电台	2011 年	2012 年	2013 年
中央人民广播电台	13.8	15.8	7.4
中国国际广播电台	0.0	0.1	0.1
江苏广播电视总台	3.7	7.9	8.2
常州广播电视台	79.4	73.2	80.5
其他广播电台	3.1	3.0	3.8

表 3.4.5　2013 年常州市场各广播电台在不同目标听众中的市场份额(%)

目标听众		中央人民广播电台	中国国际广播电台	江苏广播电视总台	常州广播电视台	其他广播电台
10 岁及以上所有人		7.4	0.1	8.2	80.5	3.8
性别	男	9.4	0.1	7.8	79.1	3.6
	女	5.1	0.1	8.6	82.0	4.2
年龄	10—14 岁	7.5	0.3	12.6	79.0	0.6
	15—24 岁	11.0	0.1	11.1	75.7	2.1
	25—34 岁	4.9	0.0	9.3	81.8	4.0
	35—44 岁	8.0	0.1	10.5	79.2	2.2
	45—54 岁	6.3	0.0	11.8	76.2	5.7
	55—64 岁	8.6	0.1	4.3	82.7	4.3
	65 岁及以上	7.8	0.0	1.9	85.8	4.5
文化程度	未受过正规教育	9.8	0.2	9.5	74.7	5.8
	小学	6.8	0.3	4.1	85.7	3.1
	初中	8.1	0.1	11.4	74.8	5.6
	高中	6.9	0.0	7.8	81.7	3.6
	大学及以上	7.1	0.0	6.6	83.7	2.6
职业	干部/管理人员	6.8	0.0	2.8	86.1	4.3
	初级公务员/雇员	4.4	0.0	10.4	83.4	1.8
	个体/私营企业人员	4.7	0.0	17.2	72.9	5.2
	工人	9.1	0.0	8.5	78.7	3.7
	学生	9.4	0.2	11.7	78.3	0.4
	无业(包括退休人员)	7.0	0.1	4.1	83.9	4.9
	其他	22.8	0.0	8.1	68.6	0.5
个人月收入	没有收入	11.8	0.2	9.4	74.7	3.9
	1—500 元	*	*	*	*	*
	501—1000 元	13.1	0.0	2.0	81.0	3.9
	1001—1500 元	5.0	0.0	4.5	88.2	2.3
	1501—2000 元	8.2	0.1	10.6	77.3	3.8
	2001—2500 元	6.3	0.1	7.9	83.0	2.7
	2501—3000 元	8.5	0.0	6.3	77.2	8.0
	3001—4000 元	3.8	0.0	6.0	86.2	4.0
	4001 元及以上	7.3	0.1	12.3	77.8	2.5

注:“*”表示该目标听众样本量不足,无法进行统计推断。

表 3.4.6　2013 年常州市场份额排名前五位的频率

名次	频率名称	市场份额(%)
1	常州人民广播电台交通广播 FM90	23.7
2	常州人民广播电台新闻综合广播 FM103.4	20.3
3	常州人民广播电台新闻综合广播 AM846	12.3
4	常州人民广播电台音乐广播 FM93.5	8.5
5	常州人民广播电台经济广播 FM105.2	7.3

五、成都收听数据

表 3.5.1 2011—2013 年成都各目标听众人均收听时间(分钟)

目标听众		2011 年	2012 年	2013 年
10 岁及以上所有人		60	55	49
性别	男	64	57	49
	女	57	53	50
年龄	10—14 岁	25	20	8
	15—24 岁	31	37	41
	25—34 岁	56	46	45
	35—44 岁	58	65	49
	45—54 岁	70	55	60
	55—64 岁	74	59	62
	65 岁及以上	104	84	68
文化程度	未受过正规教育	70	58	44
	小学	67	47	36
	初中	70	62	55
	高中	56	56	49
	大学及以上	48	48	51
职业	干部/管理人员	53	48	52
	初级公务员/雇员	49	50	45
	个体/私营企业人员	68	52	45
	工人	62	58	51
	学生	26	25	22
	无业(包括退休人员)	81	72	67
	其他	87	64	79
个人月收入	没有收入	30	31	28
	1—500 元	87	*	*
	501—1000 元	71	56	46
	1001—1500 元	79	68	53
	1501—2000 元	64	61	61
	2001—2500 元	46	47	49
	2501—3000 元	52	50	54
	3001—4000 元	80	74	49
	4001 元及以上	65	63	52

注:成都为全年连续调查城市。“*”表示该目标听众样本量不足,无法进行统计推断。

表 3.5.2 2011—2013 年成都听众在不同地点的人均收听时间(分钟)

地 点	2011 年	2012 年	2013 年
在家	46	39	33
车上	10	11	11
工作/学习场所	3	4	3
其他场所	1	2	2

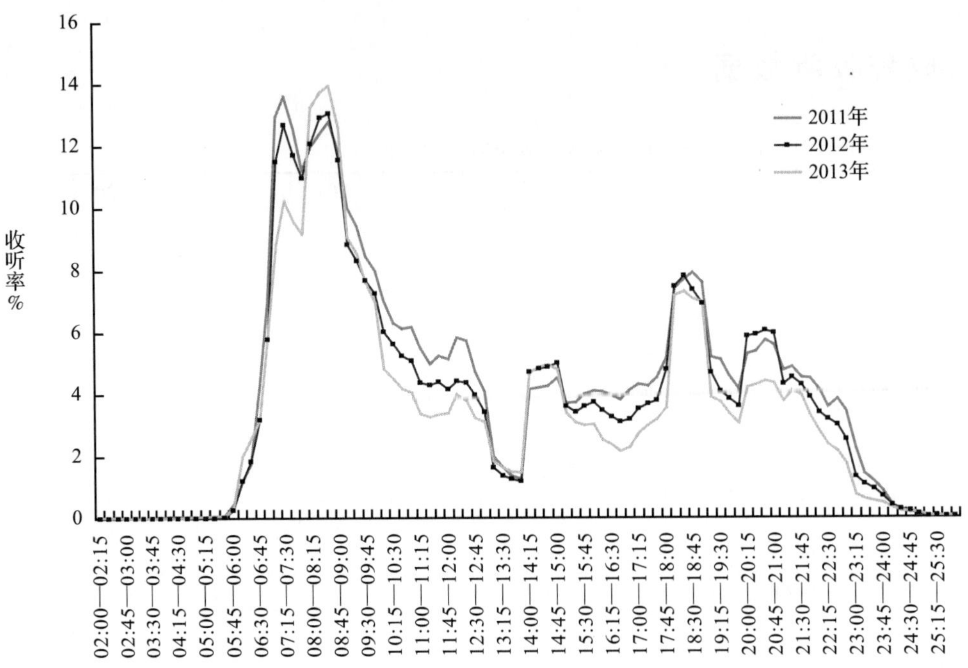

图 3.5.1　2011—2013 年成都听众全天收听率走势

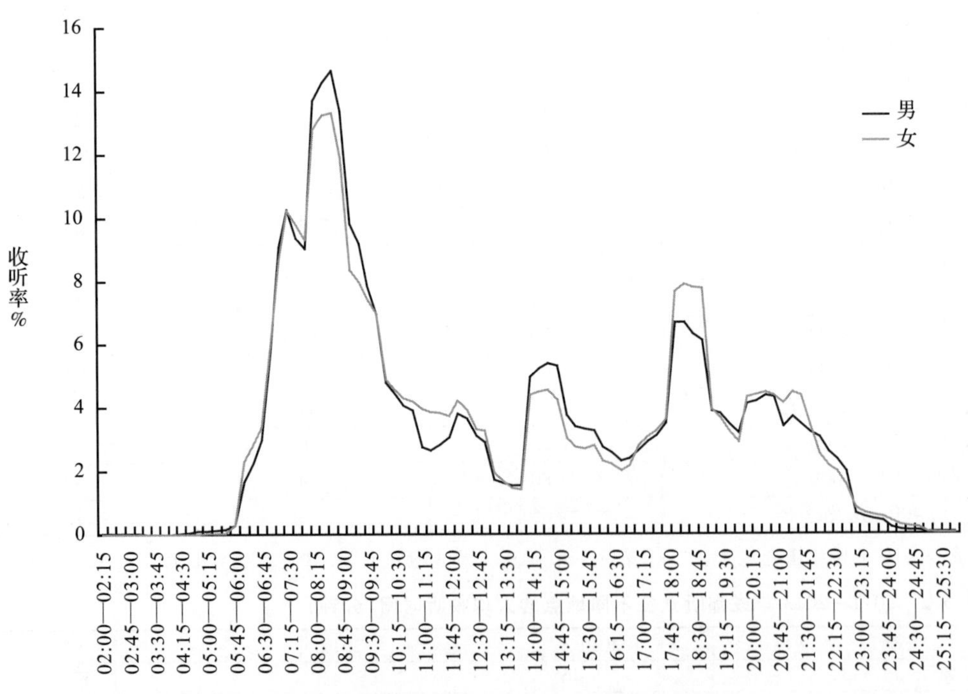

图 3.5.2　2013 年成都不同性别听众全天收听率走势

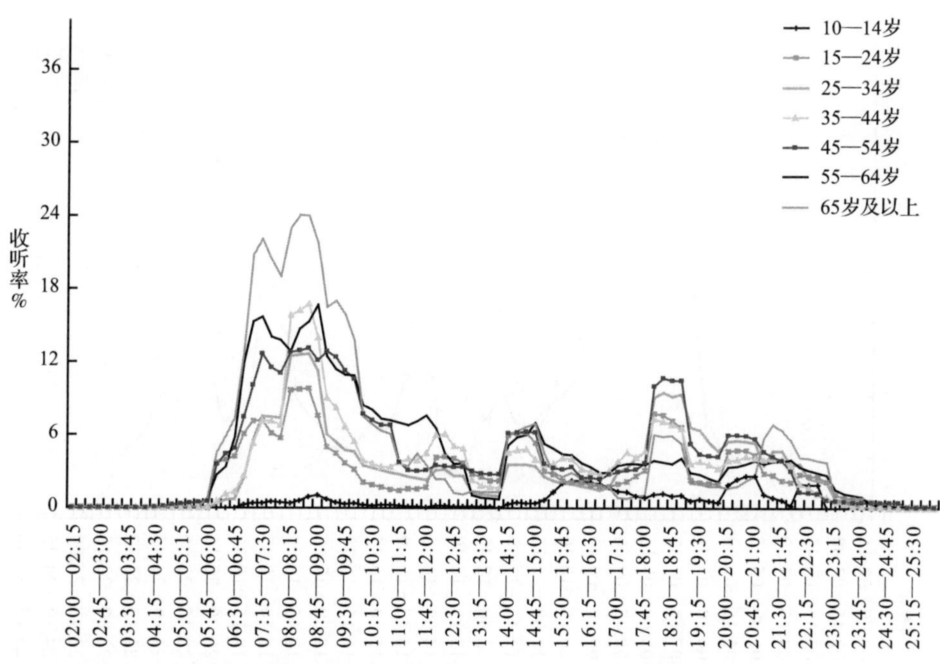

图 3.5.3 2013 年成都不同年龄听众全天收听率走势

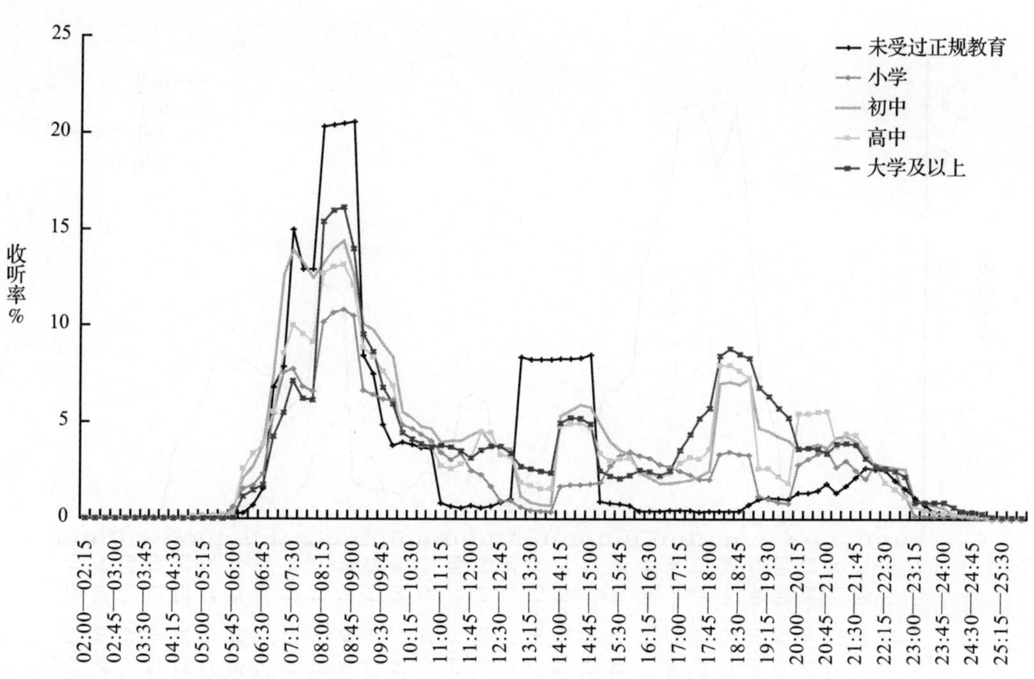

图 3.5.4 2013 年成都不同文化程度听众全天收听率走势

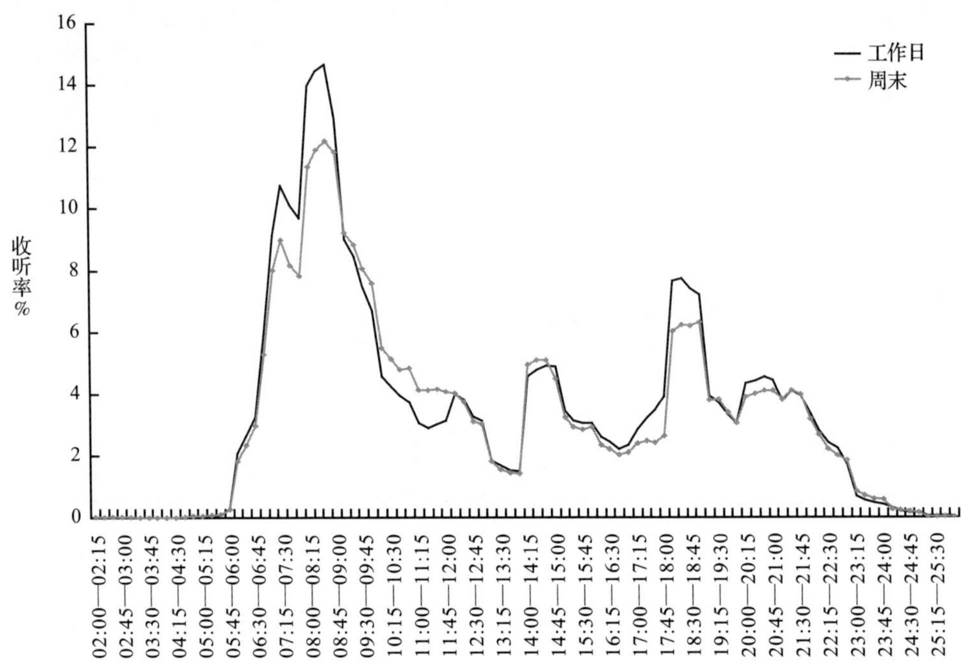

图 3.5.5　2013 年成都听众工作日与周末全天收听率走势

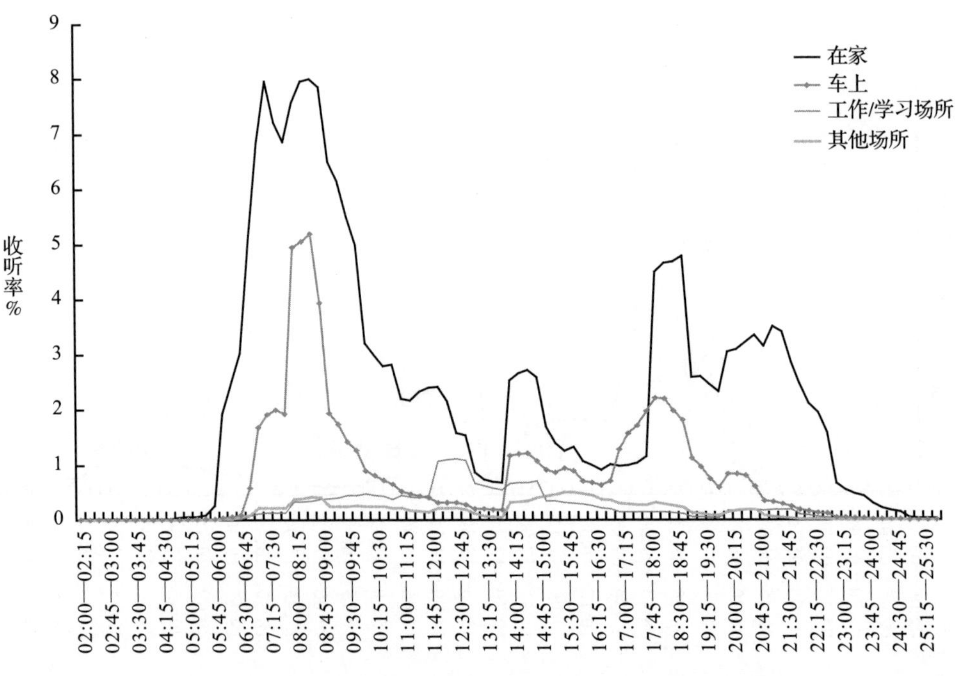

图 3.5.6　2013 年成都听众在不同收听地点全天收听率走势

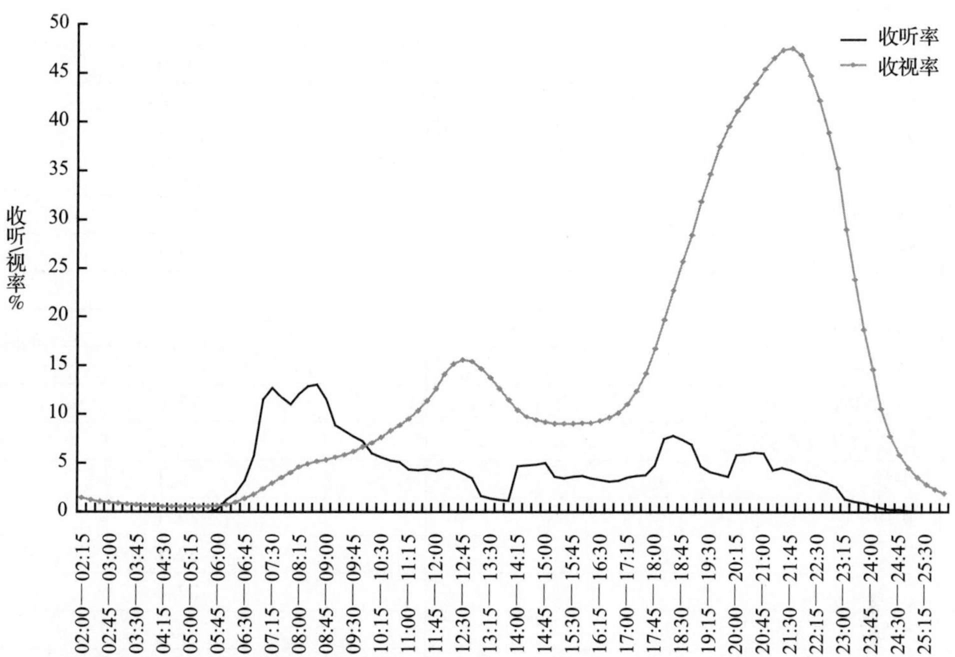

图 3.5.7　2013 年成都受众全天收听率、收视率走势比较(目标受众为 10 岁及以上)

表 3.5.3　2013 年成都市场听众构成(%)

目标听众		听众构成(%)
10 岁及以上所有人		100.0
性别	男	49.0
	女	51.0
年龄	10—14 岁	1.1
	15—24 岁	10.3
	25—34 岁	20.3
	35—44 岁	20.3
	45—54 岁	17.7
	55—64 岁	14.7
	65 岁及以上	15.6
文化程度	未受过正规教育	1.3
	小学	8.1
	初中	29.1
	高中	39.1
	大学及以上	22.4
职业	干部/管理人员	2.7
	初级公务员/雇员	20.5
	个体/私营企业人员	14.6
	工人	22.5
	学生	5.7
	无业(包括退休人员)	32.2
	其他	1.8
个人月收入	没有收入	8.8
	1—500 元	*
	501—1000 元	1.4
	1001—1500 元	9.8
	1501—2000 元	28.7
	2001—2500 元	18.7
	2501—3000 元	13.1
	3001—4000 元	13.0
	4001 元及以上	6.5

注:“*”表示该目标听众样本量不足,无法进行统计推断。

表 3.5.4　2011—2013 年成都市场各广播电台的市场份额(%)

广播电台	2011 年	2012 年	2013 年
中央人民广播电台	14.9	13.5	9.7
中国国际广播电台	0.0	0.0	0.0
四川广播电视台	56.1	58.9	60.6
成都人民广播电台	29.0	27.6	29.7
其他广播电台	0.0	0.0	0.0

表 3.5.5　2013 年成都市场各广播电台在不同目标听众中的市场份额(%)

目标听众		中央人民广播电台	中国国际广播电台	四川广播电视台	成都人民广播电台	其他广播电台
10 岁及以上所有人		9.7	0.0	60.6	29.7	0.0
性别	男	9.7	0.0	58.7	31.5	0.1
	女	9.6	0.0	62.3	28.0	0.0
年龄	10—14 岁	4.3	0.0	76.8	18.9	0.0
	15—24 岁	8.2	0.0	66.2	25.5	0.0
	25—34 岁	9.6	0.1	61.9	28.2	0.2
	35—44 岁	7.3	0.0	61.5	31.1	0.0
	45—54 岁	9.9	0.0	59.7	30.4	0.0
	55—64 岁	11.3	0.0	56.1	32.5	0.0
	65 岁及以上	12.4	0.0	57.7	29.9	0.0
文化程度	未受过正规教育	7.6	0.0	59.8	32.7	0.0
	小学	12.9	0.0	63.3	23.8	0.0
	初中	11.0	0.0	61.5	27.4	0.0
	高中	8.0	0.0	60.7	31.2	0.0
	大学及以上	9.6	0.1	58.2	32.1	0.2
职业	干部/管理人员	3.2	0.1	70.2	26.0	0.5
	初级公务员/雇员	13.0	0.0	61.4	25.6	0.0
	个体/私营企业人员	5.7	0.0	58.1	36.2	0.0
	工人	7.4	0.0	63.8	28.7	0.1
	学生	8.9	0.0	64.3	26.8	0.0
	无业(包括退休人员)	12.1	0.0	57.1	30.7	0.0
	其他	0.7	0.1	66.1	33.2	0.0
个人月收入	没有收入	9.2	0.1	67.6	23.2	0.0
	1—500 元	*	*	*	*	*
	501—1000 元	4.3	0.0	54.1	41.6	0.0
	1001—1500 元	9.4	0.0	57.9	32.7	0.0
	1501—2000 元	9.5	0.0	60.3	30.2	0.0
	2001—2500 元	11.4	0.1	57.9	30.6	0.1
	2501—3000 元	9.3	0.0	61.6	29.1	0.0
	3001—4000 元	7.7	0.0	61.3	31.0	0.0
	4001 元及以上	11.7	0.0	61.3	26.8	0.2

注:“*”表示该目标听众样本量不足,无法进行统计推断。

表 3.5.6　2013 年成都市场份额排名前五位的频率

名次	频　率	市场份额(%)
1	四川人民广播电台交通广播 FM101.7	14.7
2	四川人民广播电台新闻频率 FM98.1/AM1116	14.0
3	成都人民广播电台交通文艺广播 FM91.4	9.5
4	中央人民广播电台第一套节目中国之声	9.0
5	成都人民广播电台新闻广播 FM99.8/AM792	7.4

六、重庆收听数据

表 3.6.1 2011—2013 年重庆各目标听众人均收听时间(分钟)

目标听众		2011 年	2012 年	2013 年
10 岁及以上所有人		64	56	49
性别	男	68	57	49
	女	62	56	49
年龄	10—14 岁	32	33	23
	15—24 岁	54	43	40
	25—34 岁	65	50	49
	35—44 岁	65	54	43
	45—54 岁	63	59	57
	55—64 岁	79	68	55
	65 岁及以上	87	90	66
文化程度	未受过正规教育	66	52	37
	小学	51	57	36
	初中	61	53	52
	高中	71	60	48
	大学及以上	67	55	52
职业	干部/管理人员	77	71	75
	初级公务员/雇员	53	42	47
	个体/私营企业人员	59	51	47
	工人	66	55	46
	学生	41	38	32
	无业(包括退休人员)	76	72	58
	其他	191	147	*
个人月收入	没有收入	43	43	35
	1—500 元	83	59	*
	501—1000 元	59	65	45
	1001—1500 元	69	58	41
	1501—2000 元	64	56	53
	2001—2500 元	67	55	56
	2501—3000 元	76	61	48
	3001—4000 元	76	67	49
	4001 元及以上	121	81	59

注:重庆为全年连续调查城市。“*”表示该目标听众样本量不足,无法进行统计推断。

表 3.6.2 2011—2013 年重庆听众在不同地点的人均收听时间(分钟)

地点	2011 年	2012 年	2013 年
在家	45	42	34
车上	11	10	9
工作/学习场所	5	3	3
其他场所	3	2	2

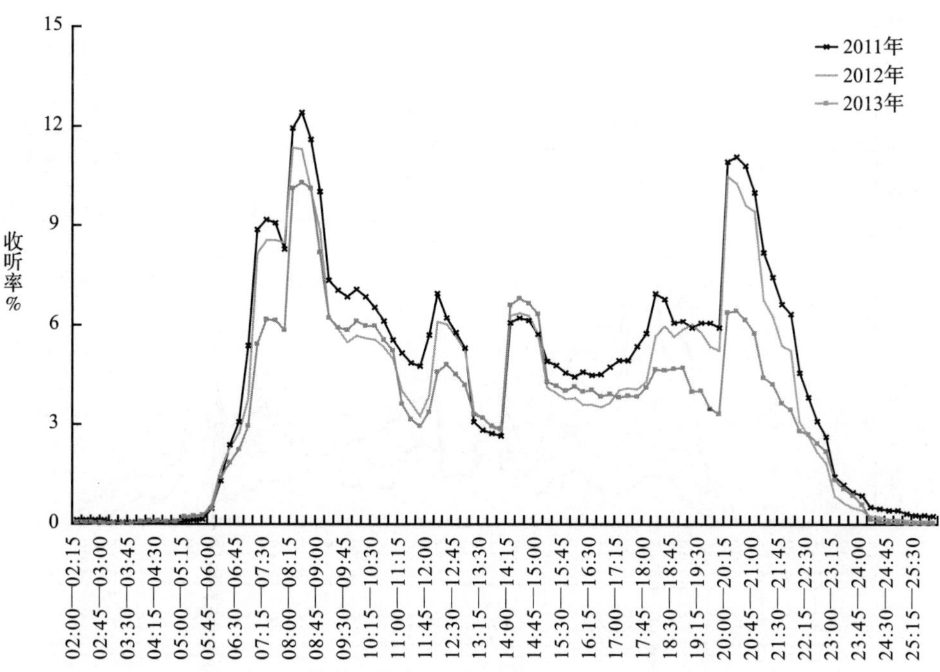

图 3.6.1　2011—2013 年重庆听众全天收听率走势

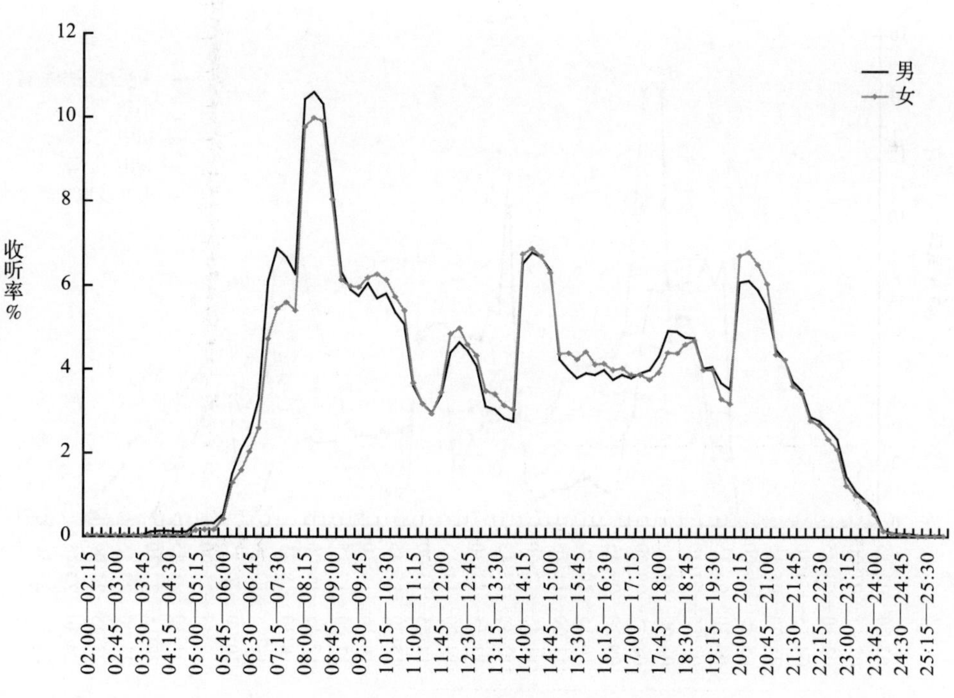

图 3.6.2　2013 年重庆不同性别听众全天收听率走势

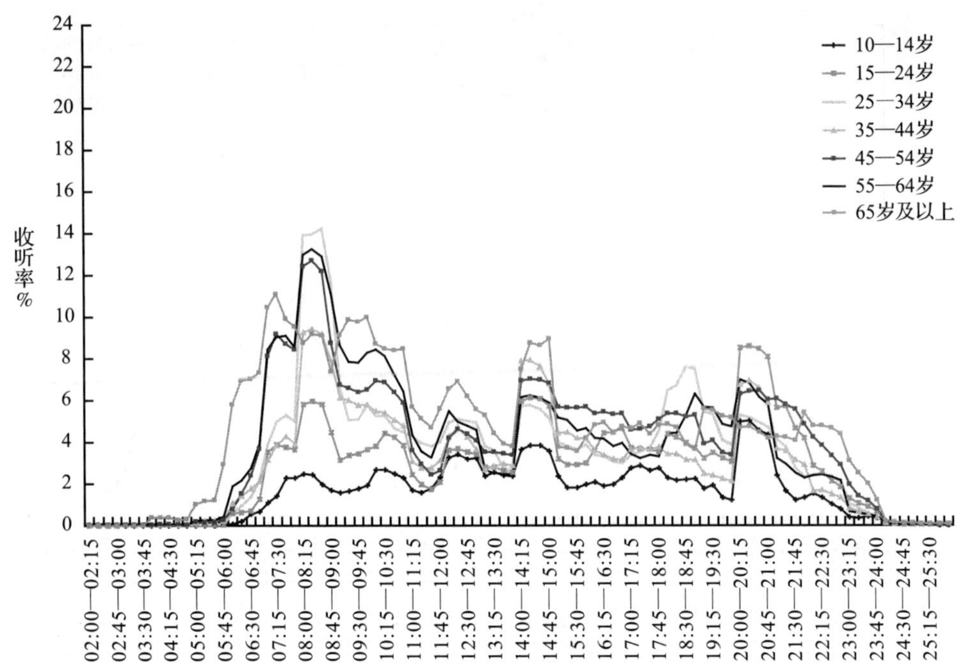

图 3.6.3　2013 年重庆不同年龄听众全天收听率走势

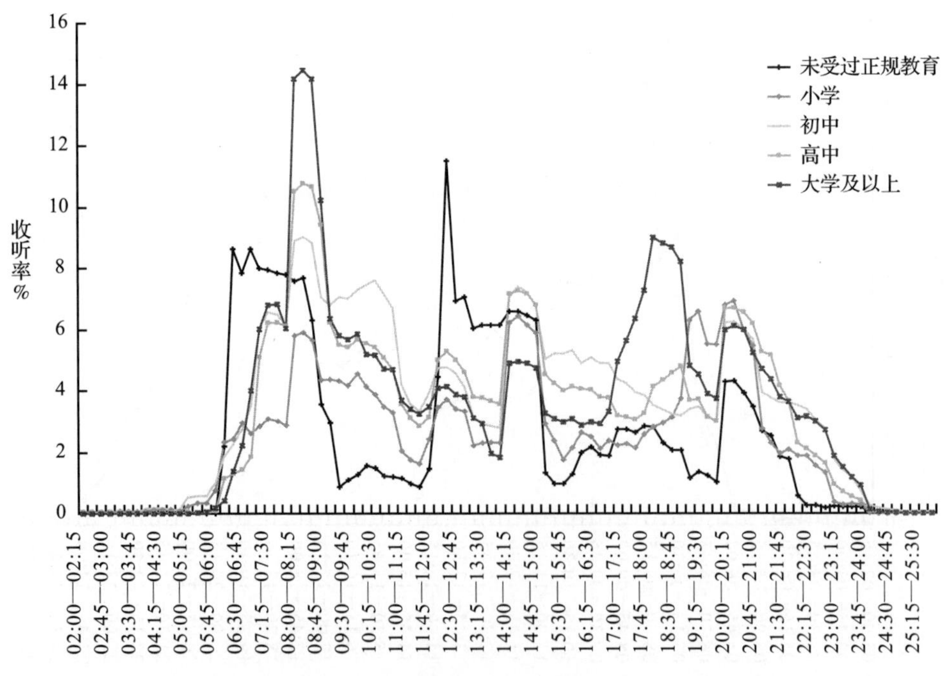

图 3.6.4　2013 年重庆不同文化程度听众全天收听率走势

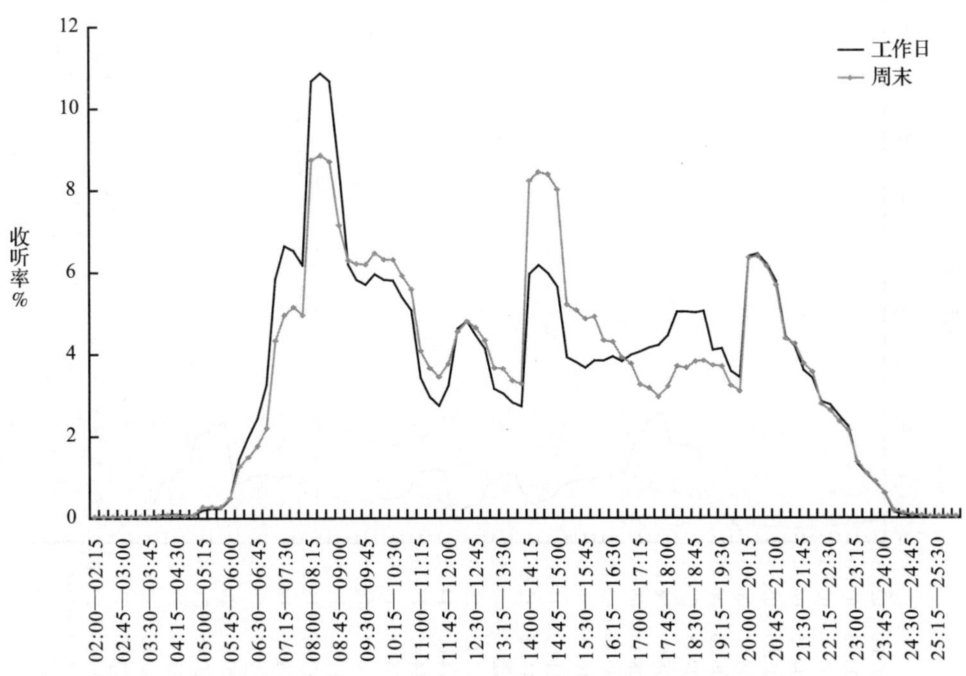

图 3.6.5　2013 年重庆听众工作日与周末全天收听率走势

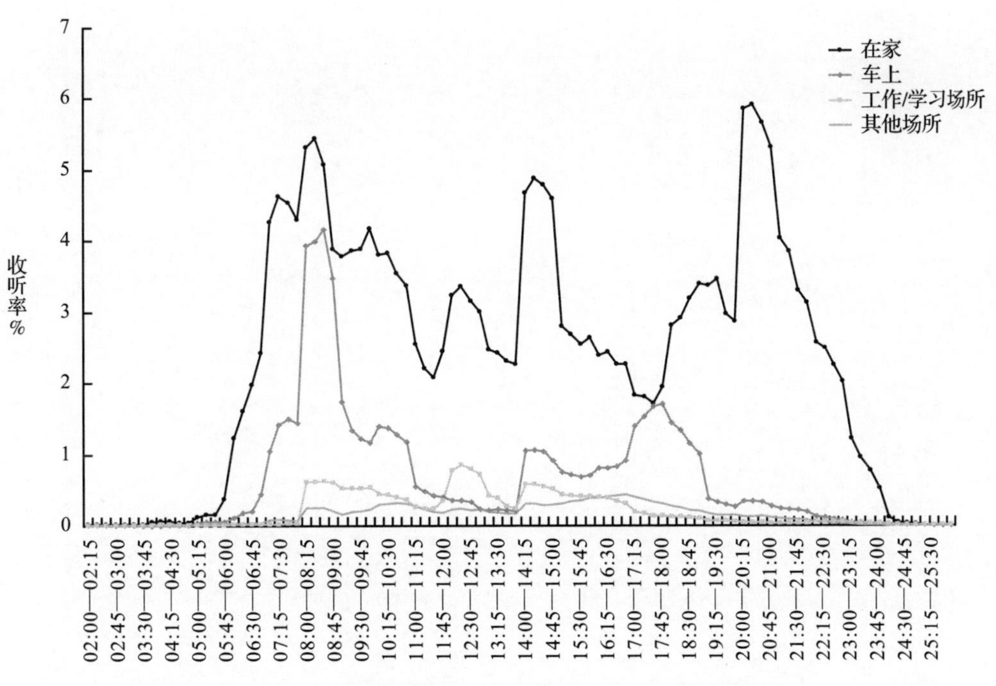

图 3.6.6　2013 年重庆听众在不同收听地点全天收听率走势

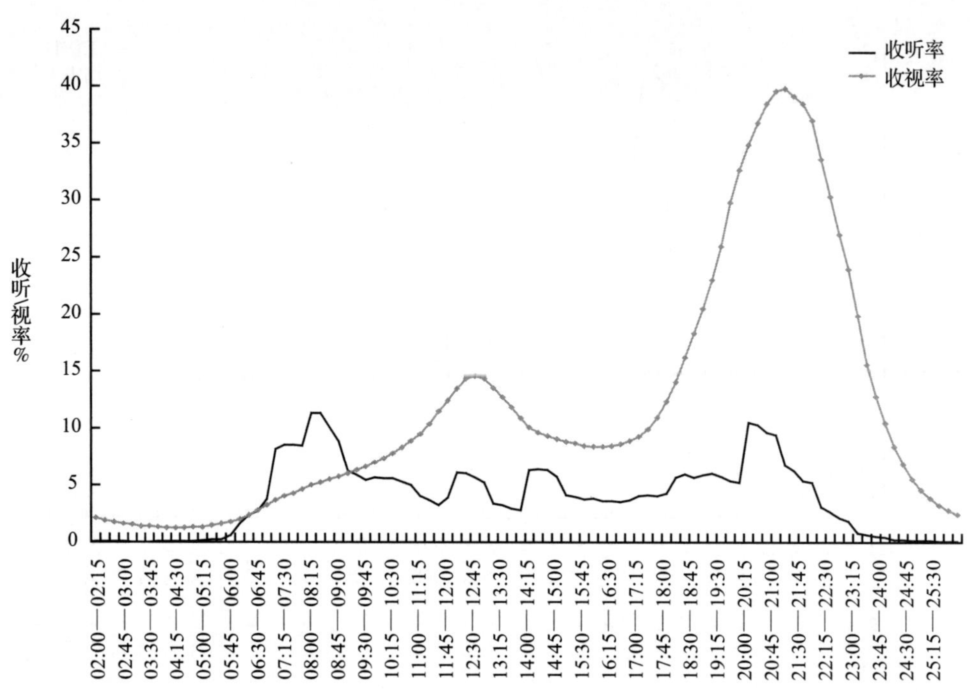

图 3.6.7　2013 年重庆受众全天收听率、收视率走势比较(目标受众为 10 岁及以上)

表 3.6.3 2013 年重庆市场听众构成(%)

目标听众		听众构成(%)
10 岁及以上所有人		100.0
性别	男	51.2
	女	48.8
年龄	10—14 岁	2.4
	15—24 岁	12.1
	25—34 岁	18.0
	35—44 岁	21.4
	45—54 岁	20.2
	55—64 岁	11.4
	65 岁及以上	14.5
文化程度	未受过正规教育	0.7
	小学	7.0
	初中	37.3
	高中	36.3
	大学及以上	18.7
职业	干部/管理人员	5.2
	初级公务员/雇员	17.7
	个体/私营企业人员	15.7
	工人	23.8
	学生	7.4
	无业(包括退休人员)	30.2
	其他	*
个人月收入	没有收入	10.4
	1—500 元	*
	501—1000 元	2.5
	1001—1500 元	7.5
	1501—2000 元	24.3
	2001—2500 元	24.5
	2501—3000 元	13.9
	3001—4000 元	11.7
	4001 元及以上	5.2

注:“*”表示该目标听众样本量不足,无法进行统计推断。

表 3.6.4 2011—2013 年重庆市场各广播电台的市场份额(%)

广播电台	2011 年	2012 年	2013 年
中央人民广播电台	11.9	6.2	7.1
中国国际广播电台	1.8	1.8	0.9
重庆广播电视集团(总台)	81.0	88.6	88.7
其他广播电台	5.3	3.4	3.3

表 3.6.5　2013 年重庆市场各广播电台在不同目标听众中的市场份额(%)

目标听众		中央人民广播电台	中国国际广播电台	重庆广播电视集团(总台)	其他广播电台
10 岁及以上所有人		7.1	0.9	88.7	3.3
性别	男	7.3	1.3	88.0	3.4
	女	6.8	0.5	89.4	3.3
年龄	10—14 岁	5.9	0.2	91.3	2.6
	15—24 岁	5.0	0.1	92.0	2.9
	25—34 岁	6.5	1.2	88.5	3.8
	35—44 岁	5.6	0.6	90.2	3.6
	45—54 岁	7.5	0.6	87.6	4.3
	55—64 岁	8.5	0.2	89.2	2.1
	65 岁及以上	10.0	2.7	84.6	2.7
文化程度	未受过正规教育	0.8	0.0	92.1	7.1
	小学	7.4	0.2	90.3	2.1
	初中	8.5	1.0	87.0	3.5
	高中	5.8	0.6	90.5	3.1
	大学及以上	6.8	1.6	87.9	3.7
职业	干部/管理人员	8.0	2.9	85.1	4.0
	初级公务员/雇员	6.1	0.2	89.1	4.6
	个体/私营企业人员	8.4	0.2	87.8	3.6
	工人	4.3	1.1	91.3	3.3
	学生	6.6	0.1	91.4	1.9
	无业(包括退休人员)	9.3	1.4	86.6	2.7
	其他	*	*	*	*
个人月收入	没有收入	7.3	0.3	90.9	1.5
	1—500 元	*	*	*	*
	501—1000 元	2.5	0.0	93.8	3.7
	1001—1500 元	8.2	0.1	89.0	2.7
	1501—2000 元	7.1	0.9	88.5	3.5
	2001—2500 元	7.5	2.1	86.6	3.8
	2501—3000 元	7.9	0.2	87.5	4.4
	3001—4000 元	6.6	0.9	89.0	3.5
	4001 元及以上	3.8	0.2	95.1	0.9

注:"*"表示该目标听众样本量不足,无法进行统计推断。

表 3.6.6　2013 年重庆市场份额排名前五位的频率

名次	频　率	市场份额(%)
1	重庆人民广播电台音乐频率 FM88.1	25.9
2	重庆人民广播电台重庆之声 FM96.8/AM1314	22.6
3	重庆人民广播电台交通频率 FM95.5	21.2
4	重庆人民广播电台经济频率 FM101.5	8.5
5	重庆人民广播电台都市频率 FM93.8	8.1

七、大连收听数据

表 3.7.1 2011—2013 年大连各目标听众人均收听时间(分钟)

目标听众		2011 年	2012 年	2013 年
10 岁及以上所有人		99	92	84
性别	男	105	100	87
	女	94	84	81
年龄	10—14 岁	25	38	26
	15—24 岁	56	40	40
	25—34 岁	82	76	65
	35—44 岁	91	90	85
	45—54 岁	135	111	110
	55—64 岁	144	133	112
	65 岁及以上	131	147	133
文化程度	未受过正规教育	130	102	89
	小学	72	110	89
	初中	108	93	86
	高中	101	86	85
	大学及以上	91	90	77
职业	干部/管理人员	72	73	77
	初级公务员/雇员	80	72	75
	个体/私营企业人员	102	90	87
	工人	102	96	87
	学生	49	40	33
	无业(包括退休人员)	130	124	116
	其他	143	163	78
个人月收入	没有收入	71	57	46
	1—500 元	*	186	49
	501—1000 元	92	121	142
	1001—1500 元	120	117	107
	1501—2000 元	103	98	103
	2001—2500 元	102	91	98
	2501—3000 元	90	97	80
	3001—4000 元	106	103	83
	4001 元及以上	110	100	104

注:2011 年大连改为连续调查城市。“*”表示该目标听众样本量不足,无法进行统计推断。

表 3.7.2 2011—2013 年大连听众在不同地点的人均收听时间(分钟)

地　点	2011 年	2012 年	2013 年
在家	70	65	57
车上	19	19	18
工作/学习场所	7	6	7
其他场所	2	2	2

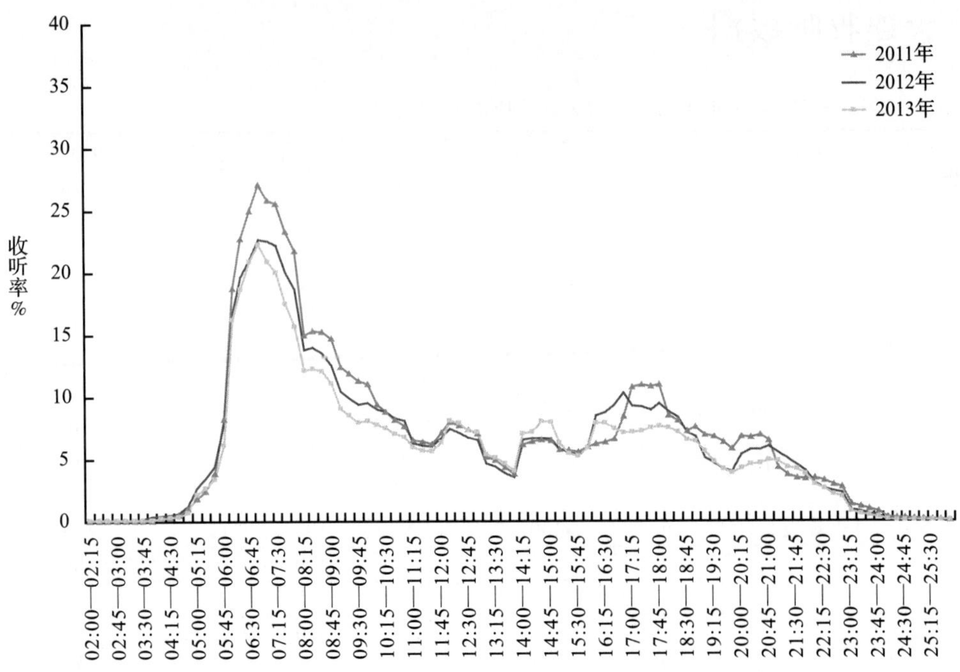

图 3.7.1 2011—2013 年大连听众全天收听率走势

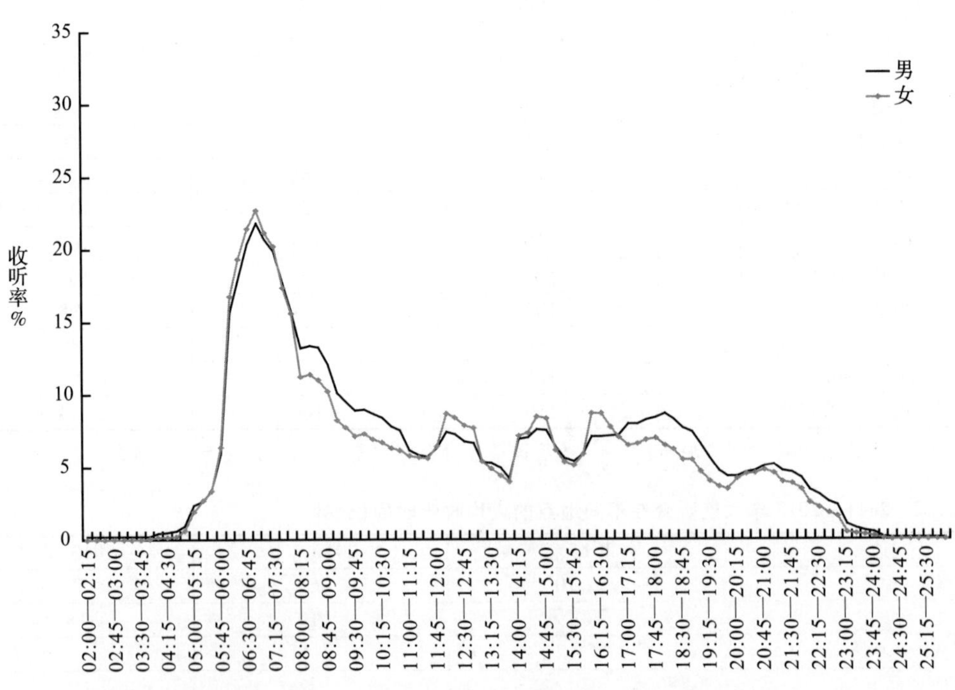

图 3.7.2 2013 年大连不同性别听众全天收听率走势

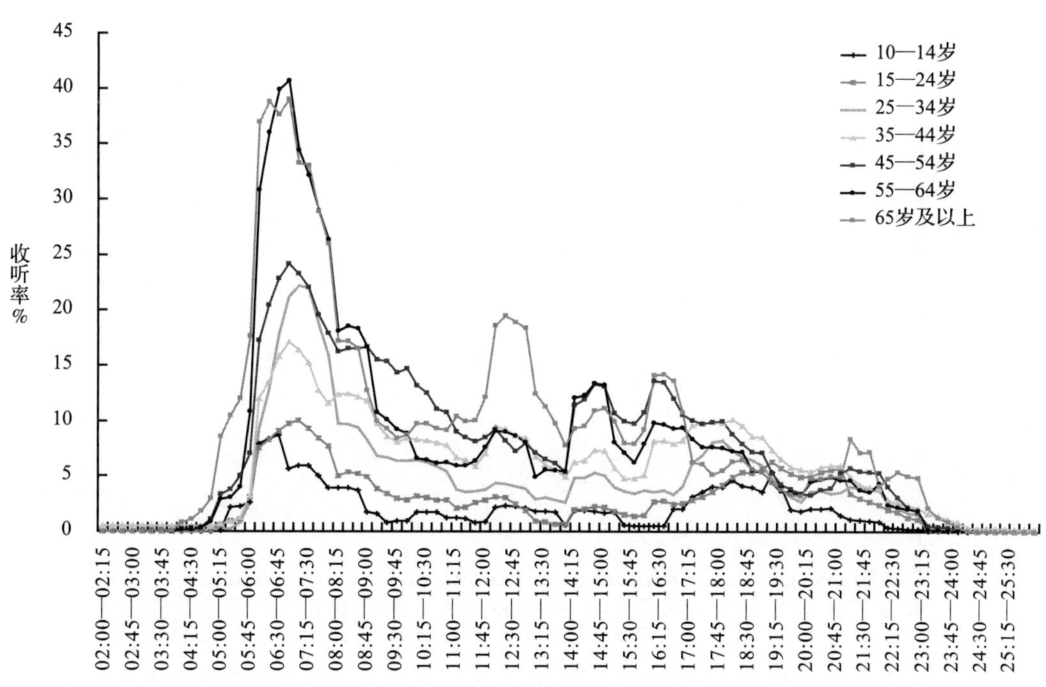

图 3.7.3　2013 年大连不同年龄听众全天收听率走势

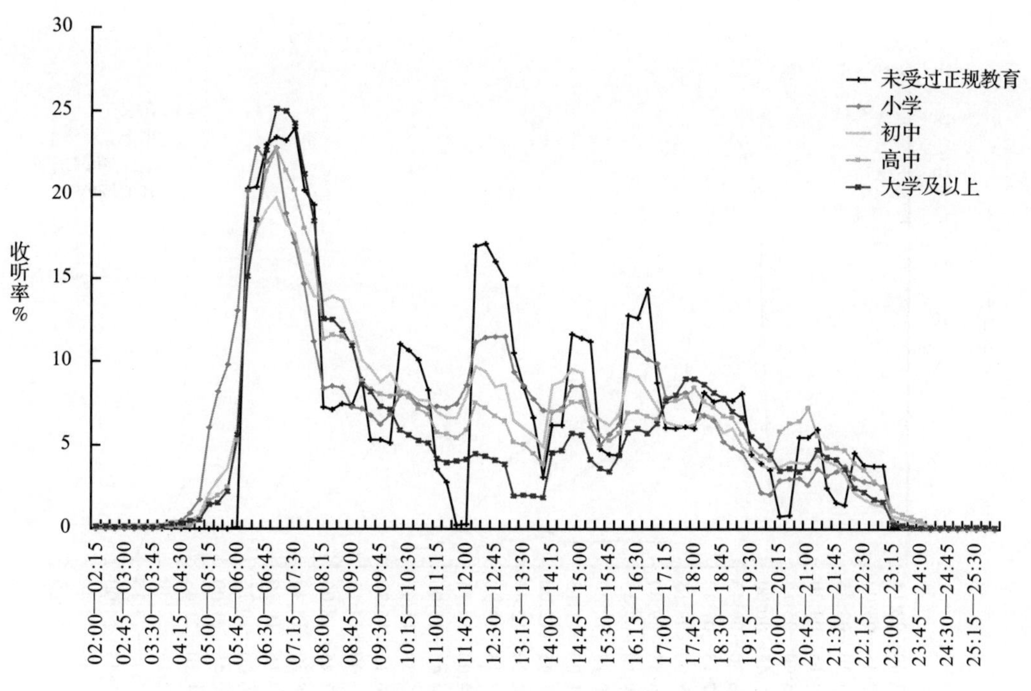

图 3.7.4　2013 年大连不同文化程度听众全天收听率走势

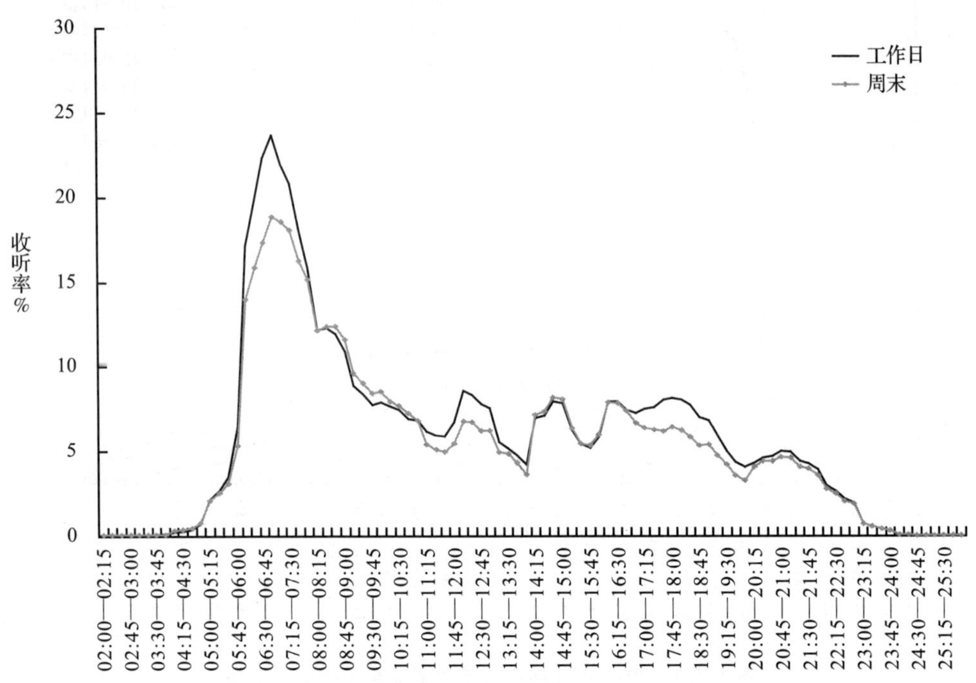

图 3.7.5　2013 年大连听众工作日与周末全天收听率走势

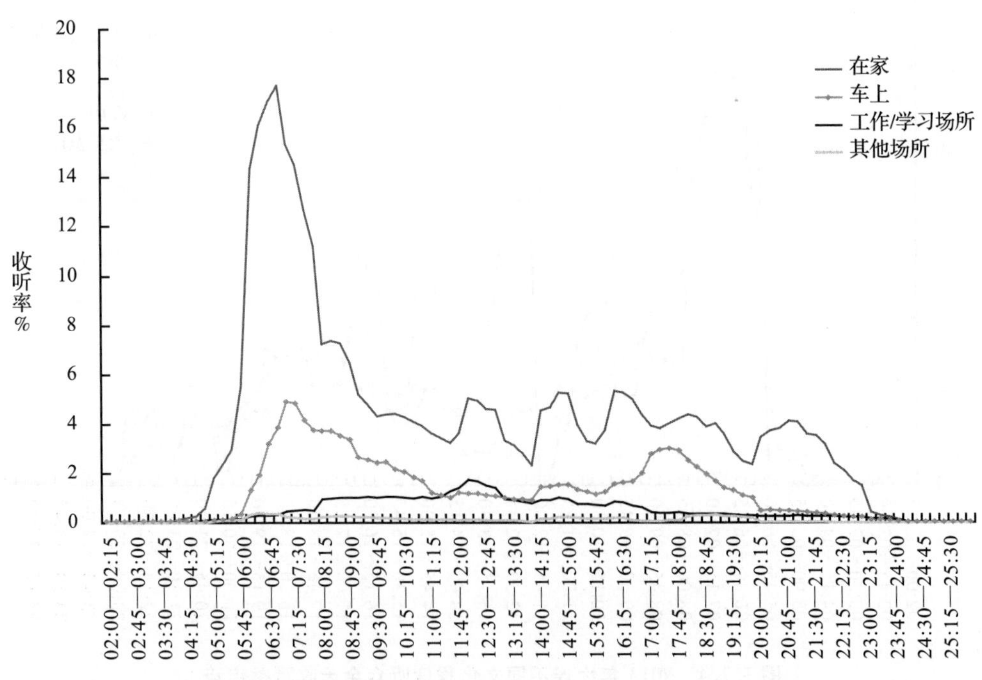

图 3.7.6　2013 年大连听众在不同收听地点全天收听率走势

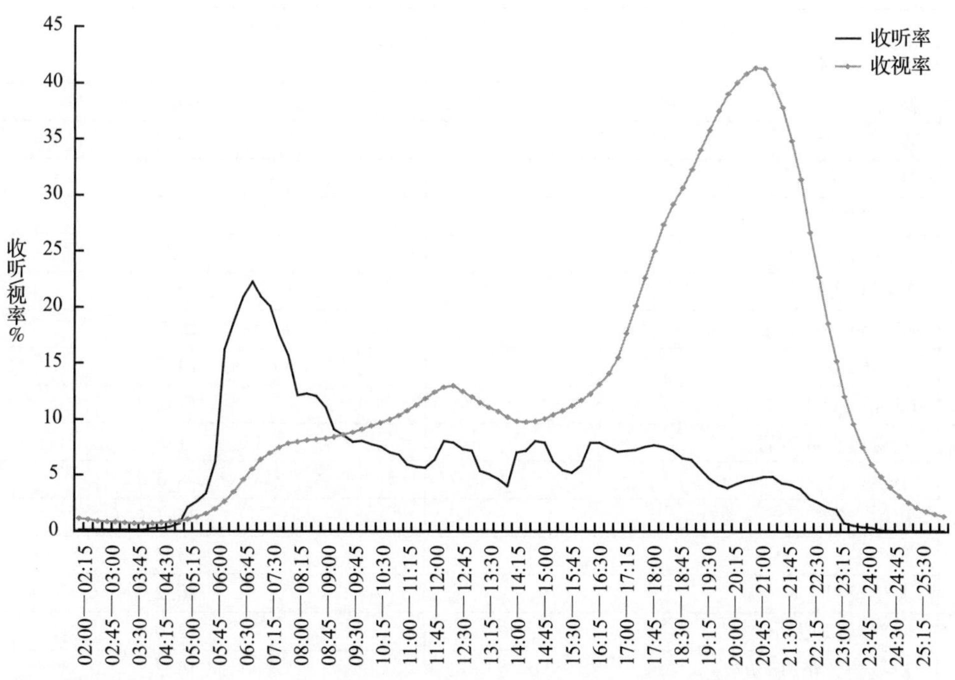

图 3.7.7 2013 年大连受众全天收听率、收视率走势比较(目标受众为 10 岁及以上)

表 3.7.3 2013 年大连市场听众构成(%)

目标听众		听众构成(%)
10 岁及以上所有人		100.0
性别	男	49.3
	女	50.7
年龄	10—14 岁	1.6
	15—24 岁	7.7
	25—34 岁	14.3
	35—44 岁	20.2
	45—54 岁	25.4
	55—64 岁	13.7
	65 岁及以上	17.2
文化程度	未受过正规教育	1.8
	小学	8.3
	初中	36.1
	高中	33.5
	大学及以上	20.2
职业	干部/管理人员	3.0
	初级公务员/雇员	13.3
	个体/私营企业人员	12.2
	工人	25.9
	学生	6.0
	无业(包括退休人员)	37.3
	其他	2.3
个人月收入	没有收入	13.2
	1—500 元	0.7
	501—1000 元	3.7
	1001—1500 元	7.6
	1501—2000 元	20.8
	2001—2500 元	18.7
	2501—3000 元	10.9
	3001—4000 元	13.8
	4001 元及以上	10.6

表 3.7.4 2011—2013 年大连市场各广播电台的市场份额(%)

广播电台	2011 年	2012 年	2013 年
中央人民广播电台	12.1	10.9	11.4
中国国际广播电台	0.0	0.0	0.0
辽宁广播电视台	9.9	13.0	12.9
大连广播电视电台	76.6	73.3	71.7
其他广播电台	1.4	2.8	4.0

表 3.7.5 2013 年大连市场各广播电台在不同目标听众中的市场份额(%)

目标听众		中央人民广播电台	中国国际广播电台	辽宁广播电视台	大连广播电视台	其他广播电台
10 岁及以上所有人		11.4	0.0	12.9	71.7	4.0
性别	男	12.0	0.0	10.4	73.8	3.8
	女	10.8	0.0	15.4	69.7	4.1
年龄	10—14 岁	12.2	0.0	2.9	84.3	0.6
	15—24 岁	18.7	0.0	7.4	70.9	3.1
	25—34 岁	11.6	0.0	10.4	75.9	2.0
	35—44 岁	9.0	0.0	7.9	76.6	6.5
	45—54 岁	12.0	0.0	15.1	69.5	3.4
	55—64 岁	10.9	0.0	17.2	69.1	2.7
	65 岁及以上	10.0	0.0	17.8	67.2	5.0
文化程度	未受过正规教育	5.0	0.0	12.9	77.7	4.4
	小学	11.7	0.0	18.8	66.4	3.0
	初中	10.1	0.0	14.4	69.3	6.2
	高中	11.1	0.0	12.1	73.6	3.2
	大学及以上	14.5	0.0	9.2	74.7	1.6
职业	干部/管理人员	8.5	0.0	4.2	85.5	1.8
	初级公务员/雇员	13.1	0.0	8.7	76.7	1.5
	个体/私营企业人员	13.0	0.0	16.4	65.8	4.8
	工人	8.6	0.0	8.1	77.9	5.5
	学生	12.1	0.0	6.8	78.8	2.3
	无业(包括退休人员)	11.3	0.0	17.9	66.8	4.1
	其他	27.6	0.0	21.2	50.1	1.2
个人月收入	没有收入	13.7	0.0	15.2	67.8	3.3
	1—500 元	14.2	0.0	38.8	39.8	7.3
	501—1000 元	13.7	0.0	25.7	58.4	2.2
	1001—1500 元	8.8	0.0	27.2	60.7	3.3
	1501—2000 元	12.2	0.0	14.5	68.6	4.7
	2001—2500 元	8.5	0.0	11.8	75.5	4.3
	2501—3000 元	10.5	0.0	6.8	77.7	5.1
	3001—4000 元	9.7	0.0	4.9	80.9	4.5
	4001 元及以上	14.5	0.0	10.1	73.5	1.9

表 3.7.6 2013 年大连市场份额排名前五位的频率

名次	频 率	市场份额(%)
1	大连人民广播电台第四套广播交通广播 FM100.8	22.9
2	大连广播电台第一套广播新闻广播 FM103.3/AM882	20.9
3	辽宁广播电视台资讯广播 FM90.6	8.0
4	大连广播电台第七套广播新城乡广播 FM95.6/AM1575	7.2
5	大连人民广播电台第六套广播都市广播 FM99.1	6.7

八、佛山收听数据

表 3.8.1　2011—2013 年佛山各目标听众人均收听时间(分钟)

目标听众		2011 年	2012 年	2013 年			
				第 1 波	第 2 波	第 3 波	第 4 波
10 岁及以上所有人		86	87	86	84	85	87
性别	男	82	85	86	82	84	87
	女	90	90	86	86	86	87
年龄	10—14 岁	47	56	43	56	47	37
	15—24 岁	60	58	63	58	59	65
	25—34 岁	84	84	83	75	78	81
	35—44 岁	114	118	110	109	116	117
	45—54 岁	105	93	98	107	109	100
	55—64 岁	91	98	101	98	87	105
	65 岁及以上	110	102	89	91	79	79
文化程度	未受过正规教育	90	90	102	82	86	83
	小学	74	80	82	84	88	82
	初中	98	98	93	88	93	100
	高中	82	80	75	76	79	83
	大学及以上	84	83	91	89	75	72
职业	干部/管理人员	103	140	117	116	95	101
	初级公务员/雇员	80	83	86	81	86	89
	个体/私营企业人员	97	102	108	100	100	111
	工人	111	97	97	91	90	87
	学生	50	48	41	46	50	49
	无业(包括退休人员)	97	94	88	92	89	88
	其他	76	55	40	41	64	40
个人月收入	没有收入	64	64	55	62	64	64
	1—500 元	74	70	63	64	55	41
	501—1000 元	96	80	89	82	91	82
	1001—1500 元	105	94	79	85	93	86
	1501—2000 元	88	94	109	96	103	117
	2001—2500 元	96	93	100	101	89	92
	2501—3000 元	92	109	106	78	82	90
	3001—4000 元	89	95	80	90	100	86
	4001 元及以上	70	82	69	73	68	83

注:佛山为四波调查城市。2013 年四波调查时间分别为:第一波 2 月 24 日至 3 月 16 日;第二波 5 月 26 日至 6 月 15 日;第三波 8 月 25 日至 9 月 14 日;第四波 11 月 3 日至 11 月 23 日。

表 3.8.2　2011—2013 年佛山听众在不同地点的人均收听时间(分钟)

地　点	2011 年	2012 年	2013 年
在家	56	53	48
车上	14	16	15
工作/学习场所	14	15	18
其他场所	3	3	4

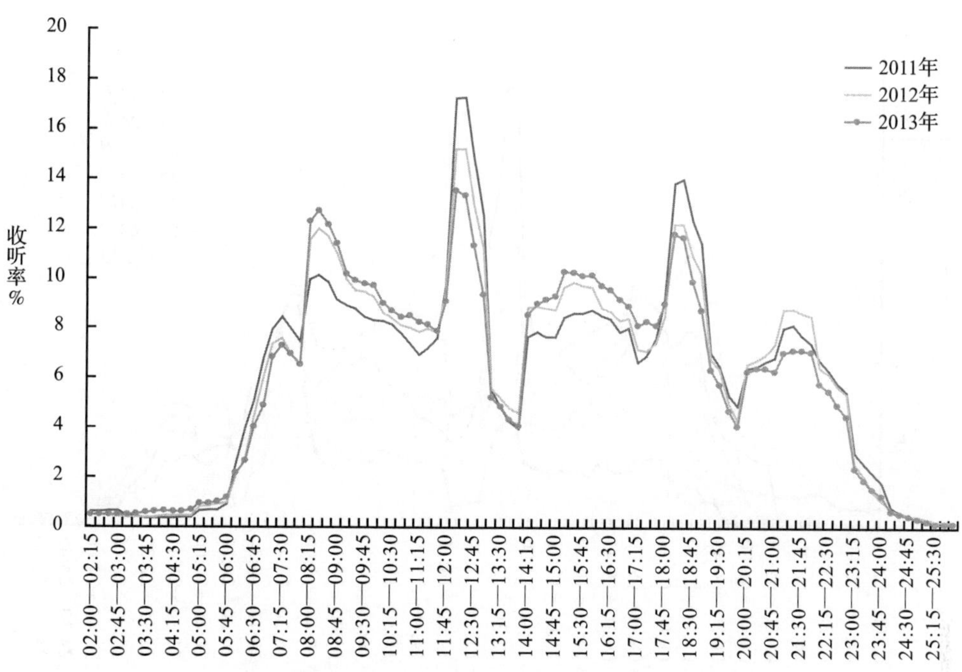

图 3.8.1 2011—2013 年佛山听众全天收听率走势

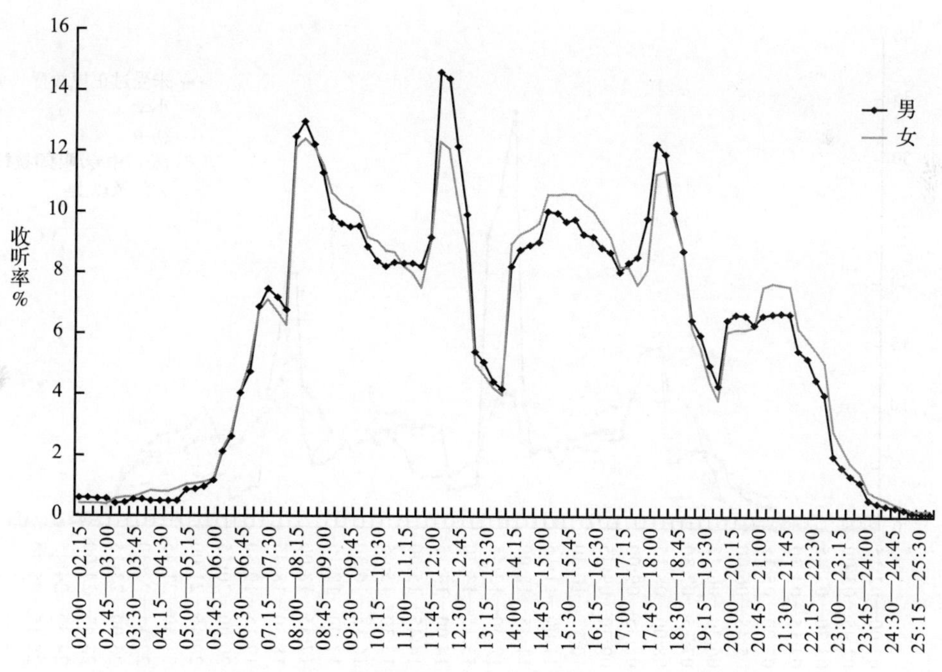

图 3.8.2 2013 年佛山不同性别听众全天收听率走势

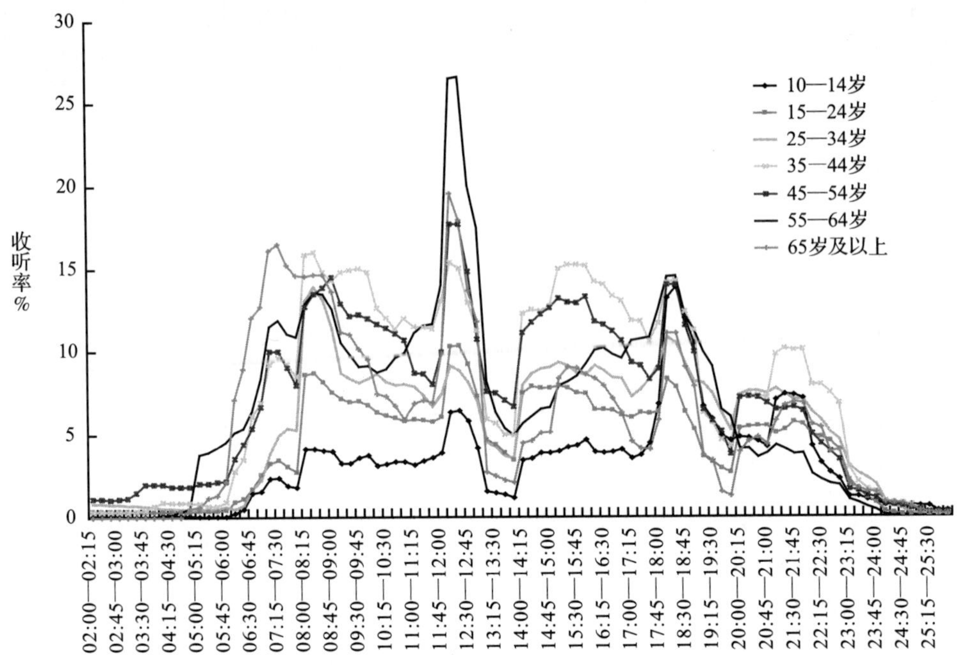

图 3.8.3 2013 年佛山不同年龄听众全天收听率走势

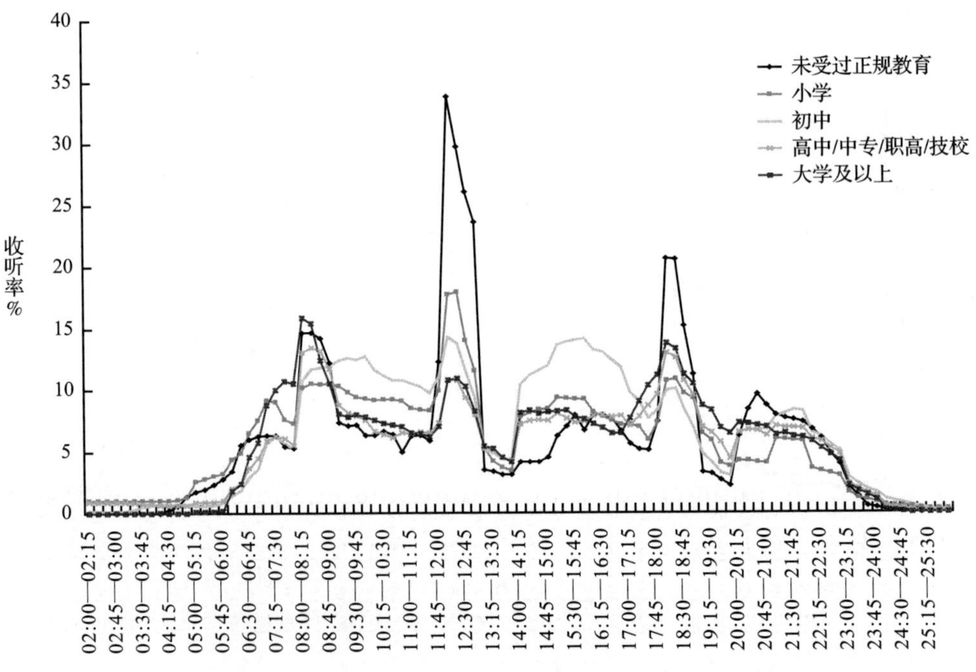

图 3.8.4 2013 年佛山不同文化程度听众全天收听率走势

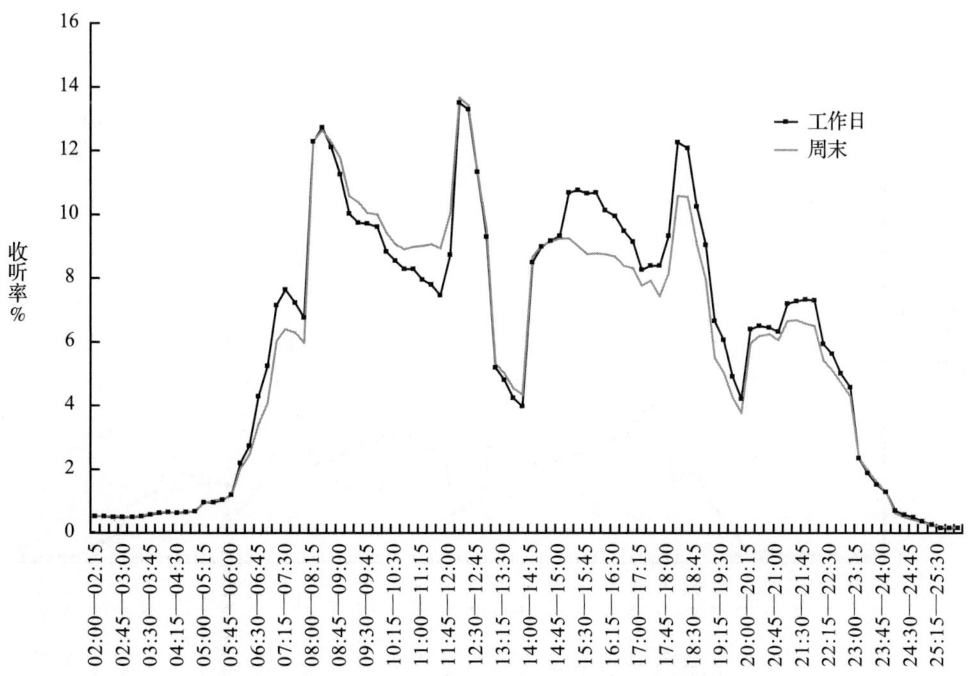

图 3.8.5　2013 年佛山听众工作日与周末全天收听率走势

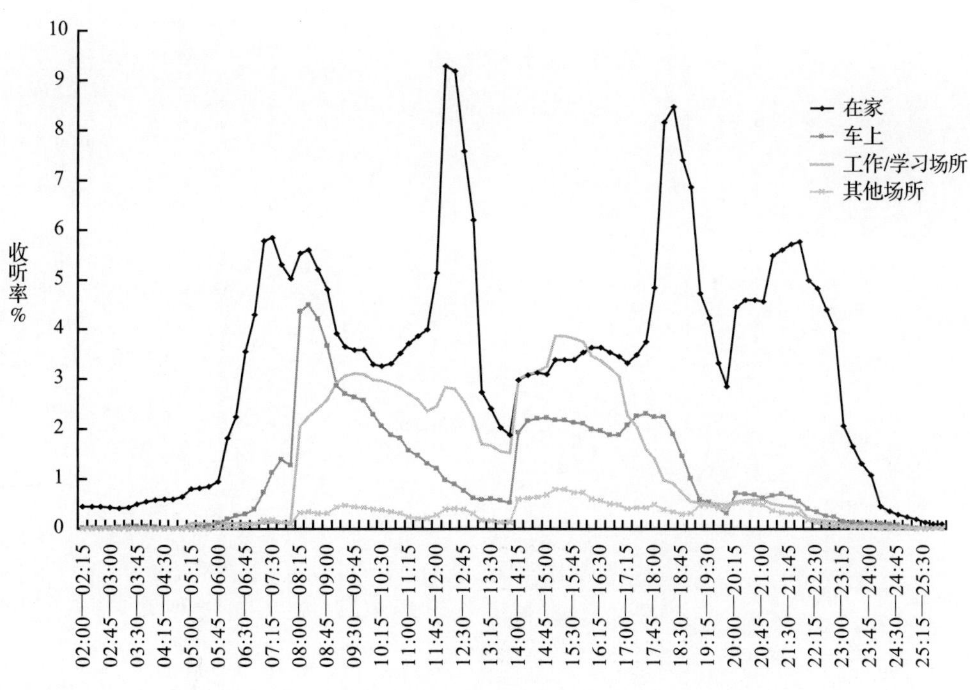

图 3.8.6　2013 年佛山听众在不同收听地点全天收听率走势

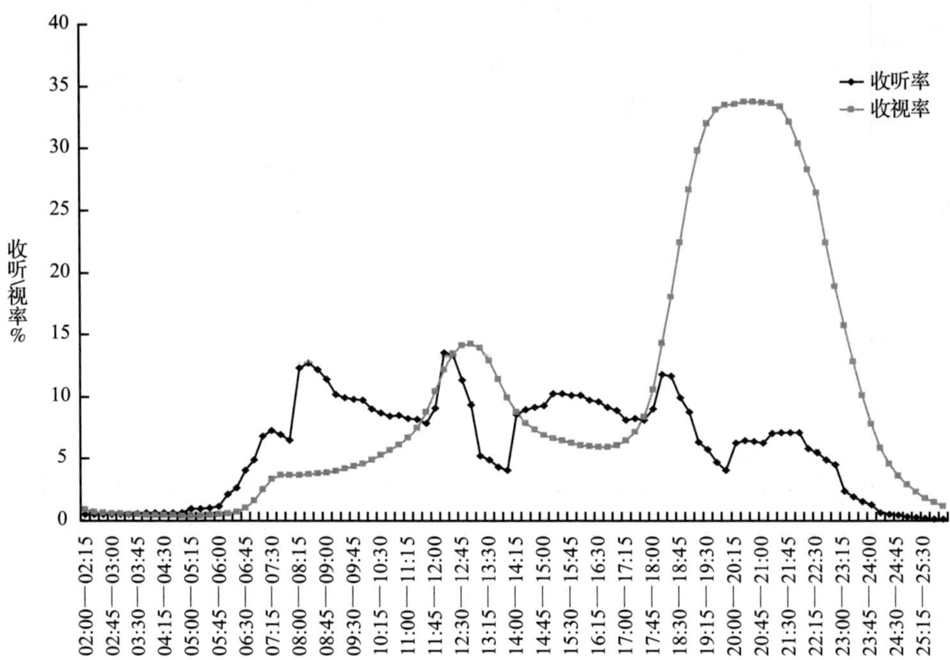

图 3.8.7　2013 年佛山受众全天收听率、收视率走势比较(目标受众为 10 岁及以上)

表 3.8.3　2013 年佛山市场听众构成(%)

目标听众		听众构成(%)
10 岁及以上所有人		100.0
性别	男	53.7
	女	46.3
年龄	10—14 岁	2.6
	15—24 岁	15.9
	25—34 岁	24.4
	35—44 岁	28.3
	45—54 岁	14.1
	55—64 岁	8.8
	65 岁及以上	5.9
文化程度	未受过正规教育	1.9
	小学	15.5
	初中	39.3
	高中	27.4
	大学及以上	16.0
职业	干部/管理人员	6.5
	初级公务员/雇员	28.2
	个体/私营企业人员	23.9
	工人	15.6
	学生	7.3
	无业(包括退休人员)	16.8
	其他	1.7
个人月收入	没有收入	13.2
	1—500 元	2.5
	501—1000 元	3.9
	1001—1500 元	10.0
	1501—2000 元	22.6
	2001—2500 元	21.6
	2501—3000 元	11.1
	3001—4000 元	9.3
	4001 元及以上	5.9

表 3.8.4　2011—2013 年佛山市场各广播电台的市场份额(%)

广播电台	2011 年	2012 年	2013 年			
			第 1 波	第 2 波	第 3 波	第 4 波
中央人民广播电台	3.0	2.5	3.0	2.0	1.3	1.8
中国国际广播电台	0.6	0.3	0.3	0.2	0.2	0.2
广东人民广播电台	14.5	14.7	14.3	14.5	12.4	13.7
广州广播电视台	5.8	4.4	3.3	4.0	5.3	4.2
佛山人民广播电台	66.0	68.6	71.0	72.0	75.2	73.7
鹤山人民广播电台 FM104.7	4.0	4.1	3.6	3.8	2.3	2.7
其他广播电台	6.2	5.5	4.5	3.5	3.3	3.7

表 3.8.5　2013 年佛山市场各广播电台在不同目标听众中的市场份额(%)

目标听众		中央人民广播电台	中国国际广播电台	广东人民广播电台	广州广播电视台	佛山人民广播电台	鹤山人民广播电台	其他广播电台
10 岁及以上所有人		2.0	0.2	13.7	4.2	73.0	3.1	3.8
性别	男	2.4	0.2	14.0	4.7	71.8	2.3	4.6
	女	1.5	0.2	13.4	3.6	74.4	4.0	2.9
年龄	10—14 岁	2.4	0.3	12.3	4.0	67.5	5.1	8.5
	15—24 岁	1.9	0.0	11.4	3.0	79.3	2.0	2.4
	25—34 岁	1.7	0.7	16.0	4.2	71.1	2.0	4.2
	35—44 岁	1.2	0.1	9.0	3.3	78.1	5.5	2.9
	45—54 岁	1.0	0.1	17.8	3.2	73.4	2.8	1.7
	55—64 岁	5.4	0.0	20.3	6.6	61.0	1.0	5.7
	65 岁及以上	4.6	0.0	14.7	10.4	59.3	2.0	9.1
文化程度	未受过正规教育	0.4	0.0	14.5	14.4	57.7	2.0	11.0
	小学	3.6	0.0	15.5	7.7	66.5	2.1	4.6
	初中	0.9	0.3	11.5	3.5	75.9	4.5	3.5
	高中	2.1	0.1	14.3	2.8	75.0	2.9	2.8
	大学及以上	3.3	0.6	16.4	3.9	70.6	1.1	4.2
职业	干部/管理人员	3.0	1.2	13.1	1.1	76.3	4.0	1.3
	初级公务员/雇员	1.4	0.1	15.5	3.6	73.6	2.6	3.2
	个体/私营企业人员	1.5	0.1	7.7	2.3	82.8	2.3	3.4
	工人	1.4	0.1	16.8	5.7	65.2	6.8	3.9
	学生	3.4	0.1	11.4	4.7	70.9	2.6	6.9
	无业(包括退休人员)	3.5	0.4	16.4	6.8	66.5	1.5	4.8
	其他	0.6	0.0	26.5	9.1	58.5	3.9	1.4
个人月收入	没有收入	3.1	0.5	14.0	4.6	71.7	2.1	3.9
	1—500 元	0.4	0.0	17.5	14.6	53.3	4.8	9.5
	501—1000 元	1.3	0.0	30.8	6.0	59.7	1.9	0.2
	1001—1500 元	1.0	0.0	13.5	5.3	67.9	6.7	5.5
	1501—2000 元	1.8	0.1	18.5	4.6	66.6	4.5	3.9
	2001—2500 元	2.2	0.1	9.9	3.0	79.9	1.5	3.3
	2501—3000 元	1.0	0.2	11.4	3.8	78.6	2.1	3.0
	3001—4000 元	3.1	0.9	6.8	2.0	79.1	3.1	5.0
	4001 元及以上	2.9	0.2	11.3	3.1	81.2	0.9	0.5

表 3.8.6　2013 年佛山市场份额排名前五位的频率

名次	频　　率	市场份额(%)
1	佛山人民广播电台 FM94.6	24.6
2	佛山人民广播电台 FM92.4	15.8
3	佛山人民广播电台 FM98.5	11.8
4	佛山人民广播电台 FM90.1	10.6
5	佛山人民广播电台 FM88.3	5.4

九、福州收听数据

表 3.9.1 2011—2013 年福州各目标听众人均收听时间(分钟)

目标听众		2011 年	2012 年	2013 年			
				第 1 波	第 2 波	第 3 波	第 4 波
10 岁及以上所有人		66	66	63	63	59	53
性别	男	74	71	68	70	66	60
	女	58	61	58	57	53	47
年龄	10—14 岁	27	31	34	36	24	14
	15—24 岁	48	54	43	37	35	23
	25—34 岁	62	51	39	58	47	42
	35—44 岁	64	67	63	59	54	52
	45—54 岁	65	71	80	78	68	71
	55—64 岁	91	83	81	79	87	74
	65 岁及以上	116	122	124	113	120	106
文化程度	未受过正规教育	70	63	46	43	44	11
	小学	43	47	52	43	46	28
	初中	74	77	79	83	76	67
	高中	70	71	62	61	61	58
	大学及以上	63	56	52	56	48	45
职业	干部/管理人员	72	62	60	58	43	42
	初级公务员/雇员	57	56	52	55	52	52
	个体/私营企业人员	64	65	73	84	69	68
	工人	93	71	48	57	45	41
	学生	41	46	37	33	35	20
	无业(包括退休人员)	85	89	97	90	89	76
	其他	70	203	*	*	*	*
个人月收入	没有收入	51	56	47	42	40	29
	1—500 元	52	47	43	64	80	36
	501—1000 元	61	106	126	105	124	132
	1001—1500 元	75	74	58	62	67	58
	1501—2000 元	66	69	93	86	80	75
	2001—2500 元	76	64	53	60	47	41
	2501—3000 元	89	64	48	57	53	54
	3001—4000 元	68	71	57	72	69	65
	4001 元及以上	61	58	72	66	60	56

注:福州为四波调查城市。2013 年四波调查时间分别为:第一波 2 月 23 日至 3 月 15 日;第二波 5 月 26 日至 6 月 15 日;第三波 8 月 25 日至 9 月 14 日;第四波 11 月 3 日至 11 月 23 日。"*"表示目标听众样本量不足,无法进行统计推断。

表 3.9.2 2011—2013 年福州听众在不同地点的人均收听时间(分钟)

地　点	2011 年	2012 年	2013 年
在家	40	44	40
车上	19	13	13
工作/学习场所	5	6	4
其他场所	3	3	3

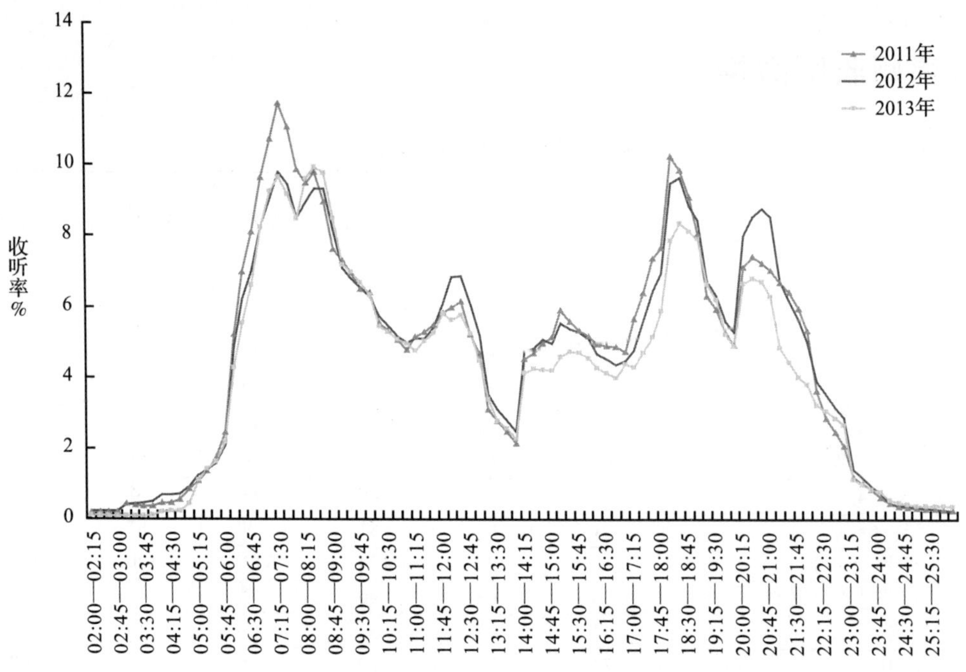

图 3.9.1　2011—2013 年福州听众全天收听率走势

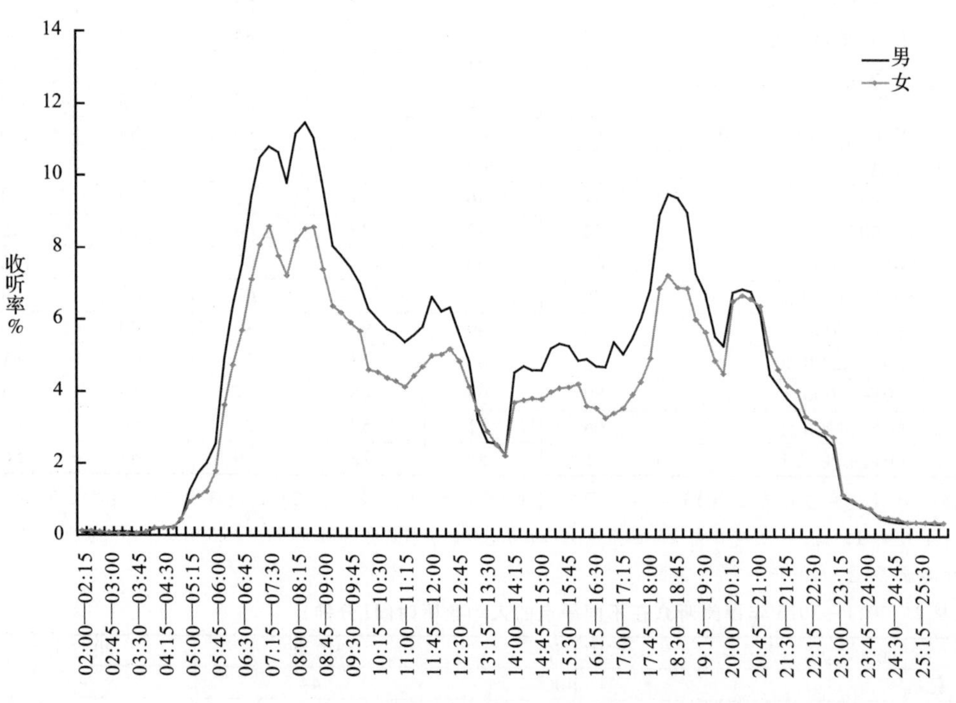

图 3.9.2　2013 年福州不同性别听众全天收听率走势

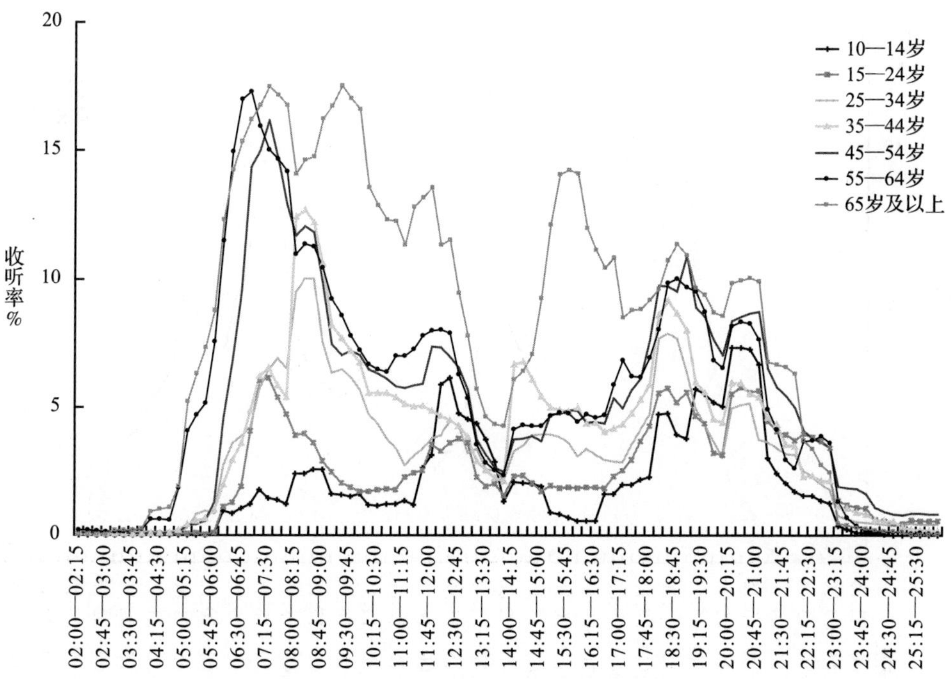

图 3.9.3　2013 年福州不同年龄听众全天收听率走势

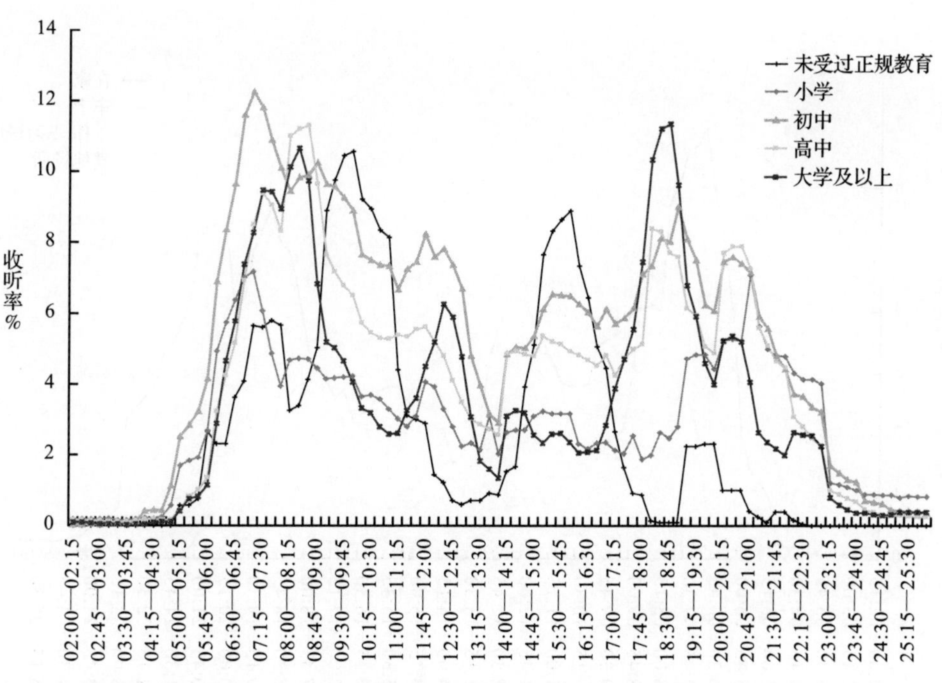

图 3.9.4　2013 年福州不同文化程度听众全天收听率走势

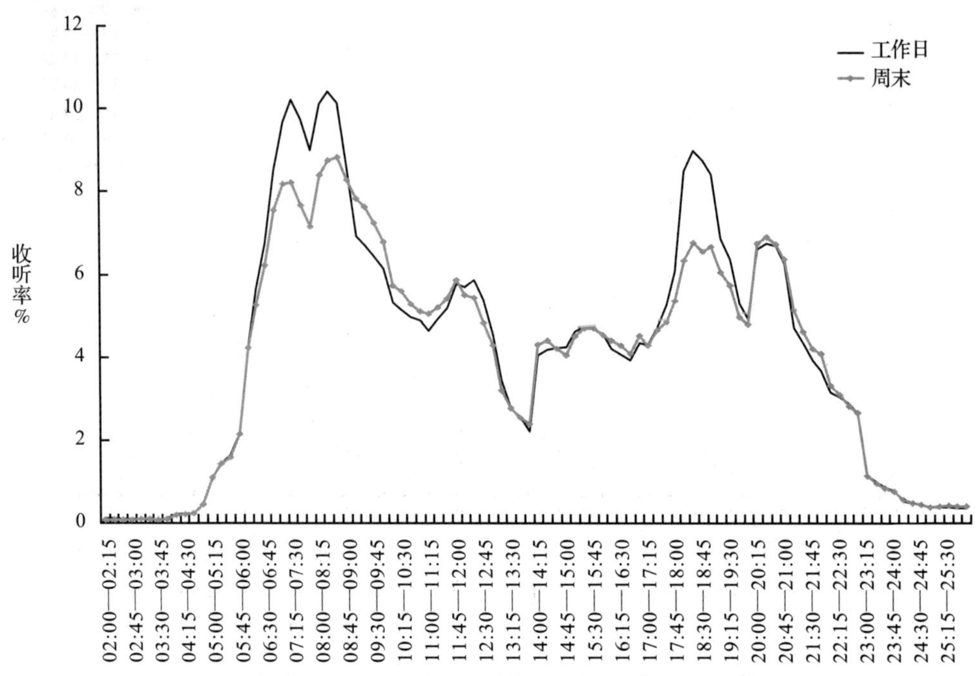

图 3.9.5　2013 年福州听众工作日与周末全天收听率走势

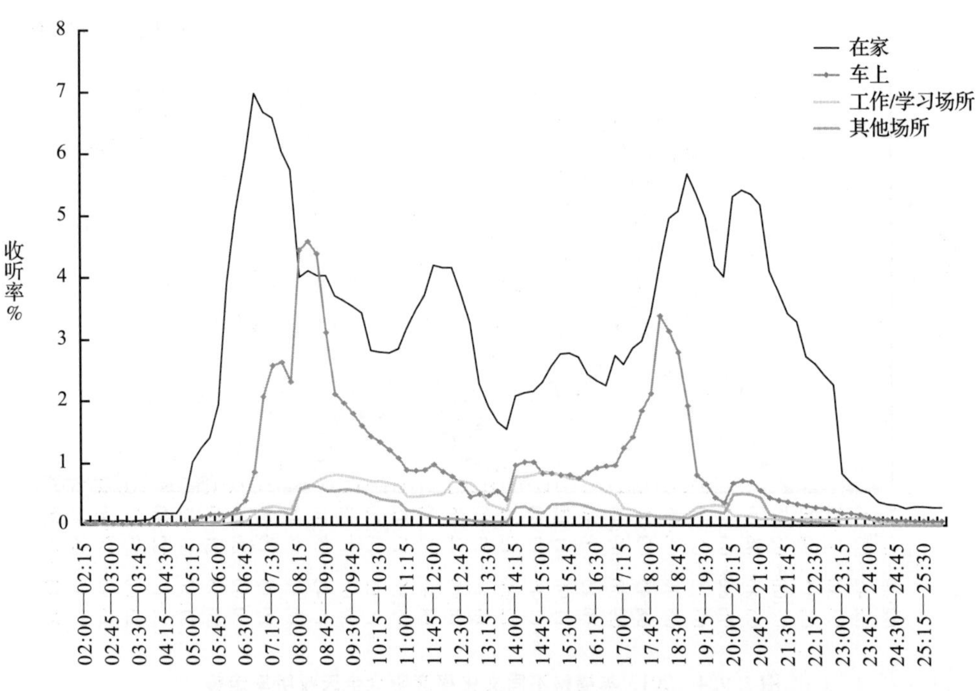

图 3.9.6　2013 年福州听众在不同收听地点全天收听率走势

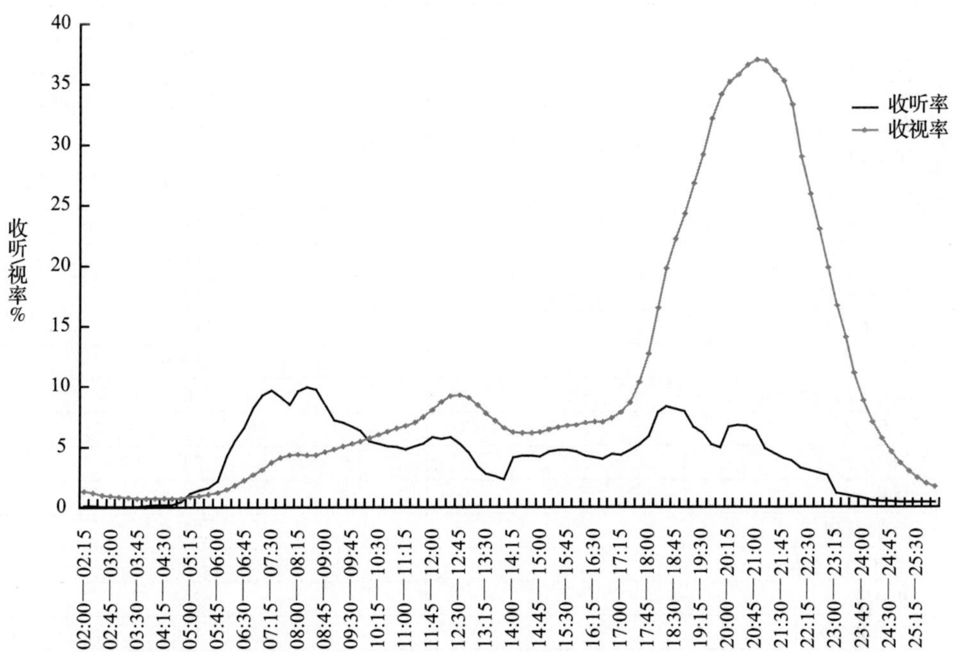

图 3.9.7　2013 年福州受众全天收听率、收视率走势比较(目标受众为 10 岁及以上)

表 3.9.3　2013 年福州市场听众构成(%)

目标听众		听众构成(%)
10 岁及以上所有人		100.0
性别	男	53.2
	女	46.8
年龄	10—14 岁	1.6
	15—24 岁	11.5
	25—34 岁	17.3
	35—44 岁	18.6
	45—54 岁	19.6
	55—64 岁	13.6
	65 岁及以上	17.9
文化程度	未受过正规教育	0.8
	小学	7.3
	初中	33.2
	高中	36.9
	大学及以上	21.8
职业	干部/管理人员	5.8
	初级公务员/雇员	26.5
	个体/私营企业人员	17.4
	工人	7.4
	学生	8.8
	无业(包括退休人员)	32.9
	其他	*
个人月收入	没有收入	15.6
	1—500 元	0.9
	501—1000 元	5.8
	1001—1500 元	8.3
	1501—2000 元	21.7
	2001—2500 元	9.8
	2501—3000 元	11.2
	3001—4000 元	13.7
	4001 元及以上	13.1

注:“*”表示目标听众样本量不足,无法进行统计推断。

表 3.9.4　2011—2013 年福州市场各广播电台的市场份额(%)

广播电台	2011 年	2012 年	2013 年			
			第 1 波	第 2 波	第 3 波	第 4 波
中央人民广播电台	20.2	20.1	24.1	28.9	25.7	28.6
中国国际广播电台	0.1	0.3	0.2	0.2	0.1	0.1
福建广播影视集团	35.9	37.9	37.0	38.1	35.0	36.9
福州广播电视集团	24.3	29.3	28.4	22.3	27.8	24.2
海峡之声广播电台	15.4	8.4	8.5	8.6	9.7	7.4
中国华艺广播电台	1.7	1.3	1.1	1.2	1.3	1.7
东南广播公司	0.5	0.9				
其他广播电台	1.9	1.8	0.7	0.7	0.4	1.1

表 3.9.5 2013 年福州市场各广播电台在不同目标听众中的市场份额(%)

目标听众		中央人民广播电台	中国国际广播电台	福建广播影视集团	福州广播电视集团	海峡之声广播电台	中国华艺广播电台	其他广播电台
10 岁及以上所有人		26.8	0.2	36.8	25.7	8.6	1.3	0.7
性别	男	25.8	0.2	37.7	24.3	10.0	1.2	0.8
	女	27.8	0.1	35.8	27.2	7.0	1.4	0.7
年龄	10—14 岁	35.8	1.0	16.3	36.1	9.4	0.1	1.2
	15—24 岁	31.0	0.1	31.5	19.0	15.5	1.7	1.4
	25—34 岁	22.3	0.1	47.6	17.9	10.0	1.5	0.7
	35—44 岁	21.4	0.3	45.8	20.9	9.5	1.5	0.7
	45—54 岁	23.6	0.3	37.8	26.5	10.5	0.9	0.5
	55—64 岁	31.7	0.0	31.4	30.2	3.7	2.1	1.0
	65 岁及以上	32.8	0.0	25.3	37.2	3.6	0.7	0.4
文化程度	未受过正规教育	12.0	0.0	28.4	48.2	9.0	1.8	0.7
	小学	22.2	0.4	23.6	40.0	11.0	0.7	2.0
	初中	27.2	0.0	32.0	31.6	7.7	1.0	0.5
	高中	25.3	0.3	39.2	23.0	10.0	1.6	0.7
	大学及以上	30.6	0.1	44.7	15.6	6.9	1.4	0.7
职业	干部/管理人员	18.3	0.1	60.3	13.2	7.3	0.5	0.4
	个体/私营企业人员	26.9	0.0	41.1	22.9	6.7	1.4	1.0
	初级公务员/雇员	16.1	0.6	46.6	24.4	10.8	1.0	0.7
	工人	19.3	0.1	30.9	30.1	17.0	1.8	0.8
	学生	27.1	0.3	29.4	23.1	17.1	1.6	1.5
	无业(包括退休人员)	35.4	0.0	26.3	31.1	5.3	1.3	0.4
	其他	*	*	*	*	*	*	*
个人月收入	没有收入	29.3	0.2	27.6	25.9	14.6	1.4	1.0
	1—500 元	30.2	0.1	25.5	33.2	7.7	2.8	0.5
	501—1000 元	19.5	0.0	20.8	52.6	6.4	0.5	0.2
	1001—1500 元	33.2	0.0	44.5	17.8	3.3	0.7	0.5
	1501—2000 元	32.0	0.2	34.8	26.0	5.0	1.5	0.6
	2001—2500 元	24.7	0.2	34.3	28.1	9.3	2.2	1.3
	2501—3000 元	25.9	0.0	33.0	32.6	6.4	1.2	0.8
	3001—4000 元	22.2	0.0	44.9	20.5	10.2	1.5	0.7
	4001 元及以上	21.4	0.4	51.0	14.5	11.5	0.7	0.6

注:"*"表示目标听众样本量不足,无法进行统计推断。

表 3.9.6 2013 年福州市场份额排名前五位的频率

名次	频率	市场份额(%)
1	福建 987 私家车广播 FM98.7	13.5
2	中央人民广播电台第一套节目中国之声	13.3
3	福建新闻广播 FM103.6/AM882	9.7
4	福州人民广播电台左海之声 FM90.1	8.8
5	中央人民广播电台第三套节目音乐之声	7.8

十、广州收听数据

表 3.10.1 2011—2013 年广州各目标听众人均收听时间(分钟)

目标听众		2011 年	2012 年	2013 年
10 岁及以上所有人		55	50	55
性别	男	55	49	57
	女	56	51	53
年龄	10—14 岁	19	12	16
	15—24 岁	40	35	34
	25—34 岁	53	49	44
	35—44 岁	56	55	59
	45—54 岁	72	67	70
	55—64 岁	82	78	102
	65 岁及以上	67	49	80
文化程度	未受过正规教育	56	39	59
	小学	46	43	51
	初中	55	52	62
	高中	58	53	55
	大学及以上	55	47	49
职业	干部/管理人员	52	62	57
	初级公务员/雇员	50	41	45
	个体/私营企业人员	53	41	43
	工人	62	61	64
	学生	29	30	29
	无业(包括退休人员)	68	58	77
	其他	74	30	50
个人月收入	没有收入	39	37	39
	1—500 元	75	52	79
	501—1000 元	65	48	75
	1001—1500 元	54	51	55
	1501—2000 元	55	53	54
	2001—2500 元	68	54	56
	2501—3000 元	63	60	61
	3001—4000 元	62	60	60
	4001 元及以上	72	51	70

注:广州为全年连续调查城市。

表 3.10.2 2011—2013 年广州听众在不同地点的人均收听时间(分钟)

地　　点	2011 年	2012 年	2013 年
在家	35	30	35
车上	12	11	10
工作/学习场所	7	7	8
其他场所	2	2	2

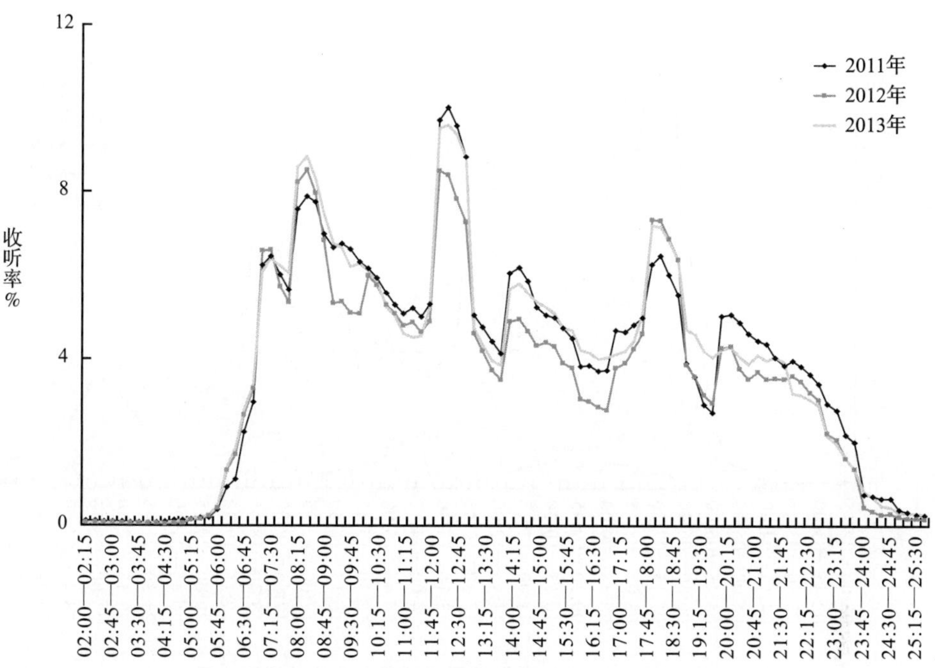

图 3.10.1　2011—2013 年广州听众全天收听率走势

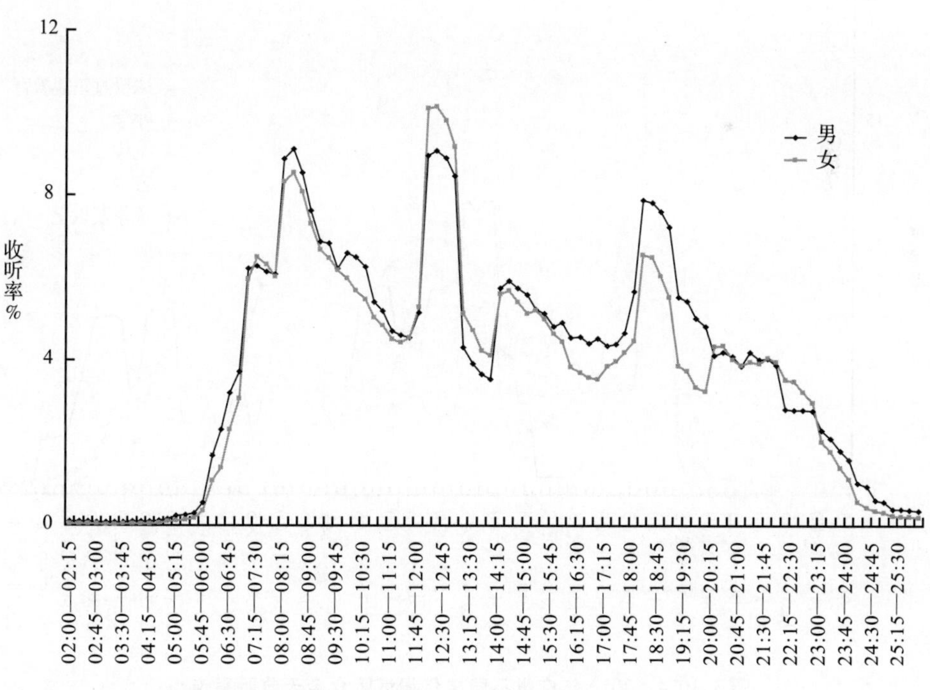

图 3.10.2　2013 年广州不同性别听众全天收听率走势

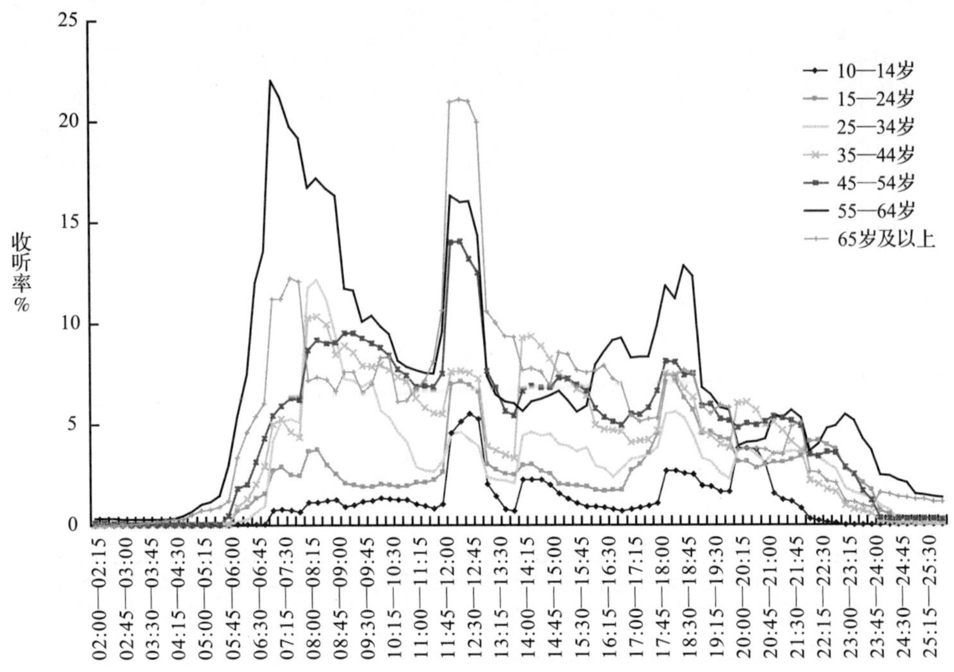

图 3.10.3 2013 年广州不同年龄听众全天收听率走势

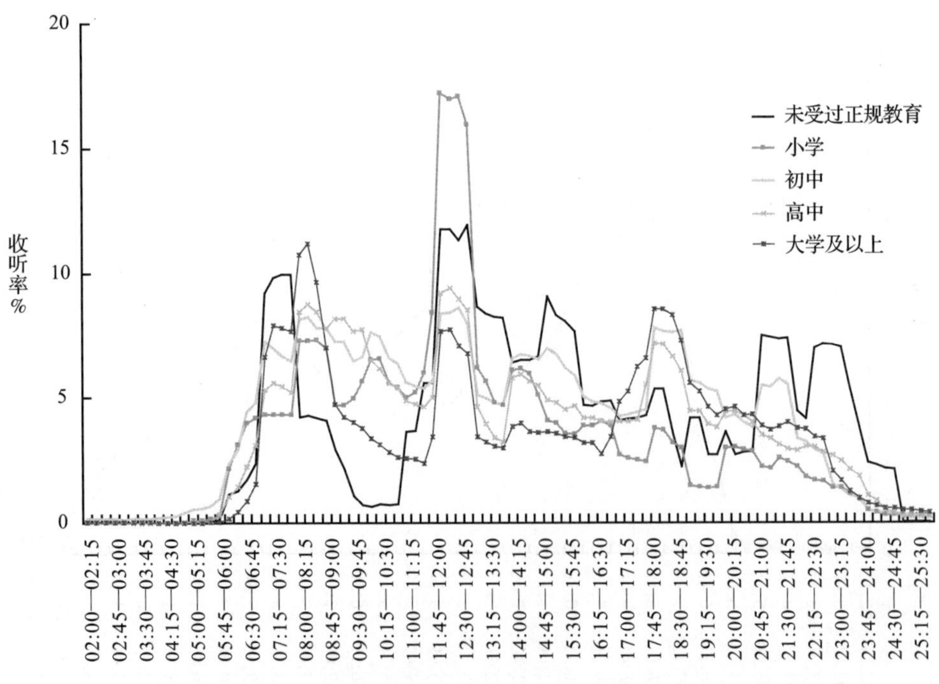

图 3.10.4 2013 年广州不同文化程度听众全天收听率走势

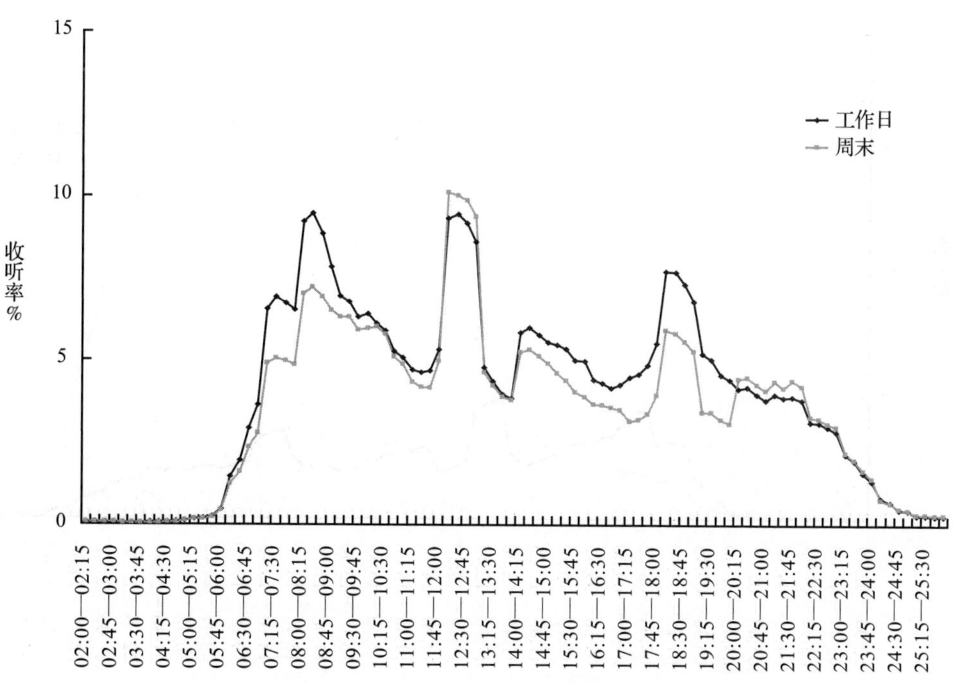

图 3.10.5　2013 年广州听众工作日与周末全天收听率走势

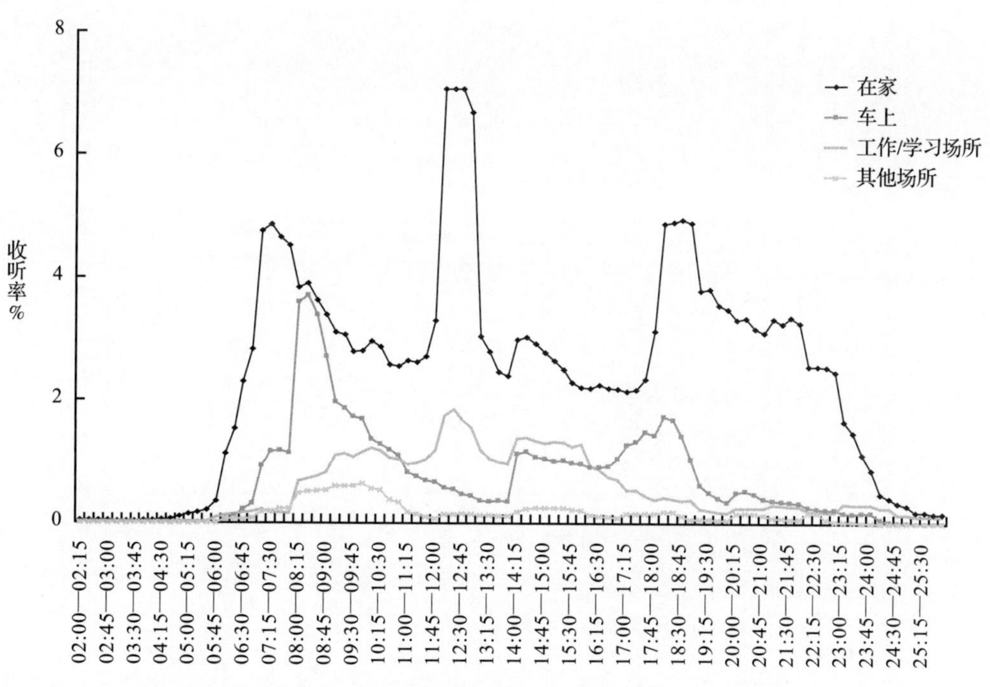

图 3.10.6　2013 年广州听众在不同收听地点全天收听率走势

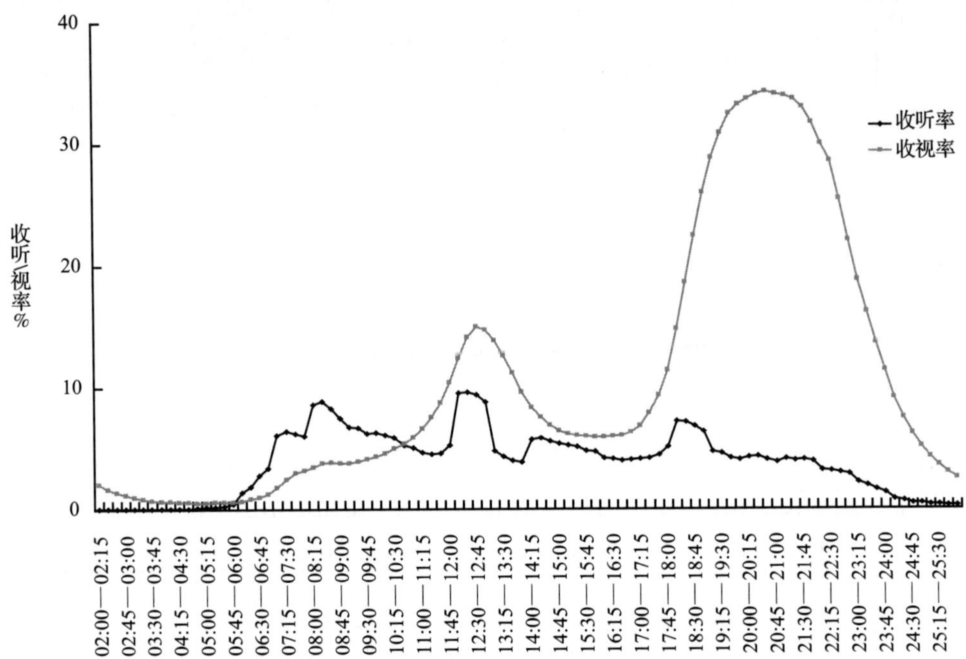

图 3.10.7　2013 年广州受众全天收听率、收视率走势比较(目标受众为 10 岁及以上)

表 3. 10. 3 2013 年广州市场听众构成(%)

目标听众		听众构成(%)
10 岁及以上所有人		100. 0
性别	男	51. 3
	女	48. 7
年龄	10—14 岁	1. 2
	15—24 岁	14. 8
	25—34 岁	16. 4
	35—44 岁	21. 2
	45—54 岁	18. 0
	55—64 岁	14. 7
	65 岁及以上	13. 7
文化程度	未受过正规教育	1. 8
	小学	9. 7
	初中	31. 7
	高中	39. 0
	大学及以上	17. 8
职业	干部/管理人员	2. 9
	初级公务员/雇员	12. 3
	个体/私营企业人员	10. 8
	工人	32. 2
	学生	8. 2
	无业(包括退休人员)	32. 6
	其他	1. 0
个人月收入	没有收入	17. 1
	1—500 元	2. 0
	501—1000 元	2. 6
	1001—1500 元	5. 0
	1501—2000 元	14. 9
	2001—2500 元	16. 3
	2501—3000 元	15. 2
	3001—4000 元	13. 1
	4001 元及以上	13. 8

表 3. 10. 4 2011—2013 年广州市场各广播电台的市场份额(%)

广播电台	2011 年	2012 年	2013 年
中央人民广播电台	3. 2	4. 2	6. 3
中国国际广播电台	0. 4	1. 2	1. 2
广东人民广播电台	63. 3	60. 3	61. 3
广州广播电视台	26. 1	29. 7	25. 2
佛山人民广播电台	4. 4	2. 5	3. 6
其他广播电台	2. 6	2. 1	2. 4

表 3.10.5　2013 年广州市场各广播电台在不同目标听众中的市场份额(%)

目标听众		中央人民广播电台	中国国际广播电台	广东人民广播电台	广州广播电视台	佛山人民广播电台	其他广播电台
10 岁及以上所有人		6.3	1.2	61.3	25.2	3.6	2.4
性别	男	7.4	1.2	59.7	26.5	3.5	1.7
	女	5.2	1.3	62.9	23.9	3.7	3.0
年龄	10—14 岁	7.0	0.0	75.4	11.4	4.1	2.1
	15—24 岁	6.5	1.5	60.8	27.9	1.9	1.4
	25—34 岁	3.4	1.6	64.9	25.1	2.9	2.1
	35—44 岁	7.2	1.0	59.2	22.0	4.7	5.9
	45—54 岁	3.9	0.3	64.3	25.9	4.4	1.2
	55—64 岁	8.3	2.5	52.9	33.0	3.1	0.2
	65 岁及以上	9.3	0.8	64.2	19.6	3.8	2.3
文化程度	未受过正规教育	1.7	0.1	72.3	16.8	6.4	2.7
	小学	1.5	0.5	66.3	19.7	3.4	8.6
	初中	5.2	1.6	59.3	27.7	4.4	1.8
	高中	4.5	1.0	63.0	26.1	3.9	1.5
	大学及以上	15.4	1.6	56.6	23.3	1.3	1.8
职业	干部/管理人员	9.0	6.8	61.8	20.5	1.9	0.0
	初级公务员/雇员	6.5	0.5	66.4	21.1	3.6	1.9
	个体/私营企业人员	4.0	0.9	62.3	27.5	3.9	1.4
	工人	4.0	1.0	61.7	25.3	4.0	4.0
	学生	10.1	1.3	59.1	26.9	1.9	0.7
	无业(包括退休人员)	8.3	1.4	58.4	26.2	3.8	1.9
	其他	0.2	0.0	77.4	19.7	1.8	0.9
个人月收入	没有收入	7.8	1.1	59.1	26.2	3.5	2.3
	1—500 元	0.3	0.0	83.5	14.7	1.2	0.3
	501—1000 元	0.7	0.0	72.3	24.1	2.2	0.7
	1001—1500 元	1.2	0.8	67.9	24.6	2.5	3.0
	1501—2000 元	3.3	1.5	65.9	20.0	4.8	4.5
	2001—2500 元	1.6	0.4	66.5	26.7	3.4	1.4
	2501—3000 元	6.2	1.6	57.1	28.8	5.7	0.6
	3001—4000 元	12.5	2.4	54.8	26.1	1.6	2.6
	4001 元及以上	10.6	1.0	57.3	24.5	3.1	3.5

表 3.10.6　2013 年广州市场份额排名前五位的频率

名次	频　　率	市场份额(%)
1	广东电台音乐之声 FM99.3	17.6
2	广东电台羊城交通广播台 FM105.2	15.4
3	广东电台珠江经济广播电台(E FM 财富 974)	13.4
4	广州新闻电台 FM96.2	10.1
5	广州交通电台 FM106.1	8.8

十一、杭州收听数据

表 3.11.1 2011—2013 年杭州各目标听众人均收听时间(分钟)

目标听众		2011 年	2012 年	2013 年
10 岁及以上所有人		100	105	112
性别	男	103	105	115
	女	97	106	110
年龄	10—14 岁	46	64	80
	15—24 岁	96	91	108
	25—34 岁	89	103	99
	35—44 岁	103	103	108
	45—54 岁	103	115	111
	55—64 岁	134	130	142
	65 岁及以上	110	121	145
文化程度	未受过正规教育	126	113	97
	小学	77	87	99
	初中	115	108	116
	高中	101	113	127
	大学及以上	93	104	103
职业	干部/管理人员	102	99	90
	初级公务员/雇员	91	109	106
	个体/私营企业人员	104	118	147
	工人	127	104	98
	学生	67	71	82
	无业(包括退休人员)	106	119	128
	其他	133	76	119
个人月收入	没有收入	71	73	73
	1—500 元	115	93	*
	501—1000 元	108	63	95
	1001—1500 元	102	105	105
	1501—2000 元	108	114	125
	2001—2500 元	122	104	130
	2501—3000 元	98	115	126
	3001—4000 元	123	130	132
	4001 元及以上	90	107	104

注:杭州为全年连续调查城市。“*”表示该目标听众样本量不足,无法进行统计推断。

表 3.11.2 2011—2013 年杭州听众在不同地点的人均收听时间(分钟)

地 点	2011 年	2012 年	2013 年
在家	59	65	70
车上	26	25	28
工作/学习场所	10	10	11
其他场所	5	5	4

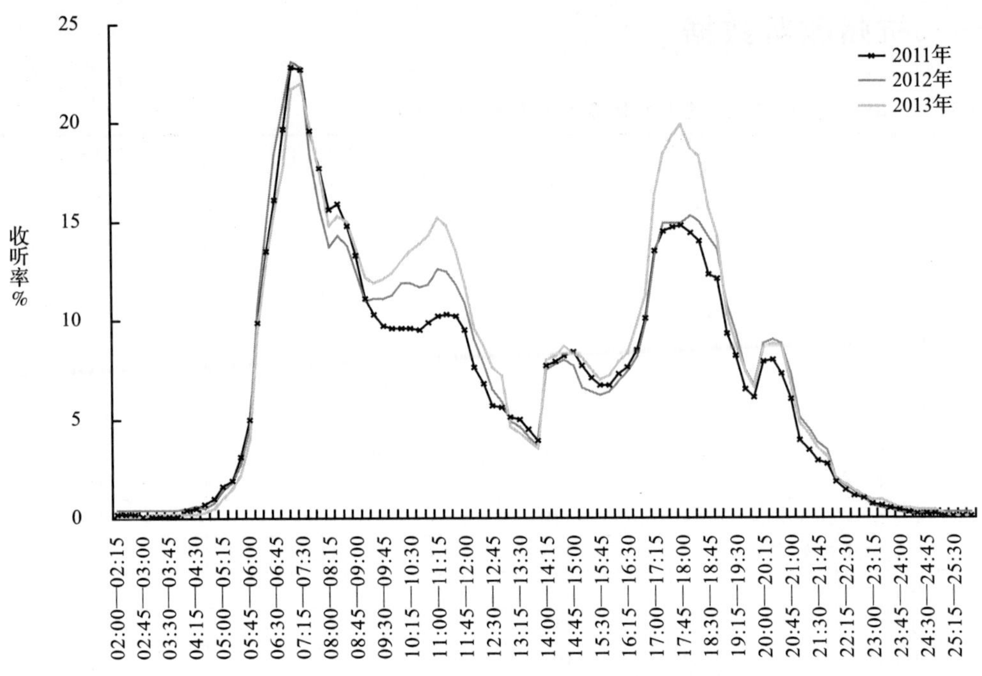

图 3.11.1　2011—2013 年杭州听众全天收听率走势

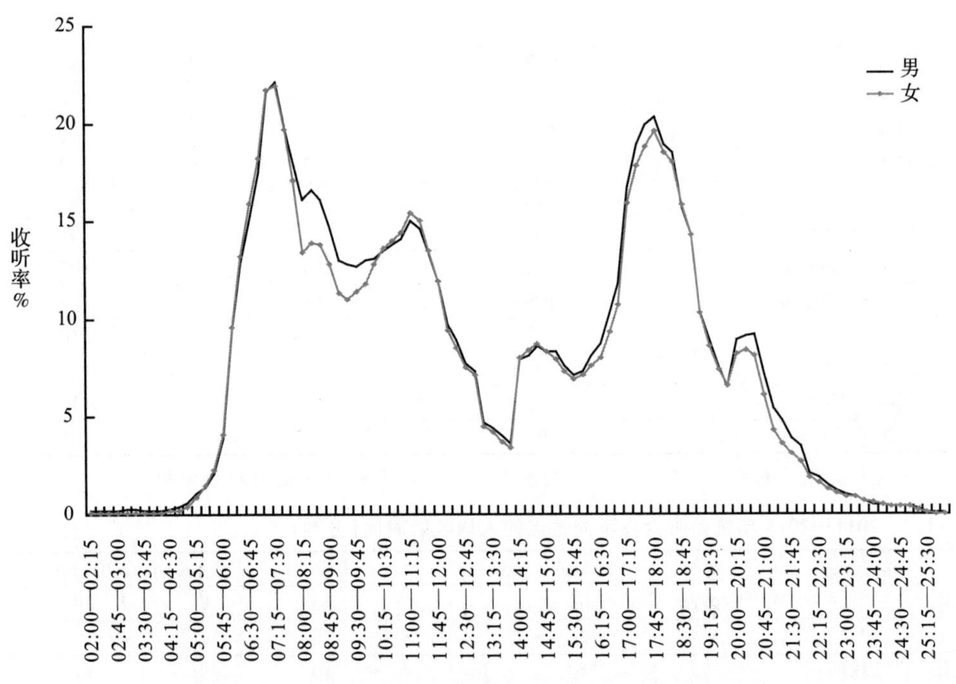

图 3.11.2　2013 年杭州不同性别听众全天收听率走势

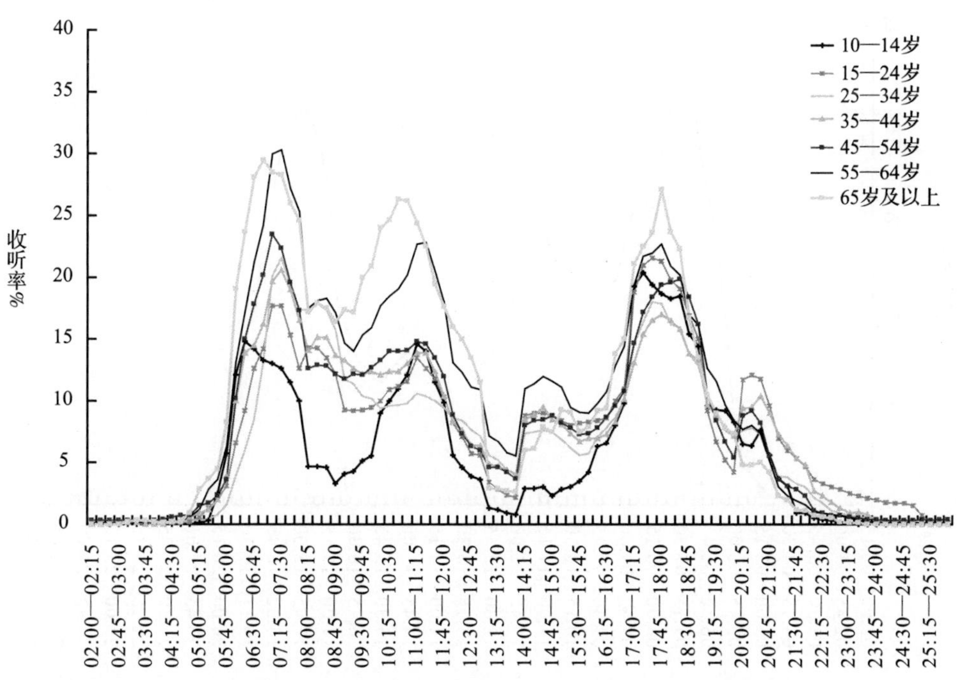

图 3.11.3 2013 年杭州不同年龄听众全天收听率走势

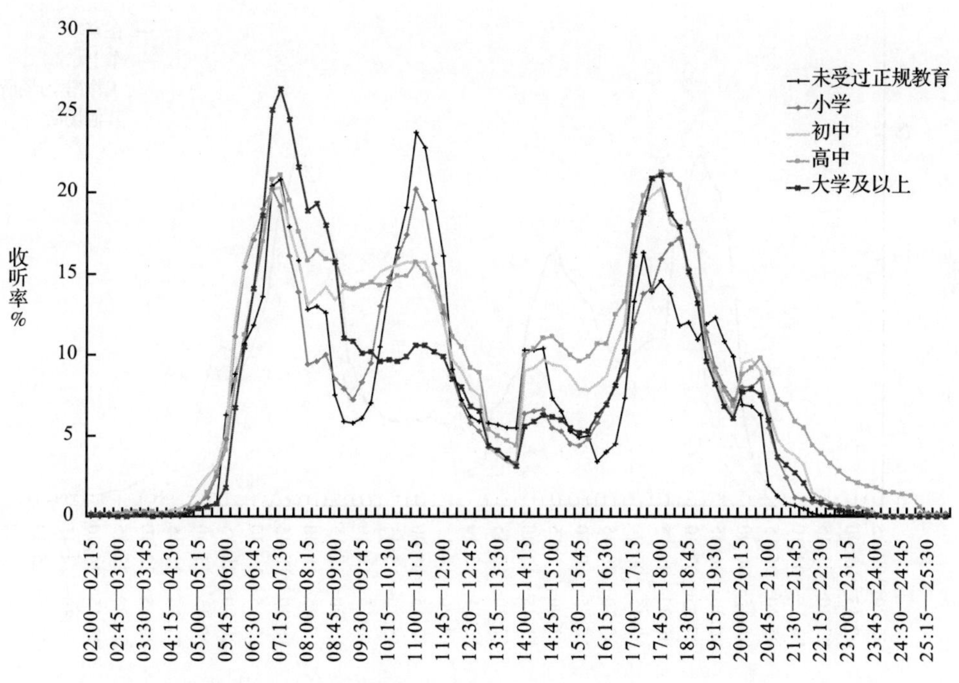

图 3.11.4 2013 年杭州不同文化程度听众全天收听率走势

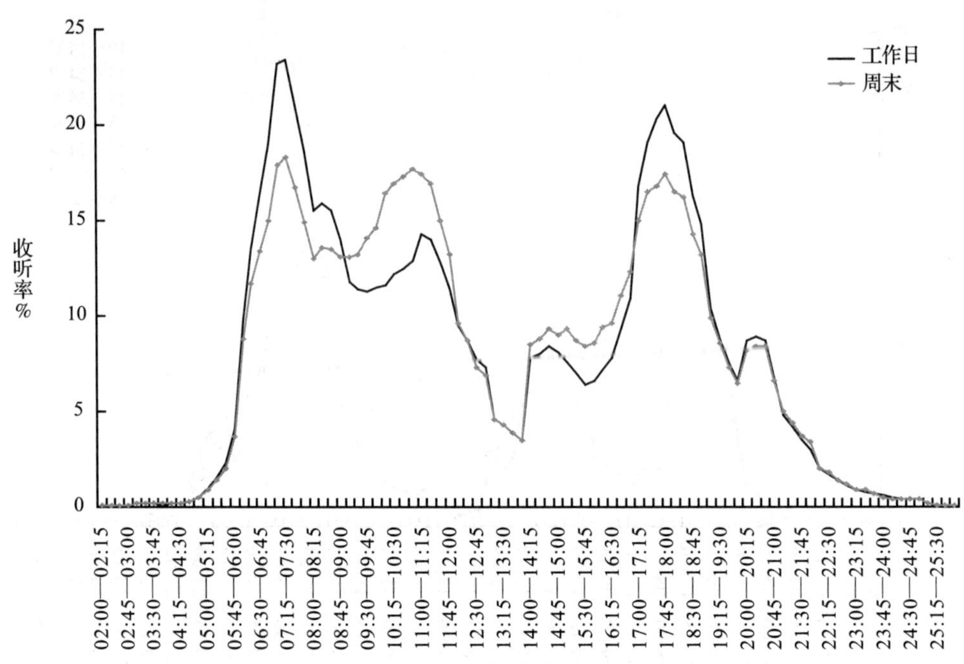

图 3.11.5　2013 年杭州听众工作日与周末全天收听率走势

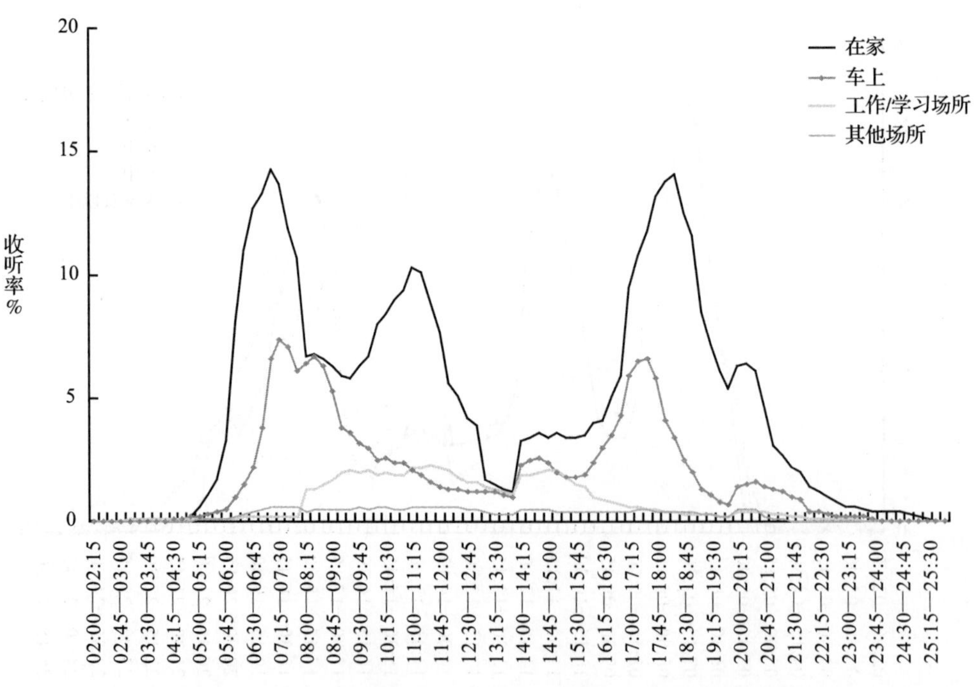

图 3.11.6　2013 年杭州听众在不同收听地点全天收听率走势

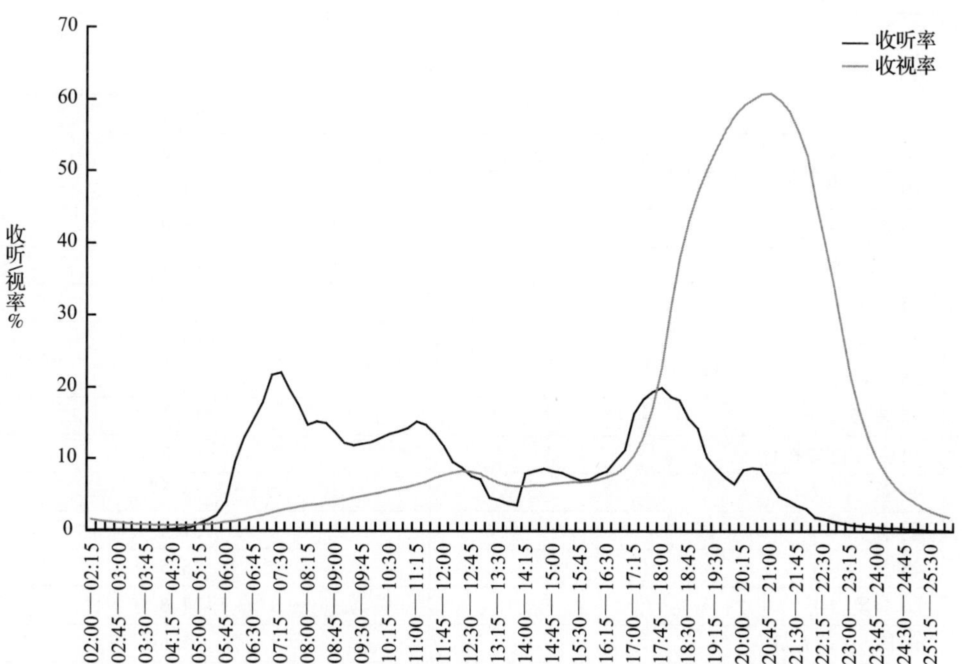

图 3.11.7　2013 年杭州受众全天收听率、收视率走势比较(目标受众为 10 岁及以上)

表 3.11.3 2013 年杭州市场听众构成(%)

目标听众		听众构成(%)
10 岁及以上所有人		100.0
性别	男	52.4
	女	47.6
年龄	10—14 岁	3.3
	15—24 岁	15.9
	25—34 岁	18.1
	35—44 岁	20.9
	45—54 岁	16.4
	55—64 岁	12.7
	65 岁及以上	12.7
文化程度	未受过正规教育	2.2
	小学	13.1
	初中	31.4
	高中	28.5
	大学及以上	24.8
职业	干部/管理人员	5.6
	初级公务员/雇员	23.1
	个体/私营企业	21.2
	工人	15.4
	学生	8.5
	无业(包括退休人员)	22.6
	其他	3.6
个人月收入	没有收入	11.4
	1—500 元	*
	501—1000 元	1.4
	1001—1500 元	3.2
	1501—2000 元	7.6
	2001—2500 元	16.8
	2501—3000 元	14.1
	3001—4000 元	24.9
	4001 元及以上	20.1

注:“*”表示该目标听众样本量不足,无法进行统计推断。

表 3.11.4 2011—2013 年杭州市场各广播电台的市场份额(%)

广播电台	2011 年	2012 年	2013 年
中央人民广播电台	5.6	4.9	3.6
中国国际广播电台	0.0	0.0	0.0
浙江广播电视集团	56.5	59.1	63.6
杭州文化广播电视集团	28.9	28.2	22.1
其他广播电台	9.0	7.8	10.7

表 3.11.5 2013 年杭州市场各广播电台在不同目标听众中的市场份额(%)

目标听众		中央人民广播电台	中国国际广播电台	浙江广播电视集团	杭州文化广播电视集团	其他广播电台
10 岁及以上所有人		3.6	0.0	63.6	22.1	10.7
性别	男	4.0	0.0	63.8	23.1	9.1
	女	3.2	0.0	63.4	21.1	12.3
年龄	10—14 岁	1.7	0.0	65.0	8.9	24.4
	15—24 岁	2.2	0.0	72.6	17.4	7.8
	25—34 岁	3.3	0.0	63.1	24.8	8.8
	35—44 岁	3.1	0.0	56.2	29.3	11.4
	45—54 岁	2.1	0.0	66.1	20.5	11.3
	55—64 岁	4.6	0.0	62.0	20.4	13.0
	65 岁及以上	8.3	0.0	63.4	19.9	8.4
文化程度	未受过正规教育	2.3	0.0	54.8	8.9	34.0
	小学	2.0	0.0	57.5	12.1	28.4
	初中	3.8	0.0	63.4	22.6	10.2
	高中	3.4	0.0	67.8	22.6	6.2
	大学及以上	4.7	0.0	63.0	27.6	4.7
职业	干部/管理人员	4.7	0.0	52.3	32.2	10.8
	初级公务员/雇员	2.7	0.0	64.7	24.0	8.6
	个体/私营企业	1.8	0.0	70.7	17.0	10.5
	工人	2.6	0.0	59.7	24.6	13.1
	学生	3.4	0.0	66.9	16.5	13.2
	无业(包括退休人员)	7.0	0.0	61.9	24.3	6.8
	其他	2.4	0.0	51.3	14.3	32.0
个人月收入	没有收入	3.9	0.0	60.9	17.2	18.0
	1—500 元	*	*	*	*	*
	501—1000 元	4.2	0.0	39.7	4.1	52.0
	1001—1500 元	3.4	0.0	50.0	18.3	28.3
	1501—2000 元	2.5	0.0	67.6	16.0	13.9
	2001—2500 元	4.5	0.0	69.7	21.3	4.5
	2501—3000 元	2.6	0.0	68.2	19.6	9.6
	3001—4000 元	2.3	0.0	67.7	22.3	7.7
	4001 元及以上	5.8	0.0	54.5	31.0	8.7

注:“*”表示该目标听众样本量不足,无法进行统计推断。

表 3.11.6 2013 年杭州市场份额排名前五位的频率

名次	频　率	市场份额(%)
1	浙江之声 FM88/FM101.6/AM810	11.8
2	私家车 107 快乐广播城市之声 FM107/AM1530	11.4
3	浙江人民广播电台交通之声 FM93	10.8
4	动听 968 音乐调频 FM96.8	10.4
5	杭州交通经济广播 FM91.8	8.8

十二、哈尔滨收听数据

表 3.12.1　2011—2013 年哈尔滨各目标听众人均收听时间(分钟)

目标听众		2011 年	2012 年	2013 年
10 岁及以上所有人		153	134	128
性别	男	153	127	124
	女	153	141	131
年龄	10—14 岁	70	57	72
	15—24 岁	91	85	79
	25—34 岁	137	106	97
	35—44 岁	145	131	130
	45—54 岁	194	157	125
	55—64 岁	190	188	198
	65 岁及以上	206	199	204
文化程度	未受过正规教育	171	107	*
	小学	151	128	138
	初中	155	139	146
	高中	166	144	125
	大学及以上	127	117	102
职业	干部/管理人员	158	160	99
	初级公务员/雇员	135	108	95
	个体/私营企业人员	169	139	112
	工人	154	127	130
	学生	74	71	75
	无业(包括退休人员)	191	177	185
	其他	129	*	*
个人月收入	没有收入	99	87	90
	1—500 元	*	223	*
	501—1000 元	141	120	115
	1001—1500 元	190	164	153
	1501—2000 元	166	154	152
	2001—2500 元	138	121	123
	2501—3000 元	137	117	121
	3001—4000 元	176	147	134
	4001 元及以上	132	127	98

注:哈尔滨为全年连续调查城市。“*”表示该目标听众样本量不足,无法进行统计推断。

表 3.12.2　2011—2013 年哈尔滨听众在不同地点的人均收听时间(分钟)

地点	2011 年	2012 年	2013 年
在家	118	104	100
车上	20	19	20
工作/学习场所	13	10	7
其他场所	2	1	1

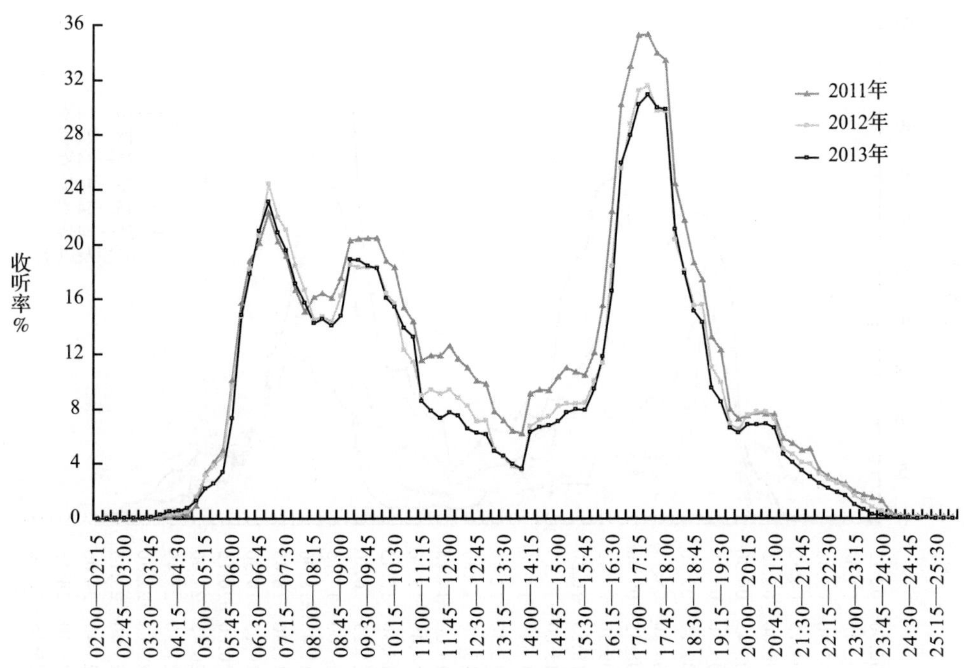

图 3. 12. 1　2011—2013 年哈尔滨听众全天收听率走势

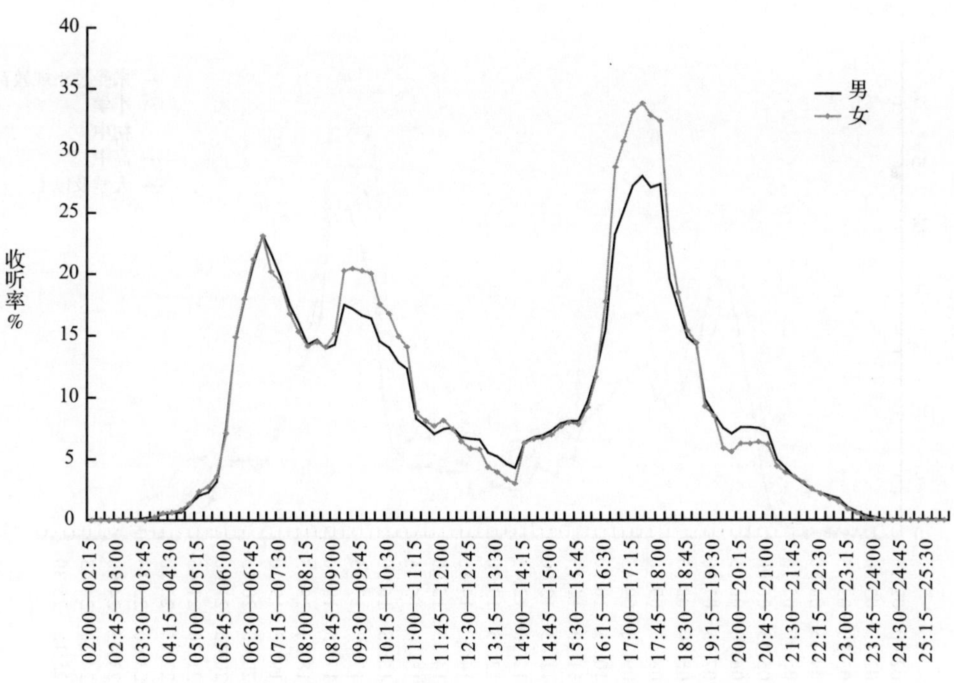

图 3. 12. 2　2013 年哈尔滨不同性别听众全天收听率走势

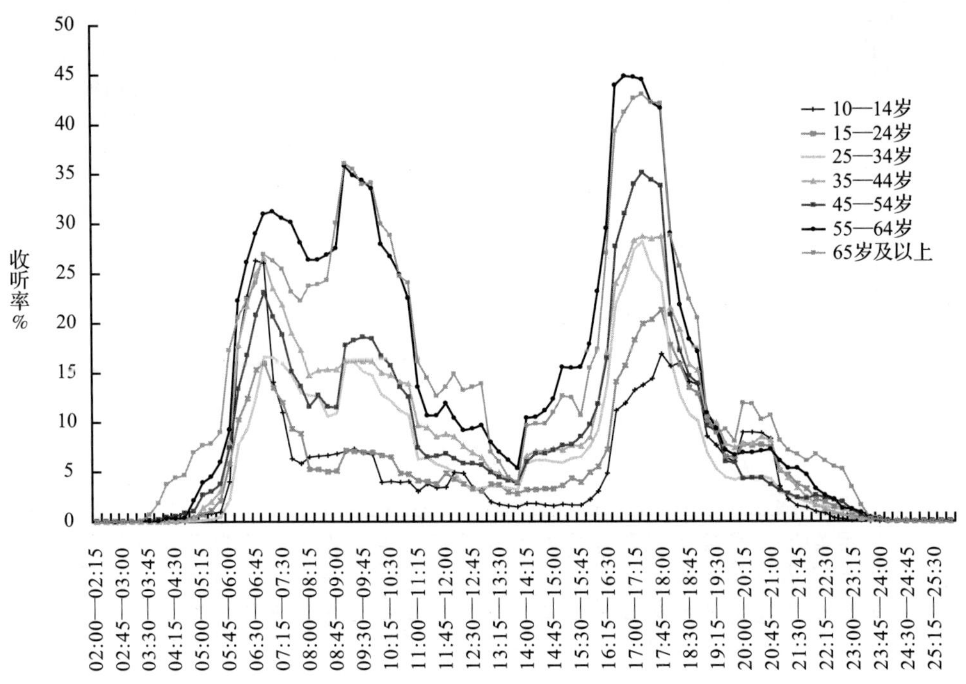

图 3.12.3 2013 年哈尔滨不同年龄听众全天收听率走势

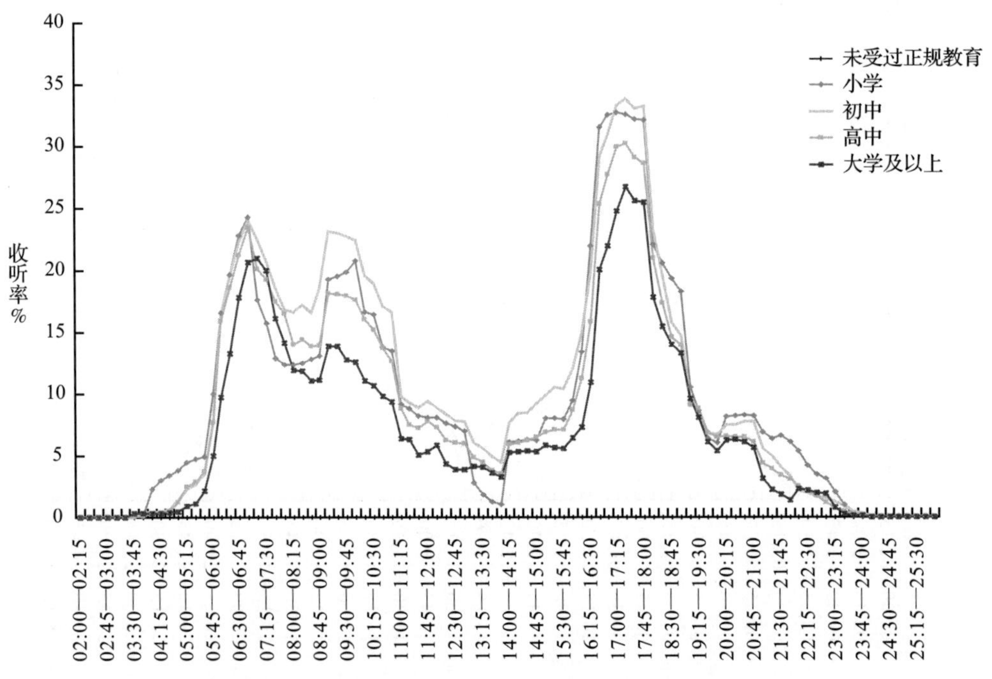

图 3.12.4 2013 年哈尔滨不同文化程度听众全天收听率走势

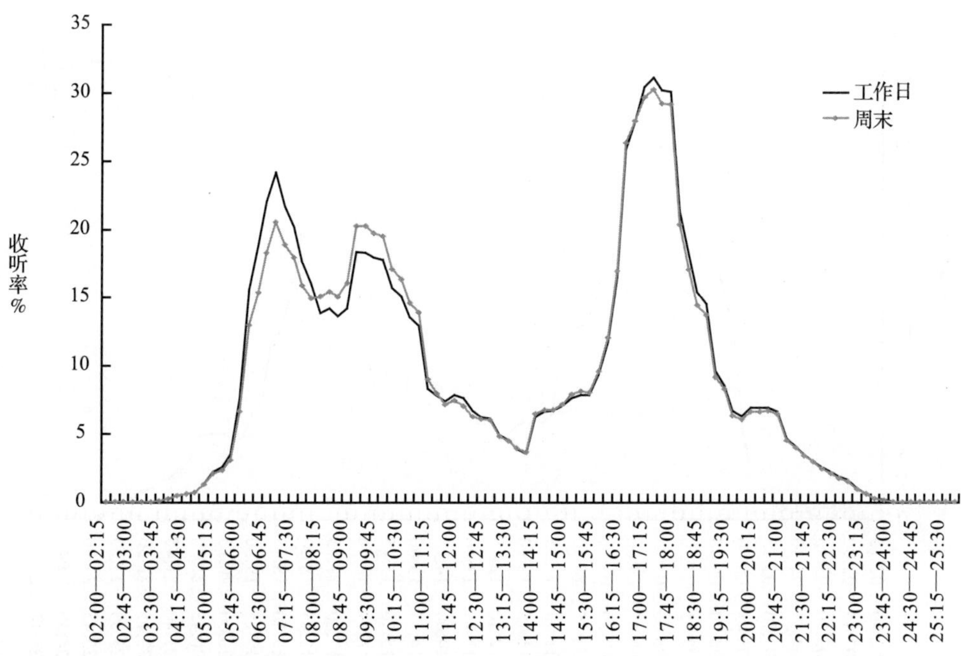

图 3.12.5　2013 年哈尔滨听众工作日与周末全天收听率走势

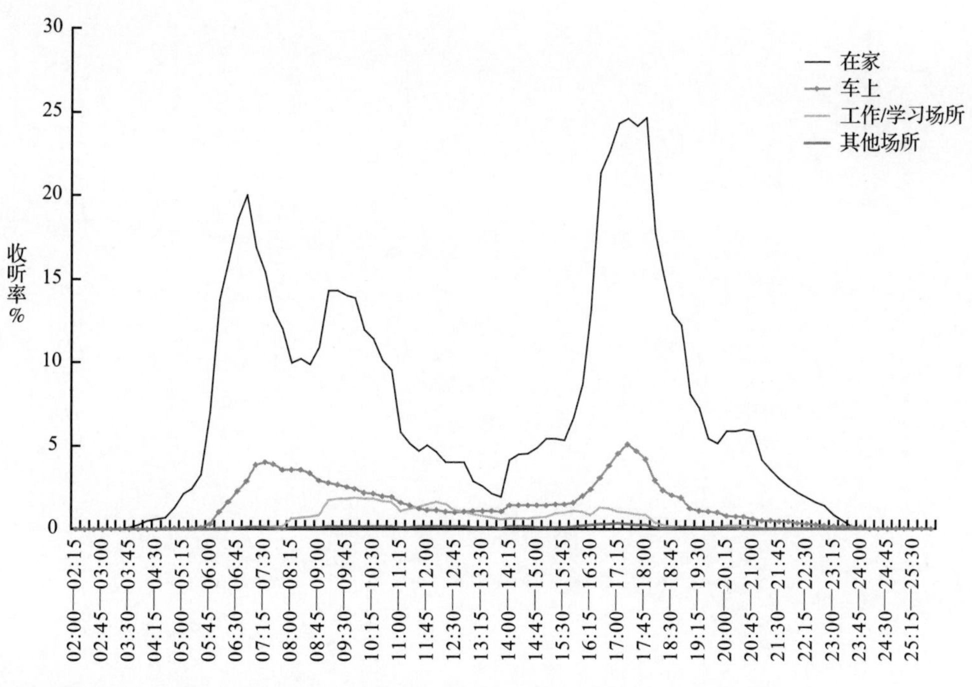

图 3.12.6　2013 年哈尔滨听众在不同收听地点全天收听率走势

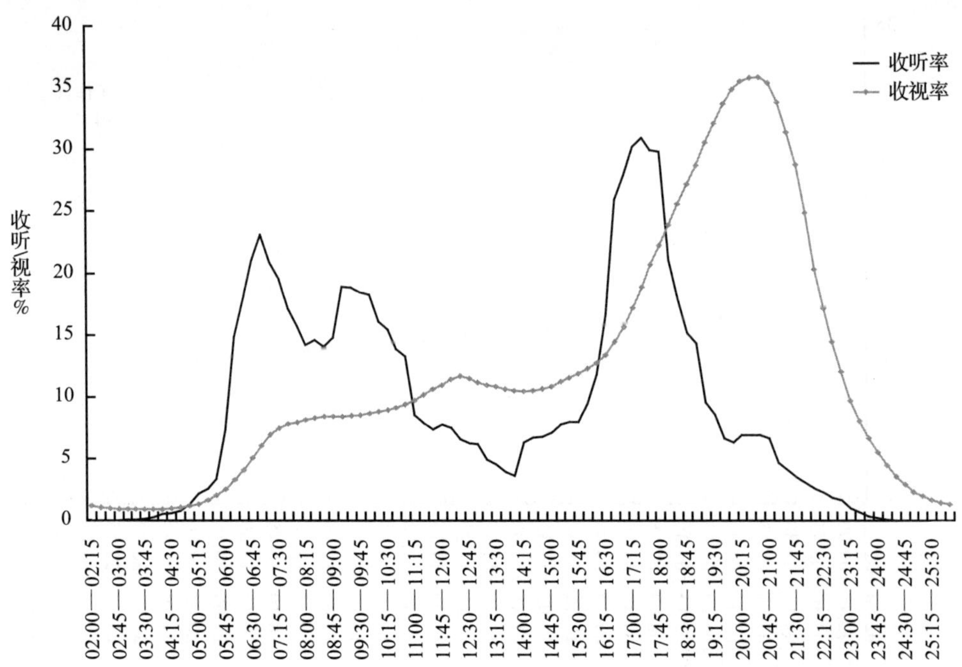

图 3.12.7　2013 年哈尔滨受众全天收听率、收视率走势比较(目标受众为 10 岁及以上)

表 3.12.3　2013 年哈尔滨市场听众构成(%)

目标听众		听众构成(%)
10 岁及以上所有人		100.0
性别	男	48.0
	女	52.0
年龄	10—14 岁	3.4
	15—24 岁	8.3
	25—34 岁	14.7
	35—44 岁	21.9
	45—54 岁	18.0
	55—64 岁	17.8
	65 岁及以上	15.9
文化程度	未受过正规教育	*
	小学	8.0
	初中	40.3
	高中	34.1
	大学及以上	17.6
职业	干部/管理人员	2.2
	初级公务员/雇员	9.7
	个体/私营企业人员	17.3
	工人	25.7
	学生	7.9
	无业(包括退休人员)	37.2
	其他	*
个人月收入	没有收入	13.4
	1—500 元	*
	501—1000 元	2.6
	1001—1500 元	22.2
	1501—2000 元	24.0
	2001—2500 元	14.7
	2501—3000 元	7.0
	3001—4000 元	11.9
	4001 元及以上	4.2

注:“*”表示该目标听众样本量不足,无法进行统计推断。

表 3.12.4　2011—2013 年哈尔滨市场各广播电台的市场份额(%)

广播电台	2011 年	2012 年	2013 年
中央人民广播电台	2.9	2.4	2.1
中国国际广播电台	0.0	0.0	0.0
黑龙江人民广播电台	66.6	67.2	67.1
哈尔滨人民广播电台	30.2	30.1	30.6
其他广播电台	0.3	0.3	0.2

表 3. 12. 5 2013 年哈尔滨市场各广播电台在不同目标听众中的市场份额(%)

目标听众		中央人民广播电台	中国国际广播电台	黑龙江人民广播电台	哈尔滨人民广播电台	其他广播电台
10 岁及以上所有人		2. 1	0. 0	67. 1	30. 6	0. 2
性别	男	2. 0	0. 0	63. 1	34. 6	0. 2
	女	2. 1	0. 0	70. 8	26. 9	0. 2
年龄	10—14 岁	3. 2	0. 0	56. 4	40. 3	0. 2
	15—24 岁	0. 9	0. 0	50. 1	48. 7	0. 3
	25—34 岁	0. 7	0. 0	69. 8	29. 0	0. 5
	35—44 岁	1. 3	0. 0	68. 6	30. 0	0. 1
	45—54 岁	1. 8	0. 0	66. 8	31. 1	0. 2
	55—64 岁	2. 1	0. 0	72. 5	25. 1	0. 3
	65 岁及以上	5. 2	0. 0	67. 8	27. 1	0. 0
文化程度	未受过正规教育	*	*	*	*	*
	小学	1. 9	0. 0	70. 1	27. 3	0. 7
	初中	2. 3	0. 0	67. 3	30. 2	0. 2
	高中	2. 2	0. 0	66. 4	31. 3	0. 1
	大学及以上	1. 5	0. 0	66. 6	31. 6	0. 3
职业	干部/管理人员	7. 4	0. 0	41. 5	51. 1	0. 1
	初级公务员/雇员	0. 9	0. 0	71. 8	27. 0	0. 3
	个体/私营企业人员	1. 5	0. 0	69. 5	28. 7	0. 3
	工人	1. 1	0. 0	65. 2	33. 4	0. 3
	学生	2. 1	0. 0	52. 1	45. 7	0. 1
	无业(包括退休人员)	3. 1	0. 0	70. 3	26. 5	0. 1
	其他	*	*	*	*	*
个人月收入	没有收入	1. 5	0. 0	59. 6	38. 7	0. 2
	1—500 元	*	*	*	*	*
	501—1000 元	0. 5	0. 0	73. 6	25. 8	0. 2
	1001—1500 元	1. 8	0. 0	73. 7	24. 3	0. 2
	1501—2000 元	2. 5	0. 0	68. 6	28. 7	0. 2
	2001—2500 元	3. 1	0. 0	66. 0	30. 7	0. 2
	2501—3000 元	2. 3	0. 0	62. 9	34. 4	0. 3
	3001—4000 元	1. 4	0. 0	64. 7	33. 5	0. 4
	4001 元及以上	2. 0	0. 0	61. 7	36. 3	0. 1

注:“*”表示该目标听众样本量不足,无法进行统计推断。

表 3. 12. 6 2013 年哈尔滨市场份额排名前五位的频率

名次	频　率	市场份额(%)
1	黑龙江都市女性广播 FM102. 1	25. 7
2	哈尔滨文艺广播 FM98. 4	12. 2
3	黑龙江广播 97 频道 FM97	11. 3
4	黑龙江交通广播 FM99. 8	10. 6
5	黑龙江新闻广播 AM621/FM94. 6	10. 0

十三、合肥收听数据

表 3.13.1 2011—2013 年合肥各目标听众人均收听时间(分钟)

目标听众		2011 年	2012 年	2013 年
10 岁及以上所有人		82	79	76
性别	男	84	84	81
	女	81	74	71
年龄	10—14 岁	32	33	48
	15—24 岁	60	51	36
	25—34 岁	71	70	70
	35—44 岁	80	89	87
	45—54 岁	103	106	98
	55—64 岁	111	114	103
	65 岁及以上	148	107	119
文化程度	未受过正规教育	98	59	62
	小学	74	70	86
	初中	88	99	84
	高中	83	74	78
	大学及以上	77	63	57
职业	干部/管理人员	76	54	80
	初级公务员/雇员	77	69	67
	个体/私营企业人员	87	106	91
	工人	84	94	78
	学生	44	39	35
	无业(包括退休人员)	121	95	105
	其他	63	19	*
个人月收入	没有收入	55	48	43
	1—500 元	97	81	174
	501—1000 元	82	105	95
	1001—1500 元	98	111	103
	1501—2000 元	100	92	98
	2001—2500 元	98	84	77
	2501—3000 元	81	83	80
	3001—4000 元	67	71	70
	4001 元及以上	80	70	81

注:合肥于 2012 年 1 月 1 日转为全年连续调查城市。“*”表示目标听众样本量不足,无法进行统计推断。

表 3.13.2 2011—2013 年合肥听众在不同地点的人均收听时间(分钟)

地点	2011 年	2012 年	2013 年
家中	57	53	47
车上	15	15	15
工作/学习场所	8	9	9
其他场所	3	3	5

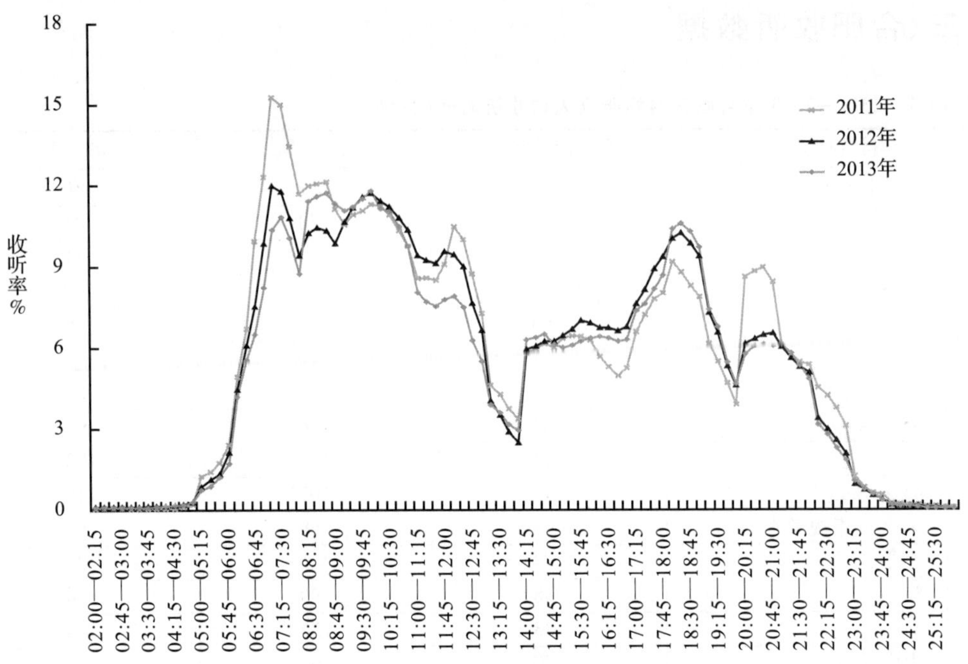

图 3.13.1 2011—2013 年合肥听众全天收听率走势

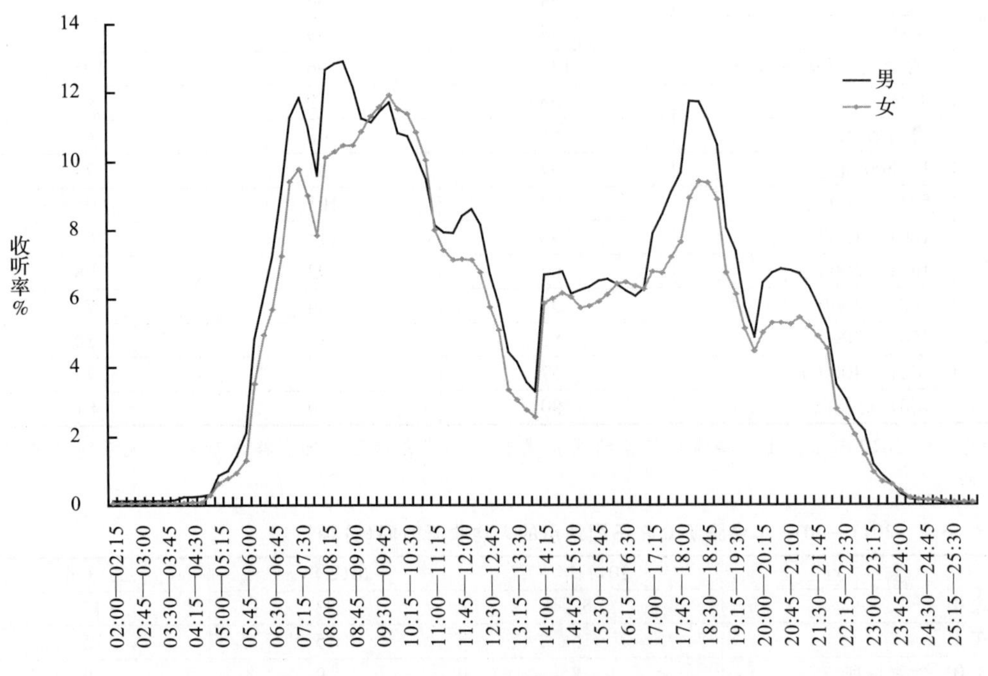

图 3.13.2 2013 年合肥不同性别听众全天收听率走势

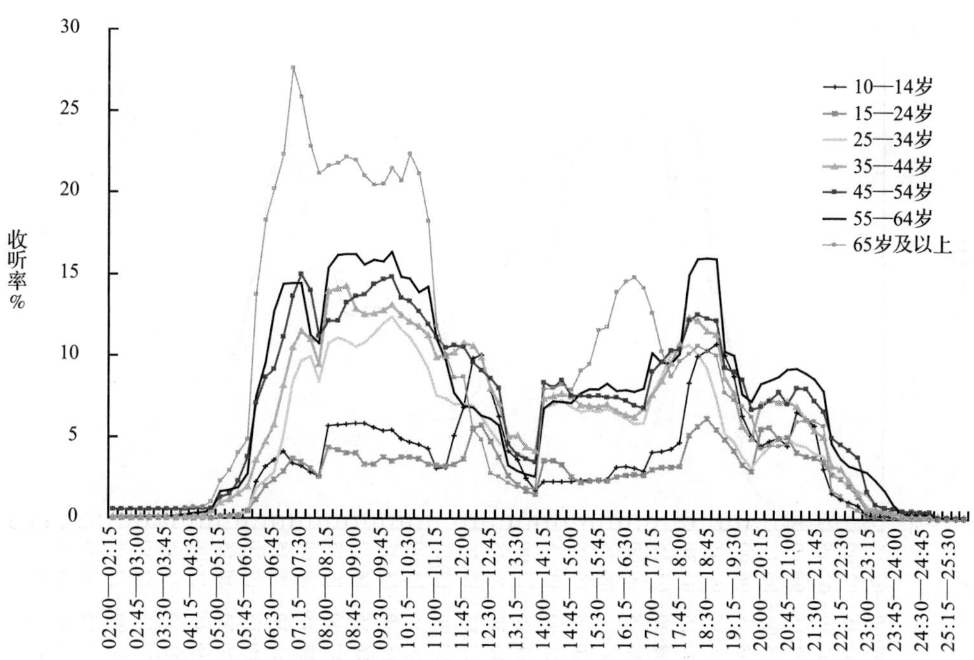

图 3.13.3　2013 年合肥不同年龄听众全天收听率走势

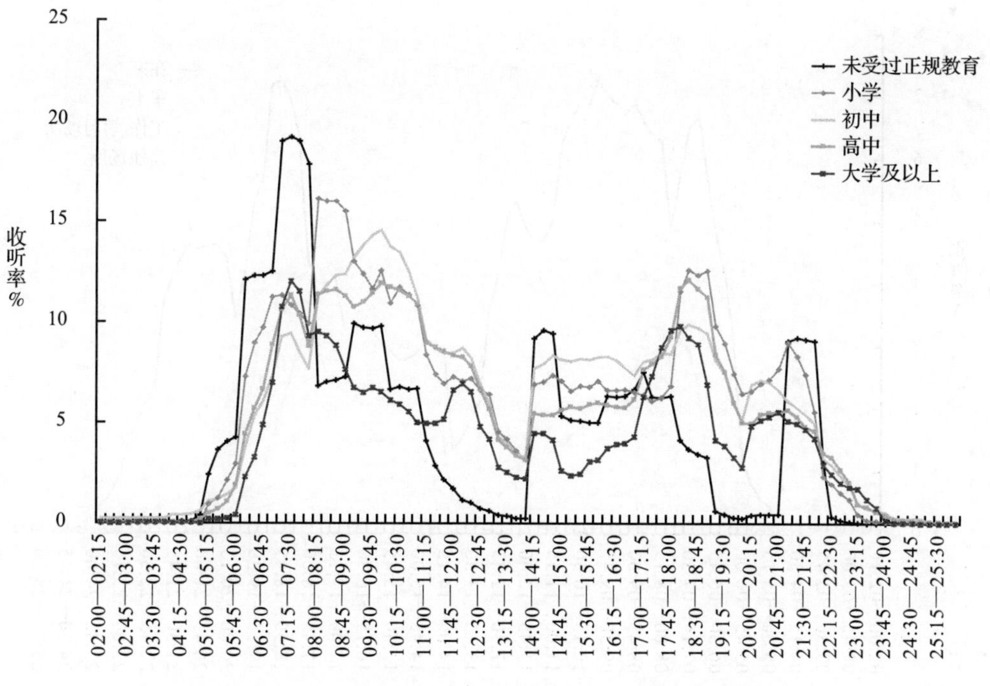

图 3.13.4　2013 年合肥不同文化程度听众全天收听率走势

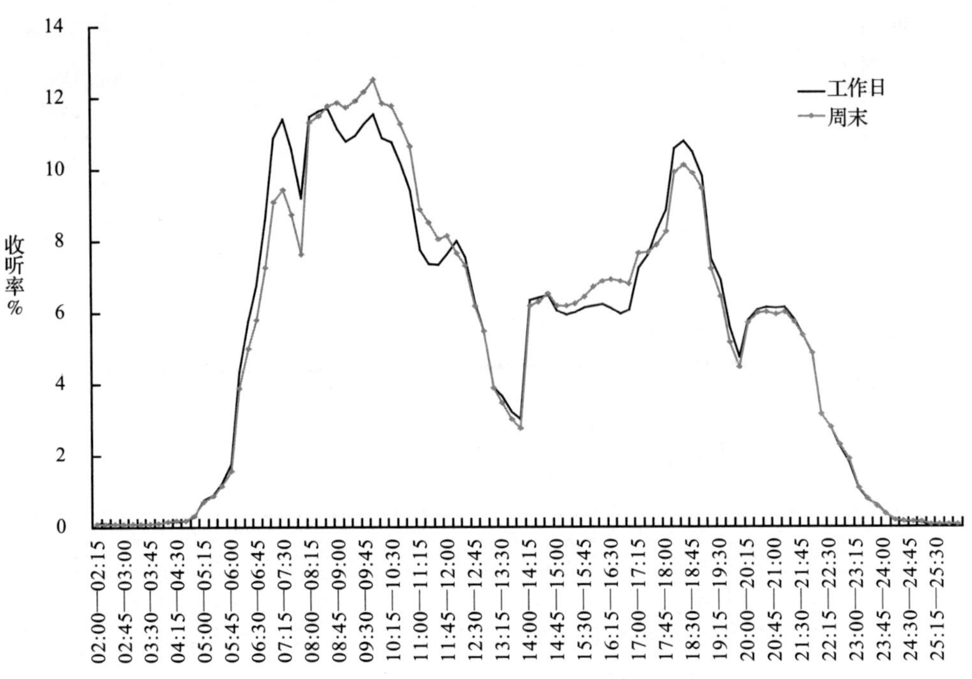

图 3. 13. 5　2013 年合肥听众工作日与周末全天收听率走势

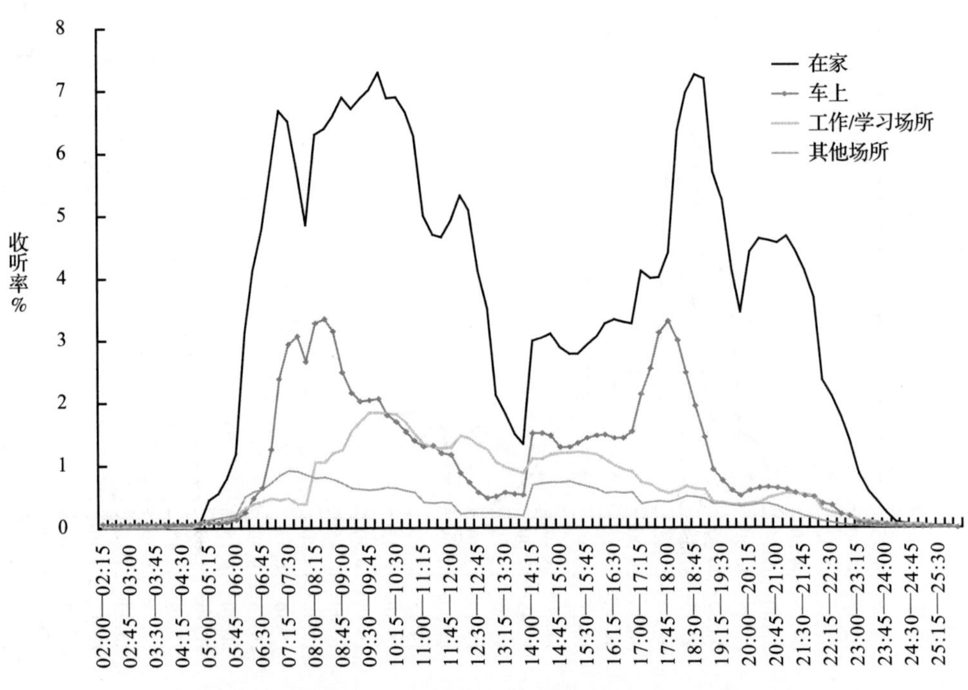

图 3. 13. 6　2013 年合肥听众在不同收听地点全天收听率走势

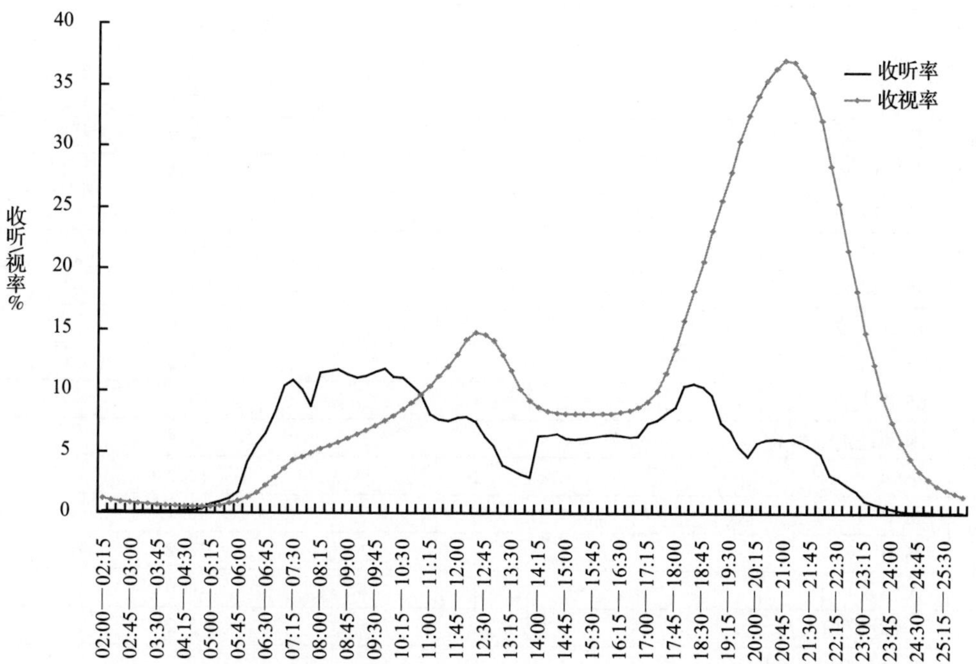

图 3. 13. 7　2013 年合肥受众全天收听率、收视率走势比较(目标受众为 10 岁及以上)

表 3.13.3　2013 年合肥市场听众构成(%)

目标听众		听众构成(%)
10 岁及以上所有人		100.0
性别	男	55.1
	女	44.9
年龄	10—14 岁	4.4
	15—24 岁	8.6
	25—34 岁	21.0
	35—44 岁	27.0
	45—54 岁	14.0
	55 64 岁	11.8
	65 岁及以上	13.1
文化程度	未受过正规教育	1.4
	小学	12.5
	初中	40.1
	高中	31.2
	大学及以上	14.9
职业	干部/管理人员	5.2
	初级公务员/雇员	14.7
	个体/私营企业人员	23.5
	工人	18.3
	学生	8.9
	无业(包括退休人员)	29.2
	其他	*
个人月收入	没有收入	14.9
	1—500 元	2.6
	501—1000 元	4.5
	1001—1500 元	16.9
	1501—2000 元	21.8
	2001—2500 元	11.7
	2501—3000 元	9.8
	3001—4000 元	10.7
	4001 元及以上	7.0

注:“*”表示目标听众样本量不足,无法进行统计推断。

表 3.13.4　2011—2013 年合肥市场各广播电台的市场份额(%)

广播电台	2011 年	2012 年	2013 年
中央人民广播电台	15.3	14.4	13.9
中国国际广播电台	0.9	1.0	0.9
安徽广播电视台	49.4	45.6	47.3
合肥市广播电视台	33.7	34.7	34.1
其他广播电台	0.7	4.3	3.8

表 3.13.5　2013 年合肥市场各广播电台在不同目标听众中的市场份额(%)

目标听众		中央人民广播电台	中国国际广播电台	安徽广播电视台	合肥市广播电视台	其他广播电台
10 岁及以上所有人		13.9	0.9	47.3	34.1	3.8
性别	男	15.3	1.2	43.5	35.5	4.5
	女	12.1	0.6	52.0	32.3	3.0
年龄	10—14 岁	12.6	1.9	42.3	40.1	3.1
	15—24 岁	13.3	0.6	47.4	36.5	2.2
	25—34 岁	10.1	1.1	50.8	35.8	2.2
	35—44 岁	11.8	0.5	48.7	35.6	3.5
	45—54 岁	11.2	2.7	40.2	40.9	5.0
	55—64 岁	23.4	0.2	47.7	25.4	3.3
	65 岁及以上	19.2	0.2	47.7	25.1	7.8
文化程度	未受过正规教育	31.9	0.0	40.0	28.0	0.0
	小学	11.5	0.8	45.5	38.1	4.0
	初中	12.4	0.4	47.2	36.2	3.9
	高中	15.6	1.8	46.7	32.2	3.9
	大学及以上	14.6	0.7	51.2	29.4	4.1
职业类别	干部/管理人员	16.9	1.6	44.6	34.3	2.5
	初级公务员/雇员	11.2	0.5	57.2	28.4	2.7
	个体/私营企业人员	10.5	1.7	43.7	41.1	3.0
	工人	11.3	1.1	42.3	41.2	4.1
	学生	14.9	1.2	45.1	35.7	3.2
	无业(包括退休人员)	18.6	0.2	49.3	26.5	5.5
	其他	*	*	*	*	*
个人月收入	没有收入	12.3	0.8	46.3	36.5	4.2
	1—500 元	8.7	1.1	53.9	11.3	25.1
	501—1000 元	13.3	1.7	47.3	35.2	2.4
	1001—1500 元	16.1	1.8	46.4	32.4	3.2
	1501—2000 元	14.7	0.6	47.4	33.7	3.5
	2001—2500 元	19.3	1.0	42.0	34.9	2.8
	2501—3000 元	14.0	0.5	42.7	39.6	3.2
	3001—4000 元	7.8	0.3	59.0	30.5	2.5
	4001 元及以上	11.4	0.7	46.1	38.0	3.9

注:“*”表示目标听众样本量不足,无法进行统计推断。

表 3.13.6　2013 年合肥市场份额排名前五位的频率

名次	频率名称	市场份额(%)
1	合肥故事广播 FM98.8	11.4
2	安徽音乐广播	10.1
3	中央人民广播电台第一套节目中国之声	9.5
4	安徽交通广播	8.9
5	合肥交通广播 AM1053/FM102.6	8.0

十四、济南收听数据

表 3.14.1　2011—2013 年济南各目标听众人均收听时间(分钟)

目标听众		2011 年	2012 年	2013 年
10 岁及以上所有人		103	103	104
性别	男	101	99	101
	女	105	107	108
年龄	10—14 岁	32	25	23
	15—24 岁	57	50	54
	25—34 岁	88	93	80
	35—44 岁	92	102	101
	45—54 岁	117	107	121
	55—64 岁	155	171	172
	65 岁及以上	183	182	189
文化程度	未受过正规教育	109	96	104
	小学	104	106	127
	初中	100	115	117
	高中	114	97	97
	大学及以上	88	93	82
职业类别	干部/管理人员	89	101	104
	初级公务员/雇员	89	88	76
	个体/私营企业人员	102	108	129
	工人	100	90	91
	学生	36	34	32
	无业(包括退休人员)	158	162	169
	其他	93	106	109
个人月收入	没有收入	62	57	49
	1—500 元	112	119	137
	501—1000 元	103	100	98
	1001—1500 元	112	96	104
	1501—2000 元	129	131	120
	2001—2500 元	95	107	138
	2501—3000 元	100	106	98
	3001—4000 元	106	123	111
	4001 元及以上	124	121	98

注:济南为全年连续调查城市。

表 3.14.2　2011—2013 年济南听众在不同地点的人均收听时间(分钟)

地点	2011 年	2012 年	2013 年
家中	79	78	79
车上	13	13	14
工作/学习场所	9	9	9
其他场所	2	3	3

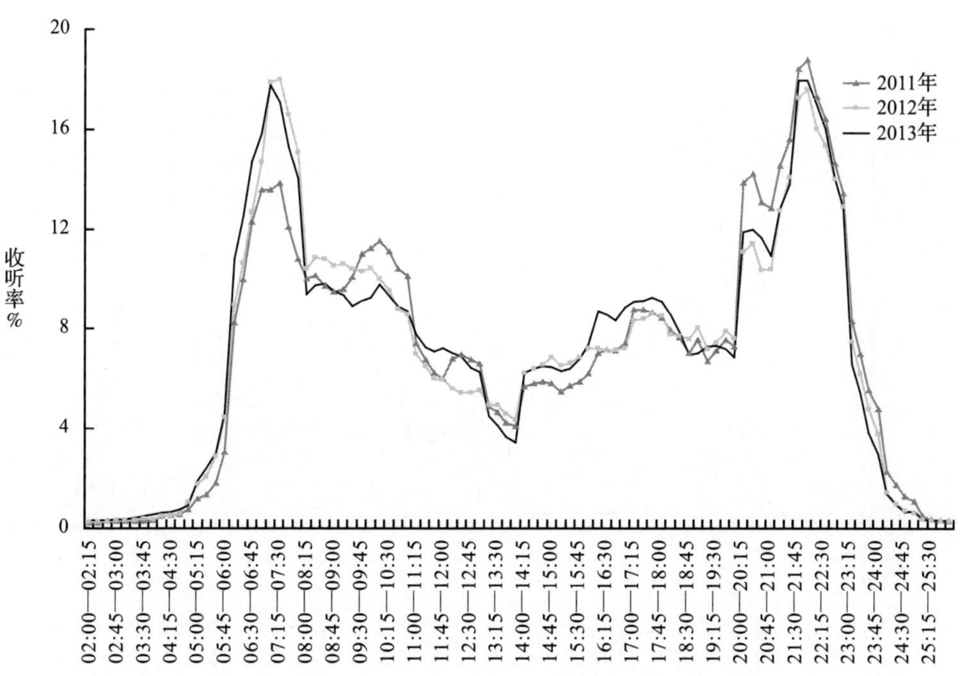

图 3.14.1　2011—2013 年济南听众全天收听率走势

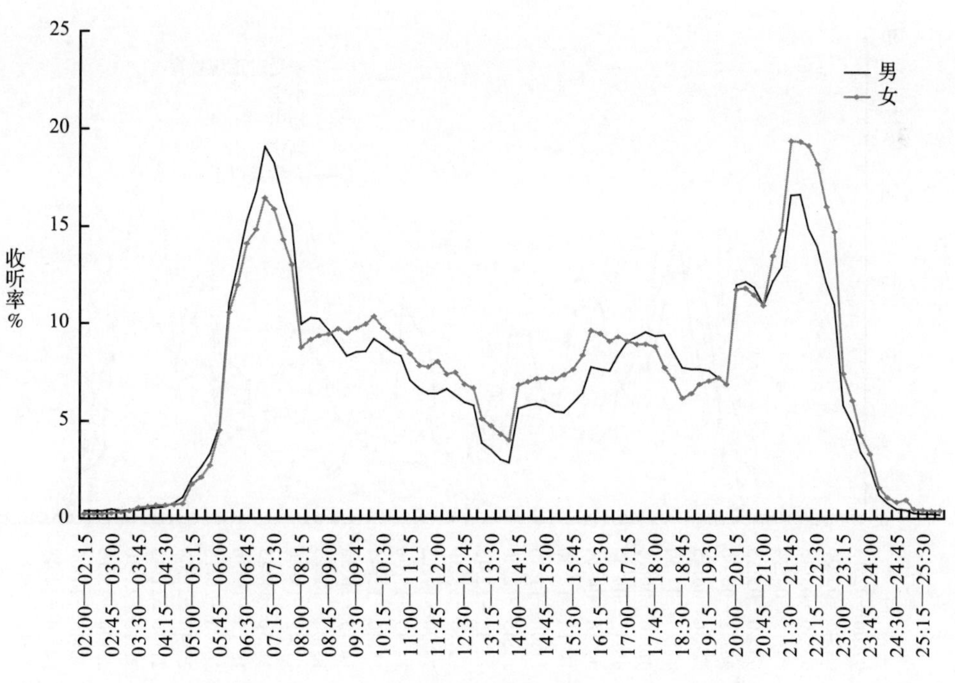

图 3.14.2　2013 年济南不同性别听众全天收听率走势

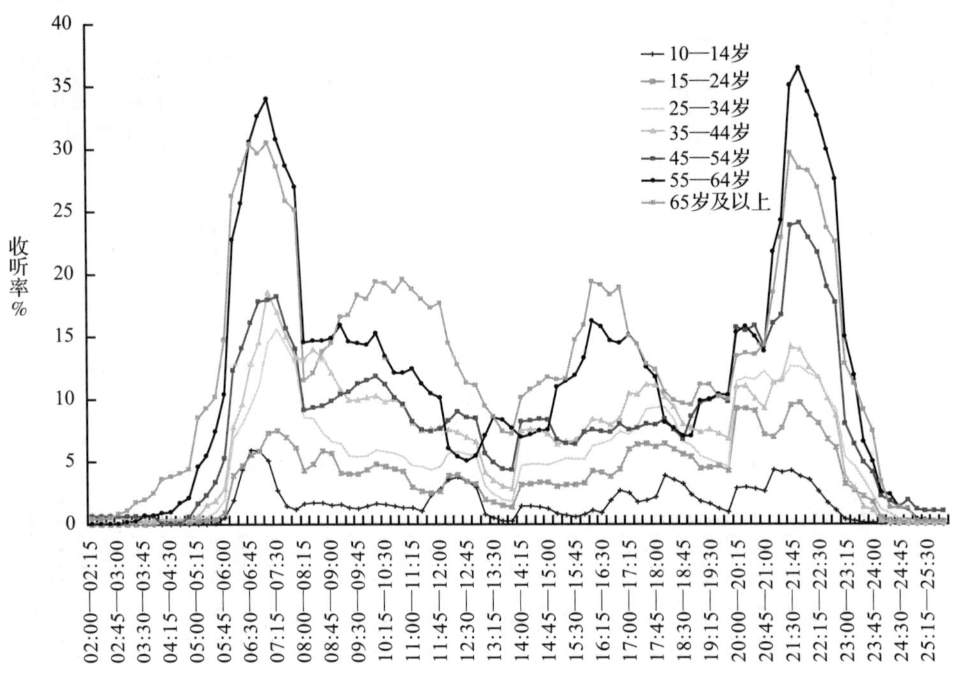

图 3.14.3 2013 年济南不同年龄听众全天收听率走势

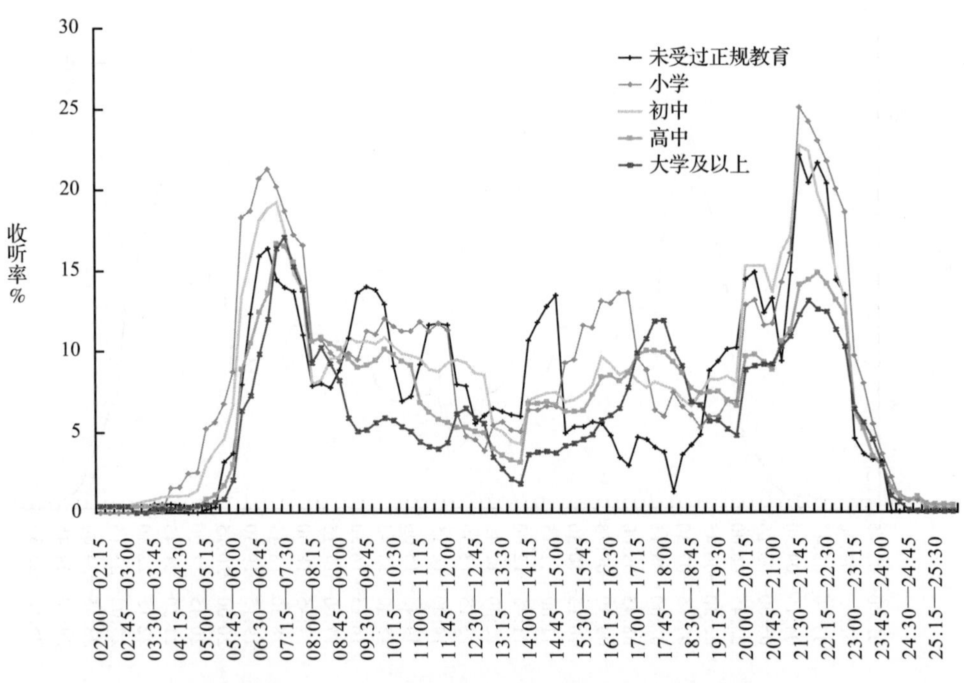

图 3.14.4 2013 年济南不同文化程度听众全天收听率走势

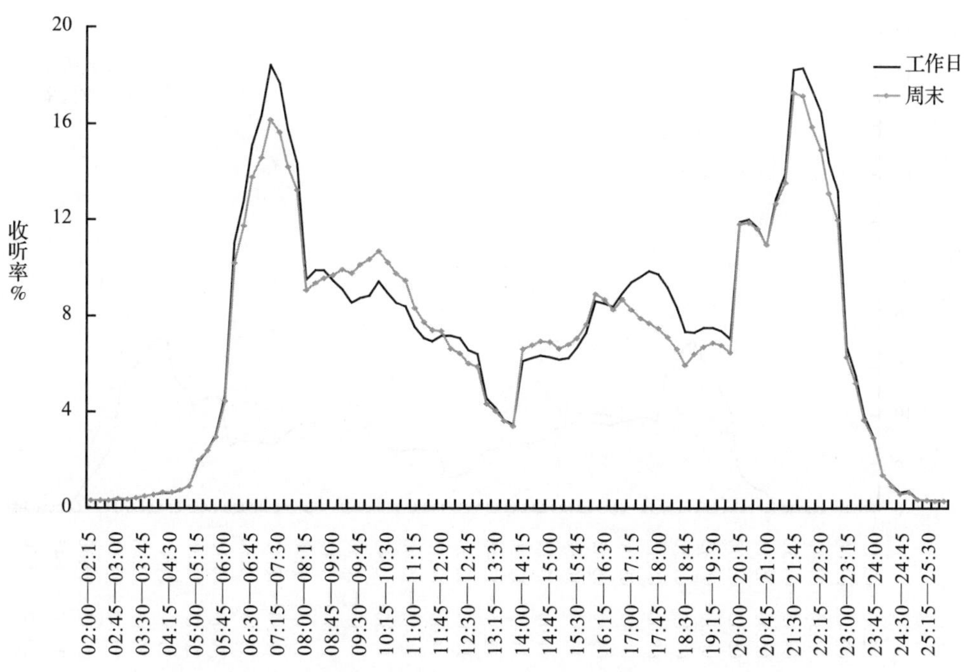

图 3.14.5 2013 年济南听众工作日与周末全天收听率走势

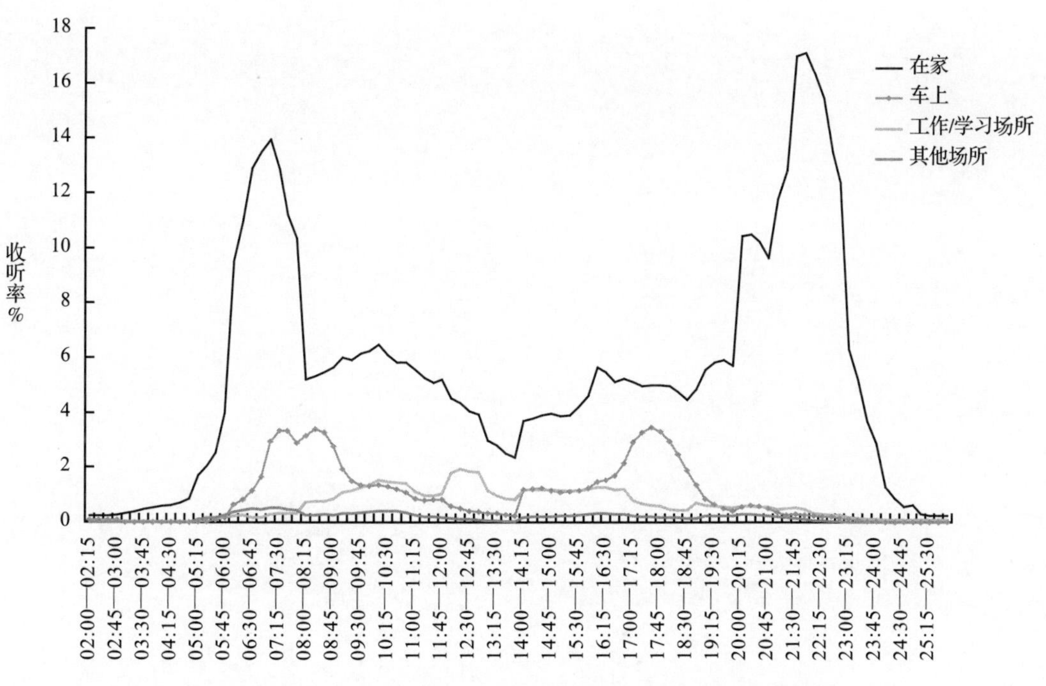

图 3.14.6 2013 年济南听众在不同收听地点全天收听率走势

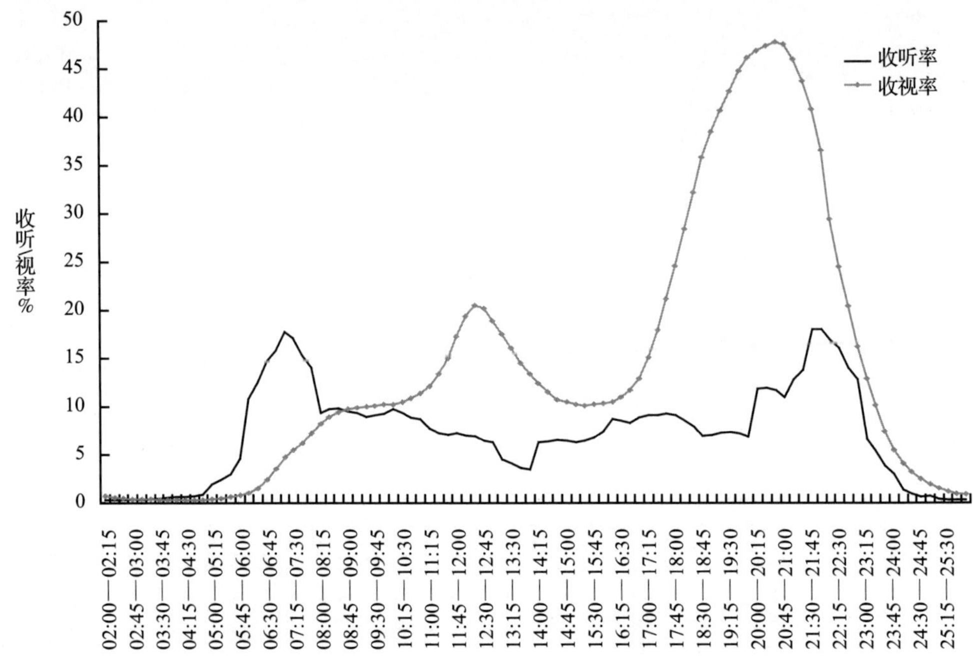

图 3.14.7　2013 年济南受众全天收听率、收视率走势比较(目标受众为 10 岁及以上)

表 3.14.3 2013 年济南市场听众构成(%)

目标听众		听众构成(%)
10 岁及以上所有人		100.0
性别	男	48.9
	女	51.1
年龄	10—14 岁	1.0
	15—24 岁	9.8
	25—34 岁	13.7
	35—44 岁	20.0
	45—54 岁	20.2
	55—64 岁	16.6
	65 岁及以上	18.9
文化程度	未受过正规教育	1.5
	小学	10.5
	初中	40.3
	高中	33.0
	大学及以上	14.7
职业	干部/管理人员	2.6
	初级公务员/雇员	10.9
	个体/私营企业人员	16.3
	工人	23.7
	学生	4.1
	无业(包括退休人员)	34.3
	其他	8.1
个人月收入	没有收入	8.4
	1—500 元	4.7
	501—1000 元	5.3
	1001—1500 元	9.6
	1501—2000 元	19.6
	2001—2500 元	25.9
	2501—3000 元	10.8
	3001—4000 元	11.6
	4001 元及以上	4.2

表 3.14.4 2011—2013 年济南市场各广播电台的市场份额(%)

广播电台	2011 年	2012 年	2013 年
中央人民广播电台	2.1	3.1	3.4
中国国际广播电台	0.0	0.0	0.0
山东广播电视台	31.6	28.1	21.2
济南广播电视台	66.2	68.7	72.1
其他广播电台	0.1	0.1	3.3

表 3.14.5　2013 年济南市场各广播电台在不同目标听众中的市场份额(%)

目标听众		中央人民广播电台	中国国际广播电台	山东广播电视台	济南广播电视台	其他广播电台
10 岁及以上所有人		3.4	0.0	21.2	72.1	3.3
性别	男	3.6	0.0	21.1	71.4	3.9
	女	3.2	0.0	21.3	72.7	2.8
年龄	10—14 岁	2.3	0.0	28.2	65.1	4.4
	15—24 岁	1.9	0.0	21.2	69.9	7.0
	25—34 岁	2.2	0.0	25.2	69.4	3.1
	35—44 岁	2.1	0.0	23.4	69.6	4.9
	45—54 岁	3.7	0.0	19.2	74.1	3.0
	55—64 岁	2.8	0.0	14.8	81.5	0.9
	65 岁及以上	6.6	0.0	23.6	67.7	2.1
文化程度	未受过正规教育	0.3	0.0	16.0	76.1	7.7
	小学	3.0	0.0	15.7	79.5	1.8
	初中	4.0	0.0	22.7	70.1	3.2
	高中	2.7	0.0	19.9	74.2	3.2
	大学及以上	4.0	0.0	25.0	66.5	4.6
职业类别	干部/管理人员	2.0	0.0	20.2	72.3	5.5
	初级公务员/雇员	3.9	0.0	26.2	65.0	4.9
	个体/私营企业人员	3.3	0.0	19.3	72.4	5.0
	工人	2.0	0.0	22.7	72.0	3.3
	学生	1.6	0.0	21.9	70.6	5.9
	无业(包括退休人员)	5.1	0.0	20.5	72.6	1.8
	其他	1.5	0.0	16.9	79.7	2.0
个人月收入	没有收入	2.9	0.0	20.8	71.8	4.5
	1—500 元	2.6	0.0	12.4	80.7	4.4
	501—1000 元	1.3	0.0	24.0	71.3	3.4
	1001—1500 元	2.0	0.0	22.2	74.0	1.7
	1501—2000 元	2.7	0.0	22.1	72.6	2.6
	2001—2500 元	2.8	0.0	20.1	73.4	3.6
	2501—3000 元	4.5	0.0	21.5	70.9	3.1
	3001—4000 元	7.1	0.0	25.0	64.3	3.6
	4001 元及以上	4.8	0.0	19.9	70.9	4.3

表 3.14.6　2013 年济南市场份额排名前五位的频率

名次	频率名称	市场份额%
1	济南新闻广播 FM106.6	26.4
2	济南经济广播 FM90.9	13.0
3	济南电台调频 88.7 FM88.7	10.4
4	济南故事广播 FM104.3	9.1
5	济南交通广播 FM103.1	8.0

十五、南京收听数据

表 3.15.1　2011—2013 年南京各目标听众人均收听时间(分钟)

目标听众		2011 年	2012 年	2013 年
10 岁及以上所有人		79	84	78
性别	男	84	88	84
	女	74	79	73
年龄	10—14 岁	18	17	23
	15—24 岁	37	33	34
	25—34 岁	71	68	57
	35—44 岁	77	93	74
	45—54 岁	85	93	89
	55—64 岁	123	138	139
	65 岁及以上	135	133	135
文化程度	未受过正规教育	53	87	86
	小学	66	64	60
	初中	85	87	84
	高中	85	96	88
	大学及以上	72	70	68
职业	干部/管理人员	60	58	68
	初级公务员/雇员	75	66	62
	个体/私营企业人员	81	128	100
	工人	80	82	72
	学生	21	24	29
	无业(包括退休人员)	113	122	121
	其他	85	45	*
个人月收入	没有收入	34	37	35
	1—500 元	81	68	83
	501—1000 元	106	196	124
	1001—1500 元	96	100	109
	1501—2000 元	101	103	84
	2001—2500 元	86	96	103
	2501—3000 元	78	78	77
	3001—4000 元	99	93	83
	4001 元及以上	87	73	81

注:南京为全年连续调查城市。“*”表示该目标听众样本量不足,无法进行统计推断。

表 3.15.2　2011—2013 年南京听众在不同地点的人均收听时间(分钟)

地　　点	2011 年	2012 年	2013 年
在家	58	59	55
车上	11	14	15
工作/学习场所	8	9	6
其他场所	3	2	3

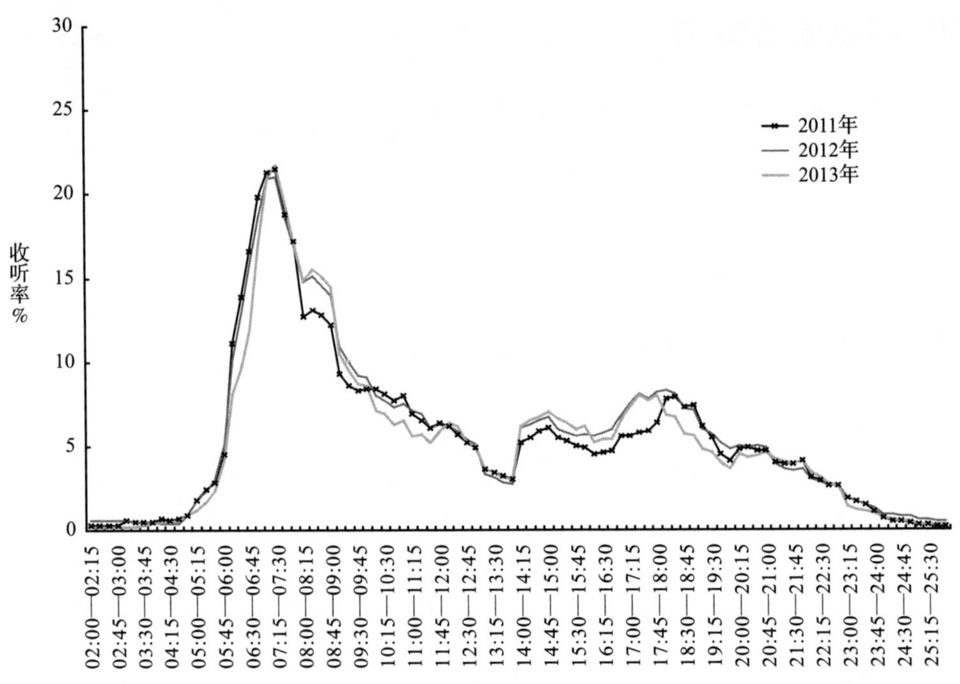

图 3.15.1　2011—2013 年南京听众全天收听率走势

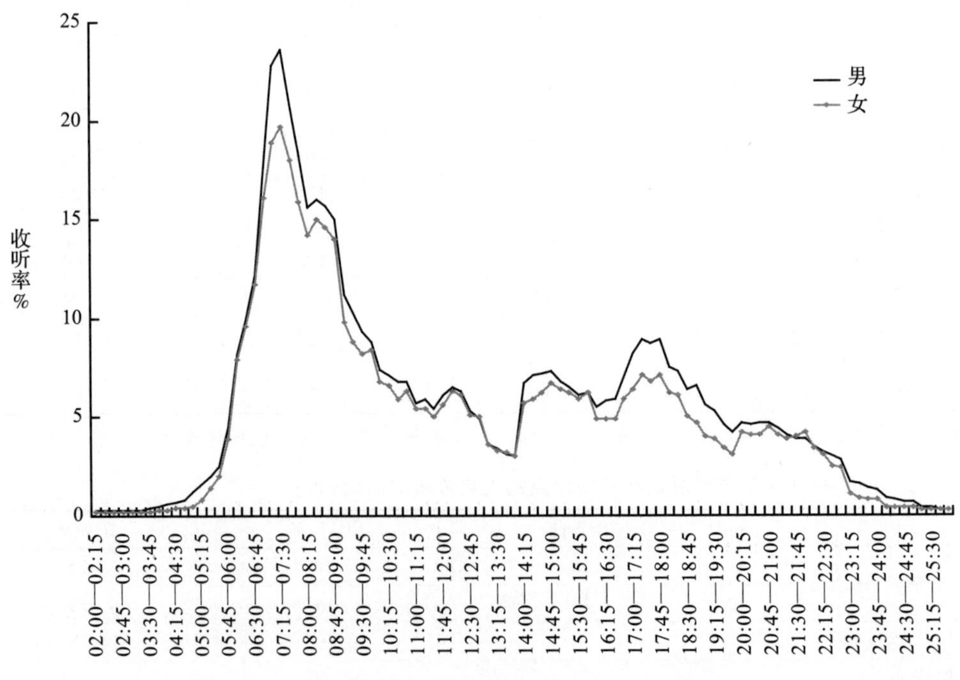

图 3.15.2　2013 年南京不同性别听众全天收听率走势

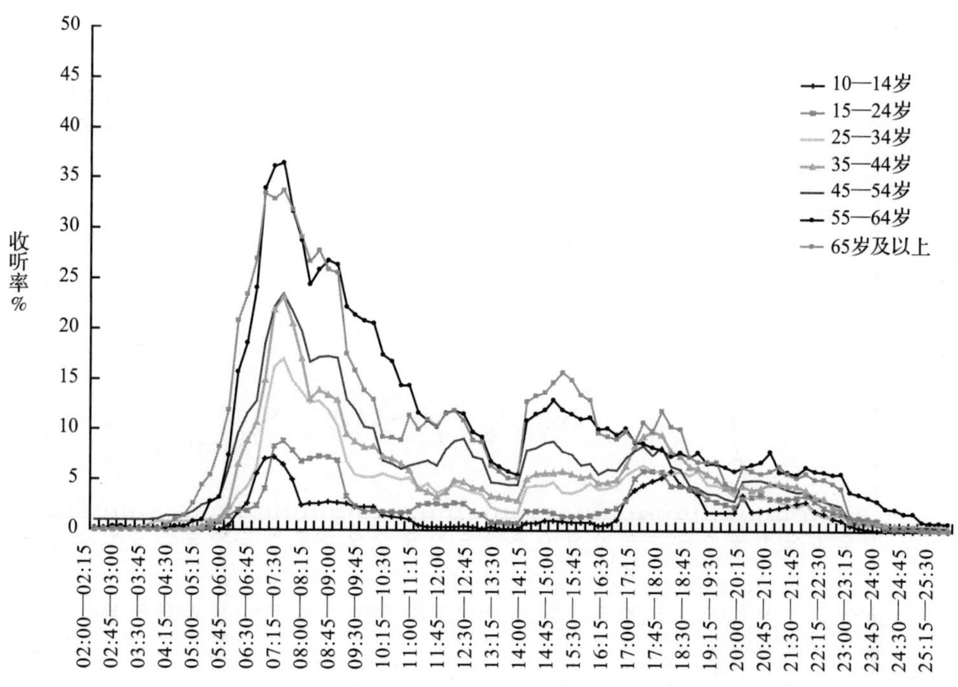

图 3. 15. 3　2013 年南京不同年龄听众全天收听率走势

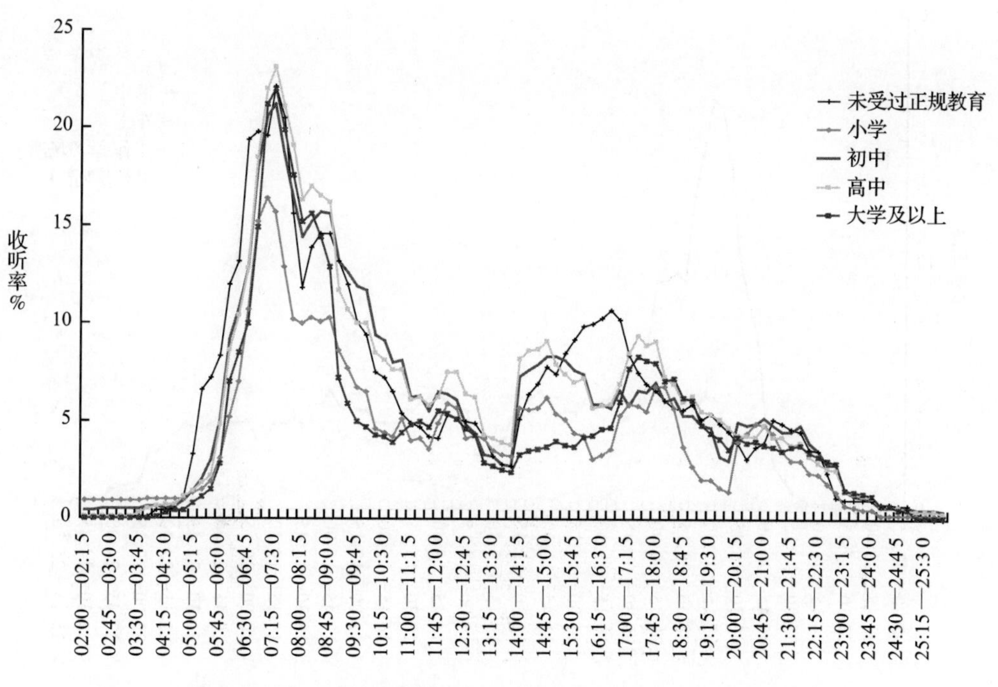

图 3. 15. 4　2013 年南京不同文化程度听众全天收听率走势

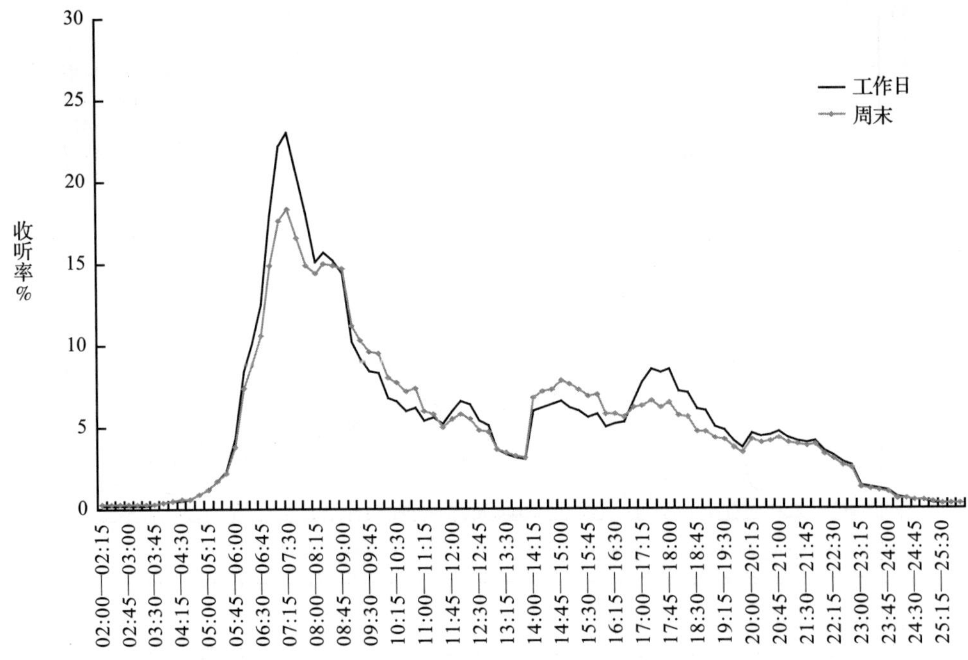

图 3.15.5　2013 年南京听众工作日与周末全天收听率走势

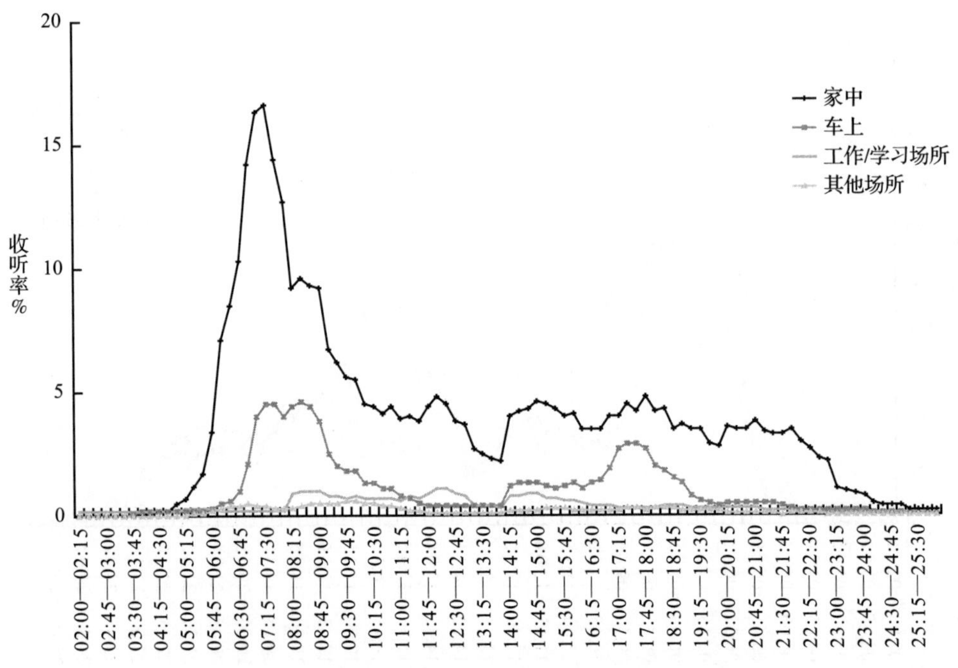

图 3.15.6　2013 年南京听众在不同收听地点全天收听率走势

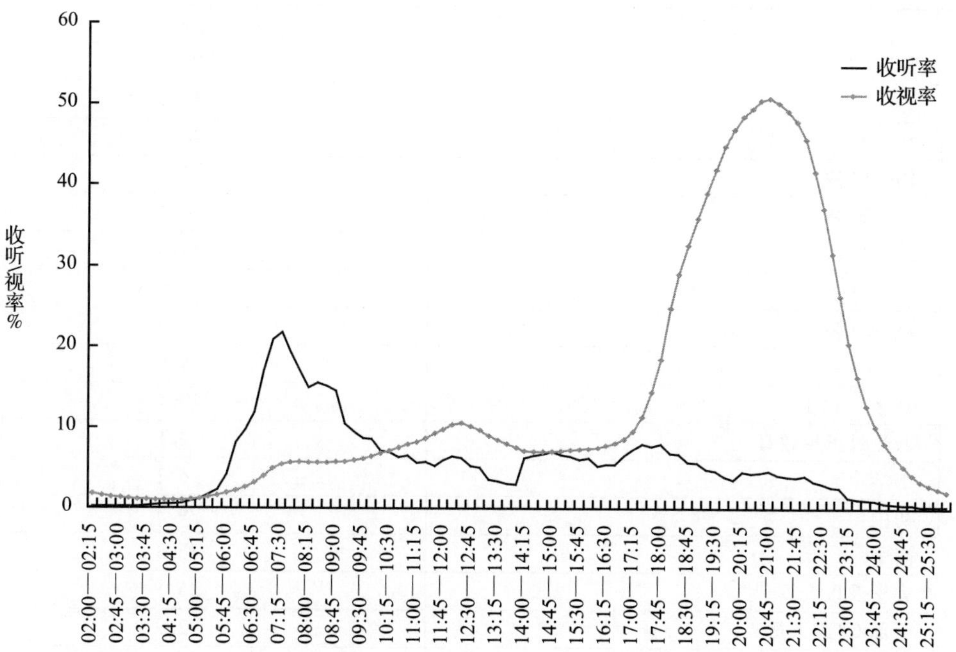

图 3.15.7 2013 年南京受众全天收听率、收视率走势比较(目标受众为 10 岁及以上)

表 3.15.3 2013 年南京市场听众构成(%)

目标听众		听众构成(%)
10 岁及以上所有人		100.0
性别	男	53.2
	女	46.8
年龄	10—14 岁	1.5
	15—24 岁	6.4
	25—34 岁	14.6
	35—44 岁	21.5
	45—54 岁	17.0
	55—64 岁	19.6
	65 岁及以上	19.4
文化程度	未受过正规教育	2.1
	小学	6.2
	初中	29.3
	高中	36.3
	大学及以上	26.1
职业	干部/管理人员	2.9
	初级公务员/雇员	16.4
	个体/私营企业人员	10.0
	工人	26.0
	学生	4.8
	无业(包括退休人员)	39.4
	其他	*
个人月收入	没有收入	8.2
	1—500 元	0.9
	501—1000 元	2.8
	1001—1500 元	8.5
	1501—2000 元	14.5
	2001—2500 元	19.9
	2501—3000 元	14.8
	3001—4000 元	16.7
	4001 元及以上	13.7

注:“*”表示该目标听众样本量不足,无法进行统计推断。

表 3.15.4 2011—2013 年南京市场各广播电台的市场份额(%)

广播电台	2011 年	2012 年	2013 年
中央人民广播电台	1.9	2.0	2.9
中国国际广播电台	0.0	0.0	0.0
江苏广播电视总台	57.6	59.3	58.5
南京广播电视集团	40.2	38.1	37.9
其他广播电台	0.3	0.6	0.7

表 3.15.5　2013 年南京市场各广播电台在不同目标听众中的市场份额(%)

目标听众		中央人民广播电台	中国国际广播电台	江苏广播电视总台	南京广播电视集团	其他广播电台
10 岁及以上所有人		2.9	0.0	58.5	37.9	0.7
性别	男	4.0	0.0	55.4	40.0	0.6
	女	1.8	0.0	62.0	35.6	0.6
年龄	10—14 岁	0.0	0.0	70.4	29.5	0.1
	15—24 岁	2.8	0.0	55.6	41.1	0.5
	25—34 岁	2.1	0.0	56.3	41.1	0.5
	35—44 岁	1.9	0.0	61.7	35.9	0.5
	45—54 岁	1.8	0.0	59.2	38.3	0.7
	55—64 岁	3.9	0.0	55.2	40.0	0.9
	65 岁及以上	4.9	0.0	59.3	34.7	1.1
文化程度	未受过正规教育	18.9	0.0	34.2	46.2	0.7
	小学	2.7	0.0	48.5	47.1	1.7
	初中	2.8	0.0	60.7	35.9	0.6
	高中	2.0	0.0	57.8	39.3	0.9
	大学及以上	3.3	0.0	61.3	35.2	0.2
职业	干部/管理人员	0.7	0.0	61.1	37.9	0.3
	初级公务员/雇员	2.8	0.0	58.8	38.1	0.3
	个体/私营企业人员	2.5	0.0	56.7	39.8	1.0
	工人	1.2	0.0	58.2	39.8	0.8
	学生	3.0	0.0	63.7	33.2	0.1
	无业(包括退休人员)	4.1	0.0	58.1	37.0	0.8
	其他	*	*	*	*	*
个人月收入	没有收入	2.5	0.0	61.2	36.0	0.3
	1—500 元	16.4	0.0	56.6	25.9	1.1
	501—1000 元	7.5	0.0	64.9	26.1	1.5
	1001—1500 元	3.9	0.0	57.5	36.5	2.1
	1501—2000 元	1.5	0.0	55.3	43.1	0.1
	2001—2500 元	2.1	0.0	56.3	40.8	0.8
	2501—3000 元	2.3	0.0	62.4	35.1	0.2
	3001—4000 元	3.1	0.0	59.6	36.4	0.9
	4001 元及以上	3.7	0.0	57.7	38.4	0.2

注:“*”表示该目标听众样本量不足,无法进行统计推断。

表 3.15.6　2013 年南京市场份额排名前五位的频率

名次	频　率	市场份额(%)
1	江苏新闻广播 FM93.7	12.6
2	江苏经典流行音乐广播 FM97.5	11.6
3	江苏音乐广播 FM89.7	9.2
4	南京音乐台 FM105.8	8.5
5	南京新闻台 AM1008	7.3

十六、南宁收听数据

表 3.16.1　2011—2013 年南宁各目标听众人均收听时间(分钟)

目标听众		2011 年	2012 年	2013 年
10 岁及以上所有人		55	40	48
性别	男	61	44	53
	女	49	36	42
年龄	10—14 岁	21	16	19
	15—24 岁	34	23	28
	25—34 岁	53	35	40
	35—44 岁	51	46	58
	45—54 岁	75	53	55
	55—64 岁	77	55	69
	65 岁及以上	66	52	65
文化程度	未受过正规教育	49	33	21
	小学	49	36	43
	初中	56	43	47
	高中	58	41	53
	大学及以上	52	37	45
职业	干部/管理人员	48	43	47
	初级公务员/雇员	59	39	53
	个体/私营企业人员	49	43	48
	工人	63	40	50
	学生	25	19	23
	无业(包括退休人员)	63	44	57
	其他	80	60	55
个人月收入	没有收入	29	21	27
	1—500 元	76	58	69
	501—1000 元	66	47	55
	1001—1500 元	60	44	46
	1501—2000 元	59	40	58
	2001—2500 元	55	48	53
	2501—3000 元	51	42	54
	3001—4000 元	47	41	41
	4001 元及以上	56	46	63

注:南宁为全年连续调查城市。

表 3.16.2　2011—2013 年南宁听众在不同地点的人均收听时间(分钟)

地　　点	2011 年	2012 年	2013 年
家中	35	23	26
车上	8	10	14
工作/学习场所	7	4	4
其他场所	5	3	4

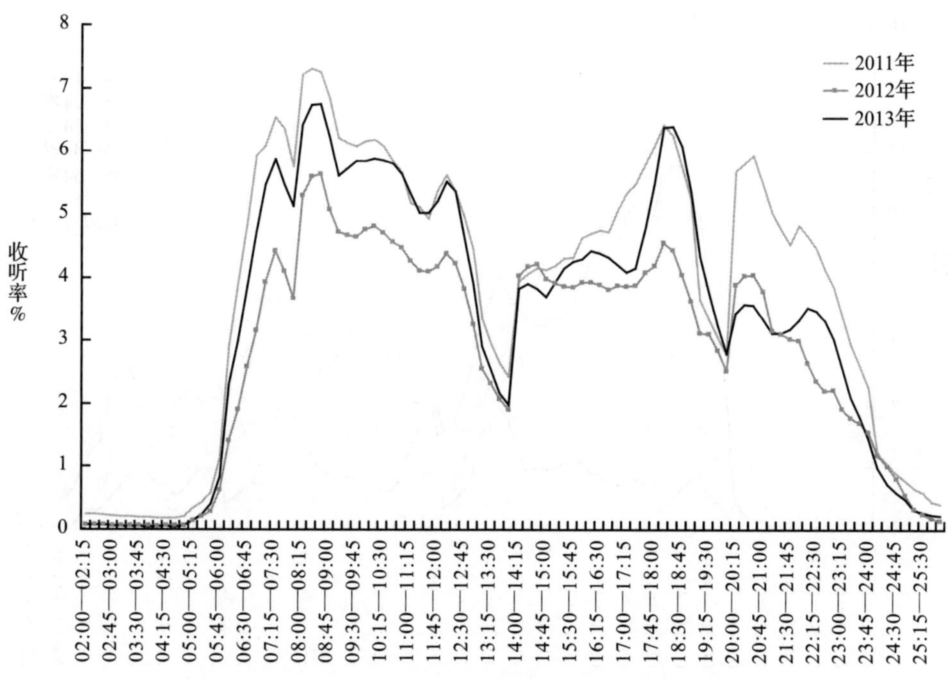

图 3.16.1　2011—2013 年南宁听众全天收听率走势

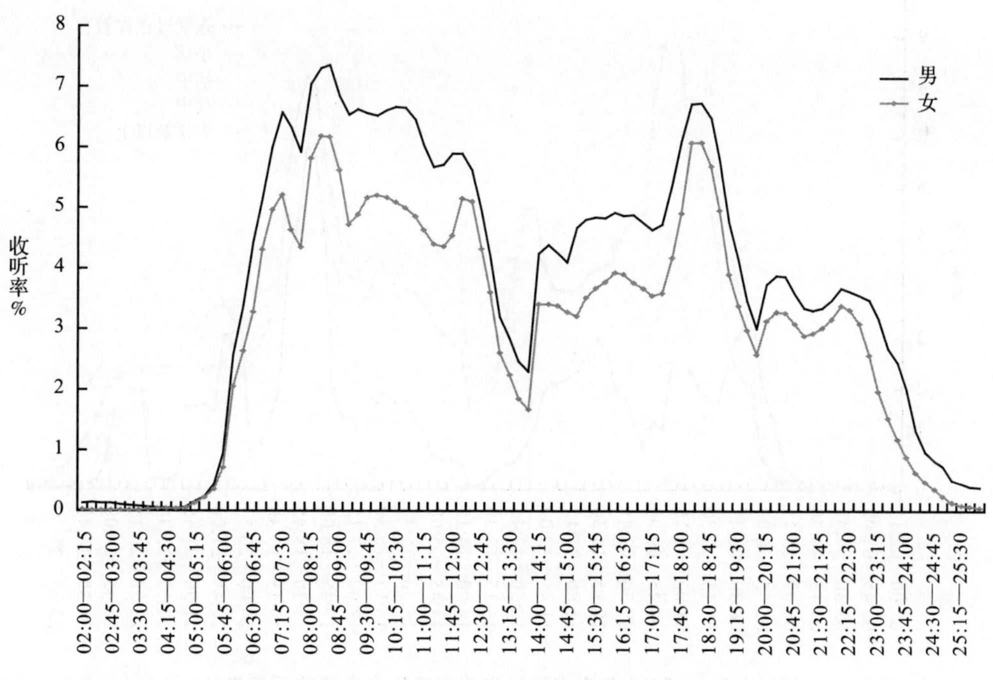

图 3.16.2　2013 年南宁不同性别听众全天收听率走势

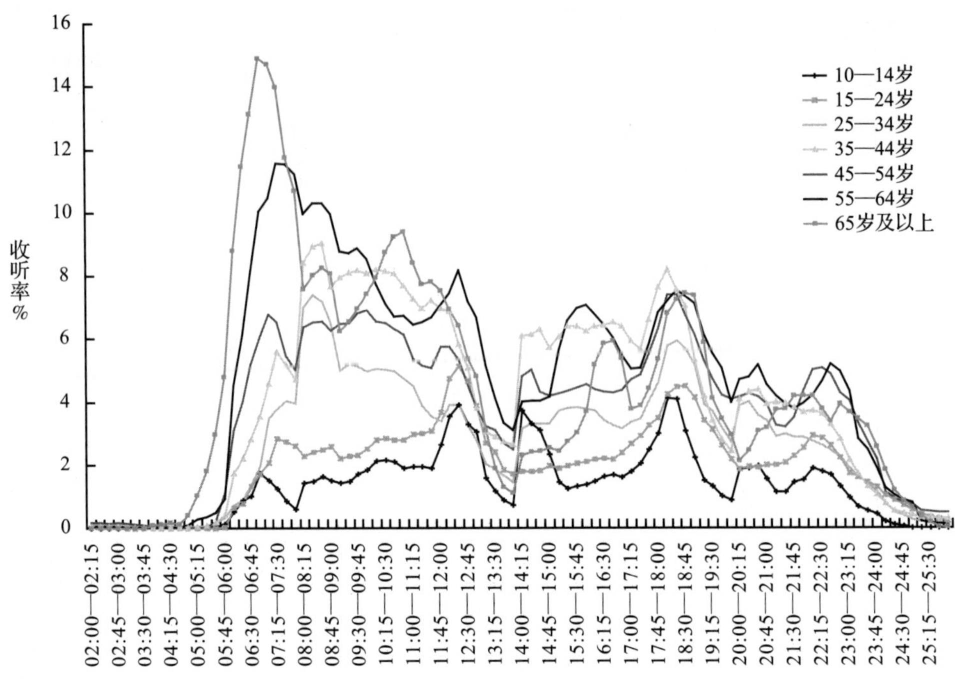

图 3.16.3 2013 年南宁不同年龄听众全天收听率走势

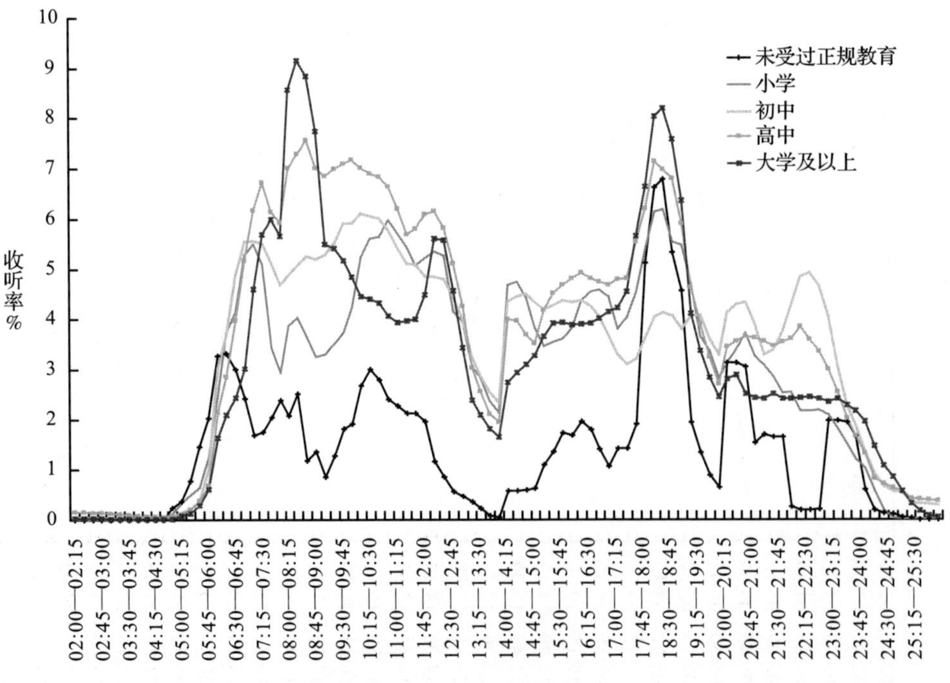

图 3.16.4 2013 年南宁不同文化程度听众全天收听率走势

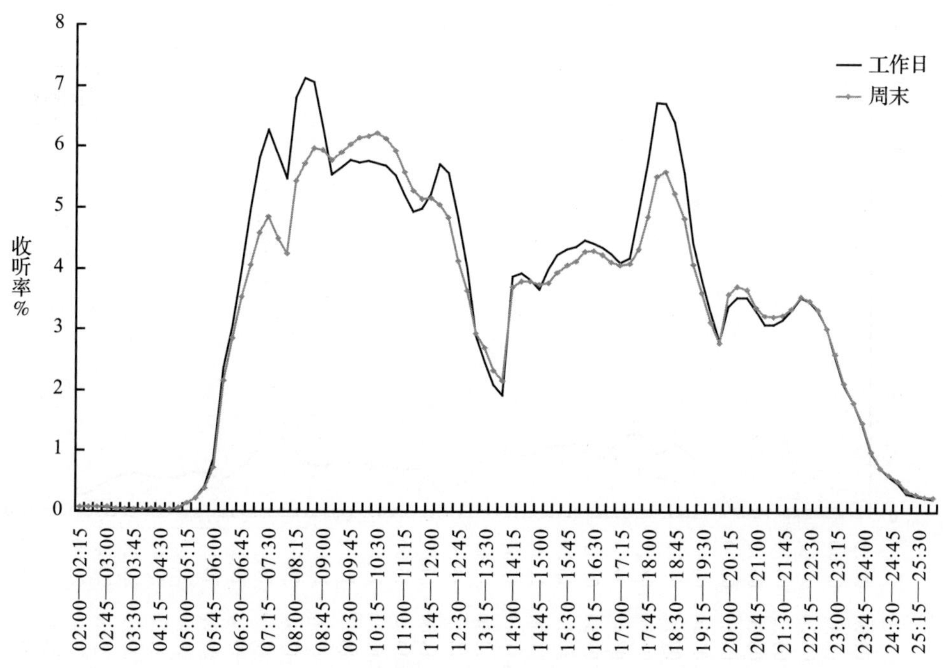

图 3.16.5 2013 年南宁听众工作日与周末全天收听率走势

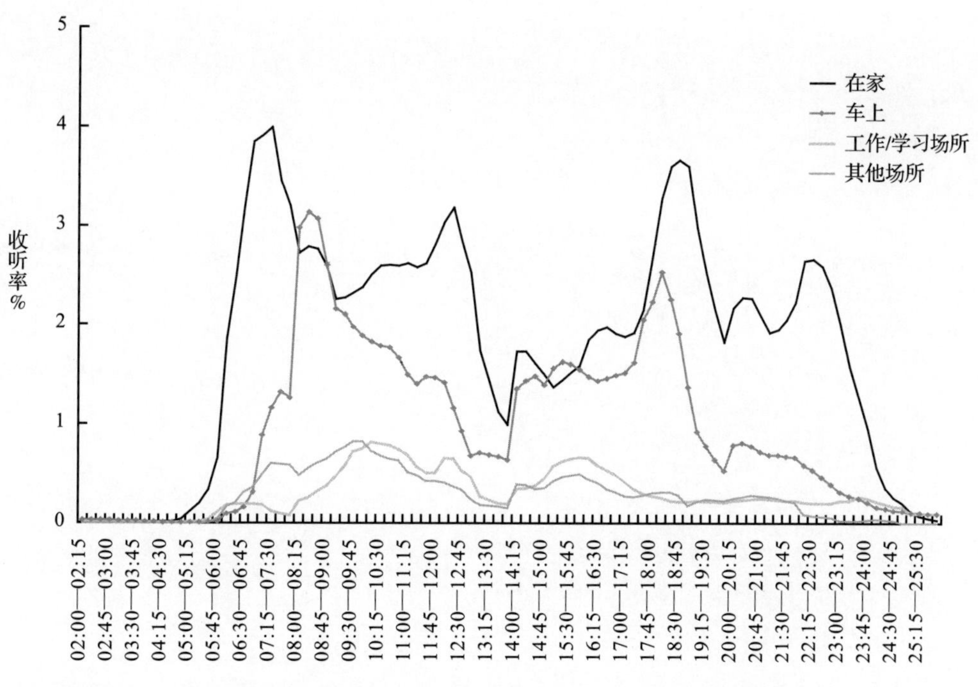

图 3.16.6 2013 年南宁听众在不同收听地点全天收听率走势

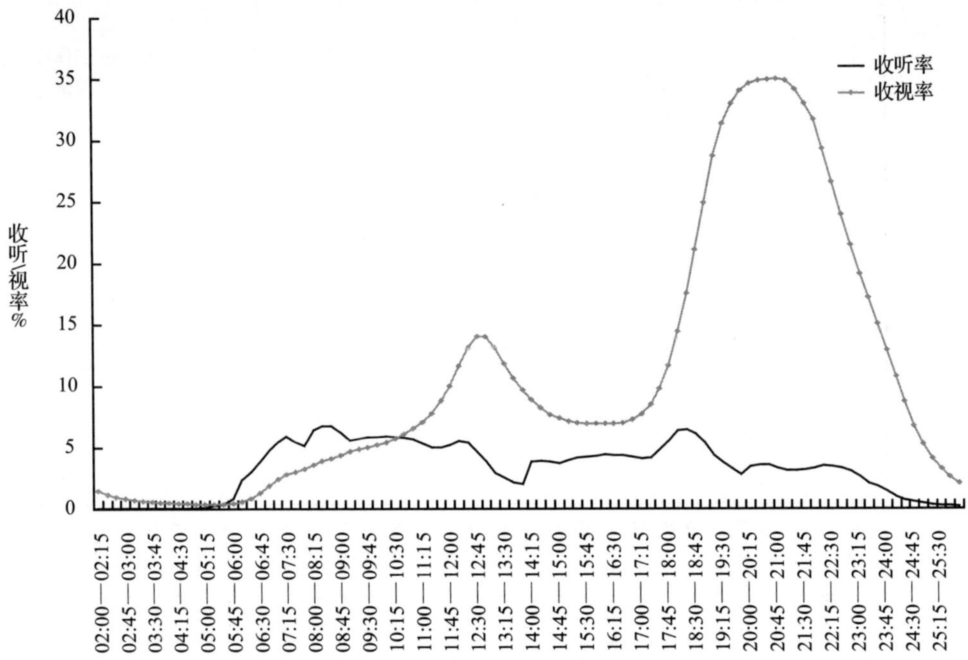

图 3.16.7　2013 年南宁受众全天收听率、收视率走势比较(目标受众为 10 岁及以上)

表 3.16.3　2013 年南宁市场听众构成(%)

目标听众		听众构成(%)
10 岁及以上所有人		100.0
性别	男	55.0
	女	45.0
年龄	10—14 岁	2.5
	15—24 岁	10.1
	25—34 岁	19.2
	35—44 岁	25.9
	45—54 岁	16.3
	55—64 岁	14.6
	65 岁及以上	11.5
文化程度	未受过正规教育	0.4
	小学	10.5
	初中	27.2
	高中	38.1
	大学及以上	23.8
职业	干部/管理人员	6.3
	初级公务员/雇员	17.0
	个体/私营企业人员	27.9
	工人	8.4
	学生	6.7
	无业(包括退休人员)	24.7
	其他	9.0
个人月收入	没有收入	11.0
	1—500 元	5.7
	501—1000 元	6.5
	1001—1500 元	15.3
	1501—2000 元	21.3
	2001—2500 元	15.0
	2501—3000 元	9.0
	3001—4000 元	8.3
	4001 元及以上	7.9

表 3.16.4　2011—2013 年南宁市场各广播电台的市场份额(%)

广播电台	2011 年	2012 年	2013 年
中央人民广播电台	18.1	13.2	13.7
中国国际广播电台	0.0	0.0	0.0
广西人民广播电台	54.5	59.4	57.2
南宁人民广播电台	26.0	26.8	28.6
其他广播电台	1.4	0.6	0.5

表 3.16.5　2013 年南宁市场各广播电台在不同目标听众中的市场份额(%)

目标听众		中央人民广播电台	中国国际广播电台	广西人民广播电台	南宁人民广播电台	其他广播电台
10 岁及以上所有人		13.7	0.0	57.2	28.6	0.5
性别	男	13.0	0.0	56.1	30.5	0.5
	女	14.6	0.0	58.6	26.4	0.4
年龄	10—14 岁	5.6	0.0	62.5	31.8	0.1
	15—24 岁	8.2	0.0	66.8	24.1	0.8
	25—34 岁	9.5	0.0	65.2	24.9	0.3
	35—44 岁	7.2	0.0	55.5	36.8	0.6
	45—54 岁	15.7	0.0	56.3	27.7	0.3
	55—64 岁	16.8	0.0	56.1	26.8	0.4
	65 岁及以上	35.2	0.0	41.2	23.4	0.2
文化程度	未受过正规教育	39.7	0.0	43.0	17.2	0.1
	小学	23.6	0.0	49.2	26.6	0.7
	初中	15.8	0.0	56.7	27.3	0.3
	高中	11.4	0.0	58.1	30.0	0.5
	大学及以上	10.5	0.0	60.3	28.8	0.4
职业	干部/管理人员	5.7	0.0	76.6	17.4	0.3
	初级公务员/雇员	6.3	0.0	67.8	25.6	0.3
	个体/私营企业人员	9.9	0.0	55.2	34.7	0.3
	工人	6.9	0.0	56.9	35.8	0.4
	学生	10.3	0.0	61.9	26.8	1.0
	无业(包括退休人员)	28.4	0.0	47.0	24.1	0.5
	其他	14.3	0.0	54.4	30.4	0.8
个人月收入	没有收入	12.1	0.0	59.4	27.9	0.6
	1—500 元	17.6	0.0	50.0	31.7	0.7
	501—1000 元	15.9	0.0	58.4	25.7	0.1
	1001—1500 元	19.2	0.0	52.5	27.9	0.4
	1501—2000 元	13.9	0.0	57.6	28.2	0.2
	2001—2500 元	14.1	0.0	55.8	29.4	0.7
	2501—3000 元	11.5	0.0	56.4	31.7	0.4
	3001—4000 元	9.9	0.0	69.9	19.9	0.4
	4001 元及以上	6.9	0.0	56.2	36.5	0.5

表 3.16.6　2013 年南宁市场份额排名前五位的频率

名次	频率名称	市场份额%
1	广西电台教育生活广播(私家车 930)FM93.0	14.8
2	广西电台新闻综合广播 AM792/FM91.0	11.9
3	中央人民广播电台第一套节目中国之声	11.7
4	广西电台文艺广播(Music Radio)FM95.0	11.3
5	广西电台经济广播(970 女主播)FM97.0	11.0

十七、宁波收听数据

表 3. 17. 1　2011—2013 年宁波各目标听众人均收听时间(分钟)

目标听众		2011 年	2012 年	2013 年
10 岁及以上所有人		66	52	47
性别	男	69	57	50
	女	62	48	44
年龄	10—14 岁	25	22	20
	15—24 岁	36	27	27
	25—34 岁	54	49	46
	35—44 岁	70	55	50
	45—54 岁	71	52	47
	55—64 岁	99	80	68
	65 岁及以上	168	105	85
文化程度	未受过正规教育	*	36	*
	小学	73	56	42
	初中	76	55	52
	高中	62	54	45
	大学及以上	52	46	44
职业	干部/管理人员	50	56	58
	初级公务员/雇员	62	49	47
	个体/私营企业人员	78	60	48
	工人	61	49	41
	学生	32	23	25
	无业(包括退休人员)	104	80	67
	其他	72	29	22
个人月收入	没有收入	34	24	26
	1—500 元	100	*	*
	501—1000 元	57	45	*
	1001—1500 元	85	50	44
	1501—2000 元	84	64	49
	2001—2500 元	70	58	51
	2501—3000 元	76	71	62
	3001—4000 元	60	58	53
	4001 元及以上	59	48	47

注:宁波为全年连续调查城市。“*”表示该目标听众样本量不足,无法进行统计推断。

表 3. 17. 2　2011—2013 年宁波听众在不同地点的人均收听时间(分钟)

地　　点	2011 年	2012 年	2013 年
在家	43	31	27
车上	17	17	16
工作/学习场所	4	3	3
其他场所	1	1	1

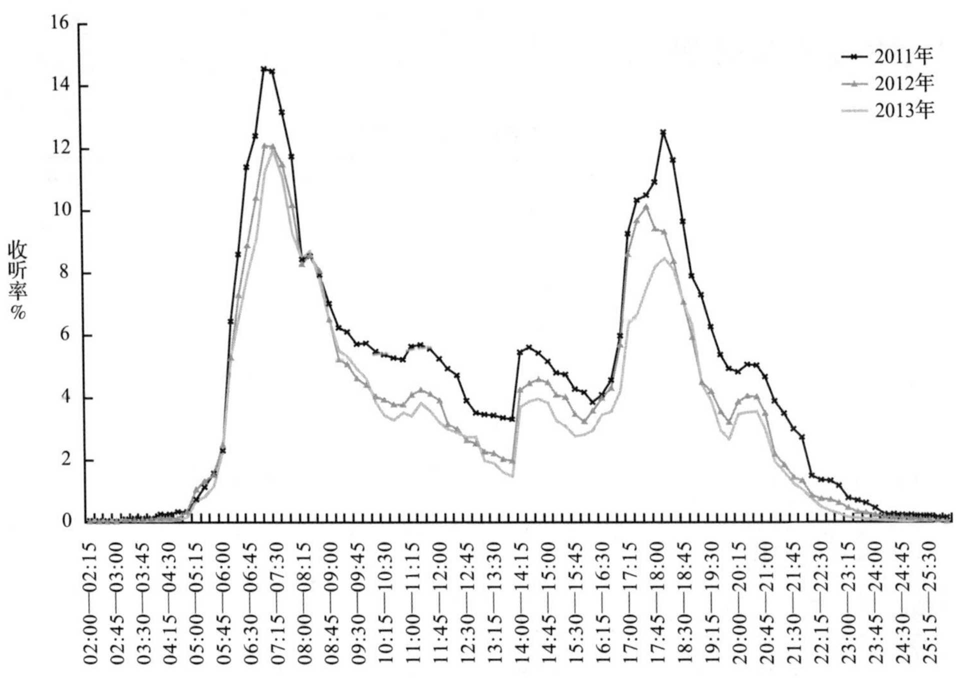

图 3.17.1　2011—2013 年宁波听众全天收听率走势

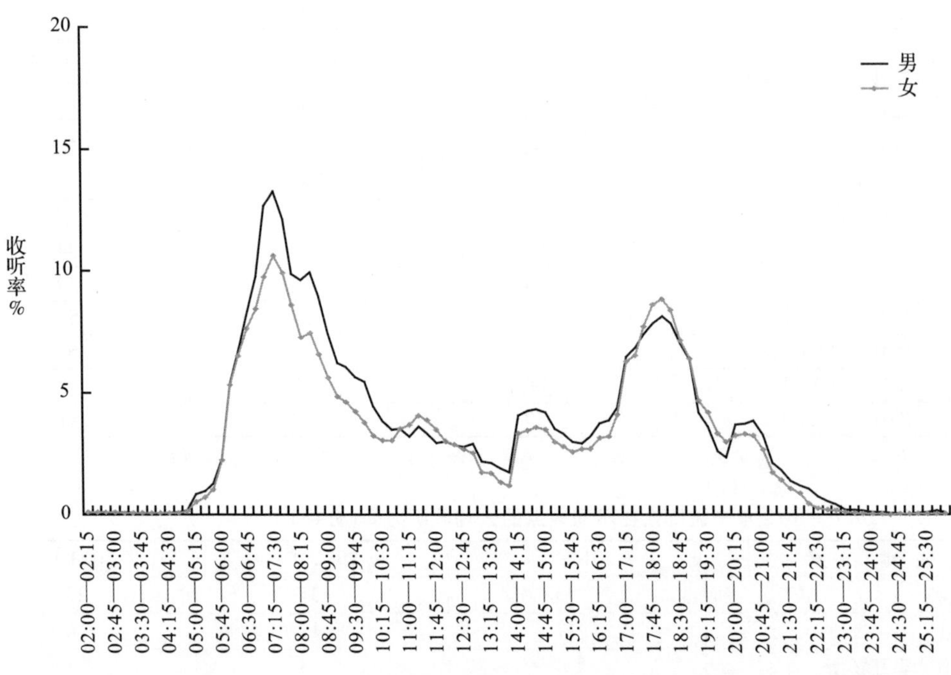

图 3.17.2　2013 年宁波不同性别听众全天收听率走势

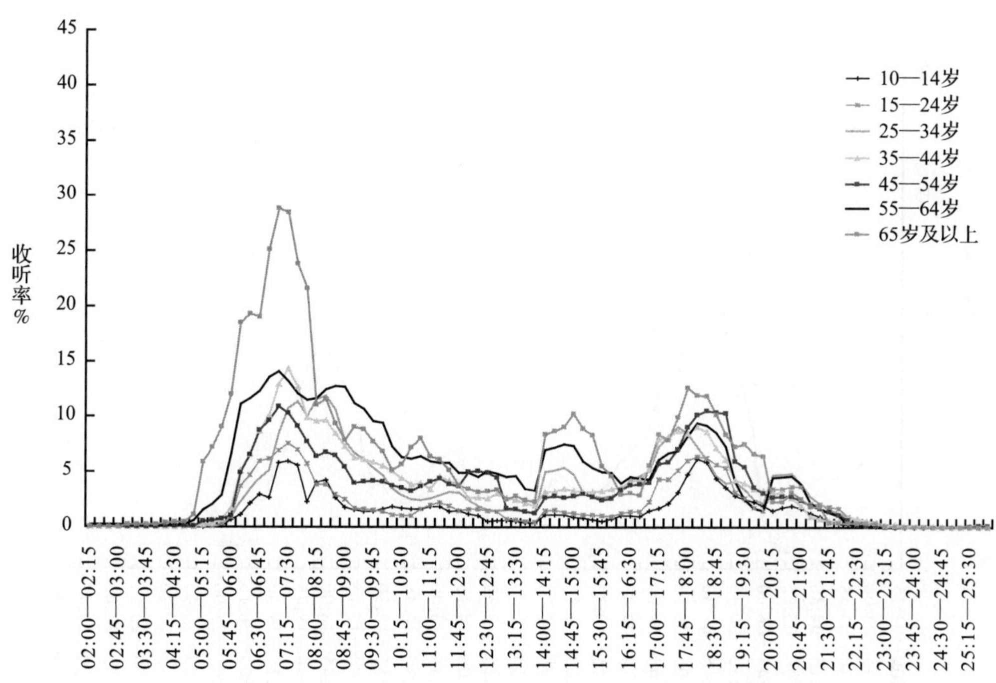

图 3.17.3　2013 年宁波不同年龄听众全天收听率走势

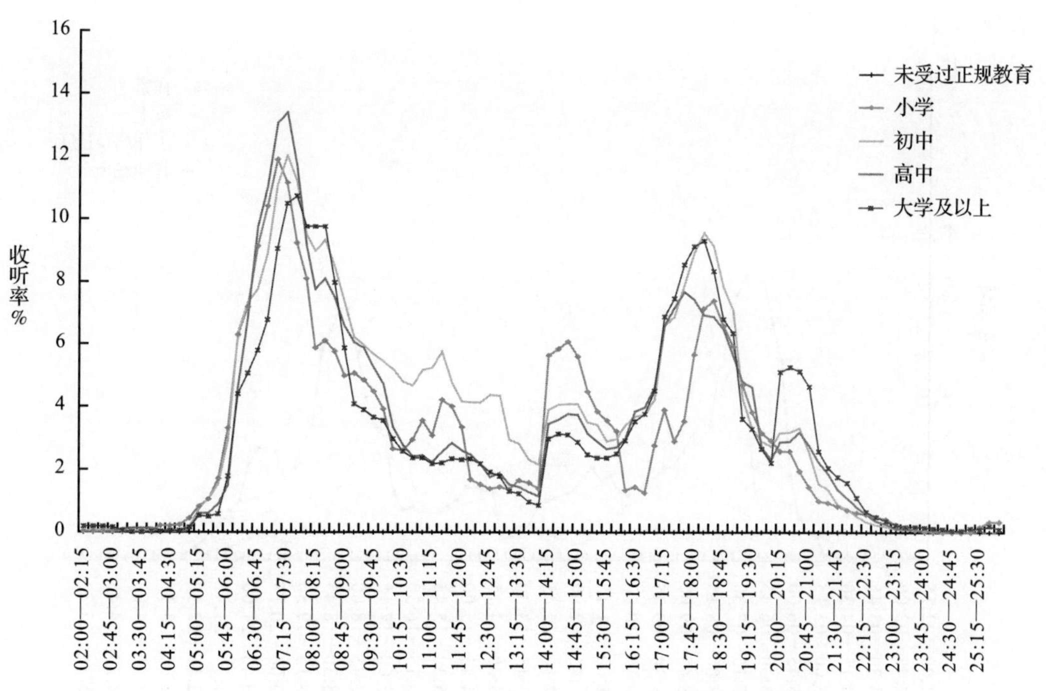

图 3.17.4　2013 年宁波不同文化程度听众全天收听率走势

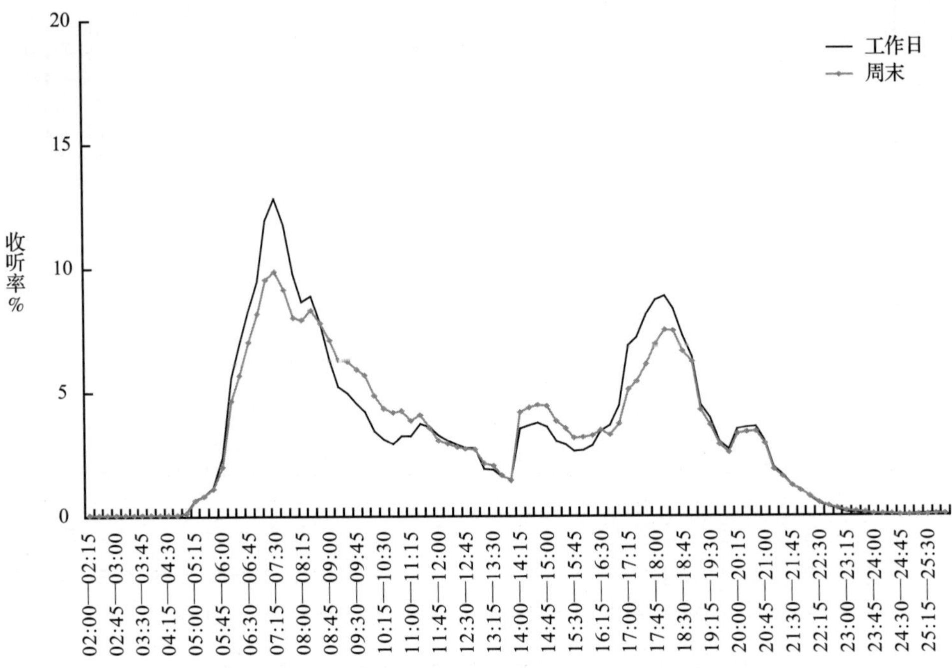

图 3.17.5　2013 年宁波听众工作日与周末全天收听率走势

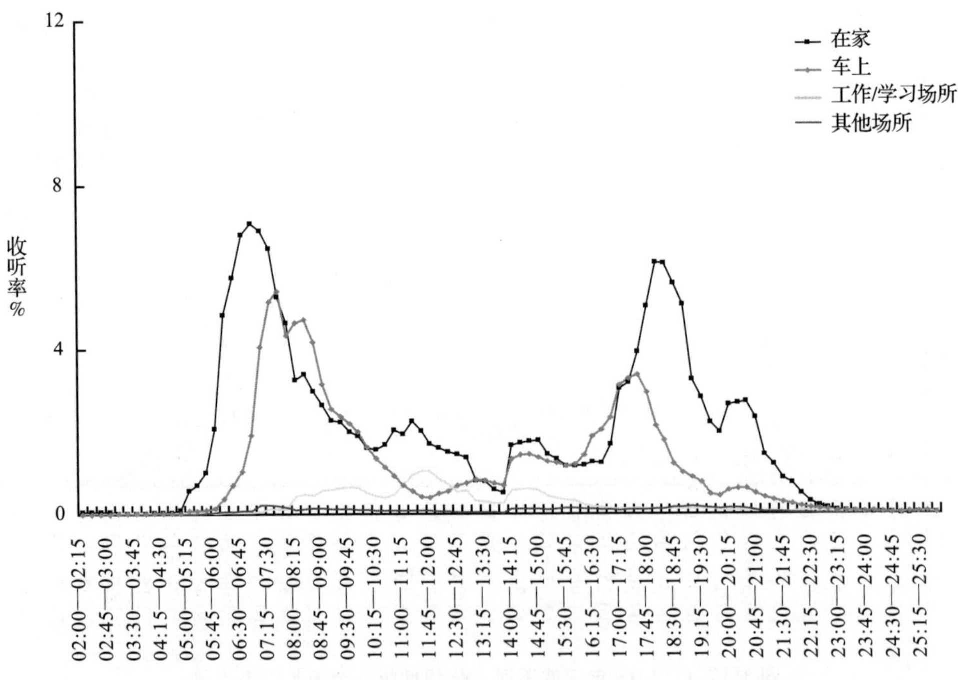

图 3.17.6　2013 年宁波听众在不同收听地点全天收听率走势

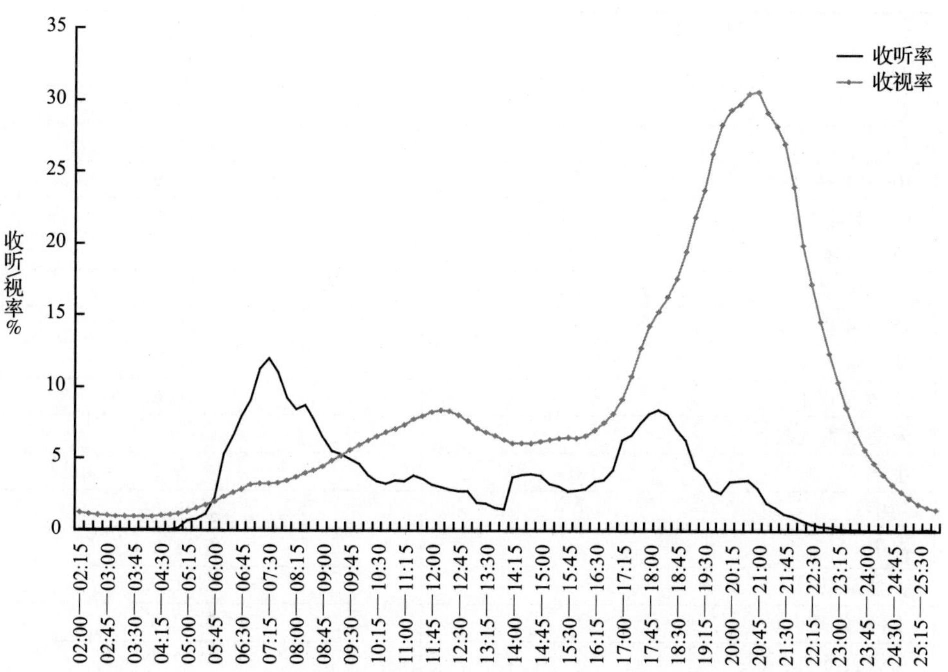

图 3.17.7　2013 年宁波受众全天收听率、收视率走势比较（目标受众为 10 岁及以上）

表 3.17.3　2013 年宁波市场听众构成(%)

目标听众		听众构成(%)
10 岁及以上所有人		100.0
性别	男	54.3
	女	45.7
年龄	10—14 岁	1.9
	15—24 岁	10.6
	25—34 岁	21.4
	35—44 岁	25.5
	45—54 岁	16.9
	55—64 岁	13.1
	65 岁及以上	10.6
文化程度	未受过正规教育	*
	小学	9.1
	初中	39.6
	高中	28.8
	大学及以上	21.9
职业	干部/管理人员	7.0
	初级公务员/雇员	42.4
	个体/私营企业人员	12.2
	工人	6.4
	学生	8.0
	无业(包括退休人员)	23.0
	其他	1.0
个人月收入	没有收入	10.9
	1—500 元	*
	501—1000 元	*
	1001—1500 元	4.6
	1501—2000 元	8.6
	2001—2500 元	18.0
	2501—3000 元	19.1
	3001—4000 元	20.9
	4001 元及以上	16.9

注:“*”表示该目标听众样本量不足,无法进行统计推断。

表 3.17.4　2011—2013 年宁波市场各广播电台的市场份额(%)

广播电台	2011 年	2012 年	2013 年
中央人民广播电台	9.7	11.9	11.4
中国国际广播电台	0.0	0.1	0.4
浙江广播电视集团	10.9	14.9	17.2
宁波广播电视集团	59.1	53.9	44.5
上海广播电视台	2.1	1.5	2.9
其他广播电台	18.2	17.7	23.6

表 3.17.5 2013 年宁波市场各广播电台在不同目标听众中的市场份额(%)

目标听众		中央人民广播电台	中国国际广播电台	浙江广播电视集团	宁波广播电视集团	上海广播电视台	其他广播电台
10 岁及以上所有人		11.4	0.4	17.2	44.5	2.9	23.6
性别	男	12.2	0.4	18.0	42.7	2.9	23.8
	女	10.5	0.3	16.2	46.6	3.0	23.4
年龄	10—14 岁	12.8	1.7	26.1	36.2	1.4	21.8
	15—24 岁	11.7	0.1	16.7	44.4	3.0	24.1
	25—34 岁	5.7	1.2	21.9	36.5	1.3	33.4
	35—44 岁	13.0	0.2	16.2	41.9	1.9	26.8
	45—54 岁	12.6	0.1	11.7	50.2	3.5	21.9
	55—64 岁	12.5	0.2	11.1	59.4	3.2	13.6
	65 岁及以上	15.2	0.1	25.3	40.9	7.6	10.9
文化程度	未受过正规教育	*	*	*	*	*	*
	小学	12.6	0.0	8.6	49.3	0.7	28.8
	初中	12.9	0.2	18.5	44.9	3.2	20.3
	高中	11.2	0.5	15.8	44.1	3.2	25.2
	大学及以上	8.7	0.9	20.2	42.3	2.2	25.7
职业	干部/管理人员	15.1	0.2	7.3	56.0	5.3	16.1
	初级公务员/雇员	8.7	0.6	17.1	45.4	1.9	26.3
	个体/私营企业人员	16.2	0.3	16.7	34.3	1.4	31.1
	工人	6.3	0.1	22.8	38.2	2.0	30.6
	学生	11.4	0.4	20.5	42.8	2.7	22.2
	无业(包括退休人员)	13.8	0.2	17.9	47.6	5.5	15.0
	其他	15.1	0.0	11.3	41.1	0.0	32.5
个人月收入	没有收入	11.3	0.3	18.5	38.5	3.4	28.0
	1—500 元	*	*	*	*	*	*
	501—1000 元	*	*	*	*	*	*
	1001—1500 元	10.7	1.2	13.9	31.4	4.8	38.0
	1501—2000 元	10.1	0.1	13.1	43.1	5.7	27.9
	2001—2500 元	11.9	0.3	19.4	50.5	1.1	16.8
	2501—3000 元	9.4	0.4	13.7	55.1	2.0	19.4
	3001—4000 元	13.1	0.6	16.6	41.9	3.9	23.9
	4001 元及以上	12.8	0.2	22.3	37.3	2.9	24.5

注:"*"表示该目标听众样本量不足,无法进行统计推断。

表 3.17.6 2013 年宁波市场份额排名前五位的频率

名次	频　　率	市场份额(%)
1	镇海台(私家车音乐台 FM104.7)	17.2
2	宁波电台交通广播 FM93.9 AM603	13.0
3	宁波电台宁波之声(新闻广播)FM92.0 AM1323	10.7
4	宁波电台都市生活广播 FM102.9 AM747	8.7
5	宁波电台音乐广播 FM98.6 汽车音乐调频	7.8

十八、青岛收听数据

表 3.18.1　2011—2013 年青岛各目标听众人均收听时间(分钟)

目标听众		2011 年	2012 年	2013 年			
				第 1 波	第 2 波	第 3 波	第 4 波
10 岁及以上所有人		92	85	79	80	77	77
性别	男	98	95	85	82	82	82
	女	87	76	73	78	73	72
年龄	10—14 岁	35	21	26	32	29	25
	15—24 岁	50	40	44	47	45	45
	25—34 岁	80	73	69	61	60	65
	35—44 岁	78	75	71	72	80	73
	45—54 岁	119	95	78	78	76	78
	55—64 岁	152	128	130	132	126	135
	65 岁及以上	131	159	143	154	131	120
文化程度	未受过正规教育	*	23	29	34	44	96
	小学	75	79	57	46	42	36
	初中	107	102	91	97	92	90
	高中	96	86	87	89	89	91
	大学及以上	80	72	66	64	63	61
职业	干部/管理人员	95	93	92	88	86	85
	初级公务员/雇员	76	68	61	60	55	58
	个体/私营企业人员	104	82	76	72	75	84
	工人	92	81	83	80	94	78
	学生	47	26	29	32	34	31
	无业(包括退休人员)	129	132	120	128	115	113
	其他	99	*	*	*	*	*
个人月收入	没有收入	59	38	39	43	43	37
	1—500 元	91	97	124	142	107	131
	501—1000 元	95	83	55	44	42	46
	1001—1500 元	102	111	100	103	96	82
	1501—2000 元	109	105	91	98	88	94
	2001—2500 元	88	79	86	95	91	83
	2501—3000 元	100	88	76	68	77	86
	3001—4000 元	117	78	87	76	76	79
	4001 元及以上	105	122	101	97	88	85

注:青岛为四波调查城市。2013 年四波调查时间分别为:第一波 2 月 24 日至 3 月 16 日;第二波 5 月 26 日至 6 月 15 日;第三波 8 月 25 日至 9 月 14 日;第四波 11 月 3 日至 11 月 23 日。

“*”表示目标听众样本量不足,无法进行统计推断。

表 3.18.2　2011—2013 年青岛听众在不同地点的人均收听时间(分钟)

地　　点	2011 年	2012 年	2013 年
在家	57	54	49
车上	25	24	23
工作/学习场所	5	5	4
其他场所	2	2	2

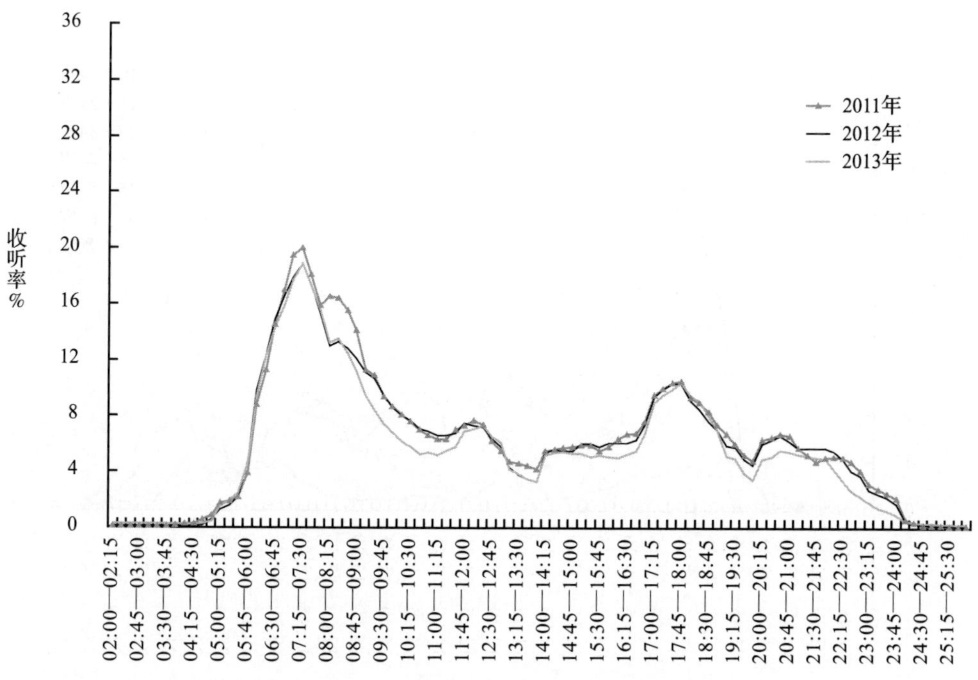

图 3.18.1 2011—2013 年青岛听众全天收听率走势

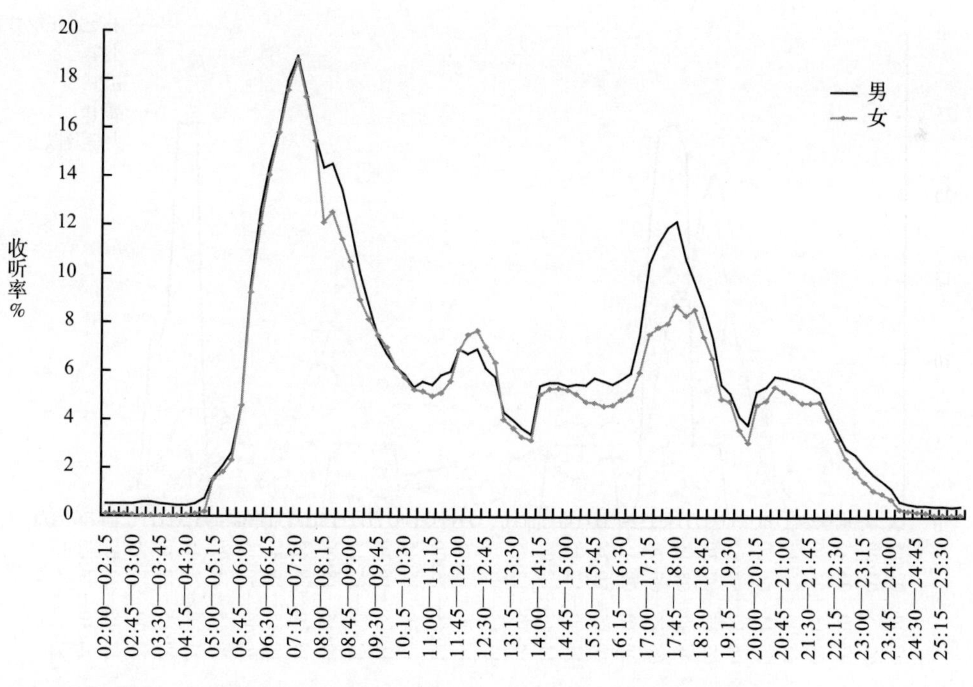

图 3.18.2 2013 年青岛不同性别听众全天收听率走势

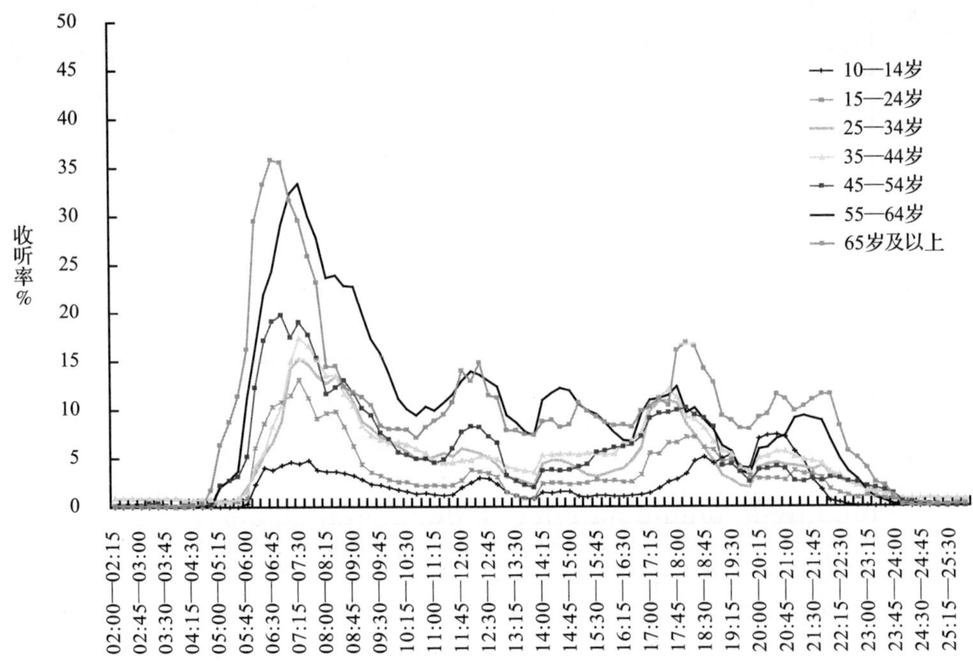

图 3.18.3 2013 年青岛不同年龄听众全天收听率走势

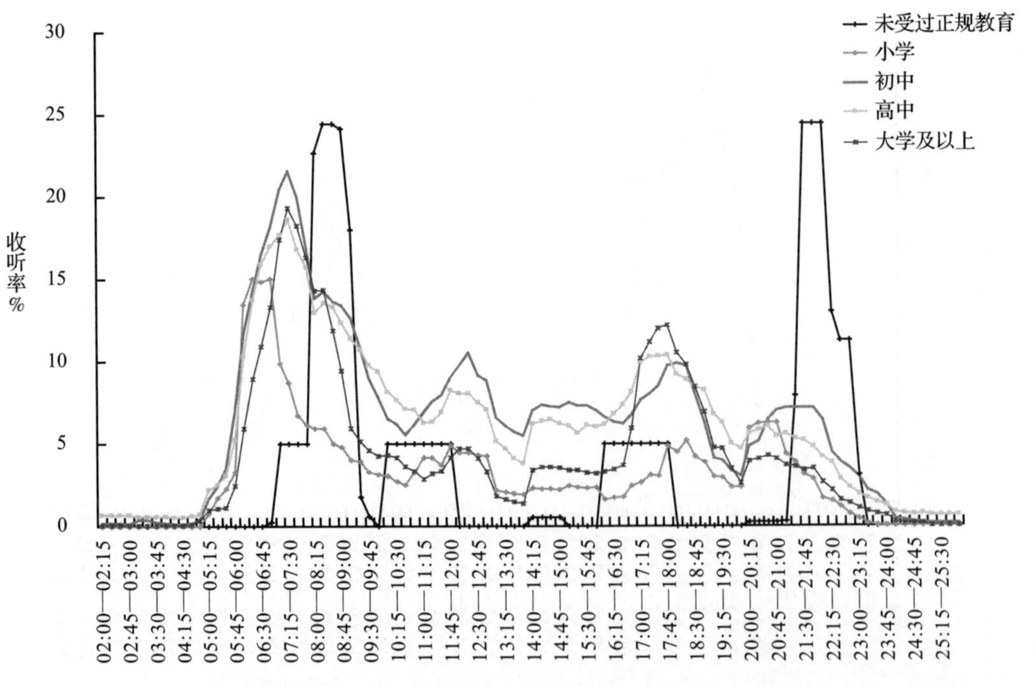

图 3.18.4 2013 年青岛不同文化程度听众全天收听率走势

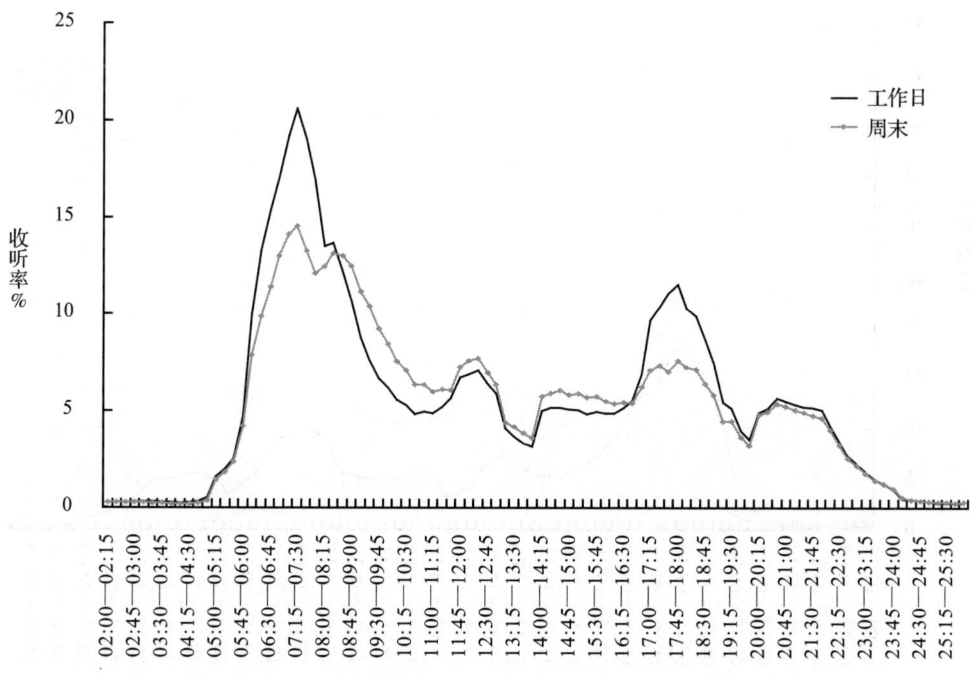

图 3.18.5　2013 年青岛听众工作日与周末全天收听率走势

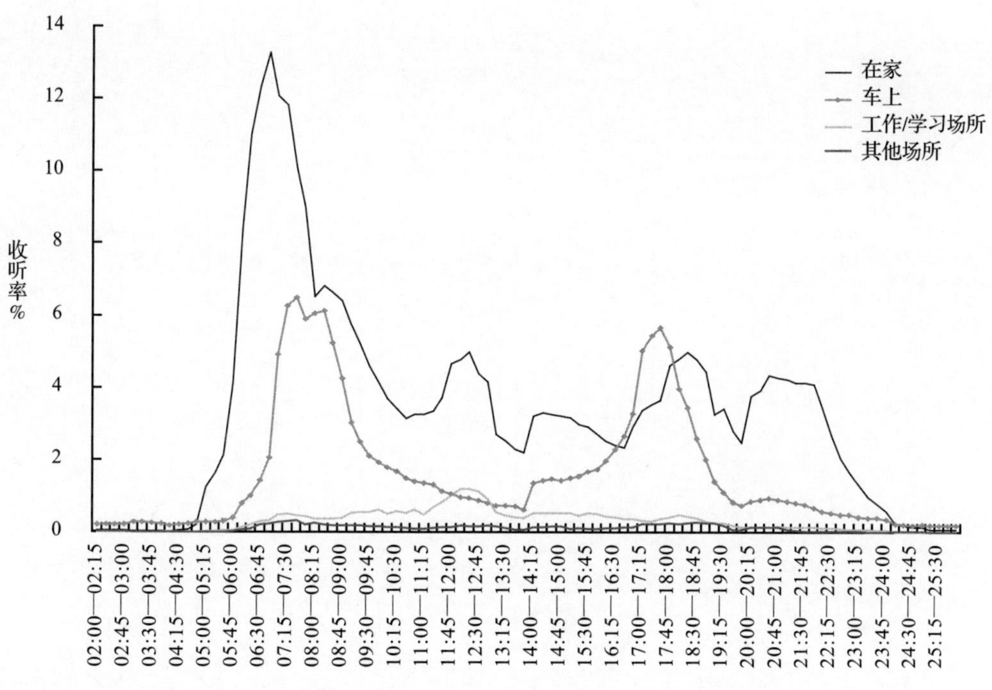

图 3.18.6　2013 年青岛听众在不同收听地点全天收听率走势

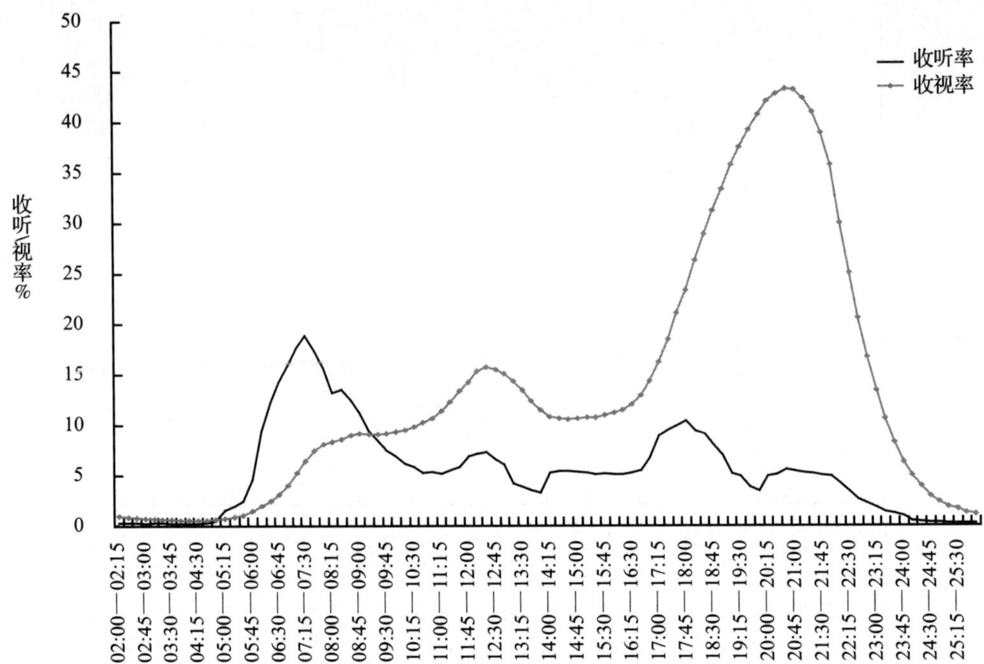

图 3.18.7　2013 年青岛受众全天收听率、收视率走势比较(目标受众为 10 岁及以上)

表 3.18.3　2013 年青岛市场听众构成(%)

目标听众		听众构成(%)
10 岁及以上所有人		100.0
性别	男	52.3
	女	47.7
年龄	10—14 岁	1.6
	15—24 岁	9.0
	25—34 岁	18.3
	35—44 岁	20.3
	45—54 岁	15.6
	55—64 岁	19.4
	65 岁及以上	15.7
文化程度	未受过正规教育	0.7
	小学	3.3
	初中	29.2
	高中	40.7
	大学及以上	26.1
职业	干部/管理人员	9.7
	初级公务员/雇员	20.0
	个体/私营企业人员	15.3
	工人	13.5
	学生	4.9
	无业(包括退休人员)	36.5
	其他	*
个人月收入	没有收入	8.5
	1—500 元	1.2
	501—1000 元	0.7
	1001—1500 元	6.6
	1501—2000 元	19.2
	2001—2500 元	20.5
	2501—3000 元	12.8
	3001—4000 元	19.0
	4001 元及以上	11.5

注:“*”表示目标听众样本量不足,无法进行统计推断。

表 3.18.4　2011—2013 年青岛市场各广播电台的市场份额(%)

广播电台	2011 年	2012 年	2013 年			
			第 1 波	第 2 波	第 3 波	第 4 波
中央人民广播电台	7.9	12.5	14.6	14.1	16.2	13.2
中国国际广播电台	0.3	0.1	0.1	0.0	0.0	0.0
山东人民广播电台	15.0	12.9	10.6	11.0	9.4	7.6
青岛人民广播电台	75.1	71.9	72.6	72.4	71.7	76.3
其他广播电台	1.7	2.6	2.1	2.5	2.7	2.9

表 3.18.5　2013 年青岛市场各广播电台在不同目标听众中的市场份额(%)

目标听众		中央人民广播电台	中国国际广播电台	山东人民广播电台	青岛人民广播电台	其他广播电台
10 岁及以上所有人		14.5	0.0	9.7	73.2	2.6
性别	男	13.5	0.0	9.2	74.9	2.4
	女	15.6	0.0	10.2	71.5	2.7
年龄	10—14 岁	8.3	0.0	9.0	78.5	4.1
	15—24 岁	16.2	0.0	13.3	65.8	4.8
	25—34 岁	6.5	0.1	14.5	76.1	2.7
	35—44 岁	6.4	0.0	8.6	82.4	2.6
	45—54 岁	18.3	0.0	9.6	69.7	2.4
	55—64 岁	28.0	0.0	6.4	63.2	2.3
	65 岁及以上	14.1	0.0	7.8	76.7	1.5
文化程度	未受过正规教育	35.4	0.0	0.0	64.6	*
	小学	21.6	0.0	6.3	70.5	1.7
	初中	17.1	0.0	9.5	71.2	2.2
	高中	13.5	0.0	11.3	72.6	2.6
	大学及以上	12.0	0.1	7.9	77.0	3.1
职业	干部/管理人员	19.3	0.1	7.7	69.8	3.2
	初级公务员/雇员	10.3	0.0	7.8	78.7	3.3
	个体/私营企业人员	6.5	0.0	14.0	77.0	2.4
	工人	10.8	0.0	11.8	74.9	2.4
	学生	11.6	0.0	12.8	71.6	4.1
	无业(包括退休人员)	20.6	0.0	8.2	69.2	1.9
	其他	*	*	*	*	100.0
个人月收入	没有收入	8.3	0.0	14.4	73.2	4.1
	1—500 元	9.4	0.0	22.1	66.2	2.3
	501—1000 元	12.5	0.0	10.3	77.2	0.0
	1001—1500 元	29.0	0.0	10.1	58.5	2.4
	1501—2000 元	17.4	0.0	6.4	74.4	1.8
	2001—2500 元	21.4	0.0	10.3	65.5	2.8
	2501—3000 元	7.4	0.0	8.1	82.2	2.3
	3001—4000 元	8.0	0.1	7.9	81.5	2.6
	4001 元及以上	9.3	0.1	12.3	75.4	3.0

注:“*”表示该目标听众样本量不足,无法进行统计推断。

表 3.18.6　2013 年青岛市场份额排名前五位的频率

名次	频　率	市场份额(%)
1	青岛交通广播 FM89.7/AM900	31.3
2	中央人民广播电台第一套节目中国之声	12.1
3	青岛新闻广播 FM107.6	10.8
4	青岛新闻生活广播 AM1377/AM819/FM97.3	7.1
5	青岛音乐体育广播 FM91.5	6.7

十九、清远收听数据

表 3.19.1　2011—2013 年清远各目标听众人均收听时间（分钟）

目标听众		2011 年	2012 年	2013 年			
				第 1 波	第 2 波	第 3 波	第 4 波
10 岁及以上所有人		44	55	56	53	60	48
性别	男	46	57	59	55	62	47
	女	42	53	53	52	58	49
年龄	10—14 岁	22	29	36	33	40	32
	15—24 岁	34	43	39	34	37	33
	25—34 岁	43	51	50	44	56	52
	35—44 岁	43	58	58	58	68	48
	45—54 岁	57	58	57	54	53	52
	55—64 岁	41	61	72	82	96	79
	65 岁及以上	68	85	93	87	86	49
文化程度	未受过正规教育	39	51	50	66	60	37
	小学	43	58	63	57	61	50
	初中	43	53	55	54	62	49
	高中	51	59	54	50	55	45
	大学及以上	45	38	39	33	65	47
职业	干部/管理人员	36	34	15	69	40	50
	初级公务员/雇员	51	50	59	51	52	49
	个体/私营企业人员	46	51	59	58	68	46
	工人	42	51	50	45	57	53
	学生	26	30	33	31	36	31
	无业（包括退休人员）	51	71	84	91	101	70
	其他	56	73	60	50	51	42
个人月收入	没有收入	32	40	49	48	56	44
	1—500 元	47	58	65	59	61	54
	501—1000 元	58	66	80	73	62	53
	1001—1500 元	52	64	53	61	72	60
	1501—2000 元	37	62	54	53	59	42
	2001—2500 元	40	47	59	47	61	52
	2501—3000 元	52	64	55	49	62	50
	3001—4000 元	51	41	31	30	37	38
	4001 元及以上	41	67	71	65	101	55

注：清远为四波调查城市。2013 年四波调查时间分别为：第一波 2 月 24 日至 3 月 16 日；第二波 5 月 26 日至 6 月 15 日；第三波 8 月 25 日至 9 月 14 日；第四波 11 月 3 日至 11 月 23 日。

表 3.19.2　2011—2013 年清远听众在不同地点的人均收听时间（分钟）

地　点	2011 年	2012 年	2013 年
在家	33	42	44
车上	3	3	4
工作/学习场所	4	6	4
其他场所	3	4	3

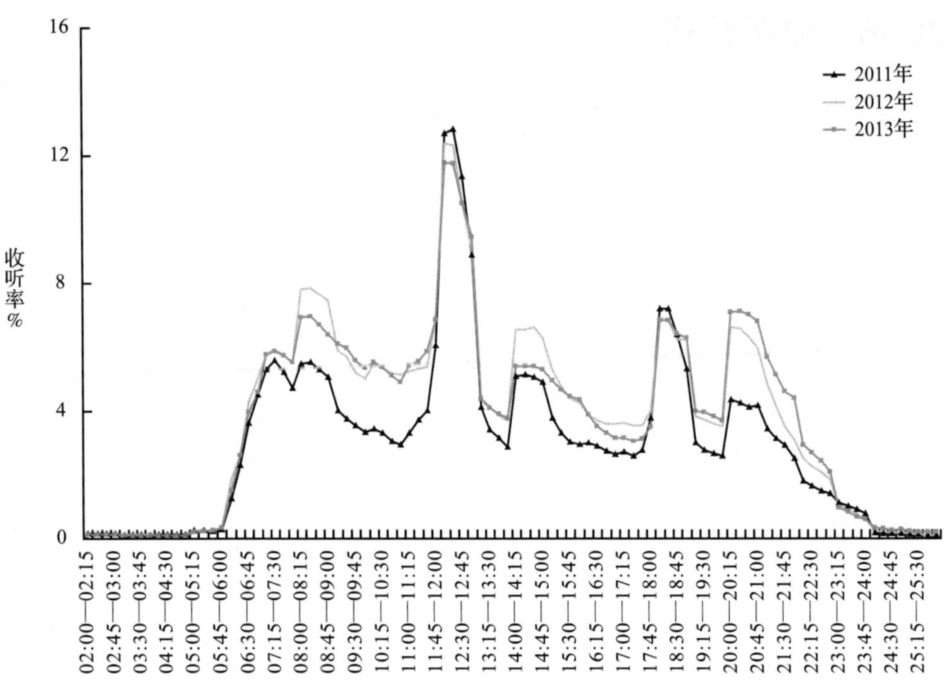

图 3.19.1　2011—2013 年清远听众全天收听率走势

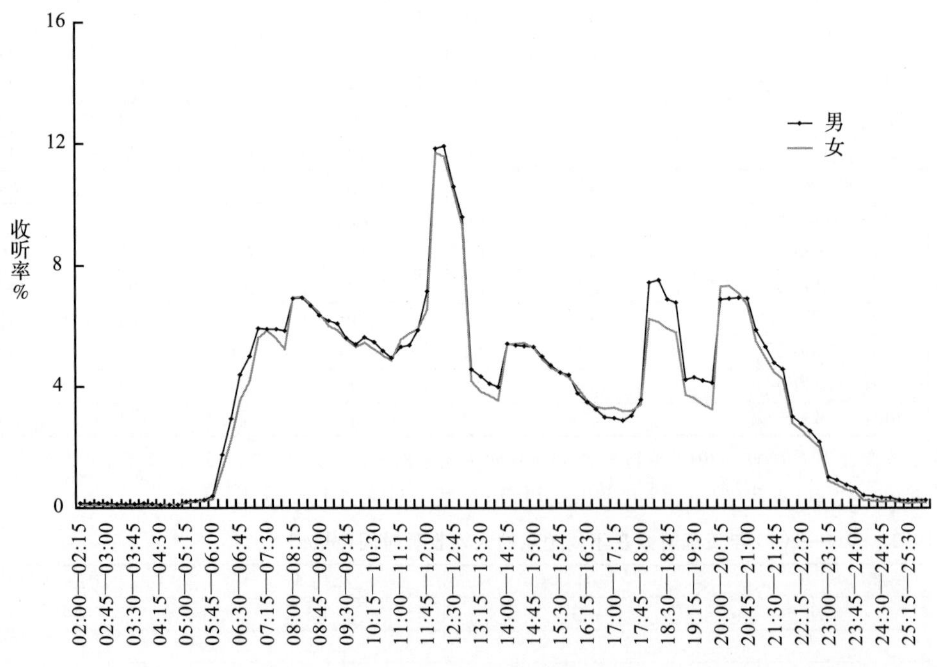

图 3.19.2　2013 年清远不同性别听众全天收听率走势

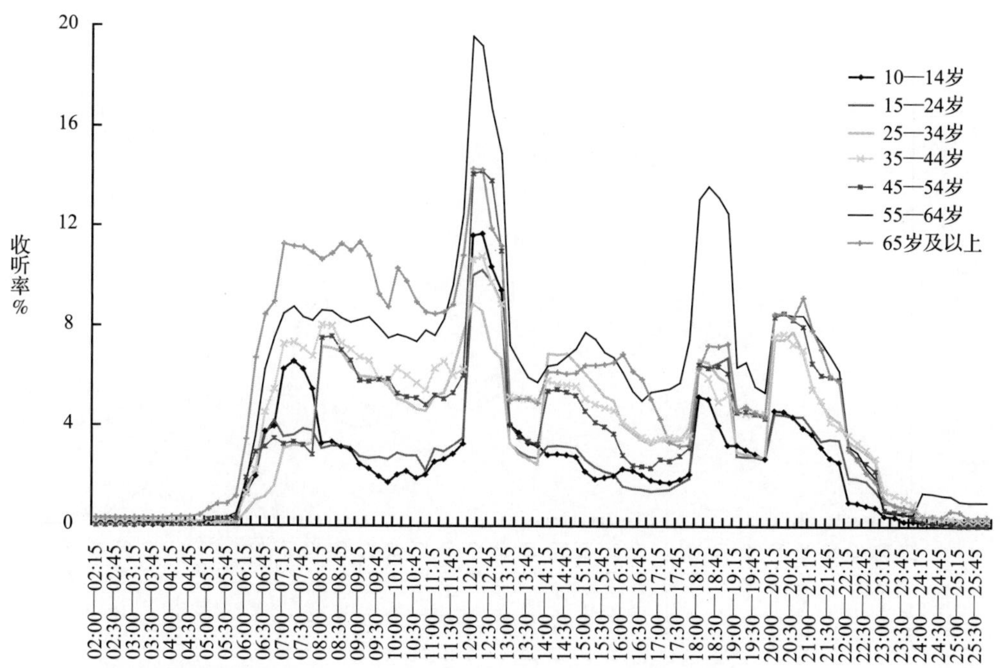

图 3.19.3　2013 年清远不同年龄听众全天收听率走势

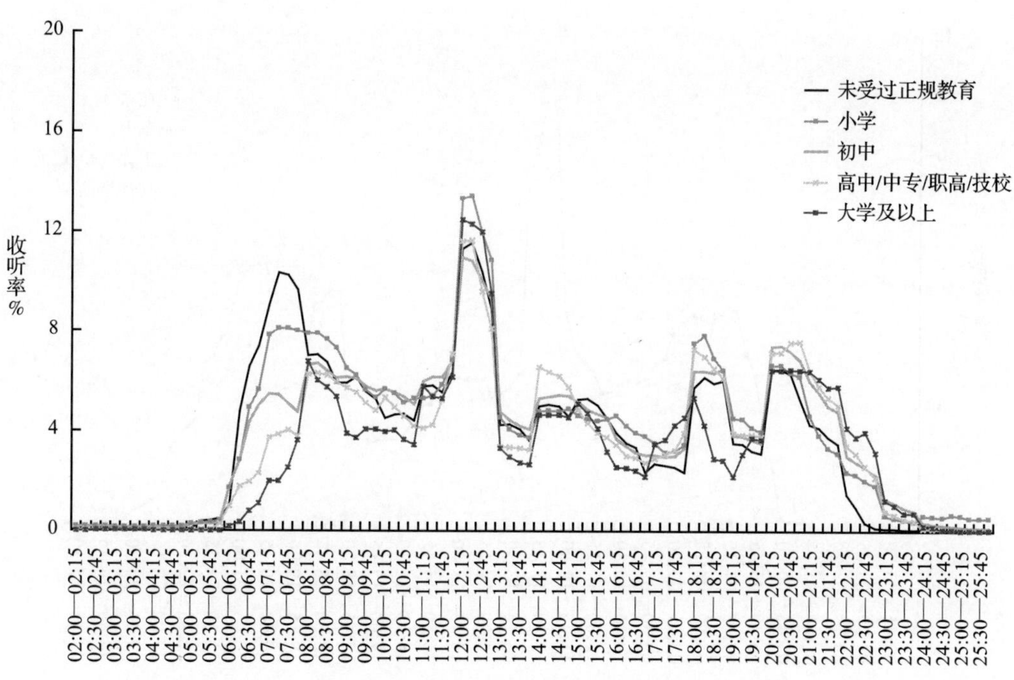

图 3.19.4　2013 年清远不同文化程度听众全天收听率走势

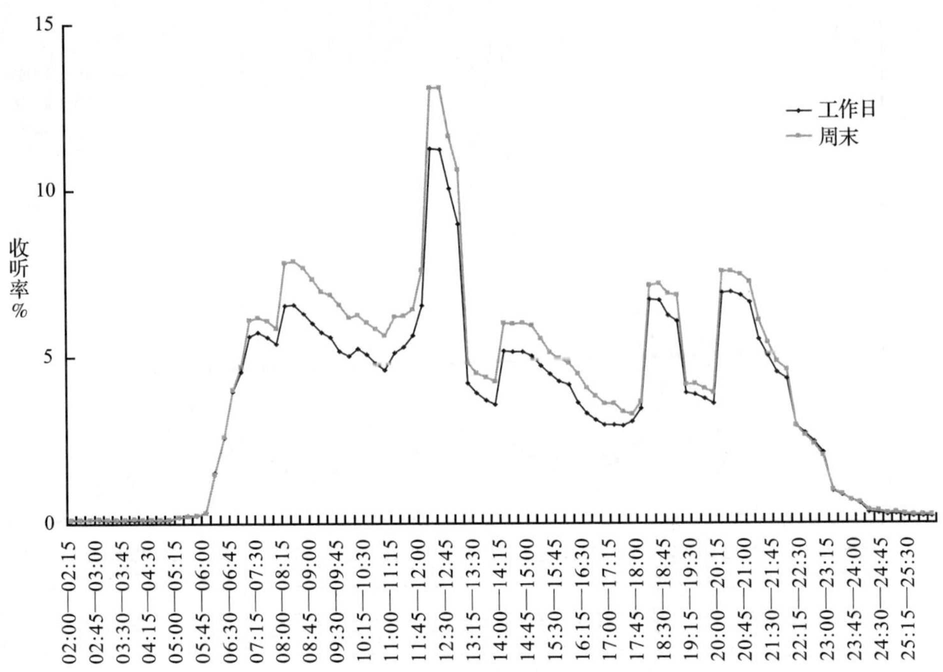

图 3.19.5 2013 年清远听众工作日与周末全天收听率走势

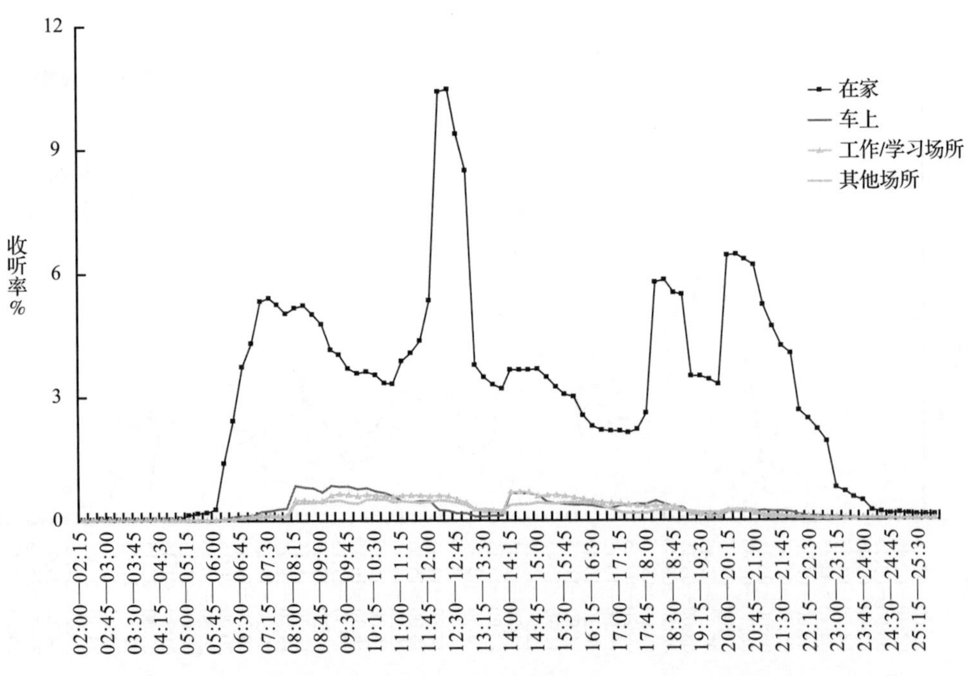

图 3.19.6 2013 年清远听众在不同收听地点全天收听率走势

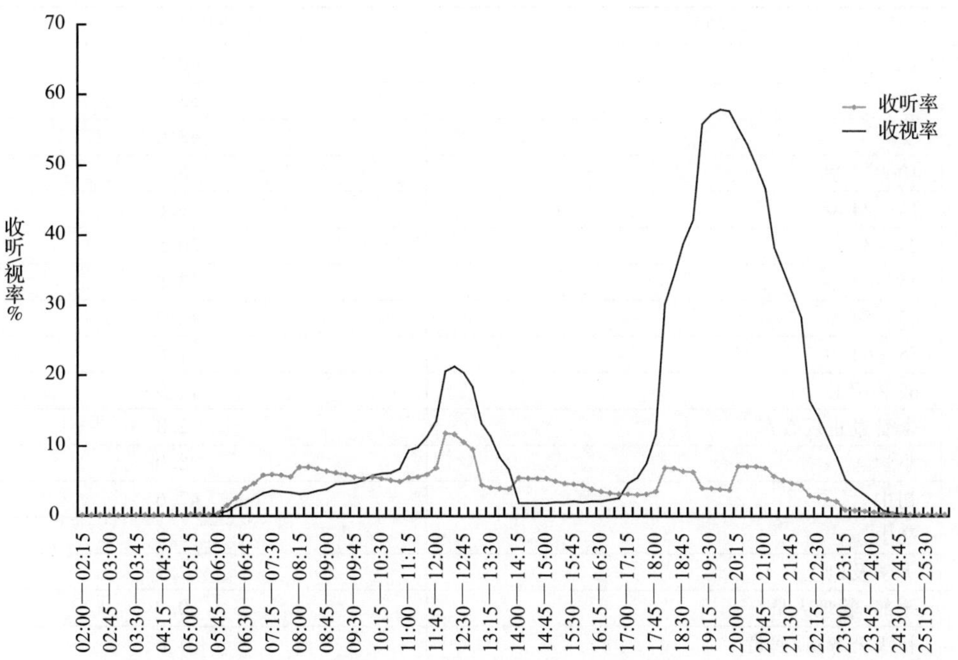

图 3. 19. 7　2013 年清远受众全天收听率、收视率走势比较(目标受众为 10 岁及以上)

表 3.19.3　2013 年清远市场听众构成(%)

目标听众		听众构成(%)
10 岁及以上所有人		100.0
性别	男	52.0
	女	48.0
年龄	10—14 岁	6.3
	15—24 岁	9.8
	25—34 岁	20.5
	35—44 岁	23.8
	45—54 岁	11.9
	55—64 岁	11.8
	65 岁及以上	15.9
文化程度	未受过正规教育	2.8
	小学	28.0
	初中	47.6
	高中	18.8
	大学及以上	2.7
职业	干部/管理人员	0.7
	初级公务员/雇员	4.6
	个体/私营企业人员	17.6
	工人	23.1
	学生	9.8
	无业(包括退休人员)	24.0
	其他	20.2
个人月收入	没有收入	24.9
	1—500 元	5.8
	501—1000 元	11.5
	1001—1500 元	15.7
	1501—2000 元	14.9
	2001—2500 元	11.7
	2501—3000 元	8.5
	3001—4000 元	3.1
	4001 元及以上	3.8

表 3.19.4　2011—2013 年清远市场各广播电台的市场份额(%)

广播电台	2011 年	2012 年	2013 年			
			第 1 波	第 2 波	第 3 波	第 4 波
中央人民广播电台	5.7	3.4	2.5	4.6	4.1	2.9
中国国际广播电台	0.6	0.1	0.0	0.0	0.1	0.2
广东人民广播电台	34.9	33.4	37.7	28.6	28.1	27.1
广州广播电视台	3.7	5.0	4.1	3.4	3.6	5.4
清远人民广播电台	32.7	41.1	42.9	51.3	50.0	52.4
佛山人民广播电台	22.0	16.4	11.7	11.2	13.3	11.2
其他广播电台	0.4	0.7	0.9	0.9	0.8	0.8

表 3.19.5 2013 年清远市场各广播电台在不同目标听众中的市场份额(%)

目标听众		中央人民广播电台	中国国际广播电台	广东人民广播电台	广州广播电视台	清远人民广播电台	佛山人民广播电台	其他广播电台
10 岁及以上所有人		3.6	0.1	30.5	4.1	49.0	11.9	0.8
性别	男	3.8	0.1	30.4	4.9	47.3	12.7	0.7
	女	3.3	0.1	30.5	3.2	50.9	11.0	0.9
年龄	10—14 岁	2.2	0.1	45.3	3.2	31.7	17.4	0.1
	15—24 岁	6.6	0.0	34.5	4.9	44.4	9.4	0.1
	25—34 岁	2.7	0.2	22.4	3.0	57.6	12.8	1.3
	35—44 岁	2.1	0.0	31.0	2.4	49.8	14.5	0.1
	45—54 岁	2.8	0.1	28.6	5.4	53.3	8.3	1.5
	55—64 岁	5.4	0.1	23.3	5.8	55.9	8.7	0.8
	65 岁及以上	4.7	0.1	38.5	5.6	38.2	11.2	1.6
文化程度	未受过正规教育	4.9	0.0	43.3	2.1	37.6	9.5	2.6
	小学	4.5	0.1	31.4	7.4	43.2	12.3	1.1
	初中	3.1	0.1	30.6	2.2	50.4	13.0	0.5
	高中	3.0	0.0	26.8	4.2	55.6	9.4	1.0
	大学及以上	4.1	0.2	30.4	4.7	50.3	10.0	0.3
职业	干部/管理人员	1.2	0.0	8.7	4.2	84.3	1.5	0.0
	初级公务员/雇员	5.9	0.0	30.0	6.1	47.6	10.3	0.0
	个体/私营企业人员	4.5	0.1	21.4	2.7	60.1	11.1	0.1
	工人	2.0	0.2	23.9	4.7	55.1	13.6	0.4
	学生	4.9	0.1	42.0	4.5	34.5	13.9	0.1
	无业(包括退休人员)	4.7	0.0	31.1	2.8	51.5	7.9	2.0
	其他	2.1	0.1	40.4	5.6	35.5	15.3	1.0
个人月收入	没有收入	3.3	0.1	35.0	3.7	44.5	12.4	0.9
	1—500 元	0.9	0.0	31.2	6.3	46.7	14.9	0.0
	501—1000 元	2.9	0.1	30.4	6.0	48.8	9.8	2.1
	1001—1500 元	4.9	0.0	30.6	3.1	51.9	7.9	1.6
	1501—2000 元	5.1	0.3	28.4	5.8	50.8	8.9	0.6
	2001—2500 元	5.1	0.1	29.9	3.1	47.6	14.3	0.1
	2501—3000 元	2.7	0.0	22.0	2.6	53.7	19.0	0.1
	3001—4000 元	1.8	0.1	22.1	2.1	49.3	24.3	0.2
	4001 元及以上	0.8	0.0	36.0	4.3	49.3	9.4	0.0

表 3.19.6 2013 年清远市场份额排名前五位的频率

名次	频　率	市场份额（%）
1	清远新闻资讯广播 FM88.7	38.5
2	广东电台珠江经济广播电台（E FM 财富 974）	19.0
3	清远电台农村广播 FM97.8	10.6
4	广东电台音乐之声 FM99.3	3.9
5	佛山人民广播电台 FM90.6	3.6

二十、泉州收听数据

表 3.20.1　2012—2013 年泉州各目标听众人均收听时间（分钟）

目标听众		2012 年	2013 年			
			第 1 波	第 2 波	第 3 波	第 4 波
10 岁及以上所有人		58	64	58	59	59
性别	男	70	72	66	64	64
	女	47	55	50	54	54
年龄	10—14 岁	19	31	31	23	35
	15—24 岁	36	35	33	26	27
	25—34 岁	61	60	45	49	48
	35—44 岁	73	84	82	79	82
	45—54 岁	69	77	82	92	80
	55—64 岁	66	76	73	78	83
	65 岁及以上	90	115	110	119	123
文化程度	未受过正规教育	58	66	67	65	49
	小学	56	66	67	79	90
	初中	66	66	53	52	53
	高中	57	73	68	72	69
	大学及以上	50	51	51	47	44
职业	干部/管理人员	69	67	53	53	60
	初级公务员/雇员	46	49	45	47	42
	个体/私营企业人员	60	62	71	56	64
	工人	115	121	88	101	86
	学生	20	23	22	21	25
	无业（包括退休人员）	73	85	82	92	94
	其他	58	*	*	*	*
个人月收入	没有收入	39	46	41	42	45
	1—500 元	*	*	*	*	*
	501—1000 元	43	42	47	67	76
	1001—1500 元	68	78	82	97	94
	1501—2000 元	58	81	79	63	73
	2001—2500 元	61	68	60	72	71
	2501—3000 元	64	67	67	64	67
	3001—4000 元	74	77	64	68	58
	4001 元及以上	73	67	65	57	58

注：泉州为四波调查城市。2013 年四波调查时间分别为：第一波 2 月 24 日至 3 月 16 日；第二波 5 月 26 日至 6 月 15 日；第三波 8 月 25 日至 9 月 14 日；第四波 11 月 3 日至 11 月 23 日。
“*”表示目标听众样本量不足，无法进行统计推断。

表 3.20.2　2012—2013 年泉州听众在不同地点的人均收听时间（分钟）

地　点	2012 年	2013 年
在家	28	32
车上	19	17
工作/学习场所	9	9
其他场所	2	1

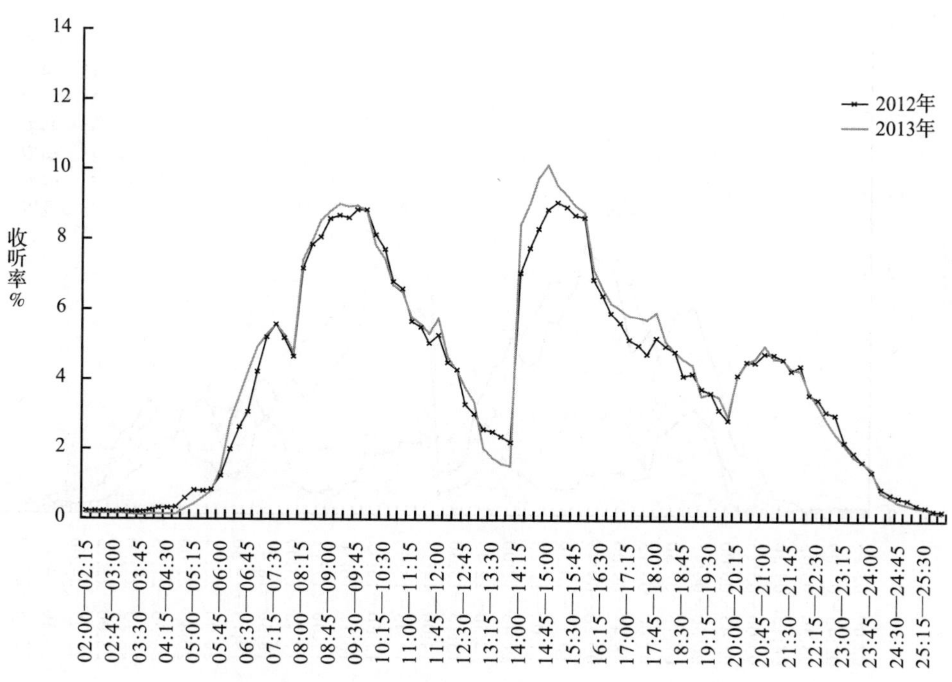

图 3.20.1 2012—2013 年泉州听众全天收听率走势

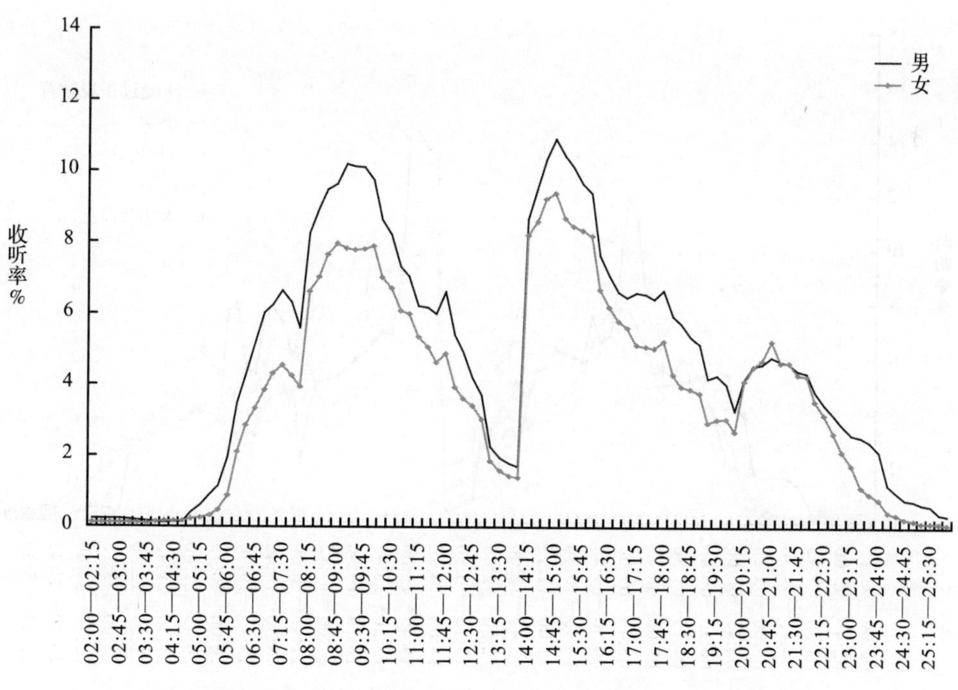

图 3.20.2 2013 年泉州不同性别听众全天收听率走势

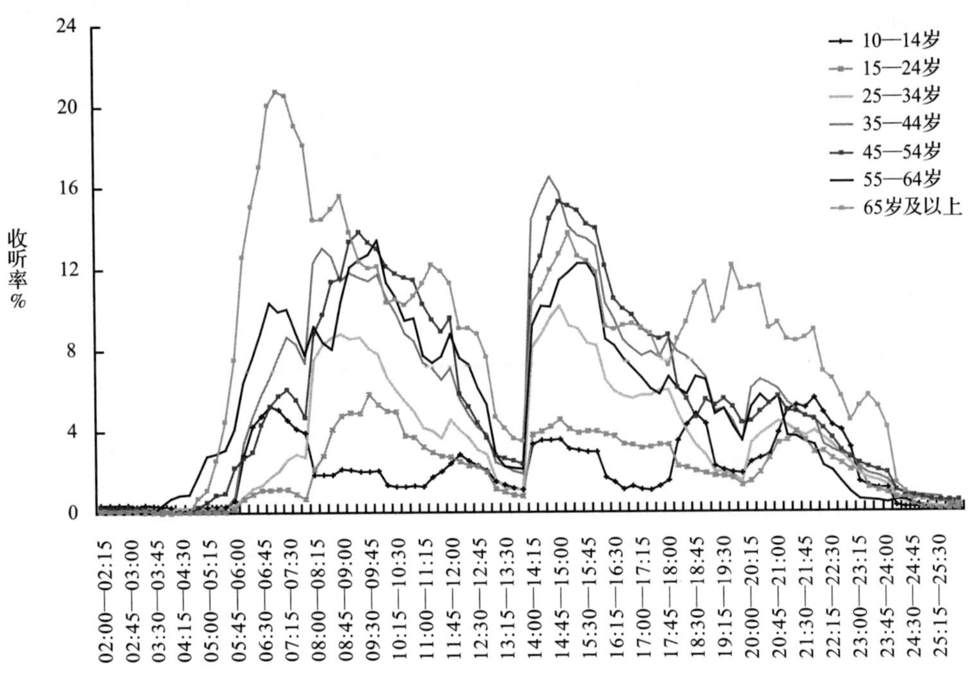

图 3.20.3　2013 年泉州不同年龄听众全天收听率走势

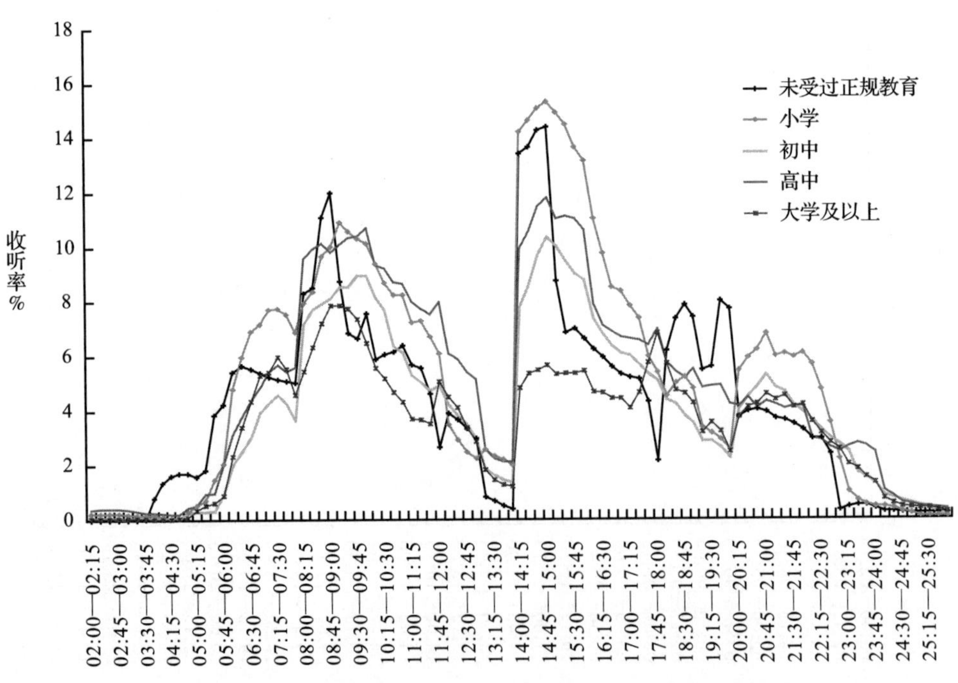

图 3.20.4　2013 年泉州不同文化程度听众全天收听率走势

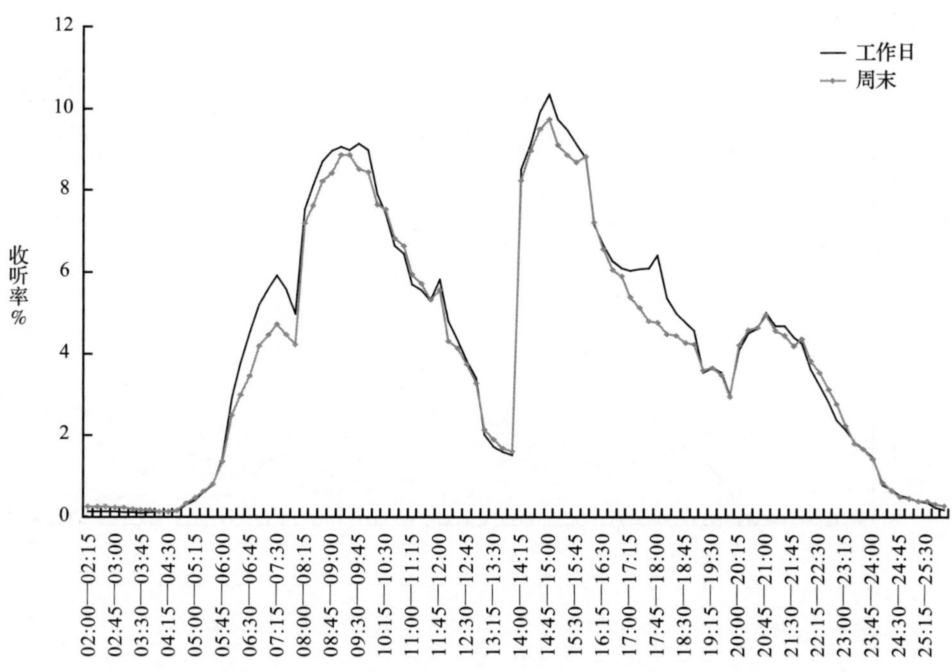

图 3.20.5 2013 年泉州听众工作日与周末全天收听率走势

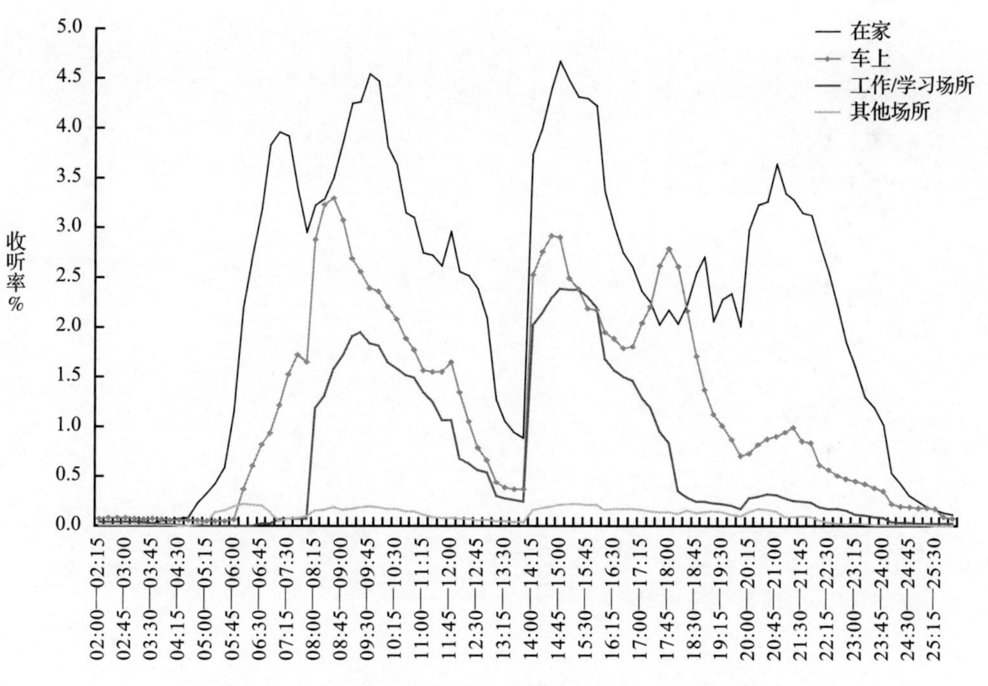

图 3.20.6 2013 年泉州听众在不同收听地点全天收听率走势

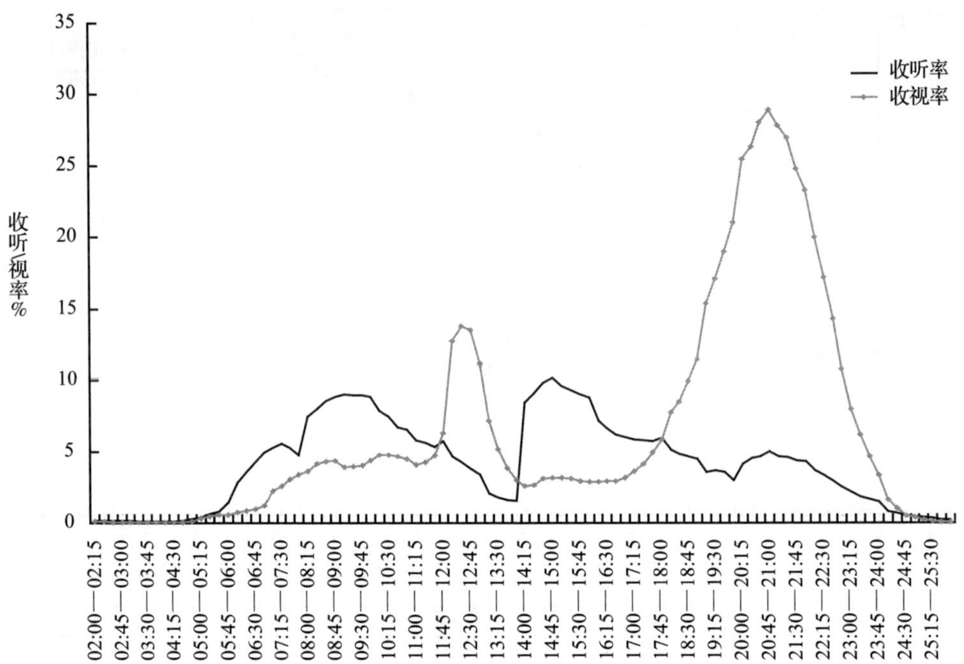

图 3.20.7　2013 年泉州受众全天收听率、收视率走势比较（目标受众为 10 岁及以上）

表 3.20.3　2013 年泉州市场听众构成（%）

目标听众		听众构成（%）
10 岁及以上所有人		100.0
性别	男	55.7
	女	44.3
年龄	10—14 岁	2.2
	15—24 岁	13.4
	25—34 岁	22.9
	35—44 岁	22.6
	45—54 岁	15.2
	55—64 岁	8.4
	65 岁及以上	15.4
文化程度	未受过正规教育	3.2
	小学	14.5
	初中	33.2
	高中	28.2
	大学及以上	20.9
职业	干部/管理人员	4.2
	初级公务员/雇员	19.0
	个体/私营企业人员	21.1
	工人	17.8
	学生	7.1
	无业（包括退休人员）	30.3
	其他	*
个人月收入	没有收入	22.5
	1—500 元	*
	501—1000 元	1.6
	1001—1500 元	7.1
	1501—2000 元	9.1
	2001—2500 元	11.7
	2501—3000 元	13.4
	3001—4000 元	18.2
	4001 元及以上	16.2

注："*"表示目标听众样本量不足，无法进行统计推断。

表 3.20.4　2012—2013 年泉州市场各广播电台的市场份额（%）

广播电台	2012 年	2013 年			
		第 1 波	第 2 波	第 3 波	第 4 波
中央人民广播电台	15.1	14.8	20.0	18.8	17.0
中国国际广播电台	0.0	0.0	0.0	0.0	0.0
福建广播影视集团	15.5	14.6	14.8	13.4	10.5
泉州人民广播电台	68.1	70.2	64.7	67.3	71.8
其他广播电台	1.3	0.4	0.5	0.5	0.7

表 3.20.5　2013 年泉州市场各广播电台在不同目标听众中的市场份额（%）

目标听众		中央人民广播电台	中国国际广播电台	福建广播影视集团	泉州人民广播电台	其他广播电台
10 岁及以上所有人		17.6	0.0	13.4	68.5	0.5
性别	男	20.2	0.0	12.8	66.6	0.4
	女	14.3	0.0	14.1	71.0	0.6
年龄	10—14 岁	14.5	0.0	6.1	79.4	0.0
	15—24 岁	15.1	0.0	13.9	70.9	0.1
	25—34 岁	6.9	0.0	10.5	82.4	0.3
	35—44 岁	13.7	0.0	19.9	66.3	0.1
	45—54 岁	18.9	0.0	9.1	71.9	0.1
	55—64 岁	25.6	0.0	20.4	54.0	0.0
	65 岁及以上	36.2	0.0	8.9	52.4	2.5
文化程度	未受过正规教育	43.6	0.0	8.0	35.9	12.5
	小学	13.8	0.0	8.8	77.4	0.0
	初中	9.1	0.0	14.1	76.5	0.3
	高中	17.8	0.0	14.8	67.4	0.1
	大学及以上	29.3	0.0	14.3	56.4	0.0
职业	干部/管理人员	21.3	0.0	15.1	63.6	0.0
	个体/私营企业人员	16.1	0.0	14.2	69.6	0.1
	初级公务员/雇员	6.9	0.0	11.0	82.1	0.0
	工人	9.2	0.0	19.9	70.7	0.3
	学生	21.5	0.0	17.6	60.9	0.0
	无业（包括退休人员）	29.8	0.0	9.6	59.2	1.4
	其他	*	*	*	*	*
个人月收入	没有收入	22.4	0.0	10.8	64.9	1.9
	1—500 元	*	*	*	*	*
	501—1000 元	8.6	0.0	15.4	75.9	0.0
	1001—1500 元	28.7	0.0	13.1	58.1	0.0
	1501—2000 元	9.4	0.0	21.8	68.9	0.0
	2001—2500 元	9.2	0.0	7.6	83.0	0.3
	2501—3000 元	9.1	0.0	13.3	77.5	0.1
	3001—4000 元	20.4	0.0	14.4	65.0	0.2
	4001 元及以上	22.0	0.0	14.9	63.2	0.0

注：“*”表示目标听众样本量不足，无法进行统计推断。

表 3.20.6　2013 年泉州市场份额排名前五位的频率

名次	频　率	市场份额（%）
1	泉州人民广播电台 904 交通之声 FM90.4	28.5
2	泉州人民广播电台 889 新闻频道 FM88.9/AM576	16.1
3	泉州人民广播电台 1059 刺桐之声 FM105.9	11.9
4	中央人民广播电台第一套节目中国之声	10.0
5	中央人民广播电台第二套节目经济之声	6.6

二十一、上海收听数据

表 3.21.1　2011—2013 年上海各目标听众人均收听时间（分钟）

目标听众		2011 年	2012 年	2013 年
10 岁及以上所有人		75	68	62
性别	男	75	70	62
	女	75	66	63
年龄	10—14 岁	31	25	30
	15—24 岁	53	50	39
	25—34 岁	58	54	58
	35—44 岁	72	65	57
	45—54 岁	79	73	67
	55—64 岁	97	95	89
	65 岁及以上	129	112	83
文化程度	未受过正规教育	52	*	45
	小学	82	60	36
	初中	85	72	63
	高中	76	68	69
	大学及以上	66	66	58
职业	干部/管理人员	71	57	62
	初级公务员/雇员	68	65	58
	个体/私营企业人员	71	59	55
	工人	73	68	78
	学生	42	37	32
	无业（包括退休人员）	100	95	77
	其他	*	*	*
个人月收入	没有收入	44	40	33
	1—500 元	64	*	*
	501—1000 元	84	66	*
	1001—1500 元	84	75	62
	1501—2000 元	100	79	66
	2001—2500 元	78	78	79
	2501—3000 元	72	65	67
	3001—4000 元	63	67	61
	4001 元及以上	75	69	63

注：上海为全年连续调查城市。"*"表示该目标听众样本量不足，无法进行统计推断。

表 3.21.2　2011—2013 年上海听众在不同地点的人均收听时间（分钟）

地　　点	2011 年	2012 年	2013 年
在家	56	47	39
车上	12	14	16
工作/学习场所	5	6	6
其他场所	1	1	1

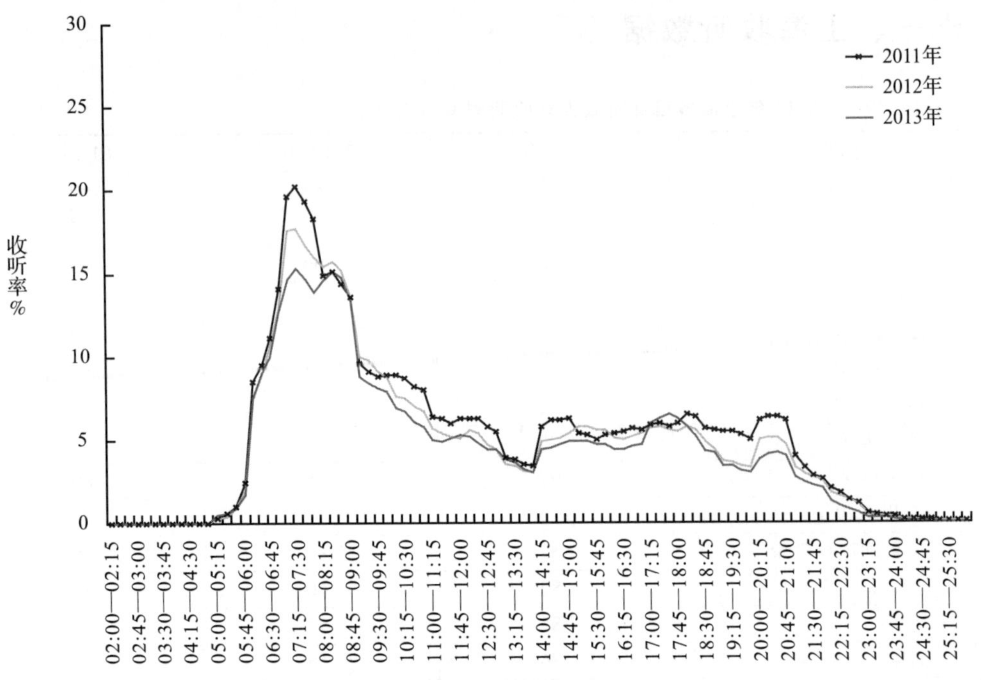

图 3.21.1　2011—2013 年上海听众全天收听率走势

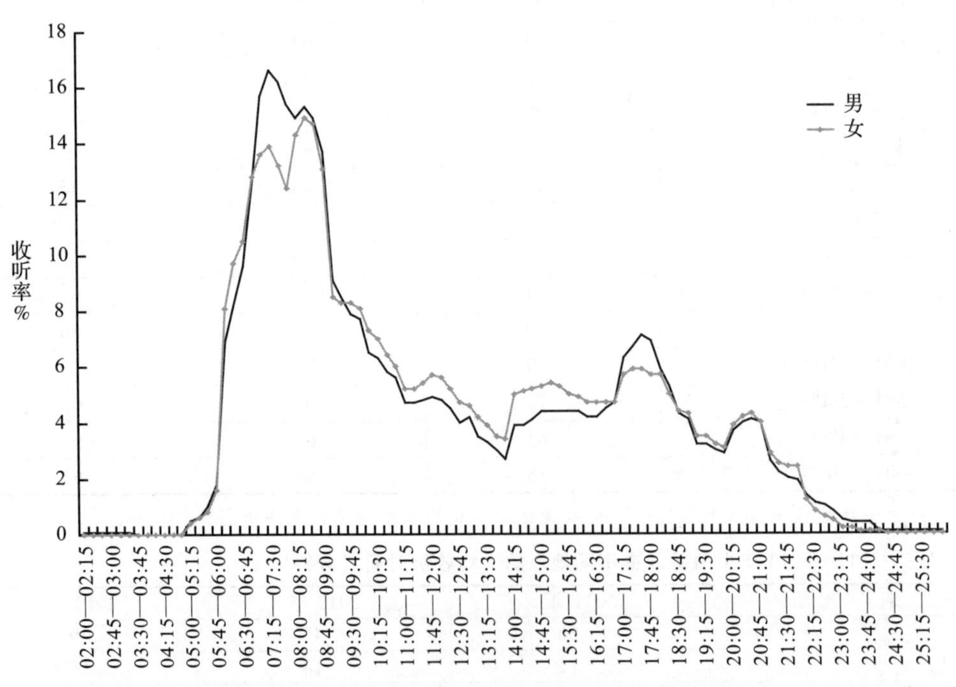

图 3.21.2　2013 年上海不同性别听众全天收听率走势

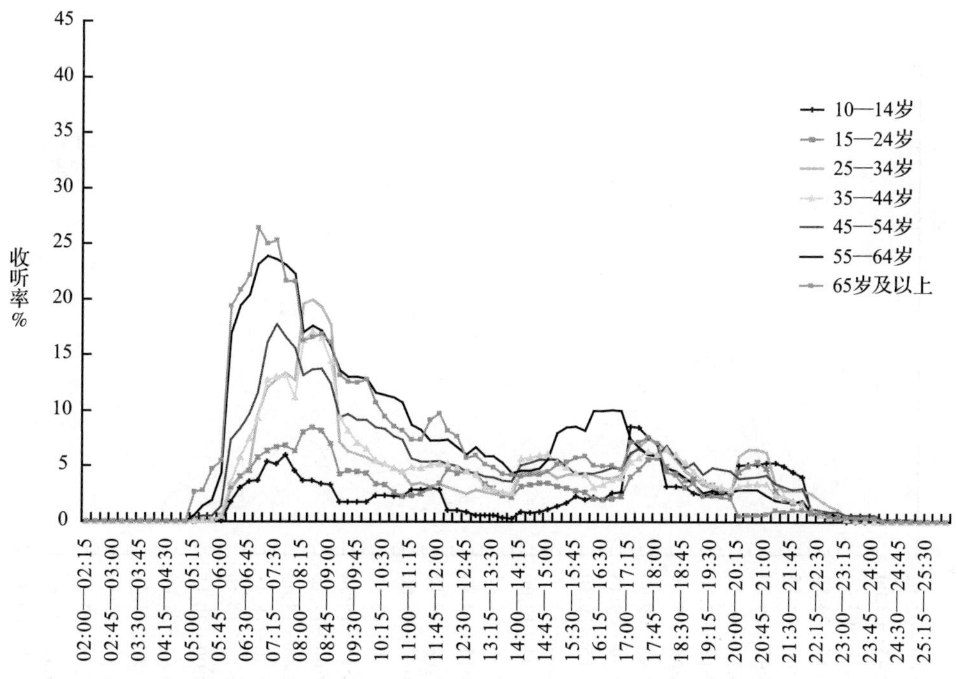

图 3.21.3 2013 年上海不同年龄听众全天收听率走势

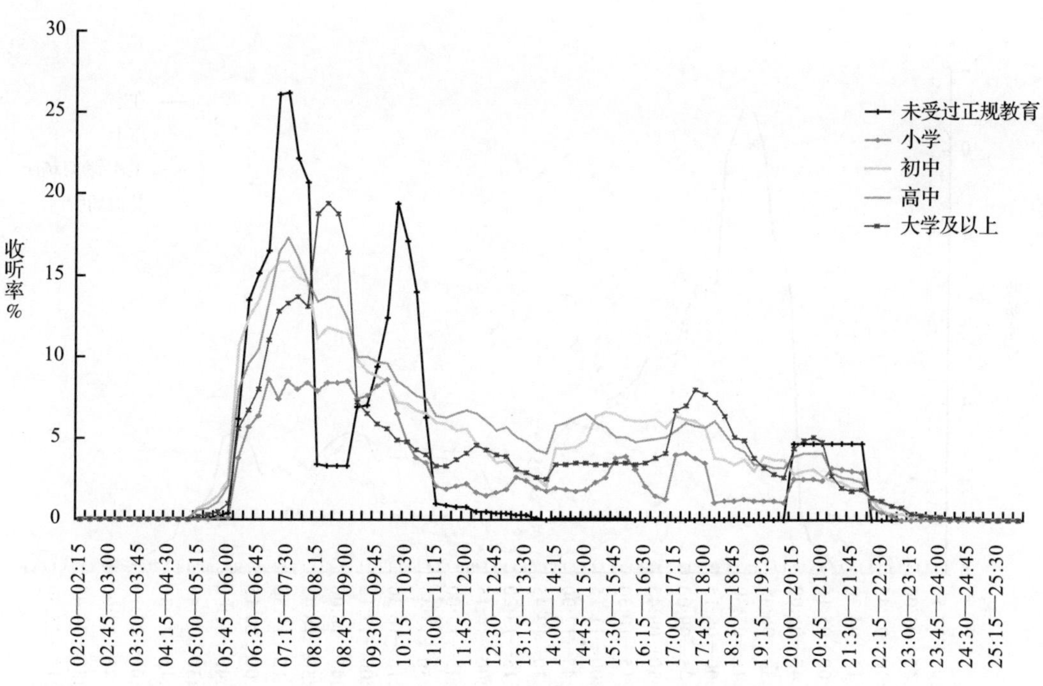

图 3.21.4 2013 年上海不同文化程度听众全天收听率走势

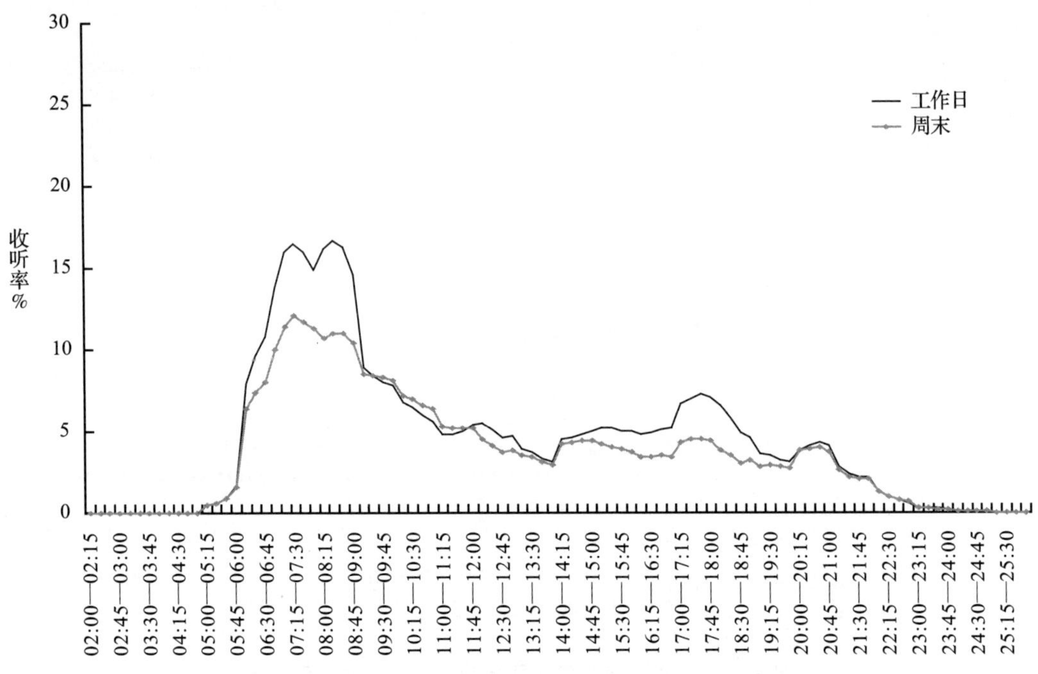

图 3.21.5 2013 年上海听众工作日与周末全天收听率走势

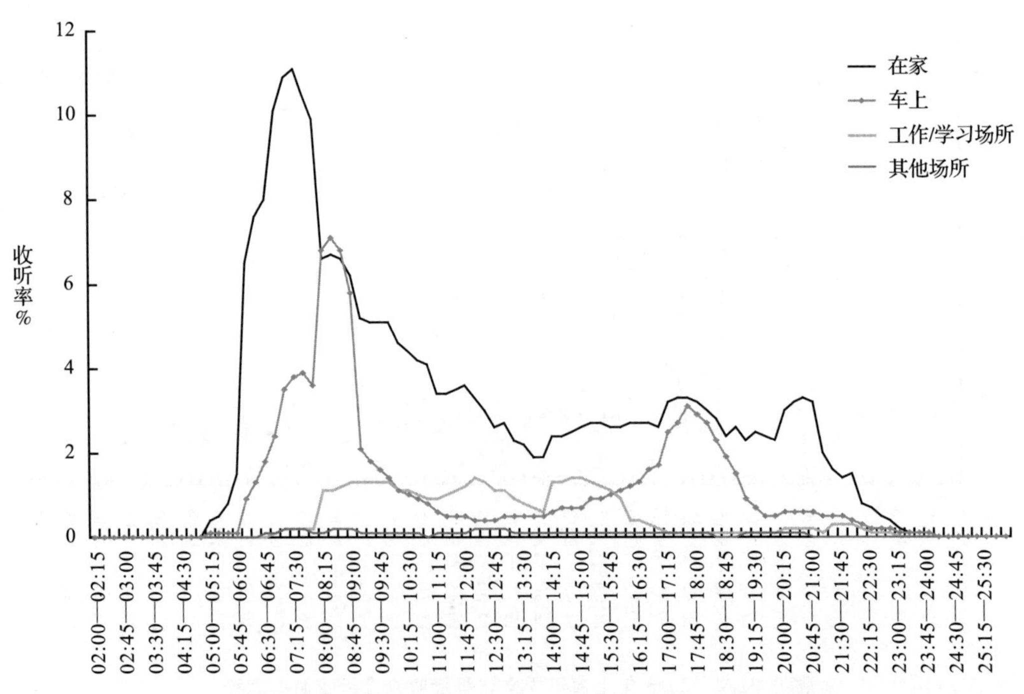

图 3.21.6 2013 年上海听众在不同收听地点全天收听率走势

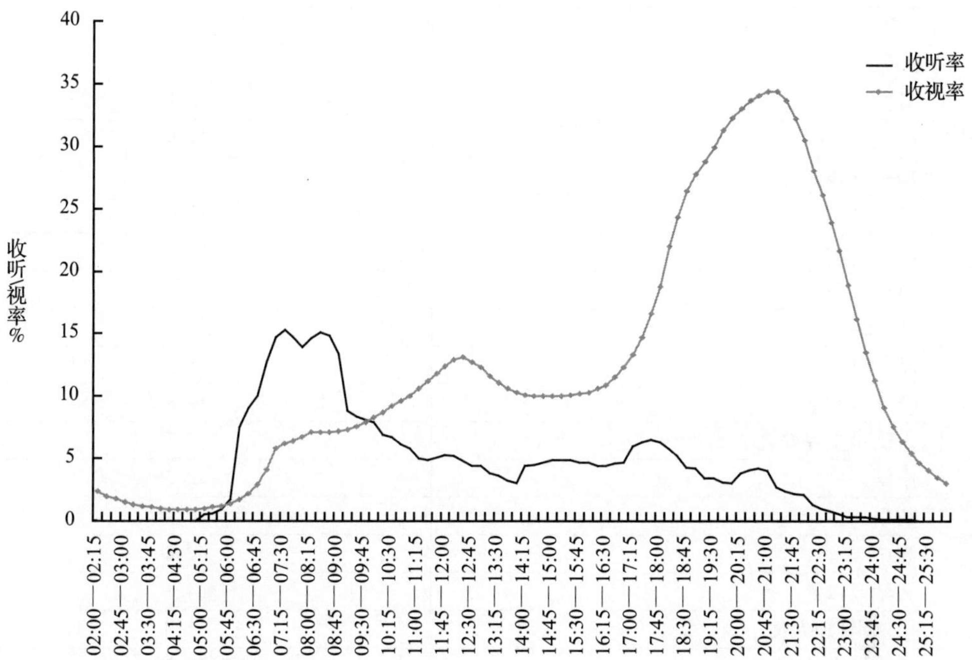

图 3.21.7 2013 年上海受众全天收听率、收视率走势比较（目标受众为 10 岁及以上）

表 3.21.3 2013 年上海市场听众构成（%）

目标听众		听众构成（%）
10 岁及以上所有人		100.0
性别	男	50.1
	女	49.9
年龄	10—14 岁	1.1
	15—24 岁	11.6
	25—34 岁	18.2
	35—44 岁	15.1
	45—54 岁	21.2
	55—64 岁	18.0
	65 岁及以上	14.8
文化程度	未受过正规教育	0.5
	小学	2.2
	初中	20.4
	高中	42.8
	大学及以上	34.1
职业	干部/管理人员	5.0
	初级公务员/雇员	34.7
	个体/私营企业人员	5.1
	工人	16.8
	学生	6.3
	无业（包括退休人员）	31.9
	其他	*
个人月收入	没有收入	7.1
	1—500 元	*
	501—1000 元	*
	1001—1500 元	1.9
	1501—2000 元	8.9
	2001—2500 元	22.7
	2501—3000 元	15.8
	3001—4000 元	20.8
	4001 元及以上	21.9

注：“*”表示该目标听众样本量不足，无法进行统计推断。

表 3.21.4 2011—2013 年上海市场各广播电台的市场份额（%）

广播电台	2011 年	2012 年	2013 年
中央人民广播电台	4.7	3.8	5.8
中国国际广播电台	0.9	0.4	0.7
上海广播电视台	92.1	93.5	92.0
其他广播电台	2.3	2.3	1.5

表 3.21.5 2013 年上海市场各广播电台在不同目标听众中的市场份额（%）

目标听众		中央人民广播电台	中国国际广播电台	上海广播电视台	其他广播电台
10 岁及以上所有人		5.8	0.7	92.0	1.5
性别	男	5.4	1.1	92.2	1.3
	女	6.1	0.4	91.8	1.7
年龄	10—14 岁	5.0	0.5	92.8	1.7
	15—24 岁	2.1	1.2	93.4	3.3
	25—34 岁	6.9	3.1	88.4	1.6
	35—44 岁	5.0	0.1	92.9	2.0
	45—54 岁	2.5	0.1	95.7	1.7
	55—64 岁	7.3	0.0	92.6	0.1
	65 岁及以上	10.9	0.1	88.3	0.7
文化程度	未受过正规教育	46.9	0.0	52.9	0.2
	小学	8.0	0.1	90.9	1.0
	初中	6.3	0.1	92.4	1.2
	高中	5.2	0.4	93.1	1.3
	大学及以上	5.4	1.6	91.0	2.0
职业	干部/管理人员	5.0	1.9	92.0	1.1
	初级公务员/雇员	6.3	1.6	91.0	1.1
	个体/私营企业人员	2.0	0.0	97.9	0.1
	工人	4.2	0.5	91.9	3.4
	学生	1.2	0.1	94.0	4.7
	无业（包括退休人员）	7.7	0.1	91.8	0.4
	其他	*	*	*	*
个人月收入	没有收入	1.6	0.1	93.9	4.4
	1—500 元	*	*	*	*
	501—1000 元	*	*	*	*
	1001—1500 元	6.2	0.0	93.2	0.6
	1501—2000 元	6.3	0.8	92.2	0.7
	2001—2500 元	6.9	0.4	92.2	0.5
	2501—3000 元	8.2	0.0	89.7	2.1
	3001—4000 元	2.8	1.3	93.9	2.0
	4001 元及以上	7.3	1.4	90.3	1.0

注：“*”表示该目标听众样本量不足，无法进行统计推断。

表 3.21.6 2013 年上海市场份额排名前五位的频率

名次	频　率	市场份额（%）
1	上海人民广播电台 AM990/FM93.4	26.4
2	上海流行音乐广播 动感 101 FM101.7	19.7
3	上海流行音乐广播 Love Radio FM103.7	10.6
4	上海交通广播 AM648/FM105.7	7.3
5	第一财经广播 FM97.7	6.9

二十二、沈阳收听数据

表 3.22.1　2011—2013 年沈阳各目标听众人均收听时间（分钟）

目标听众		2011 年	2012 年	2013 年
10 岁及以上所有人		112	106	101
性别	男	112	109	106
	女	113	103	97
年龄	10—14 岁	43	39	37
	15—24 岁	77	72	62
	25—34 岁	89	80	82
	35—44 岁	108	91	101
	45—54 岁	129	122	108
	55—64 岁	143	157	141
	65 岁及以上	168	160	141
文化程度	未受过正规教育	96	99	100
	小学	97	101	86
	初中	126	114	107
	高中	111	102	110
	大学及以上	98	102	85
职业	干部/管理人员	81	98	85
	初级公务员/雇员	89	86	76
	个体/私营企业人员	102	103	98
	工人	114	110	115
	学生	59	50	51
	无业（包括退休人员）	147	135	125
	其他	67	70	81
个人月收入	没有收入	81	61	65
	1—500 元	109	89	116
	501—1000 元	122	153	132
	1001—1500 元	123	127	114
	1501—2000 元	99	106	111
	2001—2500 元	122	112	104
	2501—3000 元	161	110	98
	3001—4000 元	144	103	95
	4001 元及以上	109	97	112

注：沈阳为全年连续调查城市。

表 3.22.2　2011—2013 年沈阳听众在不同地点的人均收听时间（分钟）

地　点	2011 年	2012 年	2013 年
在家	88	84	75
车上	15	14	18
工作/学习场所	8	7	7
其他场所	2	2	2

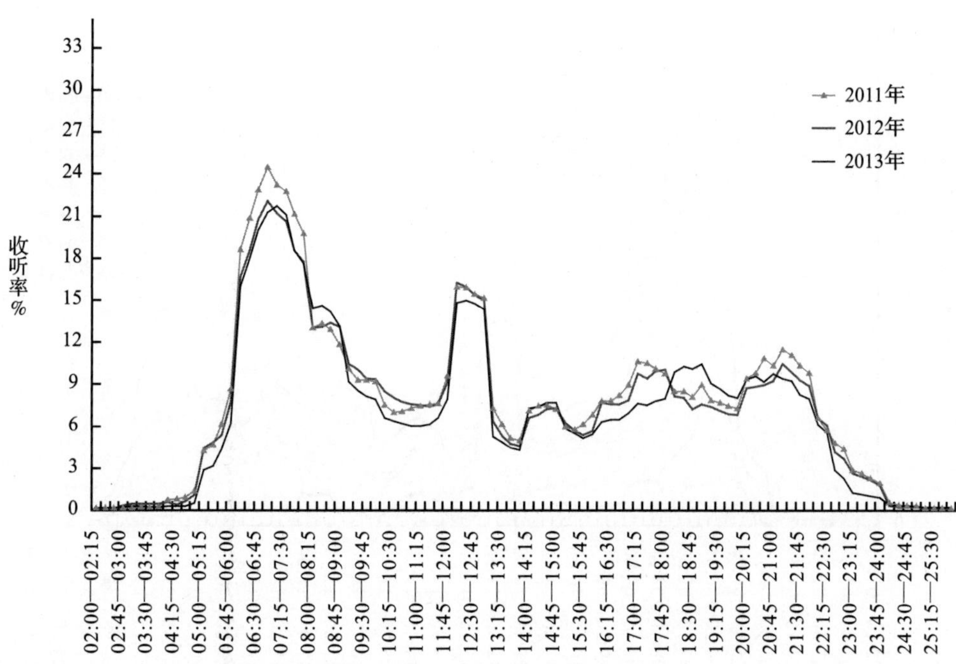

图 3.22.1 2011—2013 年沈阳听众全天收听率走势

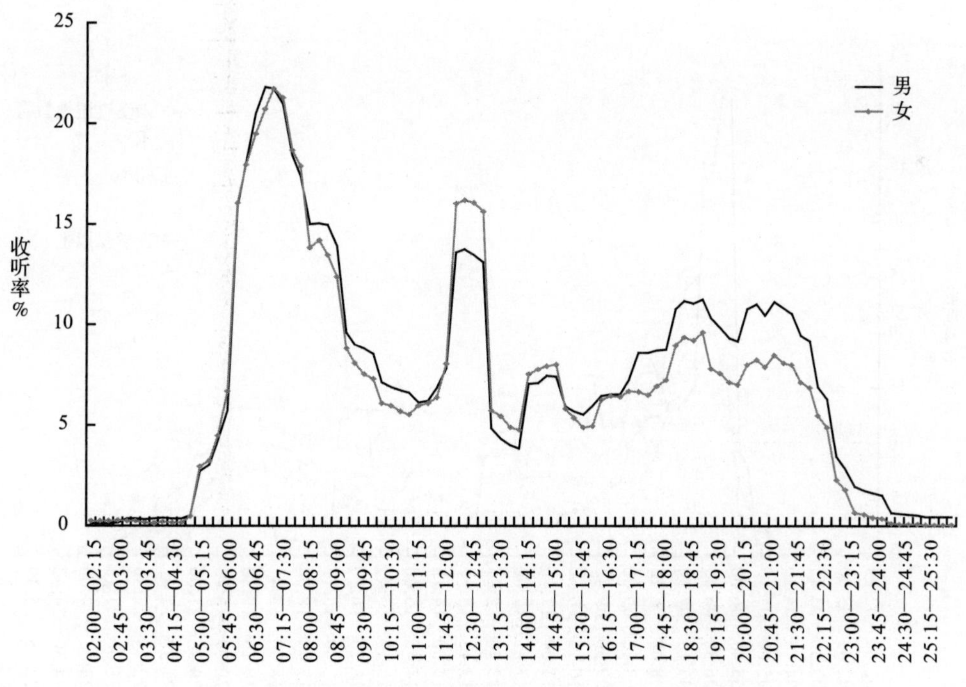

图 3.22.2 2013 年沈阳不同性别听众全天收听率走势

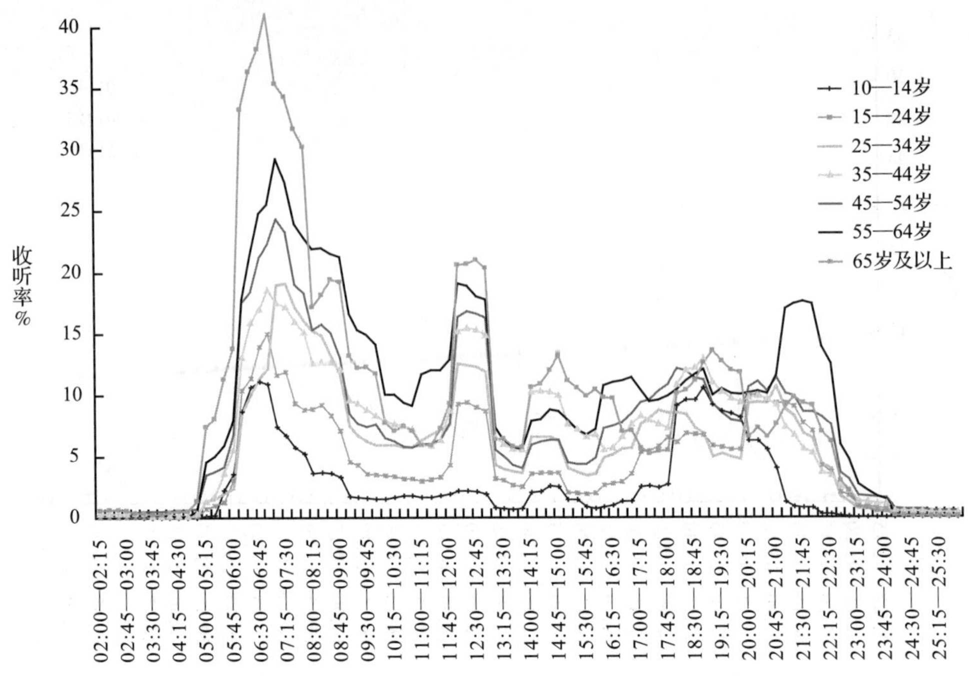

图 3.22.3 2013 年沈阳不同年龄听众全天收听率走势

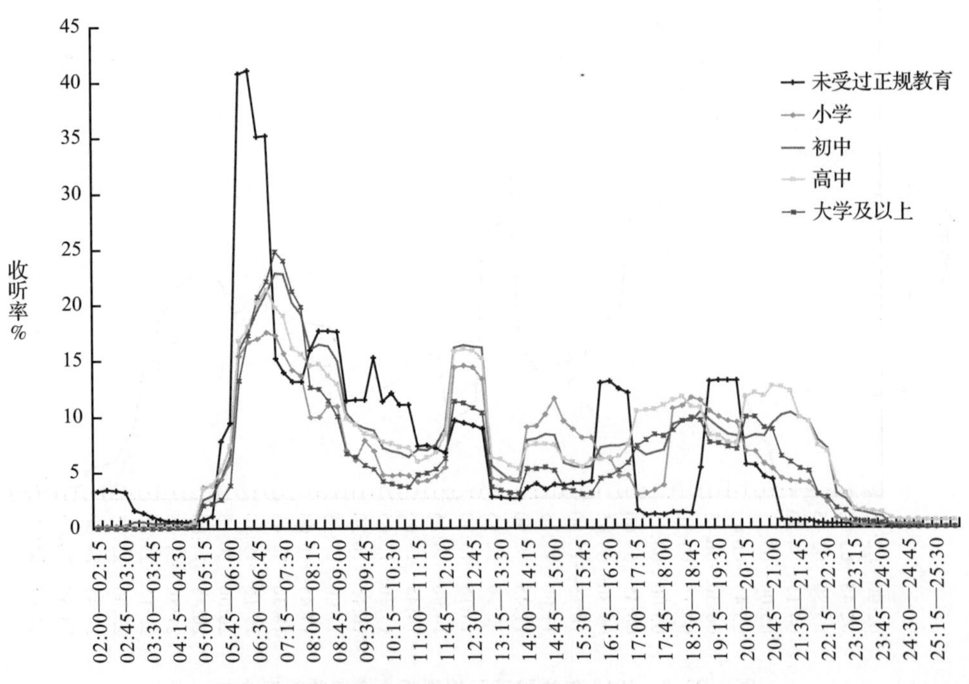

图 3.22.4 2013 年沈阳不同文化程度听众全天收听率走势

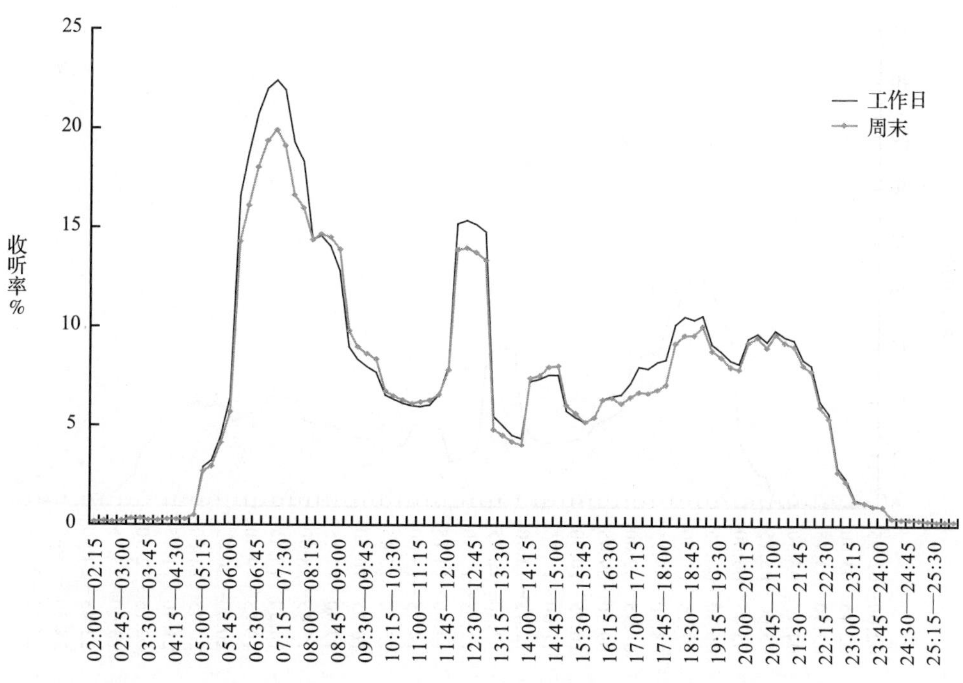

图 3.22.5　2013 年沈阳听众工作日与周末全天收听率走势

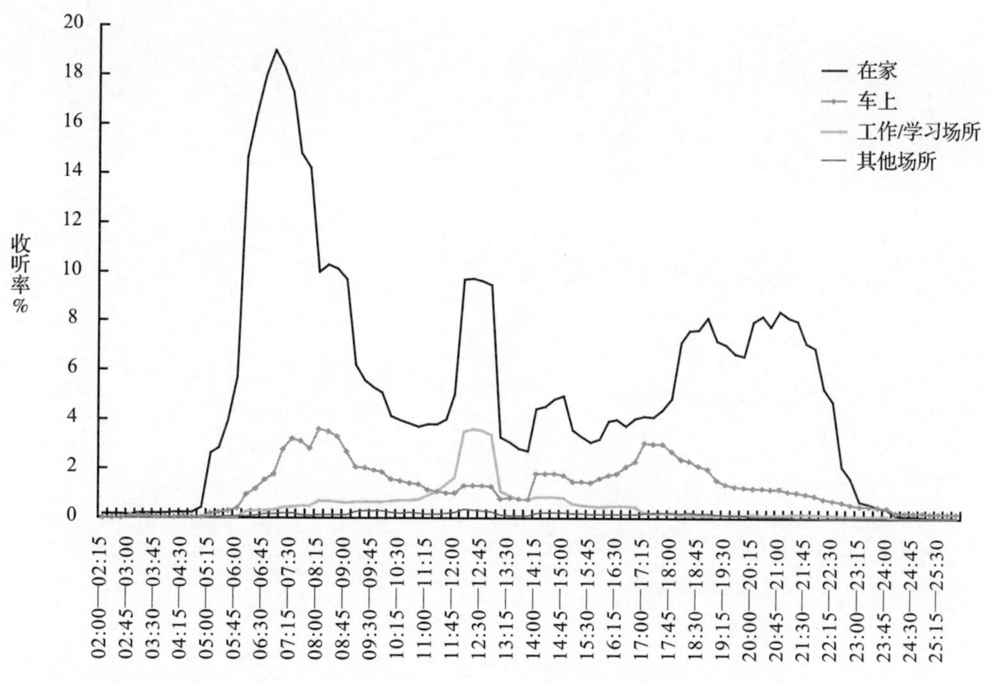

图 3.22.6　2013 年沈阳听众在不同收听地点全天收听率走势

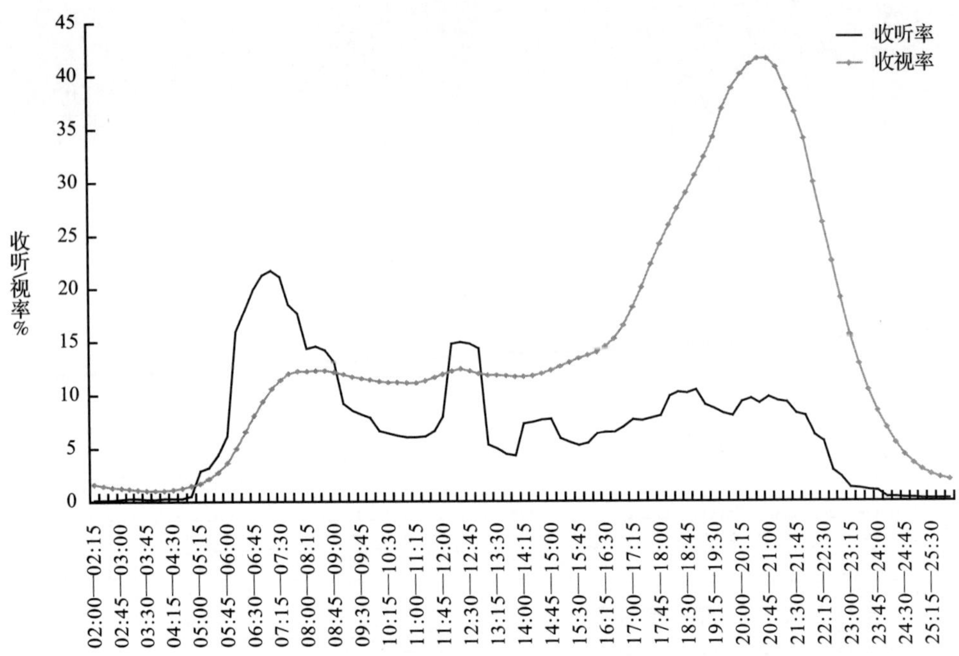

图 3.22.7 2013 年沈阳受众全天收听率、收视率走势比较（目标受众为 10 岁及以上）

表 3.22.3　2013 年沈阳市场听众构成（%）

目标听众		听众构成（%）
10 岁及以上所有人		100.0
性别	男	51.6
	女	48.4
年龄	10—14 岁	1.3
	15—24 岁	8.3
	25—34 岁	14.6
	35—44 岁	20.0
	45—54 岁	22.6
	55—64 岁	13.9
	65 岁及以上	19.3
文化程度	未受过正规教育	1.5
	小学	8.3
	初中	42.2
	高中	31.3
	大学及以上	16.8
职业	干部/管理人员	2.5
	初级公务员/雇员	11.5
	个体/私营企业人员	15.1
	工人	27.1
	学生	5.0
	无业（包括退休人员）	36.5
	其他	2.3
个人月收入	没有收入	11.0
	1—500 元	1.8
	501—1000 元	4.2
	1001—1500 元	23.5
	1501—2000 元	25.1
	2001—2500 元	10.2
	2501—3000 元	8.7
	3001—4000 元	9.7
	4001 元及以上	5.9

表 3.22.4　2011—2013 年沈阳市场各广播电台的市场份额（%）

广播电台	2011 年	2012 年	2013 年
中央人民广播电台	10.5	12.0	10.3
中国国际广播电台	0.0	0.0	0.0
辽宁人民广播电台	47.2	76.0	77.8
沈阳人民广播电台	42.2	11.6	11.1
其他广播电台	0.1	0.4	0.8

表 3.22.5　2013 年沈阳市场各广播电台在不同目标听众中的市场份额（%）

目标听众		中央人民广播电台	中国国际广播电台	辽宁广播电视台	沈阳广播电视台	其他广播电台
10 岁及以上所有人		10.3	0.0	77.8	11.1	0.8
性别	男	10.6	0.0	77.9	10.8	0.6
	女	10.0	0.0	77.6	11.5	0.9
年龄	10—14 岁	9.1	0.0	75.1	14.2	1.7
	15—24 岁	16.3	0.0	75.4	7.6	0.7
	25—34 岁	8.3	0.0	85.6	5.3	0.8
	35—44 岁	12.7	0.0	78.8	7.3	1.2
	45—54 岁	6.7	0.0	86.4	6.4	0.6
	55—64 岁	9.8	0.0	70.5	19.2	0.5
	65 岁及以上	11.6	0.0	67.2	20.6	0.6
文化程度	未受过正规教育	3.1	0.0	82.5	14.3	0.1
	小学	7.4	0.0	78.9	12.1	1.6
	初中	9.0	0.0	79.2	10.9	1.0
	高中	11.8	0.0	77.7	9.9	0.6
	大学及以上	13.0	0.0	73.0	13.7	0.4
职业	干部/管理人员	12.3	0.0	66.6	21.0	0.1
	初级公务员/雇员	14.6	0.0	78.3	6.3	0.8
	个体/私营企业人员	5.2	0.0	91.0	3.4	0.4
	工人	10.4	0.0	80.5	8.5	0.6
	学生	13.1	0.0	74.3	12.0	0.6
	无业（包括退休人员）	10.7	0.0	70.6	17.5	1.2
	其他	7.9	0.0	88.5	3.5	0.1
个人月收入	没有收入	10.3	0.0	75.8	11.9	2.0
	1—500 元	13.9	0.0	76.9	9.2	0.0
	501—1000 元	12.3	0.0	77.8	9.8	0.1
	1001—1500 元	7.4	0.0	76.8	15.3	0.6
	1501—2000 元	10.1	0.0	77.3	11.9	0.7
	2001—2500 元	13.5	0.0	73.1	13.2	0.1
	2501—3000 元	12.9	0.0	81.6	4.4	1.2
	3001—4000 元	13.4	0.0	81.4	5.2	0.1
	4001 元及以上	7.3	0.0	85.5	6.1	1.1

表 3.22.6　2013 年沈阳市场份额排名前五位的频率

名次	频　　率	市场份额（%）
1	辽宁广播电视台交通广播 FM97.5	19.4
2	辽宁广播电视台都市广播 FM92.1/AM1341	17.5
3	辽宁广播电视台音乐广播 FM98.6	11.9
4	沈阳广播电视台新闻广播 FM104.5/AM792/FM107	11.1
5	辽宁广播电视台文艺广播 FM95.9/FM101.8/AM1053	9.0

二十三、深圳收听数据

表 3.23.1 2011—2013 年深圳各目标听众人均收听时间（分钟）

目标听众		2011 年	2012 年	2013 年
10 岁及以上所有人		56	54	50
性别	男	60	60	56
	女	51	47	44
年龄	10—14 岁	19	11	9
	15—24 岁	41	39	37
	25—34 岁	62	52	47
	35—44 岁	66	73	65
	45—54 岁	77	78	71
	55—64 岁	61	57	53
	65 岁及以上	67	51	50
文化程度	未受过正规教育	*	*	*
	小学	48	27	27
	初中	51	54	49
	高中	61	58	52
	大学及以上	56	53	55
职业	干部/管理人员	50	56	57
	初级公务员/雇员	63	56	59
	个体/私营企业人员	67	65	64
	工人	57	62	47
	学生	23	21	21
	无业（包括退休人员）	58	44	46
	其他	*	100	57
个人月收入	没有收入	36	30	29
	1—500 元	*	*	*
	501—1000 元	*	*	72
	1001—1500 元	62	53	32
	1501—2000 元	52	49	44
	2001—2500 元	51	59	49
	2501—3000 元	66	59	51
	3001—4000 元	61	61	57
	4001 元及以上	67	64	61

注：深圳为全年连续调查城市。“*”表示该目标听众样本量不足，无法进行统计推断。

表 3.23.2 2011—2013 年深圳听众在不同收听地点的人均收听时间（分钟）

地　　点	2011 年	2012 年	2013 年
在家	29	24	21
车上	19	19	22
工作/学习场所	6	8	5
其他场所	2	2	2

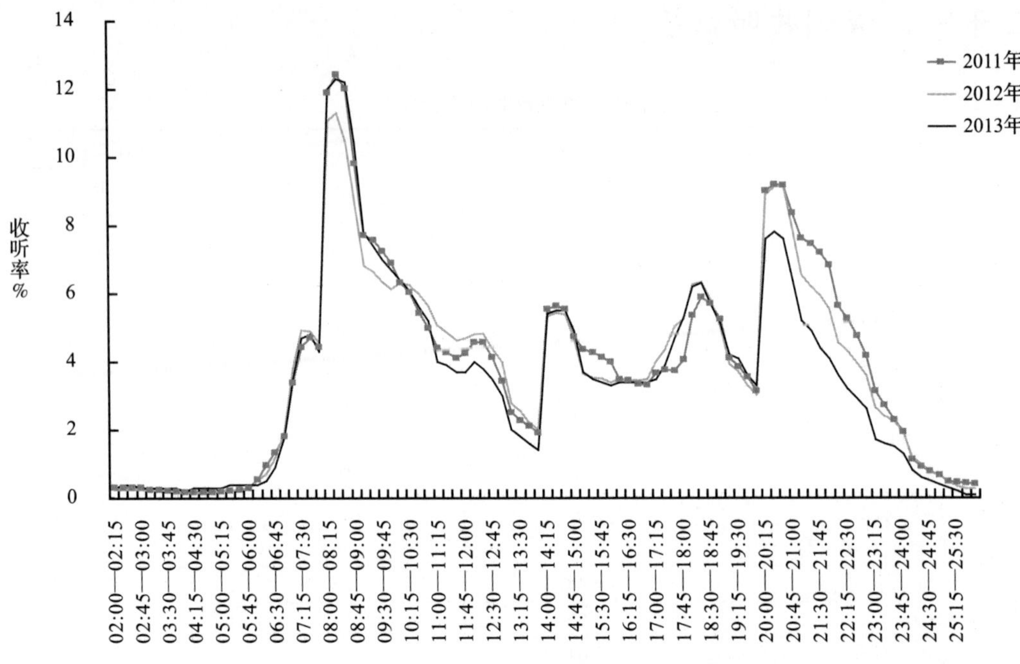

图 3.23.1　2011—2013 年深圳听众全天收听率走势

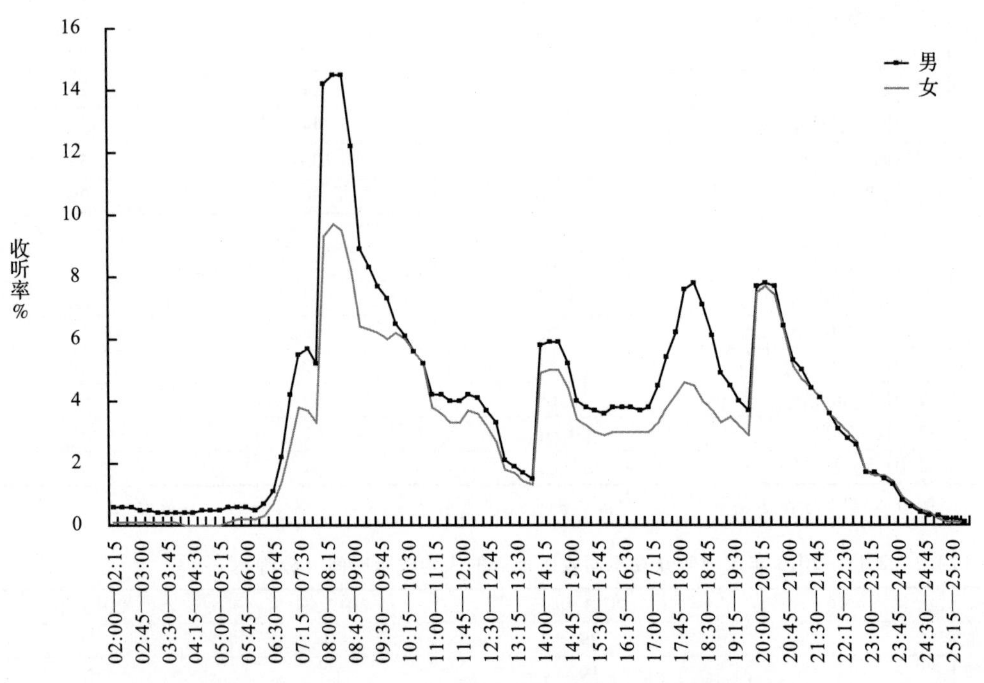

图 3.23.2　2013 年深圳不同性别听众全天收听率走势

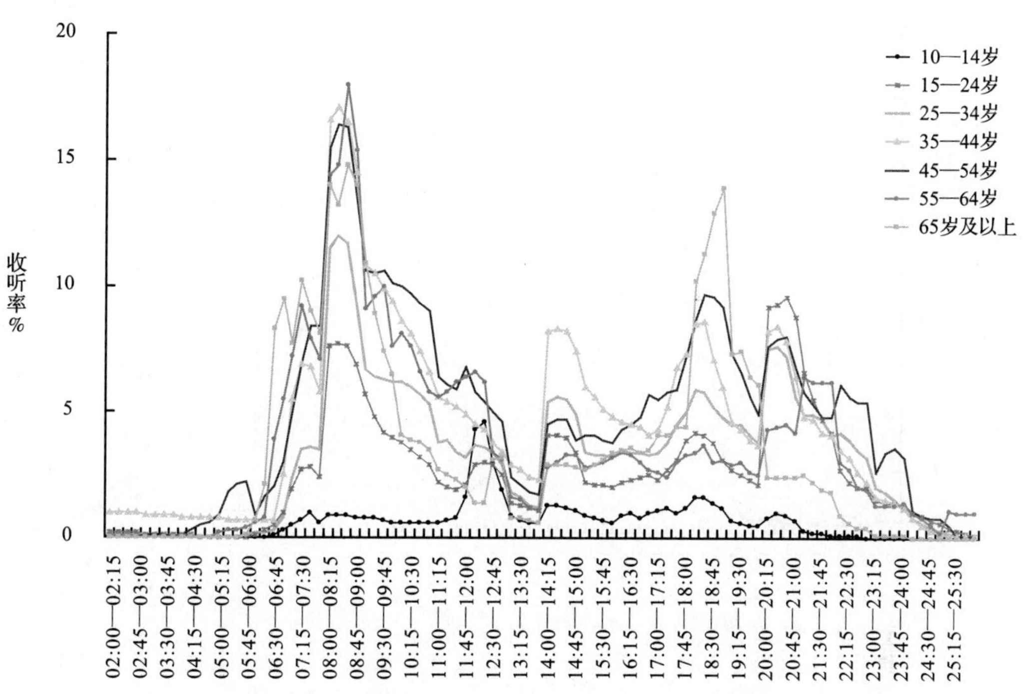

图 3.23.3 2013 年深圳不同年龄听众全天收听率走势

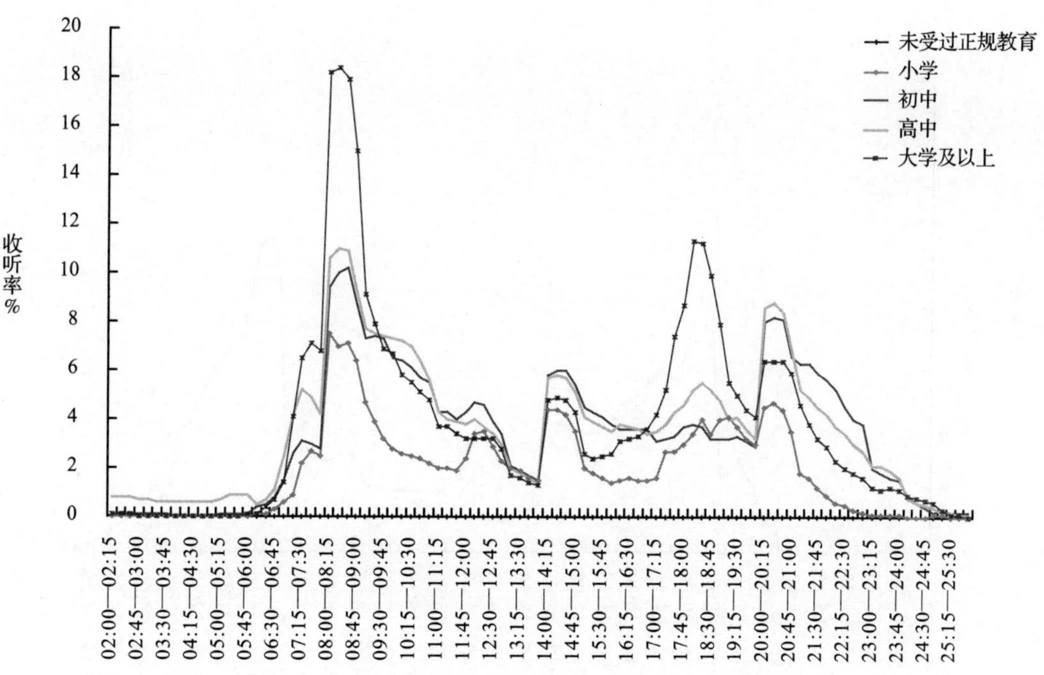

图 3.23.4 2013 年深圳不同文化程度听众全天收听率走势

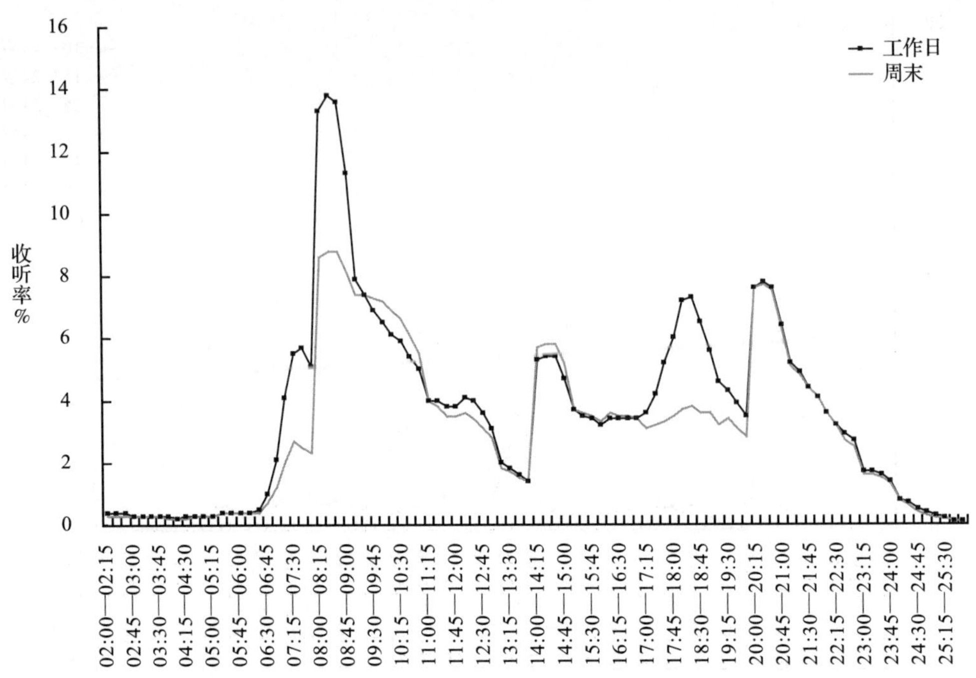

图 3.23.5　2013 年深圳听众工作日与周末全天收听率走势

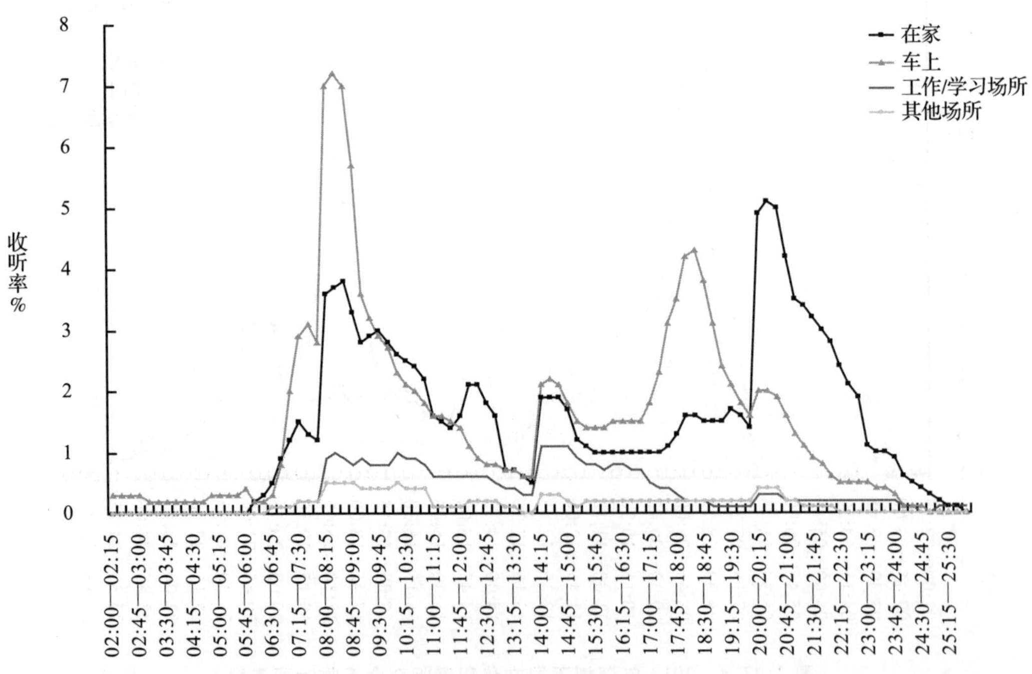

图 3.23.6　2013 年深圳听众在不同收听地点全天收听率走势

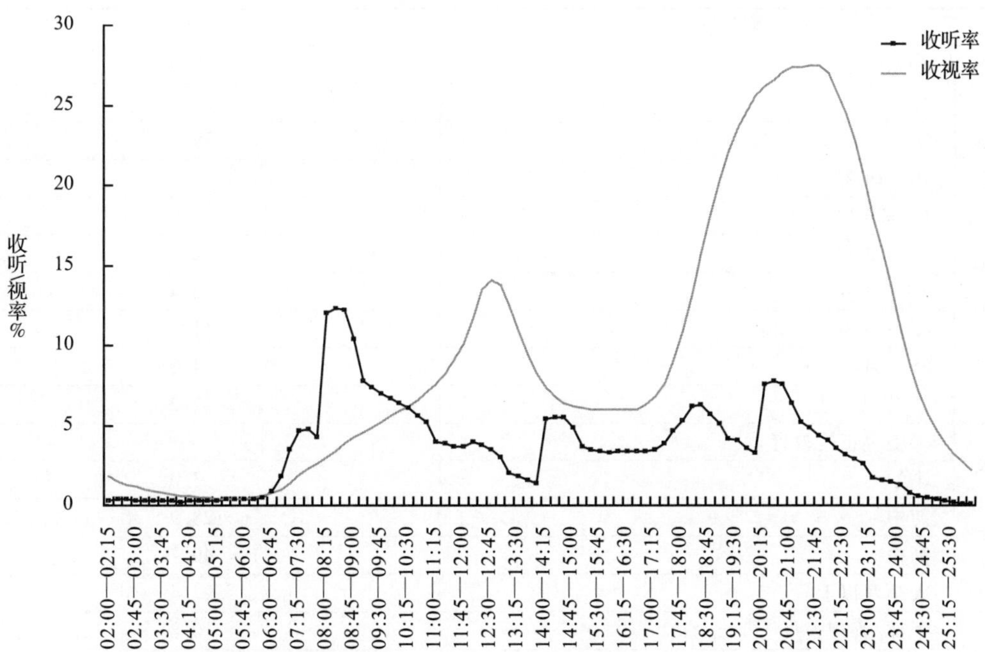

图 3.23.7　2013 年深圳受众全天收听率、收视率走势比较（目标受众为 10 岁及以上）

表 3.23.3　2013 年深圳市场听众构成（%）

目标听众		听众构成（%）
10 岁及以上所有人		100.0
性别	男	60.4
	女	39.6
年龄	10—14 岁	0.6
	15—24 岁	17.6
	25—34 岁	32.0
	35—44 岁	32.4
	45—54 岁	11.1
	55—64 岁	4.0
	65 岁及以上	2.2
文化程度	未受过正规教育	*
	小学	3.0
	初中	28.9
	高中	40.7
	大学及以上	27.4
职业	干部/管理人员	10.8
	初级公务员/雇员	23.4
	个体/私营企业人员	22.8
	工人	22.4
	学生	4.9
	无业（包括退休人员）	14.3
	其他	1.4
个人月收入	没有收入	12.6
	1—500 元	*
	501—1000 元	0.3
	1001—1500 元	1.2
	1501—2000 元	3.5
	2001—2500 元	7.3
	2501—3000 元	9.7
	3001—4000 元	22.2
	4001 元及以上	43.3

注："*"表示该目标听众样本量不足，无法进行统计推断。

表 3.23.4　2011—2013 年深圳市场各广播电台的市场份额（%）

广播电台	2011 年	2012 年	2013 年
中央人民广播电台	11.5	10.5	11.2
中国国际广播电台	2.4	4.6	4.3
广东人民广播电台	15.0	19.0	20.2
深圳广播电影电视集团	57.8	56.2	57.4
其他广播电台	13.3	9.7	6.9

表 3.23.5 2013 年深圳市场各广播电台在不同目标听众中的市场份额（%）

目标听众		中央人民广播电台	中国国际广播电台	广东人民广播电台	深圳广播电影电视集团	其他广播电台
10 岁及以上所有人		11.2	4.3	20.2	57.4	6.9
性别	男	9.5	4.8	18.6	60.2	6.9
	女	13.8	3.6	22.6	53.0	7.0
年龄	10—14 岁	18.6	0.8	21.1	52.0	7.5
	15—24 岁	11.9	2.7	27.4	49.5	8.6
	25—34 岁	11.5	4.1	20.8	56.2	7.4
	35—44 岁	6.9	4.2	18.9	64.4	5.6
	45—54 岁	14.3	6.1	11.7	59.2	8.7
	55—64 岁	20.0	6.7	19.2	49.1	5.0
	65 岁及以上	30.0	10.1	16.4	43.1	0.5
文化程度	未受过正规教育	*	*	*	*	*
	小学	10.4	2.3	25.6	56.4	5.3
	初中	11.8	4.6	22.3	54.5	6.8
	高中	11.7	3.8	21.4	56.7	6.4
	大学及以上	9.8	5.0	15.6	61.6	8.0
职业	干部/管理人员	12.5	4.1	18.0	58.0	7.4
	初级公务员/雇员	8.8	4.3	16.0	62.2	8.7
	个体/私营企业人员	7.5	2.9	19.1	65.6	4.9
	工人	14.7	5.4	25.1	48.7	6.1
	学生	8.5	4.2	24.1	51.6	11.6
	无业（包括退休人员）	15.8	4.5	21.0	52.0	6.7
	其他	4.6	11.7	18.3	58.9	6.5
个人月收入	没有收入	11.3	2.8	22.2	55.3	8.4
	1—500 元	*	*	*	*	*
	501—1000 元	49.5	2.5	16.0	31.5	0.5
	1001—1500 元	25.1	3.0	19.7	45.3	6.9
	1501—2000 元	20.2	9.4	23.4	41.7	5.3
	2001—2500 元	10.9	4.5	27.0	53.0	4.6
	2501—3000 元	13.3	2.4	18.7	54.7	10.9
	3001—4000 元	9.6	7.2	19.8	56.9	6.5
	4001 元及以上	10.3	3.3	18.6	61.5	6.3

注："*"表示该目标听众样本量不足，无法进行统计推断。

表 3.23.6 2013 年深圳市场份额排名前五位的频率

名次	频率名称	市场份额（%）
1	深圳广播电台交通频率 FM106.2	25.9
2	深圳广播电台音乐频率 FM97.1	14.8
3	深圳广播电台新闻频率 FM89.8	12.7
4	广东电台音乐之声 FM99.3	7.3
5	广东电台新闻台（新闻频道）FM91.4/AM648	5.3

二十四、石家庄收听数据

表 3. 24. 1　2011—2013 年石家庄各目标听众人均收听时间（分钟）

目标听众		2011 年	2012 年	2013 年
10 岁及以上所有人		71	76	80
性别	男	76	82	87
	女	66	71	74
年龄	10—14 岁	20	18	24
	15—24 岁	40	44	48
	25—34 岁	61	70	81
	35—44 岁	66	74	76
	45—54 岁	83	91	104
	55—64 岁	112	108	128
	65 岁及以上	132	141	101
文化程度	未受过正规教育	64	82	103
	小学	80	62	64
	初中	85	86	99
	高中	66	77	75
	大学及以上	64	69	75
职业	干部/管理人员	63	76	82
	初级公务员/雇员	65	75	87
	个体/私营企业人员	68	74	82
	工人	73	81	92
	学生	29	29	27
	无业（包括退休人员）	106	108	106
	其他	69	56	109
个人月收入	没有收入	39	40	44
	1—500 元	90	102	112
	501—1000 元	78	80	96
	1001—1500 元	87	79	92
	1501—2000 元	70	87	94
	2001—2500 元	85	95	85
	2501—3000 元	64	88	79
	3001—4000 元	76	85	102
	4001 元及以上	77	97	100

注：2011 年石家庄改为全年连续调查城市。

表 3. 24. 2　2011—2013 年石家庄听众在不同地点的人均收听时间（分钟）

地点	2011 年	2012 年	2013 年
在家	50	51	50
车上	13	17	19
工作/学习场所	5	5	8
其他场所	3	3	3

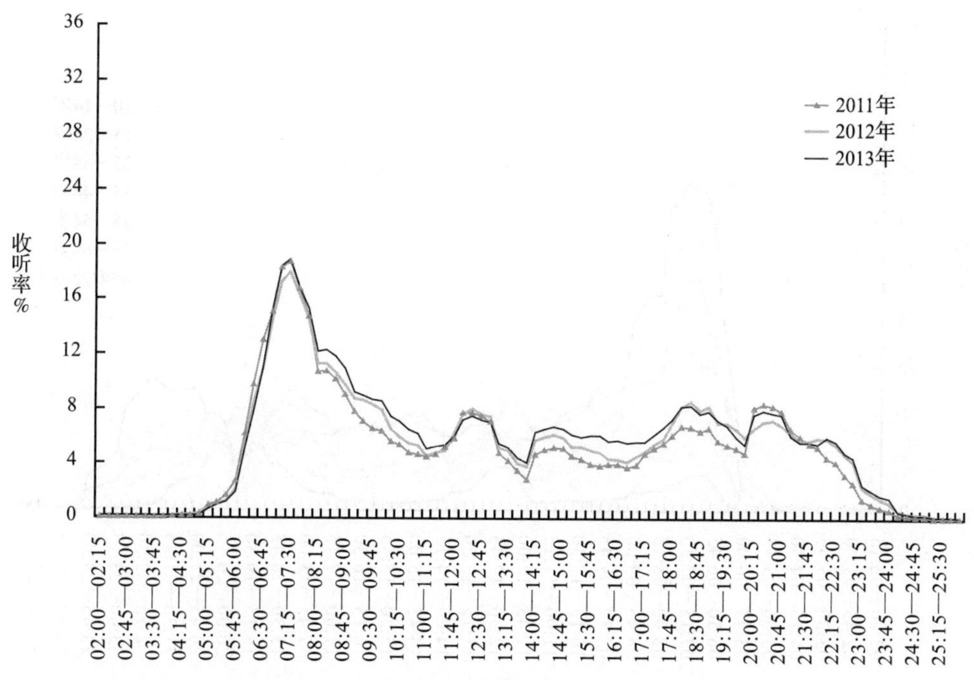

图 3.24.1 2011—2013 年石家庄听众全天收听率走势

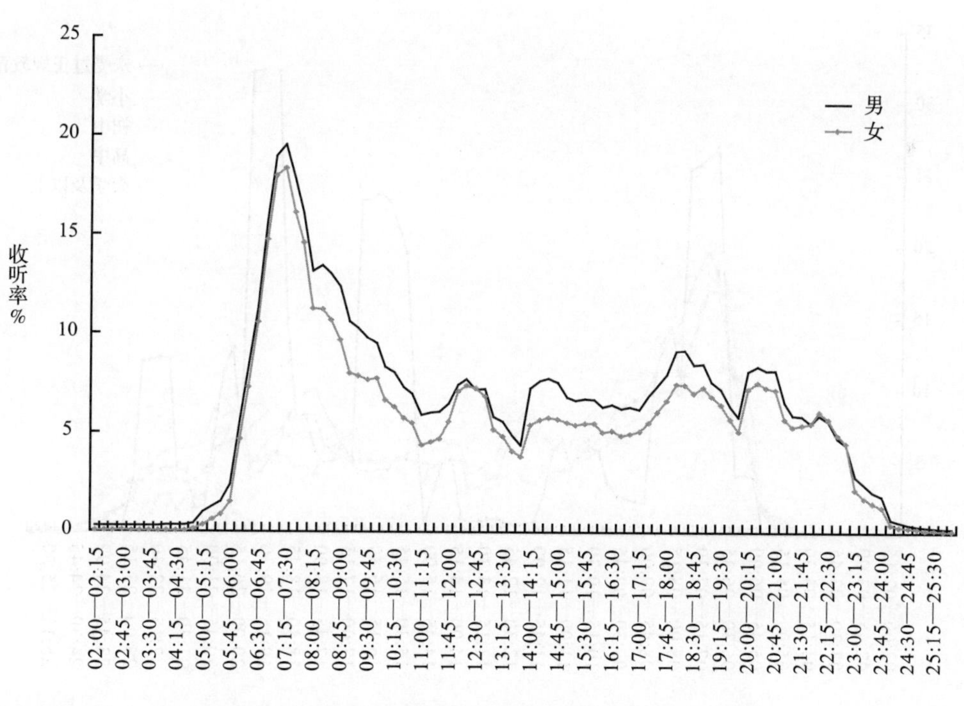

图 3.24.2 2013 年石家庄不同性别听众全天收听率走势

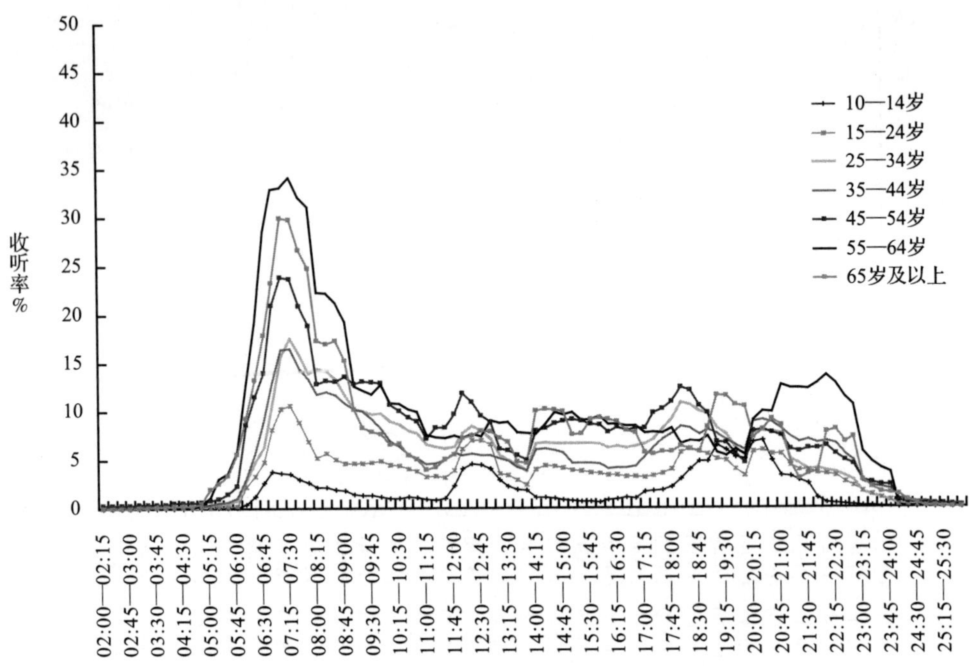

图 3.24.3 2013 年石家庄不同年龄听众全天收听率走势

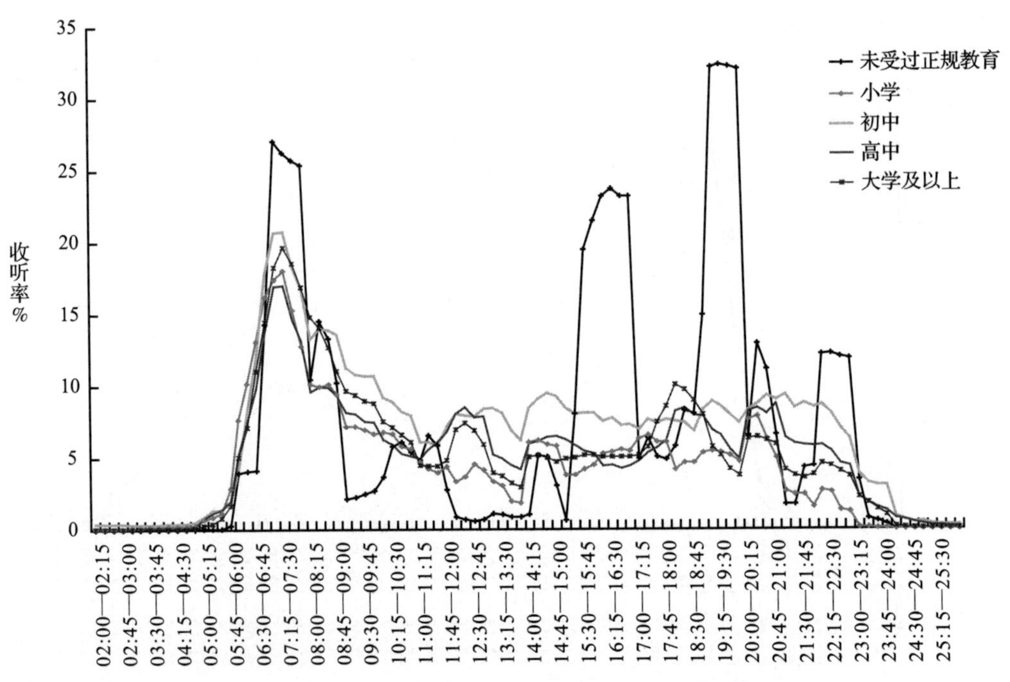

图 3.24.4 2013 年石家庄不同文化程度听众全天收听率走势

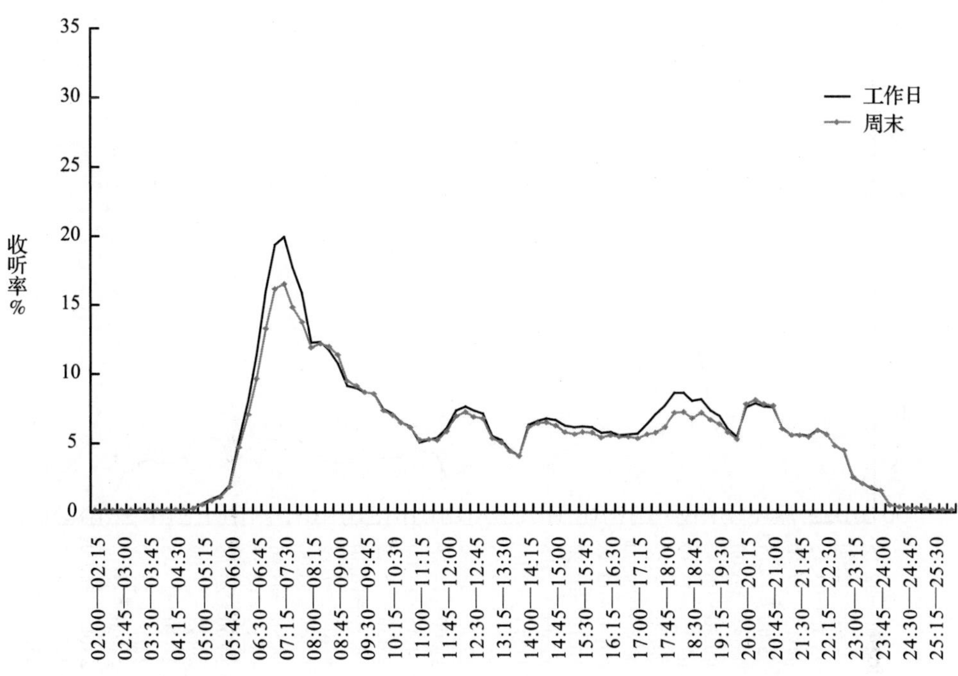

图 3.24.5　2013 年石家庄听众工作日与周末全天收听率走势

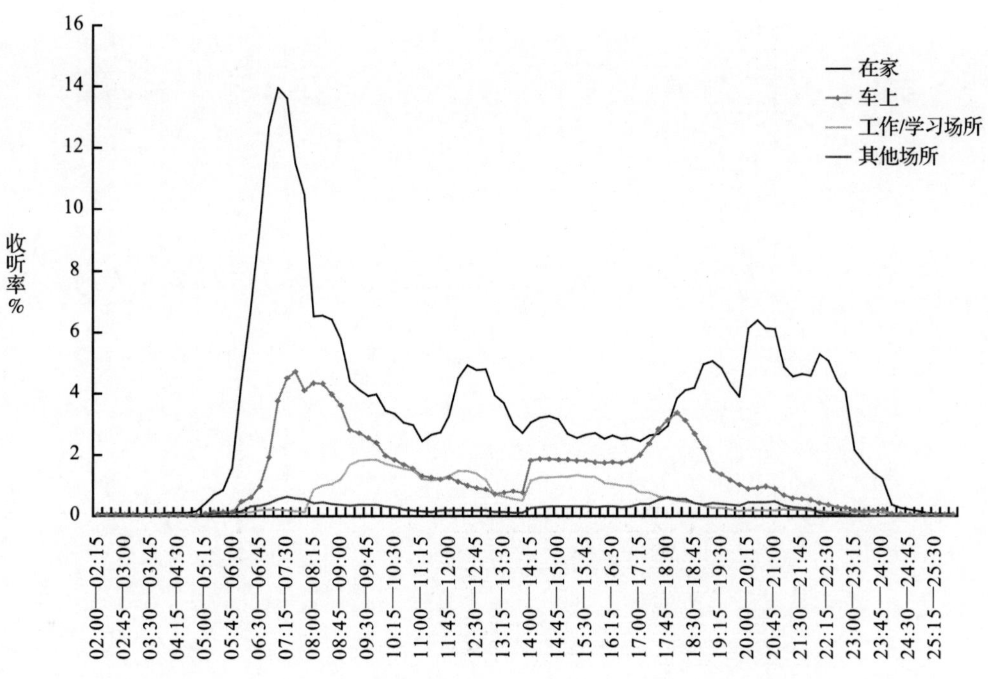

图 3.24.6　2013 年石家庄听众在不同收听地点全天收听率走势

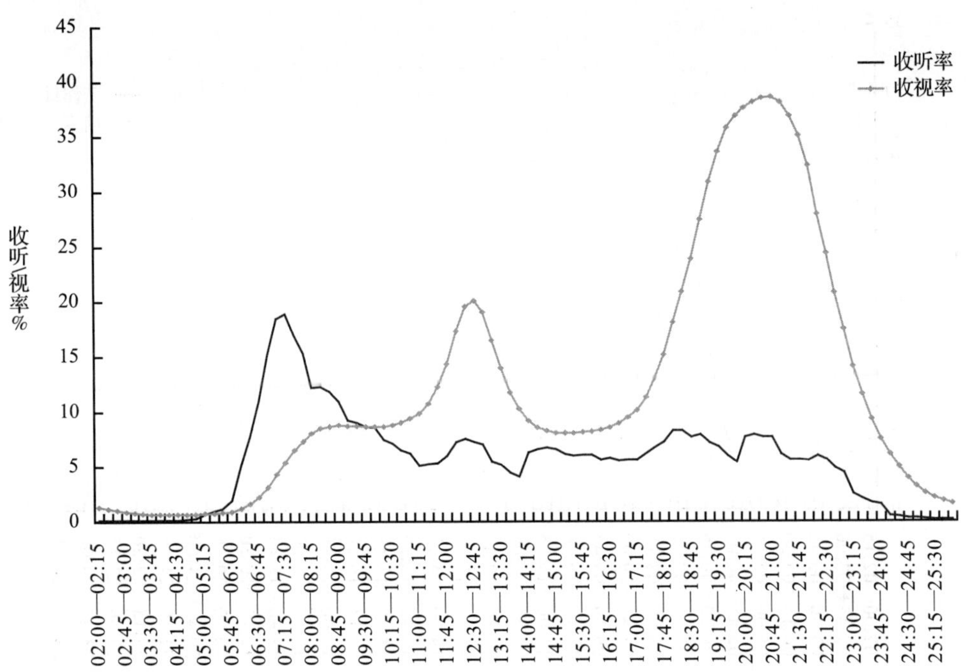

图 3.24.7　2013 年石家庄受众全天收听率、收视率走势比较（目标受众为 10 岁及以上）

表 3.24.3　2013 年石家庄市场听众构成（%）

目标听众		听众构成（%）
10 岁及以上所有人		100.0
性别	男	51.8
	女	48.2
年龄	10—14 岁	1.5
	15—24 岁	12.2
	25—34 岁	18.5
	35—44 岁	20.3
	45—54 岁	19.4
	55—64 岁	16.3
	65 岁及以上	11.8
文化程度	未受过正规教育	1.3
	小学	6.7
	初中	31.4
	高中	32.8
	大学及以上	27.8
职业	干部/管理人员	6.5
	初级公务员/雇员	28.6
	个体/私营企业人员	18.8
	工人	8.2
	学生	5.6
	无业（包括退休人员）	29.8
	其他	2.5
个人月收入	没有收入	12.8
	1—500 元	1.9
	501—1000 元	5.4
	1001—1500 元	17.0
	1501—2000 元	20.4
	2001—2500 元	16.2
	2501—3000 元	9.1
	3001—4000 元	10.3
	4001 元及以上	6.9

表 3.24.4　2011—2013 年石家庄市场各广播电台的市场份额（%）

广播电台	2011 年	2012 年	2013 年
中央人民广播电台	22.0	14.6	14.5
中国国际广播电台	0.0	0.0	0.0
河北人民广播电台	28.0	39.2	38.4
石家庄广播电视台	48.7	45.2	46.1
其他广播电台	1.3	1.0	1.0

表 3.24.5　2013 年石家庄市场各广播电台在不同目标听众中的市场份额（%）

目标听众		中央人民广播电台	中国国际广播电台	河北人民广播电台	石家庄广播电视台	其他广播电台
10 岁及以上所有人		14.5	0.0	38.4	46.1	1.0
性别	男	14.0	0.0	38.2	47.1	0.8
	女	15.1	0.0	38.6	45.0	1.4
年龄	10—14 岁	9.9	0.0	52.8	37.2	0.1
	15—24 岁	17.1	0.0	38.3	42.0	2.6
	25—34 岁	12.3	0.0	43.2	43.3	1.2
	35—44 岁	8.3	0.0	41.3	49.9	0.5
	45—54 岁	16.6	0.0	38.2	43.4	1.8
	55—64 岁	19.4	0.0	27.6	52.7	0.3
	65 岁及以上	16.3	0.0	39.0	44.4	0.3
文化程度	未受过正规教育	4.6	0.0	34.0	61.4	0.0
	小学	11.4	0.0	42.2	45.8	0.6
	初中	11.8	0.0	39.2	48.0	1.0
	高中	15.7	0.0	36.0	46.6	1.7
	大学及以上	17.3	0.0	39.4	42.7	0.7
职业	干部/管理人员	20.4	0.0	42.9	36.2	0.5
	初级公务员/雇员	11.8	0.0	42.3	44.9	1.0
	个体/私营企业人员	8.1	0.0	39.8	51.2	1.0
	工人	19.7	0.0	38.8	40.9	0.7
	学生	14.9	0.0	34.5	47.6	3.0
	无业（包括退休人员）	19.6	0.0	32.8	47.1	0.4
	其他	1.3	0.0	43.6	46.9	8.2
个人月收入	没有收入	17.0	0.0	37.5	43.9	1.7
	1—500 元	12.4	0.0	47.6	37.4	2.6
	501—1000 元	10.1	0.0	40.0	44.8	5.1
	1001—1500 元	16.3	0.0	35.3	48.0	0.5
	1501—2000 元	9.0	0.0	39.3	50.7	1.0
	2001—2500 元	14.2	0.0	40.3	45.2	0.3
	2501—3000 元	19.0	0.0	34.8	44.5	1.7
	3001—4000 元	13.6	0.0	38.0	47.9	0.4
	4001 元及以上	21.5	0.0	41.3	37.1	0.2

表 3.24.6　2013 年石家庄市场份额排名前五位的频率

名次	频　率	市场份额（%）
1	石家庄广播电视台新闻广播 AM882/FM88.2	12.7
2	石家庄广播电视台交通广播 FM94.6	11.9
3	石家庄广播电视台音乐广播 FM106.7	11.6
4	中央人民广播电台第一套节目中国之声	8.8
5	河北人民广播电台音乐广播 FM102.4	8.1

二十五、苏州收听数据

表 3.25.1　2011—2013 年苏州各目标听众人均收听时间（分钟）

目标听众		2011 年	2012 年	2013 年
10 岁及以上所有人		118	100	75
性别	男	116	105	80
	女	121	95	71
年龄	10—14 岁	59	48	30
	15—24 岁	68	58	34
	25—34 岁	92	78	61
	35—44 岁	133	102	77
	45—54 岁	119	98	75
	55—64 岁	154	137	94
	65 岁及以上	187	195	154
文化程度	未受过正规教育	93	67	45
	小学	127	116	78
	初中	138	110	84
	高中	115	98	78
	大学及以上	100	86	63
职业	干部/管理人员	94	97	71
	初级公务员/雇员	115	83	63
	个体/私营企业人员	137	99	81
	工人	101	95	68
	学生	61	44	32
	无业（包括退休人员）	173	161	116
	其他	89	65	36
个人月收入	没有收入	77	62	36
	1—500 元	147	*	*
	501—1000 元	129	73	41
	1001—1500 元	134	118	95
	1501—2000 元	142	128	82
	2001—2500 元	112	101	111
	2501—3000 元	126	92	75
	3001—4000 元	104	96	68
	4001 元及以上	120	111	73

注：2011 年、2012 年、2013 年苏州为全年连续调查城市。“*”表示该目标听众样本量不足，无法进行统计推断。

表 3.25.2　2011—2013 年苏州听众在不同地点的人均收听时间（分钟）

地　　点	2011 年	2012 年	2013 年
在家	94	72	51
车上	16	19	16
工作/学习场所	7	7	7
其他场所	1	2	1

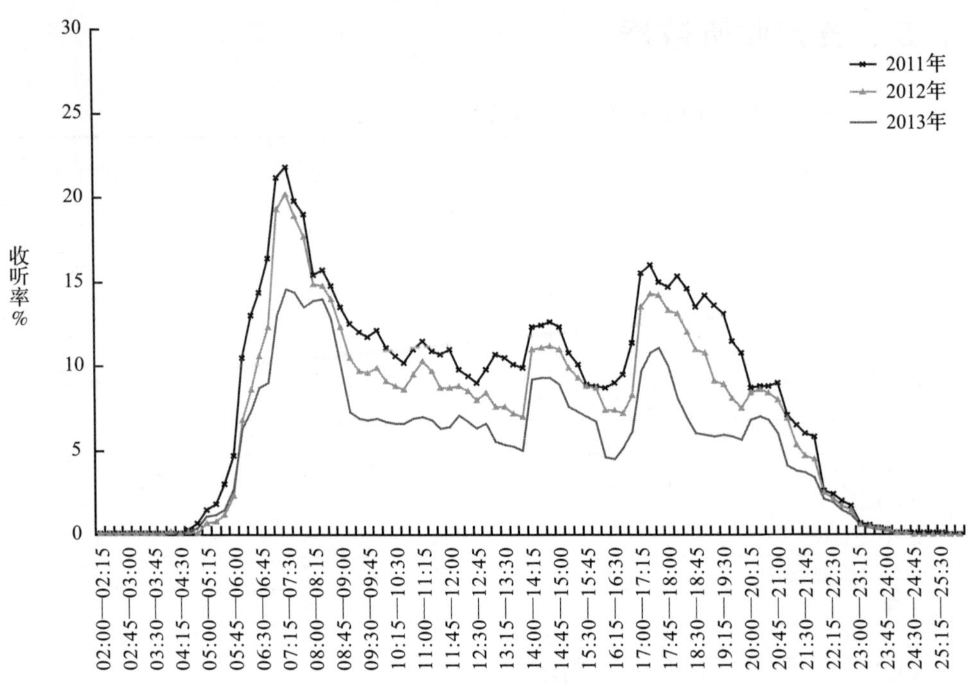

图 3.25.1 2011—2013 年苏州听众全天收听率走势

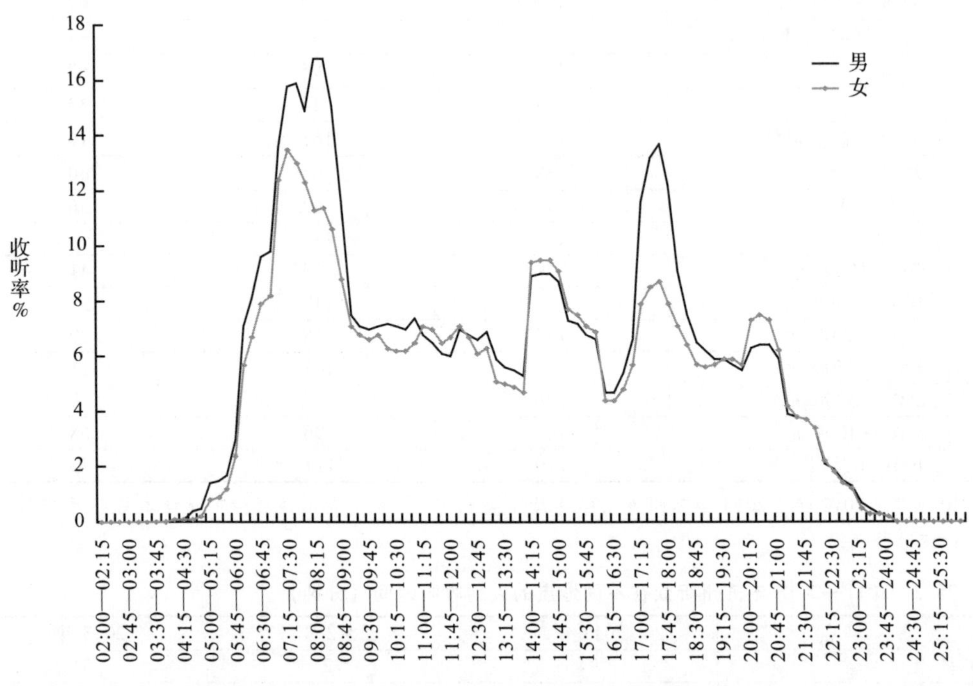

图 3.25.2 2013 年苏州不同性别听众全天收听率走势

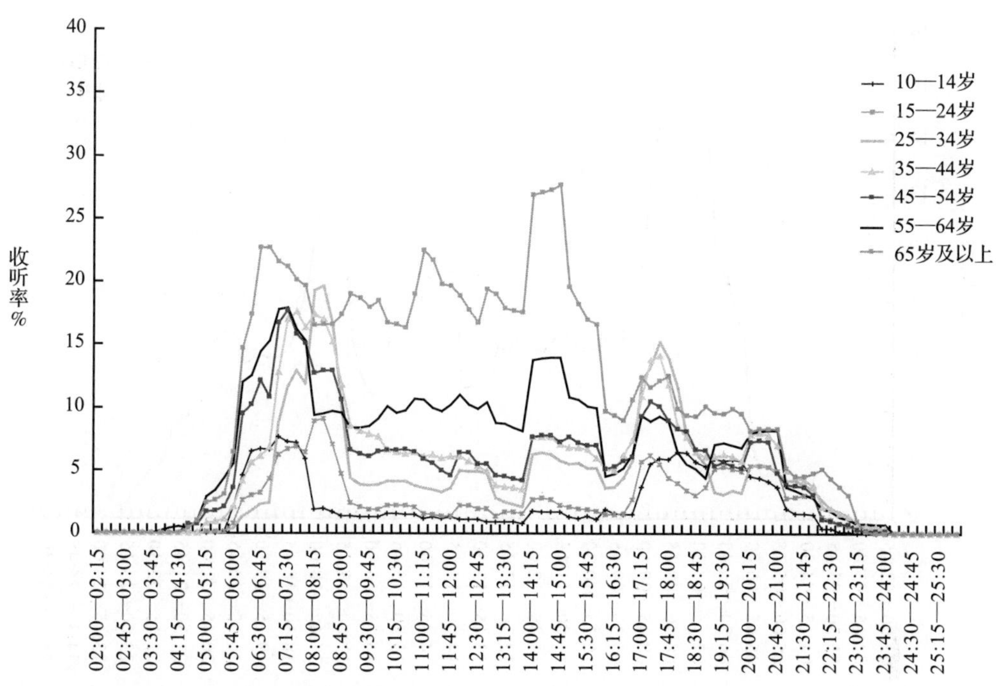

图 3.25.3　2013 年苏州不同年龄听众全天收听率走势

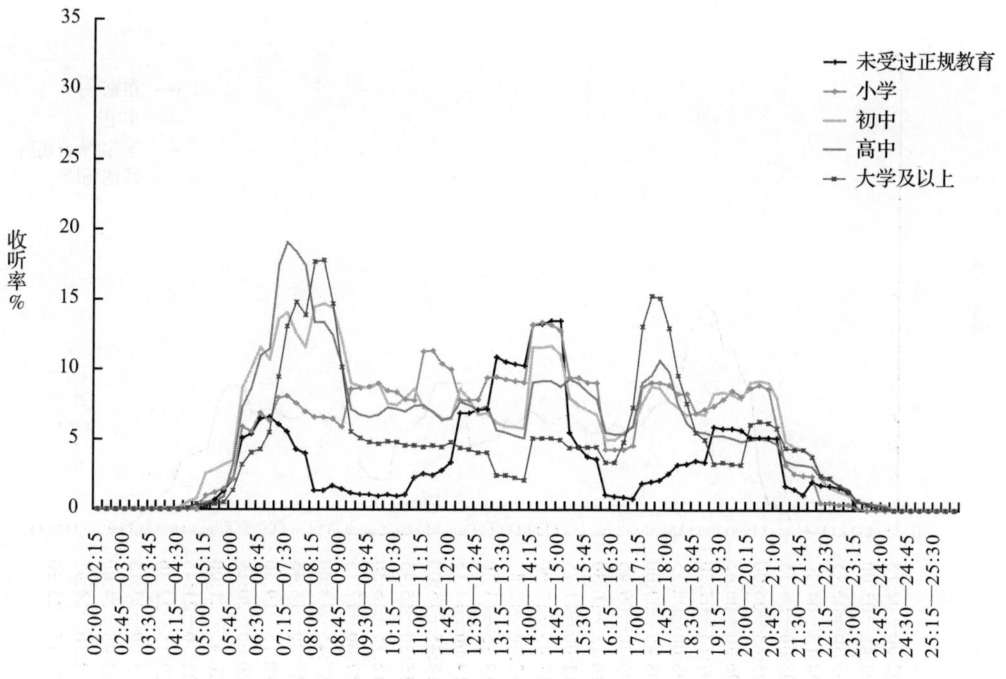

图 3.25.4　2013 年苏州不同文化程度听众全天收听率走势

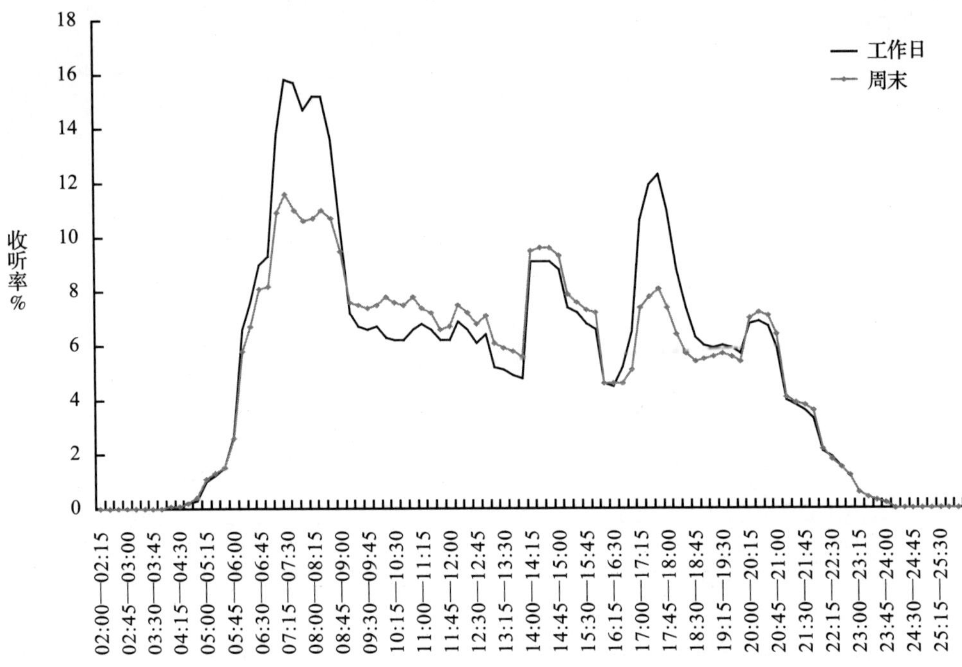

图 3.25.5　2013 年苏州听众工作日与周末全天收听率走势

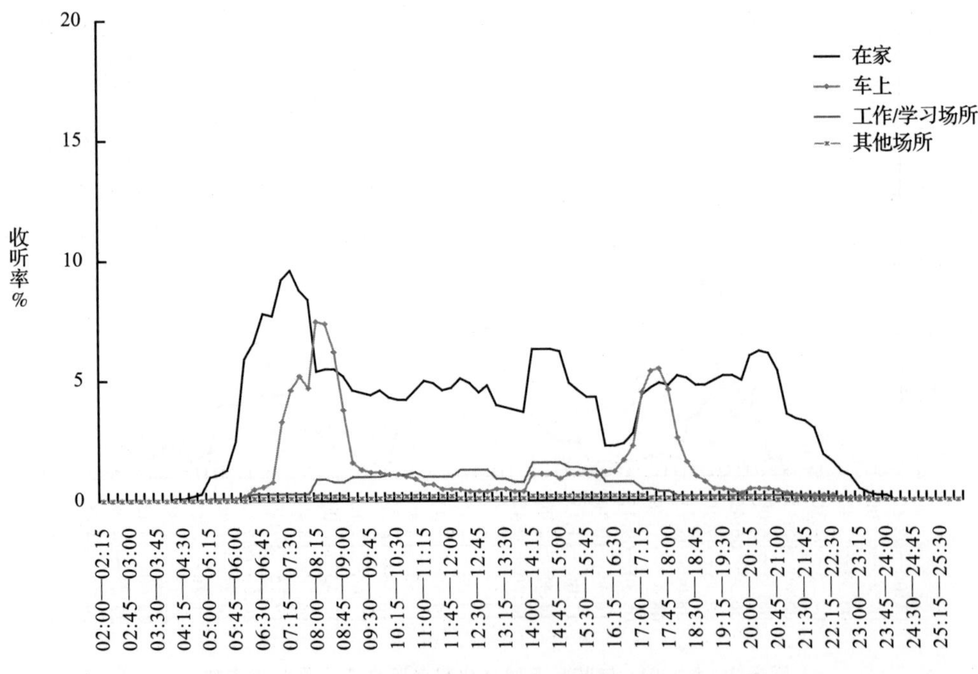

图 3.25.6　2013 年苏州听众在不同地点全天收听率走势

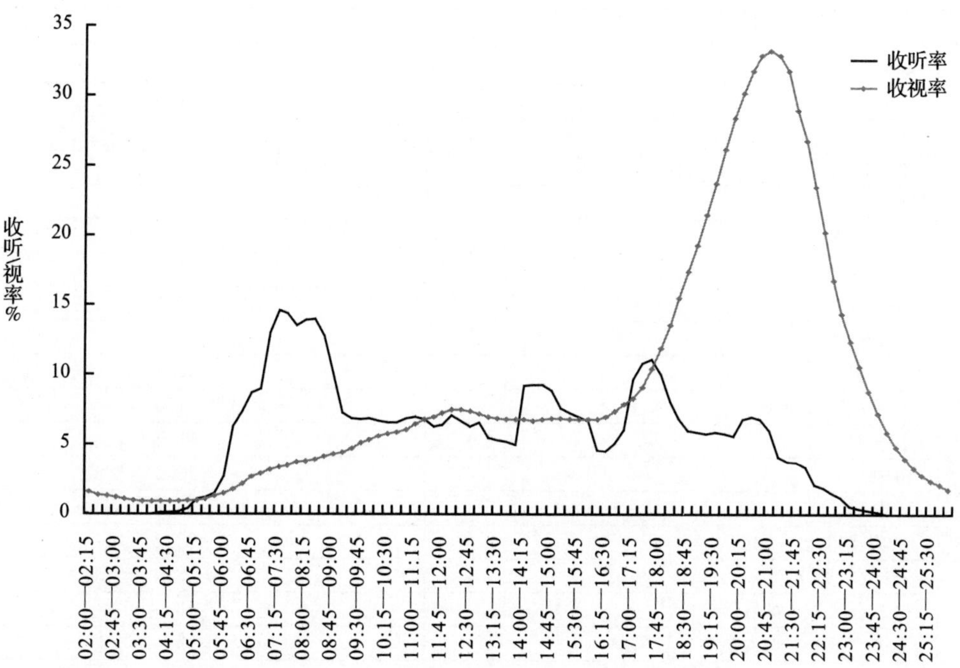

图 3.25.7 2013 年苏州受众全天收听率、收视率走势比较（目标受众为 10 岁及以上）

表 3.25.3　2013 年苏州市场听众构成（%）

目标听众		听众构成（%）
10 岁及以上所有人		100.0
性别	男	51.0
	女	49.0
年龄	10—14 岁	1.3
	15—24 岁	7.9
	25—34 岁	14.3
	35—44 岁	22.6
	45—54 岁	17.2
	55—64 岁	14.3
	65 岁及以上	22.4
文化程度	未受过正规教育	1.0
	小学	11.7
	初中	30.2
	高中	33.9
	大学及以上	23.2
职业	干部/管理人员	8.4
	初级公务员/雇员	18.3
	个体/私营企业人员	13.4
	工人	18.9
	学生	5.0
	无业（包括退休人员）	35.3
	其他	0.7
个人月收入	没有收入	7.5
	1—500 元	*
	501—1000 元	0.9
	1001—1500 元	6.0
	1501—2000 元	11.0
	2001—2500 元	27.7
	2501—3000 元	14.0
	3001—4000 元	18.2
	4001 元及以上	14.5

注："*"表示该目标听众样本量不足，无法进行统计推断。

表 3.25.4　2011—2013 年苏州市场各广播电台的市场份额（%）

广播电台	2011 年	2012 年	2013 年
中央人民广播电台	8.3	7.6	5.7
中国国际广播电台	0.2	0.3	0.1
江苏广播电视总台	9.3	13.0	10.4
苏州广播电视总台	76.8	71.6	78.7
上海广播电视台	4.2	5.2	3.4
无锡广播电视台	0.5	1.0	0.9
其他广播电台	0.7	1.3	0.8

表 3.25.5　2013 年苏州市场各广播电台在不同目标听众中的市场份额（%）

目标听众		中央人民广播电台	中国国际广播电台	江苏广播电视总台	苏州广播电视总台	上海广播电视台	无锡广播电视台	其他广播电台
10 岁及以上所有人		5.7	0.1	10.4	78.7	3.4	0.9	0.8
性别	男	6.6	0.1	11.1	77.2	3.3	0.9	0.8
	女	4.7	0.1	9.6	80.3	3.5	0.9	0.9
年龄	10—14 岁	2.2	0.1	12.3	77.7	4.8	1.6	1.3
	15—24 岁	3.2	0.0	13.8	77.0	5.3	0.3	0.4
	25—34 岁	2.1	0.3	13.1	77.1	6.5	0.6	0.3
	35—44 岁	3.8	0.1	13.4	79.7	2.4	0.3	0.3
	45—54 岁	4.3	0.0	6.7	85.8	2.7	0.2	0.3
	55—64 岁	11.1	0.0	11.5	71.5	4.2	0.5	1.2
	65 岁及以上	8.6	0.0	6.3	78.6	1.9	2.6	2.0
文化程度	未受过正规教育	6.9	0.1	5.6	83.5	2.5	0.4	1.0
	小学	2.1	0.0	4.2	85.2	4.3	2.2	2.0
	初中	6.7	0.0	10.7	77.0	3.2	1.0	1.4
	高中	5.2	0.0	10.0	81.5	2.2	0.7	0.4
	大学及以上	6.7	0.2	13.8	73.5	5.1	0.4	0.3
职业	干部/管理人员	4.5	0.0	7.9	81.7	5.1	0.6	0.2
	初级公务员/雇员	7.2	0.3	11.4	76.5	3.5	0.3	0.8
	个体/私营企业人员	1.3	0.0	8.5	84.7	4.8	0.2	0.5
	工人	3.1	0.1	17.0	76.7	2.5	0.3	0.3
	学生	2.4	0.0	12.8	78.6	5.3	0.5	0.4
	无业（包括退休人员）	8.8	0.0	7.2	77.7	2.7	1.9	1.7
	其他	0.4	0.1	11.3	86.5	0.7	0.6	0.4
个人月收入	没有收入	3.5	0.0	12.7	76.3	6.2	0.6	0.7
	1—500 元	*	*	*	*	*	*	*
	501—1000 元	0.3	0.1	5.0	79.0	14.9	0.6	0.1
	1001—1500 元	7.6	0.0	12.9	68.7	8.2	0.3	2.3
	1501—2000 元	6.0	0.0	8.0	83.2	2.2	0.2	0.4
	2001—2500 元	9.6	0.1	9.5	76.7	2.0	0.8	1.3
	2501—3000 元	3.8	0.1	9.2	83.0	3.4	0.2	0.3
	3001—4000 元	2.9	0.0	10.8	78.8	3.5	2.6	1.4
	4001 元及以上	3.7	0.2	12.9	79.5	2.7	0.6	0.4

注："*" 表示该目标听众样本量不足，无法进行统计推断。

表 3.25.6　2013 年苏州市场份额排名前五位的频率

名次	频　率	市场份额（%）
1	苏州交通广播 FM104.8	28.7
2	苏州广播电视总台都市音乐频率 FM94.8	14.1
3	苏州广播电视总台新闻综合频率 AM1080	12.7
4	苏州戏曲广播 AM846	8.5
5	苏州广电总台新闻频率 FM91.1	7.3

二十六、太原收听数据

表 3.26.1　2013 年太原各目标听众人均收听时间（分钟）

目标听众		2011 年	2012 年	2013 年
10 岁及以上所有人		85	74	72
性别	男	91	80	81
	女	79	68	62
年龄	10—14 岁	38	33	35
	15—24 岁	38	37	35
	25—34 岁	83	72	66
	35—44 岁	87	82	74
	45—54 岁	104	89	87
	55—64 岁	118	103	124
	65 岁及以上	107	99	95
文化程度	未受过正规教育	37	54	44
	小学	74	51	57
	初中	85	82	83
	高中	91	77	72
	大学及以上	86	70	68
职业	干部/管理人员	100	70	83
	初级公务员/雇员	88	72	75
	个体/私营企业人员	87	81	83
	工人	97	97	80
	学生	39	34	30
	无业（包括退休人员）	95	89	84
	其他	155	87	78
个人月收入	没有收入	50	45	38
	1—500 元	109	76	102
	501—1000 元	108	83	53
	1001—1500 元	105	87	74
	1501—2000 元	96	85	105
	2001—2500 元	82	79	79
	2501—3000 元	88	78	76
	3001—4000 元	105	87	73
	4001 元及以上	77	95	97

注：太原自 2011 年 3 月开始进行收听率调查，为全年连续调查城市。

表 3.26.2　2013 年太原听众在不同地点的人均收听时间（分钟）

地　点	2011 年	2012 年	2013 年
在家	54	47	43
车上	23	20	24
工作/学习场所	6	5	3
其他场所	2	2	2

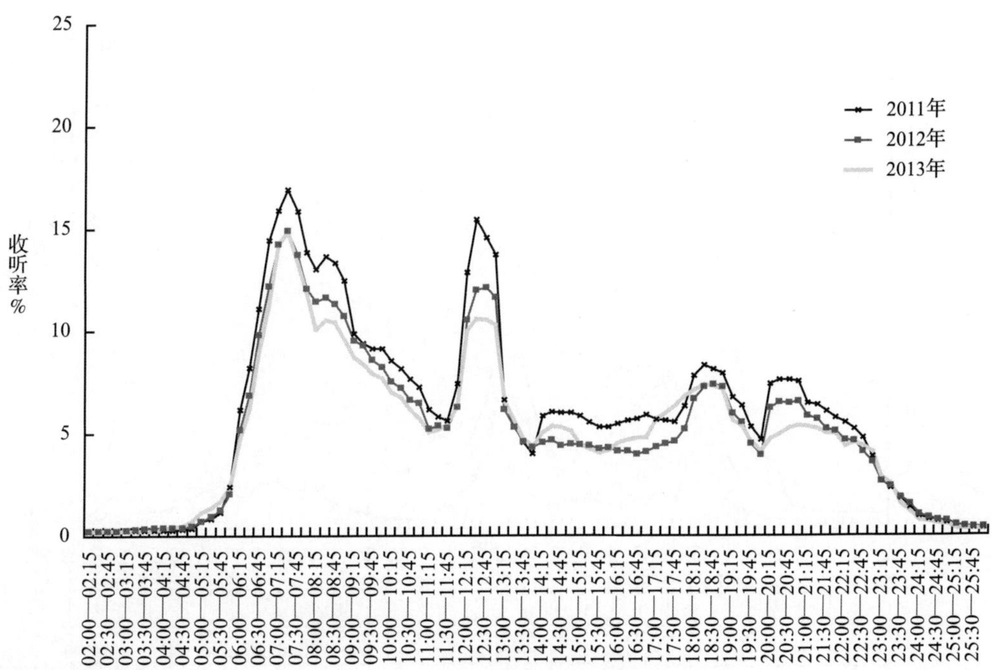

图 3.26.1　2013 年太原听众全天收听率走势

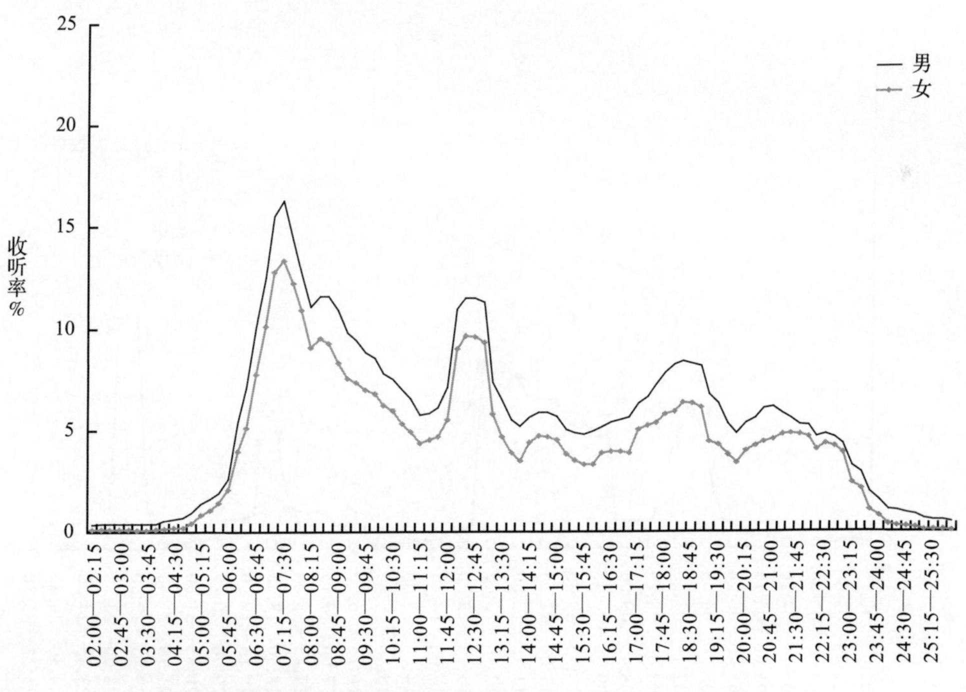

图 3.26.2　2013 年太原不同性别听众全天收听率走势

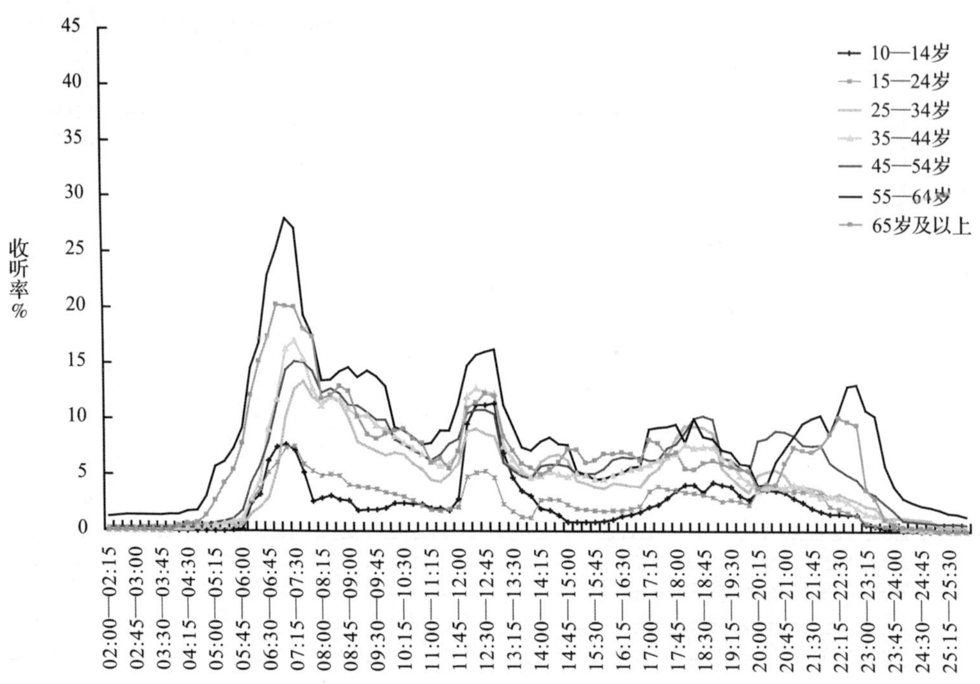

图 3.26.3　2013 年太原不同年龄听众全天收听率走势

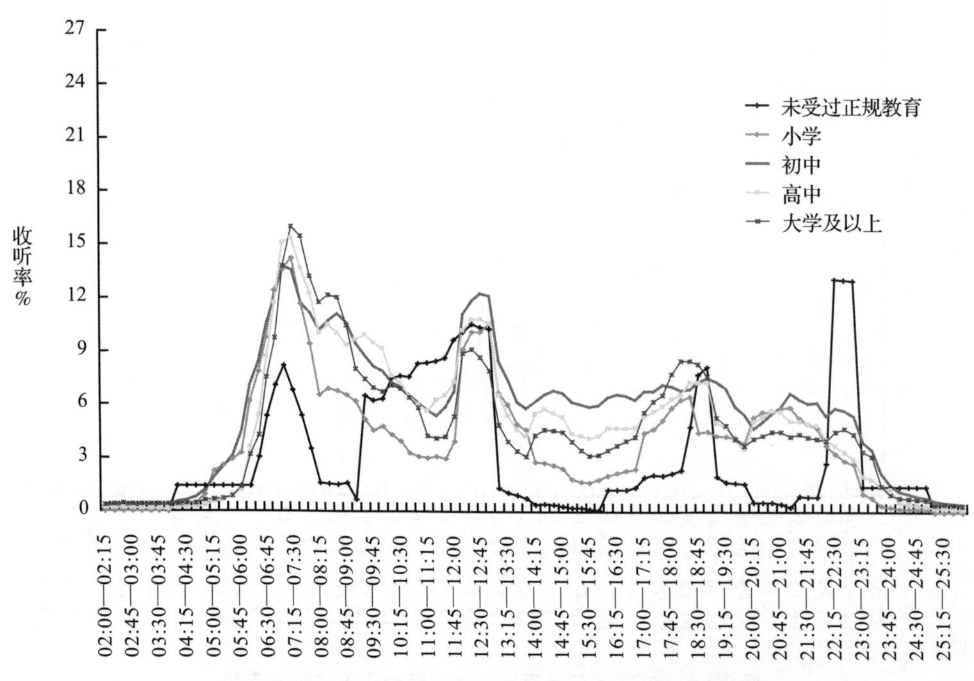

图 3.26.4　2013 年太原不同文化程度听众全天收听率走势

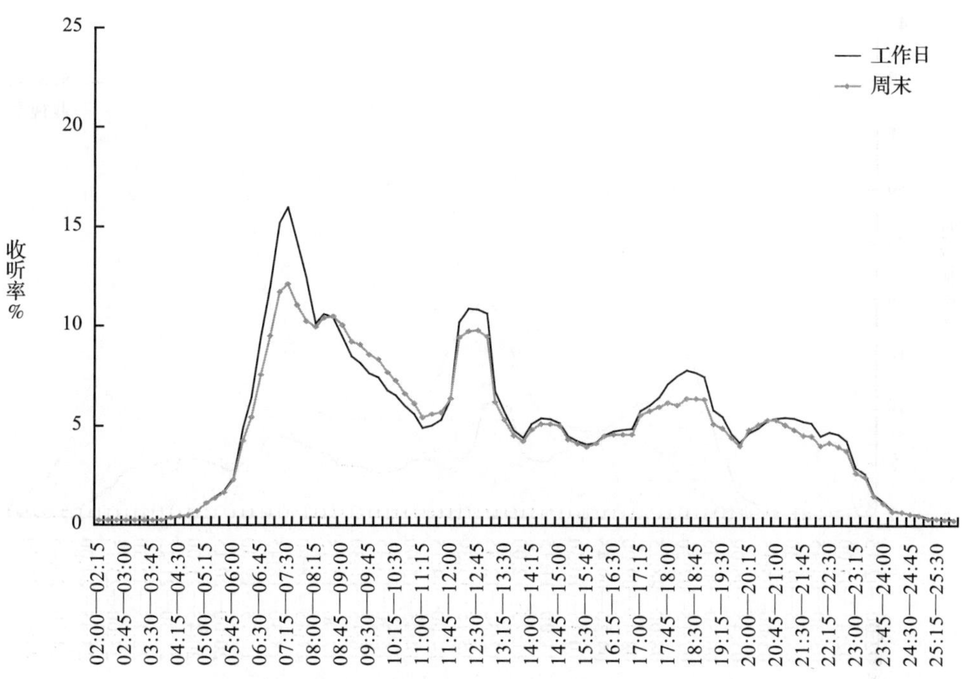

图 3.26.5　2013 年太原听众工作日与周末全天收听率走势

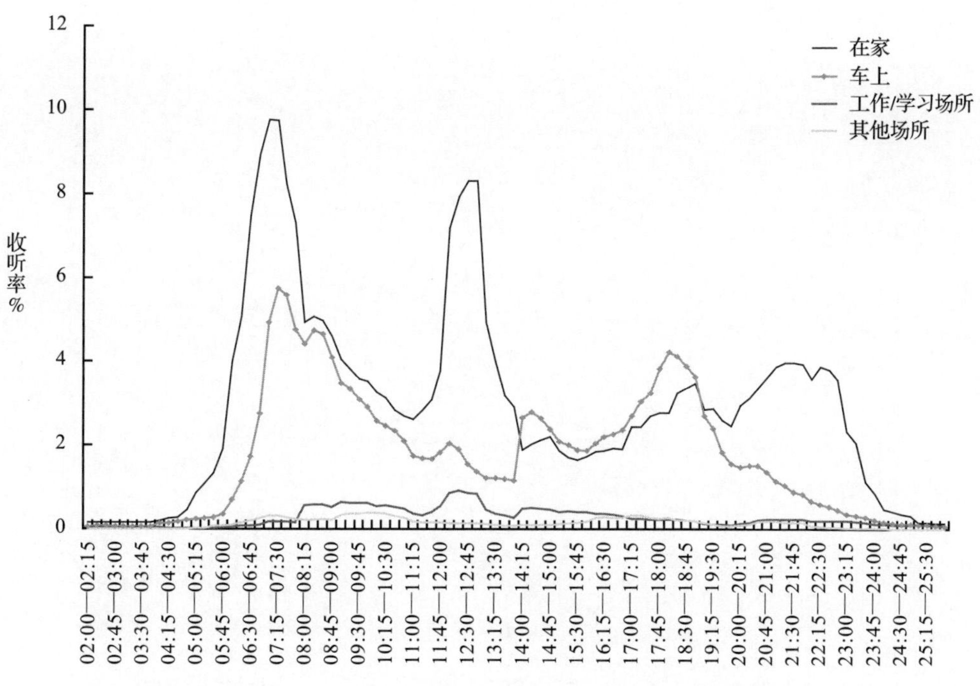

图 3.26.6　2013 年太原听众在不同收听地点全天收听率走势

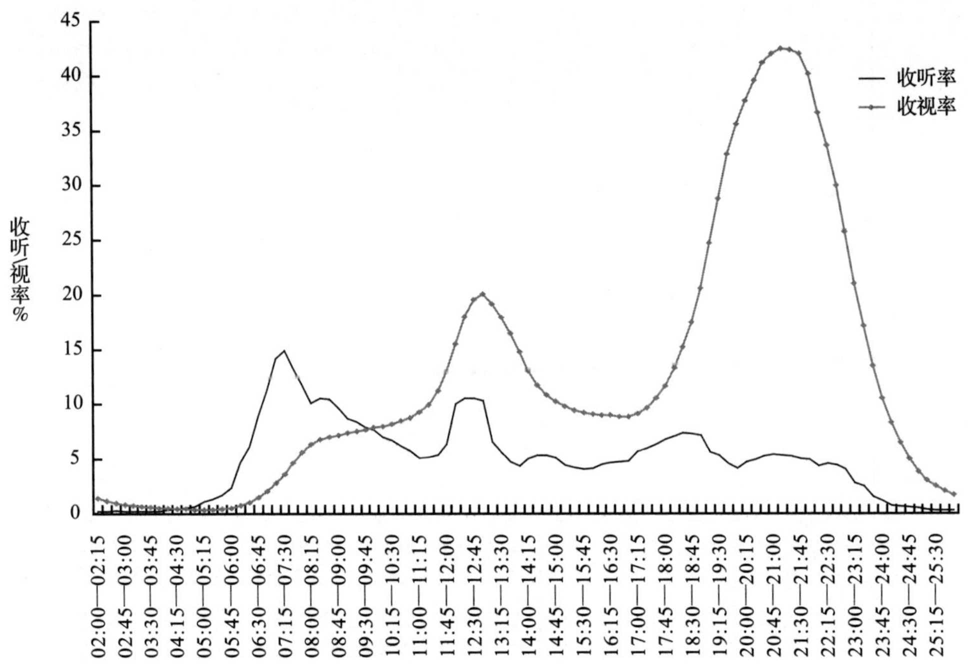

图 3.26.7 2013 年太原受众全天收听率、收视率走势比较（目标受众为 10 岁及以上）

表 3.26.3 2013 年太原市场听众构成（%）

目标听众		听众构成（%）
10 岁及以上所有人		100.0
性别	男	57.8
	女	42.2
年龄	10—14 岁	3.3
	15—24 岁	8.0
	25—34 岁	16.8
	35—44 岁	24.3
	45—54 岁	20.4
	55—64 岁	14.0
	65 岁及以上	13.2
文化程度	未受过正规教育	0.6
	小学	7.9
	初中	31.5
	高中	34.6
	大学及以上	25.4
职业	干部/管理人员	7.9
	初级公务员/雇员	22.7
	个体/私营企业人员	24.4
	工人	9.1
	学生	7.1
	无业（包括退休人员）	24.8
	其他	4.0
个人月收入	没有收入	13.2
	1—500 元	2.8
	501—1000 元	2.8
	1001—1500 元	13.9
	1501—2000 元	24.4
	2001—2500 元	17.4
	2501—3000 元	10.2
	3001—4000 元	9.1
	4001 元及以上	6.2

表 3.26.4 2011—2013 年太原市场各广播电台的市场份额（%）

广播电台	2011 年	2012 年	2013 年
中央人民广播电台	18.7	15.3	15.1
中国国际广播电台	0.0	0.0	0.0
山西广播电视台	49.6	48.9	49.5
太原人民广播电台	31.6	35.7	35.3
其他广播电台	0.1	0.1	0.1

表 3.26.5　2013 年太原市场各广播电台在不同目标听众中的市场份额（%）

目标听众		中央人民广播电台	中国国际广播电台	山西广播电视台	太原人民广播电台	其他广播电台
10 岁及以上所有人		15.1	0.0	49.5	35.3	0.1
性别	男	16.0	0.0	47.2	36.6	0.2
	女	13.8	0.0	52.7	33.4	0.1
年龄	10—14 岁	16.9	0.0	58.2	24.9	0.0
	15—24 岁	17.4	0.0	45.2	36.6	0.8
	25—34 岁	9.8	0.0	39.1	50.7	0.4
	35—44 岁	14.7	0.0	46.8	38.4	0.1
	45—54 岁	18.3	0.0	42.1	39.5	0.1
	55—64 岁	9.7	0.0	68.6	21.7	0.0
	65 岁及以上	21.1	0.0	59.3	19.5	0.1
文化程度	未受过正规教育	0.3	0.0	76.0	23.7	0.0
	小学	11.7	0.0	66.5	21.8	0.0
	初中	14.2	0.0	55.6	30.2	0.0
	高中	16.1	0.0	47.5	36.4	0.0
	大学及以上	16.2	0.0	38.7	44.6	0.5
职业	干部/管理人员	13.1	0.0	51.6	35.3	0.0
	初级公务员/雇员	18.1	0.0	39.8	42.1	0.0
	个体/私营企业人员	9.9	0.0	47.9	41.9	0.3
	工人	19.9	0.0	33.7	46.3	0.1
	学生	20.9	0.0	49.8	28.5	0.8
	无业（包括退休人员）	13.0	0.0	63.1	23.8	0.1
	其他	23.8	0.0	60.6	15.5	0.1
个人月收入	没有收入	18.0	0.0	52.4	29.1	0.5
	1—500 元	3.9	0.0	70.3	25.8	0.0
	501—1000 元	6.8	0.0	49.1	44.1	0.0
	1001—1500 元	16.4	0.0	54.2	29.3	0.1
	1501—2000 元	17.1	0.0	48.9	33.8	0.2
	2001—2500 元	15.2	0.0	48.6	36.1	0.1
	2501—3000 元	12.4	0.0	47.0	40.5	0.1
	3001—4000 元	14.7	0.0	39.4	45.9	0.0
	4001 元及以上	12.9	0.0	44.3	41.9	0.9

表 3.26.6　2013 年太原市场份额排名前五位的频率

名次	频　率	市场份额（%）
1	太原人民广播电台交通频率 FM107	17.0
2	山西广播电视台交通广播 FM88	13.2
3	中央人民广播电台第一套节目中国之声	10.0
4	山西广播电视台健康之声广播 FM105.9	9.1
5	山西文艺广播 FM101.5	8.2

二十七、天津收听数据

表 3.27.1　2011—2013 年天津各目标听众人均收听时间（分钟）

目标听众		2011 年	2012 年	2013 年			
				第 1 波	第 2 波	第 3 波	第 4 波
10 岁及以上所有人		132	129	117	120	111	114
性别	男	137	132	122	125	118	125
	女	127	125	110	114	102	102
年龄	10—14 岁	34	50	61	67	59	41
	15—24 岁	71	79	67	64	60	58
	25—34 岁	94	102	98	94	93	86
	35—44 岁	115	122	113	117	105	109
	45—54 岁	158	153	126	139	135	135
	55—64 岁	190	184	186	176	154	172
	65 岁及以上	218	183	162	177	158	184
文化程度	未受过正规教育	111	129	136	118	65	36
	小学	160	136	120	114	78	78
	初中	159	156	141	150	133	138
	高中	134	126	117	115	114	123
	大学及以上	100	106	91	100	97	96
职业	干部/管理人员	94	122	122	114	109	121
	初级公务员/雇员	104	123	95	99	106	102
	个体/私营企业人员	135	134	138	143	118	118
	工人	125	114	102	105	102	99
	学生	59	66	65	58	59	58
	无业（包括退休人员）	188	169	149	156	141	157
	其他	*	*	*	*	*	*
个人月收入	没有收入	85	91	81	74	76	64
	1—500 元	165	*	*	*	*	*
	501—1000 元	135	113	112	107	130	148
	1001—1500 元	162	144	142	152	135	137
	1501—2000 元	137	147	134	152	128	131
	2001—2500 元	159	153	139	135	140	149
	2501—3000 元	112	127	108	118	98	117
	3001—4000 元	127	141	120	119	113	113
	4001 元及以上	80	104	84	94	93	101

注：天津为四波调查城市。2013 年四波调查时间分别为：第一波 2 月 24 日至 3 月 16 日；第二波 5 月 26 日至 6 月 15 日；第三波 8 月 25 日至 9 月 14 日；第四波 11 月 3 日至 11 月 23 日。

"*"表示该目标听众样本量不足，无法进行统计推断。

表 3.27.2　2011—2013 年天津听众在不同地点的人均收听时间（分钟）

地　　点	2011 年	2012 年	2013 年
在家	105	93	79
车上	18	24	25
工作/学习场所	7	8	8
其他场所	2	3	3

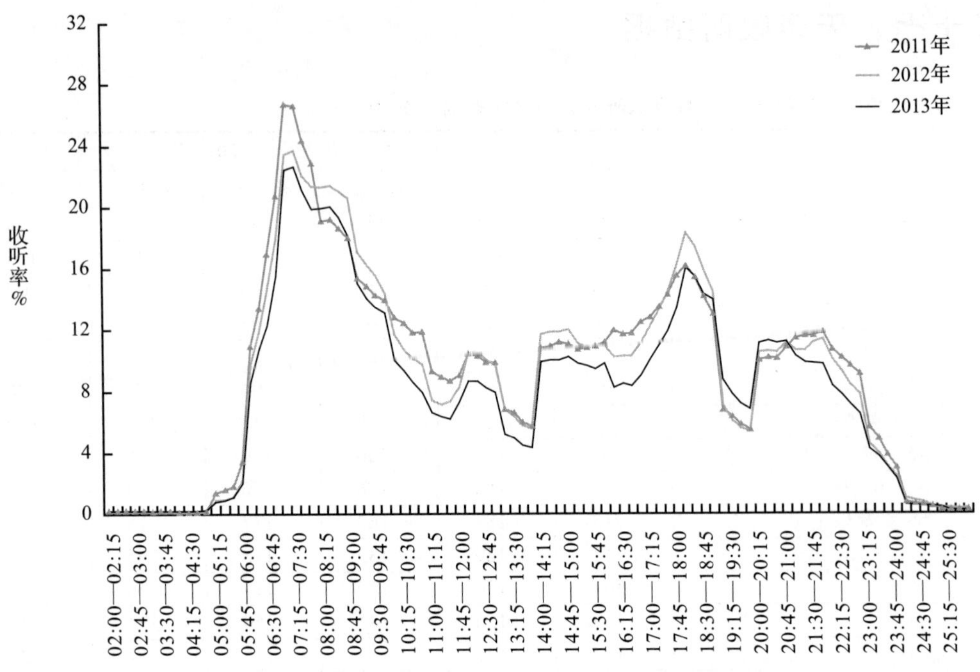

图 3.27.1　2011—2013 年天津听众全天收听率走势

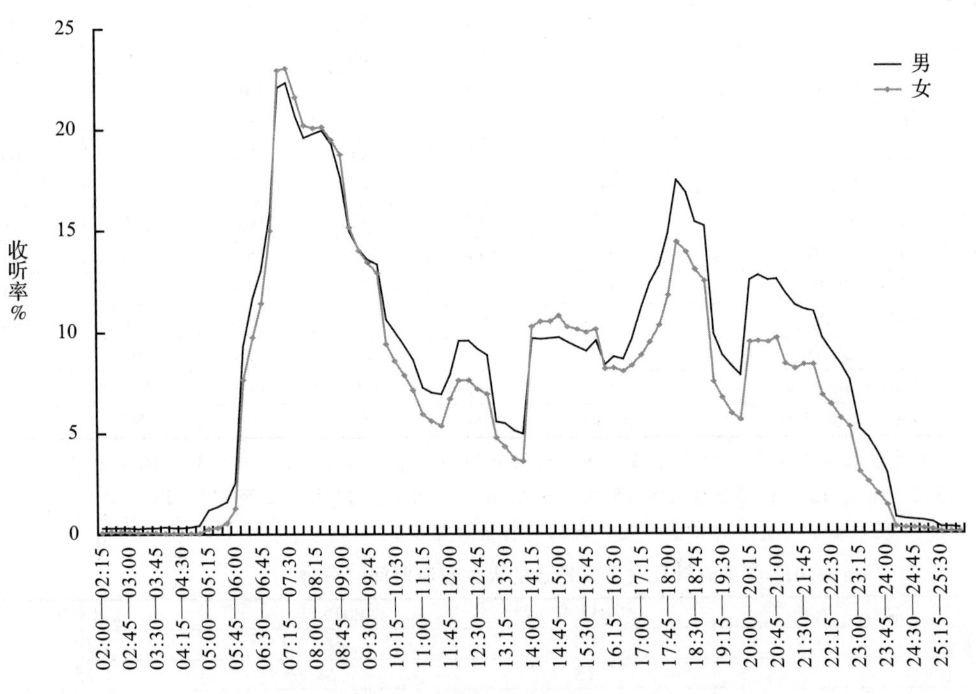

图 3.27.2　2013 年天津不同性别听众全天收听率走势

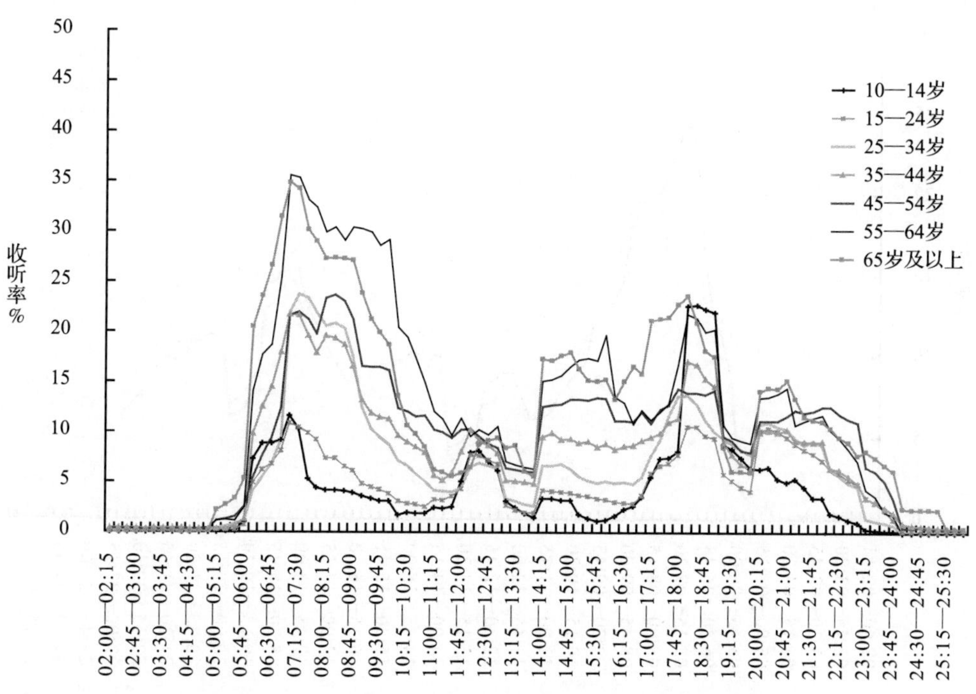

图 3.27.3 2013 年天津不同年龄听众全天收听率走势

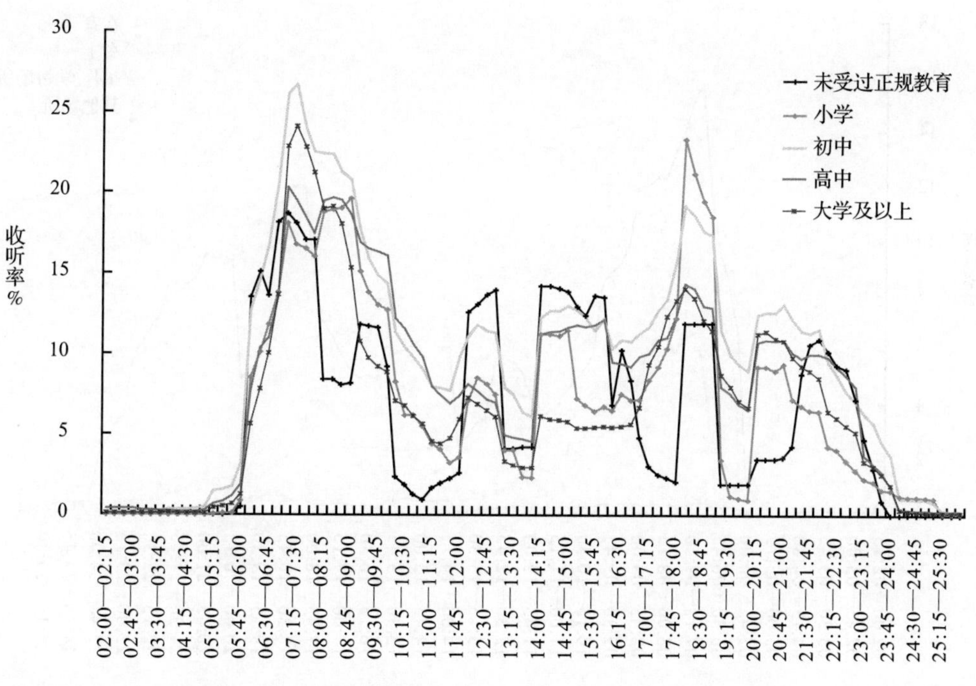

图 3.27.4 2013 年天津不同文化程度听众全天收听率走势

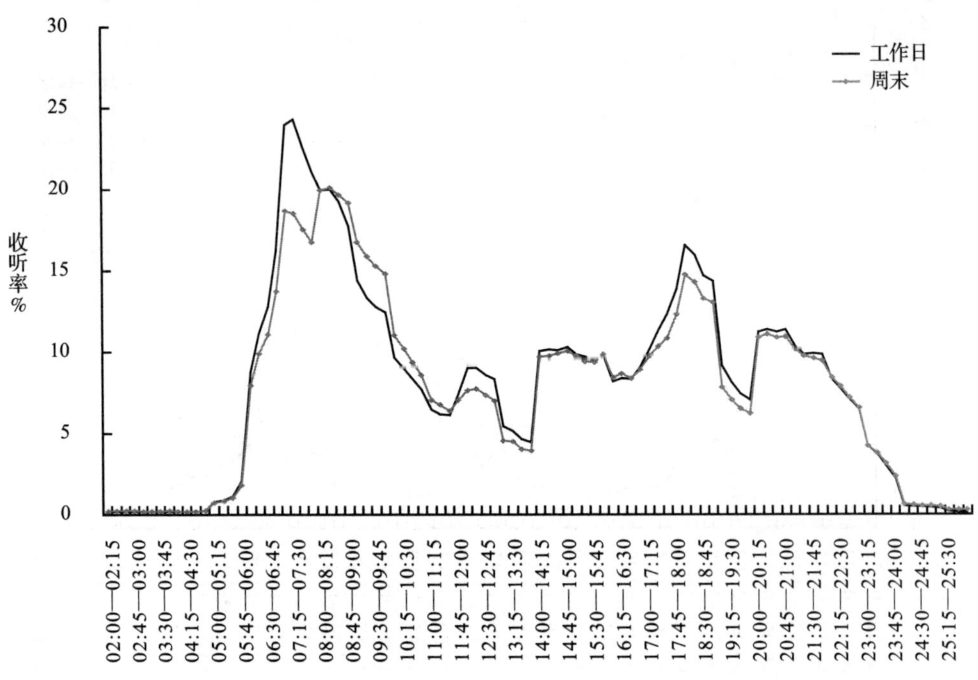

图 3.27.5　2013 年天津听众工作日与周末全天收听率走势

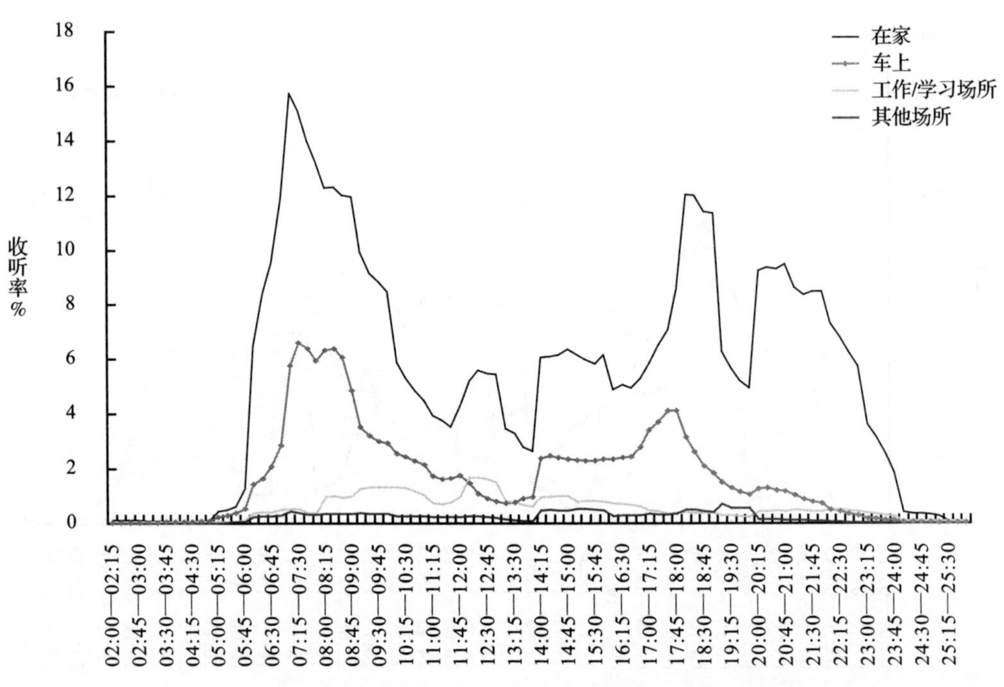

图 3.27.6　2013 年天津听众在不同收听地点全天收听率走势

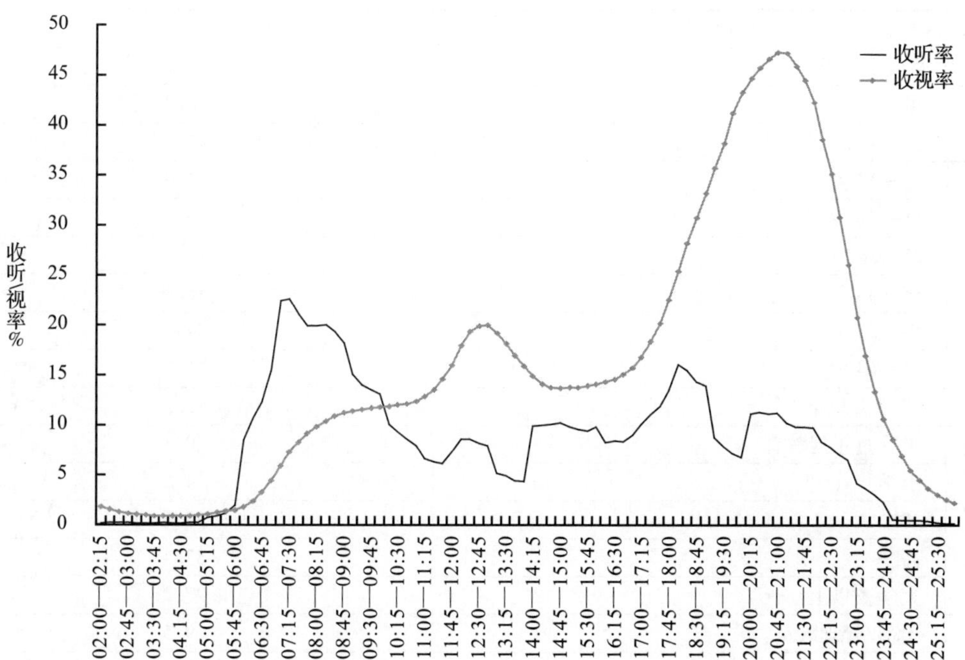

图 3.27.7　2013 年天津受众全天收听率、收视率走势比较（目标受众为 10 岁及以上）

表 3.27.3　2013 年天津市场听众构成（%）

目标听众		听众构成（%）
10 岁及以上所有人		100.0
性别	男	58.8
	女	41.2
年龄	10—14 岁	1.0
	15—24 岁	9.0
	25—34 岁	13.3
	35—44 岁	18.4
	45—54 岁	24.2
	55—64 岁	17.7
	65 岁及以上	16.3
文化程度	未受过正规教育	0.3
	小学	4.5
	初中	30.6
	高中	37.4
	大学及以上	27.2
职业	干部/管理人员	9.5
	初级公务员/雇员	16.9
	个体/私营企业人员	17.6
	工人	13.8
	学生	6.6
	无业（包括退休人员）	34.7
	其他	*
个人月收入	没有收入	9.6
	1—500 元	*
	501—1000 元	2.4
	1001—1500 元	8.1
	1501—2000 元	18.3
	2001—2500 元	19.7
	2501—3000 元	10.5
	3001—4000 元	20.0
	4001 元及以上	11.0

注：“*”表示该目标听众样本量不足，无法进行统计推断。

表 3.27.4　2011—2013 年天津市场各广播电台的市场份额（%）

广播电台	2011 年	2012 年	2013 年			
			第 1 波	第 2 波	第 3 波	第 4 波
中央人民广播电台	8.3	8.3	8.4	8.1	9.3	8.1
中国国际广播电台	0.0	0.0	0.4	0.3	0.3	0.4
天津人民广播电台	91.2	91.2	90.3	90.2	88.8	90.0
其他广播电台	0.5	0.5	0.9	1.4	1.6	1.5

表 3.27.5　2013 年天津市场各广播电台在不同目标听众中的市场份额（%）

目标听众		中央人民广播电台	中国国际广播电台	天津人民广播电台	其他广播电台
10 岁及以上所有人		8.5	0.3	89.8	1.4
性别	男	8.0	0.4	90.3	1.3
	女	9.0	0.3	89.2	1.5
年龄	10—14 岁	17.2	0.4	78.8	3.5
	15—24 岁	5.5	0.5	93.6	0.5
	25—34 岁	8.5	0.5	90.0	1.0
	35—44 岁	7.0	1.1	90.1	1.8
	45—54 岁	6.3	0.0	92.2	1.4
	55—64 岁	9.4	0.1	89.7	0.8
	65 岁及以上	13.7	0.0	84.2	2.0
文化程度	未受过正规教育	19.9	0.0	80.1	0.0
	小学	11.5	0.0	85.9	2.6
	初中	8.5	0.1	89.7	1.7
	高中	6.7	0.3	91.9	1.1
	大学及以上	10.0	0.7	88.2	1.1
职业	干部/管理人员	9.9	1.1	88.4	0.7
	初级公务员/雇员	9.6	0.6	88.3	1.5
	个体/私营企业人员	6.0	0.3	93.1	0.7
	工人	6.7	0.3	91.3	1.7
	学生	7.7	0.7	90.4	1.2
	无业（包括退休人员）	10.0	0.1	88.2	1.7
	其他	*	*	*	*
个人月收入	没有收入	7.6	0.5	90.3	1.7
	1—500 元	*	*	*	*
	501—1000 元	7.6	0.0	92.4	0.0
	1001—1500 元	3.6	0.3	94.4	1.7
	1501—2000 元	9.4	0.0	89.2	1.4
	2001—2500 元	9.1	0.1	88.7	2.2
	2501—3000 元	14.0	0.1	84.7	1.2
	3001—4000 元	6.5	1.2	91.5	0.8
	4001 元及以上	10.8	0.2	88.3	0.7

注："*"表示该目标听众样本量不足，无法进行统计推断。

表 3.27.6　2013 年天津市场份额排名前五位的频率

名次	频　率	市场份额（%）
1	天津人民广播电台交通广播 FM106.8	27.9
2	天津人民广播电台相声广播 AM567/FM92.1	14.4
3	天津人民广播电台音乐广播 FM99	10.0
4	天津人民广播电台新闻广播 FM97.2/AM909	9.8
5	天津人民广播电台文艺广播 AM1098/FM104.6	9.7

二十八、乌鲁木齐收听数据

表 3.28.1　2011—2013 年乌鲁木齐各目标听众人均收听时间（分钟）

目标听众		2011 年	2012 年	2013 年
10 岁及以上所有人		98	89	93
性别	男	94	88	96
	女	101	90	89
年龄	10—14 岁	53	45	47
	15—24 岁	86	65	65
	25—34 岁	79	74	79
	35—44 岁	89	89	98
	45—54 岁	127	99	116
	55—64 岁	133	149	138
	65 岁及以上	124	107	92
文化程度	未受过正规教育	120	82	58
	小学	115	92	91
	初中	108	102	117
	高中	106	95	99
	大学及以上	70	74	72
职业	干部/管理人员	85	71	64
	初级公务员/雇员	81	72	74
	个体/私营企业人员	115	99	109
	工人	74	81	121
	学生	66	53	54
	无业（包括退休人员）	124	120	116
	其他	140	*	*
个人月收入	没有收入	94	76	75
	1—500 元	108	196	*
	501—1000 元	129	108	83
	1001—1500 元	116	93	105
	1501—2000 元	100	107	110
	2001—2500 元	76	81	107
	2501—3000 元	84	83	95
	3001—4000 元	76	70	85
	4001 元及以上	91	89	78

注：乌鲁木齐为全年连续调查城市。“*”表示目标听众样本量不足，无法进行统计推断。

表 3.28.2　2011—2013 年乌鲁木齐听众在不同地点的人均收听时间（分钟）

地　点	2011 年	2012 年	2013 年
在家	76	65	62
车上	13	16	24
工作/学习场所	6	6	4
其他场所	2	2	2

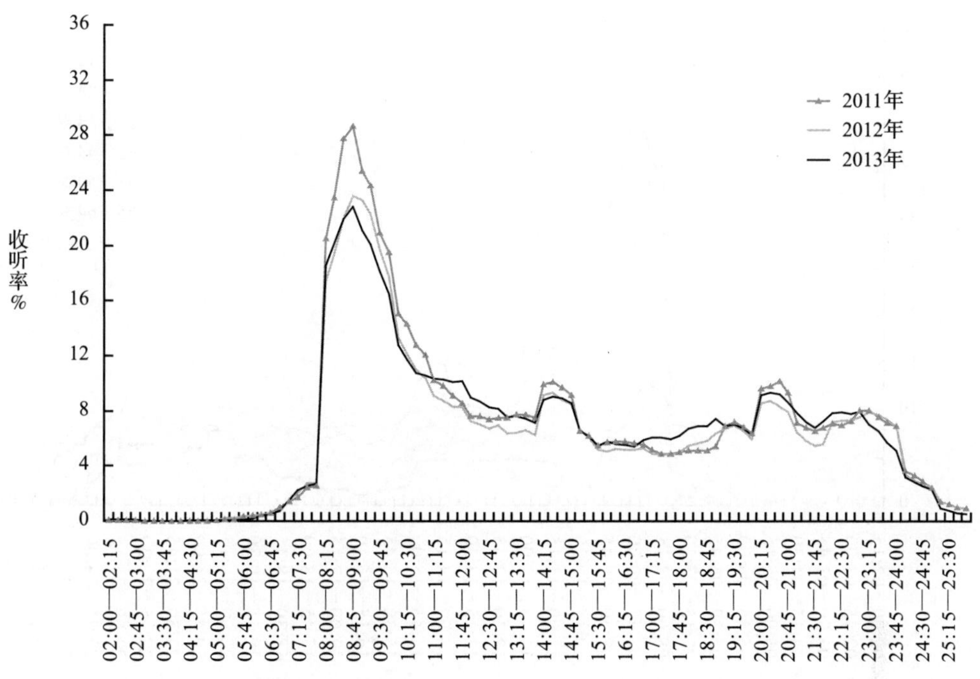

图 3.28.1　2011—2013 年乌鲁木齐听众全天收听率走势

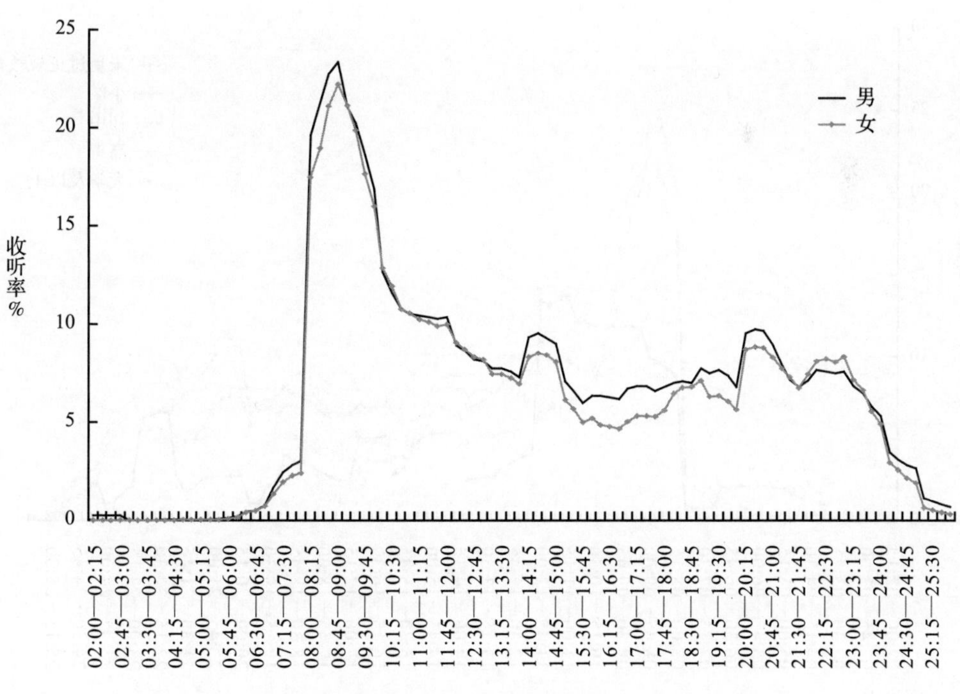

图 3.28.2　2013 年乌鲁木齐不同性别听众全天收听率走势

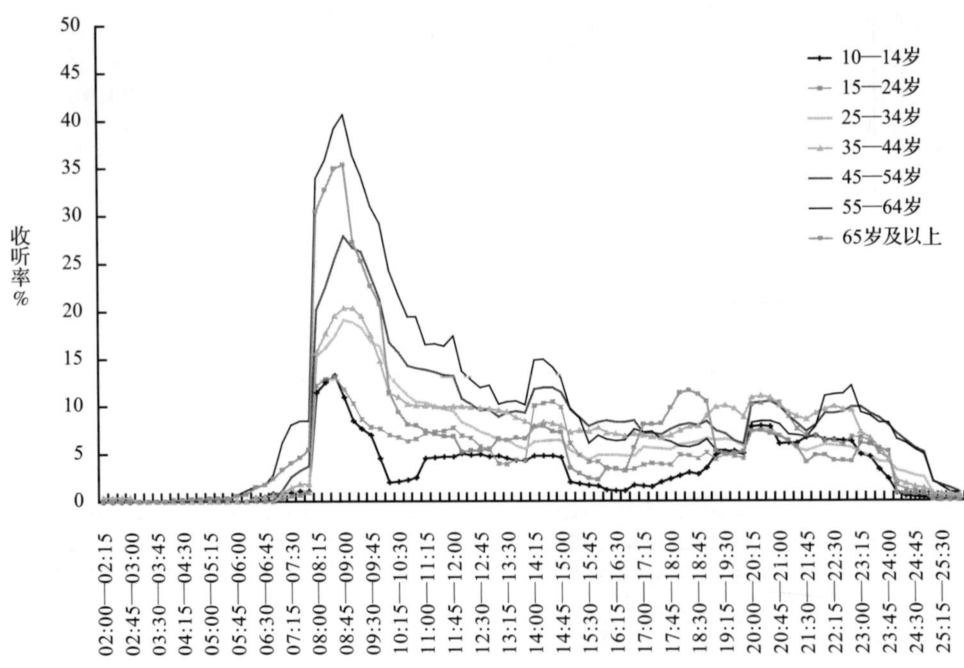

图 3.28.3　2013 年乌鲁木齐不同年龄听众全天收听率走势

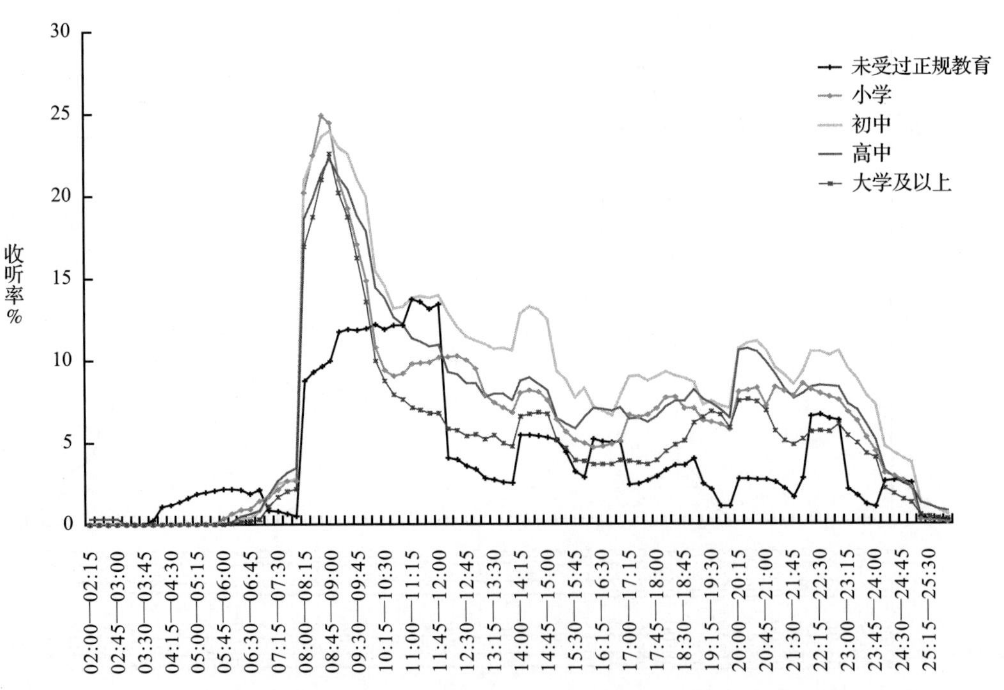

图 3.28.4　2013 年乌鲁木齐不同文化程度听众全天收听率走势

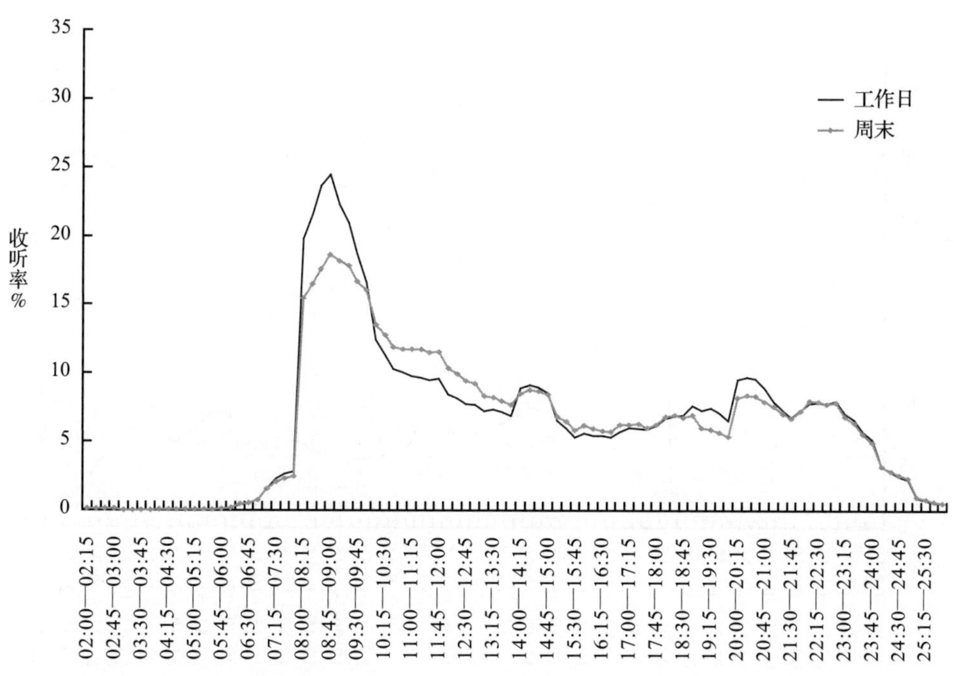

图 3.28.5　2013 年乌鲁木齐听众工作日与周末全天收听率走势

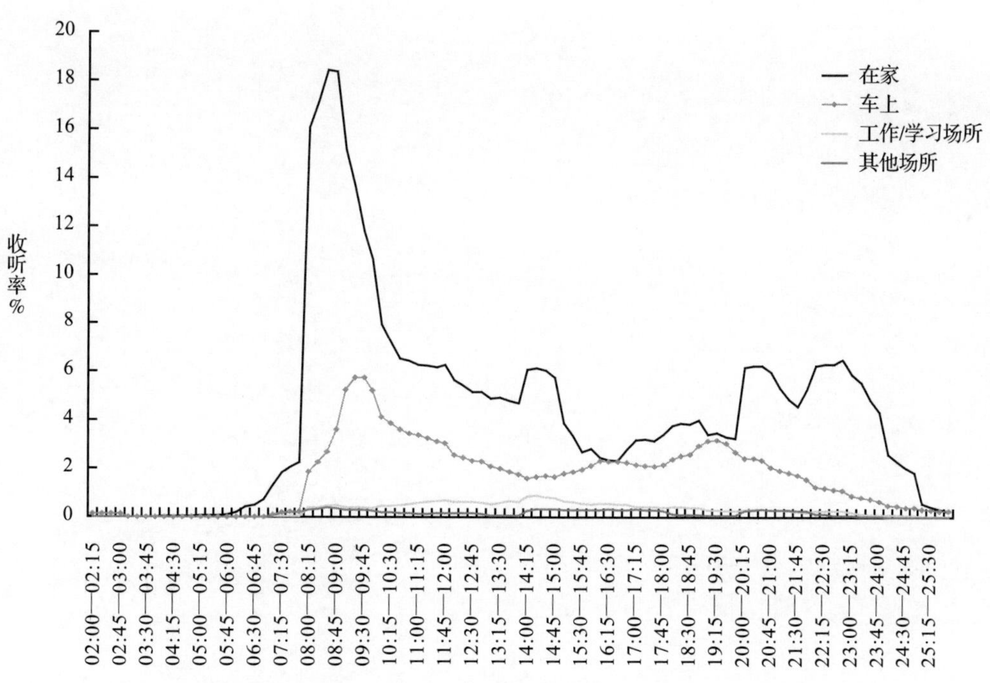

图 3.28.6　2013 年乌鲁木齐听众在不同收听地点全天收听率走势

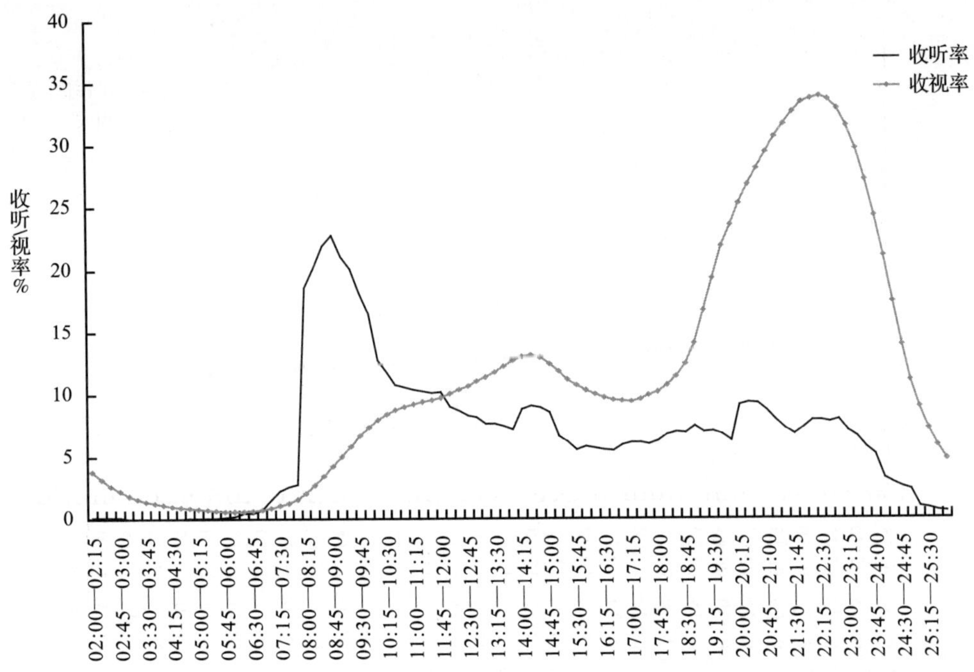

图 3.28.7　2013 年乌鲁木齐受众全天收听率、收视率走势比较（目标受众为 10 岁及以上）

表 3.28.3　2013 年乌鲁木齐市场听众构成（%）

目标听众		听众构成（%）
10 岁及以上所有人		100.0
性别	男	48.6
	女	51.4
年龄	10—14 岁	3.1
	15—24 岁	8.5
	25—34 岁	19.2
	35—44 岁	25.5
	45—54 岁	14.6
	55—64 岁	16.7
	65 岁及以上	12.4
文化程度	未受过正规教育	2.5
	小学	13.3
	初中	25.3
	高中	32.9
	大学及以上	26.0
职业	干部/管理人员	3.6
	初级公务员/雇员	21.4
	个体/私营企业人员	19.3
	工人	10.5
	学生	7.2
	无业（包括退休人员）	37.9
	其他	*
个人月收入	没有收入	16.6
	1—500 元	1.8
	501—1000 元	7.6
	1001—1500 元	16.3
	1501—2000 元	21.7
	2001—2500 元	15.0
	2501—3000 元	8.2
	3001—4000 元	7.4
	4001 元及以上	5.4

注："*"表示目标听众样本量不足，无法进行统计推断。

表 3.28.4　2011—2013 年乌鲁木齐市场各广播电台的市场份额（%）

广播电台	2011 年	2012 年	2013 年
中央人民广播电台	12.7	14.5	14.6
中国国际广播电台	0.0	0.0	0.0
新疆人民广播电台	65.4	65.4	63.4
乌鲁木齐人民广播电台	19.3	17.4	18.6
其他广播电台	2.6	2.7	3.4

表 3.28.5　2013 年乌鲁木齐市场各广播电台在不同目标听众中的市场份额（%）

目标听众		中央人民广播电台	中国国际广播电台	新疆人民广播电台	乌鲁木齐人民广播电台	其他广播电台
10 岁及以上所有人		14.6	0.0	63.4	18.6	3.4
性别	男	13.5	0.0	64.6	19.0	2.9
	女	15.8	0.0	62.1	18.2	3.9
年龄	10—14 岁	15.1	0.0	60.3	23.3	1.3
	15—24 岁	16.0	0.0	66.5	14.3	3.2
	25—34 岁	9.9	0.0	65.3	22.7	2.1
	35—44 岁	11.2	0.0	65.1	19.9	3.8
	45—54 岁	12.5	0.0	70.0	13.7	3.8
	55—64 岁	21.9	0.0	57.3	16.9	3.9
	65 岁及以上	26.3	0.0	48.5	20.7	4.5
文化程度	未受过正规教育	12.7	0.0	67.6	14.3	5.4
	小学	18.7	0.0	58.3	22.3	0.7
	初中	11.7	0.0	68.8	15.4	4.1
	高中	15.1	0.0	60.3	20.5	4.1
	大学及以上	15.7	0.0	62.7	18.7	2.9
职业	干部/管理人员	17.3	0.0	52.0	27.0	3.7
	初级公务员/雇员	10.8	0.0	62.3	23.1	3.8
	个体/私营企业人员	8.5	0.0	70.1	18.3	3.1
	工人	12.1	0.0	75.1	9.7	3.1
	学生	17.4	0.0	61.2	17.3	4.1
	无业（包括退休人员）	21.2	0.0	57.2	18.2	3.4
	其他	*	*	*	*	*
个人月收入	没有收入	17.2	0.0	63.4	17.6	1.8
	1—500 元	*	*	*	*	*
	501—1000 元	16.3	0.0	67.7	15.7	0.3
	1001—1500 元	11.9	0.0	68.4	16.4	3.3
	1501—2000 元	14.3	0.0	64.4	17.9	3.4
	2001—2500 元	18.5	0.0	59.8	16.3	5.4
	2501—3000 元	13.5	0.0	54.2	26.8	5.5
	3001—4000 元	11.6	0.0	68.8	17.3	2.3
	4001 元及以上	12.2	0.0	61.6	23.6	2.6

注：“*”表示目标听众样本量不足，无法进行统计推断。

表 3.28.6　2013 年乌鲁木齐市场份额排名前五位的频率

名次	频　　率	市场份额（%）
1	新疆人民广播电台 949 交通广播 FM94.9	24.1
2	新疆人民广播电台 FM107.4 维语文艺广播	14.1
3	中央人民广播电台第一套节目中国之声	9.5
4	乌鲁木齐人民广播电台交通广播 FM97.4	8.8
5	新疆人民广播电台 929 城市广播 FM92.9	6.4

二十九、武汉收听数据

表 3.29.1　2011—2013 年武汉各目标听众人均收听时间（分钟）

目标听众		2011 年	2012 年	2013 年			
				第 1 波	第 2 波	第 3 波	第 4 波
10 岁及以上所有人		51	53	55	56	56	56
性别	男	53	55	58	56	59	57
	女	50	52	52	55	53	54
年龄	10—14 岁	26	30	28	23	24	18
	15—24 岁	29	28	33	42	34	38
	25—34 岁	46	48	51	46	53	52
	35—44 岁	55	58	60	56	65	64
	45—54 岁	58	63	64	65	61	58
	55—64 岁	77	76	69	76	68	72
	65 岁及以上	73	73	68	76	73	74
文化程度	未受过正规教育	50	64	72	63	47	71
	小学	48	52	55	56	57	47
	初中	53	57	54	59	62	60
	高中	53	56	61	57	60	59
	大学及以上	47	44	44	50	42	47
职业	干部/管理人员	43	30	28	44	48	46
	初级公务员/雇员	47	47	48	45	52	51
	个体/私营企业人员	46	55	52	55	64	58
	工人	60	63	72	67	62	62
	学生	30	28	31	36	30	29
	无业（包括退休人员）	65	68	63	67	63	68
	其他	7	24	33	34	27	5
个人月收入	没有收入	34	34	35	38	37	39
	1—500 元	75	86	80	84	100	116
	501—1000 元	63	61	64	60	66	68
	1001—1500 元	63	65	66	65	62	60
	1501—2000 元	54	58	57	61	58	62
	2001—2500 元	44	48	48	58	54	53
	2501—3000 元	40	50	54	58	58	60
	3001—4000 元	42	55	55	49	74	59
	4001 元及以上	52	72	96	56	54	56

注：武汉为四波调查城市。2013 年四波调查时间分别为：第一波 2 月 24 日至 3 月 16 日；第二波 5 月 26 日至 6 月 15 日；第三波 8 月 25 日至 9 月 14 日；第四波 11 月 3 日至 11 月 23 日。

表 3.29.2　2011—2013 年武汉听众在不同地点的人均收听时间（分钟）

地　　点	2011 年	2012 年	2013 年
在家	39	40	40
车上	7	9	11
工作/学习场所	3	3	3
其他场所	1	1	2

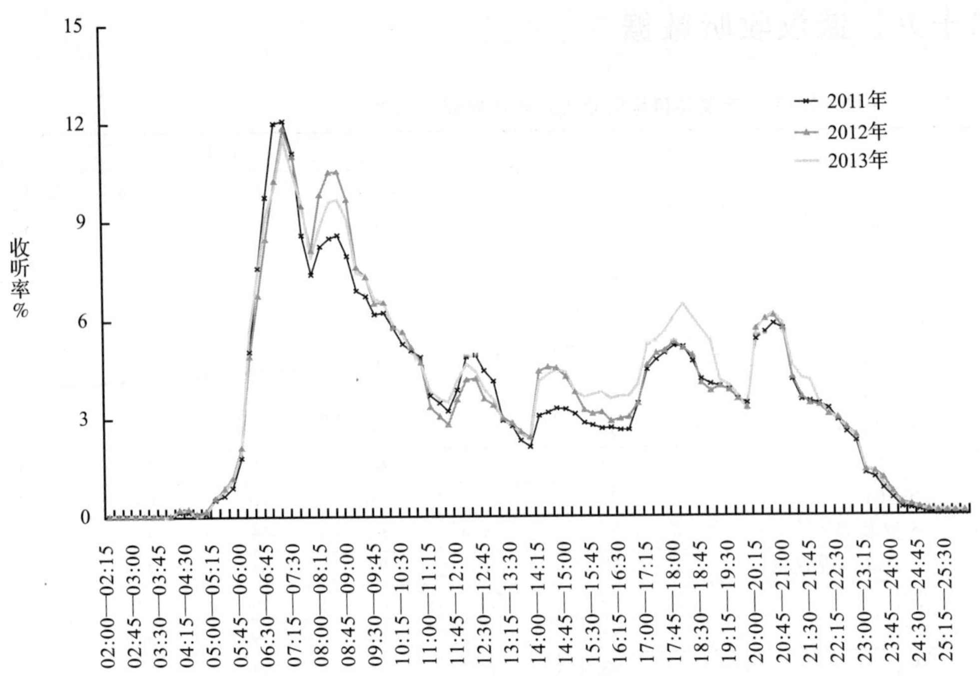

图 3.29.1　2011—2013 年武汉听众全天收听率走势

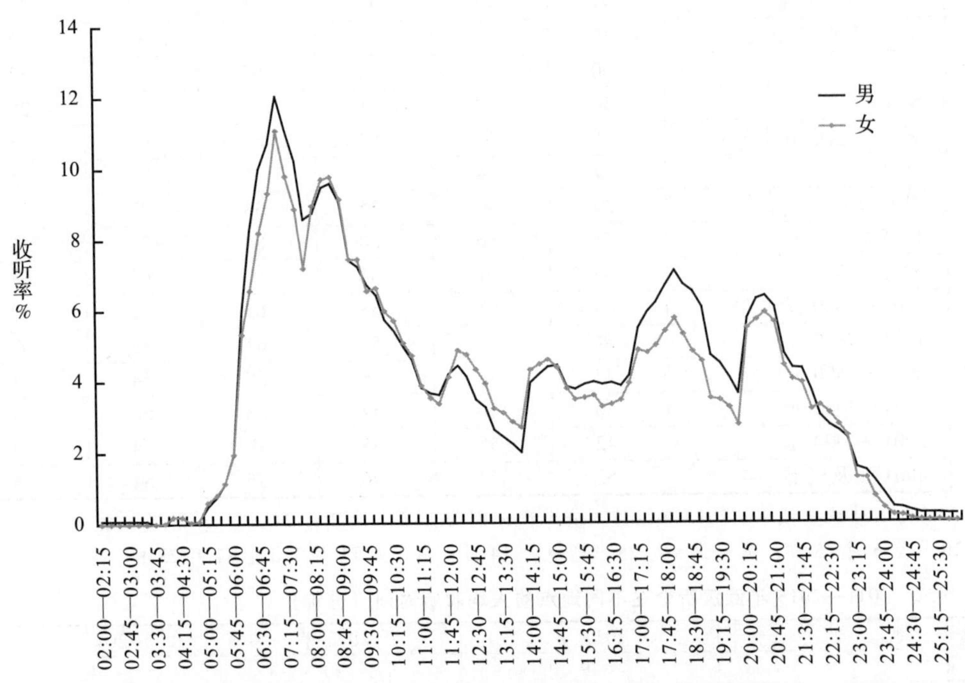

图 3.29.2　2013 年武汉不同性别听众全天收听率走势

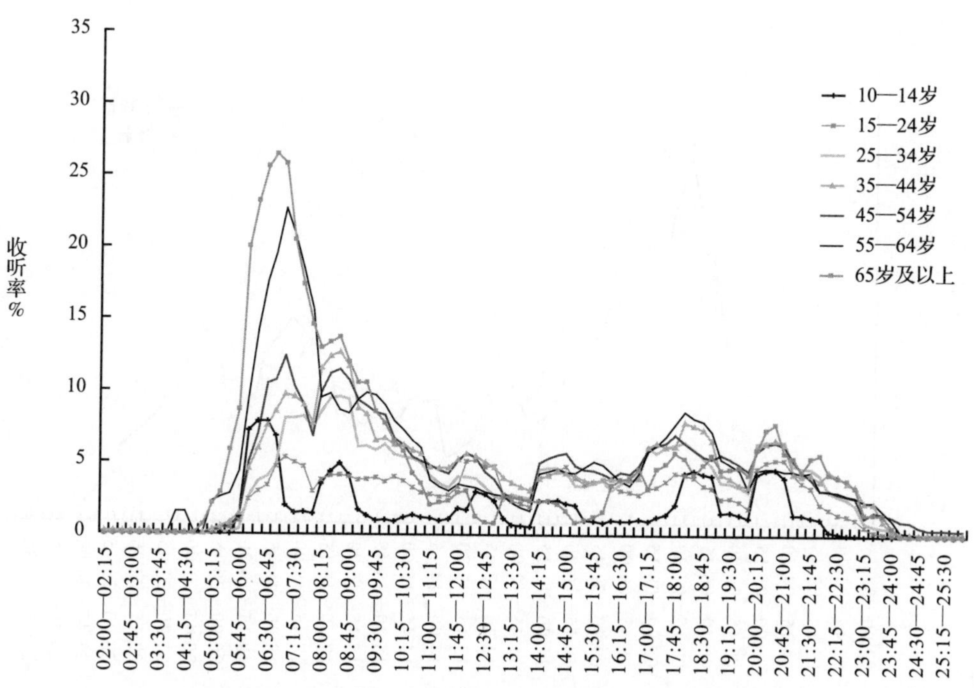

图 3.29.3 2013 年武汉不同年龄听众全天收听率走势

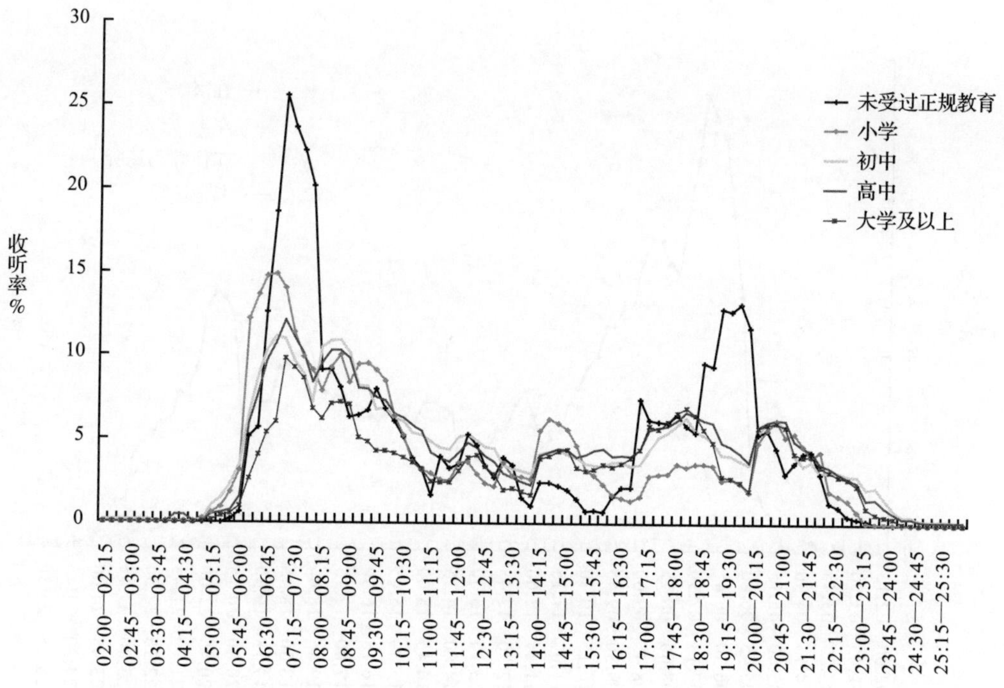

图 3.29.4 2013 年武汉不同文化程度听众全天收听率走势

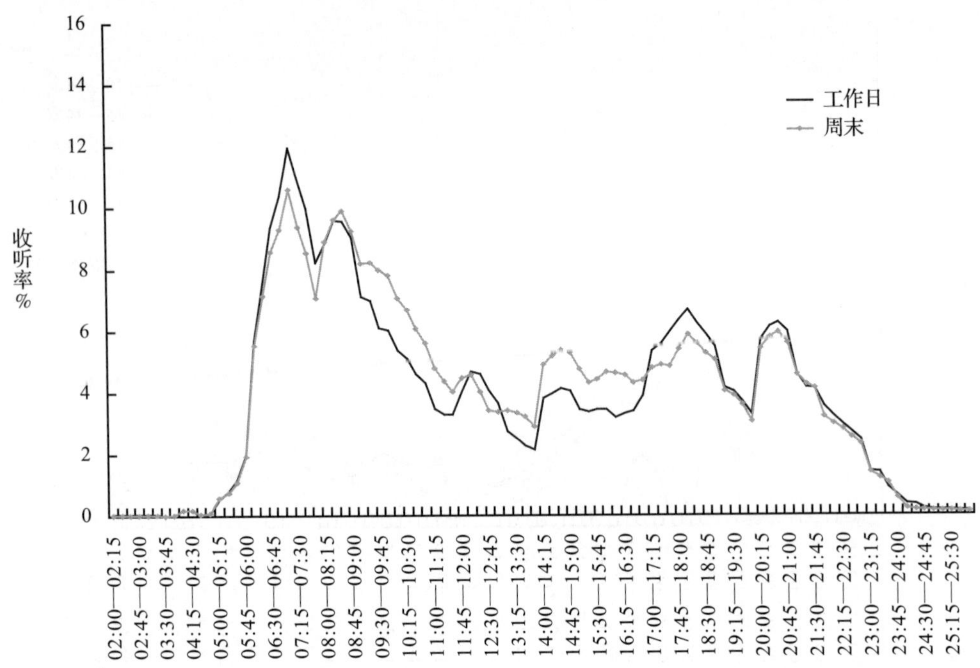

图 3.29.5 2013 年武汉听众工作日与周末全天收听率走势

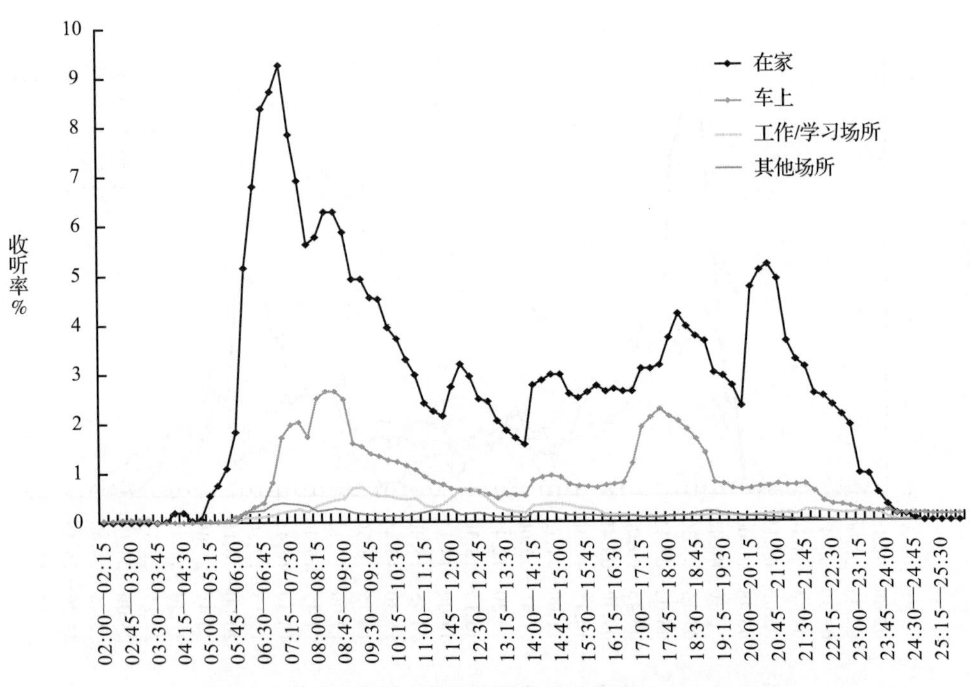

图 3.29.6 2013 年武汉听众在不同收听地点全天收听率走势

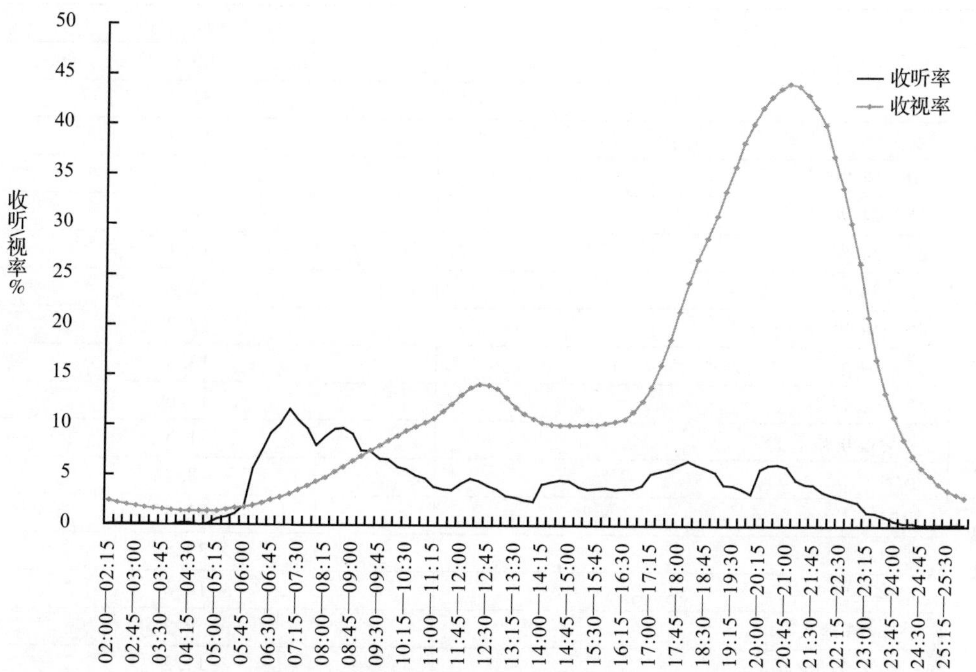

图 3.29.7　2013 年武汉受众全天收听率、收视率走势比较（目标受众为 10 岁及以上）

表 3.29.3　2013 年武汉市场听众构成（%）

目标听众		听众构成（%）
10 岁及以上所有人		100.0
性别	男	51.5
	女	48.5
年龄	10—14 岁	1.4
	15—24 岁	8.2
	25—34 岁	14.4
	35—44 岁	20.4
	45—54 岁	22.2
	55—64 岁	13.8
	65 岁及以上	19.6
文化程度	未受过正规教育	1.5
	小学	8.4
	初中	42.4
	高中	31.4
	大学及以上	16.3
职业	干部/管理人员	2.3
	初级公务员/雇员	11.2
	个体/私营企业人员	15.1
	工人	27.5
	学生	5.1
	无业（包括退休人员）	36.5
	其他	2.4
个人月收入	没有收入	11.1
	1—500 元	1.9
	501—1000 元	3.9
	1001—1500 元	23.3
	1501—2000 元	25.2
	2001—2500 元	10.0
	2501—3000 元	8.7
	3001—4000 元	10.0
	4001 元及以上	5.9

表 3.29.4　2011—2013 年武汉市场各广播电台的市场份额（%）

广播电台	2011 年	2012 年	2013 年			
			第 1 波	第 2 波	第 3 波	第 4 波
中央人民广播电台	26.9	24.1	22.6	21.1	23.0	20.1
中国国际广播电台	0.0	0.0	0.0	0.0	0.0	0.0
湖北省广播电视总台	42.4	43.3	42.2	45.6	47.7	47.1
武汉广播电视总台	30.1	32.4	34.9	33.0	29.1	32.5
其他广播电台	0.6	0.2	0.3	0.3	0.2	0.3

表 3.29.5　2013 年武汉市场各广播电台在不同目标听众中的市场份额（%）

目标听众		中央人民广播电台	中国国际广播电台	湖北省广播电视总台	武汉广播电视总台	其他广播电台
10 岁及以上所有人		21.7	0.0	45.7	32.4	0.2
性别	男	21.5	0.0	47.5	30.8	0.2
	女	21.9	0.0	43.6	34.2	0.3
年龄	10—14 岁	13.6	0.0	39.5	46.9	0.0
	15—24 岁	20.8	0.0	40.3	38.8	0.1
	25—34 岁	19.4	0.0	49.3	31.0	0.3
	35—44 岁	17.1	0.0	54.8	28.0	0.1
	45—54 岁	22.8	0.0	47.2	30.0	0.1
	55—64 岁	27.2	0.0	38.2	33.7	0.9
	65 岁及以上	28.3	0.0	32.8	38.6	0.3
文化程度	未受过正规教育	15.9	0.0	43.3	38.7	2.1
	小学	21.1	0.0	35.4	43.5	0.0
	初中	20.0	0.0	51.2	28.2	0.6
	高中	22.8	0.0	45.1	32.0	0.1
	大学及以上	21.9	0.0	43.2	34.8	0.1
职业	干部/管理人员	22.6	0.0	44.5	32.9	0.0
	初级公务员/雇员	18.5	0.0	54.7	26.8	0.0
	个体/私营企业人员	13.7	0.0	60.1	25.8	0.4
	工人	25.3	0.0	42.8	31.8	0.1
	学生	21.7	0.0	37.1	41.2	0.0
	无业（包括退休人员）	24.5	0.0	37.6	37.4	0.6
	其他	2.9	0.0	71.7	25.4	0.0
个人月收入	没有收入	18.4	0.0	39.6	41.9	0.0
	1—500 元	8.9	0.0	63.6	27.5	0.0
	501—1000 元	23.0	0.0	35.0	39.6	2.3
	1001—1500 元	28.9	0.0	43.2	27.8	0.1
	1501—2000 元	23.3	0.0	38.8	37.9	0.1
	2001—2500 元	18.7	0.0	55.8	25.5	0.0
	2501—3000 元	19.8	0.0	53.6	26.1	0.5
	3001—4000 元	17.3	0.0	59.0	23.4	0.3
	4001 元及以上	13.8	0.0	46.7	39.5	0.0

表 3.29.6　2013 年武汉市场份额排名前五位的频率

名次	频　率	市场份额（%）
1	中央人民广播电台第一套节目中国之声	15.2
2	楚天交通广播 FM92.7	13.7
3	武汉广播电视台新闻综合广播 AM873/FM88.4	11.9
4	武汉广播电视台音乐广播 FM101.8	9.9
5	湖北省广播电视总台音乐广播频道 FM103.8	7.7

三十、无锡收听数据

表 3.30.1　2011—2013 年无锡各目标听众人均收听时间（分钟）

目标听众		2011 年	2012 年	2013 年
10 岁及以上所有人		72	69	67
性别	男	77	73	69
	女	67	65	64
年龄	10—14 岁	35	24	21
	15—24 岁	43	35	32
	25—34 岁	63	62	62
	35—44 岁	65	67	67
	45—54 岁	71	75	71
	55—64 岁	113	103	92
	65 岁及以上	121	114	120
文化程度	未受过正规教育	21	48	115
	小学	63	66	69
	初中	71	73	73
	高中	81	72	67
	大学及以上	68	62	57
职业	干部/管理人员	62	65	54
	初级公务员/雇员	61	58	62
	个体/私营企业人员	77	64	79
	工人	66	88	62
	学生	38	26	22
	无业（包括退休人员）	108	103	104
	其他	31	20	28
个人月收入	没有收入	41	33	26
	1—500 元	51	24	*
	501—1000 元	71	59	85
	1001—1500 元	89	87	93
	1501—2000 元	86	82	85
	2001—2500 元	69	79	80
	2501—3000 元	74	68	60
	3001—4000 元	69	66	74
	4001 元及以上	83	82	68

注：无锡为全年连续调查城市。“*”表示该目标听众样本量不足，无法进行统计推断。

表 3.30.2　2011—2013 年无锡听众在不同地点的人均收听时间（分钟）

地　点	2011 年	2012 年	2013 年
在家	52	45	44
车上	15	16	15
工作/学习场所	4	7	7
其他场所	1	2	1

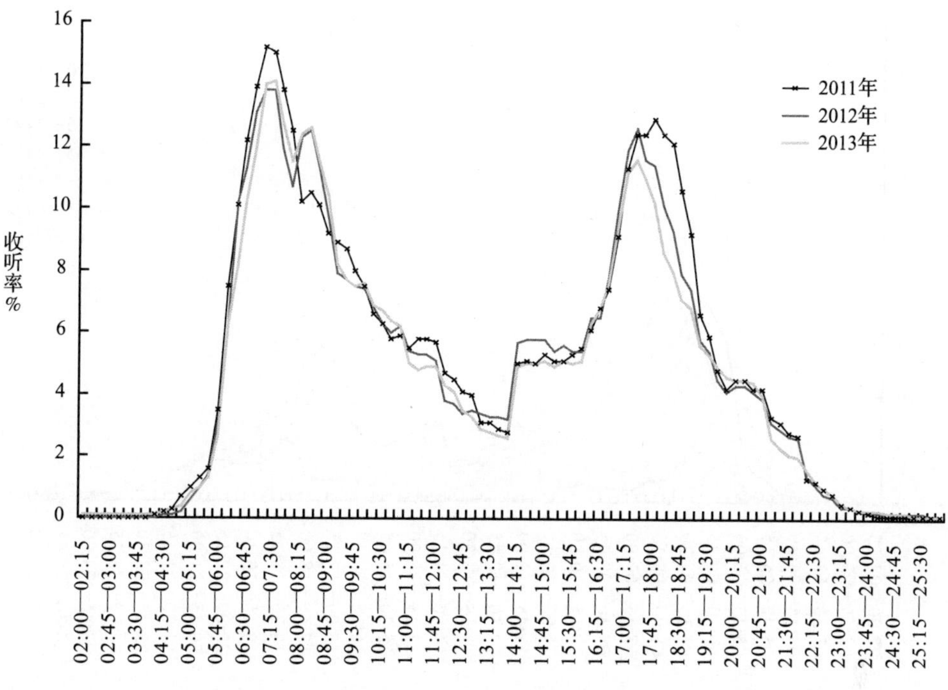

图 3.30.1　2011—2013 年无锡听众全天收听率走势

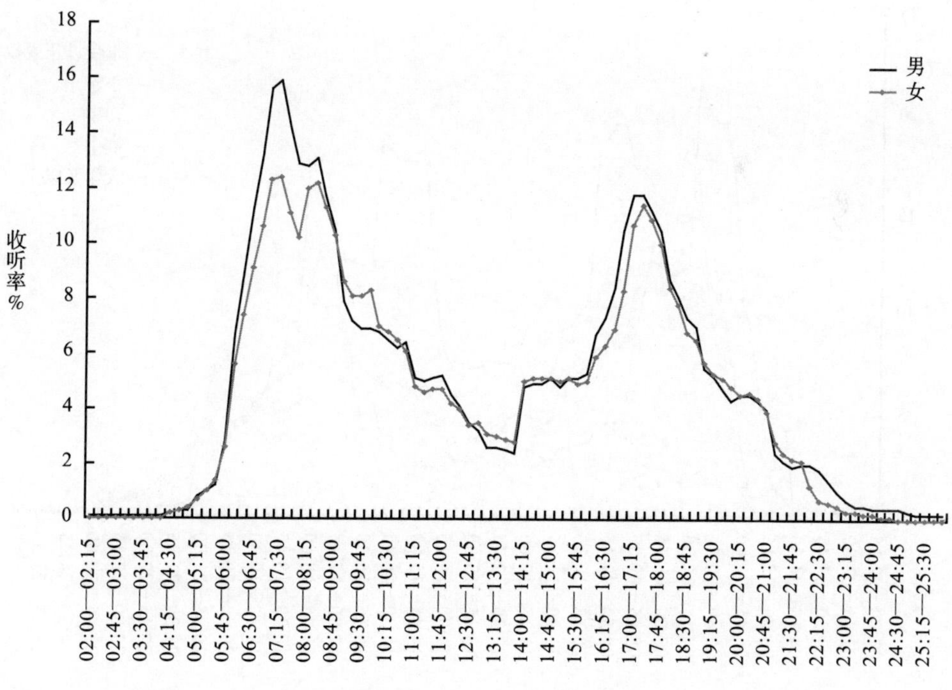

图 3.30.2　2013 年无锡不同性别听众全天收听率走势

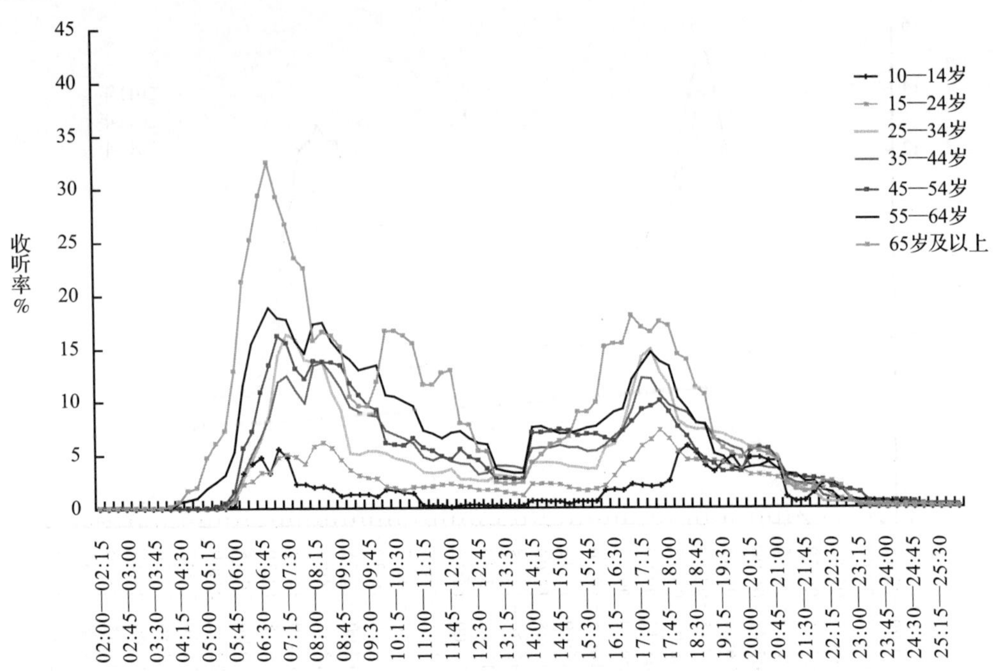

图 3.30.3　2013 年无锡不同年龄听众全天收听率走势

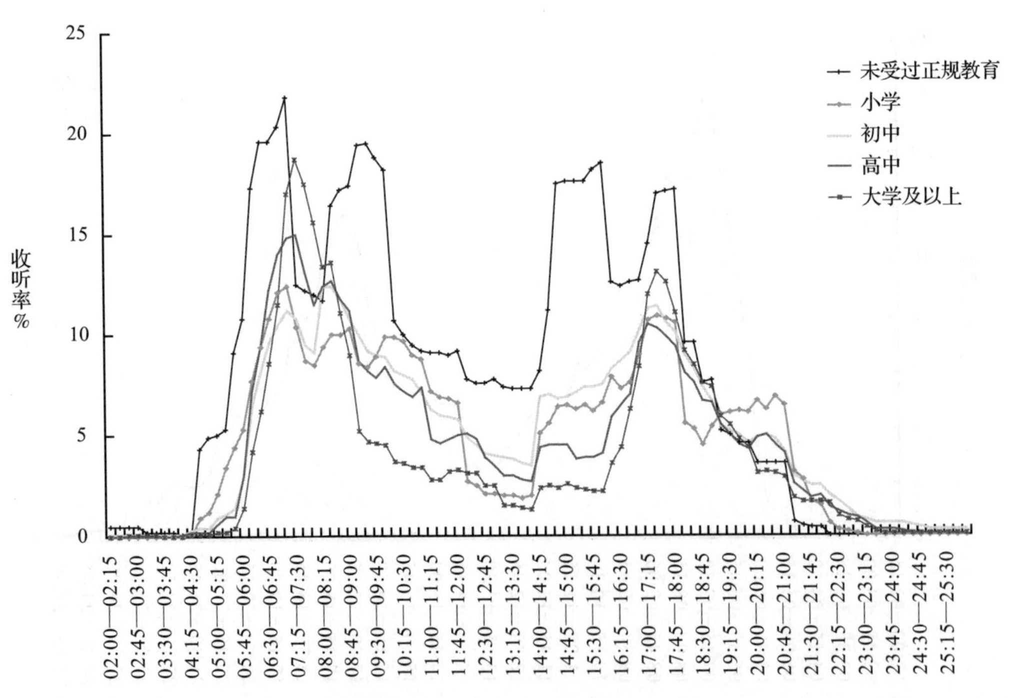

图 3.30.4　2013 年无锡不同文化程度听众全天收听率走势

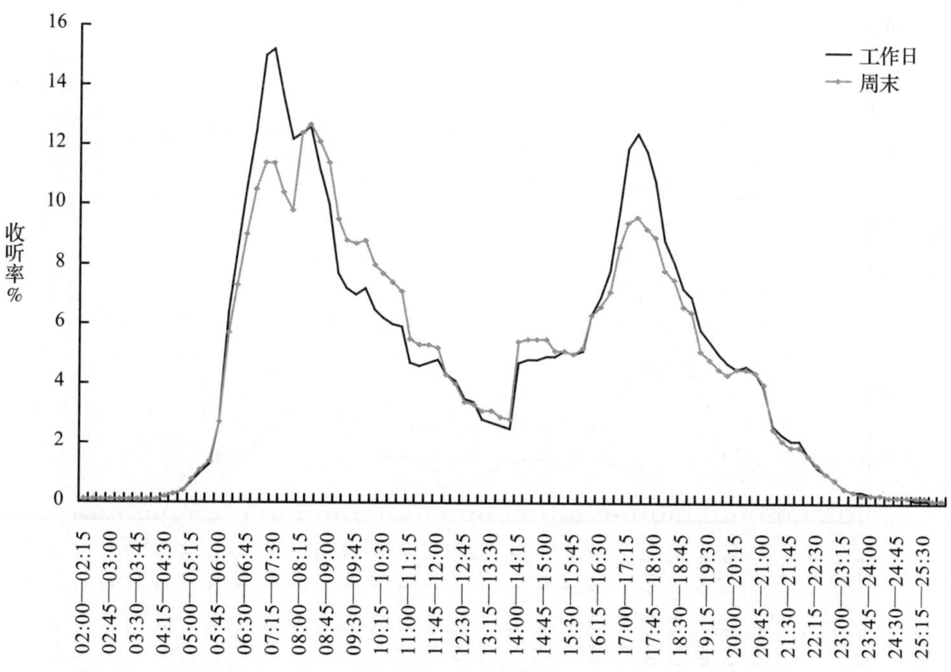

图 3. 30. 5　2013 年无锡听众工作日与周末全天收听率走势

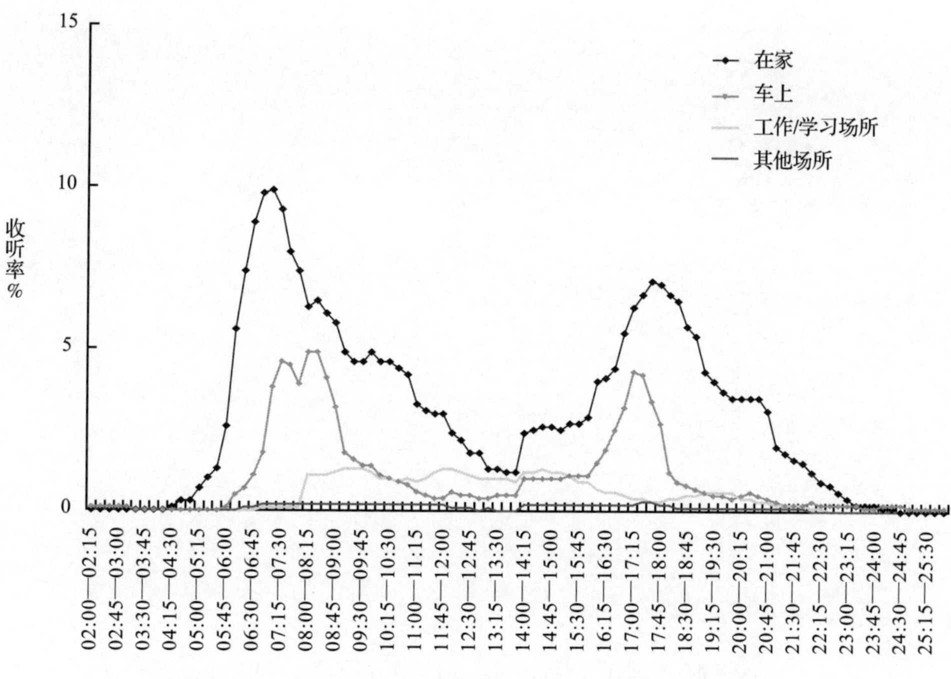

图 3. 30. 6　2013 年无锡听众在不同收听地点全天收听率走势

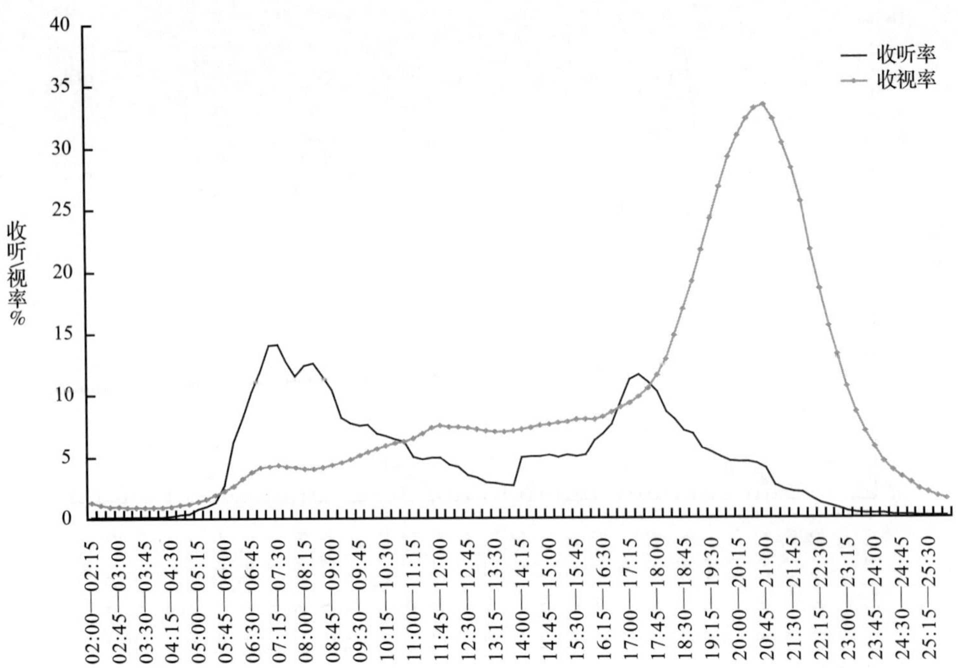

图 3.30.7　2013 年无锡受众全天收听率、收视率走势比较（目标受众为 10 岁及以上）

表 3.30.3　2013 年无锡市场听众构成（%）

目标听众		听众构成（%）
10 岁及以上所有人		100.0
性别	男	51.8
	女	48.2
年龄	10—14 岁	1.3
	15—24 岁	8.6
	25—34 岁	18.2
	35—44 岁	21.6
	45—54 岁	15.5
	55—64 岁	16.8
	65 岁及以上	18.0
文化程度	未受过正规教育	1.5
	小学	7.9
	初中	40.1
	高中	26.2
	大学及以上	24.3
职业	干部/管理人员	3.1
	初级公务员/雇员	17.2
	个体/私营企业人员	13.1
	工人	27.8
	学生	4.4
	无业（包括退休人员）	33.7
	其他	0.7
个人月收入	没有收入	6.4
	1—500 元	*
	501—1000 元	2.0
	1001—1500 元	8.9
	1501—2000 元	16.1
	2001—2500 元	20.8
	2501—3000 元	11.2
	3001—4000 元	18.1
	4001 元及以上	16.1

注："*"表示该目标听众样本量不足，无法进行统计推断。

表 3.30.4　2011—2013 年无锡市场各广播电台的市场份额（%）

广播电台	2011 年	2012 年	2013 年
中央人民广播电台	6.2	6.7	4.7
中国国际广播电台	0.0	0.0	0.0
江苏广播电视总台	9.3	11.4	9.8
上海广播电视台	1.2	1.3	1.1
无锡广播电视台	80.8	77.8	81.1
苏州广播电视总台	1.1	1.0	0.9
其他广播电台	1.4	1.8	2.4

表 3.30.5　2013 年无锡市场各广播电台在不同目标听众中的市场份额（%）

目标听众		中央人民广播电台	中国国际广播电台	江苏广播电视总台	上海广播电视台	无锡广播电视台	苏州广播电视总台	其他广播电台
10 岁及以上所有人		4.7	0.0	9.8	1.1	81.1	0.9	2.4
性别	男	5.3	0.0	10.9	0.8	79.8	1.2	2.0
	女	4.1	0.0	8.7	1.3	82.6	0.7	2.6
年龄	10—14 岁	17.9	0.0	13.6	0.5	66.2	1.5	0.3
	15—24 岁	5.7	0.0	9.1	0.5	81.8	0.9	2.0
	25—34 岁	3.5	0.0	11.3	0.9	82.3	0.9	1.1
	35—44 岁	5.7	0.0	10.6	0.6	79.9	0.6	2.6
	45—54 岁	1.3	0.0	13.2	0.9	80.8	0.5	3.3
	55—64 岁	5.5	0.0	9.3	0.4	82.4	0.8	1.6
	65 岁及以上	5.7	0.0	5.1	2.9	81.4	1.9	3.0
文化程度	未受过正规教育	1.5	0.0	0.4	5.5	77.7	5.2	9.7
	小学	6.3	0.0	5.7	2.5	78.2	2.7	4.6
	初中	3.9	0.0	10.2	0.8	82.8	1.0	1.3
	高中	5.4	0.0	10.8	1.3	80.7	0.5	1.3
	大学及以上	5.0	0.0	9.9	0.5	80.1	0.4	4.1
职业	干部/管理人员	4.9	0.0	12.1	0.3	76.6	0.4	5.7
	初级公务员/雇员	2.5	0.0	10.7	0.6	83.6	0.4	2.2
	个体/私营企业人员	6.1	0.0	10.1	0.5	80.9	0.8	1.6
	工人	4.3	0.0	10.4	0.9	82.5	0.8	1.1
	学生	6.1	0.0	16.8	0.6	72.7	1.0	2.8
	无业（包括退休人员）	5.1	0.0	7.8	1.8	80.7	1.4	3.2
	其他	23.2	0.0	2.6	0.0	64.0	0.0	10.2
个人月收入	没有收入	5.4	0.0	16.1	1.2	73.7	1.1	2.5
	1—500 元	*	*	*	*	*	*	*
	501—1000 元	2.0	0.0	4.9	0.1	92.6	0.3	0.1
	1001—1500 元	2.7	0.0	10.8	2.7	75.9	2.6	5.3
	1501—2000 元	8.7	0.0	7.2	0.7	81.0	1.8	0.6
	2001—2500 元	5.1	0.0	7.8	1.5	84.4	0.4	0.8
	2501—3000 元	2.8	0.0	9.3	0.9	85.7	0.2	1.1
	3001—4000 元	4.1	0.0	12.8	0.9	79.9	0.5	1.8
	4001 元及以上	3.9	0.0	9.8	0.4	79.0	0.9	6.0

注：“*”表示该目标听众样本量不足，无法进行统计推断。

表 3.30.6　2013 年无锡市场份额排名前五位的频率

名次	频　率	市场份额（%）
1	无锡广播电视台交通广播 FM106.9	19.1
2	无锡广播电视台经济广播 FM104/AM1251	11.0
2	无锡广播电视台新闻综合广播 AM1161	11.0
4	无锡广播电视台江南之声广播 FM92.6	10.4
5	无锡广播电视台汽车音乐广播 FM91.4/AM900	10.0

三十一、西安收听数据

表 3.31.1 2011—2013 年西安各目标听众人均收听时间（分钟）

目标听众		2011 年	2012 年	2013 年			
				第 1 波	第 2 波	第 3 波	第 4 波
10 岁及以上所有人		112	113	97	99	92	89
性别	男	119	119	103	103	96	92
	女	106	106	91	95	88	87
年龄	10—14 岁	42	49	55	48	38	42
	15—24 岁	71	73	50	63	58	51
	25—34 岁	105	110	76	83	68	61
	35—44 岁	115	113	111	97	91	98
	45—54 岁	128	117	101	97	97	94
	55—64 岁	160	168	149	143	138	131
	65 岁及以上	156	166	152	180	172	166
文化程度	未受过正规教育	43	43	*	*	*	*
	小学	91	89	75	82	81	92
	初中	116	116	108	113	108	99
	高中	118	119	102	100	91	90
	大学及以上	110	109	88	91	83	79
职业	干部/管理人员	110	131	122	90	78	80
	初级公务员/雇员	105	105	84	106	89	78
	个体/私营企业人员	107	113	88	87	82	87
	工人	132	129	116	99	90	92
	学生	46	58	56	55	54	52
	无业（包括退休人员）	144	144	125	130	132	128
	其他	*	*	15	21	26	52
个人月收入	没有收入	73	78	68	63	65	65
	1—500 元	135	143	81	128	164	63
	501—1000 元	107	127	104	136	114	89
	1001—1500 元	136	137	114	111	85	95
	1501—2000 元	135	129	122	112	109	106
	2001—2500 元	119	125	98	105	105	100
	2501—3000 元	105	104	93	93	84	95
	3001—4000 元	106	120	104	124	115	101
	4001 元及以上	115	91	70	89	69	50

注：西安为四波调查城市。2013 年四波调查时间分别为：第一波 2 月 24 日至 3 月 16 日；第二波 5 月 26 日至 6 月 15 日；第三波 8 月 25 日至 9 月 14 日；第四波 11 月 3 日至 11 月 23 日。“*”表示该目标听众样本量不足，无法进行统计推断。

表 3.31.2 2011—2013 年西安听众在不同地点的人均收听时间（分钟）

地 点	2011 年	2012 年	2013 年
在家	78	78	64
车上	20	19	17
工作/学习场所	12	10	9
其他场所	2	5	4

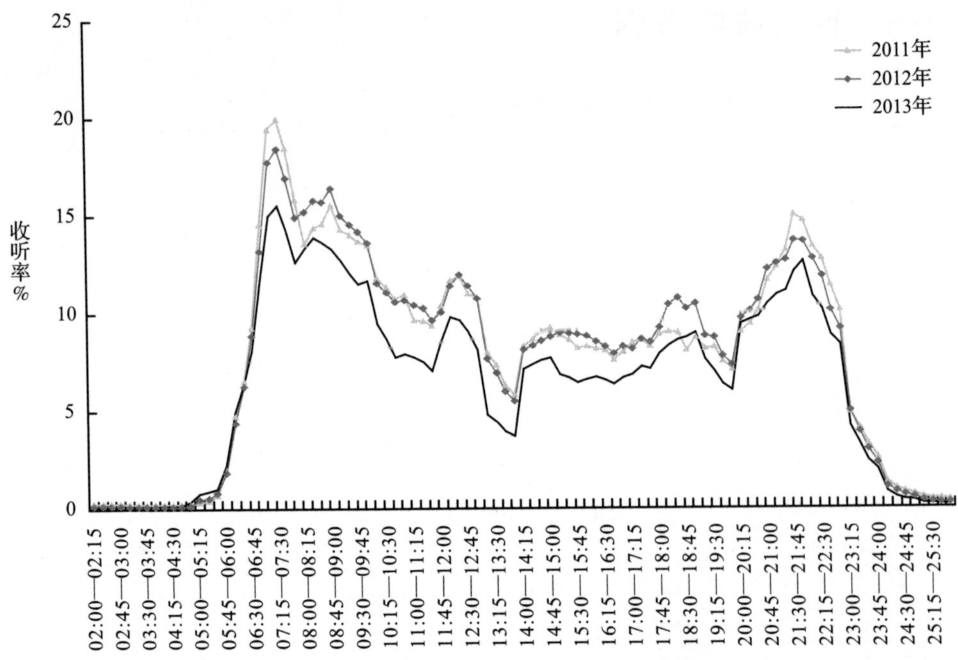

图 3.31.1　2011—2013 年西安听众全天收听率走势

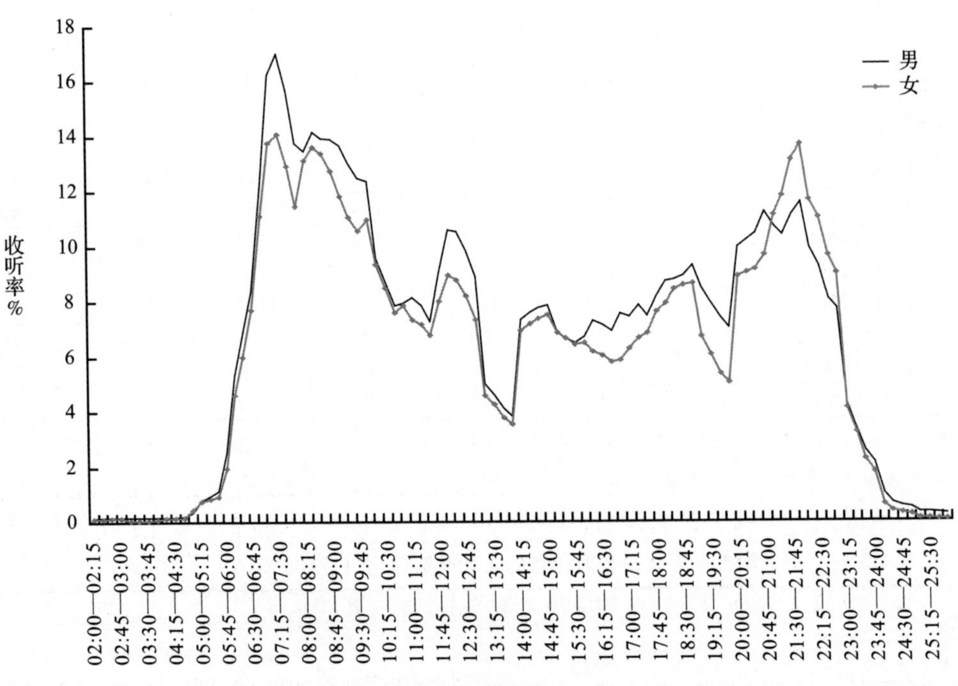

图 3.31.2　2013 年西安不同性别听众全天收听率走势

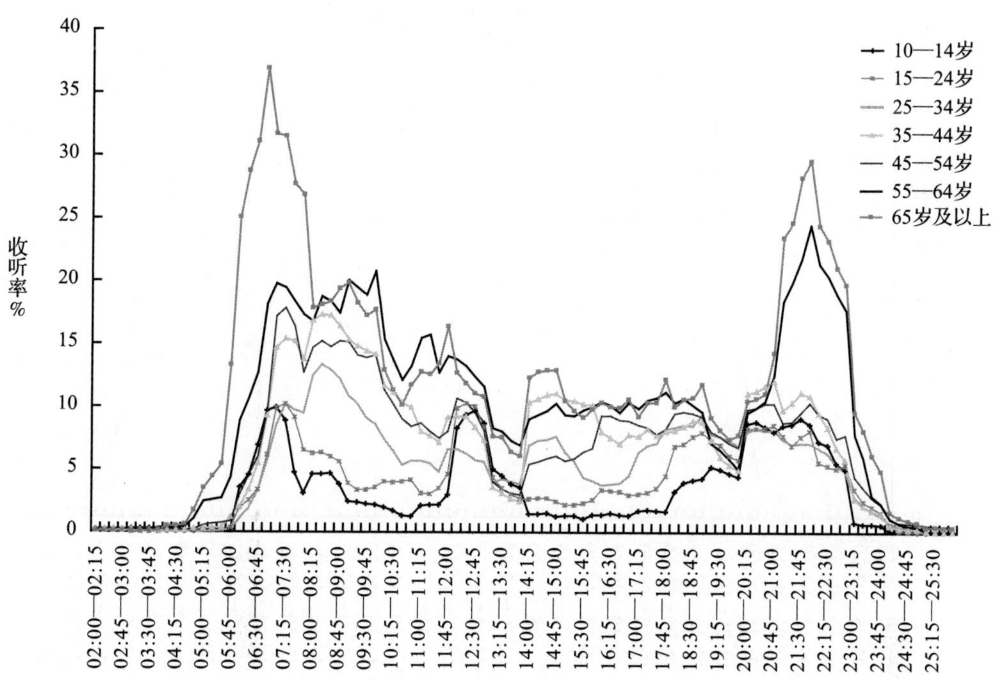

图 3.31.3　2013 年西安不同年龄听众全天收听率走势

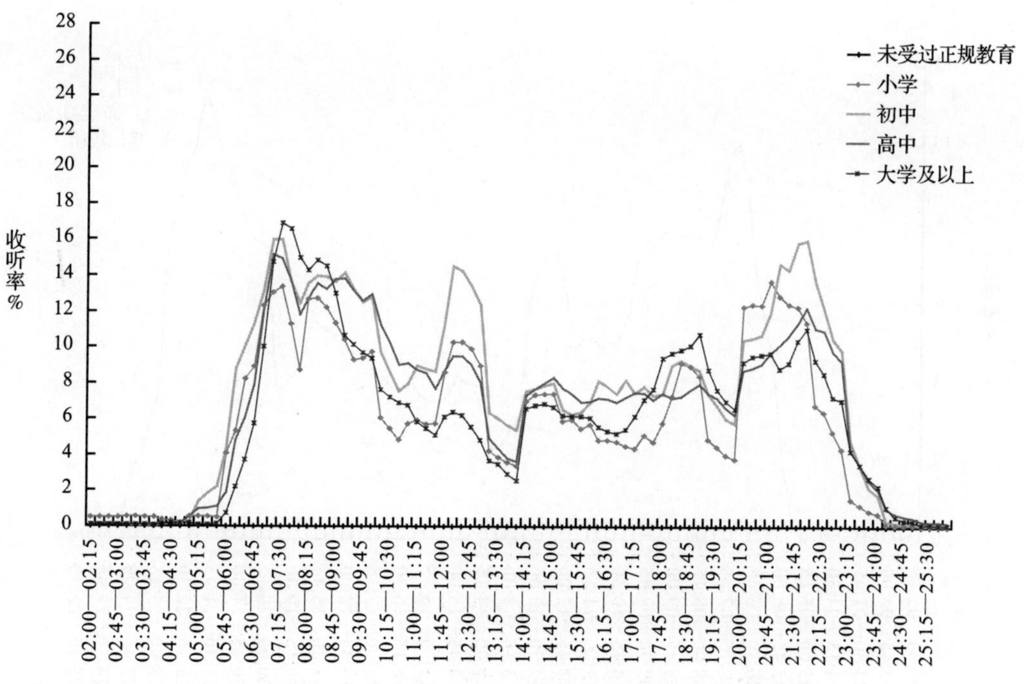

图 3.31.4　2013 年西安不同文化程度听众全天收听率走势

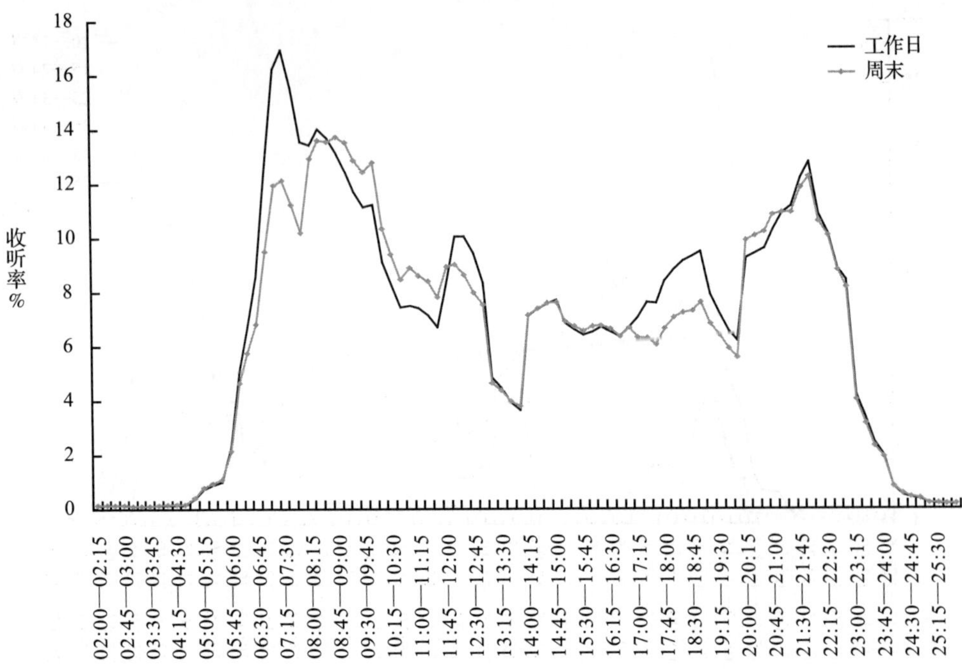

图 3.31.5　2013 年西安听众工作日与周末全天收听率走势

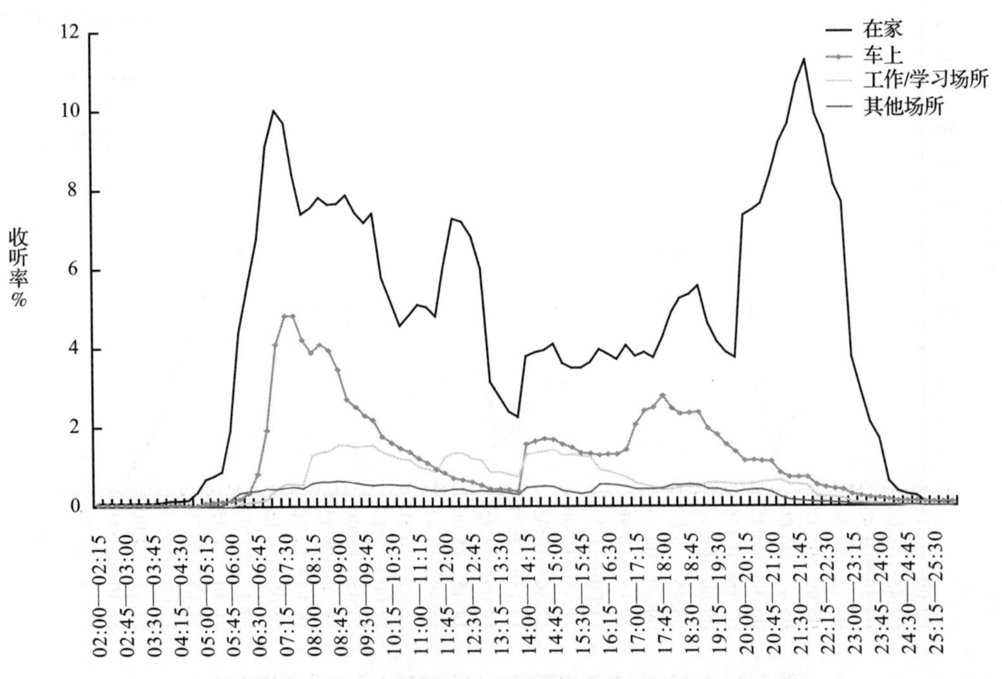

图 3.31.6　2013 年西安听众在不同收听地点全天收听率走势

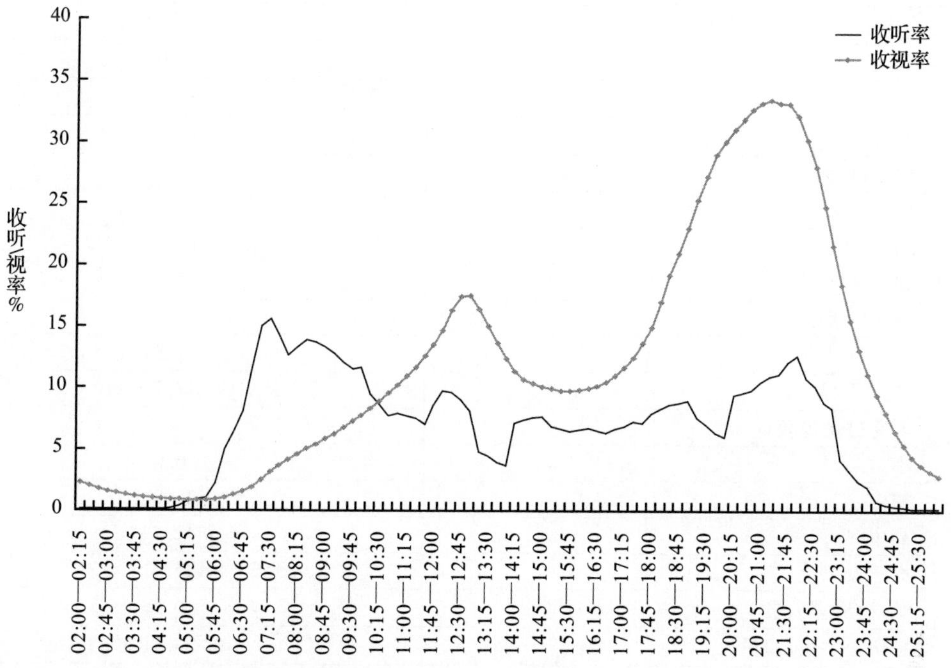

图 3.31.7　2013 年西安受众全天收听率、收视率走势比较（目标受众为 10 岁及以上）

表 3.31.3　2013 年西安市场听众构成（%）

目标听众		听众构成（%）
10 岁及以上所有人		100.0
性别	男	52.0
	女	48.0
年龄	10—14 岁	2.7
	15—24 岁	9.5
	25—34 岁	15.3
	35—44 岁	22.6
	45—54 岁	17.8
	55—64 岁	14.8
	65 岁及以上	17.3
文化程度	未受过正规教育	*
	小学	6.0
	初中	25.8
	高中	41.8
	大学及以上	26.4
职业	干部/管理人员	6.9
	初级公务员/雇员	23.0
	个体/私营企业人员	14.4
	工人	12.0
	学生	9.0
	无业（包括退休人员）	34.5
	其他	0.2
个人月收入	没有收入	15.9
	1—500 元	0.9
	501—1000 元	4.7
	1001—1500 元	12.8
	1501—2000 元	23.2
	2001—2500 元	16.5
	2501—3000 元	9.5
	3001—4000 元	12.5
	4001 元及以上	4.0

注：“*”表示该目标听众样本量不足，无法进行统计推断。

表 3.31.4　2011—2013 年西安市场各广播电台的市场份额（%）

广播电台	2011 年	2012 年	2013 年			
			第 1 波	第 2 波	第 3 波	第 4 波
中央人民广播电台	6.5	7.0	8.7	6.8	7.9	6.8
中国国际广播电台	0.0	0.1	0.0	0.0	0.0	0.0
陕西广播电视台	63.4	63.1	60.8	62.2	60.0	60.7
西安人民广播电台	28.9	29.2	30.0	30.6	31.8	32.4
其他广播电台	1.2	0.6	0.5	0.4	0.3	0.1

表 3.31.5 2013 年西安市场各广播电台在不同目标听众中的市场份额（%）

目标听众		中央人民广播电台	中国国际广播电台	陕西广播电视台	西安人民广播电台	其他广播电台
10 岁及以上所有人		7.6	0.0	60.9	31.2	0.3
性别	男	8.0	0.0	60.2	31.5	0.3
	女	7.1	0.0	61.7	30.8	0.4
年龄	10—14 岁	5.0	0.0	61.5	33.4	0.1
	15—24 岁	6.0	0.0	56.3	37.6	0.1
	25—34 岁	6.8	0.0	62.5	30.6	0.1
	35—44 岁	5.8	0.0	60.9	33.2	0.1
	45—54 岁	9.2	0.0	57.0	33.7	0.1
	55—64 岁	10.5	0.0	56.1	33.3	0.1
	65 岁及以上	7.6	0.0	70.2	20.6	1.6
文化程度	未受过正规教育	*	*	*	*	*
	小学	5.2	0.0	67.4	27.1	0.3
	初中	5.1	0.0	61.0	33.2	0.7
	高中	8.1	0.0	62.4	29.3	0.2
	大学及以上	9.7	0.0	57.0	33.0	0.3
职业	干部/管理人员	9.2	0.0	61.7	29.0	0.1
	初级公务员/雇员	9.1	0.0	57.7	33.2	0.0
	个体/私营企业人员	3.8	0.0	59.6	36.5	0.1
	工人	9.7	0.0	60.7	29.4	0.2
	学生	3.2	0.0	61.9	34.9	0.0
	无业（包括退休人员）	8.2	0.0	63.4	27.6	0.8
	其他	3.3	0.0	51.0	45.7	0.0
个人月收入	没有收入	3.5	0.0	62.3	34.0	0.2
	1—500 元	0.6	0.0	74.5	24.9	0.0
	501—1000 元	7.6	0.0	48.0	44.4	0.0
	1001—1500 元	9.2	0.0	57.1	33.4	0.3
	1501—2000 元	7.3	0.0	65.0	27.1	0.6
	2001—2500 元	9.4	0.0	60.2	30.2	0.2
	2501—3000 元	12.4	0.0	56.4	30.4	0.8
	3001—4000 元	4.4	0.0	66.1	29.5	0.0
	4001 元及以上	12.6	0.0	55.8	31.5	0.1

注：“*”表示该目标听众样本量不足，无法进行统计推断。

表 3.31.6 2013 年西安市场份额排名前五位的频率

名次	频率	市场份额（%）
1	西安新闻广播 AM810/FM90.4	9.6
2	西安音乐广播 FM93.1	8.8
3	陕西广播电视台秦腔广播 FM101.1 西安乱弹	8.2
4	陕西广播电视台都市广播 FM101.8/AM1008	8.1
5	西安综艺广播 FM102.4	7.3

三十二、厦门收听数据

表 3.32.1 2011—2013 年厦门各目标听众人均收听时间（分钟）

目标听众		2011 年	2012 年	2013 年			
				第 1 波	第 2 波	第 3 波	第 4 波
10 岁及以上所有人		49	54	51	54	54	51
性别	男	51	57	54	56	58	59
	女	47	50	48	51	50	44
年龄	10—14 岁	23	26	9	9	9	8
	15—24 岁	30	36	34	35	39	35
	25—34 岁	46	54	48	54	49	47
	35—44 岁	53	57	54	57	59	53
	45—54 岁	59	62	64	61	72	62
	55—64 岁	81	92	87	79	79	78
	65 岁及以上	87	79	81	92	85	105
文化程度	未受过正规教育	67	57	38	59	35	37
	小学	38	47	40	42	42	41
	初中	53	56	60	59	55	54
	高中	47	53	49	50	59	54
	大学及以上	50	55	51	56	55	52
职业	干部/管理人员	54	58	50	62	54	56
	初级公务员/雇员	52	59	60	65	63	58
	个体/私营企业人员	39	49	54	53	63	58
	工人	64	60	44	43	44	40
	学生	23	32	29	28	28	21
	无业（包括退休人员）	64	62	60	64	64	67
	其他	*	*	*	*	*	*
个人月收入	没有收入	31	38	32	33	35	30
	1—500 元	*	*	*	*	*	*
	501—1000 元	35	59	61	80	84	89
	1001—1500 元	59	63	65	70	70	59
	1501—2000 元	61	62	52	54	51	44
	2001—2500 元	53	61	53	68	73	67
	2501—3000 元	51	63	70	70	70	68
	3001—4000 元	60	55	53	48	54	54
	4001 元及以上	58	58	60	60	56	59

注：厦门为四波调查城市。2013 年四波调查时间分别为：第一波 2 月 24 日至 3 月 16 日；第二波 5 月 26 日至 6 月 15 日；第三波 8 月 25 日至 9 月 14 日；第四波 11 月 3 日至 11 月 23 日。“*”表示该目标听众样本量不足，无法进行统计推断。

表 3.32.2 2011—2013 年厦门听众在不同地点的人均收听时间（分钟）

地　点	2011 年	2012 年	2013 年
在家	27	29	27
车上	14	16	18
工作/学习场所	5	6	5
其他场所	3	3	2

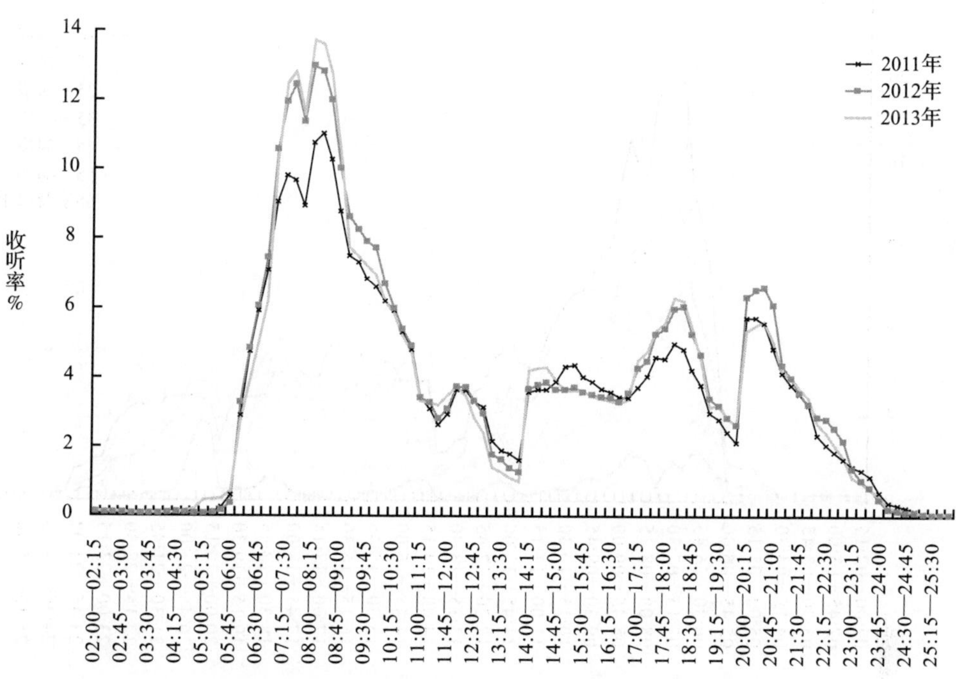

图 3.32.1　2011—2013 年厦门听众全天收听率走势

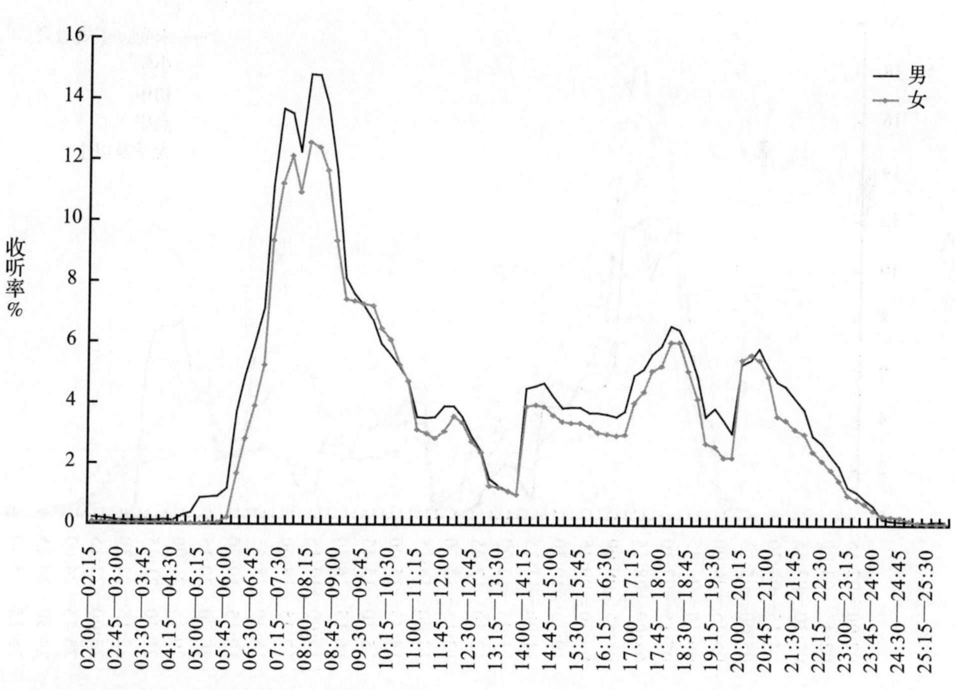

图 3.32.2　2013 年厦门不同性别听众全天收听率走势

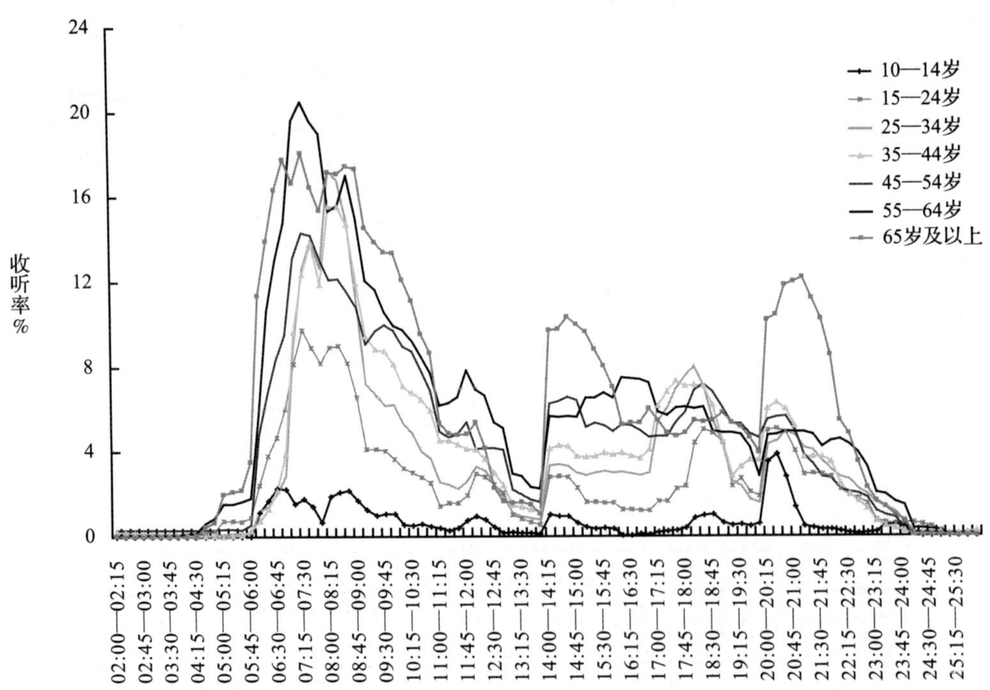

图 3.32.3　2013 年厦门不同年龄听众全天收听率走势

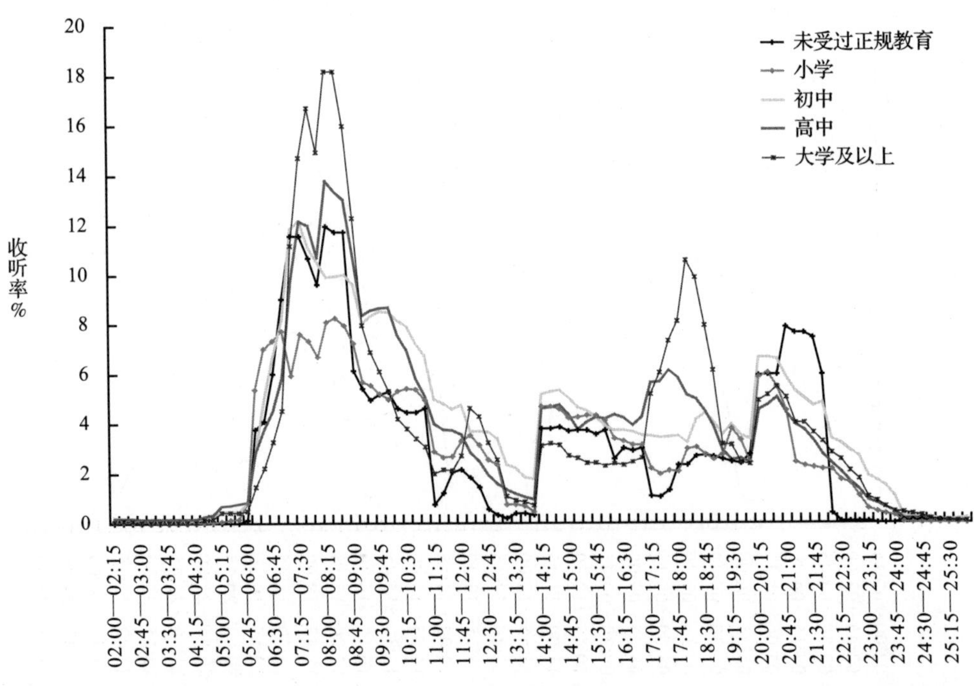

图 3.32.4　2013 年厦门不同文化程度听众全天收听率走势

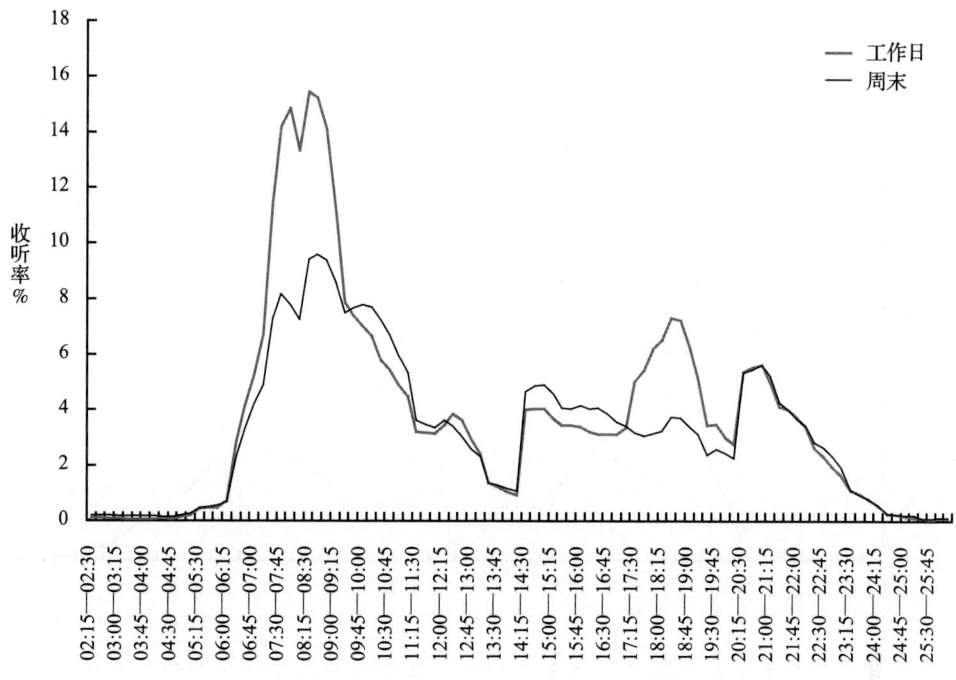

图 3. 32. 5　2013 年厦门听众工作日与周末全天收听率走势

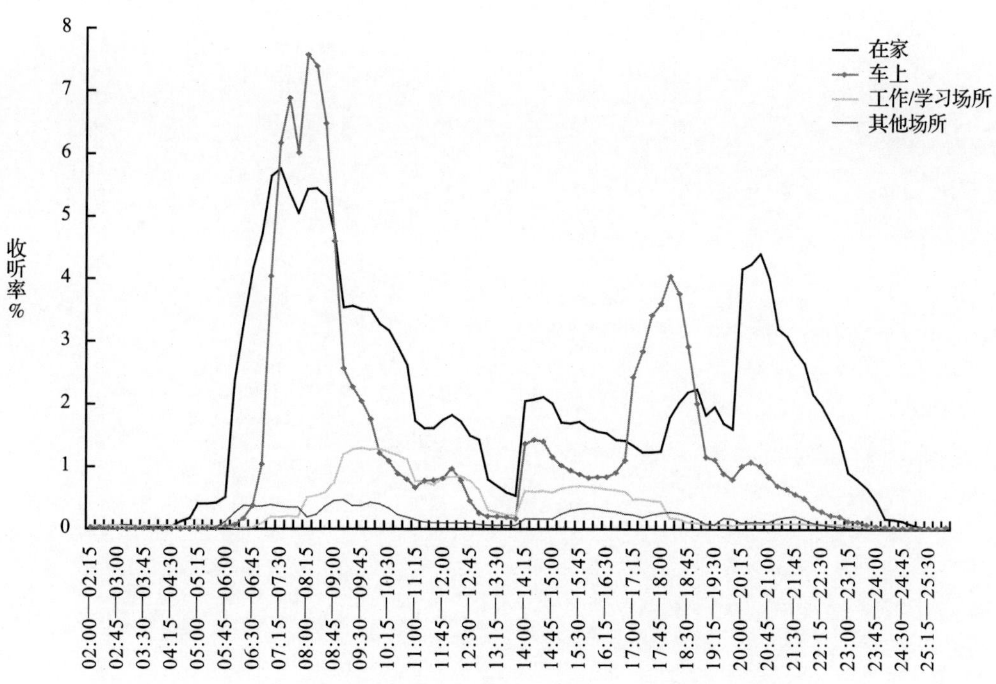

图 3. 32. 6　2013 年厦门听众在不同收听地点全天收听率走势

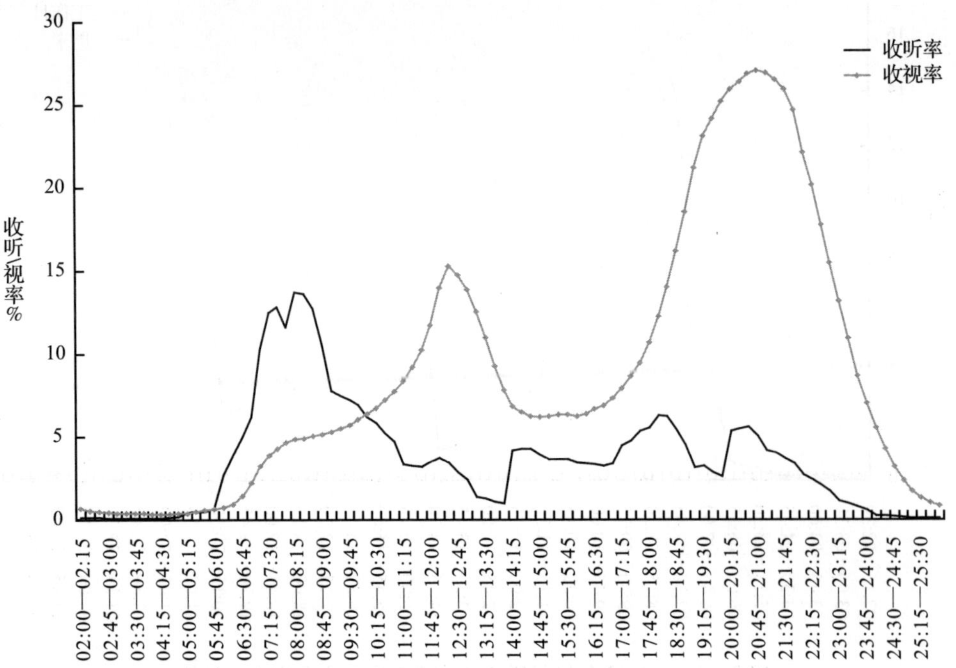

图 3.32.7　2013 年厦门受众全天收听率、收视率走势比较（目标受众为 10 岁及以上）

表 3.32.3　2013 年厦门市场听众构成（%）

目标听众		听众构成（%）
10 岁及以上所有人		100.0
性别	男	55.3
	女	44.7
年龄	10—14 岁	0.7
	15—24 岁	14.4
	25—34 岁	26.6
	35—44 岁	23.3
	45—54 岁	14.6
	55—64 岁	8.9
	65 岁及以上	11.4
文化程度	未受过正规教育	1.6
	小学	9.7
	初中	24.3
	高中/中专/职高/技校	28.6
	大学及以上	35.7
职业	干部/管理人员	8.8
	初级公务员/雇员	33.9
	个体/私营企业人员	16.3
	工人	9.4
	学生	8.8
	无业（包括退休人员）	22.5
	其他	*
个人月收入	没有收入	16.4
	1—500 元	*
	501—1000 元	1.7
	1001—1500 元	7.5
	1501—2000 元	10.6
	2001—2500 元	15.6
	2501—3000 元	14.2
	3001—4000 元	14.5
	4001 元及以上	19.4

注："*"表示该目标听众样本量不足，无法进行统计推断。

表 3.32.4　2011—2013 年厦门市场各广播电台的市场份额（%）

广播电台	2011 年	2012 年	2013 年			
			第 1 波	第 2 波	第 3 波	第 4 波
中央人民广播电台	10.6	11.8	12.3	12.1	10.5	9.5
中国国际广播电台	1.8	2.6	2.8	2.7	2.9	3.7
福建广播影视集团	6.1	8.1	9.1	9.0	9.3	10.9
海峡之声广播电台	4.1	4.5	4.1	4.2	3.9	3.6
厦门广播电视集团	74.1	69.5	69.8	69.5	71.3	69.5
其他广播电台	3.4	3.4	1.9	2.5	2.1	2.8

表 3.32.5　2013 年厦门市场各广播电台在不同目标听众中的市场份额（%）

目标听众		中央人民广播电台	中国国际广播电台	福建广播影视集团	海峡之声电台	厦门广播电视集团	其他广播电台
10 岁及以上所有人		11.1	3.0	9.6	4.0	70.1	2.2
性别	男	12.7	2.7	10.7	4.6	67.4	1.9
	女	9.2	3.4	8.2	3.1	73.4	2.8
年龄	10—14 岁	9.3	0.9	10.4	0.4	78.2	0.8
	15—24 岁	9.9	2.1	8.0	1.9	74.6	3.5
	25—34 岁	7.9	7.0	7.5	3.6	72.2	1.9
	35—44 岁	12.8	2.4	12.9	2.0	67.2	2.8
	45—54 岁	6.0	0.7	10.2	8.7	72.5	1.9
	55—64 岁	18.9	0.7	7.0	5.3	65.9	2.2
	65 岁及以上	17.2	0.9	10.7	4.6	64.9	1.7
文化程度	未受过正规教育	5.2	0.5	5.7	15.4	73.1	0.2
	小学	9.0	0.3	11.3	3.8	73.0	2.6
	初中	11.4	0.6	8.1	6.7	70.5	2.8
	高中	11.0	0.9	12.3	3.0	70.1	2.6
	大学及以上	11.8	7.1	8.1	2.4	68.8	1.8
职业	干部/管理人员	14.6	5.7	10.0	2.7	65.1	1.8
	个体/私营企业人员	9.9	5.0	10.2	4.8	68.7	1.5
	初级公务员/雇员	6.6	1.8	10.2	4.2	73.8	3.4
	工人	10.6	2.1	7.5	0.8	75.6	3.4
	学生	11.4	1.7	7.7	1.5	74.6	3.2
	无业（包括退休人员）	15.1	0.7	9.7	5.4	66.8	2.3
	其他	*	*	*	*	*	*
个人月收入	没有收入	9.9	1.1	9.0	5.1	71.5	3.5
	1—500 元	*	*	*	*	*	*
	501—1000 元	8.7	0.1	18.6	0.1	71.0	1.5
	1001—1500 元	12.4	6.9	11.4	1.8	62.9	4.6
	1501—2000 元	9.1	2.4	9.2	4.0	74.2	1.0
	2001—2500 元	15.3	3.2	7.6	5.2	65.6	3.1
	2501—3000 元	9.6	2.5	11.8	6.9	67.4	1.8
	3001—4000 元	10.6	2.1	9.6	1.6	74.7	1.4
	4001 元及以上	11.4	4.1	8.8	2.5	71.5	1.7

注："*"表示该目标听众样本量不足，无法进行统计推断。

表 3.32.6　2013 年厦门市场份额排名前五位的频率

名次	频　率	市场份额（%）
1	厦门音乐广播 FM90.9	27.7
2	厦门新闻广播 AM1107/FM99.6	14.5
3	闽南之声广播 AM801/FM101.2	13.6
4	厦门经济交通广播 FM107/AM1278	12.7
5	中央人民广播电台第一套节目中国之声	8.5

三十三、郑州收听数据

表 3.33.1 2011—2013 年郑州各目标听众人均收听时间（分钟）

目标听众		2011 年	2012 年	2013 年
10 岁及以上所有人		75	71	77
性别	男	78	73	80
	女	72	70	75
年龄	10—14 岁	16	15	19
	15—24 岁	37	27	33
	25—34 岁	55	62	75
	35—44 岁	73	73	87
	45—54 岁	100	85	90
	55—64 岁	127	133	119
	65 岁及以上	145	124	119
文化程度	未受过正规教育	118	87	98
	小学	72	64	68
	初中	70	71	74
	高中	86	79	88
	大学及以上	63	62	70
职业	干部/管理人员	53	80	85
	初级公务员/雇员	81	69	71
	个体/私营企业人员	90	94	88
	工人	66	59	93
	学生	26	16	21
	无业（包括退休人员）	108	104	98
	其他	47	57	80
个人月收入	没有收入	45	40	40
	1—500 元	64	70	80
	501—1000 元	76	72	82
	1001—1500 元	84	83	84
	1501—2000 元	85	84	85
	2001—2500 元	87	81	104
	2501—3000 元	97	81	84
	3001—4000 元	148	86	98
	4001 元及以上	81	86	84

注：郑州从 2012 年 8 月 12 日开始改为连续调查城市。2012 年前两波调查时间分别为：第一波 2 月 26 日至 3 月 17 日，第二波 5 月 27 日至 6 月 16 日；2012 年数据为前两波和改为连续调查后数据的平均值。

表 3.33.2 2011—2013 年郑州听众在不同地点的人均收听时间（分钟）

地　　点	2011 年	2012 年	2013 年
在家	52	47	49
车上	15	17	16
工作/学习场所	6	5	9
其他场所	2	2	3

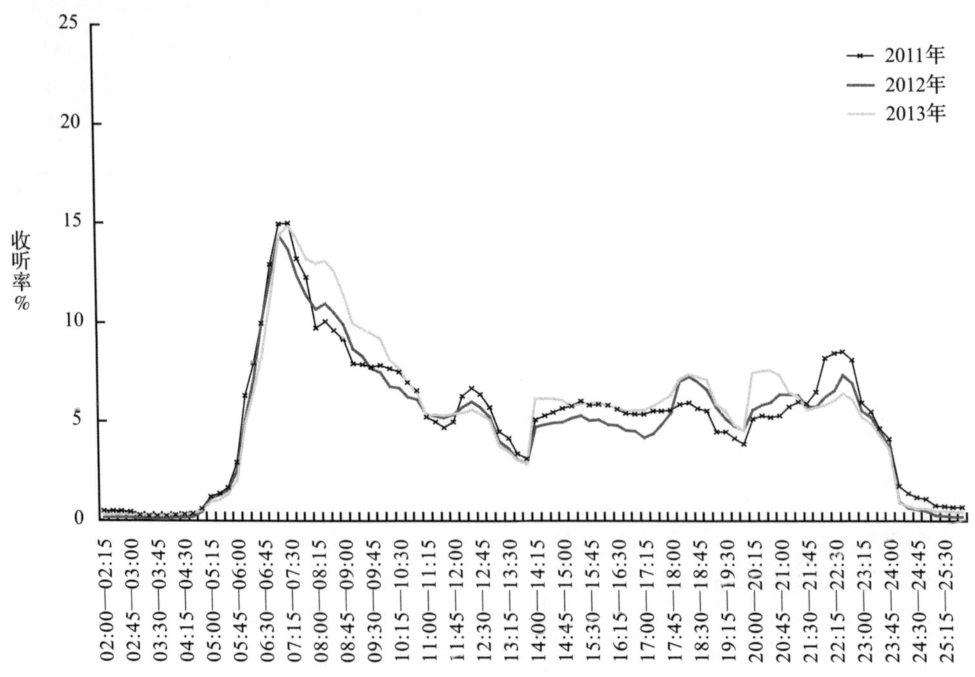

图 3.33.1 2011—2013 年郑州听众全天收听率走势

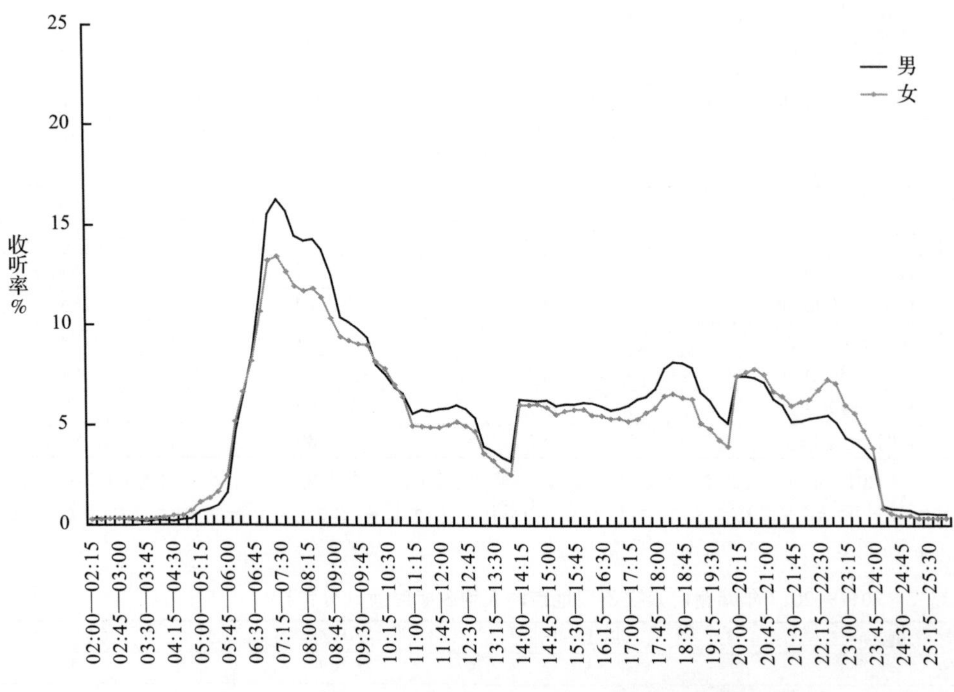

图 3.33.2 2013 年郑州不同性别听众全天收听率走势

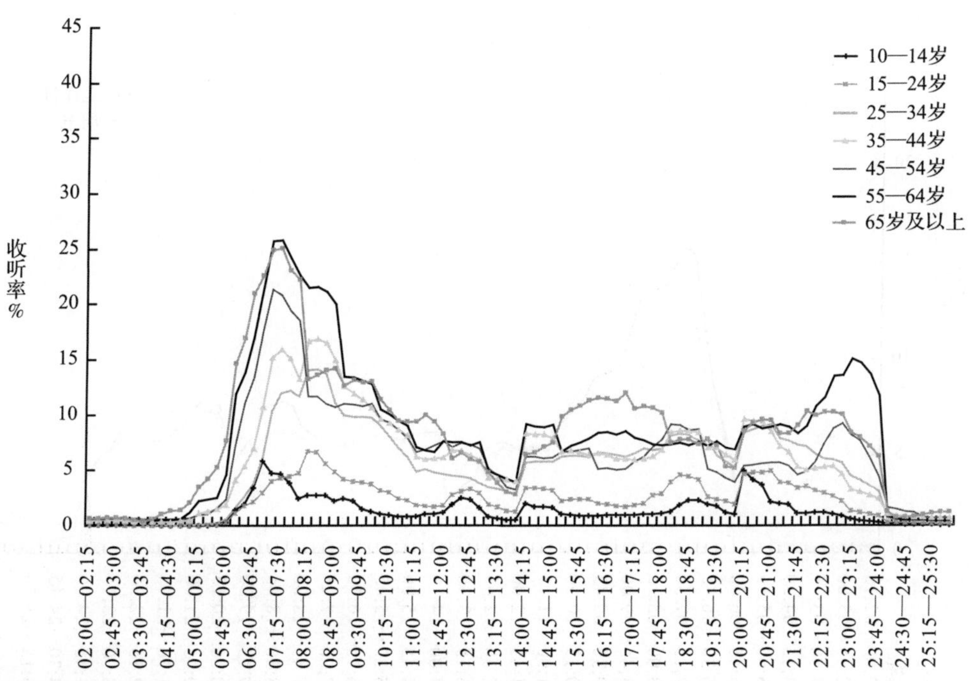

图 3.33.3 2013 年郑州不同年龄听众全天收听率走势

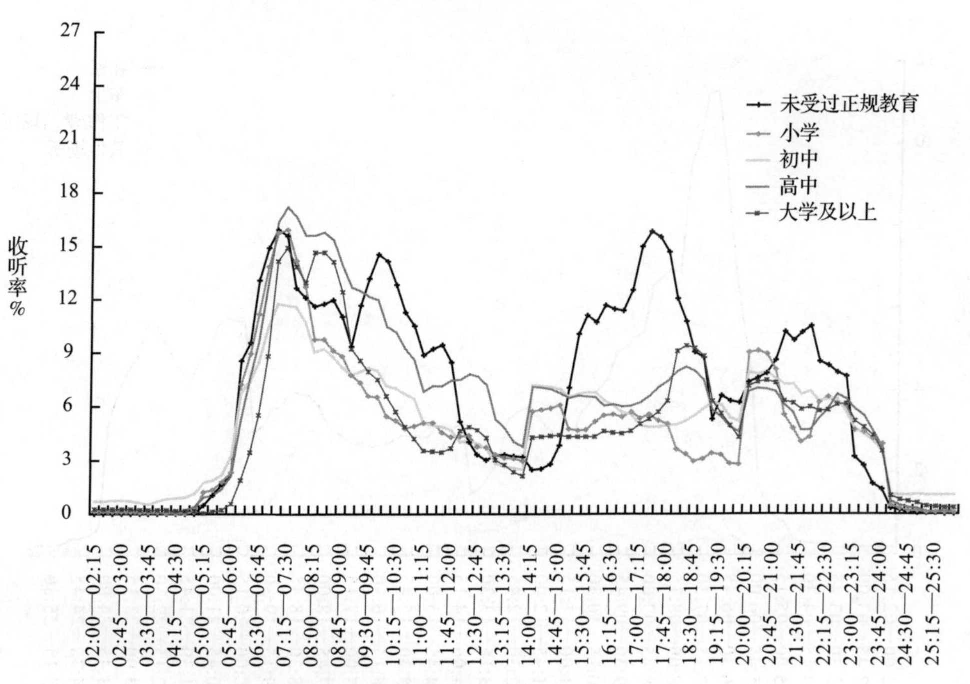

图 3.33.4 2013 年郑州不同文化程度听众全天收听率走势

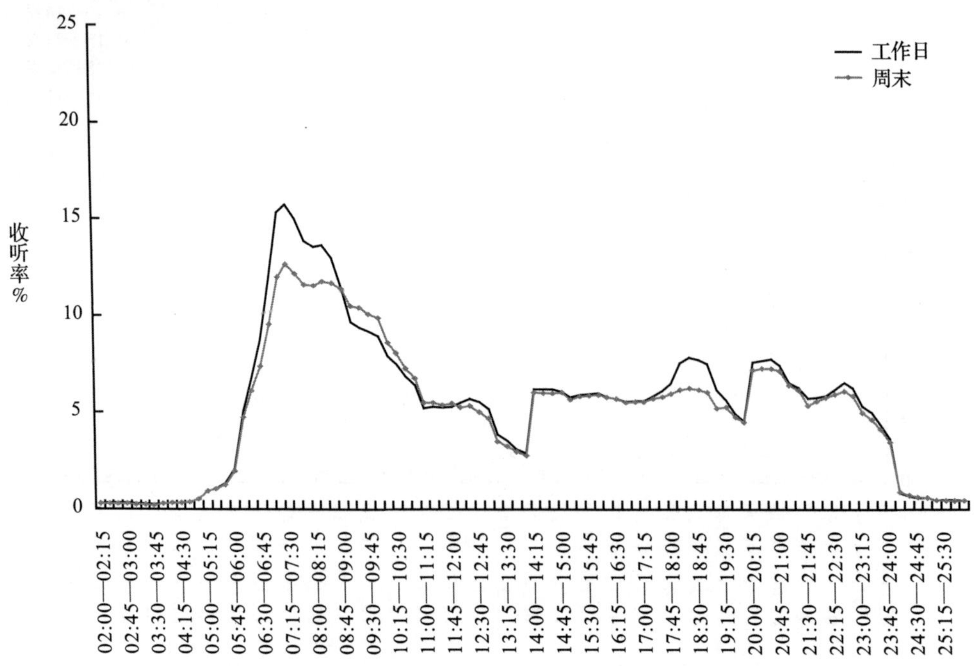

图 3.33.5　2013 年郑州听众工作日与周末全天收听率走势

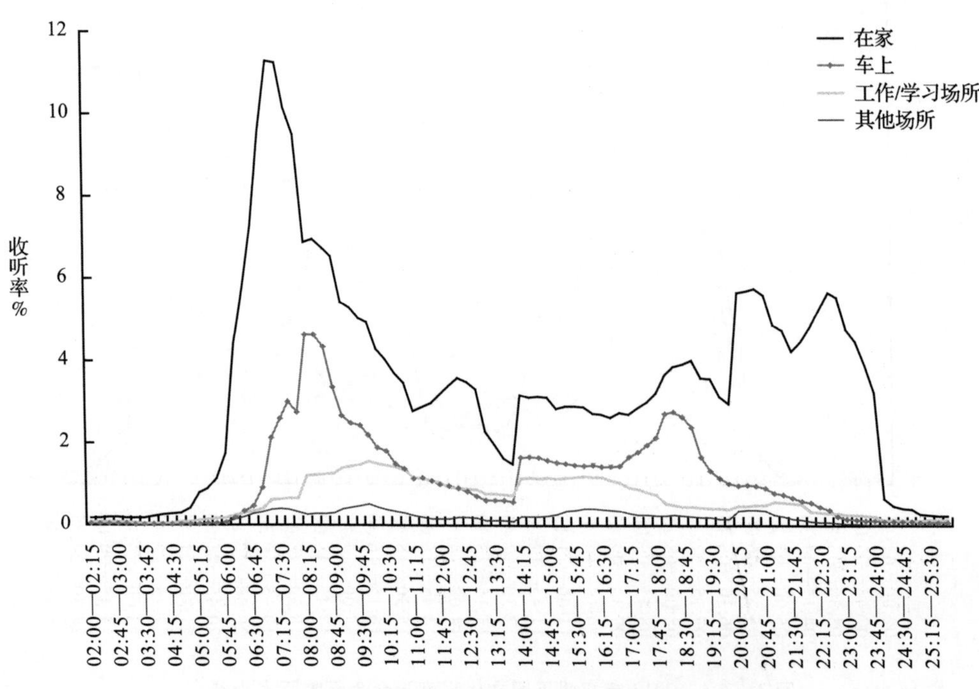

图 3.33.6　2013 年郑州听众在不同收听地点全天收听率走势

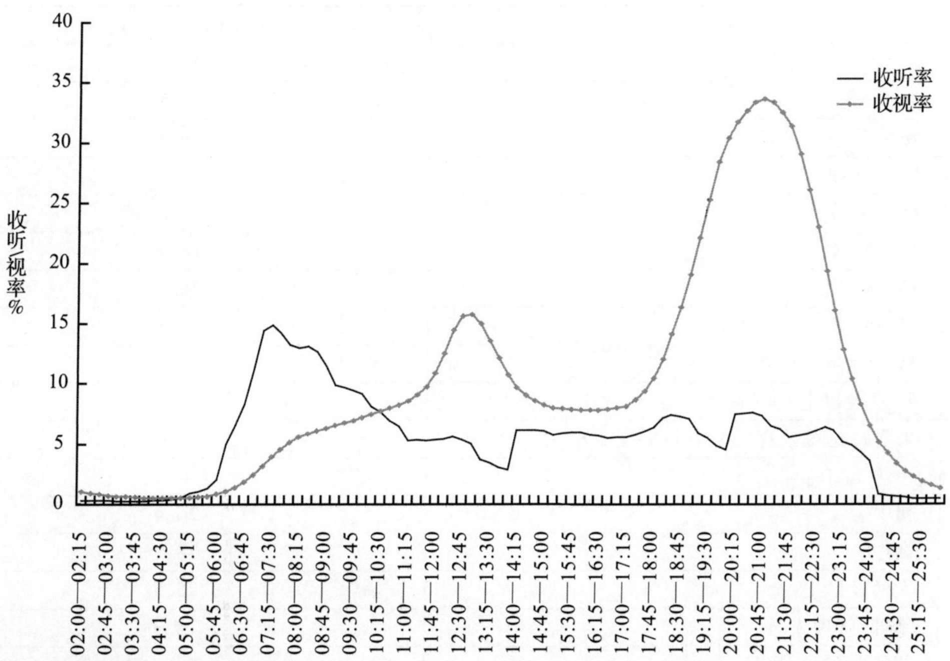

图 3.33.7 2013 年郑州受众全天收听率、收视率走势比较（目标受众为 10 岁及以上）

表 3.33.3　2013 年郑州市场听众构成（%）

目标听众		听众构成（%）
10 岁及以上所有人		100.0
性别	男	51.5
	女	48.5
年龄	10—14 岁	1.5
	15—24 岁	7.0
	25—34 岁	18.9
	35—44 岁	28.7
	45—54 岁	18.3
	55—64 岁	12.7
	65 岁及以上	12.9
文化程度	未受过正规教育	2.0
	小学	7.2
	初中	26.4
	高中	38.9
	大学及以上	25.5
职业	干部/管理人员	4.3
	初级公务员/雇员	23.4
	个体/私营企业人员	14.2
	工人	20.3
	学生	3.8
	无业（包括退休人员）	31.4
	其他	2.6
个人月收入	没有收入	12.5
	1—500 元	2.1
	501—1000 元	3.2
	1001—1500 元	15.1
	1501—2000 元	18.6
	2001—2500 元	15.1
	2501—3000 元	11.8
	3001—4000 元	13.9
	4001 元及以上	7.7

表 3.33.4　2011—2013 年郑州市场各广播电台的市场份额（%）

广播电台	2011 年	2012 年	2013 年
中央人民广播电台	7.9	7.3	6.4
中国国际广播电台	0.0	0.0	0.0
河南人民广播电台	46.7	48.1	46.8
郑州人民广播电台	44.3	43.7	46.5
其他广播电台	1.1	0.9	0.3

表 3.33.5 2013 年郑州市场各广播电台在不同目标听众中的市场份额（%）

目标听众		中央人民广播电台	中国国际广播电台	河南人民广播电台	郑州人民广播电台	其他广播电台
10 岁及以上所有人		6.4	0.0	46.8	46.5	0.3
性别	男	6.4	0.0	47.0	46.3	0.3
	女	6.5	0.0	46.5	46.7	0.3
年龄	10—14 岁	1.8	0.0	42.3	55.8	0.1
	15—24 岁	5.9	0.0	57.4	36.2	0.5
	25—34 岁	3.3	0.0	48.8	47.5	0.4
	35—44 岁	7.4	0.0	52.5	39.8	0.3
	45—54 岁	5.9	0.0	40.1	53.7	0.3
	55—64 岁	9.3	0.0	38.9	51.6	0.2
	65 岁及以上	7.5	0.0	43.0	49.1	0.4
文化程度	未受过正规教育	6.2	0.0	70.6	23.1	0.1
	小学	7.2	0.0	46.7	45.7	0.4
	初中	7.1	0.0	49.5	43.2	0.2
	高中	5.5	0.0	43.8	50.3	0.4
	大学及以上	7.0	0.0	46.5	46.2	0.3
职业	干部/管理人员	4.4	0.0	52.2	43.2	0.2
	初级公务员/雇员	6.3	0.0	46.6	46.8	0.3
	个体/私营企业人员	5.9	0.0	48.9	44.9	0.3
	工人	5.5	0.0	49.0	45.0	0.5
	学生	4.5	0.0	51.9	43.3	0.3
	无业（包括退休人员）	7.7	0.0	40.5	51.5	0.3
	其他	7.7	0.0	82.3	9.7	0.3
个人月收入	没有收入	5.7	0.0	48.7	45.2	0.4
	1—500 元	6.0	0.0	54.3	39.4	0.3
	501—1000 元	7.6	0.0	53.9	37.9	0.6
	1001—1500 元	6.9	0.0	43.2	49.6	0.3
	1501—2000 元	6.3	0.0	41.7	51.7	0.3
	2001—2500 元	6.0	0.0	42.8	50.8	0.4
	2501—3000 元	7.3	0.0	49.7	42.7	0.3
	3001—4000 元	6.7	0.0	51.4	41.6	0.3
	4001 元及以上	5.8	0.0	51.5	42.4	0.3

表 3.33.6 2013 年郑州市场份额排名前五位的频率

名次	频　　率	市场份额（%）
1	郑州人民广播电台新闻广播 AM549/FM98.6	20.9
2	河南人民广播电台音乐广播 FM88.1	12.7
3	河南人民广播电台戏曲广播 AM1143/FM97.6	9.9
4	河南人民广播电台交通广播 FM104.1	7.9
5	郑州人民广播电台经济广播 AM711/FM93.1	7.6

三十四、安徽收听数据

表 3.34.1 2012—2013 年安徽各目标听众人均收听时间（分钟）

目标听众		2012 年	2013 年			
			第 1 波	第 2 波	第 3 波	第 4 波
10 岁及以上所有人		56	47	42	46	46
城乡	城市	60	56	46	53	53
	农村	52	40	40	42	41
性别	男	64	54	48	52	52
	女	48	39	36	40	40
年龄	10—14 岁	23	17	16	19	15
	15—24 岁	34	21	17	22	21
	25—34 岁	43	37	37	41	37
	35—44 岁	57	43	38	43	45
	45—54 岁	74	67	56	60	63
	55—64 岁	91	85	78	78	78
	65 岁及以上	87	84	78	83	90
文化程度	未受过正规教育	58	49	42	44	48
	小学	58	49	48	51	55
	初中	53	42	37	44	45
	高中	57	50	43	47	43
	大学及以上	56	49	49	47	43
职业	干部/管理人员	53	53	48	43	44
	初级公务员/雇员	75	59	53	54	49
	个体/私营企业人员	58	52	45	51	57
	工人	63	49	41	50	50
	农民/渔民/牧民	54	41	40	43	40
	学生	24	16	14	18	15
	无业（包括退休人员）	69	64	58	66	64
	其他	*	93	168	98	117
个人月收入	没有收入	35	29	27	29	26
	1—500 元	65	59	52	55	57
	501—1000 元	64	58	54	58	62
	1001—1500 元	63	55	54	51	50
	1501—2000 元	64	47	46	57	58
	2001—2500 元	67	47	45	55	58
	2501—3000 元	81	61	50	47	49
	3001 元及以上	53	43	31	54	47

注：安徽为四波调查省网。2013 年四波调查时间分别为：第一波 2 月 24 日至 3 月 16 日，第二波 5 月 26 日至 6 月 15 日，第三波 8 月 25 日至 9 月 14 日，第四波 11 月 3 日至 11 月 23 日。

表 3.34.2 2012—2013 年安徽听众在不同地点的人均收听时间（分钟）

地　　点	2012 年	2013 年
在家	39	31
车上	10	7
工作/学习场所	5	5
其他场所	2	2

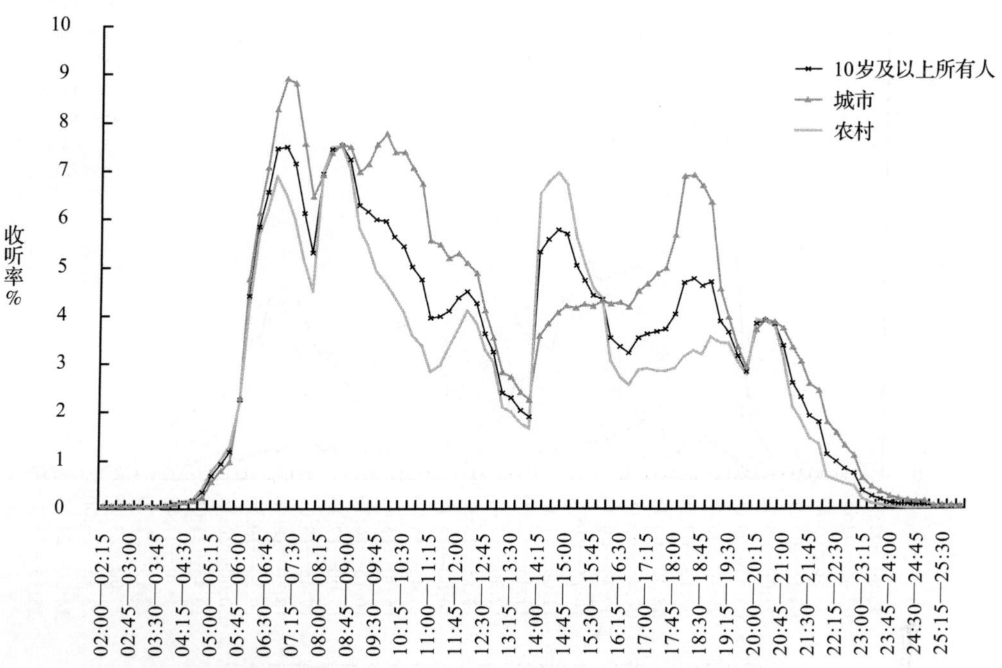

图 3.34.1 2012—2013 年安徽听众全天收听率走势

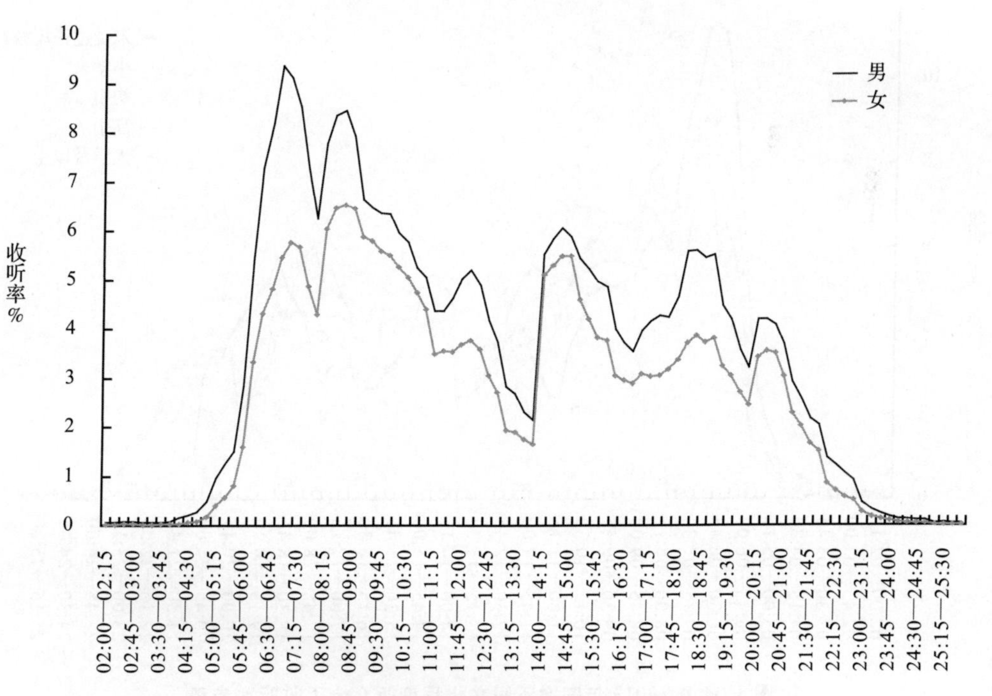

图 3.34.2 2013 年安徽不同性别听众全天收听率走势

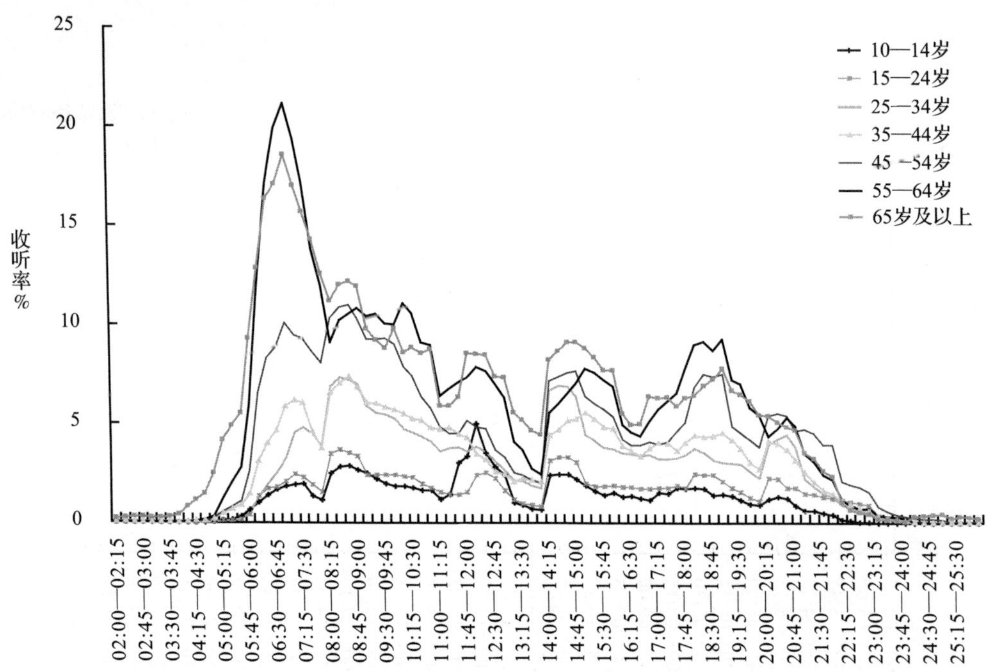

图 3.34.3 2013 年安徽不同年龄听众全天收听率走势

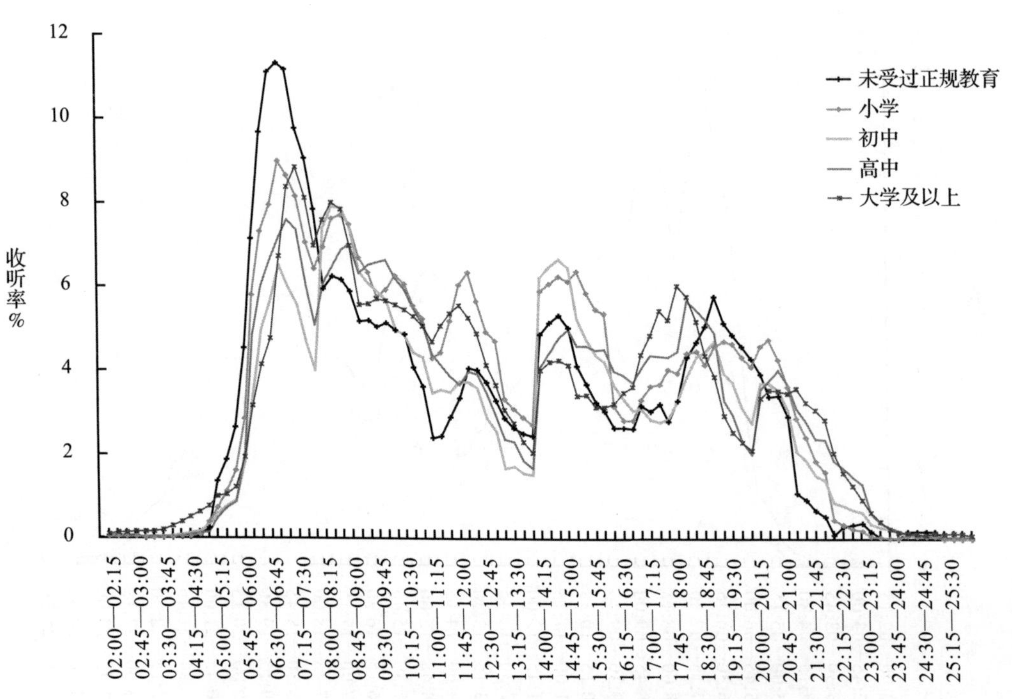

图 3.34.4 2013 年安徽不同文化程度听众全天收听率走势

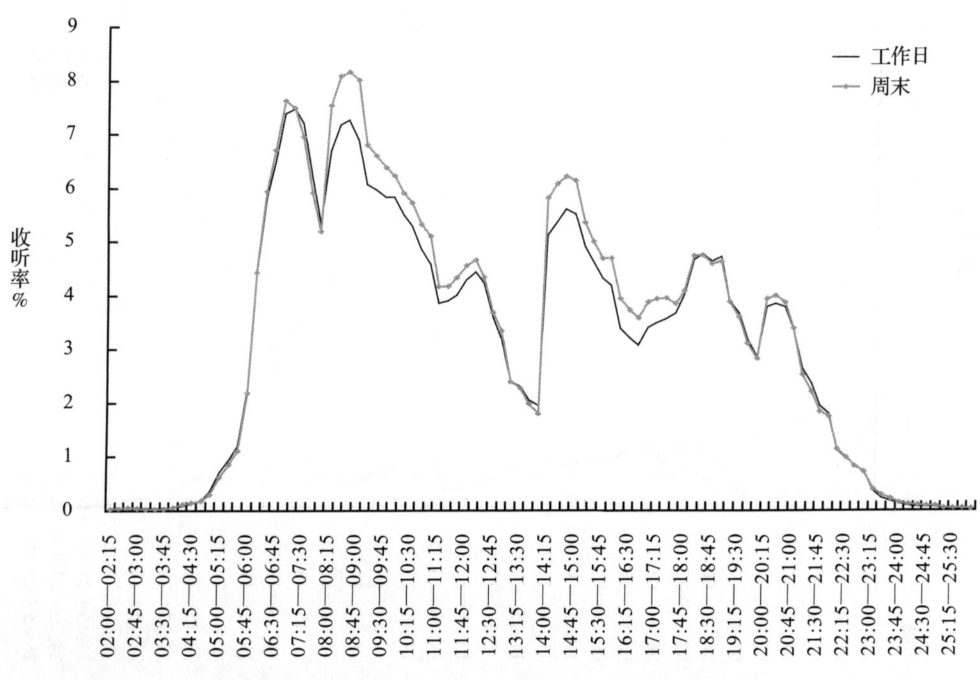

图 3.34.5　2013 年安徽听众工作日与周末全天收听率走势

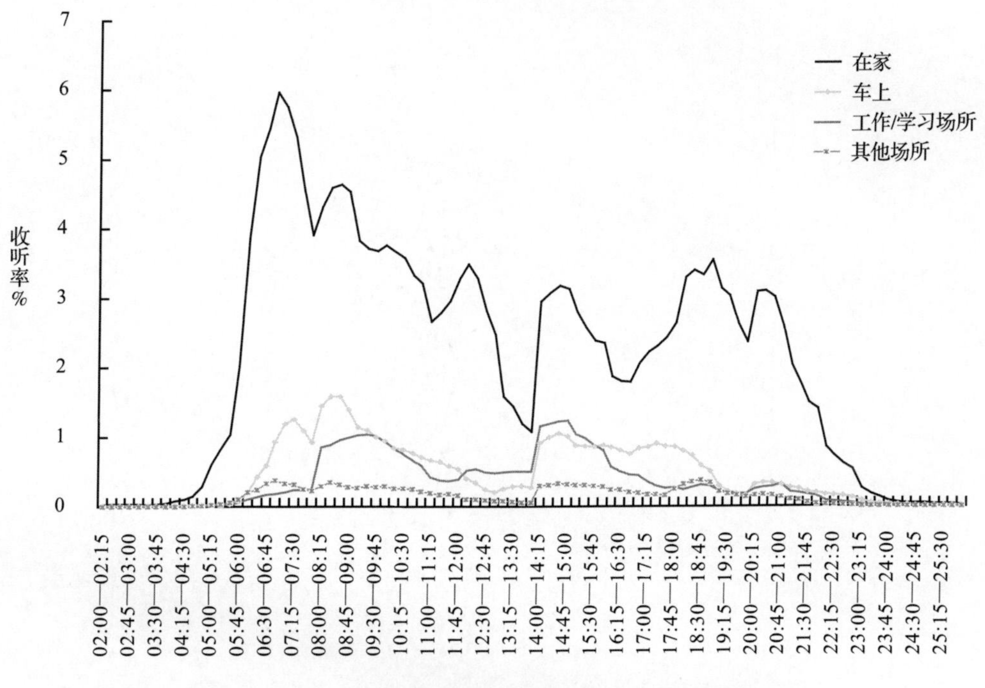

图 3.34.6　2013 年安徽听众在不同收听地点全天收听率走势

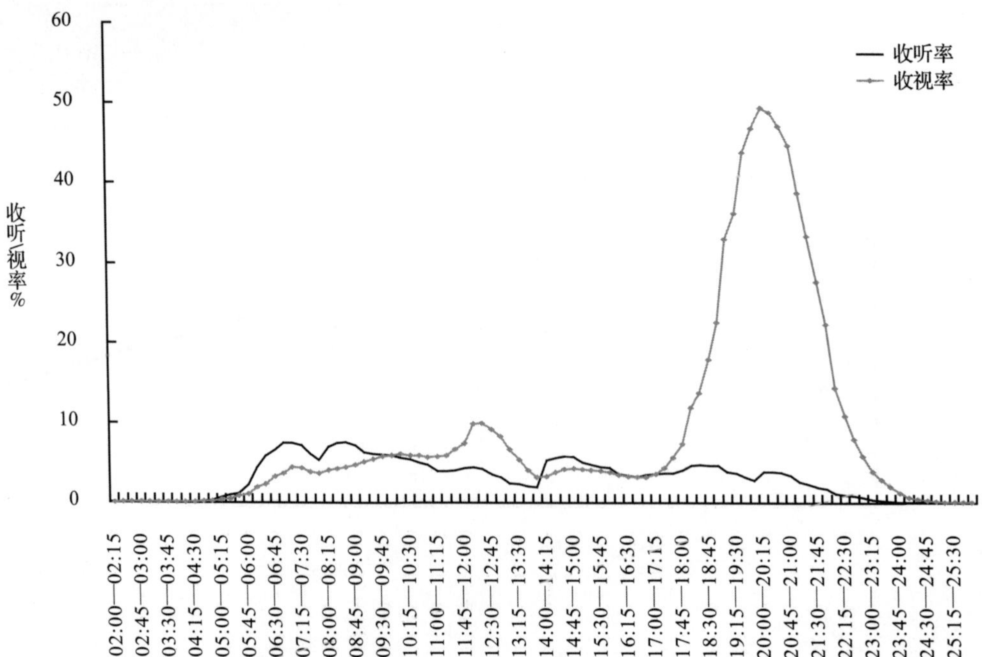

图 3.34.7　2013 年安徽受众全天收听率、收视率走势比较（目标受众为 10 岁及以上）

表 3.34.3　2013 年安徽市场听众构成（%）

目标听众		听众构成（%）
10 岁及以上所有人		100.0
城乡	城市	46.9
	农村	53.1
性别	男	58.1
	女	41.9
年龄	10—14 岁	2.7
	15—24 岁	8.0
	25—34 岁	17.5
	35—44 岁	21.2
	45—54 岁	18.6
	55—64 岁	17.1
	65 岁及以上	15.0
文化程度	未受过正规教育	5.4
	小学	22.2
	初中	35.8
	高中	24.9
	大学及以上	11.8
职业	干部/管理人员	2.1
	个体/私营企业人员	20.8
	初级公务员/雇员	13.2
	工人	17.3
	农民/渔民/牧民	16.8
	学生	5.8
	无业（包括退休人员）	22.9
	其他	1.1
个人月收入	没有收入	16.7
	1—500 元	12.7
	501—1000 元	10.7
	1001—1500 元	16.5
	1501—2000 元	14.0
	2001—2500 元	10.6
	2501—3000 元	9.4
	3001 元及以上	9.4

表 3.34.4　2012—2013 年安徽市场各广播电台的市场份额（%）

广播电台	2012 年	2013 年			
		第 1 波	第 2 波	第 3 波	第 4 波
中央人民广播电台	19.7	21.3	20.9	19.3	19.7
中国国际广播电台	0.3	0.7	0.5	0.4	0.2
安徽广播电视总台	46.8	49.7	48.7	48.8	50.5
其他广播电台	33.2	28.3	29.9	31.5	29.6

表 3.34.5　2013 年安徽市场各广播电台在不同目标听众中的市场份额（%）

目标听众		中央人民广播电台	中国国际广播电台	安徽广播电视总台	其他广播电台
10 岁及以上所有人		20.3	0.4	49.4	29.9
城乡	城市	24.6	0.7	40.8	33.9
	农村	16.4	0.2	57.1	26.3
性别	男	22.9	0.4	49.4	27.3
	女	16.6	0.4	49.5	33.5
年龄	10—14 岁	12.3	0.9	54.2	32.6
	15—24 岁	18.4	0.8	47.8	33.1
	25—34 岁	15.1	1.0	51.0	33.0
	35—44 岁	20.9	0.3	47.3	31.5
	45—54 岁	17.4	0.5	50.5	31.7
	55—64 岁	26.2	0.1	46.8	26.9
	65 岁及以上	24.7	0.1	52.3	22.8
文化程度	未受过正规教育	19.7	0.3	63.5	16.5
	小学	17.8	0.1	53.6	28.5
	初中	18.1	0.5	50.1	31.3
	高中	22.9	0.7	45.4	31.0
	大学及以上	26.4	0.2	41.6	31.8
职业	干部/管理人员	17.8	2.5	41.9	37.8
	个体/私营企业人员	22.6	0.6	45.9	30.9
	初级公务员/雇员	22.9	0.1	48.0	29.0
	工人	17.9	0.9	52.1	29.1
	农民/渔民/牧民	15.2	0.1	57.2	27.6
	学生	17.8	0.6	49.5	32.2
	无业（包括退休人员）	23.1	0.2	45.8	30.9
	其他	16.8	0.0	66.8	16.4
个人月收入	没有收入	16.1	0.4	54.4	29.1
	1—500 元	15.4	0.2	60.2	24.3
	501—1000 元	21.5	0.6	50.0	28.0
	1001—1500 元	26.1	0.2	44.8	29.0
	1501—2000 元	20.3	0.7	46.0	33.0
	2001—2500 元	23.3	0.7	43.3	32.6
	2501—3000 元	24.0	0.2	43.5	32.2
	3001 元及以上	14.6	0.6	53.9	30.9

表 3.34.6　2013 年安徽市场份额排名前五位的频率

名次	频　率	市场份额（%）
1	中央人民广播电台第一套节目中国之声	16.5
2	安徽音乐广播	10.5
3	安徽新闻综合广播	8.4
4	安徽交通广播	7.7
5	安徽农村广播	5.5

三十五、福建收听数据

表 3.35.1　2012—2013 年福建各目标听众人均收听时间（分钟）

目标听众		2012 年	2013 年			
			第 1 波	第 2 波	第 3 波	第 4 波
10 岁及以上所有人		47	48	48	48	50
城乡	城市	55	58	57	57	57
	农村	38	40	42	42	44
性别	男	51	53	52	52	54
	女	42	42	45	45	46
年龄	10—14 岁	19	24	24	22	16
	15—24 岁	28	29	29	25	26
	25—34 岁	42	37	37	36	37
	35—44 岁	51	50	50	51	51
	45—54 岁	58	61	65	64	72
	55—64 岁	72	64	71	77	71
	65 岁及以上	84	90	88	95	103
文化程度	未受过正规教育	77	75	80	70	83
	小学	40	40	41	48	49
	初中	46	48	47	45	46
	高中	48	44	46	48	48
	大学及以上	45	47	51	48	51
职业	干部/管理人员	57	57	70	60	66
	初级公务员/雇员	41	39	43	47	48
	个体/私营企业人员	49	50	53	52	57
	工人	58	51	40	36	34
	农民/渔民/牧民	61	64	67	69	64
	学生	20	21	26	22	20
	无业（包括退休人员）	56	58	54	59	63
	其他	*	*	*	*	*
个人月收入	没有收入	30	31	30	30	31
	1—500 元	80	73	72	81	80
	501—1000 元	50	48	56	65	71
	1001—1500 元	56	57	59	52	58
	1501—2000 元	52	51	49	48	50
	2001—2500 元	44	46	43	50	48
	2501—3000 元	53	56	66	59	58
	3001 元及以上	55	56	57	57	55

注：福建为四波调查省网。2013 年四波调查时间分别为：第一波 2 月 24 日至 3 月 16 日；第二波 5 月 26 日至 6 月 15 日；第三波 8 月 25 日至 9 月 14 日；第四波 11 月 3 日至 11 月 23 日。“*”表示该目标听众样本量不足，无法进行统计推断。

表 3.35.2　2012—2013 年福建听众在不同地点的人均收听时间（分钟）

地　　点	2012 年	2013 年
在家	30	32
车上	11	11
工作/学习场所	4	4
其他场所	2	1

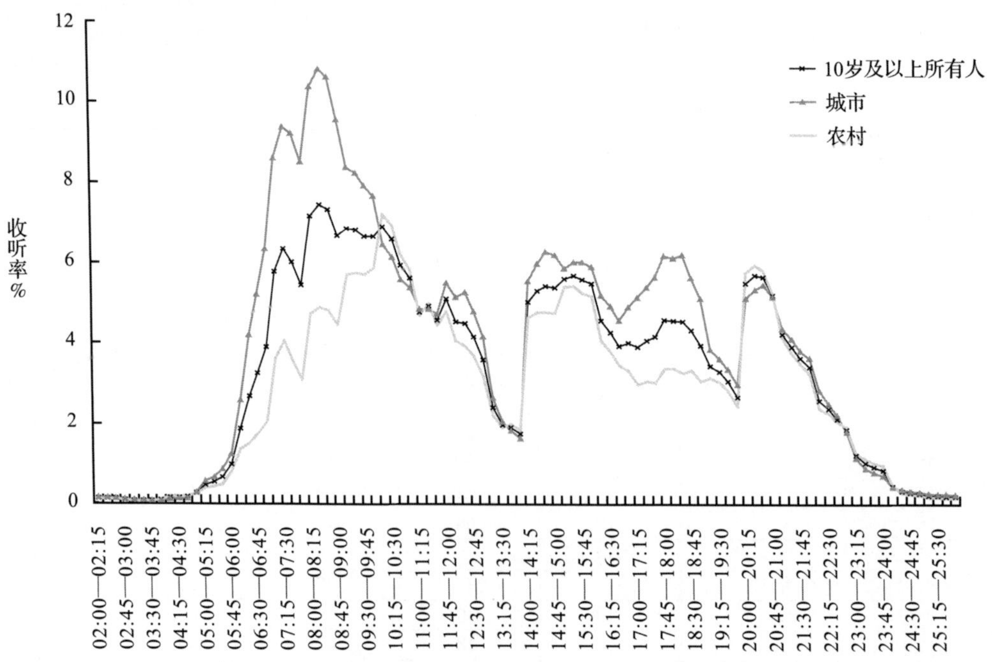

图 3. 35. 1　2012—2013 年福建听众全天收听率走势

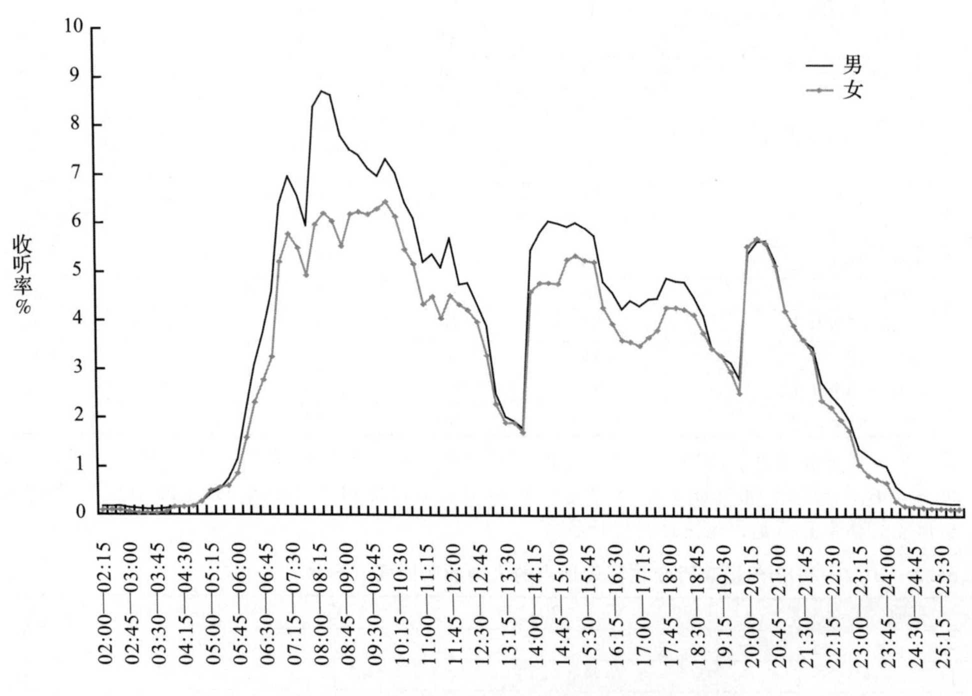

图 3. 35. 2　2013 年福建不同性别听众全天收听率走势

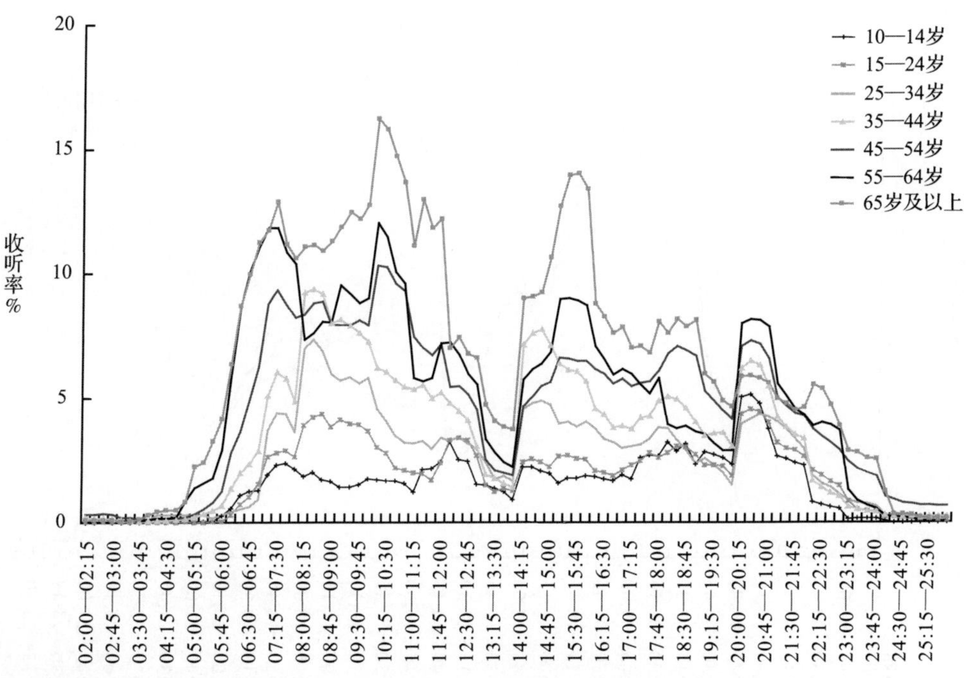

图 3.35.3 2013 年福建不同年龄听众全天收听率走势

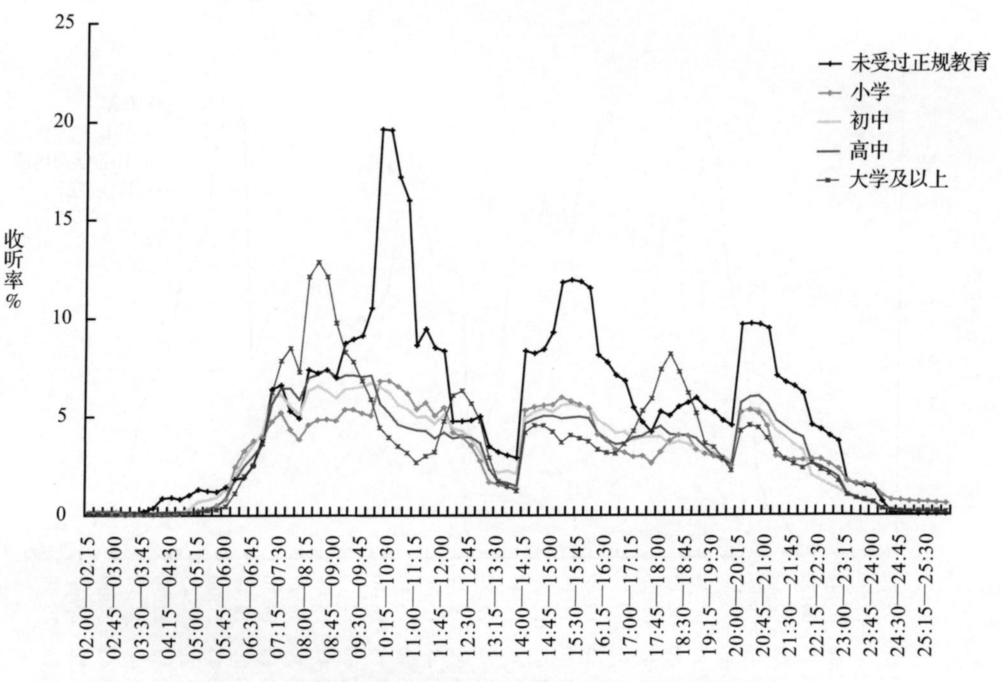

图 3.35.4 2013 年福建不同文化程度听众全天收听率走势

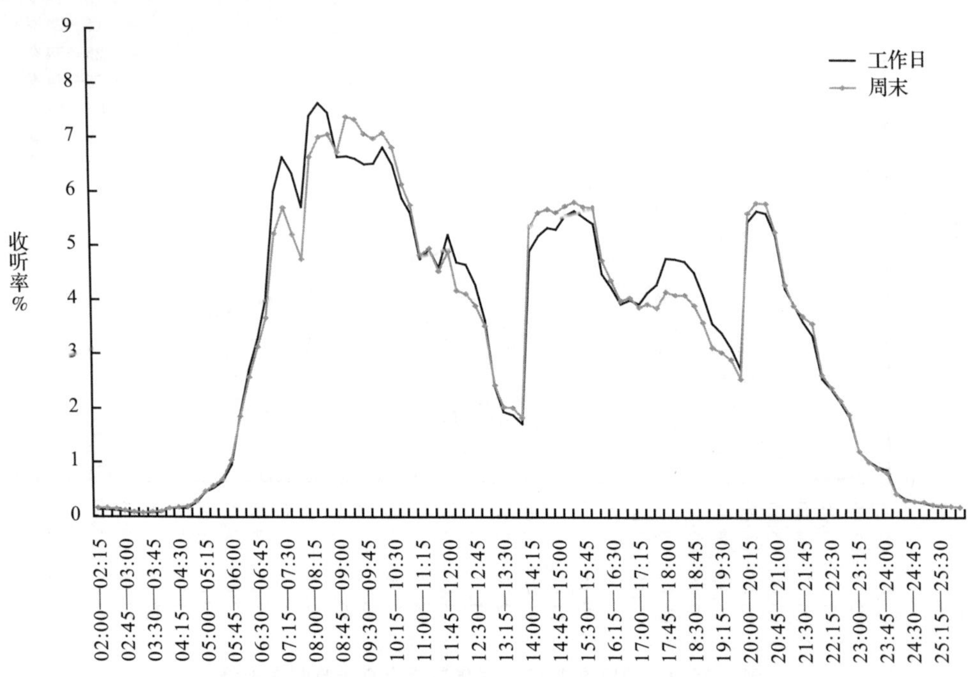

图 3.35.5　2013 年福建听众工作日与周末全天收听率走势

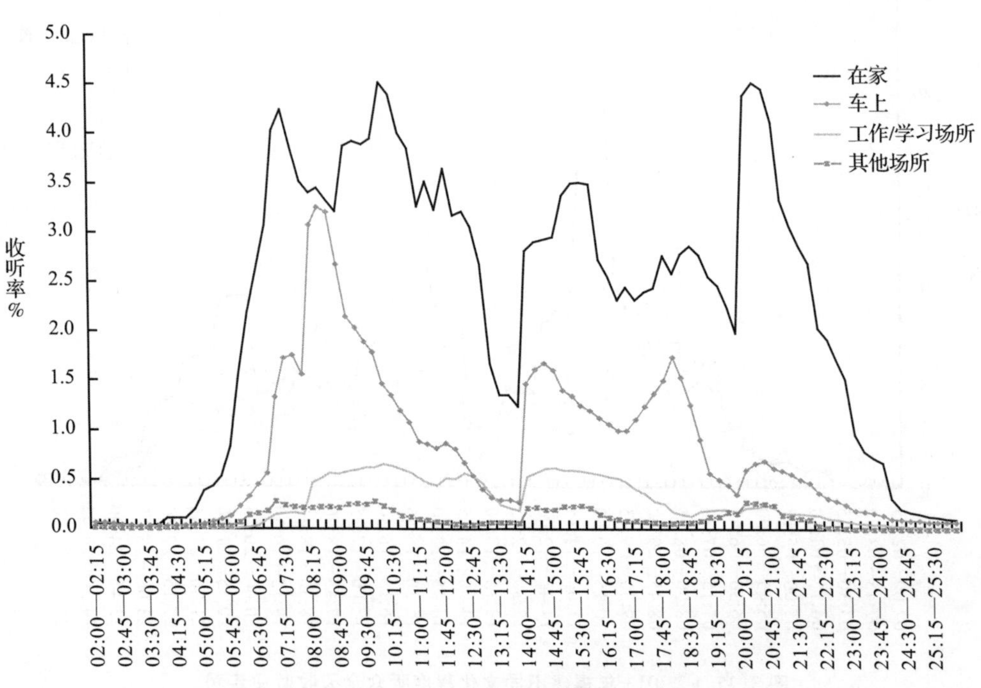

图 3.35.6　2013 年福建听众在不同收听地点全天收听率走势

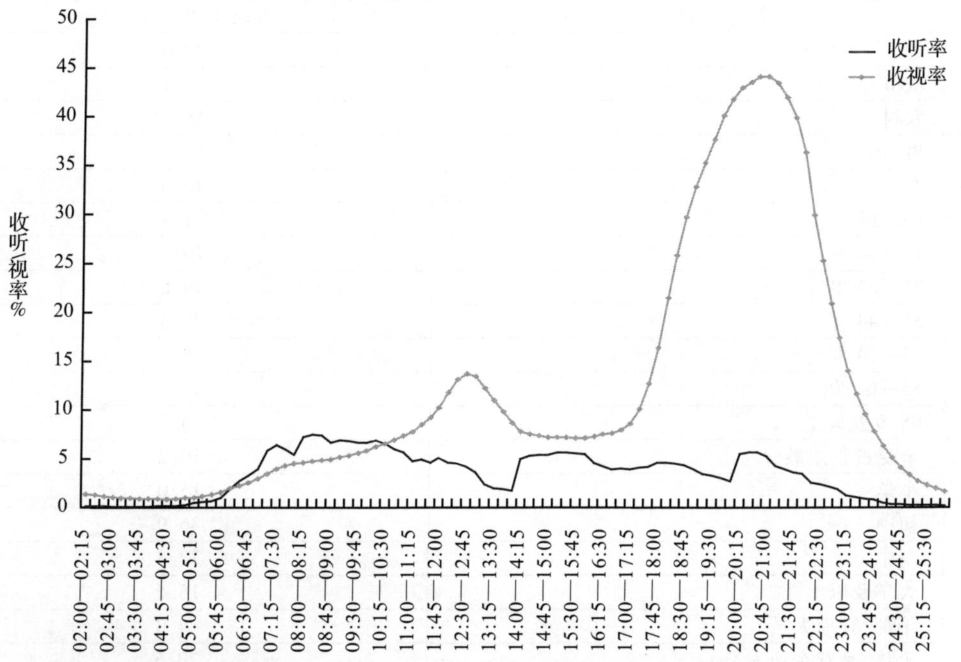

图 3.35.7 2013 年福建受众全天收听率、收视率走势比较（目标受众为 10 岁及以上）

表 3.35.3 2013 年福建市场听众构成(%)

目标听众		听众构成(%)
10 岁及以上所有人		100.0
城乡	城市	51.1
	农村	48.9
性别	男	53.5
	女	46.5
年龄	10—14 岁	1.9
	15—24 岁	10.5
	25—34 岁	19.6
	35—44 岁	20.3
	45—54 岁	19.3
	55—64 岁	13.1
	65 岁及以上	15.2
文化程度	未受过正规教育	10.2
	小学	15.0
	初中	36.9
	高中	22.3
	大学及以上	15.6
职业	干部/管理人员	4.3
	个体/私营企业人员	20.6
	初级公务员/雇员	17.9
	工人	9.4
	农民/渔民/牧民	18.7
	学生	6.6
	无业(包括退休人员)	22.4
	其他	*
个人月收入	没有收入	16.5
	1—500 元	4.8
	501—1000 元	7.1
	1001—1500 元	11.6
	1501—2000 元	15.4
	2001—2500 元	12.2
	2501—3000 元	10.8
	3001 元及以上	21.6

注:“*”表示该目标听众样本量不足,无法进行统计推断。

表 3.35.4 2012—2013 年福建市场各广播电台的市场份额(%)

广播电台	2012 年	2013 年			
		第 1 波	第 2 波	第 3 波	第 4 波
中央人民广播电台	19.0	18.6	20.0	20.2	22.6
中国国际广播电台	0.6	0.4	0.6	0.4	0.6
福建广播影视集团	28.7	26.7	28.7	25.2	25.2
海峡之声广播电台	6.3	7.1	8.5	9.0	5.4
其他广播电台	45.4	47.2	42.2	45.0	46.2

表 3. 35. 5 2013 年福建市场各广播电台在不同目标听众中的市场份额（%）

目标听众		中央人民广播电台	中国国际广播电台	福建广播影视集团	海峡之声广播电台	其他广播电台
10 岁及以上所有人		20. 4	0. 5	26. 5	7. 5	45. 1
城乡	城市	19. 3	1. 0	20. 8	3. 6	55. 3
	农村	21. 5	0. 0	32. 4	11. 6	34. 5
性别	男	20. 4	0. 5	28. 0	7. 9	43. 3
	女	20. 4	0. 6	24. 8	7. 0	47. 2
年龄	10—14 岁	37. 5	0. 1	22. 0	7. 0	33. 3
	15—24 岁	18. 6	0. 8	27. 4	6. 5	46. 8
	25—34 岁	14. 3	2. 1	29. 2	6. 4	48. 1
	35—44 岁	21. 8	0. 1	34. 2	6. 4	37. 5
	45—54 岁	17. 6	0. 0	30. 8	6. 6	44. 9
	55—64 岁	25. 3	0. 1	18. 5	8. 3	47. 9
	65 岁及以上	24. 8	0. 0	14. 0	11. 5	49. 7
文化程度	未受过正规教育	11. 9	0. 0	7. 0	19. 0	62. 1
	小学	18. 3	0. 0	22. 8	10. 8	48. 1
	初中	20. 6	0. 0	30. 6	5. 2	43. 6
	高中	22. 6	0. 2	31. 3	6. 5	39. 4
	大学及以上	24. 3	3. 0	26. 0	3. 5	43. 1
职业	干部/管理人员	28. 3	3. 8	25. 2	4. 1	38. 6
	个体/私营企业人员	14. 9	0. 0	37. 4	4. 4	43. 3
	初级公务员/雇员	20. 5	1. 5	28. 5	3. 9	45. 7
	工人	17. 4	0. 6	31. 6	3. 3	47. 1
	农民/渔民/牧民	11. 0	0. 0	14. 1	21. 3	53. 6
	学生	27. 6	0. 3	23. 7	9. 9	38. 6
	无业（包括退休人员）	30. 8	0. 1	23. 8	3. 4	41. 8
	其他	*	*	*	*	*
个人月收入	没有收入	25. 1	0. 2	24. 7	8. 9	41. 1
	1—500 元	8. 2	0. 0	13. 9	22. 5	55. 5
	501—1000 元	11. 3	0. 0	12. 9	11. 9	64. 0
	1001—1500 元	22. 9	1. 7	29. 6	7. 9	37. 9
	1501—2000 元	25. 8	0. 5	28. 6	5. 2	40. 0
	2001—2500 元	18. 0	0. 7	25. 5	7. 1	48. 8
	2501—3000 元	17. 8	0. 0	30. 4	3. 3	48. 6
	3001 元及以上	20. 1	0. 7	30. 7	5. 1	43. 5

注：“*”表示该目标听众样本量不足，无法进行统计推断。

表 3. 35. 6 2013 年福建市场份额排名前五位的频率

名次	频 率	市场份额（%）
1	中央人民广播电台第一套节目中国之声	14. 0
2	福建交通广播 FM100. 7	9. 2
3	福建新闻广播 FM103. 6/AM882	8. 3
4	海峡之声广播电台闽南话频道 AM783	5. 5
5	福建经济电台财经 961 FM96. 1/AM1404	4. 6

三十六、江苏收听数据

表 3.36.1　2013 年江苏各目标听众人均收听时间（分钟）

目标听众		2011 年	2012 年	2013 年			
				第 1 波	第 2 波	第 3 波	第 4 波
10 岁及以上所有人		84	71	68	64	67	68
城乡	城市	74	71	68	64	67	67
	农村	91	72	68	64	68	69
性别	男	90	76	71	66	71	72
	女	78	66	64	61	63	64
年龄	10—14 岁	40	32	38	35	36	36
	15—24 岁	49	43	40	40	40	36
	25—34 岁	76	68	64	60	63	62
	35—44 岁	84	73	67	62	66	70
	45—54 岁	93	75	69	63	71	75
	55—64 岁	104	90	88	82	85	84
	65 岁及以上	132	114	110	105	111	105
文化程度	未受过正规教育	87	64	64	67	59	54
	小学	82	62	64	65	69	66
	初中	92	73	70	68	68	70
	高中	80	80	75	65	72	72
	大学及以上	73	65	57	52	60	61
职业	干部/管理人员	73	64	47	51	61	68
	初级公务员/雇员	69	54	46	44	51	56
	个体/私营企业人员	87	79	69	62	67	67
	工人	84	76	77	72	76	72
	农民/渔民/牧民	101	78	79	73	73	75
	学生	33	32	33	31	30	27
	无业（包括退休人员）	112	99	89	86	88	91
	其他	45	85	137	121	139	123
个人月收入	没有收入	51	43	42	42	42	39
	1—500 元	98	76	73	70	68	71
	501—1000 元	95	83	80	78	72	61
	1001—1500 元	96	75	81	74	88	85
	1501—2000 元	97	96	86	81	86	91
	2001—2500 元	85	71	67	61	70	69
	2501—3000 元	85	77	71	65	64	68
	3001 元及以上	79	69	61	57	65	69

注：江苏为四波调查省网。2013 年四波调查时间分别为：第一波 2 月 24 日至 3 月 16 日，第二波 5 月 26 日至 6 月 15 日，第三波 8 月 25 日至 9 月 14 日，第四波 11 月 3 日至 11 月 23 日。

表 3.36.2　2013 年江苏听众在不同地点的人均收听时间（分钟）

地　点	2011 年	2012 年	2013 年
家中	68	55	51
车上	10	11	9
工作/学习场所	5	4	5
其他场所	1	2	1

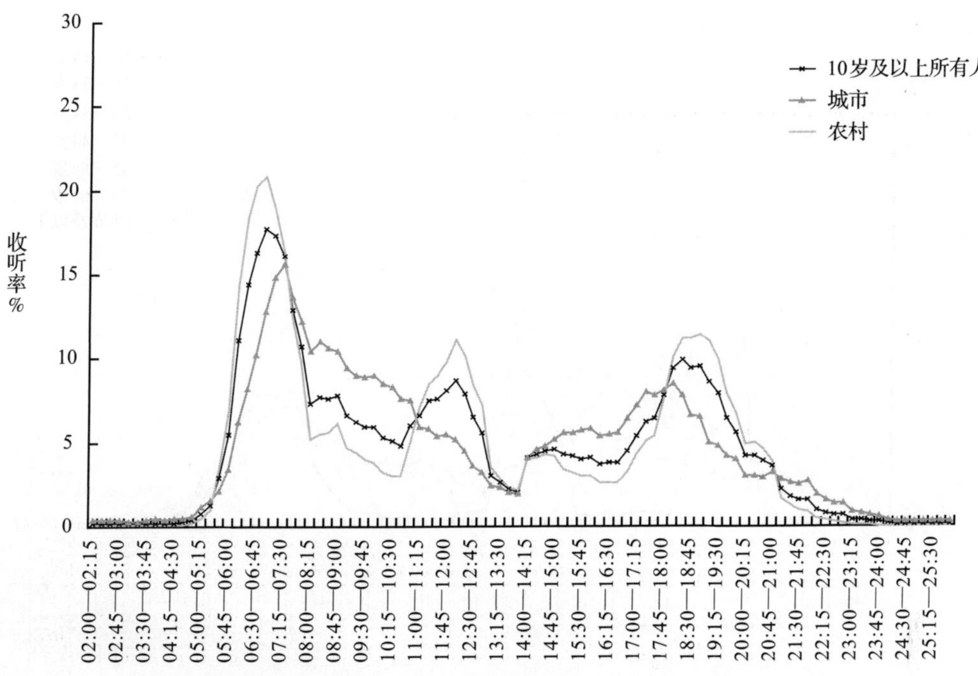

图 3.36.1　2013 年江苏听众全天收听率走势

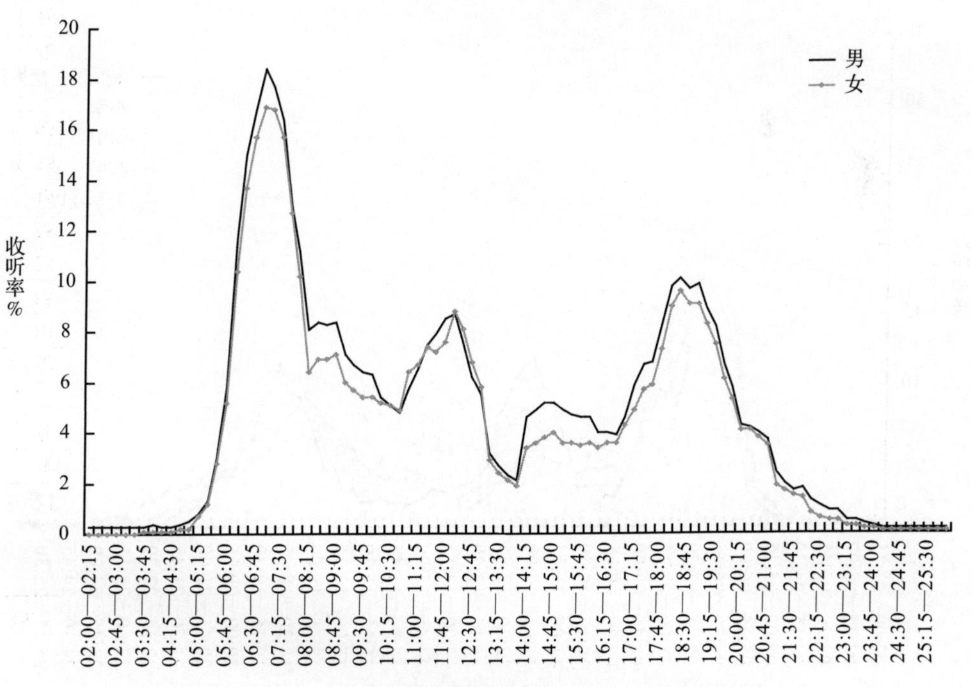

图 3.36.2　2013 年江苏不同性别听众全天收听率走势

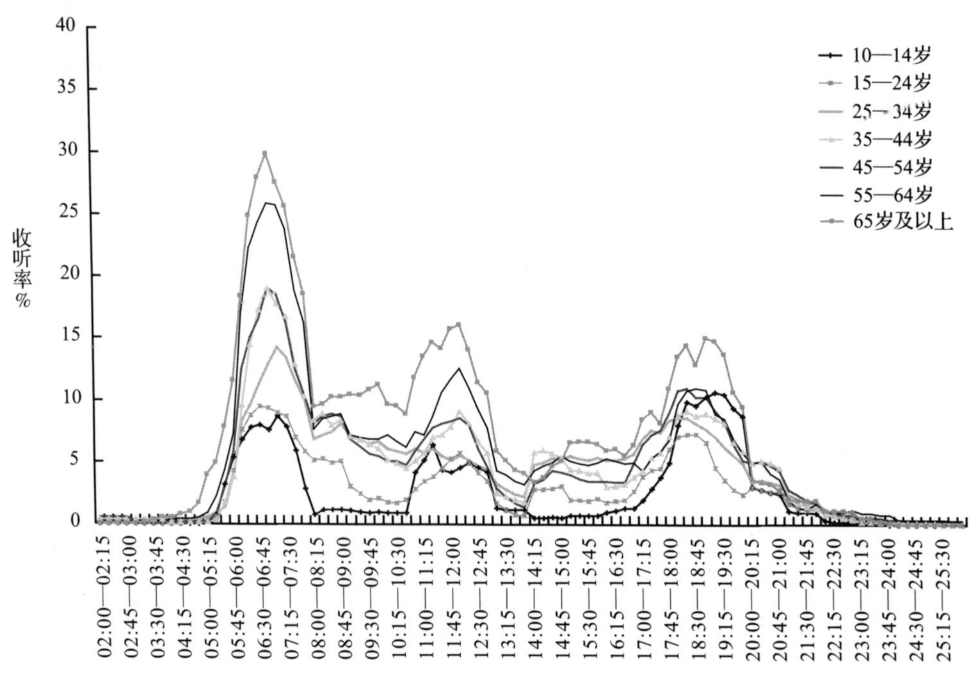

图 3.36.3　2013 年江苏不同年龄听众全天收听率走势

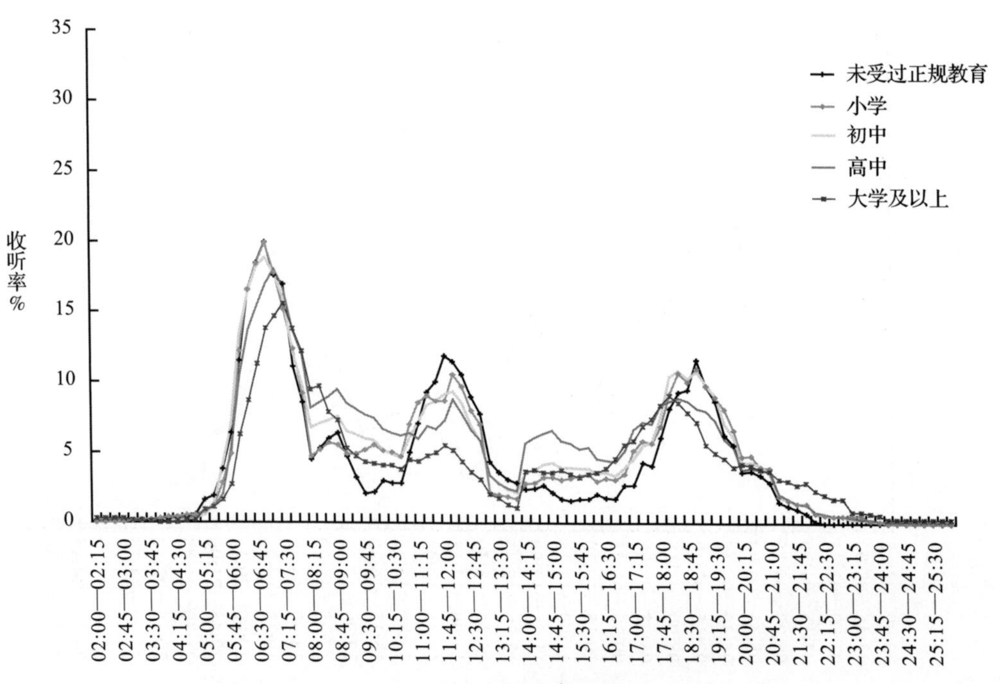

图 3.36.4　2013 年江苏不同文化程度听众全天收听率走势

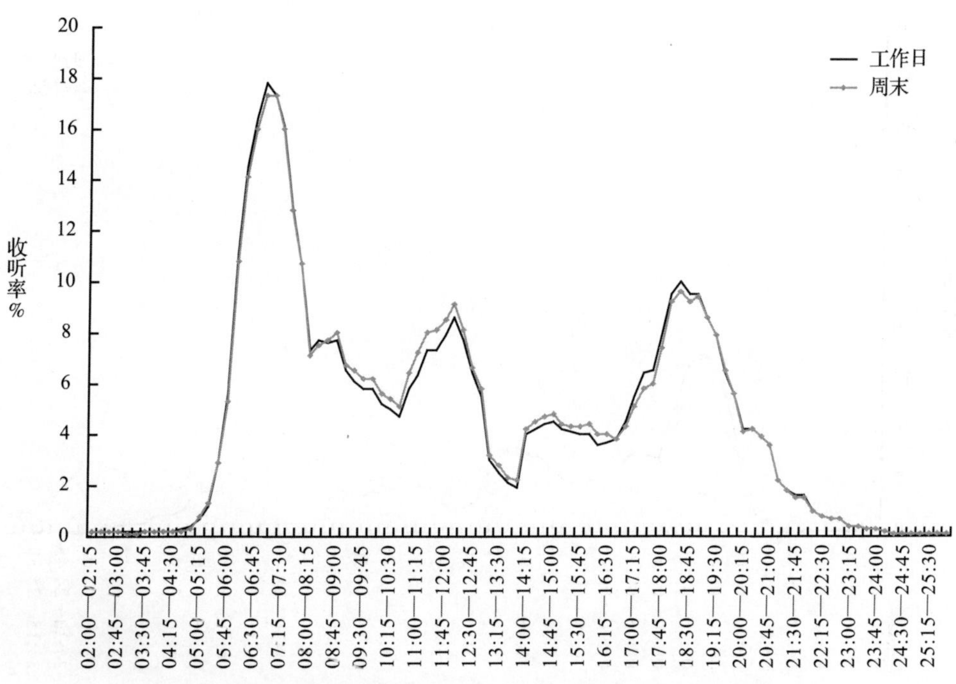

图 3.36.5　2013 年江苏听众工作日与周末全天收听率走势

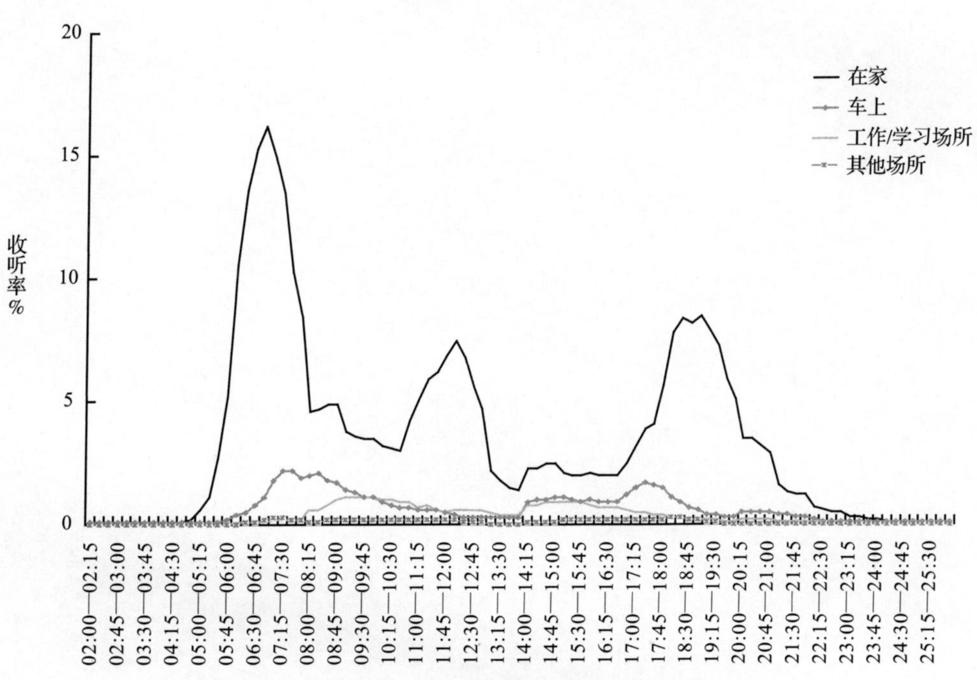

图 3.36.6　2013 年江苏听众在不同地点全天收听率走势

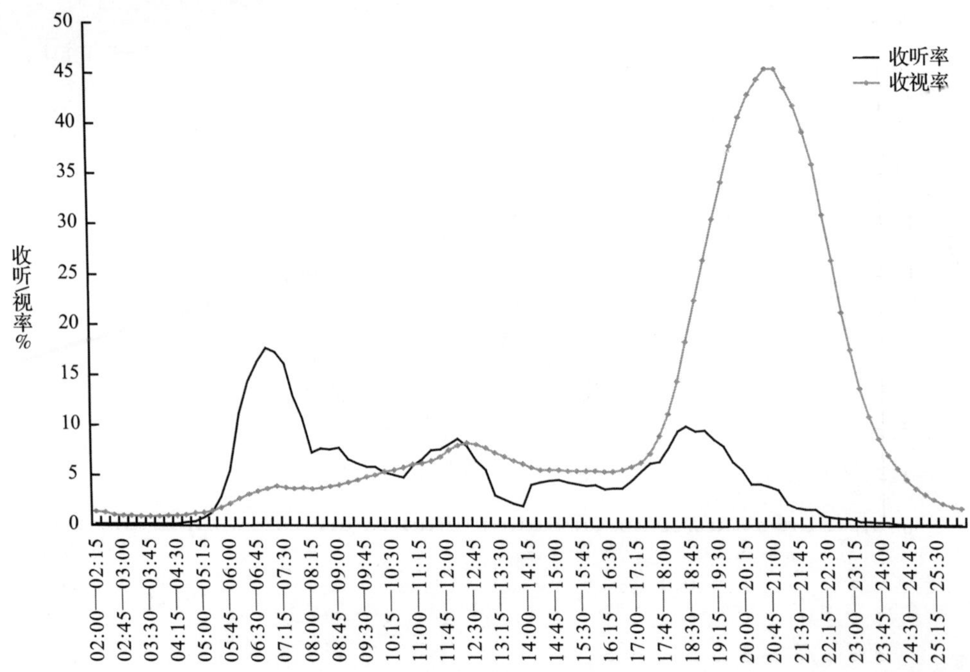

图 3. 36. 7　2013 年江苏受众全天收听率、收视率走势比较（目标受众为 10 岁及以上）

表 3.36.3 2013 年江苏市场听众构成（%）

目标听众		听众构成（%）
10 岁及以上所有人		100.0
城乡	城市	39.3
	农村	60.7
性别	男	54.2
	女	45.8
年龄	10—14 岁	2.8
	15—24 岁	8.8
	25—34 岁	17.3
	35—44 岁	23.8
	45—54 岁	17.8
	55—64 岁	12.0
	65 岁及以上	17.5
文化程度	未受过正规教育	3.9
	小学	13.5
	初中	38.1
	高中	29.7
	大学及以上	14.8
职业	干部/管理人员	2.8
	个体/私营企业人员	16.4
	初级公务员/雇员	9.6
	工人	28.3
	农民/渔民/牧民	16.3
	学生	5.0
	无业（包括退休人员）	20.9
	其他	0.7
个人月收入	没有收入	11.1
	1—500 元	7.1
	501—1000 元	7.0
	1001—1500 元	14.8
	1501—2000 元	17.7
	2001—2500 元	14.6
	2501—3000 元	11.6
	3001 元及以上	16.1

表 3.36.4 2011—2013 年江苏市场各广播电台的市场份额（%）

广播电台	2011 年	2012 年	2013 年			
			第 1 波	第 2 波	第 3 波	第 4 波
中央人民广播电台	12.3	13.6	16.2	14.4	15.8	16.8
中国国际广播电台	0.1	0.1	0.2	0.0	0.0	0.1
江苏广播电视总台	23.5	24.2	22.5	23.7	22.3	23.2
其他广播电台	64.1	62.1	61.1	61.9	61.9	59.9

表 3.36.5　2013 年江苏市场各广播电台在不同目标听众中的市场份额（%）

目标听众		中央人民广播电台	中国国际广播电台	江苏广播电视总台	其他广播电台
10 岁及以上所有人		15.8	0.1	22.9	61.2
城乡	城市	13.1	0.0	28.7	58.2
	农村	17.6	0.1	19.1	63.2
性别	男	16.9	0.0	24.6	58.5
	女	14.6	0.1	20.9	64.4
年龄	10—14 岁	23.5	0.0	13.2	63.3
	15—24 岁	11.1	0.2	23.1	65.6
	25—34 岁	10.7	0.2	24.2	64.9
	35—44 岁	18.2	0.0	30.5	51.3
	45—54 岁	13.3	0.1	21.7	64.9
	55—64 岁	19.2	0.0	15.7	65.1
	65 岁及以上	19.0	0.0	18.8	62.2
文化程度	未受过正规教育	22.4	0.0	21.1	56.5
	小学	19.7	0.0	16.5	63.8
	初中	15.5	0.0	21.3	63.2
	高中	13.3	0.1	25.8	60.8
	大学及以上	16.6	0.3	27.4	55.7
职业	干部/管理人员	10.5	0.0	23.8	65.7
	个体/私营企业人员	17.2	0.1	26.5	56.2
	初级公务员/雇员	20.1	0.5	30.2	49.2
	工人	11.7	0.0	22.4	65.9
	农民/渔民/牧民	16.9	0.0	23.1	60.0
	学生	17.5	0.0	16.9	65.6
	无业（包括退休人员）	17.3	0.0	18.9	63.8
	其他	34.3	0.0	4.0	61.7
个人月收入	没有收入	16.6	0.0	14.9	68.5
	1—500 元	23.7	0.0	22.1	54.2
	501—1000 元	17.3	0.0	18.7	64.0
	1001—1500 元	15.6	0.0	22.9	61.5
	1501—2000 元	17.7	0.0	25.2	57.1
	2001—2500 元	10.9	0.1	19.7	69.3
	2501—3000 元	16.9	0.4	24.1	58.6
	3001 元及以上	12.6	0.1	30.3	57.0

表 3.36.6　2013 年江苏市场份额排名前五位的频率

名次	频率	市场份额（%）
1	中央人民广播电台第一套节目中国之声	12.4
2	江苏新闻广播 FM93.7	7.2
3	江苏交通广播网 FM101.1	5.7
4	江苏新闻综合广播 AM702	3.3
5	江苏经典流行音乐广播 FM97.5	2.0

三十七、辽宁收听数据

表 3.37.1　2013 年辽宁各目标听众人均收听时间（分钟）

目标听众		2011 年	2012 年	2013 年
10 岁及以上所有人		68	61	60
城乡	城市	83	80	80
	农村	44	38	29
性别	男	70	65	60
	女	67	56	59
年龄	10—14 岁	16	14	22
	15—24 岁	38	29	30
	25—34 岁	51	38	42
	35—44 岁	58	50	56
	45—54 岁	85	70	68
	55—64 岁	98	92	89
	65 岁及以上	120	131	108
文化程度	未受过正规教育	45	76	60
	小学	64	62	57
	初中	68	58	53
	高中	70	59	67
	大学及以上	78	72	78
职业	干部/管理人员	45	53	83
	初级公务员/雇员	65	52	57
	个体/私营企业人员	67	50	54
	工人	56	54	58
	农民/渔民/牧民	71	65	51
	学生	27	19	24
	无业（包括退休人员）	102	92	83
	其他	*	*	*
个人月收入	没有收入	49	31	32
	1—500 元	72	84	65
	501—1000 元	69	60	67
	1001—1500 元	76	74	73
	1501—2000 元	76	70	77
	2001—2500 元	74	72	61
	2501—3000 元	73	66	62
	3001 元及以上	77	58	59

注：辽宁省网为全年连续调查省网。“*”表示目标听众样本量不足，无法进行统计推断。

表 3.37.2　2011—2013 年辽宁听众在不同地点的人均收听时间（分钟）

地　点	2011 年	2012 年	2013 年
在家	53	48	45
车上	10	8	10
工作/学习场所	4	3	4
其他场所	1	1	1

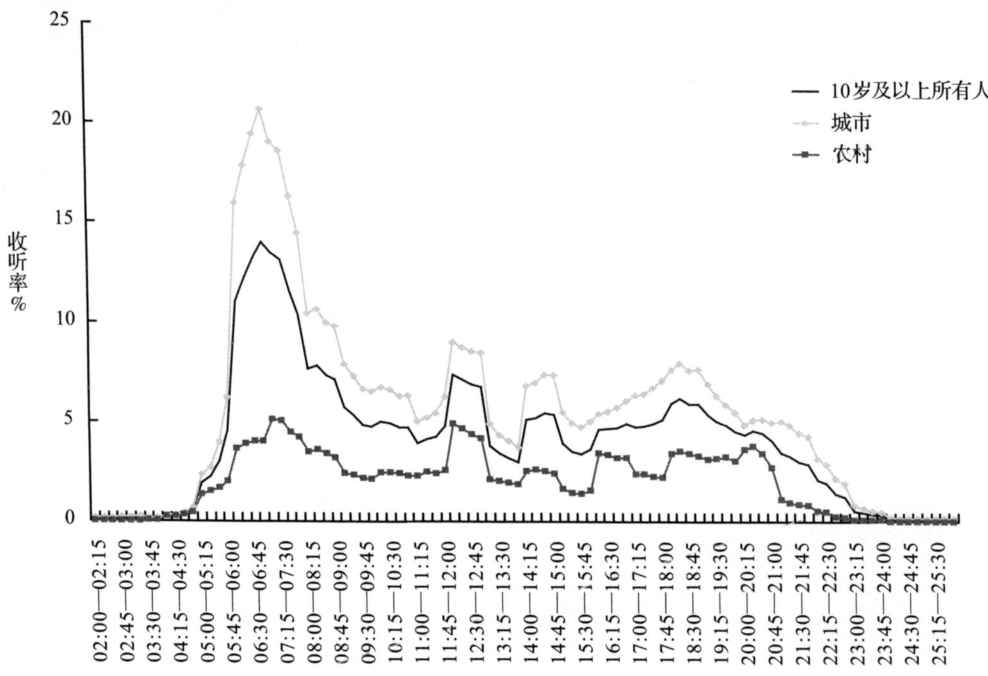

图 3.37.1 2013 年辽宁听众全天收听率走势

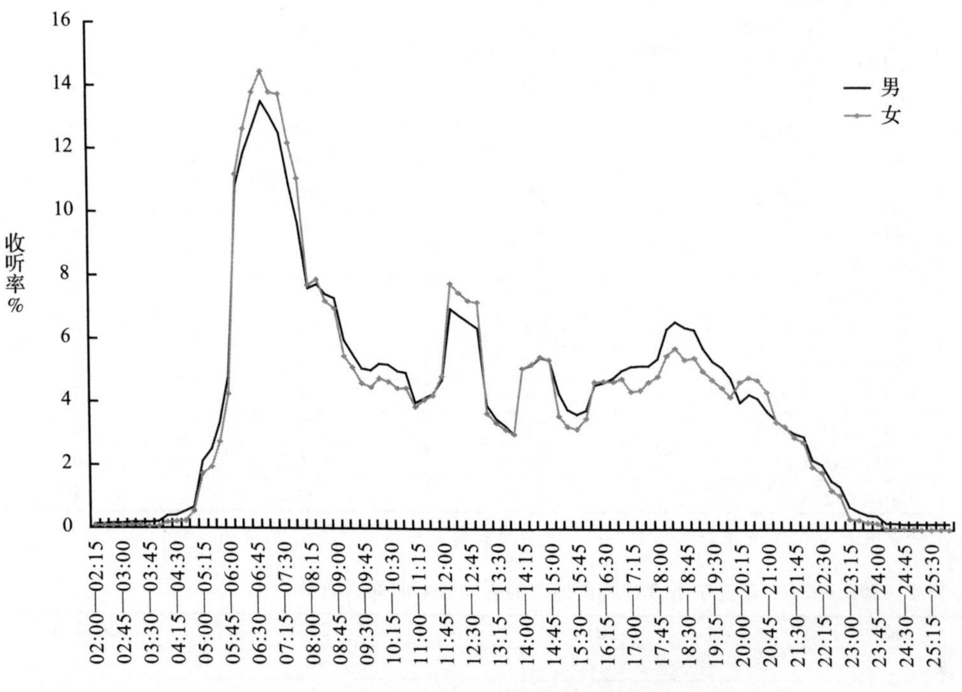

图 3.37.2 2013 年辽宁不同性别听众全天收听率走势

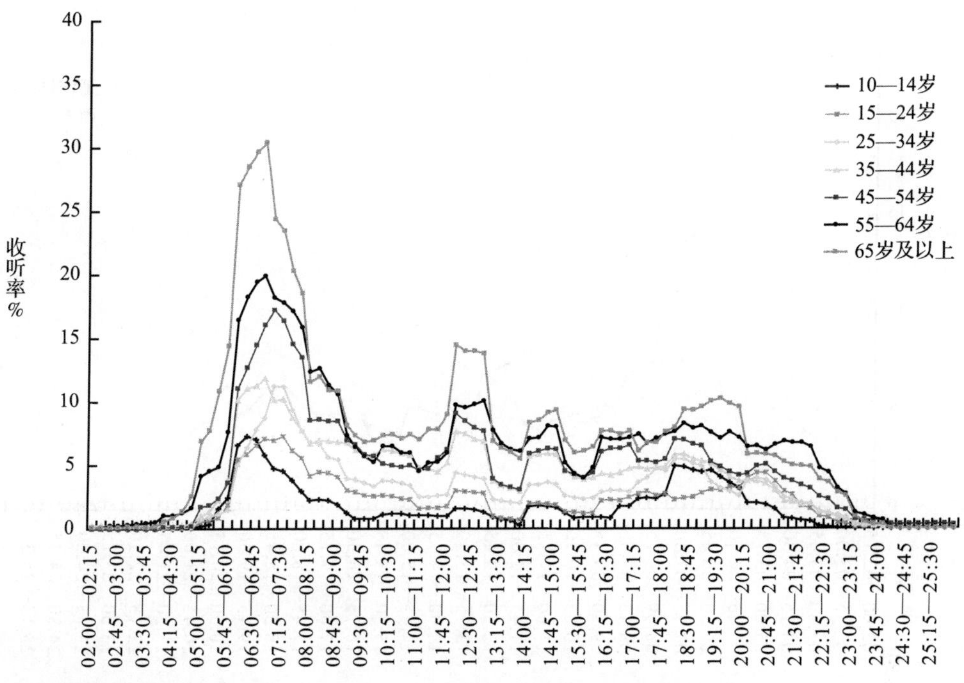

图 3.37.3 2013 年辽宁不同年龄听众全天收听率走势

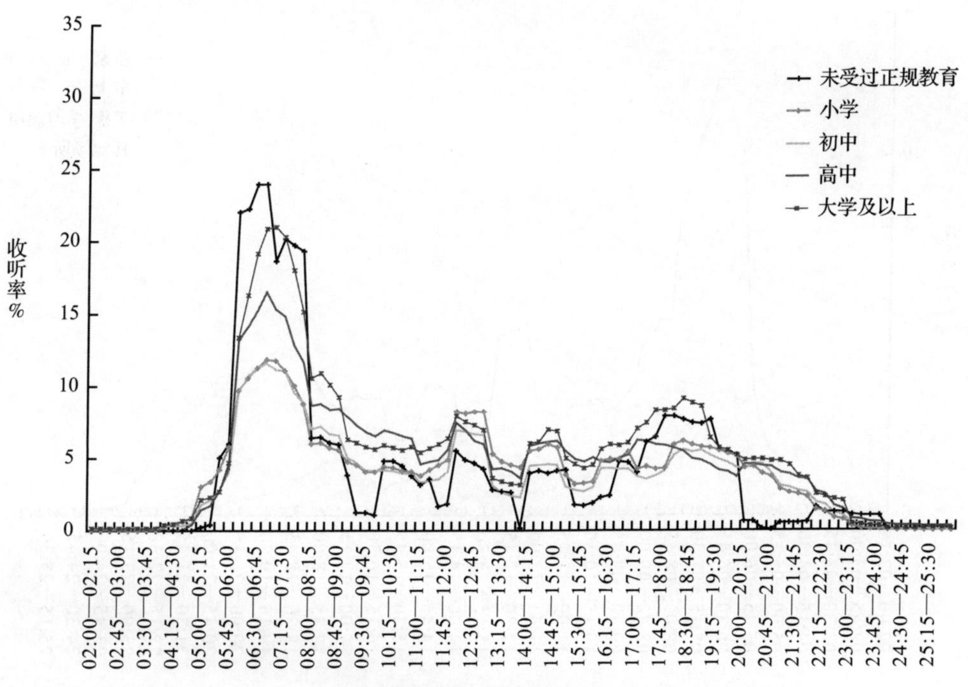

图 3.37.4 2013 年辽宁不同文化程度听众全天收听率走势

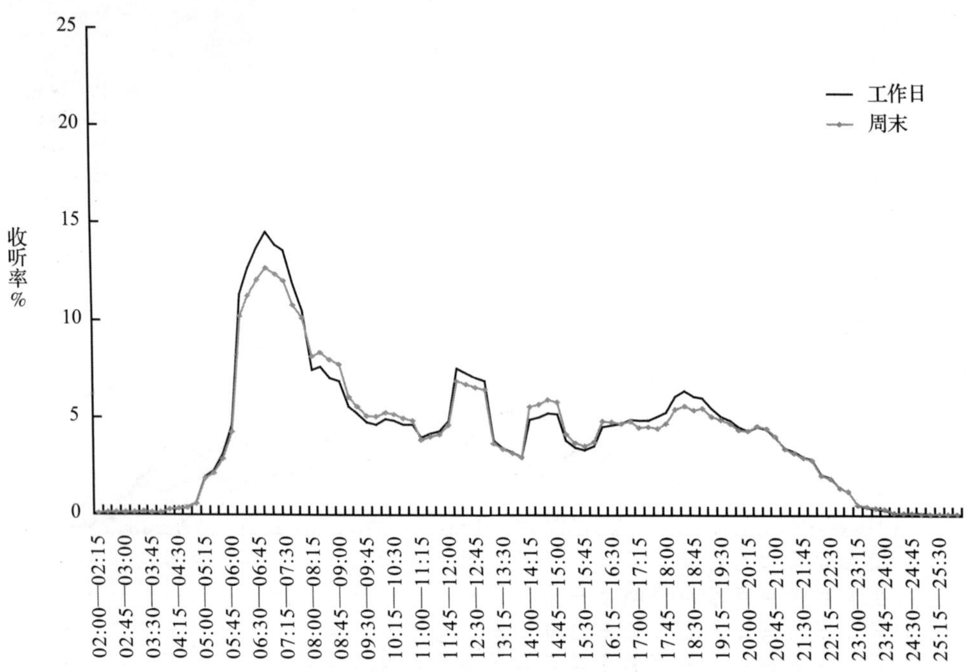

图 3.37.5 2013 年辽宁听众工作日与周末全天收听率走势

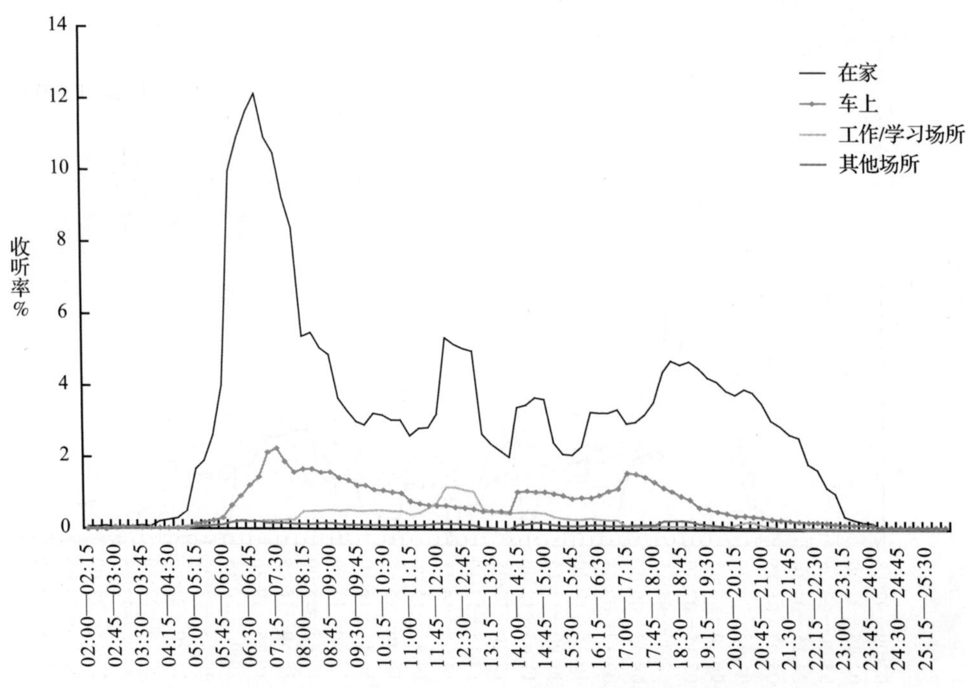

图 3.37.6 2013 年辽宁听众在不同收听地点全天收听率走势

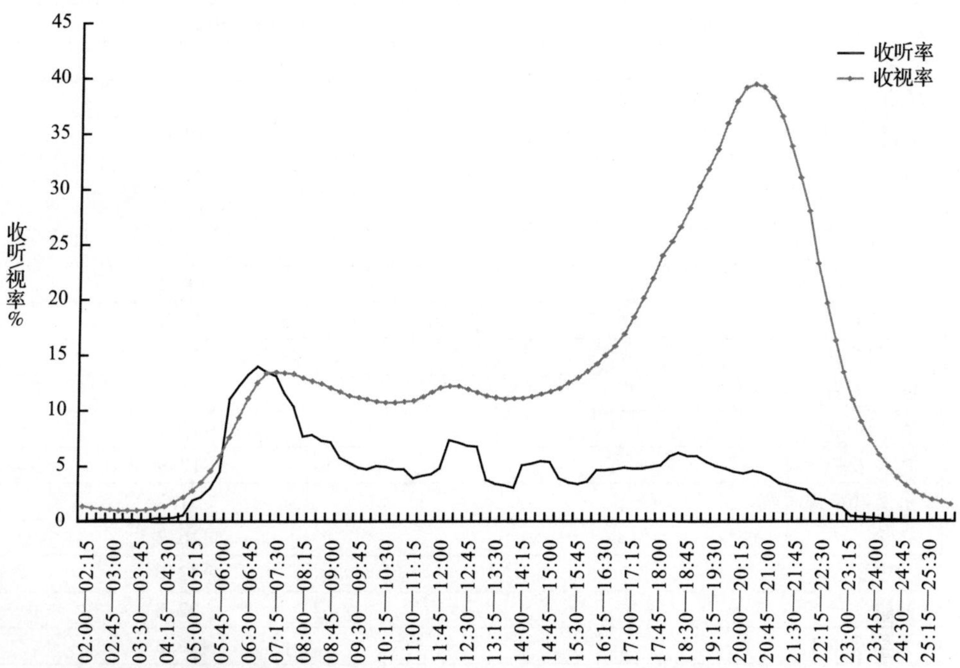

图 3. 37. 7　2013 年辽宁受众全天收听率、收视率走势比较（目标受众为 10 岁及以上）

表 3.37.3　2013 年辽宁市场听众构成（%）

目标听众		听众构成（%）
10 岁及以上所有人		100.0
城乡	城市	80.4
	农村	19.6
性别	男	51.3
	女	48.7
年龄	10—14 岁	1.9
	15—24 岁	6.2
	25—34 岁	13.4
	35—44 岁	21.4
	45—54 岁	22.5
	55—64 岁	15.7
	65 岁及以上	18.9
文化程度	未受过正规教育	1.7
	小学	16.2
	初中	43.0
	高中	22.8
	大学及以上	16.3
职业	干部/管理人员	2.6
	初级公务员/雇员	10.0
	个体/私营企业人员	12.6
	工人	22.9
	农民/渔民/牧民	12.3
	学生	4.0
	无业（包括退休人员）	35.6
	其他	*
个人月收入	没有收入	11.7
	1—500 元	5.3
	501—1000 元	6.7
	1001—1500 元	20.2
	1501—2000 元	20.6
	2001—2500 元	11.5
	2501—3000 元	8.4
	3001 元及以上	15.5

注：“*”表示目标听众样本量不足，无法进行统计推断。

表 3.37.4　2011—2013 年辽宁市场各广播电台的市场份额（%）

广播电台	2011 年	2012 年	2013 年
中央人民广播电台	13.3	14.4	12.7
中国国际广播电台	0.0	0.0	0.0
辽宁广播电视台	29.9	43.4	44.0
其他广播电台	56.8	42.2	43.3

表 3.37.5　2013 年辽宁市场各广播电台在不同目标听众中的市场份额（%）

目标听众		中央人民广播电台	中国国际广播电台	辽宁广播电视台	其他广播电台
10 岁及以上所有人		12.7	0.0	44.0	43.3
城乡	城市	10.9	0.0	46.0	43.1
	农村	20.2	0.0	35.7	44.1
性别	男	13.1	0.0	45.3	41.6
	女	12.3	0.0	42.6	45.0
年龄	10—14 岁	10.8	0.0	48.8	40.4
	15—24 岁	16.1	0.0	45.7	38.2
	25—34 岁	9.8	0.0	53.5	36.7
	35—44 岁	10.5	0.0	44.2	45.4
	45—54 岁	13.6	0.0	44.5	41.9
	55—64 岁	13.9	0.0	41.6	44.5
	65 岁及以上	14.4	0.0	37.4	48.1
文化程度	未受过正规教育	10.7	0.0	25.8	63.5
	小学	12.5	0.0	39.9	47.6
	初中	12.2	0.0	46.0	41.8
	高中	10.3	0.0	46.5	43.2
	大学及以上	17.9	0.0	41.3	40.8
职业	干部/管理人员	22.8	0.0	45.2	32.0
	初级公务员/雇员	10.9	0.0	40.6	48.4
	个体/私营企业人员	11.6	0.0	52.7	35.8
	工人	10.5	0.0	45.9	43.7
	农民/渔民/牧民	15.3	0.0	46.1	38.6
	学生	10.6	0.0	45.5	43.9
	无业（包括退休人员）	13.7	0.0	39.9	46.4
	其他	*	*	*	*
个人月收入	没有收入	11.6	0.0	50.3	38.1
	1—500 元	14.4	0.0	39.3	46.2
	501—1000 元	15.9	0.0	50.1	34.0
	1001—1500 元	12.3	0.0	43.7	44.1
	1501—2000 元	14.1	0.0	42.1	43.8
	2001—2500 元	12.0	0.0	41.0	47.0
	2501—3000 元	10.9	0.0	55.8	33.4
	3001 元及以上	12.3	0.0	37.6	50.2

注：“*”表示目标听众样本量不足，无法进行统计推断。

表 3.37.6　2013 年辽宁市场份额排名前五位的频率

名次	频率	市场份额（%）
1	辽宁广播电视台交通广播 FM97.5	11.3
2	辽宁广播电视台综合广播 AM1089/FM102.9	10.5
3	中央人民广播电台第一套节目中国之声	10.4
4	辽宁广播电视台都市广播 FM92.1/AM1341	5.5
5	辽宁广播电视台文艺广播 FM95.9/FM101.8/AM1053	5.2

第四部分
Part Four

附 录 Appendix

附　录

CSM 各收听率调查网概况

表 4.1　2013 年各城市收听率调查网样本规模及推及人口

城　市	固定样组规模(户)	推及户数(千户)	推及人口(千人)
北京	300	3466	8217
长春	300	1099	2881
长沙	300	801	2179
常州	300	646	1939
成都	300	827	2201
重庆	300	611	1582
大连	300	1049	2573
佛山	300	1006	2818
福州	300	588	1680
广州	300	1470	4137
杭州	300	1783	4626
哈尔滨	300	1327	3375
合肥	300	723	1831
济南	300	1159	3163
南京	300	1739	4704
南宁	300	663	1660
宁波	300	341	889
青岛	300	528	1364
清远	300	90	276
泉州	300	179	499
上海	300	3514	8837
沈阳	300	1286	3254
深圳	300	2303	5122
石家庄	300	699	1945
苏州	300	651	1880
太原	300	976	2551
天津	300	2411	6159
乌鲁木齐	300	832	1997
武汉	300	1006	2644
无锡	300	528	1458
厦门	300	665	1525
西安	300	869	2263
郑州	300	1212	3058

表 4.2　2013 年各城市收听率调查网家庭规模结构(%)

城　　市	1 人户	2 人户	3 人户	4 人及以上户
北京	10.4	45.3	29.1	15.2
长春	6.6	36.0	37.8	19.6
长沙	7.8	35.2	35.5	21.5
常州	6.9	31.0	34.9	27.2
成都	12.8	33.1	33.5	20.6
重庆	9.6	36.4	33.0	21.0
大连	9.6	38.1	40.0	12.3
佛山	7.5	39.3	24.5	28.7
福州	8.7	27.9	36.5	26.9
广州	8.7	35.4	32.6	23.3
杭州	8.1	41.8	28.1	22.0
哈尔滨	7.5	38.7	37.7	16.1
合肥	12.6	34.8	35.1	17.5
济南	5.1	34.9	37.1	22.9
南京	7.5	33.0	38.9	20.6
南宁	11.2	38.6	29.1	21.1
宁波	6.4	38.4	43.4	11.8
青岛	8.4	36.8	42.1	12.7
清远	5.8	24.0	32.8	37.4
泉州	11.4	31.5	31.1	26.0
上海	6.9	43.2	34.3	15.6
沈阳	8.9	38.6	35.0	17.5
深圳	13.0	44.4	23.1	19.5
石家庄	3.5	33.3	38.7	24.5
苏州	10.6	25.6	38.5	25.3
太原	6.3	35.6	37.9	20.2
天津	4.8	40.9	41.5	12.8
乌鲁木齐	9.7	43.2	30.8	16.3
武汉	10.5	39.0	31.3	19.2
无锡	5.8	36.3	33.3	24.6
厦门	9.2	49.6	26.2	15.0
西安	8.5	39.6	32.8	19.1
郑州	8.2	40.4	28.9	22.5

表 4.3 2013 年各城市收听率调查网性别与年龄结构(%)

城市	性别		年龄						
	男性	女性	10—14 岁	15—24 岁	25—34 岁	35—44 岁	45—54 岁	55—64 岁	65 岁及以上
北京	51.7	48.3	2.9	18.2	23.6	19.5	15.7	10.9	9.2
长春	50.1	49.9	3.5	21.5	19.6	19.5	16.6	11.5	7.8
长沙	50.3	49.7	4.2	24.5	21.8	19.3	14.4	9.6	6.2
常州	51.2	48.8	4.9	17.6	20.0	22.4	13.6	12.6	8.9
成都	50.5	49.5	3.4	17.1	22.9	24.0	13.4	11.3	7.9
重庆	51.4	48.6	3.4	17.2	18.7	21.9	15.9	14.5	8.4
大连	50.9	49.1	3.2	17.5	19.9	19.9	16.4	12.8	10.3
佛山	53.1	46.9	4.0	21.2	25.6	23.2	12.0	8.2	5.8
福州	50.2	49.8	4.0	20.8	22.5	20.0	14.3	10.3	8.1
广州	51.8	48.2	3.9	22.3	22.4	20.0	13.5	9.2	8.7
杭州	51.5	48.5	3.3	20.1	21.7	20.4	15.0	11.1	8.4
哈尔滨	50.7	49.3	3.3	18.0	18.8	19.2	19.1	12.3	9.3
合肥	54.0	46.0	4.8	26.4	21.8	20.5	11.4	8.5	6.6
济南	50.7	49.3	4.0	22.4	19.4	18.1	16.1	11.1	8.9
南京	53.1	46.9	3.5	21.2	21.0	18.7	14.6	11.0	10.0
南宁	50.4	49.6	3.4	24.4	23.2	20.1	12.6	8.3	8.0
宁波	49.7	50.3	5.0	17.7	20.3	25.1	16.0	9.3	6.6
青岛	49.5	50.5	4.6	14.5	21.7	20.1	18.1	10.8	10.2
清远	50.8	49.2	9.7	14.9	22.2	22.3	12.0	7.8	11.1
泉州	53.0	47.0	4.3	24.3	25.6	23.1	11.5	6.8	4.4
上海	50.9	49.1	2.3	13.7	22.0	16.3	17.6	15.2	12.9
沈阳	50.3	49.7	3.1	15.1	20.8	17.4	18.8	13.1	11.7
深圳	54.1	45.9	2.6	26.0	30.6	24.9	9.5	3.7	2.7
石家庄	49.0	51.0	4.4	25.5	20.2	18.7	14.1	9.7	7.4
苏州	49.6	50.4	3.1	23.3	23.1	18.3	13.3	10.2	8.7
太原	51.2	48.8	4.1	25.5	18.4	19.0	16.3	8.9	7.8
天津	53.5	46.5	2.3	19.6	21.6	16.3	18.4	12.8	9.0
乌鲁木齐	51.9	48.1	4.9	19.9	19.1	26.2	14.1	7.2	8.6
武汉	51.1	48.9	2.9	21.9	23.3	15.5	16.4	11.0	9.0
无锡	51.8	48.2	3.0	18.4	20.5	22.2	14.5	11.9	9.5
厦门	50.8	49.2	3.3	26.9	27.4	22.0	9.9	6.3	4.2
西安	51.4	48.6	2.8	24.7	20.7	17.8	15.5	9.8	8.7
郑州	50.4	49.6	4.2	28.1	21.5	19.6	12.0	7.6	7.0

表 4.4　2013 年各城市收听率调查网人均月收入结构（%）

城市	没有收入	1—500 元	501—1000 元	1001—1500 元	1501—2000 元	2001—2500 元	2501—3000 元	3001—4000 元	4001 元及以上
北京	16.5	0.1	0.3	1.3	3.5	12.7	11.7	20.6	33.3
长春	23.3	0.3	0.5	6.9	12.3	15.2	8.1	19.4	14.0
长沙	22.5	1.0	1.8	6.7	8.3	13.7	6.4	20.7	18.9
常州	22.7	3.4	2.6	4.8	5.9	12.4	10.0	19.9	18.3
成都	17.8	0.1	1.4	6.2	12.0	16.9	7.7	17.2	20.7
重庆	20.4	3.4	2.3	4.6	14.9	16.6	6.9	16.2	14.7
大连	21.2	0.8	1.4	4.4	10.0	20.0	6.1	16.5	19.6
佛山	18.4	1.3	3.5	6.8	9.0	18.0	8.5	17.2	17.3
福州	24.3	0.2	0.7	2.7	8.8	12.9	9.8	18.6	22.0
广州	23.5	0.7	2.3	3.7	6.2	15.8	11.2	21.2	15.4
杭州	18.6	0.7	2.0	6.1	6.5	10.1	8.4	15.8	31.8
哈尔滨	18.6	0.5	1.6	15.6	11.4	17.8	7.3	16.2	11.0
合肥	21.7	1.0	1.6	5.6	10.5	14.3	9.0	17.7	18.6
济南	18.6	6.5	4.6	9.3	11.3	16.9	6.2	15.4	11.2
南京	20.9	1.9	0.8	4.1	5.8	17.6	9.9	18.6	20.4
南宁	19.3	4.4	5.0	12.6	11.7	14.6	7.7	13.7	11.0
宁波	17.9	0.2	2.2	1.9	2.5	8.0	16.1	25.4	25.8
青岛	19.1	0.3	1.0	3.7	8.8	15.7	9.3	18.2	23.9
清远	28.8	5.4	4.4	11.4	16.9	13.1	10.5	5.5	4.1
泉州	29.3	0.1	0.3	2.9	4.6	10.2	8.2	17.3	27.1
上海	10.9	0.2	1.0	3.4	4.0	12.1	18.3	21.2	28.9
沈阳	14.3	1.2	4.0	14.7	15.1	19.8	7.0	14.1	9.8
深圳	25.8	0.1	0.3	0.5	1.6	3.7	6.2	14.5	47.3
石家庄	22.0	0.6	2.1	11.4	10.7	21.9	4.9	14.8	11.6
苏州	17.7	0.7	2.4	4.7	5.5	15.6	10.4	16.3	26.7
太原	27.1	1.3	2.7	9.1	10.3	16.8	8.0	14.9	9.8
天津	17.6	0.2	0.9	6.9	13.3	19.7	6.4	19.7	15.3
乌鲁木齐	22.6	0.5	0.7	4.3	3.9	10.4	8.4	18.4	30.8
武汉	18.4	0.0	1.3	5.6	15.2	17.5	5.0	21.3	15.7
无锡	14.6	0.0	2.9	4.9	5.9	17.5	9.5	22.8	21.9
厦门	28.8	0.5	1.4	2.2	7.3	6.7	9.1	13.0	31.0
西安	24.0	0.9	1.8	6.8	10.4	17.0	9.2	15.6	14.3
郑州	27.4	0.7	0.9	6.1	10.0	18.5	8.3	14.9	13.2

表 4.5　2013 年各省级收听率调查网样本规模及推及人口

省　　份	固定样组规模(户)	推及户数(千户)	推及人口(千人)
安徽省	600	5797	16828
福建省	600	3745	11540
江苏省	600	12734	37684
辽宁省	600	6222	16267

表 4.6　2013 年各省级收听率调查网家庭规模结构(%)

省　　份	1 人户	2 人户	3 人户	4 人及以上户
安徽省	8.2	30.9	30.2	30.7
福建省	6.7	26.2	29.0	38.1
江苏省	5.4	29.1	36.2	29.3
辽宁省	6.0	39.3	30.3	24.4

表 4.7　2013 年各省级收听率调查网性别与年龄结构(%)

省份	性别		年　　龄						
	男性	女性	10—14 岁	15—24 岁	25—34 岁	35—44 岁	45—54 岁	55—64 岁	65 岁及以上
安徽省	54.0	46.0	4.6	22.7	17.2	24.1	13.1	9.5	8.8
福建省	51.1	48.9	4.1	19.1	24.6	23.1	11.7	10.1	7.3
江苏省	50.3	49.7	4.4	19.8	16.8	19.5	16.7	12.2	10.6
辽宁省	50.6	49.4	4.1	14.7	17.7	19.4	18.4	14.3	11.4

表 4.8　2013 年各省级收听率调查网人均月收入结构(%)

省份	没有收入	1—500 元	501—1000 元	1001—1500 元	1501—2000 元	2001—2500 元	2501—3000 元	3001—4000 元	4001 元及以上
安徽省	28.7	9.1	6.5	10.5	7.8	11.0	6.7	9.8	9.9
福建省	26.2	4.9	3.8	8.2	7.3	13.6	6.3	12.0	17.7
江苏省	21.0	8.5	3.4	7.3	7.5	15.3	8.1	14.6	14.3
辽宁省	22.5	2.7	5.8	13.2	14.8	16.5	5.9	10.1	8.5

图书在版编目（CIP）数据

中国广播收听年鉴. 2014／陈若愚主编. —北京：中国传媒大学出版社，2014. 11

ISBN 978－7－5657－1230－2

Ⅰ. ①中… Ⅱ. ①陈… Ⅲ. ①广播工作—抽样调查统计—中国—2014—年鉴 Ⅳ. ①G229. 2－54

中国版本图书馆 CIP 数据核字（2014）第 254832 号

中国广播收听年鉴 2014

主　　编　陈若愚
责任编辑　欣　雯
责任印制　阳金洲
封面制作　大鹏工作室
出 版 人　蔡　翔

出版发行　中国传媒大学出版社（原北京广播学院出版社）
地　　址　北京市朝阳区定福庄东街 1 号　邮编 100024
电话：86－10－65450532　65450528　传真：65779405
网　　址　http：//www. cucp. com. cn
经　　销　全国新华书店

印　　刷　北京艺堂印刷有限公司
开　　本　787mm×1092mm　1/16
印　　张　31. 5
版　　次　2015 年 3 月第 1 版　2015 年 3 月第 1 次印刷

书　　号　ISBN 978－7－5657－1230－2/G·1230　　**定　价**　128. 00 元